同型鏡と倭の五王の時代

辻田淳一郎 著

同成社

目　次

序章　銅鏡研究を媒介とした5・6世紀の東アジア史の可能性 ……………………………………………………… 1

1. 同型鏡をめぐる諸問題　1
2. 文献史学の成果と考古学との接合―古代国家形成過程の観点から―　4
3. 本書の課題　6

第1章　同型鏡群に関する研究動向と問題の所在 …………… 9

1. 同型鏡群と関連鏡群をめぐる研究史　9
2. 問題の所在　37

第2章　同型鏡と関連鏡群の系譜と製作技術 ………………… 41

第1節　同型鏡群の原鏡の系譜と鈕孔製作技術 ……………… 41

1. 同型鏡群の資料と特徴　41
2. 同型鏡群の原鏡の年代観と系譜　52
3. 同型鏡群の鈕孔製作技術　55
4. 小結：同型鏡群の系譜と製作技術における「限定性」　65

第2節　画文帯環状乳神獣鏡Aの系譜と製作技術 …………… 66

1. 画文帯環状乳神獣鏡 A についての先行研究と検討課題　66
2. 分析　68
3. 小結：鈕孔からみた画文帯環状乳神獣鏡 A の製作技術　77

第3節　各種同型鏡の系譜と製作技術　……………………………………　78

1. 方格規矩四神鏡　79
2. 細線式獣帯鏡 A　87
3. 細線式獣帯鏡 B　96
4. 細線式獣帯鏡 C　98
5. 細線式獣帯鏡 D　101
6. 細線式獣帯鏡 E　103
7. 浮彫式獣帯鏡 A　106
8. 浮彫式獣帯鏡 B　116
9. 浮彫式獣帯鏡 C　122
10. 浮彫式獣帯鏡 D　124
11. 浮彫式獣帯鏡 E　126
12. 盤龍鏡　129
13. 神人龍虎画象鏡　131
14. 神人歌舞画象鏡　137
15. 神人車馬画象鏡　149
16. 神獣車馬画象鏡（二神龍虎車馬画象鏡）　154
17. 画文帯環状乳神獣鏡 B　156
18. 画文帯環状乳神獣鏡 C　162
19. 画文帯環状乳神獣鏡 D　167
20. 求心式神獣鏡　168
21. 画文帯対置式神獣鏡　172

22. 画文帯同向式神獣鏡 A　176
23. 画文帯同向式神獣鏡 B　180
24. 画文帯同向式神獣鏡 C　187
25. 画文帯仏獣鏡 A　195
26. 画文帯仏獣鏡 B　203
27. 八鳳鏡　221
28. それ以外の関連資料　224
29. 踏み返し時における改変事例の技術的特徴　234
30. 小結：同型鏡群の製作技術と生産の具体相　238

第4節　建武五年銘画文帯神獣鏡の文様と製作技術（付・補論） ……………………………………………………………… 250

1. 問題の所在　252
2. 建武五年銘鏡の文様と製作技術　257
3. 渡邊晃啓氏旧蔵画文帯同向式神獣鏡の検討　262
4. 考察　269
5. 補論1：ROM鏡の観察結果と久保惣鏡との関係について　273
6. 補論2：建武五年銘鏡と同型鏡群の鉛同位体比　278
7. 小結：建武五年銘鏡に関する今後の検討課題　284

第5節　5世紀における同型鏡群の生産とその背景……………… 284
―南朝における銅鏡生産の実態と尚方―

1. 同型鏡群の生産における大陸・南朝の事情　285
2. 同型鏡群の「生産体制」とその実態　289
3. 同型鏡群の生産・流通における列島社会との関係　292
4. 小結：同型鏡群の生産と背景をめぐる暫定的結論　297

第3章　古墳時代中・後期における倭製鏡の変遷と系譜 ……………………………………………………… 301

第1節　中・後期倭製鏡の分類・編年と中・後期古墳の編年基準 ……………………………………………………… 301

1. 問題の所在：倭製鏡の変遷観と同型鏡群との関係　301
2. 中・後期倭製鏡の諸系列　307
3. 中・後期倭製鏡の編年と中・後期古墳の編年基準　341

第2節　同型鏡群と倭製鏡の関係 ……………………………………… 360
―古墳時代中期後半～後期における大型倭製鏡の製作とその意義―

1. 問題の所在　360
2. 日吉矢上鏡群の分析　362
3. 中・後期倭製鏡における大型鏡生産の2つの画期　372
4. 古墳時代中期後半～後期における大型倭製鏡の製作とその意義　375
5. 小結：中・後期倭製鏡の変遷とその意義　383

第4章　古墳時代中・後期における同型鏡群の授受とその意義 ……………………………………………………… 389

第1節　同型鏡群の授受からみた古墳時代における参向型授受の2つの形態 ……………………………………………………… 389

1. 同型鏡群の拡散時期と授受の具体相　389
2. 同型鏡群の授受とその意義―古墳時代における参向型授受の2つの形態―　400
3. 小結：同型鏡群の授受とその意義　402

第 2 節　列島・半島南部地域における同型鏡群・倭製鏡の
　　　　分布とその背景 ………………………………………………… 403

　1. 列島各地における同型鏡と倭製鏡の分布　403
　2. 朝鮮半島南部における同型鏡と倭製鏡の分布　433
　3. 小結：列島・半島南部出土鏡の分布とその特質　445

第 5 章　同型鏡と倭の五王の時代をめぐる諸問題 ………… 449

第 1 節　同型鏡群と倭製鏡に関する現象の整理と本章の課題 …… 449

　1. 現象の整理　449
　2. 本章の課題　453

第 2 節　東アジアにおける同型鏡群の出現・展開とその意義 …… 454

　1. 同型鏡群の出現とその背景：倭の五王の遣使と大陸の事情　454
　2. 同型鏡群・倭製鏡の授受とその背景：参向型 2 類の意義　470
　3. 半島南部地域の 5 世紀末〜6 世紀前半の国際情勢と同型鏡群　480
　4. 列島の古代国家形成過程における同型鏡群・倭製鏡とその意義　487

終章　5・6 世紀の東アジア史における同型鏡の意義 …… 495

参考文献　501

挿図出典一覧　543

あとがき　551

同型鏡と倭の五王の時代

序章　銅鏡研究を媒介とした5・6世紀の東アジア史の可能性

1. 同型鏡をめぐる諸問題

　本書が検討の対象とする5・6世紀代は、日本列島では古墳時代中・後期にあたる。この時代の東アジアにおいて、特に5世紀代は「倭の五王の時代」といわれ、『宋書』倭国伝などの史書に残された記録からは、当時の倭国の上位層が、高句麗の南下による百済への圧迫という国際情勢の中、より優位な立場の将軍号の「除正」を求めて中国南朝（劉宋）に遣使していたことが知られる[1]。「除正」とは「正式の除授」を意味し、「除授」は旧い号を除き新たな号を授けてもらうことを指す（坂元 1978）。当時は、中国王朝の府官制の秩序をもとに各地で王による将軍号の仮授が行われ、中国王朝に正式の認可を求めるということが行われていた。列島内ではそれにもとづき、府官制的秩序の形成が模索されたと考えられている。日本列島の5・6世紀史を考える上では、当時の東アジアの国際情勢における朝鮮半島（以下半島）諸地域との交流および対南朝交渉の実態とその意義を明らかにすることが課題ともいえよう（cf. 坂元 1978・1981、鈴木靖 1984・1985・2002・2012、吉村武 1993・2006・2010、熊谷 2001、川本 2005・2012、森公 2010a・2011・2013a、河内 2010・2015、前之園 2013、田中俊 2013など）。

　従来、この倭の五王の時代における南朝との対外交渉の所産と考えられてきた考古資料として、古墳時代中・後期に盛行する「同型鏡（群）」がある。これらは後漢鏡を主体とした諸鏡式を5世紀代に踏み返して生産されたものと考えられる青銅鏡（以下銅鏡、鏡）である。「踏み返し」とは、鋳造によって別途製作された製品を真土に押しつけて新たに土製鋳型を製作することによっ

て、いわば同じ鏡を複製する技法である。新たに鋳型に文様を彫り込んで製作するより簡易であるとともに、同一文様の鏡を大量に複製生産する上でも有効な技法であるといえる。こうした鏡が、次章以降で検討するように、日本列島および半島南部地域出土例として少なくとも約130面存在することが知られている。小林行雄（1962・1965・1966）は、これら同型鏡群が倭の五王の遣使に伴い中国南朝から輸入された舶載鏡であると捉え、現在までそれが広く共通理解となっている。その後の検討により、一部は百済などの半島産や列島産の可能性が指摘されているものの、全体として南朝・宋での生産とする説が有力視されてきている（cf. 川西 2000・2004、車崎編 2002、森下 2004a、岡村 2011a、上野 2013a、辻田 2013a）。

その一方で、これら同型鏡群は、倭の五王の時代の産物とされてきたとはいいながらも、文献史料にその痕跡をほとんど残していないことから、考古学的にどのように説明されるかが大きな課題となってきた。

この同型鏡群と同様に倭国の遣使の結果として列島にもたらされたと考えられている考古資料として、古墳時代前期（3世紀中葉～4世紀代）の三角縁神獣鏡が挙げられる（cf. 岡村 1999、車崎編 2002、福永他 2003、福永 2005a、岩本 2008a、下垣 2010a、辻田 2007b・2012c）。同型鏡群についても基本的に三角縁神獣鏡研究と同様の視点から検討されてきたとみることが可能であるが、両者の間には共通点とともに差異がみられる。共通点としては、どちらも大陸での出土事例がほとんどなく製作地が問題となっていること、同型・同范[2]技法により大量生産が行われていることが挙げられる。また面径の大きさや断面形態・大型の乳や長方形鈕孔などのさまざまな形態的特徴・製作技術についても、相対的に規格性・共通性が高い一群であり、いわゆる「特鋳説」（e.g. 田中琢 1979・1985）もそうした理解と密接な関係にあるといえよう。

これに対し、5世紀代の同型鏡群は、大型鏡を中心としてさまざまな大きさのものがあり、鏡式・鏡種なども多様である。これらは、どのようにして生産されたものであろうか。川西宏幸による鏡自体にみられる傷の観察結果から復元された同型鏡同士の製作順序（序列）は、各種同型鏡群相互において製作技術の共通性が高いことを示唆している（川西 2004）。他方で問題となっているのは、森下章司が指摘するように、「その到来が外交関係によるものか、一般

の物品交流によるものか」といった問題である（森下 2011a）。これは、生産体制といった点も含めて、「同型鏡群」を一括りとして捉えることができるかどうか、といった問題とも関わってくる。仮に同型鏡群が大陸産であると想定される場合に、各種銅鏡生産が広く行われている中で、さまざまな形での交易の結果として列島にもたらされたのであろうか。またはその一部が倭国向けの下賜品として集荷されて列島にもたらされたのであろうか。あるいは、たとえば三角縁神獣鏡特鋳説で想定されているように、ある種の限定的な生産体制において、倭国の遣使にあわせて特別に贈与品として生産されたものであるのだろうか。その点では、同型鏡群は、偶然の積み重ねの結果として現在みられるような鏡式・鏡種による構成が形成されるに至ったのか、あるいはそれらは何らかの形で「選択」された結果であるのか、といった点も大きな課題として浮かび上がってくる。

ところで同型鏡群があらわれた時代、5世紀の日本列島（古墳時代中期）の特徴として、巨大古墳の世紀、技術革新の世紀という点を挙げることができる（cf. 白石 1999、都出 2011）。すなわち、大量の鉄製武器・武具の生産を可能にする鍛冶技術や、須恵器をはじめとした、半島各地からの渡来人によりもたらされた新来の技術などに代表される技術革新の時代、そして大阪府の古市・百舌鳥古墳群をはじめとした大型古墳群が造営された時代である。

またこの時代は、千葉県稲荷台1号墳出土「王賜」銘鉄剣や埼玉県稲荷山古墳出土鉄剣・熊本県江田船山古墳出土大刀にみられるように、「王」や「治天下大王」が金石文（象嵌銘）として刀剣に刻まれた時代でもある。後二者の銘文刀剣にみられる「ワカタケル大王」は、一般に倭の五王（讃・珍・済・興・武）の最後の王である倭王・武として比定されているが、同型鏡群が、このような倭の五王の時代のいつ頃から列島で出現するのかについても議論がある。具体的には、5世紀中葉以前に遡るとみるか、5世紀後葉頃とみるかという大きく2つの意見がある。

そしてこの同型鏡群が列島で出現するのとほぼ同じ頃、日本列島産の倭製鏡の生産が活発化し、あたかも再び古墳時代前期のような活況を呈するようになることが知られている（森下 1991・2002）。古墳時代において鏡が最も大量に生産・消費されたのは3・4世紀の古墳時代前期であるが、それらの鏡の生

産・消費は、5世紀になる頃に一度低調となり、倭製鏡の生産も継続はするが生産量が前期とくらべ大幅に減少するものと考えられている。その一方で、5世紀代は、いわゆる帯金式甲冑などをはじめとした鉄製武器・武具類の大量生産・消費が行われる時代であり、5世紀前半にあたかも「銅鏡から鉄製武器・武具へ」といった変遷が認められることがこれまでも注目されてきた。それが5世紀のある段階で同型鏡群が出現するのと相前後して、再び鏡が重要な器物として利用されるようになるのである。その中には、いわゆる「鈴鏡」と呼ばれる、鈴を付加した鏡も含まれる。これらの同型鏡群と倭製鏡は、6世紀後半代まで副葬が行われており、5・6世紀代を代表する考古資料の1つとなっている。

　なぜ、5世紀のある段階で鏡が再び活発に用いられるようになったのだろうか。またこれらの鏡は、他の鉄製武器・武具などとはどのような関係にあったのだろうか。そして倭の五王の時代から6世紀代における日本列島の、ひいては東アジアの歴史的展開にどのように関わっているのであろうか。

　以上のような論点は、同型鏡群が倭の五王の遣使との関係で理解されてきたという点において、5・6世紀代の東アジア史の問題としても大きな影響をもつものと考える。本書では、上述のような観点から、主に5・6世紀の列島および半島南部地域から出土する銅鏡について、考古学的な検討を行う。

2. 文献史学の成果と考古学との接合―古代国家形成過程の観点から―

　先にも述べたように、倭の五王の時代の産物とされる同型鏡、とはいいながらも、これらの鏡は文献史料にその痕跡をほとんど残していない。「歴史考古学」という用語があるが、日本考古学では一般的に奈良時代、もしくは遡っても飛鳥時代以降を指すものとして用いられている（古墳時代は、列島独自の文字記録をもたないという意味で「原史時代（proto-history）」とされる）。その意味で本書が対象とする5・6世紀代（古墳時代中・後期）は通常歴史考古学の時代とは呼ばれないが、この時代の日本列島については、『宋書』をはじめ中国の史書による記録が残されている点のみならず、銘文資料をはじめとする断片的な文字資料の存在や、『日本書紀』『古事記』についての史料批判にもと

序章　銅鏡研究を媒介とした5・6世紀の東アジア史の可能性　5

づく文献史学の研究成果の膨大な蓄積があり、筆者はこの時代についても限りなく歴史考古学の時代に近い、あるいはそれに準ずるものとして捉えることが可能と考えている。このような観点から、本書では、考古学的検討の成果と文献史学の成果との接合を試みたいと考えている。

　具体的に問題となっている論点として、次のようなものが挙げられる。すなわち、倭の五王による南朝への遺使年次と将軍号除正の内容、高句麗・百済・新羅・加耶などの半島諸地域との政治的関係とその変遷、府官制的秩序の実態、銘文刀剣資料（千葉県稲荷台1号墳「王賜」銘鉄剣、埼玉県稲荷山古墳「辛亥年」鉄剣、熊本県江田船山古墳「奉事典曹人」大刀など）、「人制」の実態、隅田八幡神社人物画象鏡の銘文内容とその背景、「画期としての雄略朝」（井上光 1980、岸 1984a）、「継体朝」、「磐井の乱」「ミヤケ制」「国造制」「トモ―部制・部民制」、などである。また韓国全羅南道・栄山江流域の前方後円墳についても、文献史学と考古学における共通の検討課題といえる。

　本書が扱う研究対象は銅鏡を中心とした限定的なものであり、上述のような論点のすべてに対して何らかの明快な解答を与えうるような性格のものではない。目指すところは、単に文献史学の成果に考古資料を当てはめるといった形ではなく、考古学的な分析結果について、文献史学の成果と対比しつつ、5・6世紀における東アジア史の歴史叙述という意味で両者の接続の可能性を模索するという方向性である。

　またこの点とあわせて、5・6世紀史と時代像という点について、古代国家形成という点から考えてみたい。前述の川西宏幸は、同型鏡群が日本列島で出現したと想定する5世紀中葉の須恵器ON46型式段階以降に、大型古墳群の極大化、須恵器生産の近畿からの波及、近畿周辺における円筒埴輪製作技術の粗雑化・簡略化、集落遺跡の拡大や韓式系土器の土師器への同化など、またTK208型式段階における大刀や馬具などの金属器生産の画期、墓制の地域差、TK23型式以降における歴史意識の顕現（新規築造古墳の前期古墳への接近や三輪山祭祀の変化、銘文大刀にみられる事績の銘刻）などが生じたことを指摘している（川西 2004）。すなわち、列島での同型鏡群の出現の契機となったとされるON46型式段階が、鏡のみならず、他の文化諸要素においても大きな画期となっており、TK208型式以降への展開という点でそれらの諸要素

の変化がワカタケル大王の時代およびその画期性と深く関わっていることを論じている。また 5 世紀後半代は、親族関係の父系化という点で、列島の国家形成における一大画期と考えられてきた（田中良 1995・2008、岩永 2003・2006）。

本書が扱う時代は倭の五王の時代から 6 世紀前半代であり、文献史学においても古代国家形成の観点から検討されてきた時期である（e.g. 石母田 1971、吉田晶 1973・1998・2005、鬼頭 1976・1993、山尾 1983、鈴木靖 1985・1996・2012、吉村武 1993・1996・2006）。日本考古学では初期国家論も含めて国家形成についての議論が活発に行われているが（e.g. 近藤義 1983、都出 1991・1996・2005・2011、岩永 1991・1992・2003・2006、和田晴 1998・2004、佐々木憲 2004、白石編 2005、福永 2005b・2013b・2014、松木 2007、村上 2007、菱田 2007、広瀬 2003・2009、野島 2009、豊島 2010、北條 2011・2014、澤田 2012、下垣 2012b、Mizoguchi 2013、杉井 2014、須藤 2014、辻田 2007b・2014c）、前期古墳もしくは古墳時代前期に力点を置いて国家形成を論ずる研究者と、後期・終末期古墳、あるいは 6・7 世紀史に軸足を置く研究者の間では、説明される「国家」の内容も自ずと変わってくる。また中世以降を見通した千年単位での長期的時間軸での説明が重要視されてきている（e.g. 都出 1989、菱田 2007、坂上 2008）。その意味で、その中間でもある古墳時代中期をどのような社会と説明するかは重要な論点ともいえる。古墳時代を一括りで「国家」か「非国家」であるかと二項対立的に論ずるというよりは、古墳時代を通時的な変遷として捉えた上で国家形成過程がどのように説明できるのか、それ自体が問われているところであり、本書でもこの点について考えてみたい。

3. 本書の課題

本書では、以上のような問題意識をふまえ、次のような課題を設定する。
1) 東アジアの銅鏡生産の中での同型鏡群の位置
2) 5 世紀代以降の倭製鏡生産と同型鏡群との関係
3) 同型鏡群・倭製鏡の流通・消費からみた 5・6 世紀の地域間関係の変遷

4）文献史学の成果との対比・接続による5・6世紀の東アジア史と列島史

　本書で対象とする「東アジア」は、同型鏡群の製作地の有力候補とされてきた中国南朝（の銅鏡生産）、同型鏡および関連鏡群の出土地としての朝鮮半島南部地域、そして日本列島が議論の中心である。この中でも特に同型鏡群が最も集中して出土している、5・6世紀代の日本列島における地域間関係の実態とその特質について、東アジアの周辺地域における二次的国家形成の過程という観点から考察する点に主眼がある。そしてそれを含め、考古資料を軸とした東アジア史の可能性を追究する、というのが本書の課題である。

　次章以降で検討するように、同型鏡群および同時代の倭製鏡にかかわる先行研究は膨大である。特に同型鏡群については、川西宏幸による『同型鏡とワカタケル』（同成社、2004年）がこの分野の研究史上の到達点として厳然と存在している。本書もその成果に多くを学び、また参照しつつ検討を行うものである。そうした重要な多くの先行研究と対比した場合の本書の特色として、以下の3点を挙げておきたい。第1に、5・6世紀の東アジア史の脈絡に同型鏡群と倭製鏡を置き直し、その中でこれらがどのように理解されるのかについて検討する点である。第2に、日本列島の古代国家形成過程という観点から同型鏡群・倭製鏡の意義についての検討とその相対化とを行う点である。第3に、実物資料の観察にもとづく技術論的な観点から、本書では基礎資料として可能なかぎり鏡の鈕孔形態や断面形態に関する写真・実測図を掲載する。川西の著作では同型鏡として15種104面が認定されており、一部を除いてそれらほぼすべての資料の平面・細部写真が掲載されていることから、本書ではなるべく重複を避け、その後の追加資料も含めた28種約130面の対象資料のうち、そこで掲載されていない情報や資料の提示という点に力点を置いた。

　本書では、地域名称に関しては現在の地理的区分を用いるが、先行研究の引用などにおいて、旧国名などを使用する場合がある。また「同型鏡」の用語は、一般的に「同じ原型（原鏡）を元に複製された鏡」を広く指しているが、本書では、特に断りのないかぎり、5・6世紀代の日本列島で多く出土する踏み返し鏡群（いわゆる「同型鏡群」）を示すものとして用いる。必要に応じて「同型鏡」と「同型鏡群」の双方を用いているが、前者は後者の意味を含めて広い意味で用いることがある。また本文中では、各研究者の敬称を略させてい

ただいた。あわせて御了承いただきたい。

註
（1）　この中で、新羅による単独での中国王朝への遣使は 6 世紀になってからである（第 5 章参照）。
（2）　三角縁神獣鏡については、2015 年に洛陽で既知の資料に存在しない新たな資料の存在が明らかとなったが、購入品であり出土地・出土経緯などの詳細が不明である。同型鏡群もその一部が中国で確認されており（第 1・2 章参照）、いずれも出土地・伝来経緯が不明であるが、このうち 1 面は北京故宮博物院所蔵であることから、中国出土資料の可能性が高いと考えられてきた（川西 2004）。

第 1 章　同型鏡群に関する研究動向と
問題の所在

　本章では、5・6 世紀の東アジアにおける銅鏡生産の中で同型鏡群がどのように位置づけられるかについて、具体的に検討を行う。本節ではまずはじめに、同型鏡群に関する研究史を整理し、その上で具体的な課題を設定したい。
　序章でもみたように、同型鏡群は、従来倭の五王の時代における対南朝遣使の所産として位置づけられてきた。その一方で、半島産説や列島産説も存在している。以下では、そうした認識がどのように形成されてきたかについて検討し、それをもとに本書での分析視角と方向性を提示する。
　なお、以下の記述で個別の鏡式、鏡種の説明を行う際、鏡式名の後にアルファベットを付して述べる場合があるが、これは川西宏幸（2004）および森下章司（2011a）の分類名に準拠し、一部追補したものである（第 2 章および表 1 参照）。

1. 同型鏡群と関連鏡群をめぐる研究史

　同型鏡群の研究史上の問題としては、大きく①製作地・製作年代、②列島産の鏡（倭製鏡）との関係、③列島内での流通形態の 3 点に分けられる。本章では主として①の問題を取り上げつつ、②③とあわせて同型鏡群の研究史における論点を時系列的に整理する。

（1）1950 年代以前の古墳時代銅鏡研究と同型鏡群研究のはじまり
　古墳時代の銅鏡研究全般については、筆者も含めてすでに多くの研究史の整理があるので（e.g. 車崎編 2002、川西 2004、森下 2002・2012b、下垣 2010a・2016a、辻田 2007b・2012c）、ここでは同型鏡群の研究史を検討する

にあたり、古墳時代銅鏡研究全般との関係について整理することから始めたい。

日本では江戸期以来、中国宋代以降における漢鏡研究・金石学的研究に影響を受けた、漢鏡への漢籍学的な関心・遺跡出土鏡の記録などが知られている（岡村 2008・2011c）。そして明治期になると、考古学的な観点からの漢鏡の研究が体系的に行われるようになることとあわせて、漢鏡をもとにして日本列島で製作された「仿製鏡」（倣製鏡・倭鏡・倭製鏡、以下倭製鏡）の存在が認識されるようになる（cf. 三宅 1897、高橋健 1911、富岡 1920、後藤 1926、梅原 1942 など）。特に 1940 年代以前においては、鏡式分類と実年代に関する研究が活発に行われ、その後の研究の基礎が作られるとともに、出土遺跡・古墳の年代を決定する重要資料となっていった。第 2 章第 4 節で検討する「建武五年」銘画文帯神獣鏡などについても、この時期に活発に研究が進められている。また梅原末治が香川県石清尾山古墳群出土方格規矩四神鏡の摩滅・穿孔による長期使用（伝世）の可能性について指摘し、漢鏡の年代観をそのまま遺跡の年代としていた年代観を修正した（梅原 1933）。こうした漢鏡・仿製鏡の分類および実年代に関する研究の蓄積と伝世現象の認識、そして以下に述べる梅原末治（1944・1946）による「同笵鏡」の研究成果をもとに、古墳の年代観の構築と政治史的検討を大きく進めたのが小林行雄の同笵鏡論・伝世鏡論である（小林行 1955・1961）。小林は、三角縁神獣鏡の同笵鏡分有関係からみた鏡の「配布」と「伝世鏡」の古墳への副葬（「伝世」の「途絶」）をもって、「首長の権威の形式の革新」と捉え、古墳の発生の歴史的意義および大和政権による政治支配の拡大過程を説いた。1960 年代以降は、この小林の同笵鏡論・伝世鏡論の認識を基礎として、古墳時代開始過程の研究、また古墳と副葬品研究にもとづく古墳時代社会の政治史的検討がさらに進められることになる（e.g. 近藤義 1966・1983、都出 1970。同笵鏡論・伝世鏡論の学史的意義についてはあわせて辻田 2007b・2012c をご参照願いたい）。

この過程で、銅鏡が古墳時代の政治史を考える上で重要な器物であるという理解が広く共有され、戦後の日本考古学においては、銅鏡研究と古墳時代研究が並行して発展していくこととなった。ただし、元来古墳時代の銅鏡は、全体として量的に前期古墳出土鏡の資料が大きな比重を占めていることから、鏡か

第1章　同型鏡群に関する研究動向と問題の所在　11

ら古墳時代の政治史を考える際には前期の資料が中心となり、中・後期については副葬品としてより一般的な鉄製の武器・武具類や金銅製の馬具などがそうした研究の主体をなすこととなった（小林・近藤 1959）。

　その一方で、たとえば銘文大刀の出土により注目されていた熊本県江田船山古墳からは多量の漢式鏡が出土しており、それらは以下でみるように三角縁神獣鏡と同様に「同笵鏡」があることが知られていた（梅原 1944・1946）。また和歌山県隅田八幡神社所蔵人物画象鏡も、「癸未年」の実年代や銘文内容の理解とあわせ、5世紀代以降の日本列島における初期の文字使用の問題を考える上で早くから注目されていた（e.g. 高橋健 1914a）。あわせて、いわゆる「鈴鏡」が出土するのも古墳時代中期後半以降であり、これについても仿製鏡研究の観点から検討が重ねられている（e.g. 高橋健 1911、富岡 1920、後藤 1926、森本 1928）。こうした古墳時代中・後期の鏡の研究は、同笵鏡論・伝世鏡論が体系的な形で示された『古墳時代の研究』（小林行 1961）の発表以降、小林自身によって具体的に進められるとともに、他の研究者による積極的な発言もあり、前期古墳出土鏡の研究とは異なる独自の展開を見せることとなった。いわばその中核となったのが同型鏡群の研究である。以下、その具体的な内容について検討したい。

（2）　同型鏡群の製作地・製作年代・流通論Ⅰ：1960年代まで

　梅原末治の研究　古墳出土鏡の中でも、三角縁神獣鏡をはじめとして、文様が細部まで一致する鏡が存在することは個別資料の報告などにおいて早くから注目されていたが[1]、これらの資料を体系的に整理し、「同笵鏡」として提示したのが梅原末治である（梅原 1944・1946）。梅原は、いわゆる「舶載」「仿製」三角縁神獣鏡と魏晋鏡の関連資料、そして本書でいう同型鏡群の「同笵鏡」の資料を集成し、それぞれに対して検討を加えている。

　梅原は基本的には同じ鋳型で製作したものを「同笵鏡」とする一方で、蠟原型を用いて鋳型を複製したものについては「同型鏡」と呼ぶべきであるとする荒木宏の指摘を受け、「なほ遺憾ながら一々の場合に就いて、両者を區別することが不可能であ」ることから、「同笵鏡なる文字を以て」「圖文の全く相重なる場合」「直接間接に一つの笵から出たものを含む廣い意味に使用する」こと

を提案している（梅原 1946：p.32）。

　他方で、同一文様鏡の中でも「大きさ並に表現の手法の上で若干の細かな差異を示す」複数の群が存在することを指摘し、これを「踏返し」技法の所産であると捉えている。この踏み返しの技法については、大きく次の3つのあり方、すなわち、①「古い鏡式をば後代踏返した…支那宋代以降に於ける夥しい漢唐鏡の模作」（唐宋代における漢鏡などの踏み返し）、②「一方を支那の舶載品とし、他をばそれを母型とした上代本邦での再版と見るべきを示唆する」とする見方（列島での踏み返し）、③「それとは別な場合、即ち踏返しが支那本土に於ける、本来右の鏡式が鋳造せられてゐた際、もとの笵の破損等に依る新しい笵が作られた事象を示すもの」（大陸における同時代の踏み返し）の3種を指摘している（同：p.34）。そこで取り上げられた三角縁神獣鏡の一種である三角縁盤龍鏡（e.g. 滋賀県大岩山古墳出土鏡など〔目録1〕）については、銅質・文様表現の細部・面径の縮小のあり方などから大きく2群に分かれることを指摘し、上記③のように、大陸での踏み返しの後、一括して列島にもたらされたと捉えている。梅原は特にこの③のような意味での踏み返し技法も含めて広義の「同笵鏡」の範疇として扱っている。

　こうした「同笵鏡」の列島での分布と流通について、梅原は、「かくも多数の本邦出土上代舶載の支那鏡に同笵例のあることは、……彼土で同時に作られた遺品が當時一括して舶載せられ、それが後に本邦で分散したとする事が一層自然な見方」とし、また分布が近畿を中心とすることから、これらが一括してもたらされたのが北部九州でなく近畿であることなどを論じている（同：pp.35-36）。これは主として『魏志』倭人伝と三角縁神獣鏡に関する記述であるが、こうした認識が後の小林行雄による同笵鏡論の基礎となった。

　本書が対象とする同型鏡群については、神人車馬画象鏡・神人歌舞画象鏡・細線式獣帯鏡A・画文帯同向式神獣鏡C・画文帯仏獣鏡A・Bの資料が例示されている。また倭製鏡（仿製鏡）における同一文様鏡の具体例として、神奈川県日吉矢上古墳出土の2面の同文の倭製五獣鏡（柴田・保坂 1943）などについても言及している（本資料をめぐる諸見解については第3章参照）。

　また集成された上掲の同型鏡群のうち、特に画文帯仏獣鏡Bについては、「同種の鏡を原形として、さらにその外方に一區を添へて鏡體を大きくした一

種の變形踏返し鏡」の存在（千葉県祇園大塚山古墳出土鏡・旧ベルリン民俗博物館蔵鏡）を指摘するとともに、「原型の鮮明なるに較べて」祇園大塚山古墳出土鏡が「文様の表出に於いて劣って居り」、旧ベルリン民俗博物館蔵鏡（梅原 1931）について、「さらに朦朧としてゐる點が興味を惹くのである」（梅原1946：p.30）と指摘している。なお「變形踏返し鏡」の製作地について、1931年の時点では「仿製の再版拡大品」と述べているが（梅原 1931：p.117）、1946年論文では明言していない。

　梅原は、本書でいう画文帯同向式神獣鏡Cなどの資料を技術的特徴から「六朝代の鑄造と認められる」と指摘した上で、これらの分布域が三角縁神獣鏡などよりも拡大し、ほぼ列島全土に分布すること、「且つ山間の地區にまでも及んでゐる」点に注意を喚起し、それを可能とした交通路の存在や「我が上代の地方の發達」などを示すものであることを論じている（梅原1946：pp.37-38）。

　以上に述べたような、「支那鏡にあっては彼地で同じ笵で作られた遺品が少なからず我が國に齎され、また本邦鑄造鏡にあっても同じ笵の所産品が前者と共に各地に分散して副葬されている事實」（同：p.23）についての梅原の指摘は、次に掲げる小林行雄の同笵鏡論の基礎となっただけでなく、その後の古墳時代研究における舶載品の生産・流通への視角という点で直接的・間接的に多大な影響を与えたものと考えることができる。また5・6世紀代の同型鏡群に関するその後の主要な論点の多くがここにおいて提示されている点にあらためて注目しておきたい。

　用語の問題　また梅原は、上記の三角縁神獣鏡や同型鏡群などを含めて、同一文様鏡全体を広義の「同笵鏡」として捉えつつ、主に三角縁神獣鏡をはじめとするいわゆる魏晋鏡の同一文様鏡について「同笵鏡」の語で表現し、本書でいう5・6世紀代の同型鏡群については、「六朝代の踏返し鏡」として記述した。この2つの用語が、小林行雄をはじめ、1960年代以降においてそれぞれを指す用語として定着していくこととなる。後者の「六朝代の踏返し鏡」が単独で「同型鏡（群）」と呼ばれるようになるのは、三角縁神獣鏡の製作技術に関する研究が進展した1980年代以降であり、特に後述する川西宏幸の一連の研究（「同型鏡の諸問題」：川西 1992・1993a・b）が大きな画期となったとみ

ることができる。[2]

小林行雄の同笵鏡論・伝世鏡論 小林行雄は、上述のような梅原の研究をふまえ、同笵鏡分有関係図の作成とともに、それを通じた古墳の年代の検討を行った（小林・森 1947、小林 1951・1952）。その後、1953年の京都府椿井大塚山古墳における多量の三角縁神獣鏡の出土を契機としてこの観点をさらに発展させ、同笵鏡を「配布」する主体の存在を想定するとともに、前述のように「伝世鏡」の理解とあわせて古墳時代の開始と大和政権の政治支配拡大過程を論じている（小林行 1955・1961）。小林は、この中で三角縁神獣鏡の「同笵鏡」とともに5・6世紀代の同型鏡群についても検討を行っている。小林は、三角縁神獣鏡の同笵鏡出土古墳を「四世紀代と推定される諸古墳によって構成せられた一群」とし、本書でいう同型鏡群出土古墳を「五世紀後葉以降と推定せられる諸古墳から成り立っている」として区分し、「ここに、同笵鏡の分有関係によって結びつけられた諸古墳を、一群として取り上げるという方法のある」ことを指摘している（小林行 1961：p.108）。ただしこの論考では主に前者をもとに古墳の出現年代が論じられ、同型鏡群自体の評価は以下にみるように別の形で論じられることになる。

水野清一・樋口隆康の研究 この時期、梅原・小林らと並行して、各鏡種の系譜や位置づけについての検討が行われている。たとえば水野清一（1950）は、同型鏡群の画文帯仏獣鏡について、初期仏像表現という観点から検討し、原鏡の製作年代を3世紀末前後と想定している。また樋口隆康（1960）は画文帯神獣鏡の分類と年代観、流通について広く検討する中で、江南地域産と考えられる画文帯神獣鏡が5世紀代の古墳から出土すること、特に中南部九州の古墳から多く出土することについて注目し、本地域の勢力が独自の交易によって入手したものと想定している。

小林行雄の同型鏡群・隅田八幡神社人物画象鏡の研究 そうした中で、小林行雄は、1960年代に上梓した一連の論考において、同型鏡群についての本格的な検討を行っている。その端緒は「古墳文化の形成」（1962）であり、熊本県江田船山古墳出土鏡群などを具体例として、画文帯神獣鏡や画象鏡を舶載鏡と捉えている。そこでは、三角縁神獣鏡と対比しつつ「五面というような製作の限度はなかったようである」こと、分布が「魏の鏡よりも広く」なることを論じ

ている。また埼玉県稲荷山古墳の鉄剣銘文がまだ出土していなかった当時において、小林は江田船山古墳出土大刀の銘文について、「治天下獲□□ミヅ歯大王」（タジヒミズハワケ：反正天皇：倭王珍に比定されている）とする福山敏男（1934）の釈読に依拠し、江田船山古墳の年代を5世紀後半と捉えている（小林行 1961：p.253）。小林はその後、隅田八幡神社人物画象鏡について検討し、本鏡の図文が「倭の五王の時代に輸入した中国鏡を模作したもの」と捉え、上記の江田船山古墳の年代観から本鏡における「癸未年」の年代を443年と推定している。また上述の樋口の見解（1960）について「当時の九州中部の首長に、それだけの自由と実力とがあったとは考えるべきではあるまい」とし、銘文大刀の出土から、「畿内の王権と親密な交渉を保っていた人物」と捉え、近畿中央政権からの配布を示唆している（以上、小林行 1962、引用は小林行 1976：pp.34-35）。こうした見解は基本的理解として『古鏡』（1965）や「倭の五王の時代」（1966）にも継承され、これらを華中の劉宋から対外交渉の結果として輸入したことを論じている。

さらに上記人物画象鏡については、443年説を水野祐説（1954）として紹介し、支持しているが（水野自身は443年を「允恭朝」とする）、その理由の1つとして小林は、「問題の仿製鏡の製作年代も倭の五王の遣使によって、中国鏡輸入の機会が多かった五世紀のうちにおいて考えるほうが、古く輸入していた鏡を手本としたことにせねばならぬ、六世紀にさげて考えるよりは、可能性が強い」（1976：p.104）ことを挙げている。なお上記の福山敏男（1934）による江田船山古墳の大刀銘の釈読（反正天皇）と関連して、ここであらためて注目されるのは、福山自身が同じ論文中で隅田八幡鏡の「癸未年」については503年説を採っている点である。小林は、503年説について福山（1934）と乙益重隆（1965）の見解として紹介する中で、福山の理解については「男弟王」を継体天皇にあてることの問題点を論じ、また乙益が「斯麻」を武烈紀の「嶋王」にあてていることを紹介しながら、「しかし私としては、水野説に従って、允恭朝の製作とする立場をとりたい」と述べている（小林行 1976：pp.102-103）。

なお乙益は、隅田八幡神社人物画象鏡について、上記の銘文の釈読にもとづき、製作地として半島・百済地域の可能性を想定しており、後述する山尾幸久

とほぼ同じ結論に至っている点が注目される。またその上で乙益は、それを前提とした場合、「わが国の古墳時代に行われた日本産と称する仿製鏡の中に、意外に多量の朝鮮産仿製鏡が潜在しているのではないかという疑問がいよいよ深まってくる」とも述べている（乙益 1965：p.23）。

　また小林は、1960年代の論考では「同笵鏡」と述べているが、その後1981年の論考でこれらが中国鏡の踏み返し鏡であることを重視して、「これこそ真の同型鏡というべきもの」と述べながら、「その実体が、中国鏡の原鏡と、その踏み返し鏡との混合物である」ために用語として不十分であるとする。その上で、「原鏡の踏み返しを行った場所は、中国・韓国・日本の三者のすべてにわたる可能性があって、そのうちの一地域に限定することができない」とした。

　小　結　以上のように1960年代までの同型鏡研究の成果として、梅原・小林らの研究を捉えることができる。小林の議論は、梅原の技術論的検討の成果を前提としたものであるが、その所説は、①同型鏡群が5世紀代の劉宋からの輸入鏡であること、②近畿中央政権から各地の有力者に配布されたこと、③それらの一部をモデルとする隅田八幡神社人物画象鏡の製作年代は443年と推定されること、といった3点にほぼ集約される。このうち①②は現在に至るまで共通理解として継承されており、③についてはその後の検討の結果、後述するように現在は503年説が有力となっている。梅原・小林の研究をはじめ、ここで挙げた諸研究がその後の研究の基礎になったことを確認した上で、その後の研究史の展開について検討する。

（3）同型鏡群の製作地と製作年代・流通論Ⅱ：1970～1980年代

　武寧王陵・稲荷山鉄剣の発見と同型鏡群　1971年、韓国忠清南道公州市の宋山里古墳群から、523年銘の墓誌をもいつ武寧王陵が発見された。その中に、同型鏡群の一種である浮彫式獣帯鏡Bが含まれており、その位置づけや製作地が問題となった。樋口隆康は武寧王陵出土鏡について類例をもとに検討し、浮彫文様を付加した方格規矩四神鏡や上記の浮彫式獣帯鏡も含めて、六朝代の中国南朝で作られたものであり、百済を経由して列島にもたらされたと捉えた。樋口はその説明に際し、『日本書紀』において百済王が「七枝刀一口、七子鏡

一面」を献上したとする「神功紀」の記事に注目し、浮彫式獣帯鏡がこの「七子鏡」に該当する可能性を論じている(4)（樋口 1972）。あわせて、千葉県祇園大塚山古墳出土・画文帯仏獣鏡Bのように、外区を拡張して極大化したものについても、「仿製鏡」との銅質の違いから、列島産とすることに否定的な理解を示している。

　また 1978 年に埼玉県稲荷山古墳出土鉄剣において「辛亥年」「ワカタケル大王」を含む銘文が発見された後、同古墳出土の画文帯環状乳神獣鏡Bをはじめとして各種同型鏡群の内容と分布を検討し、江田船山古墳と稲荷山古墳の両者で「ワカタケル大王（雄略）」の名を記していることに注目しつつ、これらが大和から東西の列島各地の豪族に対して「分与」されたことを論じている（樋口 1980）。その後、時雨彰（1989・1990）が画文帯神獣鏡を集成して検討し、倭の五王の「朝貢交易」の結果としての輸入鏡として捉えた上で、中・後期の同型鏡群が大和政権から「地方豪族と同盟の証として配布」されたことを論じている。

　田中琢の倭鏡研究と同型鏡群　またこの時期に古鏡に関する著作を相次いで刊行した田中琢は、同型鏡群についての理解は大枠として小林らの見解を継承しながら、次の点について言及している。すなわち、①素文の外区を付加して極大化した千葉県祇園大塚山古墳出土画文帯仏獣鏡Bについては、「舶載鏡を型におしつけ、その周囲に無文の幅広い外区をつけたして鋳型を作る技法による製品である」として、倭製鏡説を採っている（田中琢 1979：p.29）。また②隅田八幡神社人物画象鏡の年代については、小林行雄の所説を参照しながら、岐阜県船木山 27 号墳出土の鼉龍鏡系と比較した上で、4 世紀代に製作年代が遡る可能性を論じている。ただし、モデルとなった「神人画像鏡」の流入がそこまで遡らないことを問題として挙げながら、半円形の周囲に鋸歯文がめぐらされているといった差異があることを指摘する。その上で、「しかし、倭鏡製作の歴史のなかにこの鏡を現在位置づけるならば、六、七世紀説がとれないことだけは確かだ」（同：p.71）とする。田中は 1981 年の『古鏡』でも 4 世紀説を再論しており、本鏡の年代が論点として重視されていたことがうかがわれる。

　山尾幸久の研究　他方、山尾幸久（1983・1989）は隅田八幡神社人物画象鏡の銘文を検討し、「癸未年」が 503 年である可能性が高いこと、また「斯麻王」

(武寧王）が継体へと贈るために作らせた鏡であるという観点から、百済製である可能性を論じている。503年説は、先に挙げた福山敏男（1934）や乙益重隆（1965）をはじめとして従来から指摘されているものであるが、1978年以前に稲荷山鉄剣が未発見であったことや、先に挙げた小林行雄や田中琢らの研究の影響力の大きさもあり、考古学的な検討にもとづき503年説が提起され、広く受け容れられるようになるのは1990年代以降である（車崎 1993b・1995、森下 1993b）。山尾の研究は、「癸未年」の理解のみならず、稲荷山鉄剣の発見以降における銘文全体の釈読の再検討という点で重要であり、百済製説という点も含めて現在まで大きな影響を与えつづけている。その後、たとえば篠川賢は、この銘文に「継体」は登場しておらず、武寧王が自身の即位を契機として倭に遣使し、継体の前大王に贈与したと解釈するなど（篠川 2016）、銘文の内容については文献史学の研究者の間でも見解が分かれているのが現状である。

　小　結　以上のように、1980年代までに、同型鏡群については南朝からの舶載鏡であり、列島にもたらされて以降は近畿から各地に流通したという見解が定着したものとみられるが、一方で隅田八幡神社人物画象鏡の製作年代や製作地について小林行雄とは別の見解が提示され、また外区を拡張した一群（前掲の画文帯仏獣鏡Bなど）についても列島産説が提示されるなど、倭製鏡生産の中でそれらをどう位置づけていくかが問題となったといえる。

（4）同型鏡群の製作地と製作年代・流通論Ⅲ：1990〜2000年代の研究①

　製作技術に関する検討①：笵傷と表面の観察　1990年代以降においては、同型鏡群の研究が大きく進展したが、その一因として、1980年代から2000年代にかけて、「舶載」「仿製」三角縁神獣鏡の研究の深化とともに、それらの「魏晋鏡」という観点での製作技術に関する研究が進展したことが挙げられる（e.g. 八賀 1984、福永 1991・1992、立木 1994、藤丸 1997）。その中でも特に重要な成果と考えられるのが、八賀晋による、製品における笵傷の進行からみた仿製三角縁神獣鏡の同笵鏡製作技術の研究（八賀 1984）、およびその方法を応用した清水康二らによる画文帯環状乳神獣鏡Aの傷と踏み返しの検討（粉川・清水 1991）などである。これらはいずれも方法論という点において、以

下で検討する川西宏幸の一連の研究およびその後の同型鏡群の技術論的な研究を大きく方向づけることとなった。

また笠野毅は五島美術館所蔵・伝岐阜県城塚古墳出土細線式獣帯鏡Cなどの観察から、踏み返し技法の繰り返しにより突線表現が鈍化することなどを具体的に例示している（笠野 1993）。中野徹は、漢鏡・唐鏡など各時期の中国鏡の製作技術を通時的に比較し、この中で、同型鏡群と関連の深い「建武五年」銘画文帯神獣鏡についても、南斉の498年の可能性とともに、蠟型使用の可能性といった観点から、隋唐代の復古鏡である可能性についても論じている（中野 1994）。後述する鈕孔製作技術や鉛同位体比なども含め、以下でみるような同型鏡群の研究の進展においては、こうした製作技術的な観点での研究成果の影響が非常に大きかった点を確認しておきたい。(5)

川西宏幸の研究 ここまでも言及してきたように、同型鏡群の研究史において画期となるのが、1992年以降川西宏幸によって発表された一連の論考であり（川西 1992・1993ab・2000）、2004年には新稿とあわせ『同型鏡とワカタケル』として一書にまとめられた。川西の論説は同型鏡群各種についても重要な指摘が多く、逐一検討すべきであるが、これらについては第2章以降に個別に参照することとし、ここでは同型鏡群全体の評価に関わる点について検討する。

傷の共有と製作順序の復元 川西の研究においては、各種の同型鏡群について、鏡の表面に残された（笵）「傷」の詳細な観察から製作順序（各鏡同士の「関係」）の復元が行われ、その上で製作地・製作年代・列島への流入年代・列島での流通形態・古墳時代中・後期の社会像といった総合的な検討が行われている。川西は全部で15種104面の資料を提示し、主に傷の共有のあり方と面径の収縮という点を指標としながら、同型鏡群が「同型」技法で製作されていること（ただし一部で「同笵」技法が用いられている可能性についても論及している）を明らかにし、各個別資料の製作順序における位置づけを確定した。なおこの成果は後述する上野祥史（2005）による追証をはじめ、多くの研究者によって支持されており、それ以後の同型鏡群研究の基本的理解となった。最近では三次元デジタルアーカイブによるデータの蓄積をもとにした検討の結果、川西の観察結果が追認されるとともに、笵傷の多寡と、鋳造後の研磨の影

響を受けにくい圏線下端の収縮とが相関することが明らかにされている（水野他 2008、水野敏 2012）。

原鏡候補の可能性と製作地の推定　こうした製作順序に関する分析をもとに、列島出土同型鏡群の中に「原鏡」候補が含まれる可能性を検討した結果、川西は、踏み返しのもとになる原鏡が少なくとも 31 面は必要であるとした上で、原鏡候補を含む「オヤコ」関係が想定されるのが 3 種（原鏡候補の可能性がある鏡が 3 面）：画文帯環状乳神獣鏡 C（4 面のうちの 1 面）、画文帯同向式神獣鏡 B（3 面のうちの 1 面）、画文帯仏獣鏡 A（4 面のうちの 1 面）に限定され、それらが同型鏡群の同種面数としては少数派に属すること（多いものでは画文帯同向式神獣鏡 C で 28 面を数える）、かつ原鏡候補となる鏡の日本や韓国での出土数が少なすぎること、そして原鏡候補となる画文帯仏獣鏡 A の資料が北京の故宮博物院に所蔵されていることを根拠として、同型鏡群の製作地としては日本列島や百済などが候補から棄却され、これらが南朝産である可能性が高いことを明らかにした。またその上で、こうした原鏡候補が列島出土鏡の中に含まれない理由として、輸出に際してこれらの原鏡がその貴重さゆえに対象として外されたことが推測されている。

製作年代と舶載年代および舶載の契機　また製作年代については七言句銘に注目し、銘文の内容として異例なものが多いことから原鏡の製作年代自体が新しい可能性を指摘している。さらに鋳造上の順序と古墳での副葬年代が一致しないことから、舶載年代と副葬年代を分離して考察することができるとする。その上で隅田八幡神社人物画象鏡の年代について、その模作の対象になったのが神人歌舞画象鏡と画文帯仏獣鏡であること、また画文帯仏獣鏡を模倣した倭製鏡の変遷が二次的模作とみられることから、モデルとしての同型鏡のストックが尽きかけていた段階に製作されたものと捉え、癸未年を 503 年と考えている。一方で、先にみた百済製とみる山尾幸久説（1983）については、「神人歌舞画象鏡ならびに画文帯周列式仏獣鏡が朝鮮半島で見出されていない点で、さらには、踏み返し時に半肉刻の図像を付加した武寧王陵出土の方格規矩鏡は中国製であり、百済の地で作鏡が行われた明証が得られていない点で、考古学上からは受け入れがたい」（p.144）としている。武寧王陵出土の同型鏡群については、「武寧王陵の出土品に南朝との交渉を示す陶磁器があることを念頭にお

いてもなお、同型鏡については日本から渡った可能性を残しておくべきであると思う」(p.137) と述べている。

輸入の実行者については小林行雄の所説に触れつつ「南朝へ使いを出していた畿内の最高政治勢力つまり畿内政権とこれをみた」とし、分布範囲の広さから各地域勢力の独自輸入説を否定しつつ、「「癸未年」鏡の製作工房で模作の対象となった神人歌舞画象鏡と画文帯周列式仏獣鏡二種は、畿内政権のもとに集積された同型鏡の一部であった」(p.144) とする。

その上で同型鏡群の輸入の契機として、出土古墳の年代の上限が須恵器のON46型式段階であり、先の隅田八幡神社人物画象鏡の年代 (503年) にもとづきON46型式が5世紀中葉段階であることを示した上で、倭王・珍による元嘉十五年 (438) の遣使および済による元嘉二十八年 (451) の両者において、倭王自らの将軍号の除正のみならず、「倭隋等十三人」あるいは「軍郡二十三人」というように、配下の有力者まで含めた除正が認められた時点に注目し、「同型鏡を輸入した契機として、外交に特別な進展をみたおりの方が、他の朝献時よりも可能性が高いことを、正史の記述によってみとめたいと思うのである」(p.145) とする。

同型鏡群の流通年代と流通形態　同型鏡群が列島各地に拡散した年代については5世紀中葉の舶載後に速やかに行われたものと捉え、先述のように「五〇三年頃にはもうほとんど尽きていた」こと、また「同時に、同型鏡のような南朝からの輸入品は、冊封下にあって朝献に赴いていた五世紀においてこそ、拡散が意義をもっていたと考えるからでもある」(p.147) と述べ、馬具においては伝世の事例が少ないことと対比しつつ、同型鏡群については基本的に5世紀代に拡散が終了した後、各地の事情で伝世が行われたとしている。特に東日本において伝世の事例が多いことについて、東日本では、西日本のような個人的財物ではなく、族的結合の象徴として長期保有されたことに理由を求めている。

そして同型鏡群の拡散方法を論じるにあたり、川西は鏡の配布方式について中央から各地に鏡を携えていく「下向型」と、中央で配布された鏡を地方へと持ち帰る「参向型」に区分し、前者が三角縁神獣鏡、後者が「人制」などを媒介とした同型鏡群の配布方式であると説明している。その上で、鏡群の分布傾向から、西指向・東指向・広域拡散といった各類型に区分しつつ、「各群のあ

いだで、拡散の発起の年代に明らかな差異をみとめることが難しいといわざるをえない」とする（p.153）。

「**同型鏡とワカタケル**」　川西の著書の後半（第二部）では、同型鏡の分析結果にもとづいて、書名ともなっている、同型鏡とワカタケル大王との関係が論じられている。ここには同型鏡の舶載年代とワカタケル大王をめぐる前提認識がある。それは、上記の須恵器ON46型式の実年代と同型鏡の出現年代、そしてワカタケルの即位年の問題である。川西は、ON46型式に後続するTK208型式について、「須恵器編年でいうTK二〇八型式の存続期が「獲加多支鹵大王」の時代とたとえ一部にせよ重なることは、推断してさしつかえないと思う。すなわち、同型鏡を輸入した機会として、元嘉一五年（四三八）の珍による朝献時か、または元嘉二八年（四五一）の済による朝献時の方が、他の朝献時よりも可能性が高いことを第一部第六章で指摘した。同型鏡の副葬が始まるON四六型式期の年代を、四三八年に近づけるにせよ、四五一年の方に傾斜させるにせよ、次のTK二〇八型式期の年代は、四五七年即位説が多い雄略の治世年とたとえ一部にせよ重なる、というわけである」（p.166）と論じている。同じ頁で、雄略の治世年について、『日本書紀』で西暦457〜479年に、『古事記』で467〜489年にあてることが一般的で、前者の書紀紀年を採る論者が多いとした上で、上記の文章が述べられている点が注意される。川西は上記の認識をもとに、同型鏡群の舶載年代から拡散年代への推移（ON46型式からTK208型式）がワカタケル大王の年代に「たとえ一部にせよ重なる」ことを前提とした上で、「5世紀中葉・後葉」の時代を「ワカタケル大王の時代」と捉え、「画期」とされるその時代の実態について考古資料にもとづいて議論する、という立場を明らかにしている（同）。ON46型式の実年代は、舶載契機を438年・451年のいずれとみるかによって変わることになるが、いずれにしても、それ以後の同型鏡群の拡散と副葬の主な年代が「457年以降」の「ワカタケル大王の時代」と重なることを主張していることになろう。

川西が具体的に例示したのは、ON46型式段階における大型前方後円墳の極大化の問題、須恵器生産技術の近畿からの波及、近畿周辺における円筒埴輪生産技術の粗雑化・簡略化、集落遺跡の拡大や韓式系土器の土師器への同化など、またTK208型式段階における大刀や馬具などの金属器生産の画期、墓制

の地域差、TK23型式以降における歴史意識の顕現（前期古墳への接近や三輪山祭祀の変化、銘文大刀にみられる事績の銘刻）などである。言い換えれば、列島での同型鏡群の出現の契機となったとされる須恵器のON46型式が、鏡のみならず、他の文化諸要素においても大きな画期となっており、TK208型式以降への展開という点でそれらの諸要素の変化がワカタケル大王の時代およびその画期性と深く関わっていることを論じたものである。この点でON46型式以降の諸要素の変化は重要であり、その実年代があらためて問題となるといえよう。

ワカタケル大王の即位年と須恵器型式の実年代の問題　この問題に関しては、川西が特に雄略の即位年について『日本書紀』の紀年にもとづく「457年以降」という年代を参照している点が1つの論点となると思われる。この頃、倭の五王の遣使が460年と462年に相次いで行われているが、文献史学では、460年を済の最後の遣使、462年を済の死後、興の即位遣使とする見方が一般的である（e.g. 坂元 1978、森 2010、前之園 2013、田中 2013）。またそうした理解の上で、倭王武をワカタケル大王とし、稲荷山鉄剣の「辛亥年」を471年とする立場から、興の死および武の即位を462年から471年の間と考える見解がある（天野 2010）。

　この点からすると、同型鏡群が出現したとされるON46型式が実年代としていつ頃であり、倭王武ないしワカタケル大王の即位とどのような時間的関係にあるのか、またON46型式以降とされる諸文化要素の変化がワカタケル大王の在位年間とどのような関係にあるのかといった問題自体があらためて検討課題となる。上述の川西の説明の中では、ON46型式の実年代が438年か451年のいずれかに近づく可能性という点から出発しているが、これは438年か451年のいずれかが同型鏡の輸入契機であるという仮説的理解を前提としている。そのようにみた場合、本来倭の五王の遣使年代や武の即位年の問題と須恵器のON46型式の実年代は別の問題であることから、筆者はON46型式やTK208型式の実年代についてはそれらとは切り離して、他の遺物の年代観など、考古学的な観点から推定した方がよいのではないかと考えている。具体的な年代観については次章以降で検討したい。

　小　結　以上、やや詳細に川西の成果について検討してきた。ここでみたよ

うに、川西の研究は梅原末治・小林行雄・樋口隆康以降の同型鏡群研究の到達点であり、同型鏡群の製作地や製作年代、流通形態や倭鏡との関係などについてもそれぞれに現時点での理解が提示され、多くの研究者から支持されている。筆者自身も基本的に川西の提示した一連の見解に賛同するものであるが、近年の漢鏡研究・古墳時代研究の進展によって、こうした川西の研究をふまえた上でさらに検討すべき課題が浮かび上がってきている。特に同型鏡群の列島での出現年代や「ワカタケル大王の時代」との関係、そしてその歴史的位置づけについては、川西の議論をふまえて年代観や具体的な論点についての検証が必要であると考える。このような観点から、以下川西以降の研究動向について具体的に検討する。

（5）同型鏡群の製作地と製作年代・流通論Ⅳ：1990～2000年代の研究②

倭製鏡研究の進展と同型鏡群 1990年代以降、漢鏡および倭製鏡の分類・編年研究が進み、その中で同型鏡群とその関連鏡群の位置づけについても検討が行われてきた。倭製鏡（仿製鏡）については、森下章司が前期から後期までを通した各系列の分類・編年を行い、その変遷を大きく3段階に整理した。これは1991年当時の年代観で「四世紀の仿製鏡」「四世紀末～五世紀中葉の仿製鏡」「五世紀後葉から六世紀の仿製鏡」とされ、その後、論者によって呼び方に違いはあるが、古墳時代倭製鏡の3段階編年（大まかに古墳時代前期・中期前半・中期後半～後期に対応）として広く支持されている[6]。この中で森下は、5世紀後葉から6世紀代にかけて、同型鏡群などの輸入を契機として、倭製鏡生産が再び活発化することを指摘した（森下 1991・1993a・b・1994・2002）。同向式神獣鏡B系、旋回式獣像鏡系、乳脚文鏡系、交互式神獣鏡系（画文帯仏獣鏡系）などがその代表的な系列として挙げられ、旋回式獣像鏡系の原鏡（獣像）を対置式神獣鏡、交互式神獣鏡系の原鏡を画文帯仏獣鏡と想定するなど、少なくともこれらの一部については原鏡として同型鏡群が採用された可能性が高いことを論じている。またいわゆる「鈴鏡」については、各系列に鈴があるものとないものが存在することを指摘し、「鈴鏡」として独立させることに疑義を提示しながら、各系列の変遷の中で位置づけることの重要性を論じている。

5・6世紀代の倭製鏡については、森下の成果が体系的であったがゆえに、1990年代後半以降は、上述の「鈴鏡」に関する論考（e.g. 大川 1997、西岡 2003・2005、八木 2009）を除くとあまり検討が行われていなかったが、後述するように、その後 2010 年代に入って、上野祥史や加藤一郎らにより旋回式獣像鏡系の、岩本崇や脇山佳奈らによって珠文鏡系についての詳細な検討が進められている（上野 2012a・2013c・2014b、加藤 2014、岩本 2012・2014・2016、脇山 2013）。

その一方で、交互式神獣鏡系（画文帯仏獣鏡系）については、以下でみるように、隅田八幡神社人物画象鏡との関係も含め、その後の議論の焦点の1つとなっている。

清水康二は、「倭の五王の鏡」について、「古墳時代中期の須恵器・馬具などの副葬開始以後、同型関係を確認できる鏡」と定義し、A類とB類に区分した。前者が劉宋代の踏み返し鏡とされる各鏡式、後者を「『倭の五王の鏡』A類を原鏡として、隅田八幡人物画像鏡と同一の製作原理で作られた倣製鏡」とし、他に奈良県平林古墳出土の画文帯仏獣鏡系（交互式神獣鏡系）などを挙げている（清水 1993）。清水は奈良県藤ノ木古墳出土鏡の報告において、これらの「倣製画文帯仏獣鏡」を編年し、型式学的に初現期と位置づけられる平林鏡の年代を「5世紀中葉を前後する時期」と捉え、そこから隅田八幡神社人物画象鏡の年代（癸未年）についても 443 年説を採っている（清水 1995）。

車崎正彦の研究　他方、車崎正彦は隅田八幡神社人物画象鏡や平林鏡について検討し、「鏡式を違えるけれども、同じく原鏡の面径を踏襲することや内区地紋の処置も酷似して、同じ作者の作品と断じるに躊躇はない」とし、〔平林鏡→隅田八幡鏡〕という変遷を想定している（車崎 1993b：p.71）。その上で車崎は、平林鏡などの交互式神獣鏡系出土古墳の年代が6世紀代のものが多いことから、平林鏡の製作年代が「5世紀に遡る公算は小さい」とし、平林鏡と作風を同じくする隅田八幡神社人物画象鏡の年代についても 503 年説を採っている（車崎 1993b・1995）。また車崎は六朝代の鏡を集成・検討し、同型鏡群が南朝産であるとする川西説を支持しつつ、京都府久津川車塚古墳の画文帯同向式神獣鏡とともに、「建武五年」銘画文帯同向式神獣鏡についても六朝代の踏み返し鏡（南斉建武五年：498 年）の脈絡で理解している（車崎編 2002）。

この建武五年銘鏡の問題については第2章第4節にてあらためて検討する。

同型鏡群の列島産説 同型鏡群は同一鏡種においても踏み返しが数次にわたって行われていることが観察されていることから、たとえば画文帯環状乳神獣鏡Aにおいて、初期段階の踏み返しは大陸で、新しい段階の踏み返しは列島で行われたという見解が提示されている（粉川・清水 1991）。また同一鏡種で5世紀代から6世紀代まで副葬年代に幅がある場合に、6世紀代の群馬県綿貫観音山古墳出土浮彫式獣帯鏡Bについては滋賀県三上山下古墳出土鏡のうちの一面を原鏡として列島で踏み返されて生産されたという見解も提示されている（飯島・小池 2000）。これらについても、川西が挙げた原鏡候補の問題や范傷といった製作技術の観点からの検証が有効と考えられるが、この飯嶋・小池らの意見に対する見解として、上野祥史は、仮に鏡同士の「踏み返し」の関係が復元される場合でも、そこから「踏み返し鏡」の製作地を列島内であると限定することは困難であることを指摘している（上野 2005）。

この他、河上邦彦が日本列島で3・4世紀以来伝世された鏡が5世紀代以降に列島で踏み返されて製作されたものであるという理解を提示している（河上 2006）。5世紀代以降の列島での鏡製作技術の問題とともに、同型鏡群の各鏡種が3・4世紀の列島遺跡出土鏡の脈絡で説明できるかどうかが課題といえよう。

同型鏡群の半島産説 同型鏡群の半島産説（もしくは半島経由舶載説）としては、西川寿勝が、同型鏡群が倭の五王の時代に南朝から倭国に下賜されたものとする見方を紹介しながら、半島での出土例から「半島の工人による製作で、百済からの贈り物という考えもあります」（西川寿 2008a：p.53）と百済産説の可能性を示唆している。また佐々木健太郎が、武寧王陵出土鏡などを論拠として、同型鏡の中に半島からもたらされた一群が存在する可能性を指摘している（佐々木健 2008：p.188）。西川はその後、田中晋作との対談の中で、「わたしは中期古墳の同型鏡について、中国南朝からの下賜ではなく、継体天皇時代のものでもなく、大半は四〇〇年代後半に百済から将来されたと考えています。やはり急速に拡散し、五〇〇年代前半には鏡はその政治力を失い、副葬も終了します。ですから、これらの鏡は百舌鳥・古市古墳群の被葬者集団を通じて、全国の有力者に供与されたと考えています。倭国内では供与としても、百

済からすれば軍事同盟を維持するための政治的道具として供給したのかもしれません」と自身の見解として発言している（西川・田中 2010：p.210）。「中国南朝からの下賜ではなく」という表現から、製作地を百済と想定しているものとみられるが、踏み返し鏡の製作という点のみならず、それを可能とした原鏡がどのようにして百済に存在したと想定できるかといった点も含め、詳論が期待される。

森下章司の同型鏡群の研究：旧説と新説　森下章司は、古墳時代の鏡全体の変遷の中で、同型鏡群の位置づけについて検討している。森下は、5世紀代の中国において銅鏡生産が著しく衰退していたこと、さらに「弥生時代中期とは異なり、同時期の中国で一般的に生産されていた鏡がそのままの形で持ち込まれたのではないことに、古墳時代の鏡の特色がある」ことを指摘した上で、「同笵・同型鏡群が中国からもたらされたものとすれば、それらは当時の中国の優品が与えられたのではなく、倭の需要に合わせて大量生産された製品と考えざるをえない。この大量生産品という三角縁神獣鏡の性格は、配布者にも理解されていたのであり、特定地域や特定古墳への大量配布という現象につながるのである」と論じている。その上で、「両者（引用者註：前期の三角縁神獣鏡と中期の同型鏡群）が中国鏡とすれば、このように半世紀以上の間をおいて、よく似た性格の鏡群がもたらされたのは、倭に対して特別に鏡を用意する方針が定番となっていたからであろう。それは、いくつかの王朝交替を経た後に復活した。三角縁神獣鏡の製作が一定期間にわたって維持されたことがその基盤となったのであろう」（森下 1994：pp.27-28）と述べ、同型鏡群が三角縁神獣鏡同様、倭国に向けて特別に生産・贈与された鏡である可能性を論じている（以下、森下旧説とする）。

　その後、森下は2004年の論考において、拓本資料（『鏡研搨本』）から新たに同型鏡群を確認し、伝仁徳陵古墳出土細線式獣帯鏡Bと武寧王陵出土の方格規矩四神鏡の同型鏡として、列島の古墳出土と想定される資料が存在することを指摘した。特に後者の武寧王陵出土鏡の同型鏡は浮彫表現が付加されていないものであり、原鏡の可能性も含めて重要な問題を提起している。

　森下はそうした新資料の検討をふまえた上で、同型鏡群の特徴として次のように述べている：「大きさや外区などに一定のまとまりをもつ三角縁神獣鏡と

比べると、同型鏡群は大きさ、図文などが多様である。14 cm くらいから
24 cm に至るまでの各種の大きさのものがある。鏡の図柄もさまざまで、た
えば線表現と浮彫表現の双方をふくむ。それは原鏡の違いに起因するわけでは
あるが、すくなくとも踏み返しの対象としての選択する際に、大きさや図柄の
統一性が重視された形跡は薄い。中国王朝からの下賜品であったとすれば、次
に問題とする文様附加・形態改変という特徴とあわせて理解に苦しむ特徴であ
る」（森下 2004a：p.26）。その上で森下は武寧王陵の文様付加事例と他の外区
拡大の事例などについて、「文様附加あるいは形態改変という細工」を同型鏡
群の特徴としてあらためて注目しつつ、「異国風の図文が入り込んだり、改変
が必要とされるような、さまざまな事情が同型鏡製作に関わっていたことをう
かがわせる」と指摘する。そうした理解の結果として森下は、「私は以前、同
笵・同型品が多いという特徴の共通性から、三角縁神獣鏡と同型鏡群の製作を
めぐる状況に共通の基盤があるものと考えたことがある。しかし鏡の大きさや
文様といった点からは単純に同一視はできないと考えをあらためるに至った」
（森下 2004a：p.29）として、上記1994年の所説とは異なる認識を示している
（以下、森下新説とする）。

　森下新説は、いわば同型鏡群の原鏡における種類・大きさの多様性と「非統
一性」（「鏡群としてのまとまりを欠くという特徴」）、さらに文様付加や形態改
変といった特徴から、三角縁神獣鏡と対比した場合に、一律に中国王朝からの
下賜品と捉える小林行雄説以来の考え方（森下旧説も含む）に対して自ら疑義
を示したものということができよう。ただその場合も、森下が、同型鏡群の製
作地については北京故宮博物院蔵鏡の存在から中国の可能性が高くなっている
こと、また百済・武寧王陵出土鏡群についても日本から百済にもたらされたと
考えていることの2点を明言している点をあわせて確認しておきたい（森下
2012a：pp.108-109）。

　同型鏡群の集成と年代・流通の論点　森下はそうした新出資料をふまえ、川西
の挙げた資料以外の関連資料も含めて同型鏡群の集成を提示し、論点の整理を
行っている（森下 2011a）。第2章で検討するように、森下が認定した同型鏡
群の集成が現時点で最も充実したものであり、本書ではそれにいくつかの新出
資料を加えて検討を行っている。また森下の当該論考は伝仁徳陵古墳（大仙陵

古墳)出土・細線式獣帯鏡B(ボストン美術館所蔵)についての検討にもとづくものであるが、当該資料は大仙陵古墳から出土したものである可能性が低いことが指摘されており(徳田 2008)、それをふまえて森下も本鏡と仁徳陵古墳の間に直接の関係は想定できないとしながら、同型鏡群の最古例が須恵器のON46型式とされ、仁徳陵古墳の造営時期と重なることを論拠として、「仁徳陵古墳の被葬者が活躍した時期に輸入が始まった可能性は高い」(森下 2011a:p.41、2012a)ことを指摘している。また序章でも引用しているように、列島への伝来経緯については、「その到来が外交関係によるものか、一般の物品交流によるものか」といった2つの可能性を挙げつつ、その限定については、上述の「新説」の立場から慎重な姿勢を示している(森下 2011a)。

福永伸哉の研究 福永伸哉は、継体政権期における威信財戦略の転換について検討し、交互式神獣鏡系などの倭製鏡の生産が、森下が5世紀後半〜6世紀代とした段階の中でも、特に「畿内」型横穴式石室をはじめとした各種威信財の創出とともにいわゆる「継体朝」期の6世紀初頭の時期に行われた可能性を指摘しつつ、その意義を論じている(福永 2005b)。また隅田八幡神社人物画象鏡についても同様の脈絡から検討し、同鏡の通例の倭製鏡との違い(乳が内区の区画基準となっていない、重量が極端に重いなど)から、斯麻王(武寧王)が銅鏡生産に不慣れな百済工人に作らせ継体に贈与したもの、とする見解を提示している(福永 2011)。上述のように人物画象鏡についてはこれまでも半島(百済)産説が提示されているが(e.g. 乙益 1965、山尾 1983)、モデルとなった同型鏡(神人歌舞画象鏡など)が製作時点でどこに存在していたと考えるのかといった点も含め、あらためて論点となっているといえよう。

上野祥史の研究 上野祥史は、同型鏡群における踏み返し+外区改変といったあり方が南朝などに限らず陝西省出土の環状乳神獣鏡のように華北でも認められることや、5世紀代以降の南北朝期の墓葬から出土する漢鏡の具体例を挙げ、それらの鋳上がりが良好で表面が踏み返しを想起させる表面状況ではないことから、5・6世紀代に中国において踏み返し鏡の原鏡が存在していたことを根拠としつつ、これらの同型鏡群が中国で製作された可能性が高いことを論じている(上野 2005)。また先行研究で問題とされてきた千葉県祇園大塚山古墳出土鏡について検討し、原鏡が3世紀末〜4世紀前後のもので、上述の脈絡

で外区を拡大した南朝産の踏み返し鏡として製作されたことを論じるとともに、当該古墳を ON46 型式の須恵器を伴出する同型鏡群の最初期の資料として位置づけている（上野 2013a）。あわせて上野は、後述するように半島南部地域出土鏡の検討において、同型鏡群と各種倭製鏡の両者が相互に面径の大小において序列をなす（同型鏡群＞中型倭製鏡＞小型倭製鏡）ことを指摘し、列島内でもそれが貫徹していることを示しており（上野 2004）、この観点において、上述の祇園大塚山古墳出土鏡が、面径 30.3 cm で同型鏡群の中でも最大級であり、当該期の鏡の格付けにおいて最上位であることを明らかにしている（上野 2013a）。

岡村秀典の研究　岡村秀典（2011a）は、列島の古墳文化を東アジアの観点から論ずる中で、南北朝の時期に新たに列島にもたらされた中国鏡を大きく第一様式と第二様式に区分している。第一様式が漢代の獣帯鏡・画象鏡・画文帯神獣鏡を踏み返したもので、「漢鏡のなかで大型鏡を選び、漢鏡が薄手につくられるのに対して、この同型鏡は一キログラムをこえる重厚な鏡が多い」とし、製作地や経緯については川西説が妥当とする。第二様式は漢鏡を範としつつ新たに創作の手を加えたもので、「第一様式につづいて南斉・梁でつくられた」とする。さらにこれを A〜C 類に細分している：A 類は武寧王陵出土の方格規矩四神鏡で、浮彫図像を中国の伝統的な意匠とみる。B 類は建武五年（498）銘画文帯同向式神獣鏡で、漢代の文様を南朝風にあらため、白銅質の地金が隋唐鏡の質感をもつ、とする。C 類は画文帯仏獣鏡で、仏菩薩像が「五世紀後葉にはじまる中国式の服制を採用している」とする。岡村は、「A〜C 各類の先後関係はわからない」としながら、「東晋代に衰退していた江南での鏡生産が、漢鏡を踏み返した第一様式によって復興をなしとげ、さらに南朝風の新しい図像文様を加えた第二様式において隋唐鏡への橋渡しとなる南朝鏡が完成した」と捉えている。さらに、先述の千葉県祇園大塚山古墳出土の画文帯仏獣鏡における外区拡大と同様の手法が、陝西省永寿県出土の画文帯神獣鏡（25 cm）と河南省洛陽出土鏡（飛鳥文を施した拡大外区を伴う：33 cm）の両者の間で認められることを示し、原鏡が「銘文から隋の中国統一後に淮南で制作された」と捉え、各単位文様などが B 類の画文帯神獣鏡に近似しており、「外区の付加による大型化の志向とともに、南朝鏡から隋鏡への継承関係」を

示すものとした。また隅田八幡宮人物画象鏡については503年説を採りつつ、第二様式A類の鏡が武寧王陵から出土していること、また「C類の同型鏡が南朝から百済をへて倭にもたらされたと考えられる」ことから、「武寧王が忍坂宮のフト（継体）王のために作ったと考える百済製説（山尾 1983）も一考に値しよう」としている。

岡村の議論で筆者が重要と考えるのは、田中が列島産の論拠とした外区拡大技法が「南朝から隋鏡へ」という脈絡において、中国鏡の事例として存在することを明示した点、さらに南朝鏡を様式区分し、かつ第一様式と第二様式の間に時期差を想定している点である。このうち、第二様式のA類やB類とした資料は5世紀末から6世紀初頭の資料であるが、C類とした画文帯仏獣鏡については、原鏡の年代を先述のように3世紀末～4世紀初頭前後とする見解（e.g. 水野清 1950、川西 2004、上野 2011b・2013a）や「西晋の中葉」頃とする見解（岡内 1995）、また列島での出土古墳の年代が5世紀中葉まで遡る点（e.g. 千葉県祇園大塚山古墳出土画文帯仏獣鏡B、川西 2004、上野 2011b・2013a）などとの整合性が課題となろう。

製作技術に関する検討②：鈕孔形態・製作技術と鉛同位体比　先に三角縁神獣鏡における笵傷に関する研究成果（e.g. 八賀 1984）などが1990年代以降の同型鏡群の研究の進展に大きく影響を与えたことをみたが、その後、同様に製作技術の観点から注目されている属性として、鈕孔形態および鈕孔製作技術が挙げられる。これまでも三角縁神獣鏡や魏晋鏡が長方形鈕孔をもつことが注目されているが（福永 1991）、5世紀代の同型鏡群においては、鈕孔の底辺が鈕座面に一致するという特徴があることが指摘されている（秦 1994）。前述のように、車崎正彦は、この秦の指摘をふまえつつ、「建武五年」銘画文帯神獣鏡の年代を南斉498年と想定している（車崎編 2002）。

また柳田康雄は、踏み返しの際に原鏡の鈕孔の痕跡が同型鏡の鈕孔の周囲に残ることを鈕孔の観察により明らかにしている（柳田 2002b・2011）。こうした点は、同型鏡群の認定とともに、同型鏡の各鏡式・鏡種相互の関係を考える上でも有効と考えられ、筆者自身もそうした観点からこれまで鈕孔形態・鈕孔製作技術に注目して観察を行ってきた（辻田 2013a・2015c）。次章以降でこの点について具体的に検討したい。

またいわゆる同型鏡群の鉛同位体比に関しては、東京国立博物館所蔵資料についてまとまった分析が行われている（西田 1986）。同型鏡群として独立した分析はなされていないが、画文帯四仏四獣鏡のデータが呉鏡と一致することが指摘されている点が注意される。その後、北九州市立考古博物館を中心とした共同研究において、漢代の虺龍文鏡とその踏み返し鏡と想定される資料の間で鉛同位体比に差がみられることが指摘されている（藤丸 1994・1996、平尾・鈴木 1996）。同型鏡群を含め、中・後期古墳出土鏡については分析データが一定数存在する一方で、製作地に関する体系的な分析は行われておらず、この点については第2章で検討する。

　小　結　以上のように、川西の研究と並行して、1990年代を通じて同型鏡群の製作地・製作年代についての議論が行われる中で、列島産説・半島産説が論じられながらも、全体としては川西の説が広く支持され、南朝産説にほぼ収斂しつつあるのが現状である。列島での出現年代については、川西が指摘したON46型式・大仙陵古墳の時代が注目されている（森下 2011a、上野 2013a）。また隅田八幡神社人物画象鏡については、倭製鏡研究の進展から、考古学的な観点からも503年説が有力視されつつある。あわせて、製作技術的な観点での検討が進んできていることも近年の特徴といえよう。

（6）同型鏡群の製作地と製作年代・流通論Ⅴ：1990〜2000年代の研究③
　最後に、同型鏡群の流通の問題についての研究動向について触れておきたい。大きく分けて①列島への流入形態・経路や流入時期と、②列島内での流通形態・年代といった2つの問題がある。

　同型鏡群の列島への流入形態・経路・流入時期　まず流入経路については、南朝から直接輸入したとする川西説（2004）の他、上述のように百済による贈与とする見解もある。流入形態については、政治的な交渉から交易まで含めて、あえて可能性を限定しない形での議論が多いように思われる。流入時期に関しては、上述のように古墳での最古の出土例から須恵器のON46型式段階という理解（川西 2004）が提示され、千葉県祇園大塚山古墳の出土遺物の再検討からそれが追認されている（上野編 2013）。その場合に、従来同型鏡群は「倭の五王の鏡」として位置づけられてきたが、川西も強調しているように、実際に

は副葬される古墳の年代が「倭の五王の時代」でも後半期、特に「雄略朝」の時代に集中することも注目されてきている（上野 2009）。

その問題とも関連するが、加藤一郎（2014）は、森下の倭製鏡分類でいう旋回式獣像鏡系の分類・編年を行うとともに、製品同士の比較から、旋回式獣像鏡系の古相の製作年代（加藤は須恵器の TK23 型式とする）と隅田八幡神社人物画象鏡の製作年代（503）年が近接するという観点にもとづき、須恵器の TK23 型式の実年代が 503 年と接点をもち、かつ TK23 型式の始まりが 475 年頃であると主張する。これは、白井克也（2003）による馬具と短甲による年代観（TK23〜47 型式を 475〜515 年頃とする）を援用したものとする。また「同型鏡群の日本列島への流入時期については、先述したような祇園大塚山古墳鏡の副葬時期が下降する可能性をみとめて TK208〜23 型式段階以降とみるのであれば、倭王武による朝貢の時期（477 年および 478 年）あるいは若干さかのぼって倭王済による可能性が高いと考えられている 460 年の朝貢などの際に流入したものであろう。もちろん同型鏡群の流入は複数回であった可能性も十分にある」とする見解を提示している（加藤 2014：pp.14-15）。さらに交互式神獣鏡系の年代観についても言及しており、従来の 6 世紀代の製作とする見方（e.g. 車崎 1993b・1995、福永 2005b）に対し、旋回式獣像鏡系の製作開始を TK23 型式≒475 年頃と捉えるとともに、隅田八幡神社鏡を 503 年頃と捉え、交互式神獣鏡系の出現時期もそれと大きな隔たりがないと推測している（同）。

この加藤の見解について下垣仁志は、「これだと「TK23 型式段階」が 28 年以上、「TK47 型式段階」が 12 年以下になってしまい、きわめて不均衡な年数配分になる難点がある。しかも、この時期比定に依拠して、旋回式獣像鏡系が「倭王武の時期に製作が開始されたこと」や、「〔引用者註：上述の加藤による同型鏡群の流入年代についての言及部分〔pp.14-15〕、重複するため割愛〕」とする想定まで導出しており、あやうさが増幅されている。加藤の検討をつうじて、癸未年が 503 年である蓋然性はいっそう高まったが、旋回式獣像鏡系やその関連鏡群の相対編年上の位置づけについては、調整の余地が少なからずある」と評している（下垣 2016a：p.208）。

この問題については第 3 章にてあらためて検討するが、以上のように流入時

期については、川西宏幸（2004）がON46型式を定点として438年・451年舶載説を提起し、また森下章司（2011a）がON46型式≒大仙陵古墳の時代として扱った見方と、それ以降の特に（TK208～）TK23型式以降に主体があり、実年代も477・478年もしくは遡って460年とする見方（加藤 2014）の大きく2つの見解がある。この点は、倭の五王による遣使の実態を考える上でも重要な問題である。

同型鏡群の流通形態と流通年代　②の列島内での流通の問題については、特に流通の年代についていくつかの意見がある。川西は、上述のように、隅田八幡神社人物画象鏡や交互式神獣鏡系倭製鏡のモデルとなった神人歌舞画象鏡や画文帯仏獣鏡といった同型鏡群について、中央において同型鏡のストックが尽きかけた段階の所産としており、一部は中央政権下で保管されていたものがあることを論じているが、基本的には同型鏡群の大半が5世紀代に流通して以降各地で伝世されたとする理解を提示している（川西 2004）。また森下章司（1998a）は、倭製鏡を中心として、5世紀代に製作された鏡が6世紀代の古墳から出土する事例を集成し、古墳時代において伝世の事例が非常に一般的であったことを明らかにしている。上野祥史は、千葉県金鈴塚古墳出土・旋回式獣像鏡系の型式学的検討にもとづき、旋回式獣像鏡系の中でも古相とみられる本事例が6世紀代に副葬される点について、在地的伝世の観点から説明している（上野 2012a）。

　他方で、高松雅文は、「継体朝」期の政治的連帯に関する考古資料の検討（高松 2007）との関連において、一部の同型鏡群において、「継体朝」期に特徴的で継体政権によって関連が深い地域や集団に対して配布されたと考えられる器物（広帯二山式冠・捩り環頭大刀など）との共伴事例が多いことから、そうした同型鏡群が「継体朝」期に配布された可能性を論じている（高松 2011）。上述のように、笵傷から想定される同型鏡群の製作順序は、出土古墳の新古とは対応しないことが明らかにされていることから（川西 2004）、製作年代の時期幅をさほど長期間と見積もることができない場合は、同型鏡群の一部が中央政権下で保管・伝世されることがどの程度ありえたのか、といった点が問題になろう（辻田 2012ce）。

各地での伝世か、近畿での伝世か　この問題と関連して、たとえば5世紀代に

おいて三角縁神獣鏡など前期古墳出土鏡が副葬される事例についても、それ以前の古墳時代前期（3・4世紀代）に配布された後に各地で伝世されたとする見解（e.g. 森下 1998a、川西 2004、上野 2012b・2013a、下垣 2011b・2012a・2013a・2016a）と、近畿中央政権下で伝世された後に副葬年代に近いタイミングで配布されたとする見解（e.g. 田中晋 1993・2009、辻田 2014b）がある。この問題について加藤一郎は、従来古墳時代後期の製作と想定されてきた倭製鏡の交互式神獣鏡系（静岡県宇洞ヶ谷横穴墓群出土鏡）において、三角縁神獣鏡の笠松文様が用いられており、他の同時期の倭製鏡においても前期鏡の模倣と想定されるものが認められることから、近畿中央政権下で前期以来の鏡の長期保有が行われた可能性を積極的に認めている（加藤 2015b）。中・後期における地域間関係や政治秩序の実態を考える上では、こうした観点での各地域社会や中央政権の実態および長期保有のあり方についての検討が重要となろう。

鏡の面径の大小と各地での出土傾向・倭製鏡生産　前述のように、上野祥史は、5・6世紀代における半島南部地域出土鏡の検討を行う中で同型鏡群と中期後半以降の倭製鏡の面径を比較し、大型鏡を主体とする同型鏡群と小型鏡を主体とする倭製鏡が組み合わさって序列化され、各地に配布された可能性を論じている（上野 2004）。また上野は半島南部地域においてもこの序列が貫徹しており、5世紀後半以降において全羅南道地域と、新羅・大加耶にあたる慶尚道地域との間に倭製鏡の面径において差がみられることを指摘する。その上で、5世紀前半の墳墓などにみられる帯金式甲冑に伴う漢鏡・魏晋鏡などの出土と、旋回式獣像鏡系などの氏のいう第3期倭鏡（森下［1991・2002］の5世紀後半～6世紀の倭製鏡に該当）の出土が内容的に異なっており、相互に「断絶」が見出されるとともに、この間の列島・半島諸地域の相互交渉の変遷を読み取っている（上野 2013c・2014b）。

　中・後期の日本列島における同型鏡群の流通という点では、同型鏡群の鏡種によって広域に分布するもの、西日本に偏るもの、東日本に偏るものなどが存在することが指摘されている（川西 2004、上野 2013a）。同型鏡群・倭製鏡のいずれも基本的に近畿を中心に各地に小型鏡が分散するという前期以来の分布傾向を示す一方で、局所的に分布が偏る地域が存在するなど前期とは異なる様

相を示すことが指摘されている（下垣 2011b）。

　また先にも述べたように、近年小型の倭製鏡の中でも、珠文鏡の研究が進んでいる（岩本 2012・2014a・2016a、脇山 2013）。古墳時代における倭製鏡の生産終了の時期について、従来「遅くとも 6 世紀前半までは行われていた」（森下 2002）とする見解が主流であったが、岩本は珠文鏡の生産が 6 世紀後半代まで継続した可能性について論じている（岩本 2014a）。また珠文鏡は前期以来古墳時代を通して製作される系列であるが、岩本は、「中期中葉」（「ON46 型式」の時期）に、突線菱雲文を組みこんだ新たな一群が生み出され、一部の大型の神獣鏡系倭製鏡の製作とともに、倭製鏡生産の画期をなす可能性を論じている（岩本 2016a）。

　鏡の授受の実態と「参向型」　前述のように、同型鏡群の流通形態が「参向型」である可能性が高いことが指摘されているが（川西 2004）、同型鏡群のうち、どの程度の資料が川西が論じたように「人制」のような形での中央への出仕などを媒介とするのかという点が具体的な論点として挙げられる。川西は前期の三角縁神獣鏡について、同型鏡群の「参向型」と対比して「下向型」を想定したが、その後、古墳時代前期以降、古墳時代を通じて「参向型」での器物の授受が基本であったとする見解が主流となりつつあり（e.g. 下垣 2003b、森下 2005b、辻田 2006・2007a・b）、それらの実態を考古学的にどのように説明できるかという点が課題といえる。またあわせて、序章でも挙げた、田中良之の古墳時代親族構造研究において、双系的な基本モデルⅠから、父系直系継承を志向する基本モデルⅡへと転換するとされる「5 世紀後半」の時期（田中良 1995・2008）は、同型鏡群の出現・展開という点でも重要な時期であり、上述の「人制」の問題も含め、鏡の流通形態・授受のあり方と社会組織や政治関係の変遷との関係が大きな課題といえよう（辻田 2014b・2015b）。この問題については本書第 4 章で具体的に検討する。

（7）銅鏡の資料集成と古墳時代銅鏡研究

　以上、同型鏡群の流通の問題について、研究動向を論じてきた。古墳時代中・後期の鏡の流通とその社会的・政治的背景を考える上では、同型鏡群だけでなく、倭製鏡との関係や面径の大小の違い、他の遺物との共伴関係はもとよ

り、出土古墳・遺跡における出土状況や出土遺跡の地域社会および広域的な動向の中でのあり方などが問題となる。その意味で、2000年代に刊行された『考古資料大観5 弥生・古墳時代 鏡』(車崎編 2002)および『三次元デジタル・アーカイブを活用した古鏡の総合的研究』(奈良県立橿原考古学研究所編 2005)・『考古資料における三次元デジタルアーカイブの活用と展開』(水野編 2010)などの刊行は、鏡の写真・三次元デジタルデータの集成・公開および基礎資料の充実という点できわめて重要な成果である。また同型鏡群に関しては、川西宏幸の『同型鏡とワカタケル』(2004)において、そこで検討されたほとんどの同型鏡資料について、詳細な観察写真が提示された。そして2010年代においては、下垣仁志が『倭製鏡一覧』(2011a)および『列島出土鏡集成』(2016b)を刊行し、国立歴史民俗博物館のデータベース(白石他編 1994、白石・設楽編 1997)の全資料を再検討しつつ、それを大きく上回る弥生・古墳時代および関連資料6,290面の銅鏡資料について、悉皆的に各資料の分類上の位置づけを明示するなど情報を整理・公開しており、今後の古墳時代銅鏡研究の展開を考える上でも学史上の一大画期ともいうべき重要な成果となった。下垣は同時に『古墳時代銅鏡の研究』(下垣 2016a)を刊行し、この中で倭製鏡研究を中心に古墳時代銅鏡の研究史・研究論文を網羅的に整理・検討している。これらは同氏の『三角縁神獣鏡研究事典』(下垣 2010a)とあわせ、現在までの古墳時代銅鏡研究の到達点を示すものといえる。今後は、各研究者・各調査研究機関の不断の努力によって積み重ねられてきた基礎資料および研究成果の膨大な蓄積をもとに、新たな研究が生み出されていくものと期待される。

2. 問題の所在

以上、同型鏡群やその関連資料の理解に関する先行研究について検討を行ってきた。大枠として、梅原末治・小林行雄や樋口隆康の議論を基礎としながら、川西宏幸の研究に代表されるような、製作技術の検討をふまえた生産・流通についての議論が行われており、研究の到達点を示しているといえよう。そしてその上で関連する同時代資料も含めた検討が行われているのが現状であ

る。

　製作地については、川西（2000・2004）の南朝産説が多くの研究者によって支持されているといえる。筆者自身が川西の研究における多くの成果でとりわけ重要と考えているのは、川西が同型鏡群南朝産説の根拠として挙げた、列島出土鏡の中に原鏡候補となる鏡が少なすぎるという点である。この点は、他のさまざまな資料や論拠にもとづいて列島や半島南部での踏み返し生産などを想定する場合、必ず問題となる点であり、この点を含めた説明が求められるといえよう。上野（2005）が挙げた南北朝時代の漢鏡や外区改変の事例、また岡村（2011a）が提示した南朝から隋鏡への変遷観および外区拡大の中国における具体例なども、同型鏡群が南朝産である可能性が高いことを示している。その一方で、序章でも述べたように、この時期の南朝産と推測される考古資料が同型鏡群以外にどの程度存在するのか、という点も問題として存在している。この点は、森下（2011a）が指摘した、同型鏡群すべてが倭国による南朝との外交交渉の所産としてもたらされたのか、あるいは交易など多様な形での交流の結果もたらされたのかといった問題、また南朝と倭国との直接交渉の結果であるのか、あるいは百済を経由した流入なのかといった問題とも関わってくる。同型鏡群の列島での出現年代については、大まかに「5世紀中葉以前」とみるか「5世紀後半以降を中心とする」かどうかという点で意見が分かれており、倭の五王の遣使に伴うものとみた場合でも、どのようなタイミングでどのように列島にもたらされたのかについては不明な点が多いのが現状である。

　また学史的に同型鏡群の関連資料として一貫して検討されてきた隅田八幡神社人物画象鏡の製作年代（癸未年）については、現在は503年説が最も有力視されており、ほぼ共通見解といえる。その主たるモデルが同型鏡群の一部としての神人歌舞画象鏡である場合に、継体政権成立前後の時期にどこでどのような形でモデルとして採用され、製作されたかという点が議論の焦点であるといえる。他方で、同型鏡群の出現と相前後して活発化したとされる各種の倭製鏡の生産についても、年代観についての問題が解決されておらず、隅田八幡鏡とあわせて考えていく必要がある。

　以上のような点をふまえつつ、筆者自身が同型鏡群について具体的な課題として考えるのは次の2点である。まず第1に、「同型鏡群」を一括した鏡群と

して捉えることができるかどうか、その上で同型鏡群の「生産体制」といった議論が可能なのかどうかといった問題である。この点は、以前森下が旧説(1994)において論点として掲げた問題意識と重なってくるが、三角縁神獣鏡の生産体制との共通性や違いも含めた検証が必要と考える。序章でも述べたように、この問題は、同型鏡群の列島への流入が将軍号除正に伴う対外交渉や「特鋳鏡」といった脈絡ですべて説明できるのか、あるいは一部には交易でもたらされたものが含まれるといったことがあるのかどうか、そしてそういった可能性を絞り込むこと自体が可能であるのかどうか、といった点の検証とも言い換えることができよう。特に鏡式や鏡種の構成がどのようにして生み出されたのか、また同型鏡群の中で製作技術がどの程度共通するのかしないのか、といった点が課題と考える。

第2の問題として、前項の最後でみた流通年代と流通形態という点が挙げられる。列島での出現年代と流通開始年代は、第1の問題および倭の五王の遣使とも深く関わる問題として、不可避の検討課題である。また上述のように流通形態に関しては、近畿から各地に「参向型」で分配された可能性と、その中での「人制」との関わり(川西 2000・2004)という点が指摘されているが、具体的な課題として、a)「人制」とどのように関わっているのかという点についての具体的な分析、また、b)「継体朝」期以降に配布されたといった可能性がどの程度想定可能であるのか(髙松 2011)といった点が挙げられる。

以上、研究史の検討をふまえ大きく2つの点を課題として設定した。以下、まず第2章では、上記の第1の問題について主に検討を行う。本章の中でも問題となった倭製鏡との関係については第3章にて検討する。上記の第2の問題については第4章以降にて検討を行う。最後に、それらの検討をふまえ、第5章では文献史学の議論との接合を試みたい。[7]

註
(1) 同笵関係の初期の認定の事例として、梅原(1921)の成果が挙げられる。
(2) この時期、樋口隆康(1952)が鳥取県普段寺1号墳出土三角縁神獣鏡と関連資料について、「同型鏡」の語で検討を行っており、技術的な観点において1990年代以降と同様の用法で用いているが、この時期においては広義での「同笵鏡」の語がより一般的に用いられていたようである。

（3） ただし①については、小林が江田船山古墳の銘文大刀の「大王」を反正天皇と捉え、かつ隅田八幡神社人物画象鏡について 443 年説を採っていたことから、劉宋からの同型鏡群の輸入年代については 443 年以前に遡ると考えていたことになるが、これは稲荷山鉄剣の発見以前の見解であり、この 2 つの前提にもとづく同型鏡群輸入年代の理解は、稲荷山鉄剣発見後の現在では成立しないと考えられる点を確認しておきたい。

（4） 樋口（1972）が論じた「七子鏡」については、小林が『古鏡』（1965）で論じている。小林は「七子鏡」が従来いわれているような鈴鏡（e.g. 喜田 1920）などではなく「四世紀の鏡」であるとして、「私の結論を簡単にいうと、この鏡は、同時に百済から献上した七枝刀と同じく、鍛鉄の技法でつくった鉄鏡であって、七子という名称は、北斗七星などの星辰を象嵌であらわしていたことから生じたのではないかと考える」（小林 1965：pp.124-125）と論じている。

（5） 三角縁神獣鏡の同笵技法については、復元製作実験が行われている（鈴木勉 2016）

（6） この 3 段階編年の呼称の問題については第 3 章で検討する。

（7） 本章は辻田（2013a）の研究史に関する検討部分をもとにしているが、そのときに検討することができなかった諸研究、またその後の研究動向の展開によって新たに問題となってきている点について、全体として大幅に加筆・修正を行っている。なお触れることができなかった論点も多く、それらについては以下の各章にてあらためて検討したい。

第2章　同型鏡と関連鏡群の系譜と製作技術

　第1章では、同型鏡群の問題を中心として先行研究とその論点を概観した。本章では、特に東アジアにおける同型鏡群の位置づけを考える上での基礎作業として、同型鏡群の鏡式・鏡種の系譜や製作技術について検討する。以下では、まず第1節において、現在知られている同型鏡群の資料一覧を提示するとともに、各鏡種の原鏡の系譜および鈕孔形態を中心とした製作技術について検討し、同型鏡群の全体像の把握を行う。その上で第2・3節においては、各鏡種ごとに、川西をはじめとした個別の先行研究の成果をふまえつつ、特に筆者自身の鈕孔製作技術に関する観察結果をふまえた分析を行い、各種同型鏡群の生産の実態について検討する。第4節では、同型鏡群を中国・南朝の鏡として位置づけることが具体的に可能かどうかという観点から、同型鏡群の関連資料としてこれまでも検討されてきた「建武五年」銘画文帯神獣鏡の系譜と製作技術について検討し、同型鏡群との対比を行う。第5節では、本章の検討結果として、5・6世紀代の東アジアにおける同型鏡群の位置づけを明らかにしたい。

第1節　同型鏡群の原鏡の系譜と鈕孔製作技術

1. 同型鏡群の資料と特徴

（1）本書が対象とする資料と同型鏡群の認定基準

　ここではまず、同型鏡群の各鏡式・鏡種について整理を行う。第1節でもみたように、川西宏幸（2004）は、15種104面を同型鏡群として挙げている。川西が検討したのは同型鏡が複数存在する鏡種であるが、同型鏡が存在しない

ながら、5世紀代以降にみられる中国鏡についても、5世紀代以降の輸入鏡として例示しつつ検討している（川西 2004）。その後、森下章司（2011a）は先述の『鏡研搨本』の拓本資料（森下 2004a）や新規に同型関係が確認された資料（e.g. 沖ノ島7・8号遺跡出土盤龍鏡［水野編 2010］）などを追加し、また現状で1面しか存在しないものの同型鏡群の中に含めて考えられるものも含めて、25種122面の資料を集成しており、前述のように現時点で最も充実した同型鏡群の集成といえる。本書で提示するのは、森下の資料に一部追加を行ったものである。

森下の集成以降、筆者も福岡県勝浦峯ノ畑古墳出土資料の整理（辻田 2011a）などを通じて同型鏡群の新資料について確認したため、それらを追加した（辻田 2012a）。その後、中国の個人所有資料の中に画文帯仏獣鏡Bの新資料が含まれていることが明らかになったため（浙江省博物館編 2011）、それを含め、同型鏡群およびそれに関連すると考えられる資料として、26種126面を提示した（辻田 2013a）。

さらにそれ以降、韓国中央博物館蔵・画文帯環状乳神獣鏡A（清水 2013）、韓国斗洛里32号墳出土・浮彫式獣帯鏡A（ビョン 2014）・出土地不明の画文帯同向式神獣鏡Bなどを追加したため、現状で28種134面を数える。以下では同型鏡群の総数について、「約130面」と表記する。資料の一覧を表1・表2に示す。面径は目安として、同種の同型鏡の平均値を表記しており、個別資料の面径の詳細については次節以降をご参照いただきたい。この一覧表では、大まかに原鏡の鏡式・文様構成が示す製作年代上限を指標として、古いものから順に配列している。鏡式名は、川西・森下のものを基礎としつつ一部変更・追加を行っている。同一鏡式で存在する別の鏡群については、両氏の命名に従いアルファベット表記により区別を行っている。これについては基本的には森下（2011a）のものと同一であり、筆者が新たに追加したのは、大分県鏡堂古墳出土鏡（「神獣車馬画象鏡［二神龍虎車馬画象鏡］」、1面のみ）と、大阪府茨木市・青松塚古墳出土画文帯環状乳四神四獣鏡（1面のみ：画文帯環状乳神獣鏡D）、熊本県才園古墳出土鍍金求心式神獣鏡（1面のみ）の3鏡種である。

ここでいう同型鏡群の認定基準としては、いわゆる同型鏡・同一文様鏡が存

在する点が第1である。他方で、森下も挙げているように、1面しか存在しないものについても、同一文様鏡が存在する一群の特徴との対比から認定できる場合がある。その場合の特徴として、従来指摘されてきた、突線の鈍化（笠野1993）・広範囲での鋳肌の残存（中野 1996）・鈕孔形態および鈕孔製作技術（秦 1994、柳田 2002b、辻田 2013a）などが挙げられる。そうした観点から現状で示すことができたのが表1・表2の134面ということになる。特に同一文様鏡が存在しない単独資料については、上記のような技術的特徴、そして以下で検討する鈕孔製作技術などを認定基準として実見観察を重ねることにより、今後も増加する可能性がある。ひとまず本書では、この2つの表に掲げた134面を基礎資料として検討を行うこととしたい。同型鏡群に含まれる可能性がある参考資料については、第3節で具体的に例示しつつ検討したい。

（2）同型鏡群の分布・出土傾向・種類と大きさ

　以下で具体的な検討を行うに先立ち、ここで簡単に、同型鏡群の全体的な傾向について概観しておきたい。大きく、①分布・出土地、②遺跡での出土傾向、③種類と大きさの3点である。

　本書が検討の対象とするのは図1に示す東アジアである。このうち、同型鏡が遺跡から出土しているのは、日本列島と朝鮮半島南部にほぼ限定される（表2）。中国では、北京故宮博物院蔵・画文帯仏獣鏡 A をはじめ、関連資料の存在が知られるものの、現状で遺跡出土例は未確認である。韓国では遺跡出土例が2例（全羅北道南原市・斗洛里 32 号墳出土浮彫式獣帯鏡 A と、公州市・武寧王陵出土鏡群）存在しており、その他出土地不明のものが知られる（第4章：図117）。また韓国国立中央博物館蔵画文帯環状乳神獣鏡 A は伝・開城とされるが詳細不明である。日本列島出土事例が最も多く、九州から関東まで広く出土している。従来から指摘されているように、山陰や北陸、東北地方など現時点で出土がみられない地域も存在し、また九州や関東などで多数出土するといった傾向が認められる（第4章：図112）。第1章でみたように、同型鏡群の製作地については諸説あるが、現状の分布中心は確実に日本列島、近畿地域である。中国での生産が想定されながら、出土例のほとんどが日本列島に集中するという点で三角縁神獣鏡と共通するが、一方で韓国での遺跡出土事例の

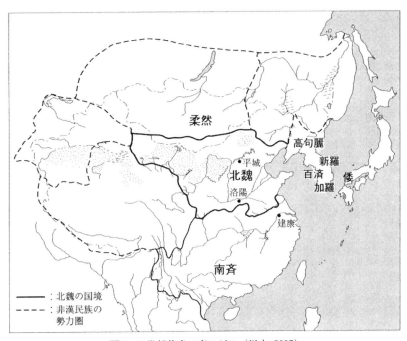

図1　5世紀後半の東アジア（川本 2005）

存在という点で違いがあることが確認できる。

次に②の遺跡での出土傾向であるが、韓国の事例も含めて、遺跡出土鏡においては古墳・墳墓からの出土がほとんどである。その他、福岡県沖ノ島遺跡出土鏡などの祭祀遺跡出土鏡がわずかに含まれている。遺跡の年代はいわゆる5世紀後半の古墳が最も多く、6世紀代まで副葬事例がみられる。この点と関連して特徴的なのが、これらの同型鏡群が出土した時期（遺跡の年代ではなく出土した年）の問題である。表1をみて明らかなように、出土地不明および「伝」遺跡出土資料が非常に高い割合を占めている。これは、博物館の購入資料であったり、個人蔵の資料が多く含まれる点に起因するが、それ以外の出土遺跡や古墳が明確な資料においても、いわゆる戦後の学術調査や開発に伴う緊急調査によって出土した資料というのは、埼玉県稲荷山古墳礫槨・奈良県吉備塚古墳など、わずかに37例しか存在しない。それ以外の大半の資料は、戦前の不時発見・盗掘・乱掘などによるもの、もしくはそれにより市場などに売却

表1 同型鏡一覧・鏡種別

一覧番号	鏡式名	面径	番号	略称	出土遺跡	発見年	所蔵
1	方格規矩四神鏡	17.8	1	方	武寧王陵	1971	韓国・国立公州博物館
2		—	2		出土地不明・鏡研搨本	江戸以前	不明
3			1		桜塚古墳群	不明	米国
4			2		土室石塚古墳	1892〜93頃	個人蔵
5			3		今井1号墳	1983	橿原考古学研究所
6	細線式獣帯鏡A	約22.3	4	細A	伝・大安寺古墳	不明	五島美術館
7			5		伝・八女市吉田	不明	南善吉氏旧蔵
8			6		勝浦峯ノ畑古墳	1975	福岡県教育委員会
9			7		日隈1号墳	1864	日隈神社
10	細線式獣帯鏡B	23.5	1	細B	伝・仁徳陵古墳(ボストン美術館蔵)	江戸以前(1972?)	ボストン美術館
11		—	2		出土地不明・鏡研搨本	江戸以前	不明
12	細線式獣帯鏡C	20.6	—	細C	南出口(城塚)古墳	1869	五島美術館
13	細線式獣帯鏡D	18.1	—	細D	武寧王陵	1971	韓国・国立公州博物館
14	細線式獣帯鏡E	23.6	—	細E	樹之本古墳	1907	東京国立博物館
15			1		斗洛里32号墳	2013	全北大学校
16			2		伝・慶尚南道	不明	東京国立博物館
17			3		笹原古墳	明治	伊藤吉治氏旧蔵
18			4		木ノ下古墳	1964	三重県埋蔵文化財センター
19			5		藤ノ木古墳	1988	文化庁
20	浮彫式獣帯鏡A	約17.5	6	浮A	沖ノ島21号遺跡	1970・78	宗像大社
21			7		沖ノ島21号遺跡(推定)	1978・78	個人蔵
22			8		国越古墳	1966	熊本県立装飾古墳館
23			9		伝・持田1号墳	1930	宮崎県総合博物館
24			10		伝・持田古墳群	不明	辰馬考古資料館
25			11		伝・新田原山ノ坊古墳群A	1924	国立歴史民俗博物館
26			12		伝・新田原山ノ坊古墳群B	1924	国立歴史民俗博物館
27			1		武寧王陵	1971	韓国・国立公州博物館
28	浮彫式獣帯鏡B	約23	2	浮B	綿貫観音山古墳	1968	文化庁
29			3		三上山下(推定・甲山)A	1898	九州国立博物館
30			4		三上山下(推定・甲山)B	1898	九州国立博物館
31	浮彫式獣帯鏡C	17.8	—	浮C	江田船山古墳	1873	東京国立博物館
32	浮彫式獣帯鏡D	20.6	—	浮D	伝・大和	不明	泉屋博古館
33	浮彫式獣帯鏡E	20.3	—	浮E	新沢173号墳	1964	橿原考古学研究所
34	盤龍鏡	破片	1	盤	沖ノ島7号遺跡	1954	宗像大社
35		11.6	2		沖ノ島8号遺跡	1954	宗像大社
36			1		鏡塚古墳	不明	五島美術館
37			2		高井田山古墳	1991	柏原市教育委員会
38	神人龍虎画象鏡	約20.5	3	画龍	米山古墳(愛宕山古墳)	1899	東京国立博物館
39			4		築山古墳	1907	東京国立博物館
40			5		伝・馬ヶ岳古墳	江戸以前	不明
41			1		伝・秋山古墳群	弘化	不明
42			2		亀塚古墳・第2主体部	1951	東京国立博物館
43			3		西塚古墳	1916	宮内庁書陵部
44			4		トヅカ古墳	1874	京都国立博物館
45	神人歌舞画象鏡	約20.3	5	画歌	伝・長持山古墳	明治	ボストン美術館
46			6		郡川西塚古墳(伝八尾市郡川)	1902	東京国立博物館
47			7		伝・八尾市郡川	不明	和泉市久保惣記念美術館
48			8		朱千駄古墳	不明	個人蔵・岡山県立博物館
49			9		番塚古墳	1959	九州国立博物館

一覧番号	鏡式名	面径	番号	略称	出土遺跡	発見年	所蔵
50			10		出土地不明・根津美術館蔵 A	不明	根津美術館 A
51			11		出土地不明・根津美術館蔵 B	不明	根津美術館 B
52			12		出土地不明	不明	不明
53			1		トヅカ古墳	1874	京都国立博物館
54	神人車馬画象鏡	約22.2	2	画車	伝・京都郡（仲津郡）	江戸以前	藤井有隣館
55			3		江田船山古墳	1873	東京国立博物館
56	神獣車馬画象鏡	20.1	—	—	鑑堂古墳	江戸末期	豊後高田市黒松地区
57			1		吉備塚古墳	1986・2002	奈良教育大学
58			2		持田20号墳	昭和以降	不明
59			3		迎平6号墳	1975	阿蘇神社
60			4		江田船山古墳	1873	東京国立博物館
61	画文帯環状乳神獣鏡 A	約14.8	5	環 A	津頭西古墳	1917	東京国立博物館
62			6		西郷免（古墳？）	1885	東京国立博物館
63			7		山の神古墳	1933	九州大学
64			8		国越古墳	1966	熊本県立装飾古墳館
65			9		伝・野木神社周辺古墳	1779	不明
66			10		出土地不明（伝・開城）	不明	韓国・国立中央博物館
67			1		観音塚古墳	1945	高崎市教育委員会
68			2		稲荷山古墳	1968	さきたま資料館
69	画文帯環状乳神獣鏡 B	約15.3	3	環 B	大多喜台古墳	1952	個人蔵
70			4		波切塚原古墳	1925	個人蔵
71			5		伝・京都郡（仲津郡）	不明	藤井有隣館
72			6		伝・新田原山ノ坊古墳群	1924	国立歴史民俗博物館
73			1		伝・八幡市内里	不明	不明
74			2		藤ノ木古墳	1988	橿原考古学研究所
75			3		伝・都祁村白石古墳	不明	（福井県立博物館）
76	画文帯環状乳神獣鏡 C	約21	4	環 C	釜ヶ原瓢箪式塚古墳	不明	不明
77			5		油津古墳	1863	東京国立博物館
78			6		出土地不明	不明	個人蔵
79			7		伝・金ヶ崎（等彌神社蔵）	嘉暦	等彌神社蔵
80	画文帯環状乳神獣鏡 D	14.8	—	環 D	青松塚古墳	1947	京都大学
81	鍍金求心式神獣鏡	11.7	—	求	才園古墳	1938	あさぎり町教育委員会
82			1		よせわ1号墳	1862？	金照寺・篠山町歴史美術館
83	画文帯対置式神獣鏡	約20.2	2	対	金子山古墳	1950	慈眼寺
84			3		江田船山古墳	1873	東京国立博物館
85			4		出土地不明	不明	個人蔵
86	画文帯同向式神獣鏡 A	約14.8	1	同 A	恵下古墳	1928	東京国立博物館
87			2		出土地不明・韓国梨花女子大所蔵	不明	韓国・梨花女子大
88			1		出土地不明・旧ブリング氏蔵鏡	不明	C.Bull 氏旧蔵
89			2		大須二子山古墳	1948	南山大学人類学研究所
90	画文帯同向式神獣鏡 B	約19.4	3	同 B	狐山古墳	1932	東京国立博物館
91			4		出土地不明	不明	不明
92			5		渡邊正氣氏拓本鏡	不明	現物不明
93			6		伝・持田古墳群	不明	個人蔵
94			1		古海原前1号墳	1985	大泉町教育委員会
95			2		雀宮牛塚古墳	1877	東京国立博物館
96			3		奥ノ原古墳	1898	東京国立博物館
97			4		亀山2号墳	1958（1968？）	岡崎市教育委員会
98			5		丸山塚古墳	1957	若狭町教育委員会
99			6		井田川茶臼山古墳 A	1972	三重県埋蔵文化財センター

第2章 同型鏡と関連鏡群の系譜と製作技術 47

一覧番号	鏡式名	面径	番号	略称	出土遺跡	発見年	所蔵
100	画文帯同向式神獣鏡C	約21	7	同C	神前山古墳A	1905	黒川古文化研究所
101			8		神前山古墳B	1905	京都国立博物館
102			9		郡川東塚古墳	1897	個人蔵
103			10		新沢109号墳	1964	橿原考古学研究所
104			11		勝福寺古墳	1929	個人蔵・川西氏教育委員会
105			12		勝浦峯ノ畑古墳A	1975	福岡県教育委員会
106			13		勝浦峯ノ畑古墳B	1975	福岡県教育委員会
107			14		沖ノ島21号遺跡(推定)	不明	大英博物館
108			15		江田船山古墳	1873	東京国立博物館
109			16		持田25号墳	昭和以降	広島・耕三寺博物館
110			17		出土地不明・黒川古文化研究所蔵鏡	不明	黒川古文化研究所
111			18		出土地不明・五島美術館所蔵鏡	不明	五島美術館
112			19		伝・飯田市下川路	不明	東京国立博物館
113			20		井田川茶臼山古墳B	1972	三重県埋蔵文化財センター
114			21		伝・神島	不明	八代神社
115			22		里古墳	1997	加古川市教育委員会
116			23		牛文茶臼山古墳	1912	東京国立博物館
117			24		酒屋高塚古墳	1940	京都大学
118			25		持田24号墳	昭和以降	宮崎県総合博物館
119			26		出土地不明・奈良国立博物館所蔵鏡	不明	奈良国立博物館
120			27		神前山古墳C	1905	不明
121			28		天塚古墳	1887(1945?)	京都大学
122	画文帯仏獣鏡A	約21.5	1	仏A	鶴巻塚古墳	明治前半	五島美術館
123			2		大須二子山古墳	1948	名古屋市博物館
124			3		王墓山古墳	1909	東京国立博物館
125			4		出土地不明・北京故宮博物院所蔵鏡	不明	北京故宮博物院
126	画文帯仏獣鏡B	約30.4(23.5)	1	仏B	祇園大塚山古墳	1891	宮内庁書陵部
127		約23.6	2		伝・御猿堂古墳	不明	開善寺
128		約23.6	3		国分古墳	不明	個人蔵
129		約23.6	4		旧金剛輪寺蔵鏡	江戸以前	京都国立博物館
130		約23.6	5		出土地不明・キヨソーネ・コレクション鏡	不明	イタリア・ジェノヴァ博物館収蔵
131		約33.6(23.5)	6		出土地不明・旧ベルリン民俗博物館所蔵鏡	不明	旧ベルリン民俗博物館
132		23.5	7		出土地不明・古鏡今照	不明	個人蔵
133	八鳳鏡	18.9	1	鳳	奥山大塚古墳	1934	東京国立博物館
134		18.9	2		出土地不明	不明	

された古美術資料ということになる。そのため出土地不明資料をあわせると、全体として戦前出土事例が134面のうちの72%(97面)を占めている。これは、三角縁神獣鏡や各種倭製鏡をはじめとした前期古墳出土鏡が、戦後の開発に伴う緊急発掘によって全国各地で爆発的に出土例が増加したこととは対照的である。

　この点については第4章第2節であらためて言及するが、表2で少数派に属する100m超級の大型前方後円墳などでは盗掘や戦前の不時発見・破壊に伴う例が大半である一方で、戦後の調査事例は小規模墳での出土事例が多い傾向

表2 同型鏡出土地名表

県・国	遺跡番号	出土遺跡	出土地名	墳丘形態・規模	略称	埋葬施設	歴博番号	一覧番号
北朝鮮	1	出土地不明（伝・開城）	伝・開城		環A		—	66
韓国	2	武寧王陵	韓国・忠清南道公州市		方	横穴式石室・王棺	—	1
					細D	横穴式石室・王棺	—	13
					浮B	横穴式石室・王棺	—	27
	3	斗洛里32号墳	韓国・全羅北道南原市	楕円形墳・21m×17.4m	浮A	竪穴式石槨	—	15
	4	伝・慶尚南道	韓国・慶尚南道		浮A		—	16
栃木	5	雀宮牛塚古墳	宇都宮市新富町	帆立貝式・56.7	同C	木棺	13	95
	6	伝・野木神社周辺古墳	伝・下都賀郡野木町野木		環A		31	65
群馬	7	観音塚古墳	高崎市八幡町	前方後円・90.6	環B	横穴式石室・組合式木棺	4	67
	8	綿貫観音山古墳	高崎市綿貫町	前方後円・97	浮B	横穴式石室	9	28
	9	恵下古墳	伊勢崎市上植木本町恵下	円墳・27	同A	変形竪穴式石槨	123	86
	10	古海原前1号墳	邑楽郡大泉町古海	帆立貝式・53	同C	礫槨	193	94
埼玉	11	伝・秋山古墳群	伝・本庄市児玉町秋山字塚原	古墳	画歌	石材あるが形式不明	17	41
	12	稲荷山古墳	行田市埼玉	前方後円・120	同C	礫槨・舟形木棺	30	68
千葉	13	大多喜台古墳	夷隅郡大多喜町下大多喜台	円墳・25	環B	木棺直葬	6	69
	14	祇園大塚山古墳	木更津市祇園字沖	前方後円・110〜115	仏B	組合式石棺	11	126
	15	鶴巻塚古墳	木更津市永井作	円・40	仏A	組合式石棺直葬	12	122
東京	16	亀塚古墳・第2主体部	狛江市元和泉	帆立貝式・40	画歌	木炭槨	12	42
石川	17	狐山古墳	加賀市二子塚町	前方後円・54	同B	箱式石棺	27	90
福井	18	西塚古墳	三方上中郡若狭町脇袋字野口	前方後円・74	画歌	横穴式石室	41	43
	19	丸山塚古墳	三方上中郡若狭町天徳寺字丸山	円・50	同C	不明	44	98
	20	国分古墳	小浜市国分字大門（推定）	前方後円・50	仏B	横穴式石室	45	128
長野	21	伝・御猿堂古墳	飯田市上川路字西	前方後円・66.4	仏B	横穴式石室	100	127
長野	22	伝・飯田市下川路	—	不明	同C		105・115	112
岐阜	23	南出口（城家）古墳	揖斐郡大野町野字南出口	前方後円・83	細C	竪穴式石槨	59	12
静岡	24	奥ノ原古墳	掛川市岡津字奥ノ原	円墳	同C	不明	88	96
愛知	25	大須二子山古墳	名古屋市中区門前町	前方後円・100m>	仏A	不明	3	123
					同A	不明	4	89
	26	笹原古墳	春日井市勝川町	不明	浮A	不明	31	17
	27	亀山2号墳	岡崎市丸山町亀山	古墳	同C	横穴式石室	68	97
三重	28	木ノ下古墳	亀山市木下町宮ノ前	帆立貝式・31	浮A	粘土槨・組合式石棺	26	18
	29	井田川茶臼山古墳A・B	亀山市井田川町	古墳	同C	横穴式石室・箱式石棺	27	99
				古墳	同C	横穴式石室・箱式石棺	28	113
	30	神前山古墳A・B・C	多気郡明和町岩内	造出付円墳・38	同C	不明	97	100
					同C	不明	98	101
					同C	不明	99	120
	31	伝・神島	伝・鳥羽市神島町	不明	同C		121	114
	32	波切塚原古墳	志摩市大王町波切	円墳・約20	環B	不明	132	70
滋賀	33	三上山下（推定・甲山）A・B	伝・野洲市三上	不明	浮B		47	29
				不明	浮B		48	30
京都	34	天塚古墳	京都市右京区太秦松本町	前方後円・71	同C	横穴式石室	56	121
	35	鏡塚古墳	京都市西京区松尾	不明	画龍		58	36
	36	伝・八幡市内里	伝・八幡市内里		環C		161	73
	37	トヅカ古墳	京田辺市飯岡小山	円墳・25	画歌	竪穴式石槨	180	44
					画車	竪穴式石槨	181	53
	38	桜塚古墳群	豊中市岡町〜南桜塚	不明	細A		11	3
	39	青松塚古墳	茨木市室山	円墳・20	環D	横穴式石室	34	80
	40	土室石塚古墳	高槻市土室町	不明	同C		51	4
	41	郡川西塚古墳（伝八尾市郡川）	伝・八尾市郡川	前方後円・60	画歌	横穴式石室・組合式木棺	98	46

第2章 同型鏡と関連鏡群の系譜と製作技術 49

県・国	遺跡番号	出土遺跡	出土地名	墳丘形態・規模	略称	埋葬施設	歴博番号	一覧番号
大阪	42	郡川東塚古墳	八尾市郡川	前方後円・50	同C	横穴式石室	101	102
	43	伝・八尾市郡川	伝・八尾市山本高安町	不明	画歌		110	47
	44	高井田山古墳	柏原市高井田	円墳・22	画龍	横穴式石室・組合式木棺	134	37
	45	伝・長持山古墳	伝・藤井寺市沢田	円墳・40	画歌	竪穴式石槨・家形石棺	135	45
	―	旧金剛輪寺蔵鏡	―	不明	仏B		159	129
	―	伝・仁徳陵古墳	―	―	細B		205	10
兵庫	46	勝福寺古墳	川西市火打	前方後円・41	同C	横穴式石室	53	104
	47	奥山大塚古墳	姫路市奥山	円墳・15	鳳	組合式木棺・竪穴式石室・粘土槨	123	133
	48	よせやま1号墳	篠山市菅	円墳?	対	粘土槨?	181	82
	49	里古墳	加古川市平荘町里	前方後円・45	同C	竪穴式石槨	253	115
奈良	50	伝・大安寺古墳	伝・奈良市大安寺	不明	細A		37	6
	51	吉備塚古墳	奈良市高畑町奈良教育大学構内	円墳・25>/前方後円・40>	環C	箱形木棺	38	57
	52	藤ノ木古墳	生駒郡斑鳩町法隆寺西	円墳・48	横C	横穴式石室・家形石棺	63	74
					浮A	横穴式石室・家形石棺	65	19
	53	伝・金ヶ崎（等彌神社蔵）	伝・桜井市金ヶ崎	不明	環C		163	79
	54	新沢109号墳	橿原市川西町	前方後円・28	同C	割竹形木棺直葬	171	103
	55	新沢173号墳	橿原市川西町	円墳・14	浮E	組合式木棺直葬	178	33
	56	今井1号墳	五條市今井町上垣内	前方後円・31	細A	竪穴式石槨・割竹形木棺	320	5
	57	米山古墳（愛宕山古墳）	宇陀市榛原上井足字米山	前方後円・37	画龍	竪穴式石槨?	331	38
	58	伝・都祁村白石古墳	伝・奈良市都祁白石町	古墳	環C	不明	355	75
	59	伝・大和	―	―	浮D		389	32
岡山	60	朱千駄古墳	赤磐市穂崎字阿部	前方後円・65	画歌	長持形石棺	76	48
	61	牛文茶臼山古墳	瀬戸内市長船町牛文	帆立貝式・48	同C	竪穴式石槨	161	116
	62	築山古墳	瀬戸内町長船町美須恵	前方後円・82	画龍	竪穴式石槨・家形石棺	162	39
	63	釜ヶ窪瓢箪式塚古墳	瀬戸内市邑久町山手字釜ヶ原		環C		168	76
	64	西郷免（古墳?）	瀬戸内邑久町山田庄字西郷免	墳墓	環A	不明	170	62
	65	王墓山古墳	倉敷市日畑字赤井	円墳・25	仏A	横穴式石室?家形石棺	215	124
広島	66	酒屋高塚古墳	三次市西酒屋町高塚	帆立貝式・46	画歌	竪穴式石槨	80	117
香川	67	津頭西古墳	綾歌郡綾川町小野字津頭	円墳・7.2?	環A	竪穴式石槨	65	61
愛媛	68	金子山古墳	新居浜市西之土居町金子	円墳・25	対	竪穴式石槨	4	83
	69	樹之本古墳	今治市朝倉	円墳・30	細E	竪穴式石槨	32	14
福岡	70	勝浦峯ノ畑古墳	福津市勝浦	前方後円・100	同C	横穴式石室	294	105
					同C	横穴式石室	296	106
					細A	横穴式石室	298	8
	71	沖ノ島7号遺跡	宗像市大島字沖ノ島		盤		320	34
	72	沖ノ島8号遺跡			盤		323	35
	73	沖ノ島21号遺跡			浮A		367	20
		沖ノ島21号遺跡（推定）		不明	同C		240	107
		沖ノ島21号遺跡（推定）			浮A		368	21
	74	山の神古墳	飯塚市枝国字石ヶ坪	前方後円・80	環A	横穴式石室	396	63
	75	伝・八女市吉田		不明	細A		480	7
	76	番塚古墳	京都郡苅田町尾倉	前方後円・50	画歌	横穴式石室	532	49
	77	伝・馬ヶ岳古墳	伝・京都郡みやこ町犀川花熊	不明	画龍		537	40
	78	伝・京都郡（仲津郡）	伝・行橋市・京都郡みやこ町		画車		541	54
	79	伝・京都郡（仲津郡）	伝・行橋市・京都郡みやこ町		環B		542	71
熊本	80	江田船山古墳	玉名郡和水町江田字清原	前方後円・62	画車	家形石棺直葬	9	55
					対	家形石棺直葬	10	84
					同C	家形石棺直葬	11	108
					環A	家形石棺直葬	12	60
					浮C	家形石棺直葬	13	31
	81	迎平6号墳	阿蘇市一の宮町手野字的場	円墳	環A		42	59

県・国	遺跡番号	出土遺跡	出土地名	墳丘形態・規模	略称	埋葬施設	歴博番号	一覧番号
	82	国越古墳	宇城市不知火町長崎字国越	前方後円・62.5	環A	横穴式石室・家形石棺	80	64
				前方後円・62.5	浮A	横穴式石室・屍床	82	22
	83	才園古墳	球磨郡あさぎり町免田西字永才	円墳・15	求	横穴式石室	101	81
大分	84	鑑堂古墳	豊後高田市草地字黒松	円墳・20	—		28	56
	85	日隈1号墳	日田市庄手字中ノ島	不明	細A		77	9
	86	伝・持田1号墳	児湯郡高鍋町持田	前方後円・100	浮A	竪穴式石槨	10	23
	87	持田20号墳	児湯郡高鍋町持田	帆立貝式・13.5以上	環A	木棺直葬？	17	58
	88	持田24号墳	児湯郡高鍋町持田	円墳・25	同C	不明	18	118
	89	持田25号墳	児湯郡高鍋町持田	円墳・16	同C	不明	19	109
宮崎	90	伝・持田古墳群	児湯郡高鍋町持田		浮A		44-1	24
	91	伝・持田古墳群	児湯郡高鍋町持田		同B		—	93
	92	伝・新田原山ノ坊古墳群	伝・児湯郡新富町新田原字山ノ坊	不明	環B		60	72
	93	伝・新田原山ノ坊古墳群A	伝・児湯郡新富町新田原字山ノ坊	不明	浮A		61	25
	94	伝・新田原山ノ坊古墳群B	伝・児湯郡新富町新田原字山ノ坊	不明	浮A		62	26
	95	油津古墳	日南市油津字油津	円墳・25	環C	竪穴式石槨	104	77
—		出土地不明	鏡研搨本		方		—	2
—		出土地不明	鏡研搨本		細B		—	11
—		出土地不明	根津美術館蔵A		画歌		—	50
—		出土地不明	根津美術館蔵B		画歌		—	51
—		出土地不明			画歌		—	52
—		出土地不明			環C		—	78
—		出土地不明			対		—	85
—		出土地不明	韓国梨花女子大所蔵		同A		—	87
—		出土地不明	旧ブリング氏蔵鏡		同A		—	88
—		出土地不明			同B		—	91
—		出土地不明	渡邉正氣氏拓本鏡		同B		—	92
—		出土地不明	黒川古文化研究所所蔵鏡		同C		—	110
—		出土地不明	五島美術館所蔵鏡		同C		—	111
—		出土地不明	奈良国立博物館所蔵鏡		同C		—	119
—		出土地不明	北京故宮博物院所蔵鏡		仏A		—	125
—		出土地不明	キヨソーネ・コレクション鏡		仏A		—	130
—		出土地不明	旧ベルリン民俗博物館所蔵鏡		仏B		—	131
—		出土地不明	古鏡今照		仏B		—	132
—		出土地不明			鳳		—	134

がある。すなわち、5世紀代以降の大型古墳は保存状態が良好もしくは未調査の事例が多いため、そうした古墳に副葬されている事例はこの中にあまり含まれていない（含まれているとすれば出土地不明資料など）という可能性である。このように同型鏡群は、出土の経緯という点で一定のバイアスを受けている可能性を有する考古資料である点を確認しておきたい。

　③の種類と大きさ・同型鏡面数について、表3に示す。これを大きい鏡種から順に配列したものが表4である。鏡の面径区分については、これまでさまざまな論者によって提起されており（e.g. 和田晴 1986、車崎 1993a）、概ね研究

第 2 章　同型鏡と関連鏡群の系譜と製作技術　51

表3　同笵鏡群の種類と大きさ

鏡式名	面径	面数
方格規矩四神鏡	17.8	2
細線式獣帯鏡 A	22.3	7
細線式獣帯鏡 B	24	2
細線式獣帯鏡 C	20.6	1
細線式獣帯鏡 D	18.1	1
細線式獣帯鏡 E	23.6	1
浮彫式獣帯鏡 A	17.5	12
浮彫式獣帯鏡 B	23.2	4
浮彫式獣帯鏡 C	17.8	1
浮彫式獣帯鏡 D	20.6	1
浮彫式獣帯鏡 E	20.3	1
盤龍鏡	11.6	2
神人龍虎画象鏡	20.5	5
神人歌舞画象鏡	20.3	12
神人車馬画象鏡	22.2	3
神獣車馬画象鏡	20.1	1
画文帯環状乳神獣鏡 A	14.8	10
画文帯環状乳神獣鏡 B	15.3	6
画文帯環状乳神獣鏡 C	21	7
画文帯環状乳神獣鏡 D	14.8	1
求心式神獣鏡	11.7	1
画文帯対置式神獣鏡	20.2	4
画文帯同向式神獣鏡 A	14.8	2
画文帯同向式神獣鏡 B	19.4	6
画文帯同向式神獣鏡 C	21	28
画文帯仏獣鏡 A	21.5	4
画文帯仏獣鏡 B	23.6	7
八鳳鏡	18.8	2
合計		134

表4　同笵鏡群の面径の序列

鏡式名	面径	面数	
画文帯仏獣鏡 B	24.2	7	
細線式獣帯鏡 B	24	2	
細線式獣帯鏡 E	23.6	1	
細線式獣帯鏡 A	23.3	7	
浮彫式獣帯鏡 B	23.2	4	
神人車馬画象鏡	22.5	3	
画文帯仏獣鏡 A	22.1	4	
画文帯環状乳神獣鏡 C	21.9	7	
画文帯同向式神獣鏡 C	21.2	28	
画文帯対置式神獣鏡	20.8	4	
神人龍虎画象鏡	20.7	5	
神人歌舞画象鏡	20.7	12	
浮彫式獣帯鏡 D	20.6	1	
細線式獣帯鏡 C	20.6	1	
浮彫式獣帯鏡 E	20.3	1	
神獣車馬画象鏡	20.1	1	
画文帯同向式神獣鏡 B	19.6	6	小計 94
八鳳鏡	18.9	2	
細線式獣帯鏡 D	18.1	1	
浮彫式獣帯鏡 A	18.1	12	
方格規矩四神鏡	17.8	2	
浮彫式獣帯鏡 C	17.8	1	
画文帯環状乳神獣鏡 B	15.6	6	
画文帯環状乳神獣鏡 A	15.5	10	
画文帯同向式神獣鏡 A	14.9	2	
画文帯環状乳神獣鏡 D	14.8	1	
求心式神獣鏡	11.7	1	
盤龍鏡	11.6	2	小計 40
合計		134	

※面径（cm）は現存の各鏡種の同型鏡中最大のもの

者間で共通理解がみられる（下垣 2016a）。ここでは便宜的に筆者の前期倭製鏡の面径区分（辻田 2007b）をもとに、小型：14.0 cm 以下、中型：14.1〜19.0 cm、大型：19.1〜25.0 cm、超大型：25.1 cm 以上とする。134 面の同型鏡

群について、この面径区分を参照しつつ分類すると、現状で超大型鏡が2面（いずれも画文帯仏獣鏡Bの外区拡大鏡）、大型鏡が92面、中型鏡が37面、小型鏡が3面となり、大型以上の鏡94面が全体の約70％（17cm以上の鏡が全体の84％）を占めている。大型鏡が多いことはこれまでも指摘されてきた通りであるが（e.g. 上野 2004、岡村 2011a、辻田 2012a）、超大型鏡は現状で30cmを超す外区拡大鏡2面しか存在せず大型鏡とも異なる隔絶したカテゴリーをなす可能性が高いこと、また全体の構成比率と15cm台後半〜16cm台の資料の欠落からみて、17cm以上とそれ以下で大きく2群に分かれる（超大型鏡も含めれば全体で少なくとも3群に分かれる）可能性の2点が指摘できる。小型鏡は3面しか挙げていないが、これら以外にどの程度関連鏡群として認定可能かは今後の課題である。ここでは同型鏡群は17cm以上のものが多く、ことに19cm以降の大型鏡が主体である点をあらためて確認しておきたい。

また同一鏡種の同型鏡の面数については、全体として面数のばらつきが大きいことがわかる。現状で1〜2面しか出土していないものも多いが、このうち最多の画文帯同向式神獣鏡Cが「28面」で突出して多い点が注目される。

以上が、約130面存在する同型鏡群の全般的な傾向である。同型鏡群の製作地や東アジアにおける位置づけを考える上では、まずこれらの各種同型鏡の原鏡の「系譜」と、製作技術からみた「生産体制」の問題が重要であると考えることから、本節では、①原鏡とその作鏡系譜と、②鈕孔形態の製作技術の2点について検討を行う。

2. 同型鏡群の原鏡の年代観と系譜

表5では、同型鏡群の種類とそれぞれの原鏡について、岡村秀典（1993a）や上野祥史（2000・2001・2003）らによる漢鏡分類・編年研究の成果にもとづいて整理を行っている。これをみると、原鏡の製作年代については、文様構成からみた上限年代でいえば後漢代の鏡が中心となるという特徴がみられる。川西のように銘文の内容から製作年代自体を下げる考え方もあり、原鏡の製作年代については文様だけでは決定できないが、製作年代の上限の指標ということはできよう。各鏡種の作鏡系譜については、次節以降でそれぞれについて検討

表5 同型鏡群の種類と系譜

番号	鏡式名	面径	同型鏡数	原鏡の候補・型式名	原鏡の製作系譜／製作地	原鏡の製作時期	備考
1	方格規矩四神鏡	17.8	2	岡村分類方格規矩四神鏡ⅤB式		漢鏡5期：ADIC中葉～末	武寧王陵・鏡研揚本(森下2004)
2	細線式獣帯鏡A	22.3	7	岡村分類細線式獣帯鏡ⅣA式		漢鏡5期：ADIC中葉～末	
3	細線式獣帯鏡B	24	2	岡村分類細線式獣帯鏡ⅣA式		漢鏡5期：ADIC中葉～末	
4	細線式獣帯鏡C	20.6	1	岡村分類細線式獣帯鏡ⅣA式		漢鏡5期：ADIC中葉～末	
5	細線式獣帯鏡D	18.1	1	岡村分類細線式獣帯鏡ⅣA式		漢鏡5期：ADIC中葉～末	武寧王陵
6	細線式獣帯鏡E	23.6	1	岡村分類細線式獣帯鏡Ⅱ式		漢鏡5期：ADIC中葉～末	
7	浮彫式獣帯鏡A	17.5	12	岡村分類浮彫式獣帯鏡Ⅰ式		漢鏡5期：ADIC中葉～末	伝慶尚南道
8	浮彫式獣帯鏡B	23.2	4	岡村分類浮彫式獣帯鏡Ⅰ式		漢鏡5期：ADIC中葉～末	武寧王陵
9	浮彫式獣帯鏡C	17.8	1	岡村分類浮彫式獣帯鏡Ⅰ式		漢鏡5期：ADIC中葉～末	
10	浮彫式獣帯鏡D	20.6	1	岡村分類浮彫式獣帯鏡Ⅰ式		漢鏡5期：ADIC中葉～末	
11	浮彫式獣帯鏡E	20.3	1	岡村分類浮彫式獣帯鏡Ⅰ式		漢鏡5期：ADIC中葉～末	
12	盤龍鏡	11.6	2	上野分類類式1B・辻田B類（複頭式）			外区櫛歯文帯
13	神人龍虎画象鏡	20.5	5	上野分類デフォルメ神獣式・デ神B	龍氏系（江北地域）	漢鏡6〜7期：2C	斜縁・銘文Q+R
14	神人歌舞画象鏡	20.3	12	上野分類デフォルメ神獣式・デ神A	尚方青蓋系（華北）	漢鏡6〜7期：2C	平縁・銘文P
15	神人車馬画象鏡	22.2	3	上野分類広Ⅱ式	呉郡系（会稽郡・銭塘江流域）	漢鏡7期	斜縁・銘文N
16	獣帯車馬画象鏡	20.1	1	上野分類円Ⅲ式？		漢鏡7期	銘文N・大分・鑑堂古墳
17	画文帯環状乳神獣鏡A	14.8	10	上野分類環状乳（ⅡC・ウ群）	華北東部系	2C後半〜3C初	銘文A2・天王日月の繰り返しか
18	画文帯環状乳神獣鏡B	15.3	6	上野分類環状乳ⅢC・オ群	銭塘江流域系	2C後半〜3C初	銘文A3
19	画文帯環状乳神獣鏡C	21	7	上野分類環状乳Ⅱ・ウ群	華北東部系	2C後半〜3C初	銘文A2・天王日月の繰り返し
20	画文帯環状乳神獣鏡D	14.8	28	上野分類環状乳ⅡCor C	華北東部系	2C後半〜3C初	銘文N
21	求心式神獣鏡	11.7	1	上野分類環同向式Ⅱ式と関連	銭塘江流域系か	後漢末〜呉初	銘文A3
22	画文帯対置式神獣鏡	20.2	4	上野分類対置式Ⅲ・ウ群	長江中流域系	3C初〜3C第2四半期中葉	外区唐草
23	画文帯同向式神獣鏡A	14.8	2	上野分類同向Ⅰ・ウ群	華北東部系	2C末〜3C第2四半期中葉	1A-1・銘文A2か
24	画文帯同向式神獣鏡B	19.4	4	上野分類同向Ⅰ・ウ群	華北東部系	2C末〜3C第2四半期中葉	1B-1・銘文A2
25	画文帯同向式神獣鏡C	21	28	上野分類同向Ⅰ・ウ群	華北東部系	2C末〜3C第2四半期中葉	1B-2・銘文A2
26	画文帯仏獣鏡A	21.5	4	岡内分類bタイプ	画文帯神獣鏡の創作模倣	3C第4四半期前後か	
27	画文帯仏獣鏡B	23.6	7	岡内分類aタイプ	画文帯神獣鏡の創作模倣	3C第4四半期前後か	
28	八鳳鏡	18.9	2	秋山分類4A式・仏像変鳳鏡	「華南」作	呉中期〜西晋代	

※ 各資料の面径は便宜的に同型鏡群同士の平均値を表記している。

するので、ここでは全体の傾向を把握するにとどめるが、特に上野の成果に依拠するならば、神獣鏡や画象鏡などにおいて、南朝および首都の建康が位置する華中・江南地域周辺の鏡のみならず、いわゆる華北東部の資料が多く含まれている点が注目される。特に華北東部に系譜が求められる画文帯同向式神獣鏡が複数含まれていること、かつ現状で28面と突出して面数が多いのが、他ならぬ大型の画文帯同向式神獣鏡（C）であることは、同型鏡群の生産にあたり、この種の鏡の大量生産が求められた可能性を示唆する。

　また同型鏡群の種類全体においては、「後漢鏡の鏡式」が主体であるとはいえ、後漢鏡のすべての鏡式が等しく含まれているわけではない。画文帯同向式神獣鏡C以外の鏡についても大型鏡が中心であることから、すでに先行研究で指摘されているように（e.g. 岡村 2011a）、大型の製品・鏡種が原鏡として優先的に「選択」された可能性が高い。また面径という点で序列の最上位に位置づけられると想定されるのが、外区を拡大した画文帯仏獣鏡B（図66・67）であり、現状で四葉座内行花文鏡がみられない点は、古墳時代前期の列島における鏡の序列化の構成（辻田 2007b・2012d：図109）とは対照的である。また5世紀代においても鉄鏡の出土例がきわめて少なく（例：大阪府百舌鳥大塚山古墳出土鏡など）、この点は前期以来の傾向を引き継いでいる。以上の点において、これらの多種多様な青銅製の踏み返し鏡は、後漢代の大型鏡種を主体とする形で、かつ鏡式・鏡種に一定の偏りをみせながら、5世紀代のある段階に日本列島と半島の一部で突如として出現したというのが実態に即していよう。

　問題は、仮に個々の鏡式・鏡種について、大型鏡を優先的に製作するといった形での「選択」が認められるとした場合、この「選択」がどのようにして行われたのかである。具体的には、たとえば倭の五王の遣使に伴い、①倭の側の要請によってそれらの鏡式が選択され、その結果として同型鏡群が形成された、あるいは、②南朝の領域において市場に出回っていた鏡を寄せ集めた結果である、といった考え方がありうる。川西宏幸（2004）が明らかにした傷による鋳造順序や古墳での出土のあり方からは、同型鏡群の大量生産が、期間や組織の両者においてある程度限定されたものであった可能性が示唆されている。

　以上のような点をふまえ、仮に原鏡の鏡式選択の限定性と志向性という観点

から、倭国の対外交渉における要請による生産という仮説（e.g. 森下 1994）についてあらためて考えた場合に、それはどのような生産体制で生み出されたものであるのかという点が次に問題となる。逆にいえば、同型鏡群はそもそもどのような生産体制下で生み出されたもので、それは上記のようないくつかのイメージとどの程度合致するのかという問題である。この点を考えるため、本章では鈕孔形態に注目して製作技術について検討する。

3. 同型鏡群の鈕孔製作技術

（1）同型鏡群の生産体制と鈕孔製作技術

第1章でみたように、同型鏡群に関しては、川西による笵傷の検討から、踏み返しによる生産のあり方が復元されている。その場合に問題となるのは、どの程度の規模の工房による生産であったのか、またそれはある種の「限定的」で「局所的」な生産体制であったのか、より分散的な工房で生産された鏡が集積されたものであるのか、といった点である。より具体的には、各鏡種ごとに個別に同型鏡の生産が行われたのか、あるいは複数の鏡式・鏡種を横断して特定の工房（群）において生産が行われたのかといった点が課題として挙げられる。川西の分析結果による笵傷のあり方からは、ある種の共通した踏み返し技法による生産の可能性が示唆されるが、これを別の角度から考えてみたい。

同型鏡群については、さまざまな技術的特徴が認められる。一部では極端に厚く重い資料（図12：伝・奈良県大安寺古墳出土細線式獣帯鏡A）や、あるいは反りが非常に小さく平坦に近い資料（図31：大阪府高井田山古墳出土神人龍虎画象鏡、図56：奈良県新沢109号墳出土画文帯同向式神獣鏡C）などが存在する。後漢鏡・魏晋鏡と異なる踏み返し鏡の特徴として挙げられるが、一方で一部には反りがつよい資料、厚さが薄い資料も存在することから、必ずしも同型鏡群の全資料における共通した特徴ではなく、当該資料の踏み返し技術に起因した偶発的な特徴である可能性もある。

そうしたさまざまな技術的特徴の中で、特に筆者が注目したいのは、同型鏡群における鈕孔の設置という点である。前述のように、これまでの銅鏡研究において、鈕孔形態は、長方形や半円形といった形状の違いが製作技術の系譜を

示すと考えられてきた（e.g. 福永 1991、秦 1994）。また三角縁神獣鏡の鈕孔方向と同型・同笵技術の差異に注目した福永（1992）の研究などもある。さらに先に挙げた柳田（2002b）の観察による、踏み返し鏡に残る原鏡の鈕孔の痕跡といった点も、同型鏡群の製作技術を考える上で、重要な指標となる。

同型鏡群を考える上で、筆者が鈕孔の設置および鈕孔製作技術を重要であるとする理由は、同型鏡群が踏み返し技法によって作られた鏡であるという点に起因するものである。すなわち、同型鏡群のように１つの原鏡から複数の鋳型が生み出される場合、文様は踏み返しによってそのまま引き写されるが、その一方で鈕孔に関しては、１つ１つの鋳型ごとに中子を設置する必要がある。つまり、文様が同じ同型鏡同士であっても、鈕孔（中子）に関しては必ず１面ずつ別途に作られているのである。この点は、鈕孔の形態や方向、設置方法などの技術が、笵傷の共有とともに、同型鏡同士および鏡式・鏡種を横断した製作技術の共通性や差異を考える上で有効な指標となる可能性を示していると考える。

筆者は、これまで同型鏡群の観察を重ねる過程で、同型鏡群にみられる鈕孔の形状が多様であるとともにいくつかのパターンがみられること、またそうした特徴的なパターンが複数の鏡種を横断する可能性を想定している。このような観点から、以下鈕孔形態と鈕孔製作技術について検討したい。

（２）同型鏡群における鈕孔形態の技術的特徴

まず、同型鏡群の鈕孔形態について、大きく５つの特徴として整理する[1]。

①：鈕孔の底辺が鈕座面と一致する（秦 1994：図２・３）

これは、魏晋鏡の長方形鈕孔が鈕座面より一段高い位置に設置されることと対比される特徴である（一部で図２の５のようにわずかに高い位置に円形鈕孔が設置される事例も存在している）。他方で魏晋鏡と併行する段階の呉系の鏡などには、鈕孔底辺が鈕座面と一致し、かつ方形や円形を呈する資料も多くみられる。またこの鈕孔底辺が鈕座面と一致するという特徴は同時期の日本列島の倭製鏡とも一致するものであるが（秦 1994）、以下の④でみるように両者は鈕孔・中子の形態が異なっていることから、この鈕孔底辺の鈕座面との一致という特徴だけでは同型鏡群の列島産説の根拠とはならない。この点に関連し

て、研究史でも触れた、従来南斉産の可能性が有力視されてきた「建武五年」銘画文帯同向式神獣鏡（図77：第4節参照）の鈕孔においても鈕孔底辺が鈕座面にほぼ一致しており、「むしろ抉れるほどである」ことが指摘されている（車崎編 2002：p.201）点を確認しておきたい。すなわち、この特徴自体は「建武五年」銘鏡の存在という点で、大陸・南朝産説を補強するものである可能性を示唆している。一方の倭製鏡の鈕孔製作技術は前期以来のもので、中期以降にも引き継がれたものと考えられる。これについては以下の④で再度検討する。

②：「鈕孔痕跡」—原鏡の鈕孔の痕跡と「ずれ」（柳田 2002b・2011）

先にも挙げた、原鏡を踏み返す際に原鏡の鈕孔が痕跡として残存し、鈕孔の周囲がずれたように鋳造されるものである（図2の1・3〜5）。①の特徴があるため、鈕孔の上方に原鏡の鈕孔痕跡が残っているものについては、鈕座面より一段高い位置に原鏡の鈕孔が設定されていた可能性が高い。また踏み返しに際して鈕孔方向が改変される場合は、上下ではなく左右どちらかに鈕孔痕跡がみられる場合もある。ただし、踏み返しによる鋳型製作時において、鋳型の鈕区部分（窪んだ部分）の中子設置位置に、原鏡の鈕孔の痕跡が一切残らないように消した上で新たに中子が設置される場合は、製品の上ではこうした鈕孔痕跡は確認できないことになる。実際、同型鏡群においてもすべての資料において鈕孔痕跡が確認できるわけではなく、どちらかといえば確認できる資料は少数である。もし同一鏡種の同型鏡同士で位置や形状が一致した鈕孔痕跡が残存している場合は、原鏡が共通であることを示す可能性が高い。なおこうした踏み返しに伴うとみられる鈕孔痕跡は、沈線状もしくは平面的な形態が主体である点を付記しておきたい。

③：非常に大型の鈕孔がみられる

同型鏡群では、後漢鏡や三国鏡などと比較した場合、高さ・幅ともに1cm以上にも及ぶような大型の鈕孔がみられる点が特徴として挙げられる。その中には、一見すると「2段」になっているものもある。奈良県今井1号墳出土鏡（図3-2〜4）では、鈕孔正面にみえる段差が、鈕孔内部にもつづいている（図3-4）ことから、土製と想定される棒状の中子を2本重ねて大型の鈕孔を作ろうとした、といった可能性が想定される。数は少ないが、こうした「2段状の

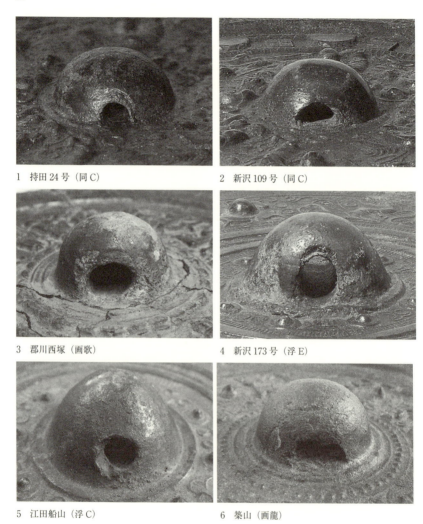

1　持田24号（同C）　　　　　　2　新沢109号（同C）

3　郡川西塚（画歌）　　　　　　4　新沢173号（浮E）

5　江田船山（浮C）　　　　　　6　築山（画龍）

図2　同型鏡群の鈕孔形態の具体例①

鈕孔」が神人車馬画象鏡（京都・トヅカ古墳：図3-1）と細線式獣帯鏡A（奈良・今井1号墳：図3-2〜4）といった別の鏡種同士の間で共通している点が注目される。さらにいえば、上下に中子を重ねたと想定されるものと、左右に中子をつなげて幅を広くしたと想定されるものもあり（図2-6）、いずれにし

第 2 章　同型鏡と関連鏡群の系譜と製作技術　59

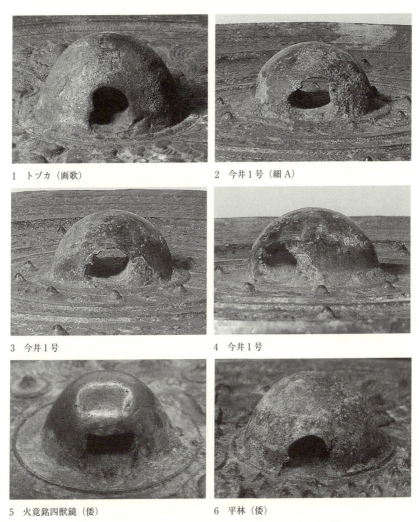

1　トヅカ（画歌）
2　今井 1 号（細 A）
3　今井 1 号
4　今井 1 号
5　火竟銘四獣鏡（倭）
6　平林（倭）

図 3　同型鏡群の鈕孔形態の具体例②・倭製鏡の鈕孔形態

ても鈕孔の大きさを拡大することが目的と考えられる。なお鈕孔そのものは、1 面の鏡につき 2 つ存在している。基本的には両方の間で形態が大きく異なることはないが、稀に 2 つの鈕孔の形態が異なっている事例が存在しており、その場合は鈕孔＝中子の設置部の形態に起因するのか、あるいは棒状の中子その

ものの全体的な形状に起因するのかによって理解が異なってくるため、鈕孔内部の観察が重要となる。たとえば画文帯同向式神獣鏡Cは、以下に述べるように半円形鈕孔をもつものが基本であるが、岡山県牛文茶臼山古墳出土鏡のように片方が半円形でもう一方が長方形の鈕孔をもつものがある。こうした事例については、長方形の側の設置部分に起因するものと考えられる。

④：中子の形状が楕円形もしくは円形である—倭製鏡の鈕孔との違い

これは、同型鏡群の鈕孔全般を検討し、かつ同時期の倭製鏡などとも比較した上で、同型鏡群の鈕孔形態の4点目の技術的特徴として設定するものである。同型鏡群の鈕孔形態としては、以下でもみるように「半円形」のものが最も多くそれが基本とみられるが、鈕孔の内部を覗き込むと、貫いていたのは楕円形もしくは円形の中子であったことを観察できるものが大半である。これに対して、同時期の倭製鏡で一般的にみられるのはやや横長の方形鈕孔（もしくは長方形鈕孔）である（図3-5）。これは①で述べたように底辺が鈕座面に一致して段差がないという点では同型鏡群と共通するが、明瞭な角を有する方形鈕孔であるという点で、同型鏡群の鈕孔製作技術とは大きく異なっている。この点で、これらの倭製鏡と同型鏡群の両者は、相互に製作技術の系譜が異なる可能性が高いことが指摘できる。

また倭製鏡の鈕孔形態は、古墳時代前期から後期までを通して一貫して底辺が鈕座面に一致し段差がないものであることから、その点で前期の倭製鏡についても、鈕孔が鈕座面より一段高い位置に設定される三角縁神獣鏡や魏晋鏡などと異なっているといえる（秦 1994）。

前期の倭製鏡の鈕孔形態は半円形に始まり、前期後半頃から明瞭な角を有する方形鈕孔が増加することが指摘されており（林正 2002）、中期前半の倭製鏡においてもそれが継承され、また中期後半以降の旋回式獣像鏡系においても方形鈕孔が基本であることが指摘されている（加藤 2014）。一方で、交互式神獣鏡系の倭製鏡の一部（図3-6：写真は奈良県平林古墳出土鏡の鈕孔）については、鈕孔形態が長方形とならず、またそれらと関連が深いとされてきた隅田八幡神社人物画象鏡においても同様に長方形とは異なる鈕孔形態をとることが指摘されている（加藤 2014）。いずれも半円形もしくは楕円形に近い形状であるが、この点からすると、中期後半以降の倭製鏡においては、前期後半以来の方

形鈕孔を基本としながら、図3-6のような半円形もしくは楕円形といった形態の鈕孔という2種類の存在が想定される。

これについては、後者の半円形／楕円形鈕孔が同型鏡群と関連するのかどうかが問題となるが、倭製鏡のものが全般的に鈕の大きさによって大きいものから小さいものまで変異があるのに対し、同型鏡群ではほぼ大きさが一定するという違いがあり、筆者は双方は似て非なるものである可能性を想定している。この倭製鏡鈕孔形態の問題については第3章においてあらためて検討する。

いずれにせよ、同型鏡群にみられる大型の楕円形もしくは円形中子という点は、倭製鏡との違いのみならず、魏晋鏡など前時期の中国鏡との違いとしても確認できることから、同型鏡群自体を特徴づける技術的・形態的特徴として強調しておきたい。

⑤：鋳型に鈕孔の中子を設置する際に段を彫り込まない

同型鏡群の鈕孔では、鈕孔の内側に薄く板状もしくは突起状に鈕本体の青銅部分がせり出して、いびつな形を呈するものが一定数認められる。ここで図示している中では図2-6の上辺やや右寄りの部分が鈕孔内部（下方向）にせり出しているものがこれに該当する。これは、中子を設置する際に、鋳型の鈕区（半球状に窪んだ部分）に鈕孔の中子を設置するための「段」もしくは「窪み」を彫り込んでそこに中子を組み合わせるようなことをせず、円形もしくは楕円形の棒状粘土による中子を半球部の中にそのままはめ込むだけで、最後に若干粘土を付加して固定するような設置方法をとっていることに起因するものとみられる（e.g. 岡山県朱千駄古墳出土神人歌舞画象鏡：図35）。中子の長さが短ければ鋳型の半球部の深いところに落ち込んでしまう（製品の鈕孔としては鈕座面よりも高い位置になる）ので、鈕孔が鈕座面と一致するという特徴からすれば、中子の長さを鈕径と同じか、やや長い程度に調整することで、それを鋳型の半球部に押し込んで固定している（必要であれば最後に粘土を付加する）ものと推定される。

この結果、一部の資料では、鈕孔の上半分で中子端部と半球部との間に隙間ができ、そこに湯が入り込んでその部分が内側に薄くせり出したものと理解できる。さらに鈕孔の内部が円形／楕円形で貫通しているにもかかわらず、鈕孔の下半分が「八の字状」に開いている（鈕孔形態としては「半円形」を呈す

る）ものが多いのは、上述のように円形／楕円形の中子を鋳型の半球部に最後に固定する際におそらく少量の粘土を用いており、その部分に湯が回らなかった結果とみられる（中子の設置に用いた粘土の部分だけ鈕孔の右下・左下がわずかに「八の字状」に開いて鈕孔内部に入り込んだような形になる：図7-1・5・7などを参照）。最後の固定に粘土を使用した場合は鈕孔が「半円形」を呈し（図2-1・2・6）、最後の固定でも粘土をあまり使用しなかった場合には、鈕孔形態そのものが円形もしくは楕円形を呈することになる（特に鈕孔下端部：図2-3〜5、図3-1〜4）。この「鈕孔上半部側の中子非固定」・「鈕孔下半部側の粘土付加による中子固定」という両者の技術的特徴は、同型鏡群全般にわたって広く共通して認められるものである。

　また先に挙げた②の「鈕孔痕跡」のような特徴がみられたり、あるいは鈕孔の位置・方向が概ね同型鏡同士で共通するものが多いのは、踏み返しの際に鋳型の半球部に痕跡的に残った原鏡の鈕孔設置箇所とほぼ同じ位置に、棒状の粘土中子を「段を彫り込まずに」設置しているためである可能性が高い。川西もこの鈕孔方向の一致という点について、鈕孔の中子設置は1面1面ごとの新設であるため、鈕孔方向にずれが生じても不思議ではないが、極端に方向を違えるものの存在が稀であることを、三重県塚原古墳出土鏡（画文帯環状乳神獣鏡B）の事例をもとに指摘している（川西 2004：p.22、後述：図45）。製作時に中子設置者が自覚して意図的に行ったかどうかはともかく、そのような方法での中子設置が踏み返し鏡の大量生産において繰り返されたがゆえに、同じような鈕孔形態が広く共有されたものと理解できる。

　もう1点付言するならば、半円形の鈕孔において、鈕孔内部の底面が鏡本体の側に大幅に食い込んだり挟れたりしているものがみられないので、鈕孔中子設置の後、鏡面側の鋳型を組み合わせる前に、鋳型での中子上面（製品では鈕孔内部の下面・底面にあたる）を最後にある程度平滑に整える、という仕上げの工程がもう一段階存在するものと想定される。図2でみられるように、鈕孔下面が丸いままのものもあるが、いずれにしても鏡の本体側には大きくは食い込んでいないため、いわば鋳型において鈕座面ないし鏡背平面よりもはみ出た部分があれば、ナデなどによってはみ出ないように調整するなり、削り取るなり、何らかの処置が施されたものと想定される。

次節以降で検討するような、同型鏡群の鈕孔形態にみられる半円形・円形・楕円形などの形態上の多様性は、こうした中子の設置方法によって生み出されたものであり、技術的特徴としてはむしろ一定の共通基盤にもとづくものとして理解することが可能である。

なおこうした「中子設置において段を設けないためにそこに湯が入り込んで薄く板状・突起状に鈕孔に残る」というのは、兵庫県茶すり山古墳出土盤龍鏡系倭製鏡などでも確認されており（岩本 2010）、第3章で検討するように、中期後半以降の倭製鏡でも一部で認められることを付記しておきたい。

以上に述べた5点は、鏡式・鏡種を横断して同型鏡群全体として共通した特徴といえる。次に鈕孔形態そのものについて検討する。

（3）同型鏡群の鈕孔形態の変異

同型鏡群の鈕孔形態について、以上の検討をふまえ、大きく次の4種類に分類する。

1類：半円形鈕孔。幅8〜10 mm前後、高さ6〜7 mm以下（図2の1・2）。
2類：大型の半円形および楕円形の鈕孔。幅10 mm以上、高さ8 mm以上のものが多い（図2の3）。
3類：円形鈕孔。幅・高さともに7 mm前後で、円形のものと縦長の楕円形のものがある（図2の4・5）。
4類：大型の鈕孔で上下もしくは左右に段差をもつもの。仕上げを行わずに鋳放しのままのものが多い（図2の6、図3の1〜4）。

前項の④で挙げたように、これらの鈕孔は、いずれも中子が楕円形もしくは円形という点で共通している。半円形や円形・楕円形といった形態の違いは、⑤に挙げた粘土の付加の有無などに起因する可能性が高い。

次節以降で検討するように、基本的には半円形で高さが低い1類が最も多く、それに次いで大型の2類、さらに円形の3類がある。それぞれにおいて、ある程度大きさの共通性がみられる。また鏡式・鏡種ごとに共通する傾向があり、たとえば最多28面の画文帯同向式神獣鏡Cにおいては、実見資料のほとんどにおいてほぼ同大の半円形鈕孔（1類）が採用されている。以下、それぞれについて概要を述べる。

1類は、上述のように最も多くみられるもので、同向式神獣鏡Cの他、環状乳神獣鏡A・B・C、神人歌舞画象鏡、浮彫式獣帯鏡A・Bなどで確認できる。半円形で、高さがやや低く扁平な形をとるものが多い。複数の鏡種を横断して用いられており、同型鏡群の中で最も基本的な鈕孔形態である。鈕孔の大きさもほぼ同じであり、たとえば環状乳神獣鏡Aなどでは鈕の大きさに比べて鈕孔が大きくみえるが、これは20cm台の大型鏡と比べて面径や鈕の大きさが小さい点に起因するものであり、鈕孔（および中子）の大きさ自体は他の鏡種の1類とほぼ同じである。鈕孔設置箇所付近の成形が丁寧で、全体数の多さの割に、鈕孔痕跡が残るものが少ないという点も特徴である。

　2類は、幅自体は1類とそれほど変わらないものも多いが、高さが高い一群である。画文帯仏獣鏡A・B、神人歌舞画象鏡、神人車馬画象鏡、細線式獣帯鏡Aなどで確認できる。基本的には面径の大きな鏡種に集中していることから、面径との相関という点での理解が可能である。仕上げが丁寧で、半円形というよりはやや大きめの楕円形に近いものが多い。

　3類は、ほぼ円形に近いか、縦方向に長い楕円形を呈するもので、中子の形状の関係もあってか、鈕座面よりもわずかに浮いた形になるものもみられる。対置式神獣鏡、浮彫式獣帯鏡C・Eなどで確認できる。

　4類は1～3類とは別に、おそらく棒状の中子を2本、縦方向もしくは横方向に重ねて鈕孔の大きさ（高さ・幅）を拡大したものとして設定した。実見して確認した資料のうち、縦方向に拡張した事例として、奈良県今井1号墳出土鏡（細線式獣帯鏡A：図3の2～4）、京都府トヅカ古墳出土鏡（神人車馬画象鏡：図3-1）など、また横方向に拡張した事例として、岡山県築山古墳出土鏡（図2-6）・奈良県愛宕山（米山）古墳出土鏡（いずれも神人龍虎画象鏡）、推定甲山古墳出土鏡（浮彫式獣帯鏡B）などが挙げられる。ここで用いられている棒状の中子は、おそらく半円形もしくは扁平な楕円形であり、3類というよりは、1類や2類の中子との関連が深いものと考えられる。2類との違いは、中子の痕跡が段差として残るかどうかという点であり、大型の鈕孔という意味では2類との共通性が高いといえる。資料数も少ないため、2′類といった呼称でも問題ないと考えるが、極端に大型化した特徴的なあり方として、ここでは4類の名称を残している。

この他、鈕座面より一段高い位置に鈕孔が設置されるものがある（例：愛媛県樹之本古墳出土細線式獣帯鏡Eなど）。同型鏡群にみられる鈕孔痕跡がやや高い位置に残るものが多いことから、こうした鈕孔設置位置が原鏡の鈕孔位置や技術を示すと考える。ここでは存在を確認するにとどめておきたい。また八鳳鏡については、扁平な鈕に縦長楕円形の鈕孔が設置されている（例：兵庫県奥山大塚古墳出土鏡）。

　以上のように鈕孔および中子の形状から大きく4種類に区分した。このうち鏡式・鏡種と一定程度対応するとみられるのは、1類～3類であり、その中でも1類が各鏡種の中でも最も基本的な形態・技術であることを確認した。鈕孔痕跡のみられる資料や、同一鏡種で1類・2類両方がみられるような事例については、川西が鏡の表面に残る傷から復元した鋳造順序との対比が重要となってくる。以下、次節以降で具体的に検討したい。

4. 小結：同型鏡群の系譜と製作技術における「限定性」

　以上、同型鏡群の資料と認定基準、全般的な傾向について整理した。日本列島と半島南部の一部に集中した分布であり、大型鏡を中心とした一群であること、また出土遺跡という点でやや偏った傾向をもつ資料である可能性を指摘した。次に原鏡の製作年代の上限や系譜などについて検討し、後漢代以降の大型鏡種の中でも、特に華北東部系の画文帯同向式神獣鏡が多いことなど、鏡種の構成という点でもやや偏りがみられることを指摘した。また踏み返し鏡の製作であっても、1つの鋳型につき必ず1つの鈕孔中子の設置が行われるという観点から、同型鏡群の鈕孔形態と鈕孔製作技術に着目し、大きく5つの特徴という点でこれらが共通性が高く、ある種の技術的な限定性が認められること、その中で大きく鈕孔形態が4つに分類できること、などを述べてきた。

　こうした特徴をふまえ、次節以降では、各鏡種ごとに分析を行い、川西が検討した（笵）傷の有無からみた製作順序という点を参照しつつ、特に鈕孔製作技術の観点から踏み返し鏡製作における製品同士の関係について検討する。その上で各鏡種の分析結果を統合し、同型鏡群が全体としてどのような生産体制のもとで製作されたものであるのかについて考えてみたい。

第2節　画文帯環状乳神獣鏡Aの系譜と製作技術

　以下で同型鏡群の各鏡種について個別に検討を行うが、まずはじめに本節では、第1節でみた同型鏡群の製作技術の共通性の高さと限定性という問題について、先行研究も多く検討が進んでいる画文帯環状乳神獣鏡Aを素材として、筆者自身による観察結果をもとに検討し、以下の分析の方向性を確認する。その上で次節以降、先の同型鏡群一覧で示した各鏡種について検討を行うこととしたい。

1. 画文帯環状乳神獣鏡Aについての先行研究と検討課題

　本節において画文帯環状乳神獣鏡Aを主な素材として検討するにあたり、具体的に問題となるのは、川西宏幸をはじめとする先行研究において示された笵傷からみた製作順序や笵傷の有無によって抽出された鏡群単位の違いと、これらの鈕孔形態・技術との関係である。たとえば、笵傷の有無による複数の鏡群単位において、鈕孔形態はそれぞれで共通するのか、あるいは鏡群単位間を横断して共通性がみられるのかといった点は、それらの生産体制や製作地の限定性を考える上での指標となる可能性がある。さらに具体的には、原鏡に近い世代の踏み返しは大陸南朝下で行われ、最新世代の踏み返しが列島など別の地域で行われたといった可能性の検証などが課題として挙げられる。本節では、以上の問題意識のもと、画文帯環状乳神獣鏡Aを素材として検討を行い、以下で各鏡種の分析を行う上での観察項目や方向性を提示したい。

　画文帯環状乳神獣鏡Aは、関連資料も含めて現在10面が確認されている。製作技術に関する分析としてまとまったものとして、粉川昭平・清水康二 (1991) および川西 (2004) が挙げられる。粉川・清水らの論考においては、奈良県吉備塚古墳出土鏡を含めて4面の実見資料について検討し、A・Bの傷の有無から4面の資料を大きく2群に区分している。両氏は、無傷の原鏡が五世紀代まで伝世し、そこで傷A・Bをもつ鏡と傷Cをもつ鏡が踏み返し技法

によって製作されたこと（第1次踏み返し鏡）、そしてさらにそれらをもとに踏み返した第2次踏み返し鏡が製作された可能性を論じ、列島出土鏡をこれらの第2次踏み返し鏡と捉えている。その上で両氏は、「中国大陸において踏み返し鏡の踏み返しによって鏡を製作していたと考えるよりも、原鏡を入手し得なかったか、はやく原鏡を失う過程があって、少なくとも第2次踏み返し鏡に関しては、日本列島内で製作されたと考えた方が良いであろう」と結論づけている（粉川・清水 1991：pp.3-4）。

　川西宏幸は、粉川・清水が検討していない資料も含めて9面の同型鏡の傷の検討を行い、傷A・Bの有無をもとにした粉川・清水の結果を追認するとともに、両氏の傷Cは一過性のものと指摘している。その上で、宮崎県持田20号墳出土鏡が面径がやや大きいものの、鋳上がりの悪さから原鏡の可能性は低く、面径の再計測を求めている。また栃木県野木神社旧蔵鏡が鋳上がりがよいが、鈕孔方向が他と大きく異なっており、黄帝付近の鋳崩れが転写されていないという理由から、原鏡の可能性が低いことを指摘している。大きくは傷A・Bの有無から2群を抽出し、それを少なくとも第2次踏み返し鏡と捉える点では粉川・清水の見解と一致する一方で、川西は上述のように、他鏡種も含めて原鏡候補が列島出土鏡の中に少なすぎるという点を以て製作地を南朝と想定している（川西 2004）。

　その後、清水康二は、韓国国立中央博物館所蔵の伝・開城出土とされる画文帯環状乳神獣鏡Aの新資料を紹介し、中央博鏡で傷A～Cの共有がないこと、鈕が大型化しており他の9面と大きく異なることを指摘している。また本鏡種は銘文の詳細が不明な資料が多く、栃木県野木鏡で「天王日月」の可能性が指摘されていたが、本鏡により銘文が「天王日月」の繰り返しであることが確認されている。その上で、清水は本鏡が同型鏡群の一部である可能性を指摘している（清水 2013）。

　以上が画文帯環状乳神獣鏡Aについての、特に技術論的な観点での先行研究の概略である。傷A・Bの有無により2群に区分され、それらがいずれも第2次踏み返し鏡であるという点で先行研究の理解は一致している。それらをふまえ、本節ではこれらの資料の鈕孔形態・技術に着目し、これらの2群の間で鈕孔製作技術が共通しているのか、またそれらは他の鏡種とも共通するのか、

といった点について検討する。

2．分　析

（1）画文帯環状乳神獣鏡Aの文様構成

　本鏡の文様構成については、川西宏幸（2004）の研究において詳細が説明されており、ここではそれを参照しつつ概略を述べる。内区は有節重弧文の鈕座を備えた鈕が中心にあり、全体を環状乳により8つに区分した四神四獣配置である。左右に西王母・東王公、上に伯牙・鐘子期、下に黄帝が配置される。その間に巨（維綱）を銜む4体の獣像が配される。内区外周には12区分の半円方形帯が配され、その周囲に頂点に凹線をもつ界圏（斜面鋸歯文帯）がめぐる。方形の銘文は、上述の韓国中央博蔵鏡を参照すると「天王日月」の繰り返しとみられる。界圏の周囲には反時計回りで画文帯がめぐる。右上に位置する雲車（雷車）を6体の龍が引き、左下の位置に日象をもつ羲和、その前方に2体の鳥文、1体の獣が配され、その前方（右横）の位置に月象をもつ常羲が配される。最外周には菱雲文が配される。以下、この配置を正位置として論を進める。

　本鏡は、上野祥史（2000）による神獣鏡分類によれば、四神四獣配置で銘文型式A2（方格内文字数4字で「天王日月」の繰り返し）という点から、上野の環状乳神獣鏡ⅡCに該当する。その場合、原鏡の製作年代は2世紀後半〜3世紀初頭（上野の第二〜第三期）と考えられる。銘文から上野のウ群にあたり、華北東部系と位置づけられている。

（2）傷の有無と鏡群単位の抽出

　ここでまず、先行研究の成果にもとづき、傷の有無からみた鏡群の確認を行う。粉川・清水により設定された傷A〜Cは川西の研究でも継承されており、川西の研究では全鏡種にわたり検討が行われる中で傷の名称はa〜cと再設定されている。本書でもこれに従いつつ、以下10面の資料の現在の位置づけについて確認する。傷aは半円方形帯で左側の位置にある方形の一角に位置する。傷bは右下の環状乳の外側に位置する画文帯の内側、界圏に接する位置

にみられる。傷 c は左上の環状乳に近い位置の方形の一角に位置する。これらをもとに、(a・b・c) の有無という点については下記のように観察される。面径は川西の数値に依拠している（韓国中央博蔵鏡は清水 2013 に依拠）。

	面径（cm）	傷の有無
①奈良・吉備塚鏡	(14.77-14.82)	a・b・×
②宮崎・持田 20 号鏡	(15.5)	a・b・×
③熊本・迎平 6 号鏡	(14.89-90)	?・b・×
④熊本・江田船山鏡	(14.78-81)	a・b・×
⑤香川・津頭西鏡	(14.79-14.84)	×・×・c
⑥岡山・西郷面鏡	(14.93-15.01)	×・?・×
⑦福岡・山の神鏡	(14.98-15.00)	×・×・×
⑧熊本・国越鏡	(14.74-14.88)	×・×・×
⑨栃木・野木鏡	(面径不明)	?・?・?
⑩韓国中央博蔵鏡	(15.22-15.34)	×・×・×

　現状で、傷 c は⑤津頭西鏡に限定されるため、一過性の傷と判断されている（川西 2004）。その上で、面径不明で傷が確認できない⑨栃木・野木鏡と、面径がやや異なる⑩韓国中央博蔵鏡を除き、①～④までと⑤～⑧の 2 群に区分されている（川西 2004）。以下では便宜的に①～④を X 群、⑤～⑧を Y 群として呼称する。観察項目は、鈕孔形態・鈕周辺の製作技術・鈕孔方向である。鈕孔方向は、位置と方向を時計の分針に見立て、「左側―右側」の順で「45 分 15 分」といった形で表記する。

（3）各資料の鈕孔製作技術と形態の観察

　先述のように、粉川・清水および川西のいずれも、原鏡 I をもとに新たに踏み返しが行われて 2 種類の原鏡 II（傷 a・b をもつ鏡ともたない鏡）が製作され、その 2 種類の原鏡 II をもとに第 2 次踏し返し鏡として X 群・Y 群が製作されたと説明している[3]。以下ではこれらの資料の鈕孔製作技術について観察し、これらの X 群・Y 群のそれぞれにおいて、あるいは両者を横断して共通性がみられるのかといった点について検討する。

【X群】

①奈良・吉備塚鏡

外区片（全周）と内区の一部（左下）の部分が残存しているが、鈕の部分が欠失しており、鈕孔については不明である。

②宮崎・持田20号鏡

現物不明である。本鏡は内区の一部が欠損している。この鏡のみ突出して面径が大きいが、鋳上がりからみて踏み返しの原鏡となった可能性は低く、面径の再計測の必要性が指摘されている（川西 2004）。梅原末治（1969）の報告による写真・実測図を参照するならば、鈕孔方向は45分―15分で、鈕孔形態は大型の2類と想定される（図7-2）。写真による観察では鈕の上面に傷のようなものがあるが詳細不明である。

③熊本・迎平6号鏡

本鏡は鈕より上半分が欠損している。鈕孔方向は、43分―15分である。鈕孔は、片側が楕円形、他方が半円形でいずれも8mm×6mmの大きさである。中子は楕円形で、鈕孔形態は1類に該当する。また鈕の上面に径11mmの平坦面がみられる（図7-1）。また鈕の斜面に細長い長方形の浅い部分がある。現在の鈕孔よりもやや高い位置にあることから、鈕孔痕跡の可能性も含めて鈕の製作技術に関わる何らかの痕跡と考えておきたい。欠損のため確実ではないが、反りは3～4mmとみられる。

④熊本・江田船山鏡

完形である。鈕孔方向は43分―13分で迎平6号鏡とほぼ同じである（図4）。鈕孔形態は10mm×6mmで1類に該当する（図7-5）。中子の形は楕円形で、鈕座底辺よりわずかに高い（約2mm）位置に浮いている。そのため鈕孔が半円形を呈さず、全体として楕円形を呈し、裾部が左右に広がる形となっている。また迎平6号鏡と同様、鈕の上面に平坦面がある。平坦面の直径は約6mmである。鈕孔痕跡はみられない。

【Y群】

⑤香川・津頭西鏡

完形である。鈕孔方向は50分―20分で、右上と左下の乳を結んだ方向と概ね一致する。鈕孔形態は8mm×6mmで1類に該当する（図7-6）。円形に近

第 2 章　同型鏡と関連鏡群の系譜と製作技術　71

図 4　熊本県江田船山古墳出土画文帯環状乳神獣鏡 A

い楕円形の中子で開口部は左右に広がり、一部上側に食い込んでいる。鈕上面に平坦面はなく、鈕孔痕跡もみられない。

⑥岡山・西郷面鏡

本鏡は内区の一部が欠損する。鈕孔方向は 47 分―15 分である。鈕孔形態は 8 mm×7 mm で 1 類に該当する（図 7-7）。円形に近い中子で、開口部の裾部は左右に広がる。鈕上面に平坦面はなく、鈕孔痕跡もみられない。

⑦福岡・山の神鏡

本鏡は、内区外区ともに一部欠損している。鈕孔方向は 45 分―15 分である。鈕孔形態は 10 mm×6 mm の半円形で 1 類に該当する（図 5、7-3）。横長

図5　福岡県山の神古墳出土画文帯環状乳神獣鏡 A

の楕円形中子で、開口部は一方が半円形で一方はやや長方形気味である。また あまり明瞭ではないが、鈕上面がやや平坦になる。鈕表面が布で覆われており 詳細不明であるが、現状では鈕孔痕跡は確認できない。反りが約6mmと非常

第 2 章　同型鏡と関連鏡群の系譜と製作技術　73

図 6　熊本県国越古墳出土画文帯環状乳神獣鏡 A

に大きい点が特徴である。

⑧熊本・国越鏡

　完形である。鈕孔方向は 50 分—20 分である。鈕孔形態は、11.5 mm×8 mm

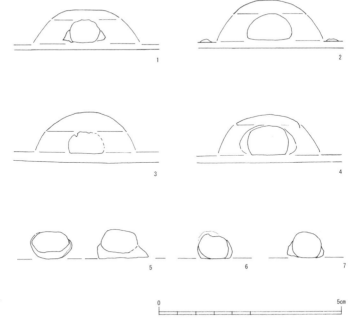

図7 画文帯環状乳神獣鏡Aの鈕孔形態の比較（S=1/1）（1：③迎平6号鏡、2：②持田20号鏡、3：⑦山の神鏡、4：⑧国越鏡、5：④江田船山鏡（左右）、6：⑤津頭西鏡、7：⑥西郷面鏡）※1・3・5～7：鈕孔1類、2・4：鈕孔2類

と12mm×7mmで大型の2類に該当する（図6、7-4）。楕円形の中子である。鈕上面に平坦面はなく、鈕孔痕跡もみられない。反りは3.5mmである。

以上の観察をふまえ、X群・Y群の特徴について検討する。まず傷a・bを共有するX群については、③迎平6号鏡と④江田船山鏡の両者において鈕上面の平坦面と鈕孔方向という共通点がある。①吉備塚鏡は鈕欠失で不明だが、②持田20号鏡は概ね鈕孔方向も一致している。鈕孔が大型の2類である点が異なるが、基本的には共通性が高い一群といえよう。

次に傷a・bをもたないY群については、鈕孔方向が左側の鈕孔が45分から50分の間に位置し、右下がりに配されるものが多いという共通点がある。なかでも、⑤津頭西鏡と⑥西郷面鏡（図7-6・7）は、鈕孔形態が円形に近い楕円形で法量も近似しており共通性が高い。他方で、⑧国越鏡はそれらと大き

く異なっており、本鏡のような中型鏡ではめずらしく2類の大型鈕孔（中子）を採用している点で目立っている。2類はY群ではこの国越鏡のみで、X群では②持田20号鏡に限られる。ただし、2類の採用という点で、X群とY群を横断した共通性がみられるという言い方もできる。⑦山の神鏡で鈕上面がやや平坦になるのも、③・④との共通性ともいえよう。

　以上のようにみるならば、X群・Y群というまとまりは、鈕孔製作技術や鈕孔方向という点においてもそれぞれに共通性が高いものとして確認することができる。それに加えて、全体として1類を基礎としながら、2類がA群・B群双方に含まれていることから、両者を横断した製作技術の共通性がみられる。以上をふまえつつ、次に⑨⑩について検討する。

【X群・Y群以外】
　⑨栃木・野木鏡
　完形であるが、現物がなく、面径不明である。最も鋳上がりがよく、文様もよく残っているが、黄帝付近が不鮮明なため、原鏡の可能性は低いことが指摘されている（川西 2004）。鈕孔方向は57分―27分で、上左と下右の乳を結んだ線に近く、①～⑧とまったく異なっている（川西 2004：P.18）。鈕孔形態は、平面写真の観察によるかぎり、半円形の1類に該当する可能性が高いとみられる。鈕孔底面が抉れたようになっているのが観察できる。鈕上面に平坦面があるようにもみえるが不明である。

　本鏡では写真による観察では、傷a・bはいずれも確認できず詳細不明である。文様がより鮮明で鈕孔方向も異なっていることから、Y群よりも世代が古く遡る可能性もある。

　⑩韓国中央博蔵鏡
　筆者未実見であり、清水（2013）に依拠しつつ、鈕孔形態について検討する。まず鈕孔方向は、写真で観察するかぎり、野木鏡とほぼ一致しており、概ね57分―27分前後とみられる。鈕孔は、清水の写真から、底辺が鈕座面に一致すること、上辺右隅に角があること（全体としては半円形を呈する）、高さがやや高めで2類に該当する可能性が高いことなどが確認される。清水が指摘するように、鈕全体が大型化しており、鈕径2.72 cm、鈕高1.99 cmとされている。たとえばY群に属する⑦山の神鏡の鈕高は鈕座面から約1 cmであるの

で（鈕径は 2.7-8 cm で大差ない）、高さのみ倍になったかたちである。また鈕上面に平坦面があるようにもみえるが、これについては今後確認が必要である。清水の写真を観察するかぎり、鏡背は大半の部分が鋳肌を残しているとみられる。

　清水も指摘しているように、仮にこれが同型鏡群の一部だとした場合も、鈕の大型化という点では原鏡候補からは外れる。面径が若干大きいという点で、X 群や Y 群より世代が遡り、川西による「原鏡Ⅱ」と同じ世代に属する可能性が高く、原鏡をもとに鈕を大型化した製品ということになろう。鈕の大型化は、画文帯仏獣鏡Ｂの千葉県祇園大塚山古墳出土鏡などでもみられ、画文帯同向式神獣鏡Ｂなどでみられる斜縁部の付加といった改変と共通する可能性もある。

　小　結　以上の検討をもとに、あらためて原鏡と製品との関係を整理すると次のようになる。この理解は清水（2013）の整理と概ね一致している。

```
                    〔第1次踏み返し〕          〔第2次踏み返し〕
        ┌→ 原鏡Ⅱ-1（傷 a・b あり） →  X 群（①～④） 鈕孔1類・2類
原鏡Ⅰ ─┼→ 原鏡Ⅱ-2（傷 a・b なし） →  Y 群（⑤～⑧） 鈕孔1類・2類
        └→ ⑩中央博鏡？） 鈕孔2類：鈕の大型化
           （⑨野木鏡？） 鈕孔1類  ※X群・Y群・⑨⑩の間で鈕孔方向やや異なる
```

　これらについて、鈕孔形態・技術という点について確認すると、第2次踏み返し鏡である X 群・Y 群の 8 面は鈕孔形態 1 類を基調とし、両者において 2 類が認められることから、X 群・Y 群それぞれで共通性が高く、かつ X 群・Y 群の両者を横断して技術的な共通性が高いことが確認された。また第1次踏み返し鏡とみられる原鏡Ⅱ-1・Ⅱ-2 は未発見であるが、それと世代的に共通する可能性もある⑨野木鏡および⑩韓国中央博鏡においても鈕孔形態 1 類・2 類といった技術的特徴が可能性として想定されることから、第1次踏み返しと第2次踏み返しの両者が同一の技術的基盤のもとに行われた可能性が高いことがうかがわれる。なお清水（2013）も指摘するように、⑨野木鏡については面径が不明であることから⑩中央博鏡との前後関係などは厳密には限定できず、これについては課題とするが、この両者で概ね鈕孔方向が一致する点から、両者の親縁性という点を確認しておきたい。

（4）他の鏡種の鈕孔との比較

　以上のように、画文帯環状乳神獣鏡Aでは、現状で楕円形中子の鈕孔形態1類が主体で、その中に2類が一部含まれるという構成であった。これは比較的一般的なあり方で、特に画文帯環状乳神獣鏡Aのような中型鏡の場合は鈕孔自体がそれほど大きなものが必要とされず、それゆえ1類が主体となったとみられる。神人車馬画象鏡をはじめとした大型の鏡では2類の鈕孔が主体的に用いられる場合もあることから、1類主体で2類も使用されるといったあり方は、鈕孔が大型化した同型鏡群の一般的な傾向として理解できる。

　その上でさらに付言するならば、画文帯環状乳神獣鏡Aにおいては3類が利用されていないという特徴がある。Y群の⑤津頭西鏡や⑥西郷面鏡などは円形に近い楕円形ではあるが、それでも明瞭に円形である（または縦長の円形である）3類とは異なっている。横長の楕円形中子を縦方向に配置すれば3類になるという可能性もあるため3類の中子を排他的なものと捉えることはできないが、いずれにしても画文帯環状乳神獣鏡Aでは主体ではない。また4類のように中子を重ねて大型化したものもみられない。これは鈕自体がそれほど大きくないという点に起因するものであろう。

　以上、画文帯環状乳神獣鏡Aの10面の資料について、鈕孔製作技術と形態について検討を行ってきた。その結果、従来抽出されてきた2群の両者を横断して1類（一部2類）という共通性がみられること、ここでいうX群・Y群それぞれにおいて共通性が高いこと、また参考資料ではあるが、世代が遡る可能性がある⑨野木鏡や⑩韓国中央博鏡などでも共通した技術的基盤のもとで製作された可能性が想定された。

3. 小結：鈕孔からみた画文帯環状乳神獣鏡Aの製作技術

　以上、画文帯環状乳神獣鏡Aの製作技術について、鈕孔形態・設置技術を中心に検討を行った。画文帯環状乳神獣鏡Aは、5世紀後葉〜末の福岡県山の神古墳出土鏡から6世紀前半の熊本県国越古墳出土鏡まで、副葬年代に幅がある資料である。しかし、范傷や鈕孔形態・技術からみて列島の古墳からの出土が確実視されるX・Y群はいずれも第2次踏み返し鏡で同じ世代に属して

おり、6世紀代に副葬されたものが世代的に新しいといった可能性は低い。すなわち、副葬時期に差があっても製作技術における共通性が高いのであり、少なくとも副葬時期が古いものと新しいものの間で製作地が異なるといった仮定は技術論的な観点から成立しないことになる。また現状では資料的に限界があるものの、第1次踏み返し鏡と第2次踏み返し鏡の両者が同じ技術基盤に立つ可能性は高く、その場合は両者で製作地が異なるとする仮説についても成立は困難である。

　本節でみたように、製作技術がある程度限定されており、鏡種間の共通性が高いということが、同型鏡群が「特鋳説」のような需要と生産という関係で製作されたものであることを示すのか、あるいは実際は同型鏡群に限らず、この時代の産物ということで理解されるものであるのかについては画文帯環状乳神獣鏡Aの分析結果だけでは説明できない。以下、他鏡種の検討を通して具体的に考えてみたい。

第3節　各種同型鏡の系譜と製作技術

　以下、先の同型鏡一覧（表1・表5）をもとに、方格規矩四神鏡から順に検討を行う。各鏡種の検討項目は、以下の通りである。
（1）同型鏡資料の総数・概要と先行研究での位置づけ
（2）文様の説明と系譜・原鏡の年代観
（3）笵傷・踏み返し技術の検討（川西の製作順序の図も含む）
（4）鈕孔形態・鈕周辺の製作技術・鈕孔方向の検討
（5）小結：各鏡種の系譜と製作技術の位置づけ
　このうち、（1）～（3）については、主に先行研究の成果を参照しつつ、筆者の観察を交えながら各鏡種の特徴を整理するものである。これに対し、特に（4）の鈕孔形態・技術に関する検討という点が、筆者独自の観察結果にもとづくものである。なお同型鏡の鈕孔形態・技術のデータについては、筆者自身で計測・実見できていない資料も含まれるが、それらについては、実見観察を行った資料の所見をふまえつつ、平面写真から鈕径との対比にもとづき鈕孔の幅

を略測するという方法を採った。
これらはあくまで参考資料である
が、これにより、実物が所在不明
の資料などについても分析データ
としてある程度利用可能となっ
た。以上の観察結果にもとづき、
先行研究の理解について検証を行
いつつ新たな知見を追加すること
が可能かどうか、具体的に検討を
行う。

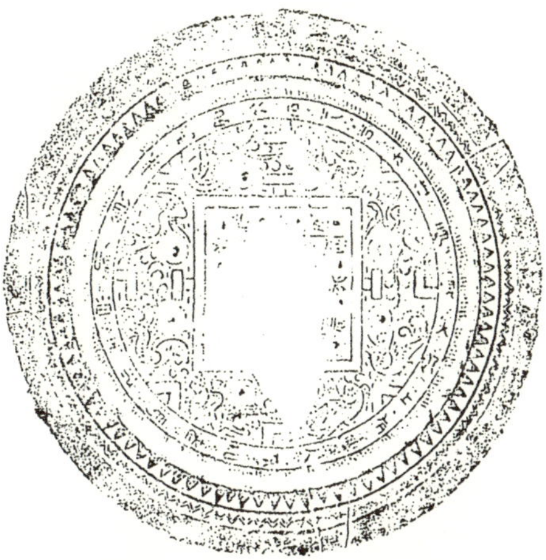

1. 方格規矩四神鏡

図8 『鏡研搨本』所収方格規矩四神鏡拓本
（森下 2004）

（1）同型鏡資料の概要と先行研究での位置づけ

　同型鏡が2面存在する。1面は韓国・武寧王陵出土鏡（図9：以下①武寧王陵鏡と呼称）、もう1面は『鏡研搨本』の拓本として新たに確認された資料である（図8）。後者（以下②鏡研搨本鏡と呼称する）は他の拓本資料が倭製鏡などを多く含むことから日本列島出土鏡と推測されている（森下 2004a）。

　従来①武寧王陵鏡は、元来の方格規矩四神鏡の内区の上に付加された神仙・獣像の浮彫文様から、これがどこで製作されたかが注目されてきた。森下章司は、②鏡研搨本鏡の確認をふまえ、この特異な文様改変について、論点を次のように整理している：「武寧王陵との関係では、これらの鏡群が百済を通じて日本にもたらされたのか、あるいは日本から百済に一部が与えられたのかという点が問題とされてきた。同型鏡群には改変前後の同型鏡が双方ともふくまれており、かつそれらが日韓にまたがって出土していることが今回判明した。改変後かつ特異な図像附加がおこなわれた方の鏡が百済から出土していることに対して、a）特異な細工のおこなわれた鏡が特別に百済の王のもとに残された、あるいはb）そうした鏡が特別に選ばれて百済にもたらされた、c）本鏡の踏み返しが百済で行われた、などさまざまな解釈が成り立ちうる。先にふれた原鏡の多様性、鏡群としてのまとまりを欠くという特徴とあわせて、同型鏡

図9　韓国・武寧王陵出土方格規矩四神鏡

群の製作や流入の状況を考える手がかりとなる資料として特に注目しておきたい」（森下 2004a：pp.26-27）。すなわち、文様が付加されていない資料の存在とあわせて、文様付加がどこで行われたのか、また付加が行われた武寧王陵鏡がどのような経緯で百済・武寧王陵で副葬されたかといった点が議論の焦点といえよう。

第 2 章　同型鏡と関連鏡群の系譜と製作技術　81

　この特徴的な文様付加については、たとえば樋口隆康は、「後漢代の四神鏡を踏み返してつくった鋳型に、新たに人像や獣形を彫りこんで図文をかさねた上、鋳造された」と捉え、「この種の踏み返し鏡が六朝代につくられた証拠として、新知見を加えたもの」と評価した（樋口 1972：p.3）。その上で、製作技術や銅質から百済での製作の可能性を否定し、他の同型鏡も含めた問題として、「百済は、南朝の文化を受容して、それを日本へ伝えたとする文化伝播の大勢からみて、これらの鏡も、中国で作られたものを、百済がまず輸入し、その一部を日本へ送ったとする解釈が成りたつのである」と主張した（樋口 1972：p.33）。川西宏幸は本鏡について、「踏み返すさいに、獣像四体とともに、槍を構えて疾駆する半裸体の男子像一体を、加えている。この付加像は、古く遡れば、湖南省長沙市馬王堆三号墓出土の漆奩に描かれた狩猟文に、淵源をたどることができる、中国の伝統的な図柄であり、しかも、その表現は、たとえば浙江省慈渓市杜湖水庫太康元年墓出土の魂瓶の胴部を飾る半肉刻の同種文など、西晋代の華中の半肉刻文に通じるところがある。図柄の点でも、表現法の点でも、この方格規矩鏡の製作地を朝鮮半島に求めるのは難しく、華中とみるのが妥当である」とする（川西 2004：p.159）。岡村秀典は、第 1 章でもみたように、本鏡を同型鏡の第二様式（「第一様式につづいて南斉・梁でつくられた」一群）の一部（A 類）として位置づけ、浮彫図像を中国の伝統的意匠と捉えている（岡村 2011a）。

　このように、①武寧王陵鏡の浮彫文様付加とその製作地については大陸・南朝下であるという意見が有力視されてきている。その場合、製作年代が宋代であるのか、岡村がいうように南斉・梁代まで降るのか、また入手経路について南朝から百済に直接もたらされたのかどうか、といった点が論点となる。あわせて②鏡研搨本鏡の発見によって、踏み返し原鏡の可能性がある資料が日本列島にもたらされたと考えられることから、森下が挙げた a）〜c）の可能性の検証が課題といえよう。なお第 1 章でもみたように、森下自身は別稿において、同型鏡群の製作地については、北京故宮博物院蔵鏡の存在から、中国の可能性が高いこと、また①武寧王陵鏡についても日本からもたらされたものと明言している（森下 2012a：pp.108-109）点をあらかじめ確認しておきたい。

　本書の観点からいえば、鈕孔製作技術が他の同型鏡群と同様であるのか、ま

た浮彫文様付加がどのような技術で行われているのかといった点が、製作地や系譜を考える上でも重要である。以下具体的に検討したい。

(2) 文様と系譜・原鏡の年代観

　製作技術の検討の前に、原鏡の文様と系譜について整理しておく。②鏡研搨本鏡についての森下の記述が明快であるので以下に引用する：「鈕と方格の一部を欠く。内区には規矩の間に四神や各種の獣、神仙像を表す。方格には十二支銘を配し、内区外周には「尚方佳竟真大好　上有仙人不知老　渇飲玉泉飢食棗　壽如金石兮」と銘文がめぐる。外区は鋸歯文＋波文。波文の外側に突線がめぐる」（森下 2004a：p.23）。このうち、最後の「波文の外側に突線がめぐる」点について、①武寧王陵鏡でも一部わずかにそのように観察できる部分があるが、いわゆる魏晋鏡に特徴的な「外周突線」（福永 1991）のように明瞭に段差を伴って周囲をめぐるものとは印象が異なり、突線としては不明瞭である。

　文様構成から考えた場合の原鏡の年代観は、岡村秀典分類（1993a）でいう方格規矩四神鏡のⅤB式に該当する。一方で森下は、同型鏡群の原鏡では画文帯仏獣鏡のように図柄そのものがめずらしい鏡式が採用されていることに注意を喚起しつつ、「そうした視点からみるなら本鏡についても、波文＋鋸歯文という外区文様構成がこの種の方格規矩四神鏡に通有の外区からはずれたものであることが注意される。そうした小さな差異がはたして後代における異式鏡あるいは模倣鏡であることを示すのかどうか今後の検討を要するが、これは同型鏡群製作の背景とも関係する問題である」と述べている（森下 2004a：p.26）。

　このように本鏡については、文様付加といった特徴とは別の問題として、原鏡の外区構成などにやや特殊な点が認められる点を確認しておきたい。残念ながら鏡研搨本鏡は鈕区を欠失しており、鈕孔形態が魏晋鏡に一般的な長方形鈕孔であるのかといった点が確認できない。ここでは武寧王陵鏡の断面形態においては比較的反りが大きく、後漢鏡とした場合もやや新しい特徴を示している点に注目しておきたい。以上をふまえ、次に製作技術について検討する。

（3）笵傷・踏み返し技術

　①武寧王陵鏡は 17.8 cm と報告されている。鏡研搨本鏡はミリ単位での大きさが不明であるため、面径からは踏み返しに際しての両者の前後関係についての確定ができない。ここでも両鏡を同型と認定した森下の見解をまず引用する：「拓本であるため細部の比較はむずかしく、また武寧王陵鏡は文様が附加されているために同型か否かの判断は慎重を要する。まず地の文様は拓本表出の度合いによる違いをのぞいて同一ととらえられる。とくに銘文の字体や字配りが比較しやすい。同型であることの一番明瞭な痕跡として、外区の鋸歯文のつぶれ部やその外側の波文の表出が甘いところの一致と、銘文中の「仙」の字が双方ともつぶれておりかつその下に小さな点のみられることの一致をあげうる。ほかにも青龍の後半身から銘文の「竟」の字にかけて、あるいは玄武に対応する位置の外区などにも表出のあいまいな部分が双方にみられる。同型品とみて間違いなかろう」（森下 2004a：p.24）。

　このように、武寧王陵鏡と鏡研搨本鏡は外区鋸歯文や「仙」字付近をはじめとして、いくつか同様の傷・鋳造不良の痕跡を共有している。この点と浮彫文様付加という特徴から両者の関係について整理すると、大きく以下の2つの可能性がある。

1）鏡研搨本鏡が原鏡で、それを踏み返して武寧王陵鏡が製作された。
2）別に原鏡が存在し、それを踏み返して鏡研搨本鏡・武寧王陵鏡の両者が製作された。

　すなわち、1）は両者を直接のオヤコとする見方であり、2）は2面の面径がほぼ同じであれば同世代の踏み返し鏡の可能性があり、また数 mm 以上の面径の差があれば「オジオイ」などの関係が想定される。1）の場合は踏み返し原鏡が列島にもたらされたとする点で、武寧王陵鏡の製作が日本列島で行われたという可能性にもつながるものである。2）の場合はいずれも同一地域で製作されたもの、とする可能性が有力となる。この2つの可能性を絞り込む上では、面径の縮小があるかどうか、かついずれかに特徴的な傷が別個に認められるか否かが両鏡の関係を知る上で重要であるが、現状では確認はむずかしく、鏡研搨本の拓本のみに依拠するかぎり、この点については保留せざるをえない。

ただ付言するならば、ここで問題となる1) のような可能性を考えた場合、武寧王陵鏡の地の文様部分の鋳上がりや文様が鏡研搨本鏡よりも不鮮明であることも想定されるが、実物を観察するかぎり、武寧王陵鏡の外区鋸歯文などは角が比較的シャープに鋳出されており、鏡研搨本鏡と比べて極端に文様が不鮮明というようなあり方ではない。また鏡研搨本の拓本で確認できる範囲では武寧王陵鏡の方により多くの傷がみられるというわけでもないことから、資料的な限界があるものの、あえてどちらかという点でいえば、筆者は現状で 2) の可能性が高いのではないかと考える。その場合、同型鏡群全般と同様に、出土資料の中に踏み返し原鏡がみられない鏡種ということになり、武寧王陵鏡の踏み返し製作や文様付加が行われた場所についても、日本列島や百済地域の可能性を強調する必要はないものと考えられる。

次に、武寧王陵鏡において特徴的な浮彫文様の付加について検討する。付加された浮彫文様は計5体である。方格の右上の位置に半裸で槍をもった人像、獅子かともいわれる獣像はすべて左向きでそれぞれ方格の右下・下位・左側・左上の位置に配されている。間隔や位置は不規則である。獣像はいずれも頭部の形状が異なっている。これら浮彫文様と重複する内区主像から銘帯にかけての部分が見えなくなっている。それ以外の地の部分については、森下が指摘した不鮮明な箇所以外は比較的良好に文様が鋳出されている。

この5体の人像・獣像の付加において1つ問題となるのは、これらの浮彫文様がどのように鋳型に彫りこまれたかという点である。全体として非常に立体的で厚みがある点が特徴である。

この浮彫文様の具体的な製作方法として、たとえば、A) 鏡研搨本鏡のような原鏡を踏み返した上で、これらの浮彫文様を鋳型に直接彫り込んだ可能性と、B) 蠟原型のような立体原型を用いてそれを鋳型に押し当てて文様部を作り出した可能性の2つが考えられる。ここで注目されるのは、右上の半裸の人像である。この人像は腰帯・腰巻きが表現されているが、現物をつぶさに観察すると、この腰帯・腰巻きの表現が、浮彫上で「沈線」によって描出されていることがわかる。同様に製品上で「沈線」となっているのは、人像以外にも、右側獣像頭部の目の付近、下側獣像の後肢付近、左側獣像の口・前肢付近、左上獣像の口付近など、ほぼすべての浮彫表現で認められる。もし鋳型にこれを

彫り込もうとすると、製品上で「沈線」となる部分は、鋳型の上では突線状に掘り残さなければならなくなる。これらの沈線状表現と立体的で厚みのある浮彫表現という2つの特徴から、これら5体の浮彫表現については、B)のように蠟原型ないしは土製などのそれに類する立体原型をあらかじめ製作し、使用したものと想定できる。その場合も、a)原鏡の踏み返しの後に立体原型を用いて鋳型に浮彫文を付加した可能性と、b)原鏡の踏み返しの時点で原鏡に立体原型が装着されており、その上で踏み返しによる鋳型製作が行われた可能性の両者が想定されるが、地文部分の内区図像に歪みなどがみられないため、後者b)の可能性が高いものと考えられる。なおもしこれらの浮彫文様の立体原型を鋳型から取り外す際に、抜け勾配の問題により鋳型の破損のおそれがある場合には、この部分のみ蠟原型による失蠟法を用いれば鋳型の破損は回避できる。可能性のひとつとして指摘しておきたい。

（4）鈕孔形態・鈕周辺の製作技術・鈕孔方向

　上述のように、鏡研搨本鏡は鈕を欠損しているため、鈕孔方向や鈕孔製作技術を武寧王陵鏡と比較することはできない。ここでは武寧王陵鏡の鈕孔製作技術について検討し、同型鏡群の他の資料と比較したい。

　①武寧王陵鏡の鈕孔は、おおよそ50分—20分の方向で開口している。十二支でいえば「戌」と「辰」の方向である。実見の結果、いずれも鈕孔底辺が鈕座面に一致するといった同型鏡群の特徴を示していることが確認できた。左上の「戌」側の鈕孔がやや大きく開口しており、鈕孔の上辺が幅広い大きめの楕円形を呈している。鈕孔底辺付近は鈕孔設置および仕上げが粗雑である。反対側の「辰」側の鈕孔は底辺側が大きく開いた半円形状を呈している。未計測であるが、鈕径との対比からも幅が10mm以上であることは確実であり、両方向ともに筆者分類の2類に位置づけることができる。鈕孔痕跡などについては未確認である。

（5）小　結

　以上、方格規矩四神鏡の2面、①武寧王陵鏡と②鏡研搨本鏡について検討してきた。残念ながら鏡研搨本鏡が拓本資料であるため、面径や表面観察に限界

があるものの、武寧王陵鏡の観察から、現状では鏡研搨本鏡が武寧王陵鏡の直接の踏み返し原鏡であるとするよりは、両者とは別に踏み返し原鏡が存在する可能性が高いのではないかと考えた。また①②の両者にたとえば数mm以上の極端な面径の差がある場合は、両者は世代が異なる「オジオイ」の関係である可能性も存在しており、この点については将来的な検証が必要である。

　さらに、浮彫文様の観察の結果、これらの付加文様が蠟原型や土製などのそれに類する立体原型を用いて製作された可能性を指摘するとともに、鈕孔製作技術について、筆者分類の2類に該当することを指摘した。蠟原型や立体原型を用いたものが同型鏡群で認められるかどうかについては以下で具体的に検討するが、現状で関連が想定される資料として、後述する旧ベルリン民俗博物館所蔵・画文帯仏獣鏡Bの拡大された外区にみられる立体的な唐草文様が挙げられる。これも現物不明で拓本しか存在しないため実物の状況について不明な点が多いが、複雑にうねった立体的な「唐草文」が、おそらく一定の厚みをもって作られているとみられる点で一定の技術的な共通性を有する可能性がある。ひとまずこの点を指摘するにとどめ、当該資料については後ほどあらためて検討する。

　このように、鈕孔製作技術や浮彫文様などが他の同型鏡とも共通する可能性が高いことをふまえた上で、川西や岡村が指摘しているように、浮彫文様自体の系譜を大陸・南朝に求めることができるのであれば（川西 2004、岡村 2011a）、武寧王陵鏡・鏡研搨本鏡の製作地はいずれも南朝の可能性が高いと考えることができよう。この点は、同型鏡群全体の製作地を考える上で重要である。この武寧王陵鏡・鏡研搨本鏡の両者が南朝産であるという結論自体は決して目新しいものではないが、立体原型を用いた浮彫文様付加や鈕孔製作技術といった点について、観察結果をもとに具体的な考古学的証拠を提示した点で一定の意義を有するものと考える。

　なおこの場合、武寧王陵鏡の流通経路は、a) 百済による南朝からの直接入手（e.g. 樋口 1972）と、b) 列島経由での百済への搬入（e.g. 川西 2004、森下 2012a）、という2つが想定されるが、これについてはここまでの検討だけでは説明できず、第4章以降であらためて検討したい。

　以上のように、従来製作地が問題とされてきた武寧王陵鏡についても、技術

的な特徴から他の同型鏡群と同様である可能性、また浮彫文様の系譜が南朝と想定される点で、製作地が南朝である可能性が高いことをみてきた。これらの同型鏡群全体の中での位置づけについては後論したい。

2. 細線式獣帯鏡 A

(1) 同型鏡資料の概要と先行研究での位置づけ

以下の7面が存在する。①大阪・桜塚古墳群（以下桜塚鏡）、②大阪・土室石塚古墳（以下土室石塚鏡）、③奈良・今井1号墳（以下今井鏡）、④伝・奈良・大安寺古墳（以下伝大安寺鏡）、⑤伝・福岡・八女市吉田（以下伝八女鏡）、⑥福岡・勝浦峯ノ畑古墳（以下勝浦峯ノ畑鏡）、⑦大分・日隈1号墳（以下日隈鏡）である。近畿地域・北部九州地域に分布が集中する。

本鏡群については、川西宏幸（2004）の検討が最も詳細でまとまっている。川西は上記の⑥勝浦峯ノ畑鏡以外の6面について検討し、後述する傷a〜hの共有のあり方から大きく2群に区分した（図10）。また⑦日隈鏡については、面径が他の5面より大きく、鋳上がりの点において突出して精良であることから、以下のように述べている：「原鏡の資格をそなえた製品であることは疑いない。しかし、もし原鏡であるとすれば、すでに想定したように、傷a・e・gを有するはずであるが、本鏡で存否を確認することができる傷aについてはその痕をとどめていない点で、原鏡の条件からは外れる。原鏡のさらにもとになる原鏡があったか、または原鏡と同型または同笵の一鏡があり、日隈一号墳出土鏡はそれにあたる可能性がある」（川西 2004：p.108）。また③今井鏡の鈕区付近で、鋳型が軟らかい間の鈕孔中子設置時に付されたとみられる一過性の大きな傷の存在を認め、この点を根拠として、鈕孔中子の設置が鋳型焼成前であったこと、同世代とみられる②土室石塚鏡とは「同笵」の関係にはないことを指摘している（同：pp.108-109）。

また川西は後述する「四夷服」を含む七言句銘に注目し、これらが細線式獣帯鏡では異例であることを指摘する。その上で、「七言句銘をもつ同型品の原鏡は、常套句を頻用する流行期から隔たった製品であり、同型品の製作時にはこうした製品の方がよく出回っていたことが、銘の多くを個性派揃いにしたと

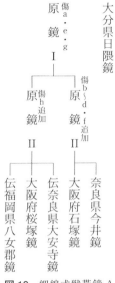

図10 細線式獣帯鏡A
の製作順序（川西
2004）

▶図11 鈕孔拡大写真：
大分県日隈1号鏡

いうわけである。もしこのように考えてさしつかえがないなら、七言句銘の製作時期としては、西晋代を中心とする三世紀後半ないし四世紀初頭の頃がふさわしいと思う。…（中略）…むろん、図像からみて、どうしても、七言句銘鏡の製作時期を後漢代にとどめておくべきであるということなら、後漢代の製品をのちに踏み返すことがあり、そのおりに、銘文だけを時代の好みにあうように改変した可能性を、考えることになる。…（中略）…しかもその改変が、痕跡をとどめないほどに完璧であった場合、われわれとしてはもう、改変者の技のさえを称揚するだけで、それを見わけることはできない」（川西 2004：p.131）と主張している。すなわち、異例の七言句銘の存在から、踏み返し鏡の製作年代だけでなく、原鏡の製作年代自体が、文様構成が示す年代よりもかなり新しく、3世紀後半から4世紀初頭まで降る可能性を指摘したものである。

以上の川西が挙げた6面以外に、筆者が整理を行った福岡県勝浦峯ノ畑古墳出土鏡群の中に、川西の傷cを共有する外区片を確認し、断面形態も共通していることから細線式獣帯鏡Aの新資料として認定した（辻田 2011a）。

以上のように、川西の検討を通じて、七言句の銘文が異例であり、原鏡の製作年代自体が下降する可能性、また⑥勝浦峯ノ畑鏡以外の5面が大きく2群に区分され、また⑦日隈鏡が原鏡Ⅰに近く遡る資料であることなどが論じられてきた。以下、本鏡群について、鈕孔形態や鈕孔設置技術を中心として検討を行う。

（2）文様と系譜・原鏡の年代観

本鏡の文様構成は、一段高い段を伴う鈕を中心に、9つの小乳で分割し、単位文様を挿入した鈕座を配す。その周囲に櫛歯文・平頂圏帯・銘文・平頂圏帯・櫛歯文をめぐらす。銘文は次の通りである：「銅槃作竟四夷服 多賀国家人民息 胡虜殄滅天下復 風雨時節五穀孰 長保二親得天力 楽兮」（川西の釈読による）。内区は四葉座を伴う乳が7個配され、四神や禽獣が配される。左上に玄武・右側に青龍、下位に朱雀、その左隣に白虎が配されており、後述する細線式獣帯鏡Cと概ね共通する。四神はほぼ東西南北に配されるが、川西が指摘するように、白虎と朱雀が隣接するといった変則的な配置となっている。櫛歯文の外側に一段高い外区があり、鋸歯文＋複線波文＋鋸歯文、素文の外縁部となる。

先述の川西のように、七言句銘から原鏡の製作年代自体が下降するという考え方もあるが、文様構成だけで考えた場合の原鏡の年代観は、岡村秀典分類（1993a）でいう細線式獣帯鏡ⅣA式に該当し、いわゆる漢鏡5期鏡に位置づけられる。

原鏡の製作年代についてはひとまず上記を目安とし、以下製作技術について検討したい。

（3）笵傷・踏み返し技術

まず、川西の検討結果から、傷の有無と面径について確認し、鏡群の抽出を行う。

	面径（cm）	傷の有無
①大阪・桜塚鏡	（面径不明）	a・×・×・×・×・e?・×・g・h
④伝・大阪・大安寺鏡	22.30–22.32	a・×・×・×・×・e・×・g・h
⑤伝・福岡・八女鏡	（22.2）	a・?・×・×・?・×・?・h
②大阪・土室石塚鏡	22.68–22.77	a・b・c・d・e・f・g・×
③奈良・今井鏡	22.64–22.69	a・b・c・d・e・f・g・×
⑥福岡・勝浦峯ノ畑鏡	（約22）	（cのみ確認）
⑦大分・日隈鏡	23.3	×・×・×・?・欠失・×・?・欠失

　川西は、傷a～hまでの共有のあり方から、すべてに共通してみられる傷a・e・gが原鏡Ⅰの傷であり、それを踏み返して傷hが付加された原鏡Ⅱをもとに製作された一群（①④⑤）と、傷b～d・fが付加された原鏡Ⅱをもとに製作された一群（②③）とに区分した。またそれらより面径が大きく文様も鮮明な⑦の日隈鏡をそれらとは別に位置づけている（図10）。新出資料である⑥勝浦峯ノ畑鏡は、破片のため面径が正確ではないが22cm前後であることは確実であり、傷cをもつという点で、後者の②③と同じ群に属すると考えることができる。

　以上から、川西の傷hを共有する一群（①④⑤）をX群、その原鏡を原鏡ⅡX、川西の傷b～d・fを共有する一群（②③⑥）をY群、その原鏡を原鏡ⅡYと呼称し、以下鈕孔製作技術について検討する。

（4）鈕孔形態・鈕周辺の製作技術・鈕孔方向

【X群】

①大阪・桜塚鏡

　現物不明であり、写真による検討である。鈕孔方向は、概ね55分—25分に開口する。左上側の鈕孔は、平面写真から判断するかぎり、底辺が鈕座面に一致する同型鏡群に一般的なものである。面径・鈕径との対比から鈕孔の幅が10mmを超す可能性が高いとみられ、その場合鈕孔形態2類に該当する可能性がある。

④伝・大阪・大安寺鏡

　図12に平面写真と断面実測図を掲載している。全体的に非常に厚く重い点

第 2 章 同型鏡と関連鏡群の系譜と製作技術　91

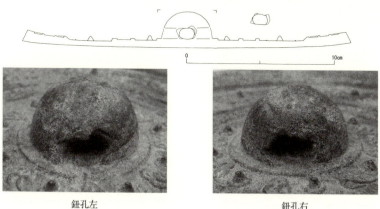

鈕孔左　　　　　　　　鈕孔右
図12　伝・奈良県大安寺古墳出土細線式獣帯鏡 A

が特徴である。鏡面側には布と赤色顔料が付着している。鈕孔方向は概ね57分―27分であり、①桜塚鏡よりわずかに時計回りにふれている。

　鈕孔形態はいずれも幅10 mm、高さ7 mmの楕円形中子であり、鈕孔形態1類に該当する。どちら側の鈕孔も、側辺部分が欠落していたり、右下側の鈕孔では上辺部分が手前側に突出するなど、同型鏡群に特徴的なあり方を示している。側縁部の欠落については、中子端部の粘土がはみ出ていたことに起因するものと考えておきたい。鈕孔痕跡は不明確である。

　なお図12の断面図をみて明らかなように、非常に厚い点が特徴である。本鏡種の資料は、⑦日隈鏡など、大きさの印象よりも重いものが多いが、断面により厚さが確認できる⑥勝浦峯ノ畑鏡などは内区外周の厚さは約1.5 mmであり、④大安寺鏡が本鏡種の中でも極端に突出していることを示している。

⑤伝・福岡・八女鏡

　所在不明とされていたが、現在大分県宇佐市の酒造会社所蔵として実物が存在する。鈕孔方向は、57分―27分で④大安寺鏡とほぼ同一である。鈕孔は楕円形を呈しており、鈕径と比べて鈕孔の幅がやや大きめである点が特徴であり、未計測ながら鈕孔形態2類に該当する可能性が高い。

【Y群】

②大阪・土室石塚鏡

　鈕孔方向は55分―25分に開口する。未計測であるが、実見の結果、大型の楕円形鈕孔であり、鈕孔底辺が鈕座面に一致する。鈕孔形態2類に属する。

③奈良・今井鏡（図13）

　鈕孔形態4類の具体例として挙げた特徴的な鈕孔を有する（本章第1節：図3-2〜4）。鈕孔方向はやや時計回りにふれて概ね58分―28分である。川西の指摘のように、下側の鈕座付近で文様が乱れている部分がある。

　第1節でも述べたように、本鏡の鈕孔については、非常に大型の鈕孔であるだけでなく、おそらく楕円形の棒状中子を二段重ねた結果、鈕孔形態自体が二段になっており、かつ鈕孔内面にその段が突線状につづいている点が非常にめずらしい特徴として観察できる。上側の鈕孔（図3の3・4）は、鈕孔の右上隅の部分がやや内側に突出しており、鈕孔の中子の非固定という点に起因するものとみられる。こちらは幅が最大13 mm、高さが10 mmである。なお図3-

図13　奈良県今井1号墳出土細線式獣帯鏡A

【細線式獣帯鏡Aの傷】（川西　2004）
傷a：朱雀の脚部付近に発生した鋳型の剥離による傷で、外側の櫛歯文帯に及ぶ。
傷b：銘帯の内側をめぐる突帯の一部が、わずかに突出する。
傷c：外区の鋸歯文帯に、小隆起が残る。
傷d：玄武の蛇の一部が鋳潰れて内周の櫛歯文帯に及ぶ。
傷e：青龍の角の上端が鋳潰れて櫛歯文帯に接する。
傷f：向かって左隣りの獣文区で、外周の段が広範囲に盛り上がる。鋳型の剥離。
傷g：同区で、内側の櫛歯文帯の一部が鋳潰れる。
傷h：玄武の向かって右隣りの獣文区で、獣の後脚から外側の櫛歯文帯にかけて、鋳潰れる。

4にみられるように、鈕孔の右側に表面が鈕の他の部分と異なる、不整形で面的な広がりが確認できる。ちょうど鈕孔方向のずれとほぼ対応するので、「鈕孔痕跡」の可能性が高い。下側の鈕孔（図3-2）も同様に段状を呈しているが、こちらは特に左上側が内側に突出している。中子を二段に重ねた痕跡は、右側辺で確認できる。幅が13 mm、高さが9 mmである。こちらは鈕座面より2 mmほど高い位置に鈕孔があり、鈕孔内部は斜めに傾斜したような形である。

以上、本例は鈕孔形態4類として分類したものに該当するが、大局的には大型鈕孔という点で2類の範疇に含まれることになろう。鈕孔方向のずれと対応するように鈕孔痕跡がみられる点を確認しておきたい。

⑥福岡・勝浦峯ノ畑鏡

外区片であり、盗掘・攪乱によりそれ以外の部分は失われている。外区片のみながら、やや反りがある点が特徴であり、図12の伝大安寺鏡の断面図とも概ね対応している。鋳上がりは良好である。

【X群・Y群以外】

⑦大分・日隈鏡

鈕孔方向は概ね55分―25分で開口する。図11に鈕孔の写真を掲げているが、①〜⑤の鈕孔形態とは異なる、小型の円形鈕孔である。鈕孔底辺は鈕座面に一致している。上側の鈕孔は、高さ6.5 mmで幅6 mmであり、鈕の周囲がやや縦長に開いている。下側の鈕孔は幅6.5 mm、高さ6 mmの半円形鈕孔であり、こちらは左右に鈕の周囲が開いている。

川西が指摘しているように、①〜⑤と比べて面径が大きく、銅質・鋳上がりともに精良でそれらとやや異なる位置にある資料である。鈕孔形態の違いもそれに対応していると考えてよい。鈕孔形態は、幅が狭い点で1類には該当せず、あえて同型鏡群の鈕孔形態で考えるとすれば3類に近い。ここでは本鏡の鈕孔形態が少なくとも①〜⑤までとは異なっている点を確認するにとどめておきたい。あわせて、その一方で鈕孔方向については①〜⑤と概ね一致している点も注意しておきたい。

（5）小　結

　以上、細線式獣帯鏡Ａの鈕孔形態・方向などについて検討した。その結果、鈕孔の開口方向が概ね全体で一致しており（55分—25分）、唯一ややずれていた③の今井鏡においては鈕孔痕跡が確認されたことから、本鏡群は、Ｘ群・Ｙ群と世代が異なる可能性がある⑦日隈鏡も含め、全体で鈕孔方向の共通性が非常に高い一群であることが判明した。Ｘ群・Ｙ群と鈕孔形態との対応を示すと次のようになる。

```
                ┌→ 原鏡ⅡＸ → Ｘ群（①④⑥）鈕孔１類・２類
    原鏡Ⅰ ─────┤
                └→ 原鏡ⅡＹ → Ｙ群（②③⑥）鈕孔２類（４類）

    ⑦日隈鏡                  ※鈕孔方向概ね全体で一致

    鈕孔３類？—①～⑤と異なる
```

　以上から、細線式獣帯鏡Ａでは、鈕孔形態２類が主体であり（１類は④大安寺鏡の１面のみ）、また上述のように、鈕孔方向がややずれて鈕孔痕跡が認められた③今井鏡も含めて概ね鈕孔方向が共通することからも、Ｘ群・Ｙ群の製作技術はきわめて近接したものであったとみることができる。通例鈕孔形態１類が主体となる鏡種が多いが本鏡種で２類を主体とするのは、面径・鈕径が22～23 cm という大型鏡である点に起因するものと考えられよう。以上から、Ｘ群・Ｙ群の鈕孔製作技術は同型鏡群全般との共通性が非常に高いということが確認できる。

　⑦日隈鏡については位置づけがむずかしいが、川西も指摘しているように、傷ａがみられない点で原鏡Ⅰの条件を満たしていないことから、原鏡Ⅰと同笵であるか、もしくは原鏡Ⅰよりもさらに世代が遡る原鏡が存在し、原鏡Ⅰとキョウダイ関係にあるかのいずれかの可能性が高い。問題は、⑦日隈鏡の鈕孔製作技術を一般的な同型鏡群の範疇で理解できるのか、ひいては⑦日隈鏡の鋳造年代が①～⑥と同じ頃であるのかという問題である。言い換えれば、原鏡Ⅰの世代まで含めて一般的な同型鏡群の製作年代の範疇で捉えるべきであるのか、あるいは原鏡Ⅰの世代の鏡は踏み返し原鏡として①～⑥などよりも製作年代が遡る（両者の間に一定のヒアタスがある）のかという問題である。これについてはここでの検討だけでは結論が出せないが、以下でみるように、他鏡種においても、原鏡Ⅰの世代まで遡って鈕孔方向が共通している事例が確認できる。

図14 ボストン美術館所蔵細線式獣帯鏡B(梅原 1931)

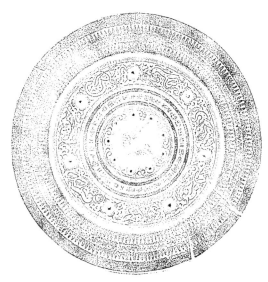

図15 『鏡研搨本』所収細線式獣帯鏡B（森下 2004）

ここでは、⑦日隈鏡の鈕孔形態・製作技術が、少なくとも2類を主体とする①～⑥の世代とは異なるという点を確認した上で、他の鏡種と比較したい。

3. 細線式獣帯鏡B

（1）同型鏡資料の概要と先行研究での位置づけ

同型鏡が2面存在する。1面はボストン美術館所蔵・伝仁徳陵古墳出土鏡であり、もう1面は先の方格規矩四神鏡と同様、『鏡研搨本』の拓本の中で確認された出土地不明の新資料である（森下 2004a）。前者の「伝仁徳陵古墳出土鏡」については、徳田誠志の調査で大仙陵古墳から出土した可能性が低いことが明らかにされており（徳田 2008、森下 2012a）、ここでは以下「①ボストン鏡」と呼称する（図14）。後者は以下「②鏡研搨本鏡」と呼称する（図15）。両者は

鏡研搨本鏡の確認に伴い、以下に述べるように森下によって同型鏡と認定されて現在に至る。

（2）文様と系譜・原鏡の年代観

　森下の鏡研搨本鏡についての説明をまず引用する：「現在ボストン美術館所蔵の伝仁徳陵出土鏡（径24.0 cm）と同型品とみられる。現物と比較したところでは錆の付き方に差があり、別個体の同型品である。伝仁徳陵鏡の同型品としてはじめて知られた例となる。鈕座に乳帯文を用い、その外周に櫛歯文、平頂圏帯＋銘文＋平頂圏帯＋櫛歯文をめぐらす。内区は四葉座をともなう7つの乳で区切った間に、四神をはじめとする獣像を線彫りで表す。内区外周は櫛歯文のみで、外区は鋸歯文＋波文＋櫛歯文。伝仁徳陵鏡の銘文は梅原末治によって「青蓋作竟大母傷 巧工刻之成文章 左龍右虎辟不羊 朱鳥玄武順陰陽 長保二親楽富昌」と釈読されている」（森下 2004a：p.23）。7つの乳で区画された内区のうち、左上が玄武、右上が青龍、その右隣が朱雀、左下に白虎が配されており、四神の位置関係などが異なるが、全体の構成という点では先の細線式獣帯鏡Aとの共通性が高い資料である。

　本鏡についても文様構成だけで考えた場合の原鏡の年代観は、細線式獣帯鏡Aと同様、岡村秀典分類（1993a）でいう細線式獣帯鏡ⅣA式に該当し、いわゆる漢鏡5期に位置づけられる。

（3）笵傷・踏み返し技術

　ボストン鏡は24.0 cmとされる。鏡研搨本鏡はミリ単位の大きさが不明で厳密な比較はできない。傷の観察についても写真と拓本での観察に限界があり、ここでは両者が同型品であることを確認するにとどめる。

（4）鈕孔形態・鈕周辺の製作技術・鈕孔方向

　ボストン鏡の鈕孔方向は32分—2分で開口している。鈕孔底辺が鈕座面に一致するもので、面径との対比から幅10 mm前後もしくはそれを若干上回るほどの大きさとみられ、鈕孔形態1類もしくは2類に該当するものと思われる。

鏡研搨本鏡は鈕孔付近が不鮮明であるが、57分—27分といった形でややボストン鏡とは異なるように見える。鈕孔の大きさは拓本から上側の鈕孔について観察するかぎり、幅10mm前後の半円形で1類に該当するものであろうか。この点については参考程度にとどめておきたい。

(5) 小　結

　以上、ボストン鏡と鏡研搨本鏡について若干の検討を行った。文様構成が細線式獣帯鏡Aとほぼ共通する資料である一方で、踏み返し技術などに関しては、現状で資料的な限界から両者の関係の追求は困難である。鈕孔に関しては、方向が両者でややずれること、形態は1類もしくは2類というように、いずれも同型鏡群の鈕孔製作技術の範疇で理解することができるものと推測した。

4．細線式獣帯鏡C

(1) 同型鏡資料の概要と先行研究での位置づけ

　該当するのは、伝・岐阜県城塚古墳出土鏡（以下城塚鏡）の1面のみである（図16）。本鏡は、後ほど検討する熊本県才園古墳出土求心式神獣鏡と並んで、鍍金を施した鏡であることが注目されてきた資料である。梅原末治は、伝世に関わる摩滅や手なれの他に、笵における線のずれなどを見出し、「同一の笵からの遺品としては後鋳のものとすべきであらう」と指摘している（梅原1952）。本鏡は突線の鋳上がりの鈍さといった点から踏み返し鏡の特徴を示す具体例として示されてきたものである（笠野 1993）。車崎正彦（2002）や森下（2011a）などにより、同型鏡群の一種と認定されている。

(2) 文様と系譜・原鏡の年代観

　本鏡は面径20.6cmである。段を伴う鈕の周囲に9つの乳による乳帯文をめぐらせる。櫛歯文＋平頂圏帯＋櫛歯文帯がめぐり、その周囲を7つの乳で区画した内区とする。四神と獣文による組み合わせである。左上に玄武、右側に青龍、下位に朱雀、その左隣に白虎を配す。先に挙げた細線式獣帯鏡Aと共通

第2章　同型鏡と関連鏡群の系譜と製作技術　99

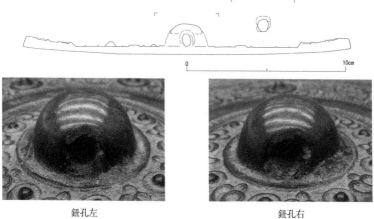

鈕孔左　　　　　　　　　　　鈕孔右

図16　伝・岐阜県城塚古墳出土細線式獣帯鏡C

した配置である。周囲に以下の銘文と櫛歯文帯をめぐらせる：「尚方作竟大母傷 巧工刻之成文章 左龍右虎辟不羊 朱鳥玄武順陰陽 子孫備具居中央 長保二親樂當昌 壽敝金石如侯王 青盖爲志回巨央」（釈読は梅原末治（1952）による）。外区は鋸歯文＋複線波文＋鋸歯文である。本来二重の複線波文はほとんど潰れてしまっており、大半の箇所ではほぼ一重波線と化している。

　本鏡についても文様構成だけで考えた場合の原鏡の年代観は、細線式獣帯鏡A・Bと同様、岡村秀典分類（1993a）でいう細線式獣帯鏡ⅣA式に該当し、いわゆる漢鏡5期鏡に位置づけられる。

（3）笵傷・踏み返し技術

　上述の複線波文をはじめとして、内区主像・銘帯を含めて、全体として突線表現が潰れて平坦になっている。本鏡の特徴である鍍金について、梅原の観察結果を引用する：「珍しい鍍金は鈕と内区に近い素突帯を除いた全背面に施されてゐて、現在では手なれに依る摩滅の爲に突出した部分は失はれて鉛黒の地肌を露はしてゐる。併し内区では割合によく黄金の色澤をとどめ、その上に水銀朱が附着して特殊な色彩美をなしてゐる」（梅原 1952：p.3）。実物の観察結果においても、たとえば外区鋸歯文の地の部分にも鍍金が確認できるので、梅原が指摘するように元来は鏡背全体を鍍金していたものとみられる。他方で鏡面側は緑色の錆のみであり、鍍金はみられない。これは後述する才園古墳出土求心式神獣鏡でも同様である。梅原も指摘するように、全体として摩滅が進んでおり、鍍金部分以外で黒色に見える箇所の大半が摩滅によるものである。先の細線式獣帯鏡Aの④伝大安寺鏡と同様、非常に厚く重みのある鏡である。

（4）鈕孔形態・鈕周辺の製作技術・鈕孔方向

　本鏡の鈕孔方向は、43分―13分である。本鏡の鈕孔で特徴的なのは、両方向ともに、鈕孔本体の外周に明瞭な平坦面を伴っていることで、おそらく鈕孔痕跡とみられる。大型の鈕孔痕跡となることから、本鏡の踏み返し原鏡自体が同型鏡群の一部である踏み返し鏡であるものと想定される。

　左側の鈕孔は幅6 mmで高さ7.5 mmのやや縦長の円形であり、その周囲の鈕孔痕跡は、幅10 mm・高さ10 mmの円形とみられる。

右側は幅7mmで高さ7.5mmの円形鈕孔である。鈕孔痕跡は幅9.5mm・高さ10mmの円形で左側とほぼ一致する。

以上のように、鈕孔本体は鈕孔形態3類に属する円形鈕孔と考えることができる。かつ、幅・高さともに10mm前後となる円形の鈕孔痕跡が確認でき、これは鈕孔形態2類に該当するものとみられる。

（5）小　結

城塚鏡は1面しか存在しないが、ここでの鈕孔製作技術の検討を通じて、従来指摘されてきたように同型鏡群の一種である可能性が高いことを確認した。また現状の鈕孔が3類であることとともに、鈕孔痕跡が2類とみられる点から城塚鏡の踏み返し原鏡もまた同型鏡群の一種である可能性が想定された。

原鏡　　→　　城塚鏡
鈕孔2類　　　鈕孔3類・鍍金

あわせて、後述する熊本県才園古墳出土求心式神獣鏡と同様に、鏡背面全体が鍍金されていた可能性が想定された。現状で同型鏡群の中で鍍金が確認されているのはこの2例のみであるが、同型鏡群の製作においては、踏み返し技法による複製の後に、必要に応じて鍍金を施す場合があったことになる。単なる複製にとどまらないという点では、鍍金技術が外区の拡大や文様改変・付加といった特徴とも重なるものである可能性もある。同型鏡群の特徴の一端として留意しておきたい。

5. 細線式獣帯鏡D

（1）同型鏡資料の概要と先行研究での位置づけ

韓国・武寧王陵出土鏡1面のみである（図17）。本鏡についても当初から突線表現の状態などから踏み返し鏡の可能性が指摘されており（樋口 1972）、同型品は未検出ながら同型鏡群の一種と考えられてきた資料である（森下 2011a）。

図17　韓国・武寧王陵出土細線式獣帯鏡D

(2) 文様と系譜・原鏡の年代観

　本鏡の面径は18.1 cmである。文様構成については樋口隆康の解説が明快であり、引用する：「円鈕をめぐって、九乳帯があり、その外方に、櫛目文帯を内外に添えた幅広い素圏帯がある。主文区は七個の乳によって等分された間に、細線で表出した七つの禽獣文をおいている。図像は線が太くて、にぶい上に、錆がうすく表面を覆っているため、はっきりしないが、龍、朱鳥、一角獣、虎、蟾蜍などの形をみとめることができる。七個の乳は二重の円圏にかこまれ、その外圏内には八弧の連弧文がある。一段高い平縁の外区には、龍形を引伸したような獣文帯があり、その尾が絡縄風にからまっている。この鏡も実見していないので、確かなことは云えないが、踏み返し鏡とみるべきものであろう。その原形に近い鏡の一例としては、東京国立博物館蔵鏡（登録二四九九四）がある」（樋口 1972：pp.3-4）。

　本鏡についても、文様構成だけで考えた場合の原鏡の年代観は、細線式獣帯鏡A・B・Cと同様、岡村秀典分類（1993a）でいう細線式獣帯鏡ⅣA式に該当し、いわゆる漢鏡5期鏡に位置づけられる。

(3) 笵傷・踏み返し技術

　本鏡の文様は、同型鏡群全体で考えた場合でもやや突出して不鮮明であり、内区主像の突線部分のみならず、外縁端部なども含めて全体として丸みを帯びている点が特徴である。踏み返し原鏡自体の問題と、鋳造後の摩滅の双方の要因によるものとみられる。

（4）鈕孔形態・鈕周辺の製作技術・鈕孔方向

　本鏡の鈕孔は、両方向ともに鈕座面よりやや高い位置に半円形鈕孔が設置されている。未計測ながら、面径との対比から幅が7mm前後あるものとみられ、半円形という特徴とあわせて考えれば鈕孔形態1類に該当する可能性がある。図17の左側に該当する鈕孔では、半円形の鈕孔で底辺側がやや鈕座方向に崩れて開いたような形になっている。もう1点特徴的なのは、鈕の表面上で、図17でいえば概ね「5分」の方向にあたる位置で、鈕座面に近いやや低い位置に、現行の鈕孔よりも一回り小さい、逆台形のくぼみが認められる。この位置にこうしたくぼみがあることは珍しく、鈕孔痕跡の可能性が想定される。

（5）小　結

　以上、武寧王陵出土鏡について検討を行ってきたが、文様の不鮮明さという点でもやや特殊な位置にある資料である。鈕孔形態についても、一段高い位置に設置されているという点でややイレギュラーである点から、本鏡が同型鏡群全般の中でどう理解できるかという点が問題となる。現状では、鈕孔痕跡を伴うとみられること、また鈕径に比して鈕孔が大きく、半円形を呈しており鈕孔1類に該当する可能性が高いとみられること、本鏡の鋳上がりなどからみて本鏡が踏み返し原鏡として世代が遡るものではなく、かなり新しい世代に属するとみられることなどから、設置位置という点でイレギュラーではあるものの、本鏡の鈕孔形態についても、同型鏡群の鈕孔製作技術の範疇で理解可能であるものと捉えておきたい。

6．細線式獣帯鏡 E

（1）同型鏡資料の概要と先行研究での位置づけ

　1面存在する。愛媛県樹之本古墳出土鏡（以下樹之本鏡）である（図18）。車崎（2002）や森下（2011a）において同型鏡群の一種として認定されている。名本二六雄（2013）による検討結果もあわせて参照した。

鈕孔左

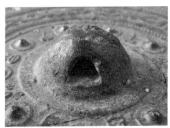
鈕孔右

図 18　愛媛県樹之本古墳出土細線式獣帯鏡 E

（2）文様と系譜・原鏡の年代観

　面径は 23.6 cm である。低めの段を伴う鈕の周囲に 9 個の乳を配し、その間に以下の銘文を反時計回りで刻す：「長相思母忘長樂未央」。櫛歯文＋平頂素文帯＋幅広の唐草文帯＋平頂素文帯＋櫛歯文帯＋突線が配され、八葉座を伴う 8 個の乳により 8 体の禽獣文を配した内区がある。上位に玄武、右上に青龍、下位に朱雀、その左隣に白虎を配す。内区外周に突線＋櫛歯文をめぐらせ、外区は内側から鋸歯文帯＋獣文帯＋素文縁となる。本鏡の櫛歯文はすべて傾斜している。

　本鏡についても文様構成だけで考えた場合の原鏡の年代観は、細線式獣帯鏡 A～D と同様、岡村秀典分類（1993a）でいう細線式獣帯鏡Ⅳ A 式に該当し、いわゆる漢鏡 5 期鏡に位置づけられる。

（3）笵傷・踏み返し技術

　本鏡は白銅質で非常に精良な鋳上がりである。他方、一部文様が不鮮明な部分がみられるが、子細に観察すると特に内区で白銅質に見える箇所は鋳造直後の状態・鋳肌を残している部分が多く、文様で不鮮明な箇所の多くは摩滅の進行によるものではない。この点で踏み返し鏡とみるのが妥当と考える。外縁部は丸みを帯びており、この点については一定の研磨・摩滅によるものとみられる。

（4）鈕孔形態・鈕周辺の製作技術・鈕孔方向

　鈕孔方向は 55 分—25 分に開口する。本鏡の鈕孔は、半円形で一段高い位置（段上面から 3 mm）に配され、鈕座底面が明瞭な直線をなすという特徴がある。左上の鈕孔は幅 8.5 mm で高さ 5 mm である。右下の鈕孔は幅 8 mm で高さ 5 mm であり、右側辺にずれたような箇所があり、鈕孔痕跡の可能性がある。

　第 1 節でも言及したように、同型鏡群の鈕孔形態としては異例である。このように高い位置に設置される資料は他にもわずかに存在しており、鈕孔の形態・法量自体は鈕孔 1 類の範疇で理解することは可能である。本鏡の鈕孔設置位置については、鈕孔痕跡がみられることから、原鏡の鈕孔位置が高いことに

起因する可能性を想定しておきたい。

(5) 小　結

　樹之本鏡について、鏡背の表面状況から踏み返し鏡であることを確認し、その上で鈕孔形態の観察を行った。その結果として、一段高い位置に設置される点でややイレギュラーではあるものの、鈕孔痕跡がみられることからも、形態・大きさともに同型鏡群の鈕孔1類の範疇で理解可能であるものと考えた。こうした一段高い位置に半円形鈕孔を設置するのは後漢鏡の特徴としてみられることからも、ここでは原鏡の鈕孔位置に起因するものと考えておく。

原鏡　→　樹之本鏡　鈕孔1類？　鈕孔痕跡

　ここまで細線式獣帯鏡A～Eの5種について検討してきたが、いずれも文様構成においては岡村分類の細線式獣帯鏡ⅣA式であること、また大型鏡を主体とすること、鈕孔形態は1類・2類を主体とするといった共通性が認められた。特に鈕孔形態はほとんどが1類・2類の範疇で説明できるものであった（細線式獣帯鏡Cのみ3類の円形鈕孔）。この中で、特に細線式獣帯鏡Aは鈕孔形態2類の大型鏡を主体とする一群でありながら、唯一、世代が原鏡に近く遡る可能性が高い⑦日隈鏡において、鈕孔形態3類に近い円形鈕孔がみられ、原鏡Ⅰの世代の鈕孔形態と新しい世代の踏み返し鏡とでは鈕孔形態が異なるものが存在する可能性が示唆されたが、この評価については他鏡種を観察した後に再度検討したい。以上のように、細線式獣帯鏡A～Eについては、この日隈鏡以外は、いずれも同型鏡群で一般的な新しい世代の踏み返し鏡であり、かつ鈕孔製作技術の共通性も比較的高い一群として理解することができる。

7. 浮彫式獣帯鏡A

(1) 同型鏡資料の概要と先行研究での位置づけ

　同型鏡と認定される資料が12面存在する。同型鏡12面という数は、神人歌舞画象鏡（12面）と並んで、最多の画文帯同向式神獣鏡C（28面）に次ぐ多さである。川西（2004）が対象とした10面の他に、伝持田古墳群（辰馬考古

資料館蔵 M501）が追加され（森下 2011a）、また 2013 年に韓国・全北大学校によって調査・発見された南原市・斗洛里 32 号墳出土鏡（ビョン 2014）が本鏡群に該当するものと考えられる。各資料の名称は以下の通りである：①韓国・斗洛里 32 号墳出土鏡（以下斗洛里鏡）、②伝・韓国慶尚南道出土鏡（以下慶尚南道鏡）、③愛知・笹原古墳出土鏡（以下笹原鏡）、④三重・木ノ下古墳出土鏡（以下木ノ下鏡）、⑤奈良・藤ノ木古墳出土鏡（以下藤ノ木鏡）、⑥福岡・沖ノ島 21 号遺跡出土鏡（以下沖ノ島 21 号鏡）、⑦推定・福岡・沖ノ島 21 号遺跡出土鏡（以下推定沖ノ島鏡）、⑧熊本・国越古墳出土鏡（以下国越鏡）、⑨伝・宮崎・持田 1 号墳出土鏡（以下伝持田 1 号鏡）、⑩伝・宮崎・持田古墳群出土鏡（辰馬考古資料館蔵鏡、以下辰馬鏡）、⑪⑫伝・宮崎・新田原山ノ坊古墳群出土鏡 A・B（以下山ノ坊 A・B 鏡）。韓国での出土事例を含め、近畿以西での出土が多く、特に九州での出土が多い一群である。

　本鏡群については川西（2004）が文様構成・范傷・鈕孔方向などについてまとまった検討を行っており、以下にみるように図 19 のような製作順序の復元を行っている。以下鈕孔製作技術を中心に具体的な検討を行う。

（2）文様と系譜・原鏡の年代観

　面径は 17.35〜18.13 cm である。川西（2004）の説明にもとづき、文様構成について簡潔に記述する。段を伴う鈕の周囲に 9 個の乳帯文を配す。2 個の渦文を間に挟みながら、時計回りに「宜」「子」「孫」の銘を配する。櫛歯文＋平頂素文帯＋円文を概ね等間隔で付した文様帯＋平頂素文帯＋櫛歯文帯がめぐり、その外側に四葉座乳を 7 個配して区分した内区を配す。下端の芝草を捧げる神仙から時計回りに、一角獣、白虎、きのこ形に突出した図文を頭頂に載せた獣像（麒麟）、背後を振り返る獣像、耳が大きく鼻面が尖った獣像（鼠か狐か）、龍（青龍）の 7 体が配されており、四神のうち朱雀と玄武が欠落する（川西 2004：pp.109–111）。内区外周は二重突線＋櫛歯文が配され、一段高い外区は鋸歯文＋突線＋獣文帯＋外周突線＋素文縁となる。

　文様構成で考えた場合の原鏡の年代観は、四神の一部を欠落する点から、岡村秀典分類（1993a）でいう浮彫式獣帯鏡Ⅱ式に該当し、いわゆる漢鏡 5 期鏡に位置づけられる。

（3）笵傷・踏み返し技術

　川西によって、停滞性の傷a〜dが見出され、それによって大きく3群に区分されており、鈕孔方向の違いと合わせて相互の関係が復元されている（図19・20：川西 2004）。面径との対応は次の通りである（面径の数値は川西［2004］による）。

	面径（cm）	傷の有無	
⑤奈良・藤ノ木鏡	18.12–18.13	a・×・?・?	
⑦推定・沖ノ島鏡	17.82–17.85	a・×・×・×	
⑨伝・持田1号鏡	17.74–17.89	a・×・×・×	
⑪伝・宮崎・山ノ坊A鏡	17.80	a・×・×・×	
①韓国・斗洛里鏡	17.8	?・?・?・?	鋳上がり良
②伝・慶尚南道鏡	17.63–17.65	a′・?・?・?	
③愛知・笹原鏡	17.62–17.67	a′・×・×・×	
⑫伝・宮崎・山ノ坊B鏡	17.57–17.59	a′・×・×・×	
④三重・木ノ下鏡	17.44–17.46	×・b・c・d	
⑥福岡・沖ノ島21号鏡	17.52–17.59	×・b・c・d	
⑧熊本・国越鏡	17.35–17.53	×・b・?・d	
⑩辰馬鏡	17.4	?・b・c・?	

　大きく傷aを有する一群（⑤⑦⑨⑪）と傷a′を有する一群（②③⑫）、傷aをもたず傷b・c・dを有する一群（④⑥⑧）に区分されている。

　傷aと傷a′の違いについて川西は、後者をもつ一群が面径が小さく鋳上がりがより不鮮明であることから、傷aを共有する一群から派生し、かつその原鏡が傷aを共有する一群とキョウダイ関係にあったと想定している（図19の原鏡Ⅲ）。

　また鈕孔方向について川西は、傷a・a′を有する一群と傷b・c・dを有する一群が明瞭に分離されることを指摘している（図20）。逆にいえば、傷aの一群と傷a′の一群は、鈕孔方向では両者が混在しており截然とは区分できないことが示されているともいえる。

　以上から、⑤⑦⑨⑪をX群、②③⑫をX′群、④⑥⑧をY群と呼称する。それぞれの原鏡を、原鏡ⅡX・原鏡Ⅲ・原鏡ⅡYとする。

なお新資料である①斗洛里鏡については、写真のみの観察で詳細不明であるが、鋳上がりが良好で面径も17.8cmと報告されている。鈕孔方向は概ね43分—13分であり、X群の⑤藤ノ木鏡、⑦推定沖ノ島鏡とも一致するので、ここでは①斗洛里鏡についてはX群に属する可能性が高いものと考えておく。

また⑩辰馬鏡については傷a・dが観察できないが、傷b・cの存在が確認でき、さらに鈕孔方向が概ね50分—20分で④⑥⑧鏡とも一致していることから、ここではY群として位置づけておきたい。

（4）鈕孔形態・鈕周辺の製作技術・鈕孔方向

以上の点をふまえ、各資料の鈕孔形態・鈕孔設置技術について検討を行う。鈕孔方向の異同についてもあらためて確認する。

【X群】

⑤奈良・藤ノ木鏡

鈕孔方向は43分—13分に開口する。両方向とも鈕孔底辺が鈕座面と一致する。左側の鈕孔は、上辺が12mmで幅広の逆台形を呈しているが、内部の中子部分は幅8mm・高さ6mmの隅丸方形であり、中子の設置部分のみ開いた形とみられる。右側の鈕孔は幅7mm・高さ

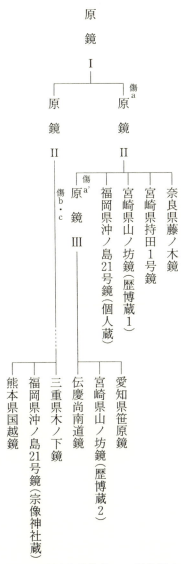

図19 浮彫式獣帯鏡Aの製作順序
（川西 2004）

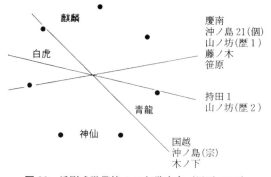

図20　浮彫式獣帯鏡Aの鈕孔方向（川西 2004）

6mmのやや不整形な半円形を呈する（図22-1）。鈕孔痕跡は明瞭でない。右側の鈕孔形態や、左側の内部法量から、通例の鈕孔1類に該当する。

⑦推定・沖ノ島鏡

鈕孔方向は43分—13分に開口する。5藤ノ木鏡と概ね一致している。鈕孔底辺は鈕座面に一致している。鈕孔法量は未計測であるが、鈕径との対比から、両方向ともに幅が10mmを超えており、2類に該当する。

⑨伝・持田1号鏡

鈕孔方向は46分—16分に開口しており、上記⑤⑦より時計回りにややふれている。鈕孔底辺はわずかに鈕座面より高い位置にあるが、写真で見てわかるように、中子の設置方法・位置という点では鈕座面に一致するものとみなして問題ないものである。左側鈕孔は左側辺と右側辺下位に鈕孔痕跡とみられる段差がある（図21・22）。また右上隅が内側にせり出しているが、これは鈕孔部分のみ板状に突出しているもので、鋳型と中子の隙間に入り込んだ部分とみられる。左側の鈕孔にのみ看取される。鈕孔本体は、幅10mm・高さ8.5mmである。右側の鈕孔は幅12mm・高さ8mmの半円形である。

以上から、本例の鈕孔形態は、鈕孔2類に分類できる。第1節の註2でも言及したように、辻田（2013a）において、大型鈕孔という点で4類の可能性を考えていたが、再度実物を観察したところ、左側鈕孔右上の段差が内側につづいておらず、大型の楕円形中子が貫通したとみた方がよいことを確認したため、位置づけを2類と修正したい。

また左側の鈕孔にみられる鈕孔痕跡は、右側辺下位の鈕孔痕跡に対応する位置ではおそらく⑤⑦に近い鈕孔方向（43分—13分）となる。左側辺の鈕孔痕跡は、Y群の鈕孔方向（50分—20分）に概ね対応している。鈕孔痕跡それ自

第 2 章　同型鏡と関連鏡群の系譜と製作技術　111

図 21　伝・宮崎県持田 1 号墳出土浮彫式獣帯鏡 A

【浮彫式獣帯鏡 A の傷】（川西 2004）
傷 a：外区の獣文帯の外縁の一部が突出する。なお、傷 a のなかに、低い隆起状のものがある。鋭く突出する a と区別して、これを a′とする。
傷 b：環鈕文の隆帯の外縁に、粒状の鋳崩れが発生。
傷 c：ふりかえった獣像を配した一区で、獣の下顎部に粒状の鋳崩れが発生。
傷 d：同区外方の縁部で、鋳型の剥離による傷が発生。

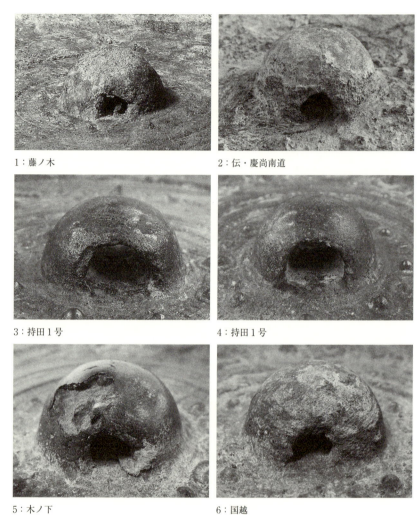

1：藤ノ木　　　　　　　2：伝・慶尚南道
3：持田1号　　　　　　4：持田1号
5：木ノ下　　　　　　　6：国越

図22 浮彫式獣帯鏡Aの鈕孔形態

体としては原鏡ⅡXのものであるので、原鏡ⅡXにこのいずれかの鈕孔痕跡があり、いずれかが原鏡ⅡXの鈕孔本体であったことになろう。前述の⑤⑦がいずれも43分―13分であることからすれば、原鏡ⅡXの鈕孔方向自体は右側辺下位の1類鈕孔の位置にあたる可能性が高い。とすれば、原鏡ⅡXに

刻まれていたかもしれない左側辺の鈕孔痕跡は、原鏡Ⅰの鈕孔の痕跡である可能性があることになる。

　この左側辺の鈕孔痕跡の開口方向が原鏡Ⅰの鈕孔方向・位置を示しており、かつY群および原鏡ⅡYの方向とも一致するという事実を勘案するならば、Y群の鈕孔方向は、原鏡ⅡYのみならず、そのオヤ原鏡である原鏡Ⅰにまで遡るものである可能性が想定される。ここでもう1点注目されるのは、左側辺の鈕孔痕跡は、鈕孔2類の大型鈕孔の痕跡である点である。もしこの推測が正しいとするならば、未発見の原鏡Ⅰの世代まで含めて同型鏡群全般と同じ鈕孔製作技術で製作された可能性をも示唆することになる。ここでは可能性を指摘するにとどめ、ともかくも2方向の鈕孔方向の痕跡を残している稀有で重要な事例として注目しておきたい。

⑪伝・宮崎・山ノ坊A鏡

　鈕孔方向は43分—13分に開口する。鈕孔底辺は鈕座面に一致する。未計測であるが、鈕径との対比から、鈕孔の幅は8mm以下とみられ、鈕孔形態1類に該当する。⑤藤ノ木鏡と概ね一致することになる。

⑫韓国・斗洛里鏡

　先述のように、鈕孔方向は43分—13分に開口する。鈕座底辺は概ね鈕座面と一致している。鈕孔形態は写真から判断するかぎり半円形で、鈕径・面径との対比から8mm以下の鈕孔1類に該当するものとみられる。

　以上のように、X群では、⑨持田1号鏡がやや時計回りにふれているが、それ以外は鈕孔方向が43分—13分で概ね共通していることがわかる。

【X′群】

⑫伝・慶尚南道鏡

　鈕孔方向は43分—13分に開口している。鈕孔底辺は鈕座面と一致している。左側の鈕孔は幅8mm・高さ6mmの半円形である。右側の鈕孔は幅8mm・高さ6.5mmの半円形である。右側の鈕孔の内部には、幅2〜3mmの薄手の紐が残存している。概ね先の⑤藤ノ木鏡と一致しており、鈕孔1類に該当する。

⑬愛知・笹原鏡

　写真からの観察のみであるので不正確であるが、平面写真から判断するかぎ

り、鈕孔方向は②伝・慶尚南道鏡と同様に概ね43分—13分である。未計測ながら、平面写真によるかぎり、鈕孔の幅が10mm前後となるとみられ、鈕孔2類に該当するものと考えられる。

⑫伝・宮崎・山ノ坊B鏡

鈕孔方向は、46分—16分に開口する。鈕孔底辺は鈕座面に一致する。未計測であるが、面径・鈕径との対比から幅が10mmを超えており、鈕孔2類に該当するものと考えられる。

以上のように、X′群においては、X群と同様、43分—13分の鈕孔方向が基本であり、2類と1類が混在している。

【Y群】

④三重・木ノ下鏡

鈕孔方向は、概ね50分—20分に開口している。鈕孔底辺は鈕座面と概ね一致している。右側の鈕孔は、幅8mm・高さ6mmの半円〜楕円形の鈕孔である。鈕孔の周囲に全体的に鈕孔痕跡がみられる（図22-5）。鈕孔痕跡の大きさは幅9mm・高さ7mmで一回り大きいが、鈕孔1類の範囲内である。これが原鏡ⅡYの鈕孔の大きさを示しているものとみられる。こちら側は鈕上面が大きく剥離している。左側の鈕孔は最大幅8mm・高さ6mmの半円形である。こちらは鈕孔痕跡が明瞭でない。以上から、木ノ下鏡の鈕孔形態については、鈕孔1類に該当する。また鈕孔痕跡から、原鏡ⅡYの鈕孔形態も鈕孔1類に該当するものと考えうる。

⑥福岡・沖ノ島21号鏡

鈕孔方向は50分—20分に開口する。鈕孔底辺は鈕座面に一致する。未計測であるが、鈕径・面径との対比から幅が10mmを超えていないとみられ、鈕孔1類に該当する。

⑧熊本・国越鏡

鈕孔方向は50分—20分に開口する。鈕孔底辺は鈕座面に一致する。左側の鈕孔は台形状を呈している。最大幅は7mm・高さは6mmである。右上辺と左下部がやや内側に突出する。鈕孔痕跡はみられない。右側の鈕孔は半円形を呈しており、幅7mm・高さ5mmである。こちらは鈕孔周囲全体に1mmほどの鈕孔痕跡がみられ、その幅は8mm・高さは6mmとなる。左側辺がやや

内側に突出している。以上から、国越鏡の鈕孔形態は鈕孔1類に該当する。

⑩辰馬鏡

先述のように、鈕孔方向は50分—20分に開口する。鈕孔底辺は鈕座面に一致する。未計測であるが、鈕径・面径との対比から幅は10 mm 以内とみられ、鈕孔1類に該当すると考えられる。

(5) 小　結

以上、浮彫式獣帯鏡Aの鈕孔形態・方向などについて検討した。鈕孔方向については、川西 (2004) が指摘した、X群・X′群とY群との間で差があることを追認した。それとともに、前者のX群・X′群の中で、わずかに異なる方向を取る2面 (⑨持田1号鏡・⑪山ノ坊A鏡) のうち、⑨持田1号鏡で鈕孔痕跡を伴う鈕孔方向のずれが確認できたことから、X群・X′群は、いずれも43分—13分を基本とする一群で、⑨⑪については中子設置方向のわずかなずれによるものと考えることができる。この点で、12面の鈕孔方向は概ね2方向 (43分—13分 [X群・X′群] と50分—20分 [Y群]) に区分されるとみてよい。

この点をふまえつつ、各群と鈕孔形態との対応を示すと次のようになる。

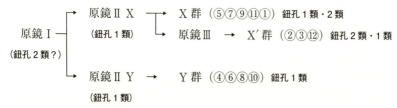

上述のように、X群とX′群は、鈕孔方向43分—13分を基本とする一群であり、鈕孔形態も1類と2類が混在するという共通点がみられる。他方で、Y群も鈕孔方向が50分—20分を基本とし、こちらはすべて鈕孔形態1類で共通している。

本鏡群で興味深いのは、鈕孔痕跡が確認できる資料が多いこと、その痕跡から世代を遡って鈕孔形態や方向の推定ができる点である。まず⑨持田1号鏡から、原鏡ⅡXの鈕孔方向がX群と同じく43分—13分であり、鈕孔1類の鈕孔を有していたことがわかる。Y群は④木ノ下鏡の鈕孔痕跡から、原鏡ⅡY

の鈕孔方向が50分—20分で鈕孔1類を有していたことが確認できる。

それに加えて、X群の⑨持田1号鏡の鈕孔痕跡から、原鏡ⅡXよりさらに遡る原鏡Ⅰの鈕孔方向が、原鏡ⅡYとも一致する50分—20分の可能性が高いこと、かつ鈕孔形態が大型の2類である可能性が示唆された。もしこの観察結果が妥当であるとするならば、原鏡Ⅰの世代まで含めて同じ同型鏡群の鈕孔製作技術（2類）で製作されており、かつ原鏡Ⅰも踏み返し鏡であるという点で、原鏡Ⅰよりもさらに世代を遡る原鏡が存在する可能性が高くなる。

細線式獣帯鏡Aでは原鏡Ⅰの世代に併行する⑦日隈鏡のみ鈕孔形態が異なることから、原鏡に近い世代と新しい世代の踏み返し鏡の間で鈕孔製作技術が異なる可能性を想定したが、浮彫式獣帯鏡Aのあり方をふまえるならば、川西による各鏡種の製作順序復元においてみられる「原鏡Ⅰ」の世代まで含めて、いわゆる同型鏡群の範疇で捉えられる可能性が出てくる。そして、元来の踏み返し原鏡の世代はそれよりさらに遡ることが考えられる。ひとまずこの可能性を念頭に置きつつ、以下で他鏡種の検討をふまえた上で再度検討したい。

8. 浮彫式獣帯鏡B

（1）同型鏡資料の概要と先行研究での位置づけ

同型鏡が以下の4面知られている：①韓国・武寧王陵出土鏡（以下武寧王陵鏡）、②群馬県綿貫観音山古墳出土鏡（以下観音山鏡）、③・④伝・滋賀・三上山下出土鏡A・B（以下三上山下A・B）。武寧王陵での出土以来、列島の出土鏡との同型関係という点から流通経路や製作地について注目されてきた一群である（樋口1972、群馬県立歴史博物館1999、飯島・小池2000）。三上山下鏡の2面については、梅原末治（山川編1923）が紹介して以降現物不明であったが、近年九州国立博物館によって購入され、三次元計測の成果とともに資料の詳細が公表された（岸本圭2015）。出土地については、花田勝広により滋賀県甲山古墳の可能性が指摘されている（花田1999b）。三上山下鏡のうち1面（A鏡）の鏡面側に魚佩の痕跡が明瞭に残っていることが知られる。大阪府峯ヶ塚古墳出土資料や滋賀県鴨稲荷山古墳出土例などとの対比により、本鏡が6世紀代の古墳への副葬事例として想定され、上記の甲山古墳からの出土とする

見解とも重なっている。本鏡群については、川西によって傷の詳細な検討が行われた結果、図23のような製作順序が想定されている。

（2）文様と系譜・原鏡の年代観

面径は23.2〜23.3 cmを基本としつつ、④三上山下B鏡のみ22.4 cmとやや小さく、踏み返しの世代が新しいとする論拠となっている。4面とも全体的に文様が不鮮明な鏡であり、詳細が不明な部分も多いが、川西の説明にもとづき、簡潔に文様構成を記述する。鈕区は段を伴う鈕の周囲を9つの小乳で区分した乳帯文がめぐり、この間に鳥文と「宜」「子」「孫」銘が配される。二重の平頂素文帯の外側に、四葉座乳により7区分された内区がめぐる。上方に玄武、下方に朱雀が配される。右側が青龍、左下が不鮮明ながら白虎であろうか（図24）。内区外周には、以下の銘帯が配される：「尚方作竟真大巧 上有山人不知老 渇飲玉泉飢食棗□□孫□□□□壽如金石□□保兮」（川西の釈読による）。外区は鋸歯文＋幅広の文様帯で、梅原は唐草文とするが川西は確認できないとし、慎重である。三上山下鏡の三次元計測の結果でも、B鏡の外区においてかろうじて文様が見える程度とされる（岸本圭 2015）。

文様構成だけで考えた場合の原鏡の年代観は、岡村秀典分類（1993a）の浮彫式獣帯鏡Ⅰ式に該当し、いわゆる漢鏡5期鏡に位置づけられる。

（3）笵傷・踏み返し技術

川西によって傷a〜cが抽出されている。川西は、②観音山鏡の朱雀区の向かって右隣の獣像区で、環鈕文の隆帯の外囲をめぐる櫛歯文帯の一部に、鋳型の剝離痕が2カ所鋳出されており、これが③三上山下A鏡にのみみられる点を論拠として、②観音山鏡の原鏡を③三上山下A鏡と想定する見解（群馬県立歴史博物館 1999）については、これらの傷が、傷a〜cのように鈍くなく鋭さを保っていること（一過性の傷である可能性を示唆）、③三上山下A鏡の傷

```
原鏡Ⅰ
├─ 群馬県観音山鏡
├─ 滋賀県甲山鏡（梅1）
├─ 武寧王陵鏡
└─ 原鏡Ⅱ
    └─ 滋賀県甲山鏡（梅2）
```

図23　浮彫式獣帯鏡Bの製作順序（川西 2004）

図 24 伝・滋賀県三上山下古墳出土浮彫式獣帯鏡 B（A 鏡）

【浮彫式獣帯鏡 B の傷】（川西 2004）
傷 a：朱雀区から向かって左の獣像区にかけて、銘帯や櫛歯文帯に鋳型の薄利や割れによる傷が発生。
傷 b：朱雀区の向かって左内側で、二重の隆帯にはさまれた有節重弧文帯の一部が鋳潰れて内側の隆帯と接する。
傷 c：玄武区の向かって左に隣接した獣像区で、隆帯の一部が鋳潰れて突出する。

第2章　同型鏡と関連鏡群の系譜と製作技術　119

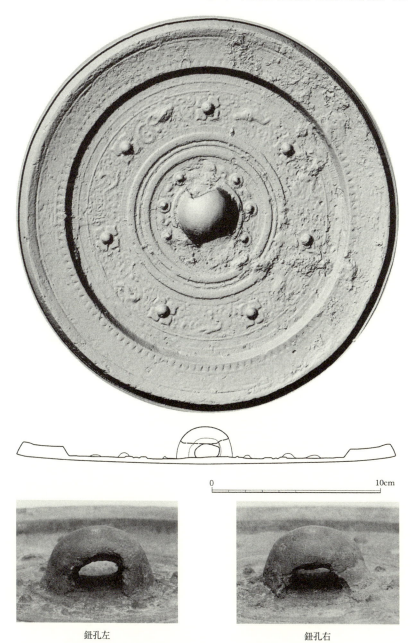

鈕孔左　　　　　　　　　　　　鈕孔右
図25　伝・滋賀県三上山下古墳出土浮彫式獣帯鏡B（B鏡）

のことごとくが②観音山鏡に伝わっているとはいえないとする2点をもって否定的な立場を示している（川西前掲：pp.115-116）。

　その上で、4面の鏡の鈕孔方向がほぼ同じであることから、①②③が原鏡を同じくする同型品であること、面径がやや小さい④三上山下B鏡がそれより一世代新しい踏み返し鏡であること、かつ一過性の傷などから、④三上山下B鏡の原鏡にあたる鏡は①②③の中には含まれない可能性を指摘し、先の図23のような復元を行っている（川西前掲：pp.116-117）。以上から、①②③をX群と呼称する。

	面径（cm）	傷の有無
①韓国・武寧王陵鏡	23.2 cm	a・b・c
②群馬・観音山鏡	23.16-23.31	a・b・c
③伝・滋賀・三上山下A鏡	23.2 cm	a・b・c
④伝・滋賀・三上山下B鏡	22.4 cm	a・b・c

　また②観音山鏡の玄武区外方の縁部に指頭大の凹みがみられることについて、湯口の設置に伴うものなどでなく、踏み返しの際に真土を取り外す際、もしくは取り外した真土を移動する際、鋳型裏面を圧迫した痕跡である可能性を指摘している（川西前掲：同）。

（4）鈕孔形態・鈕周辺の製作技術・鈕孔方向

　以上の点をふまえ、各資料の鈕孔形態・鈕孔設置技術について検討する。上述の川西の指摘のように、鈕孔方向はすべて同一であり、いずれも概ね58分―28分に開口している。

【X群】

①韓国・武寧王陵鏡

　両方向とも鈕孔底辺が鈕座面と一致する。本鏡では鈕孔の中に革製とみられる紐が残存したままになっており、副葬前の使用方法をうかがわせる貴重な資料である。いずれも半円形の鈕孔形態であり、未計測であるが鈕径との対比から幅10mm前後とみられ、鈕孔2類（もしくは1類）に該当するとみられる。鈕孔痕跡は認められない。

②群馬・観音山鏡

両方向とも鈕孔底辺が鈕座面と一致する。未計測ながら鈕径との対比から幅10 mm前後とみられ、鈕孔1類の可能性が高い。

③伝・滋賀・三上山下A鏡

両方向とも鈕孔底辺が鈕座面と一致する。両方向ともやや縦長気味の半円形であり、幅9〜10 mm、高さ10 mmとされている（岸本圭 2015）。鈕孔2類に該当する。

【X群以外・1面のみ】

④伝・滋賀・三上山下B鏡

両方向とも、鈕周囲の段付近の鋳上がりが不良であり、この段を抉り鏡体と一致するような形で鈕孔が設置されている。鈕孔は、「いびつな半円形で幅17 mm、高さ9〜12 mmを測り、玄武側の鈕孔がやや大きい」とされる（岸本圭 2015：p.47）。幅17 mmという数値は、岡山県築山古墳出土・神人龍虎画象鏡の鈕孔（図2-6）と並んで最大規模のものであり、高さもさることながら、通常の倍の幅があることから、通常の棒状中子を2本分用いて幅を拡大したものとみられ、鈕孔分類の4類に該当する。写真で見ても明らかなように、鈕孔が大きいだけでなく、鈕孔周辺を大きく崩すような形での設置であることから、中子が大きいことに加え、鋳型設置時に比較的粗雑に粘土を付加して固定した可能性が高いとみられる。鈕孔痕跡は不明瞭である。

（5）小　結

以上の結果を整理すると次のようになる。

原鏡Ⅰ ┬→ X群（①②③）鈕孔2類（・1類）
　　　 └→ 原鏡Ⅱ → ④　鈕孔4類

鈕孔方向はいずれも一致しており、またX群の3面は、幅10 mm前後の鈕孔2類もしくは1類で共通性が高い。それと同世代と想定される原鏡Ⅱを踏み返して製作されたとみられる④三上山下B鏡は、さらに拡大した鈕孔4類をもつ。大型鏡としての鏡種であり、幅10 mm前後の2類もしくは1類を基調としながら、最新段階の④三上山下B鏡の製作にあたっては、鈕孔の大きさをさらに拡大し、かつ設置方法自体も粗雑化した、とみることができる。大型

鈕孔を採用した鏡種の典型例といえよう。

9. 浮彫式獣帯鏡 C

（1）同型鏡資料の概要と先行研究での位置づけ

　熊本県・江田船山古墳出土鏡の 1 面のみが知られている（以下江田船山鏡と呼称する）。車崎編（2002）・森下（2011a）らにより同型鏡群の 1 種とされている。本鏡については車崎（2007a）による詳細な報告がなされている。

（2）文様と系譜・原鏡の年代観

　面径 17.8 cm である（図 26）。車崎の報告を参照しつつ、文様構成について概略を述べる。段を伴う鈕の周囲に 9 区分した乳帯文がめぐり、2 個ずつの「三葉形芝草文」の間に「宜・子・孫」銘を配す。その周囲に櫛歯文・平頂素文帯・有節重弧文帯・平頂素文帯・櫛歯文帯を配し、四葉座乳により内区を 7 区分する。玄武を上位とすると、時計回りに一区画挟んで朱雀・青龍、玄武の左隣に白虎が配され、その間に別の禽獣が配されている。内区外周は二重突線＋櫛歯文であり、一段高い外区は内側から鋸歯文・突線・獣文帯・凹帯・素文縁となる。縁部は厚さ 8 mm を測る。

　文様構成だけで考えた場合の原鏡の年代観は、岡村秀典分類（1993a）の浮彫式獣帯鏡 I 式に該当し、いわゆる漢鏡 5 期鏡に位置づけられる。

（3）笵傷・踏み返し技術

　鋳上がりは精良である。特に内区文様は鮮明である。他方、四神像の外側にあたる外区付近は不鮮明な箇所が多くなっている。内区では赤色顔料の付着が認められる。外区は鋸歯文の一部以外では地の部分に赤色顔料が認められないため、赤色顔料は内区のみに塗布されたものである可能性がある。

（4）鈕孔形態・鈕周辺の製作技術・鈕孔方向

　鈕孔は、玄武と白虎の間の乳と青龍を結ぶ方向に開口している。いずれも鈕座の段から約 2.5 mm ほど高い位置に設置されている。上側の鈕孔は、幅

第 2 章　同型鏡と関連鏡群の系譜と製作技術　123

図 26　熊本県江田船山古墳出土浮彫式獣帯鏡 C

6 mm・高さ 6 mm の円形鈕孔であり、鈕孔 3 類に該当する。左側辺に大きく鈕孔痕跡が確認される（図 2-5）。この鈕孔痕跡もほぼ同じ形態・大きさの鈕孔 3 類であると想定され、オヤ世代の原鏡においても同じ技術が用いられているものとみられる。青龍側の鈕孔は幅 7 mm・高さ 6.5 mm のやや裾広がりの円形を呈する。

（5）小　結

　以上、江田船山鏡について検討してきた。第 1 節においても鈕孔 3 類の代表例として挙げた事例であるが、鈕孔痕跡の存在から、オヤ世代の原鏡も鈕孔 3 類であることが想定された。

原鏡　→　江田船山鏡
鈕孔 3 類　　鈕孔 3 類

　赤色顔料の塗布は同型鏡群においても認められるが、江田船山鏡のように赤色顔料の塗布が内区に限定されるような場合、赤色顔料の成分や塗布のタイミングは、使用状況や塗布された地域を考える上で指標となる可能性があることから、今後の検討課題として、あらためて注意を喚起しておきたい（辻田 2015b）。

10.　浮彫式獣帯鏡 D

（1）同型鏡資料の概要と先行研究での位置づけ

　伝・大和出土鏡 1 面が該当する。富岡謙蔵によって紹介された資料である（富岡 1920 の図版 67-4：図 27）。「大阪住友男爵所蔵の一鏡にして、大和（？）發見に係る」（p.297）とされ、『泉屋清賞 鏡鑑部一』（濱田編 1921-1922）の第十九図に写真が掲載されている（「尚方禽獣鑑 径六寸八分 厚二分五厘 重二百三十四匁」［≒877.5 g］）。富岡（1920）において、前掲の浮彫式獣帯鏡 C（江田船山鏡）をはじめとした他の同型鏡および関連資料と並べて紹介されており、森下（2011a）によって同型鏡の一種として挙げられている。

（2）文様と系譜・原鏡の年代観

　面径「六寸八分」≒20.6 cm である。鈕座は 9 つの小乳を配し、櫛歯文・平頂素文帯・有節重弧文帯（？）・平頂素文帯・櫛歯文帯が配され、内区は四葉座を伴う 7 つの乳によって区画される。文様は不鮮明ながら、向かって左の位置に振り返る白虎、右の位置に青龍、上側に玄武など、全体に四神と瑞獣が配されているものとみられる。内区外周には銘帯と櫛歯文帯がめぐり、一段高い外区には鋸歯文と獣文帯が配され、素文縁部に至る。「尚方作竟」で始まる銘

帯があるが、写真・拓本からの判読が困難であり全体の内容は不詳である。全体として、先の浮彫式獣帯鏡Ｃとの共通性が高い資料である。

文様構成だけで考えた場合の原鏡の年代観は、岡村秀典分類（1993a）の浮彫式獣帯鏡Ⅰ式に該当し、いわゆる漢鏡5期鏡に位置づけられる。

図27　伝・大和出土浮彫式獣帯鏡Ｄ

（3）笵傷・踏み返し技術

　表面の鋳上がりの状態から、同型鏡群の一種であるとみなされる。内区の一部から銘帯、外区の獣文帯に欠けて不鮮明な箇所が目立つ。

（4）鈕孔形態・鈕周辺の製作技術・鈕孔方向

　図27の拓本では鈕の部分が欠落しているが、『泉屋清賞』では鈕区も含めた完形品として写真が掲載されている。鈕孔方向は概ね上側の玄武と中心を結ぶ南北方向に開口している。鈕孔底辺は鈕座面に一致する。未計測ながら、『泉屋清賞』の実大写真から幅が13mm前後とみられ、大型の鈕孔2類に該当する可能性が高い。

（5）小　結

　浮彫式獣帯鏡Ｃと同様の文様構成の鏡であり、鈕孔2類とみられる点で他の大型鏡種と共通する。表面の状況から、他鏡種と同様に、踏み返し鏡としても新しい世代に属するものとみられる。

11. 浮彫式獣帯鏡 E

（1）同型鏡資料の概要と先行研究での位置づけ

奈良県新沢173号墳出土鏡1面が該当する（以下新沢鏡と呼称する：図28）。川西（2004）・車崎編（2002）・森下（2011a）によって踏み返し鏡と認定されている。特に川西は、後述するように、本鏡における七言句の銘文の後半が異例句であることに注目している。さらに本鏡は、第1節でもみたように、柳田康雄（2002b）によって鈕孔痕跡の存在が指摘され、踏み返し鏡の認定基準として示されたという点でも重要な資料である。

また同型鏡群の問題とは直接は関わらないが、古墳時代前期の大阪府紫金山古墳出土の超大型倭製鏡である勾玉文帯神獣文鏡（面径35.9cm、いわゆる「勾玉文鏡」）について、従来は画象鏡や神獣鏡などを模倣の対象として製作された可能性が想定されてきたが、文様構成のレイアウトがほぼこの新沢鏡の構成と一致することが指摘されている（中井歩 2011）。すなわち、浮彫式獣帯鏡のレイアウトを採用しながら、内区主像において他鏡種の文様をパーツとして取り込んで製作されたという可能性である。前期においては中型以上の浮彫式獣帯鏡は出土事例が稀少であるが（辻田 2007b）、勾玉文鏡の存在から本鏡の類鏡が前期の列島に存在していた可能性が高い。後述する鈕孔形態などが示す技術的特徴からも本鏡自体が前期以来の伝世鏡であるといった可能性は低いが、間接的に本鏡の類鏡が前期に遡って存在した可能性を示している点でも重要な事例である。

（2）文様と系譜・原鏡の年代観

面径は20.3cmである。文様構成について概観する。内区は、段を伴う鈕の周囲を9個の乳帯文で区画し、2区画ごとに「宜・子・孫」銘を配す。その周囲は内側から、櫛歯文・平頂素文帯・有節重弧文帯・平頂素文帯・櫛歯文で、四葉座乳によって内区を7区画に区分する。内区は明瞭な四神を表現しないもので、雲気文・芝草文とともに瑞獣と神仙を表している。獣像表現は角の表現が1体ごとに異なっており、別の瑞獣を示しているとみられる。このうち、鈕

第 2 章　同型鏡と関連鏡群の系譜と製作技術　*127*

図 28　奈良県新沢 173 号墳出土浮彫式獣帯鏡 E

座の「子」銘の一に対応する内区では、一対の神仙が向き合う形で表現されている。この内区外周に、以下の銘帯がめぐっている：「尚方作竟真大巧 上又山人不知老 渇飲玉泉飢食棗 長保二親宜孫子 壽若東王父西王母兮」。内区最外周に櫛歯文がめぐり、一段高くなった外区は、一段低い凹線を挟んで幅広の突線

＋獣文帯＋突線（凹帯）＋素文縁となる。

　この銘文の内容は、七言句として第3句までは浮彫式獣帯鏡Bと共通しており常套句であるが、川西は、第5句の「東王父西王母」の前に「壽若」を用いた異例銘である点を強調している（川西 2004：p.130）。この点から、異例銘を有する原鏡の製作年代、あるいは「銘文の改変年代」が、「西晋代を中心とする三世紀後半ないし四世紀初頭の頃」である可能性を指摘している（川西前掲：p.131）。

　文様構成だけで考えた場合の原鏡の年代観は、岡村秀典分類（1993a）の浮彫式獣帯鏡Ⅱ式に該当し、いわゆる漢鏡5期鏡に位置づけられる。

（3）笵傷・踏み返し技術
　外区文様は不鮮明な箇所が多いが、内区文様は比較的鋳上がりがよい。鏡面・鏡背ともに赤色顔料の付着がみられる。反りは約3.5 mmである。銘帯の「不知」の外側の位置にあたる、外区最内周の一段高くなった部分で、わずかにくぼみが確認でき、他の鏡種（e.g. 浮彫式獣帯鏡B）でもみられるような、鋳型が軟らかいタイミングでの裏側からの圧迫痕跡である可能性が想定される。

（4）鈕孔形態・鈕周辺の製作技術・鈕孔方向
　鈕孔は、「不」と「若」を結ぶ方向に開口している。鈕孔底辺は、鈕周囲の段の上面と一致している。「不」側の鈕孔は、幅6.5 mm・高さ8 mmのやや縦長の楕円形であり、上辺付近に一段凹んだ鈕孔痕跡が認められる（柳田 2002b、図2-4）。「若」側の鈕孔は、幅6.5 mm・高さ約7 mmの円形に近く、こちらは左側辺から上辺にかけて広く鈕孔痕跡が認められる。この鈕孔痕跡の幅は7.5 mm・高さ約8 mmの円形に近い鈕孔形態となる。両方向ともに鈕孔3類に該当する。また鈕孔痕跡においても同様の円形鈕孔の3類とみられることから、本鏡の踏み返し原鏡も同じ鈕孔製作技術によるものと想定できる。
　なお、鈕の上面がわずかに平坦面状をなしている。画文帯環状乳神獣鏡Aでもみられたもので、後の宋代以降のものほど広い面ではないが、この時期の踏み返し鏡の一部でも確認できる特徴である。

（5）小　結

　浮彫式獣帯鏡 E（新沢鏡）は、先の浮彫式獣帯鏡 C（江田船山鏡）と並んで、鈕孔 3 類の典型例といえる。また鈕孔痕跡の存在から、これも浮彫式獣帯鏡 C と同様に、オヤ世代の原鏡も鈕孔 3 類であることが想定された。

原鏡　→　新沢鏡

鈕孔 3 類　　鈕孔 3 類

　以上、5 種類の浮彫式獣帯鏡について検討してきたが、A では X 群・Y 群が鈕孔 2 類・1 類と対応し、B では幅 10 mm 前後の 2 類（もしくは 1 類）主体、C・E では 3 類といったように、鏡種・鏡群ごとに鈕孔形態に共通性がみられた。また少なくとも製品の最新世代を一代遡ったオヤ世代においては同型鏡群と同じ鈕孔製作技術が採用されている場合が通例であることを確認するとともに、浮彫式獣帯鏡 A においては原鏡 I の世代まで遡って鈕孔 2 類が採用されていた可能性を指摘した。

12．盤龍鏡

（1）同型鏡資料の概要と先行研究での位置づけ

　2 面の存在が知られる。福岡県沖ノ島 7 号遺跡出土鏡と同 8 号遺跡出土鏡である。以下①沖ノ島 7 号鏡と②8 号鏡（図 29）とする。沖ノ島 8 号遺跡出土鏡は残存状態もよく古くから知られていた資料であるが、7 号遺跡出土の破片資料とあわせて三次元計測が試みられた結果、両者が同一文様・同型であることが判明した（重住他 2010、水野編 2010）。この成果をふまえ、森下（2011a）により同型鏡群の一種として位置づけられている。

（2）文様と系譜・原鏡の年代観

　②沖ノ島 8 号鏡の面径は 11.6 cm である。①沖ノ島 7 号鏡は細片であり、面径の復元と①との対比は困難である。以下文様構成について概観する。内区は段を伴う鈕の周囲を大きく 2 体の獣像が向き合う構図である。向かって右の獣像は左向きで、根元に段を伴う角を生やしている。首筋から胴部にかけて珠文による鱗状表現がある。この獣像は向かって右手に右前肢、鈕を挟んだ反対側

0　10　20　30　40mm
三次元図
図29　福岡県沖ノ島8号遺跡出土盤龍鏡

に左前肢、その下位に後肢2本と尾が描かれ、後肢に挟まれるように右向きに跪いた羽人が描かれている。この獣像の頭部に向き合うように右向きの獣像が描かれている。角の有無から右側の獣像が龍・左側の獣像が虎と捉えることができる。内区外周は二重突線と櫛歯文、一段高くなった外区には内側から櫛歯文・凹帯・櫛歯文が配され、やや斜縁気味に高くなった縁部へとつづく。

文様構成からみた場合、岡村秀典分類（1993a）のⅠA式、上野祥史分類（2003）の型式1B、筆者分類（辻田 2008・2009b）のB類に該当する。

（3）笵傷・踏み返し技術

　鋳上がり良好であるが、錆によって文様が見えなくなっている箇所が多い（水野他 2010）。両者の関係についてはひとまず同型関係である点を確認するにとどめる。

（4）鈕孔形態・鈕周辺の製作技術・鈕孔方向

　②沖ノ島8号鏡の鈕孔は左側の虎像頭部から右下の龍像右後肢の方向に開口している。両方とも鈕孔底辺は鈕座面と一致している。未計測ながら、鈕径との対比から、いずれも幅が最大8mm前後と想定され、実物観察の結果、中子自体はそれよりやや小さめの円形で、設置に起因する形で裾の部分が広がって半円形を呈しているものとみられる。以上からここでは鈕孔3類に該当するも

のとみておきたい。

(5) 小　結
①沖ノ島7号鏡の面径・鈕孔方向・鈕孔形態が不明のため、両者の間の関係については不明な点が多いが、②沖ノ島8号鏡の鈕孔形態が3類とみられることから、他の同型鏡群と共通した製作技術によるものである可能性が高いことを確認しておきたい。

13. 神人龍虎画象鏡

(1) 同型鏡資料の概要と先行研究での位置づけ
同型鏡が5面確認されている：①京都・鏡塚古墳出土鏡（以下鏡塚鏡）、②大阪・高井田山古墳出土鏡（以下高井田山鏡）、③奈良・米山古墳出土鏡（以下米山鏡）、④岡山・築山古墳出土鏡（以下築山鏡）、⑤福岡・馬ヶ岳出土鏡（以下馬ヶ岳鏡）。近畿から西日本にかけて出土する一群である。川西（2004）によりまとまった分析が行われており、図30のような製作順序が復元されている。

(2) 文様と系譜・原鏡の年代観
面径は20.5cm前後の大型鏡である。川西（2004）の解説を参照しつつ文様構成について概観する。鈕座は段を伴う鈕の周囲に連珠文をめぐらせる。内区は4つの乳により区画される。左右が3体区の神像表現、上下は獣像表現で、それぞれ下が龍（青龍）、上が虎（白虎）と想定されている。龍虎像にはそれぞれ1体ずつ神仙が伴う。左の3体区では、中央に三山冠をのせた東王公とその両側に脇侍が配される。右の3体区では、西王母と2体の脇侍が配される。

断面蒲鉾形の銘帯に、左上の乳付近から時計回りに以下の銘文が刻まれる：「王氏作竟佳且好 明而日月世之保 服此竟者不知老 壽而東王公西王母 山人子高赤松 長保二親宜 孫 子 」（川西の釈読による）。櫛歯文を挟んで一段高い外区には、内側から鋸歯文・連環唐草文・突線・斜縁が配される。

本鏡の原鏡は、上野祥史（2001）の画象鏡分類では、デフォルメ神獣式（デ

神B、銘文Q+R) にあたり、上野の龍氏系、江北地域に系譜が求められる資料である。いわゆる漢鏡6〜7期鏡に該当する。

(3) 笵傷・踏み返し技術

川西によって、停滞性の傷a〜fが抽出されている。面径と合わせて概要を示すと以下のようになる。

	面径 (cm)	傷の有無
①京都・鏡塚鏡	20.60-20.75	a・b・c・d・e・f
②大阪・高井田山鏡	20.53-20.60	a・b・?・d・e・f
③奈良・米山鏡	20.66-20.70	a・b・c・d・e・f
④岡山・築山鏡	20.24-20.38	a・?・c・d・e・f
⑤福岡・馬ヶ岳鏡	6寸8分 (20.60)	?・?・?・?・?・f?

この中で、面径が一回り小さい④築山鏡については、鋳上がりが①②③と異なる点から、一世代新しい踏み返し鏡であると想定されている(図30)。他方、⑤については拓本史料しかなく、面径や傷について不明な点が多い。位置づけが困難なもう1つの理由として、川西は以下の点を指摘している。すなわち、傷dに遮られた銘帯の部分は、銘文の最後の2字にかかっており①〜④では判読不能であるが、⑤馬ヶ岳鏡については唯一報告の際「孫子」という釈読がなされており (弘津 1928)、もし仮に傷dがないことによるとすれば、①②③の原鏡もしくはそれと同笵関係にある別の鏡ということになる (川西 2004：p.83-84)。現状でこれについては不明であるため、⑤馬ヶ岳鏡の位置づけは保留にするとして、上記の①②③をX群、④を1面のみながらY群とし、それぞれの原鏡を原鏡Ⅰ・原鏡Ⅱとした上で、以下鈕孔製作技術について検討する。

(4) 鈕孔形態・鈕周辺の製作技術・鈕孔方向

【X群】

①京都・鏡塚鏡

鈕孔は59分—29分の方向に開口する。上側の鈕孔は1mmほど鈕座面より高い位置に設置される。下側の鈕孔底辺は鈕座面に一致するので、後者が基本

とみてよい。上側の鈕孔は幅 13.5 mm・高さ 8 mm である。
左側辺にわずかに平坦面がみられ、鈕孔痕跡と考えられる
（図 32 左上）。下側鈕孔は幅 12.5 mm・高さ 9 mm である。
こちらも左側辺にわずかに平坦面があり、鈕孔痕跡とみら
れ、両方向でほぼ対応することになる（図 32 右上）。下側鈕
孔では、上辺の一部がやや内側に突出しており、中子非固定
の特徴を示している。中子の形状は楕円形である。いずれも
大型の 2 類に該当する。

　本鏡の鈕孔痕跡にみられる方向はやや時計回りにふれたも
のであり、以下の②③にみられる 31 分―1 分という方向と
一致している。この点から、本鏡の原鏡である原鏡Ⅰにおい
て、鈕孔方向が 31 分―1 分といった方向であることと、原
鏡Ⅰにおいても本鏡と同様の鈕孔 2 類が用いられていたこと
が推測できる。

　その他の特徴として、銘帯付近に赤色顔料が明瞭に残る。
また右下の乳で非常に大きな鋳崩れが確認できる。左下の乳
でも銘帯側の鳥文と接する部分が鋳崩れを起こしている。

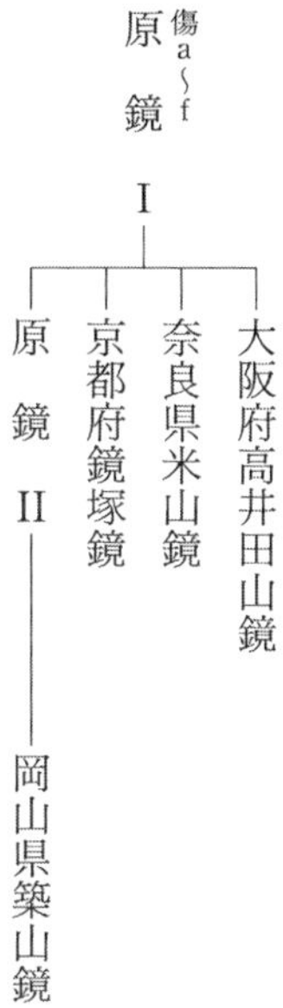

原鏡　傷a～f
　Ⅰ
　｜
大阪府高井田山鏡
奈良県米山鏡
京都府鏡塚鏡
原鏡Ⅱ
　｜
岡山県築山鏡

図 30　神人龍虎画象鏡の製作順序（川西 2004）

②大阪・高井田山鏡

　鈕孔は 31 分―1 分の方向に開口する。いずれも鈕孔底辺は鈕座面に一致す
る（図 31）。下側の鈕孔は非常に大きく開いているが、内部の中子の大きさは
幅 12 mm・高さ 7 mm である。開口部のみ半円形に開いている点では、中子
設置時の粘土付加に起因するものとみられる。上側の鈕孔も同様で、楕円形の
中子で鈕孔開口部のみ裾広がりに半円形を呈する。こちらでは中子の幅は
10 mm・高さ 7 mm を測る。鈕孔開口部の点で鈕高自体の幅は大きいが、中子
の幅が最大でも 12 mm で、高さが 7 mm という点で、2 類に該当するものと
考えておきたい。

　その他の特徴として、本鏡では①鏡塚鏡でみられた乳付近の鋳崩れはみられ
ない。かわりに、上段の白虎像の後肢から乳・右方の銘帯にかけての部分の鋳
上がりが不鮮明である。

鈕孔左　　　　　　　　　鈕孔右
図31　大阪府高井田山古墳出土神人龍虎画象鏡

1：鏡塚（左）

2：鏡塚（右）

3：米山（正面）

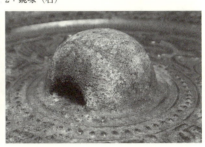
4：米山（斜め）

図32　神人龍虎画象鏡の鈕孔痕跡

【神人龍虎画象鏡の傷】（川西 2004）
傷a：龍の角のあたりで、珠文圏外周の突線が鋳崩れる。
傷b：櫛歯文の2本が鋳潰れて接する。
傷c：連環唐草文の1個に、鋳潰れが残る。
傷d：東王父区の向かって左端にみえる鳥の体部から銘帯にかけて、鋳型の剥離による鋳崩れが大きく広がる。
傷e：櫛歯文の一部の鋳上がりが不良。
傷f：櫛歯文の一部が切れる。

③奈良・米山鏡

　鈕孔は31分─1分の方向に開口する。いずれも鈕孔底辺は鈕座面に一致する。下側の鈕孔は横長の半円形で、幅14mm・高さ7mmである。左側辺部が一部内側に突出している。上側鈕孔は、裾広がりの半円形もしくは台形で、最大幅14mm・高さ7mmである。上辺と左側辺が一部内側に突出しているのと、上辺は平坦面がみられることから、鈕孔痕跡とみられる（図32下）。この場合高さ8.5mmほどとなり、原鏡Ⅰの鈕孔が31分─1分の方向で鈕孔2類であるとした先の推測と一致する。本鏡の鈕孔は高さ7mmである一方で、両方向ともに幅14mmで、次にみる④築山鏡とともに他の資料と比べて突出し

ており、7mm程度の棒状中子を横に2本分連結して大型化した可能性が高いことから、ここでは4類と捉えておく。本事例をもとに、横方向に大型化した4類については幅14mm以上という点を指標としたい。

　なお本鏡は、①②でみられた鋳潰れや不鮮明な箇所は明瞭に鋳出されており、①〜③の3面の中では最も鋳上がりがよい。

【Y群】

④岡山・築山鏡

　鈕孔は概ね上下方向に開口する。鈕孔底辺は鈕座面に一致する。下側の鈕孔は第1節で4類として例示したものであり（図2-6）、幅16mm・高さ7mmである。上辺の一部が内側に突出している。反対方向の上側の鈕孔も幅16mm・高さ8mmである。右側辺が内側に突出している。横長の楕円形であり、第1節でみたように、棒状中子を横方向に2本連結して1本分に練り直した大型鈕孔とみられ、鈕孔4類に位置づけることができる。

　川西も指摘しているように、①〜③と比べて全体として鋳上がり・文様が不鮮明な箇所が多い。

【不明】

⑤福岡・馬ヶ岳鏡

　拓本のみであるため参考資料として検討する。鈕孔は、鈕区付近の拓本で北方向に幅広の部分が確認できるため、これが一定程度鈕孔を示していると考えるならば、概ね31分—1分の方向に開口していたことになり、②③と同様でX群の基本方向と概ね一致することになる。またこの部分から推測される鈕孔開口部の幅は10mmを大幅に超えるものとみられ、2類もしくは4類の可能性がある。いずれにしても小型の鈕孔などではなく、①〜④とほぼ同様の大型鈕孔の可能性が高いことを確認しておきたい。

（5）小　結

　以上、5面の鈕孔製作技術について検討した。その結果を整理すると次のようになる。

```
原鏡Ⅰ ─┬→ X群（①②③）鈕孔2類・4類　※鈕孔方向ほぼ同じ
鈕孔2類 └→ 原鏡Ⅱ → Y群（④）鈕孔4類
```

①鏡塚鏡と③米山鏡の鈕孔痕跡から、原鏡Ⅰにおいても鈕孔2類が採用されていることが確認された。踏み返し原鏡世代も同じ製作技術であるという点で他鏡種と共通する一般的な傾向であることが確認される。また本鏡種の鈕孔では、基本的にすべて幅10mm以上、高さは7mm以下といった共通性が認められ、幅広で大型の2類・4類を使用する鏡種として特徴づけることができる。鈕孔方向も、原鏡ⅠからY群の世代まで含めてほぼ同一方向で共通性が高いことを確認した。

　参考資料とした⑤馬ヶ岳鏡については、前述の傷d付近の銘文付近が存在したのかどうかによって原鏡Ⅰの世代かX群の世代かといった点の理解が異なってくるため、この点については保留せざるをえないが、いずれにしても鈕孔方向が原鏡Ⅰ・X群とほぼ一致しており、鈕孔形態もほぼ同様と推測される。

14．神人歌舞画象鏡

（1）同型鏡資料の概要と先行研究での位置づけ

　同型鏡が12面存在する。面数としては、先に検討した浮彫式獣帯鏡Aとともに、画文帯同向式神獣鏡Cの28面に次ぐ多さである。以下の資料がある：①埼玉・秋山出土鏡（以下秋山鏡）、②東京・亀塚古墳出土鏡（以下亀塚鏡）、③福井・西塚古墳出土鏡（以下西塚鏡）、④京都・トヅカ古墳出土鏡（以下トヅカ鏡）、⑤伝・大阪・長持山古墳出土鏡（以下長持山鏡）、⑥大阪・郡川西塚古墳出土鏡（以下郡川西塚鏡）、⑦伝・大阪・郡川出土鏡（以下郡川鏡）、⑧岡山・朱千駄古墳出土鏡（以下朱千駄鏡）、⑨福岡・番塚古墳出土鏡（以下番塚鏡）、⑩⑪出土地不明・根津美術館所蔵鏡A・B（以下根津美術館蔵鏡A・B）、⑫出土地不明鏡。川西（2004）により詳細な検討がなされており、図33のような製作順序が復元されている。神人龍虎画象鏡とほぼ同じく、20cmを超す大型鏡であり、近畿に分布が集中するとともに、東西で広く出土がみられる鏡種である。

　このうち⑫の出土地不明鏡について、川西は、「出土地不明のもう一面については、実査する手がかりが失われたので、梅原末治が残した記述に従うこと

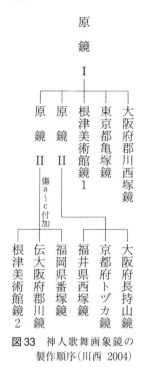

図33 神人歌舞画象鏡の製作順序(川西 2004)

にして、これを同型品に加えた」としている(川西 2004：p.84)。川西が挙げた梅原の記述は、梅原(1946)の195頁とあり、そこでは「八馬兼介の収蔵品中に見る破鏡」と記述されている。梅原(1946)では写真などの掲載がなく、実態が不明であるが、これに該当する資料として想定されるのが、図38に掲げた資料である。本鏡は、大村西崖(1917)の『中国美術史彫塑編』(1980復刊)第379図に掲載された写真であり、本文では、「古河家の人物乗馬鏡 径六寸七分。」と記載されている(大村1917：p.106)。六寸七分は20.30 cmであり本鏡群とほぼ一致するとともに、文様から本鏡群の一種であることは確実である。梅原の「破鏡」という記述とも特徴が一致している。以上から、本書では図38の資料を⑫の出土地不明鏡に該当するものと考えておく。「八馬兼介氏」と「古河家」で所蔵者が異なるが、それぞれ戦前の財閥関係者という点での共通項がある。大村の著書刊行時(1917)には古河家所蔵で、その後1946年までに八馬兼介の所蔵となった可能性を想定しておきたい。

なお本鏡種についてはもう1面関連資料がある。長野県飯田市兼清塚古墳出土の外区片である。錆着のため不鮮明であるが、面径20.3 cmに復元され、内側から鋸歯文・獣文帯・素文縁に連なる外区の構成と法量が概ね他の神人歌舞画象鏡と共通する。また獣文帯の内容もほぼ一致しており、もし本鏡種に該当するとすれば、以下で述べる正位置でいうところの、およそ50分—2分の範囲に対応している。また扇形の破片の両側辺の角が一部丸く摩滅しており、あたかも破鏡のような特徴を示している点で異例である。今後X線撮影などにより詳細が判明することが期待される。本鏡種の参考資料としておきたい。

(2) 文様と系譜・原鏡の年代観

川西(2004)の解説を参照しつつ、文様構成について概観する。段を伴う鈕

の周囲に28個の小円弧が連なって鈕座をなしている。内区は4つの四葉座乳で区画されている。右の3体区には「西王母」の榜題があり、左側の神像が西王母とみられる。その右側に「玉女」の榜題があり、2体は西王母の侍女とみられる。向かい側にあたる左の3体区では、左側の大きな神像が東王公とみられ、2体の脇侍が伴う。上側の区画では、「雑伎が歌舞音曲に興じる場面」が示されている。左像が小太鼓を拍ち、逆立ちする中央像が曲舞を演じ、右像は長い縦笛を吹く様を表現しているとみられる。下側の区画では、騎馬像とその背後に両手を広げた大男を配している。林巳奈夫の考証により、天馬や雑伎が星宿の表現であり、天馬が北方玄武の、雑伎が南方朱雀の宿に属するもので、東王公・西王母とあわせて東西南北の方位を整えた、とされる（林巳1989、川西2004）。

内区外周は断面蒲鉾形の銘帯と櫛歯文がめぐる。銘帯は、西王母の足下から時計回りで以下の銘が配される：「尚方作竟自有紀 辟去不羊宜古市 上有東王父西王母 令君陽遂多孫子兮」（川西の釈読による）。外区は内側から鋸歯文帯・獣文帯・突線・素文縁とつづく。獣文帯は、獣・鳥・魚・羽人からなるもので、以下の12体が配される：獣・魚・鳥・獣・獣・鳥・鵜人・鳥・獣・獣・獣・獣（西王母外方の獣から時計回り）。

本鏡の原鏡は、上野祥史（2001）の画象鏡分類では、デフォルメ神獣式（デ神A、銘文P）にあたり、上野の尚方青蓋系、華北地域に系譜が求められる資料である。いわゆる漢鏡6〜7期鏡に該当する。

（3）笵傷・踏み返し技術

川西（2004）により、傷a〜cの停滞性の傷が抽出され（図37参照）、各資料について以下のような内容が示されている。下線は筆者自身の観察により一部修正を加えた部分である（以下同じ）。

	面径（cm）	傷の有無
②東京・亀塚鏡	20.66	×・×・×
⑥大阪・郡川西塚鏡	20.50–20.60	×・×・×
⑧岡山・朱千駄鏡	20.30–20.35	△・△・×
⑩根津美術館蔵鏡A	20.57	×・×・×

⑫出土地不明鏡	<u>20.30</u>	×・×・×
③福井・西塚鏡	20.00-20.09	×・×・×
④京都・トヅカ鏡	19.82-20.02	×・×・×
⑤伝・大阪・長持山鏡	(20.0)	×・×・×
①埼玉・秋山鏡	(20)	×・×・?
⑦伝・大阪・郡川鏡	19.96-20.02	a・b・c
⑨福岡・番塚鏡	<u>20.1</u>	a・<u>b</u>・c
⑪根津美術館蔵鏡B	19.90-19.97	a・b・c

　前述のように、川西により傷の共有と面径の縮小について検討がなされ、図33のような復元がなされているが、この中では、拓本のため面径不詳の①秋山鏡、錆のため傷が不詳の⑧朱千駄鏡、詳細不明の⑫出土地不明鏡の3面が外されている。このうち⑧朱千駄鏡について実見したところ、傷cは認められず、傷a・bについても錆のため確実ではないが、おそらく存在しないのではないかという観察結果を得た。面径も場所によっては20.4 cmを測ることから、②⑥⑩と同じ一群として問題ないものと考える。

　⑫出土地不明鏡（図38）についても、後述するように、写真観察の結果、傷a・b・cがみられず、⑧朱千駄鏡とほぼ同じ面径であることから、同様の位置づけが可能であると判断される。

　また⑨番塚鏡についても、実物の観察の結果、川西が予測していたように傷b・cの存在を確認した（辻田 2015b）。川西の検討結果に以上の点を加味し、②⑥⑧⑩⑫をX群、③④⑤をY群、⑦⑨⑪をZ群と呼称する。Y群の原鏡を原鏡ⅡY、Z群の原鏡を原鏡ⅡZ、X群と原鏡ⅡY・ⅡZの原鏡を原鏡Ⅰと呼称する。①については面径不詳のため踏み返し鏡群の世代的な位置づけは保留し、鈕孔製作技術についてのみ検討する。

（4）鈕孔形態・鈕周辺の製作技術・鈕孔方向

【X群】

②東京・亀塚鏡

　鈕孔方向は、48分―18分の方向に開口する（図34）。全体を大きく2分する亀裂が走る。鈕孔は鈕座面より1～2 mm高い位置にある。左側の鈕孔は幅

第2章　同型鏡と関連鏡群の系譜と製作技術　141

鈕孔左

鈕孔右

図34　東京都亀塚古墳出土神人歌舞画象鏡

【神人歌舞画像鏡の傷】(川西 2004)
傷 a：東王父の衣の裾の下部が、鋳型の剝離のせいで盛りあがる。
傷 b：東王父区の執戟像の足元が、鋳型の剝離のせいで盛りあがる。
傷 c：騎馬像の馬の後足の一部が鋳崩れる。

12 mm・高さ 10 mm のやや裾広がりの楕円形を呈する。鈕孔痕跡はみられない。右側の鈕孔は幅 12 mm・高さ 9 mm の楕円形鈕孔である。鈕孔 2 類に該当する大型の楕円形鈕孔である。

⑥大阪・郡川西塚鏡

鈕孔方向は、48 分—18 分の方向に開口する。本鏡も全体に亀裂が多くみられる。本鏡の鈕孔は、左側の鈕孔底辺が一段高く、右側の鈕孔底辺は鈕座面にほぼ一致するという特徴をもつ（図 39）。先に右側の鈕孔から説明すると、鈕孔本体は幅 11 mm・高さ 9.5 mm の楕円形鈕孔であるが、上辺の右寄り約 2/3 ほどの部分に、2 mm ほど高く半円形の鈕孔痕跡が残っている（図 39 右写真）。この場合、原鏡 I の鈕孔の幅は 9 mm 前後とみられるが、上辺がこの高さで鈕座面まで一致する事例はみられないので、原鏡 I の鈕孔は、鈕座面よりやや高い位置に設置してあったと考えうる。その場合、おそらく高さ 6〜7 mm の半円形鈕孔の可能性が高い。それをふまえて左側の鈕孔をみると、約 2 mm ほど高い位置に設置してあるとともに、上辺部分に鈕孔痕跡が認められる。鈕孔本体は幅 10 mm・高さ 7 mm ほどであり、右側鈕孔と比べやや小さめとなる。鈕孔痕跡は上辺に 2 mm 分認められる。

本鏡自体の鈕孔形態は大型の鈕孔 2 類とみることができるが、本鏡の踏み返し原鏡である原鏡 I の鈕孔がやや高い位置に設置してあったことに由来して本鏡でも左側では鈕孔がやや高い位置にあり、また右側鈕孔では原鏡の鈕孔痕跡が明瞭に残る形となった。原鏡 I の鈕孔は、幅 8〜9 mm 前後・高さ 6〜7 mm 前後の半円形鈕孔とみられる。

⑧岡山・朱千駄鏡

鈕孔は 48 分—18 分の方向に開口する。鈕孔底辺はいずれも鈕座面に一致する。本鏡の鈕孔の特徴は、いずれも大型の楕円形鈕孔ながら、両側辺上半がいずれも内側に突出している点である（図 35）。第 1 節で述べた、鋳型に段を設けず中子の非固定の結果、鈕孔上半が内側に突出するという特徴を端的に示す事例である。左側の鈕孔は幅 11 mm・高さ 10 mm で円形に近い。右側の鈕孔は幅 10 mm・高さ 9 mm で上半部の内側への突出度が大きい。いずれも中子は円形に近い楕円形で、鈕孔形態は 2 類に該当する。

第2章 同型鏡と関連鏡群の系譜と製作技術　143

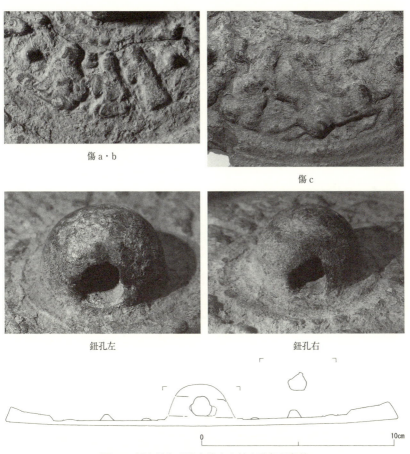

傷a・b

傷c

鈕孔左

鈕孔右

図35　岡山県朱千駄古墳出土神人歌舞画象鏡

⑩根津美術館蔵鏡A

鈕孔は48分—18分の方向に開口する。未計測であるが、鈕径との対比から幅12mm前後と想定され、鈕孔2類に該当するものと考えられる。

⑫出土地不明鏡

六寸七分という数値が正確であれば、他の資料と比べてやや面径が小さく、⑧朱千駄鏡に近い。写真から判断するかぎり、傷a・b・cはみられず、X群の可能性が高い。上の雑伎区から外区にかけてが欠損している。⑥長持山鏡な

どの方が鋳上がりがよく、原鏡ⅡYなどに該当する可能性は低いとみられる。写真では鈕孔部分に紐が結ばれており、観察が困難である。鈕孔の大きさについては不明で、太めの紐が2本分通されていることから、少なくとも幅7～8mm程度はあるものと推測するが確証はなく、形状も含めて参考にとどめておきたい。鈕孔方向は、紐の向きから推測するならば、概ね他の鏡と同様で、48分—18分と一致するか、わずかにずれるかのいずれかとみられる。以上のように、⑫出土地不明鏡も含め、X群では鈕孔方向はほぼ一定している。

【Y群】

③福井・西塚鏡

鈕孔は48分—18分の方向に開口する。鈕孔底辺は鈕座面と一致する。未計測であるが、清喜裕二（1998）の報告における実測図と平面写真から、幅・高さともに10mm前後の楕円形鈕孔とみられ、大型の2類に該当するとみられる。

④京都・トヅカ鏡

鈕孔は52分—22分の方向に開口する。鈕孔底辺は鈕座面に一致する。本鏡の鈕孔は、ここまでみてきた他の鏡と比べて極端に小さいという特徴がある（図36）。左側の鈕孔は幅6mm・高さ6mmのやや崩れた半円形を呈する。上辺側にくぼみがあり、鈕孔痕跡の可能性がある。これが鈕孔痕跡であれば、原鏡ⅡYの鈕孔は2類などの大型鈕孔の可能性が想定される。右側の鈕孔は幅6.5mm・高さ6.5mmの半円形で、左側辺の一部が内側に突出する。鈕孔痕跡は不明瞭である。やや小型であるが、鈕孔1類の範疇で考えておきたい。

⑤伝・大阪・長持山鏡

鈕孔は50分—20分の方向に開口する。鈕孔底辺は鈕座面に一致する。未計測ながら、鈕径との対比から幅11mm前後の楕円形鈕孔とみられる。ここでは2類の可能性が高いものと考えておきたい。

以上のように、Y群は、X群と比べてそれぞれわずかに鈕孔方向がずれており、Y群としての共通性もX群ほど高くないことがわかる。

【Z群】

⑦伝・大阪・郡川鏡

鈕孔は47分—17分の方向に開口する。鈕孔底辺は概ね鈕座面と一致してい

第 2 章　同型鏡と関連鏡群の系譜と製作技術　145

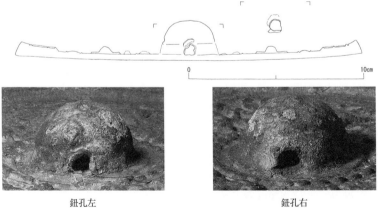

鈕孔左　　　　　　　　　　　　鈕孔右
図 36　京都府トヅカ古墳出土神人歌舞画象鏡

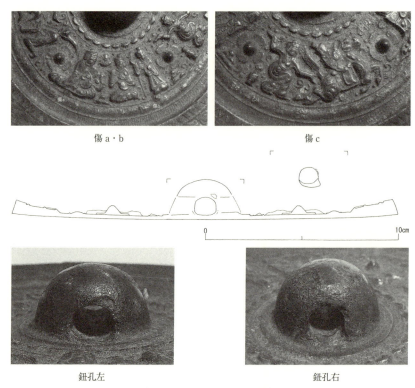

図37　伝・大阪府郡川出土神人歌舞画象鏡

る。本鏡の鈕孔は大型の楕円形である。左側の鈕孔は幅12mm・高さ9mmの楕円形である。上辺右隅付近にへこみがあり、鈕孔痕跡の可能性がある。右側の鈕孔は幅10mm・高さ8mmの楕円形中子で手前下側にやや開いた形となっている。これは中子設置時に粘土を付加したことに起因するものとみられる。以上から、鈕孔形態2類に該当するものとみられる。

⑨福岡・番塚鏡

鈕孔は47分—17分の方向に開口する。鈕孔底辺は鈕座面と一致している。鈕孔周辺に布が付着し、鈕孔内部に紐が残存していることから正確ではないが、幅8mm・高さ6mmの半円形鈕孔とみられ、鈕孔1類に該当する（辻田2015b）。

第2章　同型鏡と関連鏡群の系譜と製作技術　147

図38　出土地不明神人歌舞画象鏡（大村 1980）

鈕孔左

鈕孔右

図39　郡川西塚古墳出土鏡の鈕孔形態

⑪根津美術館蔵鏡B

鈕孔方向は47分—17分の方向に開口する。鈕孔底辺は鈕座面に一致する。未計測ながら、平面写真から幅10mm前後の楕円形鈕孔とみられ、他の資料との比較から2類の可能性が高いものと考えておく。

【それ以外】

①埼玉・秋山鏡

拓本のみの残存である。「西王母」「玉女」といった榜題が確認でき、また獣文帯の状態からも鋳上がりは比較的よいようである（③福井・西塚鏡と同程度かと推測される）。鈕孔方向は不明ながら、拓本の鈕右下付近に楕円形の白色部分が見える箇所があり、鈕左上付近にもやや面的に開けた部分が認められることから、これをもし鈕孔方向とみれば53分—23分といった方向が想定される。左上の面的な開きからするとそれほど小さな鈕孔とは考えられず、2類の可能性が高いのではないかと想定できる。参考としておきたい。

（5）小　結

以上、各資料の鈕孔製作技術について検討を行ってきた。整理すると以下のようになる。

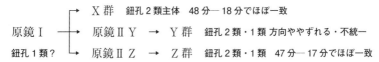

全体としては、概ね鈕孔方向は一致しており、X群・Y群・Z群それぞれで共通性がみられる（Y群も「不統一」という特徴がある）。また基本的に大型の楕円形鈕孔である鈕孔2類が主体であり、一部で鈕孔1類が用いられる。少なくともX群・原鏡ⅡY・ⅡZとY群・Z群の世代はいずれも同型鏡群の一般的な鈕孔形態である（原鏡ⅡYも鈕孔2類の可能性が想定された）。問題は原鏡Ⅰの鈕孔形態であり、⑥郡川西塚鏡の鈕孔痕跡からは、一段高い位置に半円形鈕孔を用いていることが確認できた。この幅8〜9mm前後・高さ6〜7mmという大きさの半円形鈕孔は、同型鏡群の鈕孔1類としても理解可能であるが、この大きさの鈕であれば、踏み返し鏡でない元来の「原鏡」の鈕孔に帰属するものという可能性も皆無ではない。ここでは本鏡群の原鏡Ⅰが、やや

高い位置に鈕孔が設置されている点において、より元来の「原鏡」に近い可能性がある点を念頭に置きつつ、以下検討を進めたい。

15. 神人車馬画象鏡

(1) 同型鏡資料の概要と先行研究での位置づけ

3面の同型鏡が存在する：①京都・トヅカ古墳出土鏡（以下トヅカ鏡）、②伝・福岡・京都郡出土鏡（以下伝京都郡鏡）、③熊本・江田船山古墳出土鏡（以下江田船山鏡）。面径22cmを超す大型鏡であり、数は少ないが西日本を中心に分布する。川西（2004）により詳細な検討が行われ、図40のような製作順序の復元が行われている。

図40 神人車馬画象鏡の製作順序（川西 2004）

(2) 文様と系譜・原鏡の年代観

川西（2004）および車崎（2007a）の解説を参照しつつ、文様構成について概観する。鈕座は有節重弧文が配される。内区は4つの連珠文座乳により区画される。左の3体区の中心は東王公が配され、2体の脇侍が伴う。右の区画には西王母と4体の侍女が伴う。上側の車馬区では、下位に三頭立ての車馬が東王公に向けて、その上に重なるように、二頭立ての車馬が西王母に向けて走る。下側の騎馬区では、「騎馬三騎と空馬三頭から成る一団が、西王母の方に進んでいる」とされる（川西 2004：p.91）。川西は、車馬が西方白虎の宿の天馬を指し、騎馬が東方青龍の宿に属する天馬にあたるとする林巳奈夫による図像学的考証（林巳 1989）にもとづき、「それならば、車駕が東王父へ、騎馬が西王母へ向かっていることについて、東王父は騎馬で西王母のもとへ行き、西王母は車駕で東王父のもとへ赴き、互いに交歓するという場面を想像したいところである」と論じている（川西 2004：p.92）。

内区外周は銘帯と櫛歯文帯がめぐる。銘帯は、東王父外方から時計回りで以下の銘文が配される：「公□氏作鏡四夷 多賀国家人民息 胡虜殄滅天下復 風雨

時節五穀孰 長保二親得点力 傳告後世楽無亟 乗雲駆馳参駕四馬 未知従羣神宜孫子」(川西の釈読による)。外区は内側から獣文帯と細い鋸歯文、斜縁へとつづく。獣文帯は簡略化と不鮮明さにより内容は不詳である。

　本鏡の原鏡は、上野祥史 (2001) の画象鏡分類では、広Ⅱ式 (銘文N) にあたり、氏の呉郡系、会稽郡・銭塘江地域に系譜が求められる資料である。いわゆる漢鏡7期鏡に該当する。

(3) 笵傷・踏み返し技術

　川西により傷a〜iが抽出され、通常の停滞性の傷に加え、進行性の傷 (b・f・h) が存在していることから、「原型を同じくする同型関係と、鋳型を同じくする同笵関係とが、三面を結びつけていることになる」ことを指摘している (川西 2004：pp.93-96)。傷a〜iの内容は次の通りである。

　傷a：騎馬区の向かって左の乳で、座をめぐる珠文の1個が欠ける。停滞性。

　傷b：銘の「神」と「宜」との間を通り、東王父の左裾を経て袖をかすめ、神仙の肩から鈕座に至る、鋳型の割れによる傷。進行性。

　傷c：車馬区の鈕寄りで、戦車の後尾、逆立ちした馬が有節重弧文と接するあたりに派生した、鋳型の剝離による傷。停滞性。

　傷d：内区外周の櫛歯文帯で、「息」ならびに「虜」のそれぞれの外方に発生した、鋳型の剝離による傷。停滞性。

　傷e：西王母の向かって右裾に添えた鳥文と、銘帯との間に発生した、鋳型の剝離による傷。停滞性。

　傷f：「節」のあたりに発生した、鋳型の剝離による傷。進行性。

　傷g：西王母区の向かって左の乳で、座をめぐる珠文の一個が欠ける。停滞性。

　傷h：騎馬区で先頭を切る騎馬の鼻面を通り、広い乳座を貫き、「天」の第二画を経て、外区に達する、鋳型の割れによる傷。鈕座を走る割れ傷を介して傷bと繋がるので、この傷hとbは、鋳型の割れによる、一連の傷である。進行性。

　傷i：騎馬区の先頭を切る騎乗者と、有節重弧文との間に発生した、鋳型の

離による傷。停滞性。

	面径 (cm)	傷の有無（ズレ）
①京都・トヅカ鏡	22.50	a・b・×・×・e・f・g(剥離)・h(剥離)・×
②福岡・伝京都郡鏡	22.22–22.28	a・b・c・d・e・f・g・h(剥離)・i
③熊本・江田船山鏡	22.16–22.20	a・b・c・d・e・f・g・h・i

　川西の結果を要約すると、傷c・d・iを共有するかどうか、また傷b・fの進行という点で①トヅカ鏡と②③は区分される。ただし、傷hを共有する点で両者は大枠で同笵関係にあるものと想定されている。②伝京都郡鏡と③江田船山鏡は、面径がほぼ同じで、かつ傷のほとんどを共有する上に傷hの進行という点から、同笵の関係が推測される。他方で、進行性の傷hからみると③江田船山鏡→①トヅカ鏡→②伝京都郡鏡という前後関係が導かれて矛盾することから、ひとまず傷hの結果を考慮せずに復元されたのが図40である。川西も述べるように、資料が3面しか存在しておらず、現状では復元に限界があることから、相互の関係については一旦保留し、鈕孔製作技術について検討したい。

（4）鈕孔形態・鈕周辺の製作技術・鈕孔方向

　①京都・トヅカ鏡

　鈕孔は、40分—10分の方向に開口する。鈕孔底辺は鈕座面に一致する。本鏡の鈕孔は、第1節の鈕孔形態分類において4類の典型例として示したもので、棒状中子を縦方向に重ねて大型化したと推測されるものである（図3-1、図41）。断面図上に記載した右側の鈕孔は、最大幅11 mm・高さ12 mmとなる。左側の鈕孔は幅10 mm・高さ9 mmとなる。両方向ともに、側辺中程の部分が内側に突出しており、中子設置部分の隙間に湯が入り込んだものとみられる。鈕径3.2 cm・高さ2.2 cmを測り、高さの比率が大きい点がこうした縦方向での大型化を志向した要因と想定される。

　②福岡・伝京都郡鏡

　筆者未実見であり、平面写真からみて、①トヅカ鏡とほぼ同じく、40分—10分に開口するものとみられるが、不確定要素が大きく、保留せざるをえない。大きさ・設置技術についても未確認である。

図41 京都府トヅカ古墳出土神人車馬画象鏡

③熊本・江田船山鏡

　鈕孔は45分―15分の方向に開口する。鈕孔底辺は鈕座面に一致する。左側の鈕孔は幅11mm・高さ10mmの楕円形鈕孔である（図42）。下半分の開口部がやや広がっており、中子設置時の粘土の痕跡とみられる。右側鈕孔も同様に下半分の開口部が広がっている。こちらは幅10mm・高さ8mmの楕円形

第2章　同型鏡と関連鏡群の系譜と製作技術　153

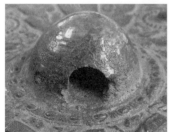
鈕孔左

鈕孔右

図42　熊本県江田船山古墳出土神人車馬画象鏡

(5) 小　結

②伝京都郡鏡の鈕孔製作技術が未確認のため、相互の関係については保留せざるをえないが、①トヅカ鏡と③江田船山鏡の間で鈕孔方向が異なる一方で、いずれも大型の4類・2類を用いていることを確認した。現状で鈕孔製作技術のみでは川西の復元（図40）に対する判断材料とはならず、今後②伝京都郡鏡の実見の上で再検討したい。

16.　神獣車馬画象鏡（二神龍虎車馬画象鏡）

（1）同型鏡資料の概要と先行研究での位置づけ

大分県鑑堂古墳出土鏡1面が該当する。従来同型鏡群の関連資料として理解されてきた資料であり（川西 2004、車崎編 2002）、ここでも以下にみる技術的特徴から、単独資料ながら同型鏡群の一種として含めた（図43）。

（2）文様と系譜・原鏡の年代観

文様構成について概略を述べる。鈕区は段を伴う鈕の周囲に連珠文の鈕座をめぐらせる。内区は4つの乳で区画する。向かって右側の位置に龍、左の位置に虎と思しき獣像を配する。下の区画には2体の神像が配される。向かって右側が三山冠から東王公、左側が西王母であろう。その間には香炉状の表現が描かれる。上の区画には、左手の虎像表現に向かって一頭立ての車馬が走る。下位の東王公・西王母の配置からも、右が青龍、左が白虎と解される。

内区外周は銘帯と櫛歯文がめぐる。左の白虎の外方から時計回りで以下の銘文が配される：「劉氏作竟四夷服 多賀国家人民息 胡虜殄滅天下復 風雨時節五穀孰 長保二親得点力 大吉利兮」（入江安近 [1953] の釈読による）。外区は内側から鋸歯文・連環唐草文・素文縁とつづく。

なおこの銘文について川西は、本鏡が七言句銘の画象鏡の具体例であるとともに、「劉氏」で始まる点を除けば常套句通りの事例としている（川西 2004：p.130）。先の浮彫式獣帯鏡E（新沢173号鏡）においても言及したように、川

第 2 章　同型鏡と関連鏡群の系譜と製作技術　155

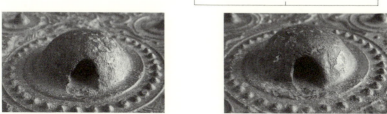

鈕孔左　　　　　　　　　　　鈕孔右
図 43　大分県鑑堂古墳出土神獣車馬画象鏡

西は七言句銘をもつ同型鏡群に異例句を含む場合が多く、原鏡の製作年代が新しいと考える上での根拠となる可能性を想定しているが、本画象鏡については常套句通りの事例と捉えられる、ということになる。

　本鏡の原鏡は、上野祥史（2001）の画象鏡分類では、円Ⅲ式（銘文N）に該当するものと考えられる。いわゆる漢鏡7期鏡に該当する。

（3）笵傷・踏み返し技術

　面径20.1 cmである。全体として比較的鋳上がりはよい。銅質は白銅質で非常に精良である。鏡背地面において、全体にわたって鋳肌を残している。銘帯「吾」「得」字付近の鋳潰れをはじめとして傷を確認できるが、一過性の傷か停滞性の傷かといった点は不明である。外区素文縁部がやや凸面気味である点も特徴である。鏡背の一部赤色顔料の付着がみられる。反りが比較的つよく、左右でやや幅があるが、最小で2.5 mm、最大で7 mmを測る。

（4）鈕孔形態・鈕周辺の製作技術・鈕孔方向

　鈕孔方向は、おおよそ図示した向きにおいて43分—13分の方向に開口する。鈕孔底辺は鈕座面に一致する。鈕孔はやや縦長の半円形で、左側は幅8 mm・高さ7 mmである。左下付近の側辺がわずかに内側に突出する。右側の鈕孔は、幅7 mm・高さ7 mmの半円形で、右側辺が斜めに大きく傾き、縦長の印象をつよめる。鈕孔痕跡は未確認である。鈕孔形態は1類に該当する。

（5）小　結

　以上、単独資料ながら、本鏡についても鈕孔1類という点で他の同型鏡群と同様の技術によって製作されていることを確認した。

17．画文帯環状乳神獣鏡B

（1）同型鏡資料の概要と先行研究での位置づけ

　6面の同型鏡が存在する：①群馬県・観音塚古墳出土鏡（以下観音塚鏡）、②埼玉県稲荷山古墳出土鏡（以下稲荷山鏡）、③千葉県大多喜台古墳出土鏡

（以下大多喜台鏡)、④三重県波切塚原古墳出土鏡（以下波切塚原鏡）、⑤伝・福岡県京都郡出土鏡（以下伝京都郡鏡）、⑥宮崎県・伝新田原山ノ坊古墳群出土鏡（以下山ノ坊鏡）。面径15.3cm前後の中型鏡であり、九州・近畿・関東と列島の広い範囲で出土がみられる。

本鏡群については、埼玉県稲荷山古墳での出土が契機となって、同型関係の検討が進んだ点でも重要である（樋口1981、車崎2003）。笵傷からみた製作順序については、川西によってまとまった分析が行われている（図44：川西2004）。以下、この成果をふまえつつ、鈕孔製作技術について検討する。

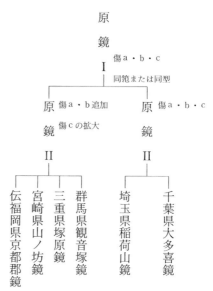

図44　画文帯環状乳神獣鏡Bの製作順序（川西 2004）

（2）文様と系譜・原鏡の年代観

本鏡の文様構成については、川西（2004）および車崎（2003）において詳細な解説がなされており、ここではそれを参照しつつ概略を述べる。内区は有節重弧文の鈕座を備えた鈕が中心にあり、全体を環状乳により8つに区分した四神四獣配置である。冠の形から、左が東王公、右が西王母、上に伯牙・鐘子期・成連、下に黄帝が配置される。その間に巨（維綱）を銜む4体の獣像が配される。内区外周には12区分の半円方形帯が配され、その周囲に頂点に凹線をもつ界圏（斜面鋸歯文帯）がめぐる。

方形には、伯牙の右外方から始まる以下の銘文がある。各資料で不鮮明な箇所が多く、大多喜台鏡と稲荷山鏡の銘文および類例を参照しながら、車崎が釈読した結果が次の内容である：「吾作明竟 幽涷三商 周刻無祉 配象萬疆 白牙學楽 衆神見容 百精並存 天禽四守 富貴安楽 子孫番昌 曾年益壽 其師命長」（車崎

2003：p.81）。

　界圏の周囲には時計回りで画文帯がめぐる。上方から、「六龍のひく雷車、日を奉じる神仙、羽仙（または玉女）、羽仙の騎る龍が二頭、羽仙、仙薬を奉じる羽仙、振り返った鳳、鳳、月を奉じる神仙、両手をひろげる熊人（または蟾蜍）、羽仙の騎る虎が二頭の順にあらわされている」（車崎 2003：p.82）。最外周には渦文が配される。以下、この配置を正位置として論を進める。

　本鏡は、上野祥史（2000）による神獣鏡分類によれば、四神四獣配置で銘文型式A3という点から、上野の環状乳神獣鏡ⅢCに該当する。その場合、原鏡の製作年代は2世紀後半〜3世紀初頭（上野の第二〜第三期）と考えられる。銘文から上野のオ群にあたり、銭塘江流域系と位置づけられる。

（3）笵傷・踏み返し技術

　川西により、以下の傷a〜cが抽出されている。

傷a：黄帝像の向かって右外方に位置する半円の外縁と界線とのあいだが、鋳潰れる。

傷b：方格を隔てた、向かって右の半円にも、同じ箇所に鋳潰れがある。

傷c：東王父の向かって右外方の半円の外縁と界線との間に発生した鋳潰れ。

	面径（cm）	傷の有無
②埼玉・稲荷山鏡	15.46–15.51	a・b・c
③千葉・大多喜台鏡	(15.45)	a・b・c
①群馬・観音塚鏡	15.50–15.60	a・b・c拡大
④三重・波切塚原鏡	15.30	a・b・c拡大
⑤福岡・伝京都郡鏡	15.50	a・b・c拡大
⑥宮崎・山ノ坊鏡	15.27–15.38	a・b・c拡大

　川西は傷cについて、②稲荷山鏡と③大多喜台鏡では鋳潰れの範囲がごく小さいのに対して、他の4面ではいずれもその範囲が大きく、「二条に盛りあがって半円の斜面にまで及び、かつ傷の形状が同じである」ことを指摘しつつ、〔②③〕と〔①④⑤⑥〕の両者が原鏡の異なる踏み返し鏡である可能性を論じている。また両者の原鏡については、同型・同笵のいずれの可能性もありうる

第2章 同型鏡と関連鏡群の系譜と製作技術　159

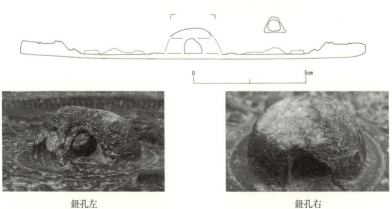

鈕孔左　　　　　　　　　　　　　　鈕孔右

図45　三重県塚原波切古墳出土画文帯環状乳神獣鏡B

としている（川西 2004：p.22）。たとえば④波切塚原鏡（図45）においても、傷c付近は②③と比べて全体的に不明瞭であることから、「拡大」と呼ぶのが妥当であるかといった問題があるが、〔②③〕と〔①④⑤⑥〕の両者の間では鋳上がりに明瞭な差が認められることから、ひとまず川西の区分に従い、前者をX群、後者をY群としておきたい。その場合、両者には面径の差がみられないことから、それぞれ異なる原鏡をもつとみてよい。それぞれ原鏡ⅡX・ⅡYとする。

（4）鈕孔形態・鈕周辺の製作技術・鈕孔方向

以上をふまえ、以下各資料の鈕孔設置技術について検討する。

【X群】

②埼玉・稲荷山鏡

鈕孔は58分—28分の方向に開口する。鈕孔底辺は鈕座面に一致している。鈕上面がやや平面的になっている。未計測であるが、実見の結果および報告書掲載の実測図や鈕孔形態の写真（車崎 2003）から判断するかぎり、幅6mm前後、高さ6mm前後の円形中子によるものとみられる。鈕径自体が小さいためやや小ぶりともみられるが、設置技術から鈕孔形態3類に該当するものと考えられる。

③千葉・大多喜台鏡

本鏡群の中で最も鋳上がりがよい資料である。鈕孔は58分—28分の方向に開口する。鈕孔底面は鈕座面に一致している。筆者未実見であり、未計測であるが幅約7mm前後とみられ、同型鏡群の鈕孔形態の範疇と考えられる。平面写真からみるかぎり楕円形もしくは円形に近い形状のようにも判断されるため、1類か3類かといった点については保留しておきたい。

【Y群】

①群馬・観音塚鏡

鈕孔は59分—29分の方向に開口する。鈕孔底面は鈕座面に一致している。未計測であるが、幅が9mm前後で半円形を呈するとみられ、本鏡群の中ではやや大きめであるが、鈕孔1類もしくは3類に該当すると考えられる。

④三重・波切塚原鏡

　図45に断面図と鈕孔形態の写真を示している。本鏡は鈕孔形態が他の5面と比べて極端に異なっていることが川西によって指摘され、方向を違えることがありうるとしてもここまで大幅に異なることはめずらしいという（川西2004：p.22）。鈕孔は42分—12分に開口しており、実際に他の5面とは大きく方向を違えている。他の5面と同じ方向での鈕孔痕跡については確認できなかった。左側の鈕孔は幅8mm・高さ6.5mmの半円形で右上隅がやや内側に突出している。右側の鈕孔は左側辺部が剥離しているが、幅8.5mm・高さ7mmの台形状を呈し、内側を円形の中子が貫通する。こちらも右上隅がやや内側に突出する。鈕孔方向がこの1面だけ極端に異なる要因は不明であるが、本鏡の鈕孔形態は鈕孔1類であり、他の資料と技術的な差はないものとみられる。

⑤福岡・伝京都郡鏡

　鈕孔は58分—28分の方向に開口する。鈕孔底辺は鈕座面に一致する。未計測であるが、幅7mm前後で半円形の鈕孔1類もしくは3類の可能性が高い。

⑥宮崎・山ノ坊鏡

　本鏡もやや鈕孔方向が異なっており、55分—25分に開口する。鈕孔底辺は鈕座面に一致する。本鏡についても未実見・未計測のため、鈕孔痕跡などについては未確認であるが、平面写真からみるかぎり、鈕孔の幅が7〜8mmの鈕孔1類もしくは3類に該当するものとみられる。

（5）小　結

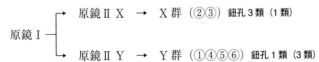

　以上、鈕孔形態・方向について検討を行った結果、③大多喜台鏡について今後確認が必要であるが、全体としては鈕孔3類もしくは1類によって製作されているものと想定される。これは面径・鈕径が小さいことによるものとみられる。鈕孔方向も④波切塚原鏡以外はX群・Y群を通じて概ね一致している。本鏡の鈕孔方向がここまで極端に異なる理由は不明である。

18. 画文帯環状乳神獣鏡 C

(1) 同型鏡資料の概要と先行研究での位置づけ

同型鏡が 7 面知られている：①伝・京都・八幡市内里（以下伝内里鏡）、②奈良・藤ノ木古墳出土鏡（以下藤ノ木鏡）、③伝・奈良・都祁村白石古墳（以下伝都祁白石鏡）、④岡山・「釜ヶ原瓢箪式塚古墳」出土鏡（以下釜ヶ原鏡）、⑤宮崎・油津古墳出土鏡（以下油津鏡）、⑥出土地不明鏡。このうち、川西によって①②③⑤の 4 面の関係について検討が行われている（川西 2004）。その後、④釜ヶ原鏡と⑥出土地不明鏡の 2 面が追加されている（森下 2011a）。この他、後述するように、桜井市等彌神社所蔵の⑦伝・金ヶ崎出土鏡が本鏡群に該当するものと想定される。現状で近畿から西日本にかけて分布する一群である。

(2) 文様と系譜・原鏡の年代観

面径は 21〜21.9 cm 前後である。本鏡群の中では、③伝都祁白石鏡の遺存状態が最もよく、それをもとにした川西（2004）の解説を参照しつつ概観する。鈕区付近は段を伴う鈕の周囲に有節重弧文帯・さらに鋸歯文の界圏を設けている。これは環状乳神獣鏡としては異例であり、大型鏡として製作するにあたって内区主文部の空間が広すぎたための対応と推測される（川西 2004：p.24）。内区主文部は環状乳による 8 区画であり、左が東王公、右が西王母、上が伯牙弾琴（鍾子期と成連）・下が黄帝という通例の配置である。半円方形帯は 14 区画であり、各方形に「天王日月」銘が配される。画文帯は時計回りであり、黄帝の右外方に六龍が引く雲車（雷車）が見え、「六龍の前方を、神仙の乗る獣像が駆け、渦文を隔てて、日象を掲げる義和に至る。さらに前方に、神仙や鳥などがおり、虎と覚しい獣、月象を掲げた常義と続いて、車駕の後尾に達する」（川西 2004：p.24）。画文帯の外側には渦文が配される。

本鏡は、上野祥史（2000）による神獣鏡分類によれば、四神四獣配置で銘文型式 A2 という点から、環状乳神獣鏡ⅡC に該当する。その場合、原鏡の製作年代は 2 世紀後半〜3 世紀初頭（上野の第二〜第三期）と考えられる。銘文か

ら上野のウ群にあたり、華北東部系と位置づけられる。

（3）笵傷・踏み返し技術

　川西により、先の4面の資料（①②③⑤）にもとづき、以下のような4つの傷の共有が指摘されている。

　傷a：東王父の外方に位置する方形と、向かって右に隣接する半円との間が鋳潰れる。

　傷b：鐘子期の向かって右外方に位置する方形の外辺が鋳潰れ、左の半円近くにまでこれが及んでいる。

　傷c：その向かって左に隣接する半円の基部が鋳潰れ、それが斜面の鋸歯文帯にまで及んでいる。

　傷d：伯牙の向かって左外方に位置する方形の両側縁がのびて、花文を連ねた斜面に接している。

	面径（cm）	傷の有無
②奈良・藤ノ木鏡	21.92–21.94	?・b・c・d
①京都・伝内里鏡	（21.0）	a・b・c・d
③奈良・伝都祁白石鏡	21.25–21.29	a・b・c・d
⑤宮崎・油津鏡	21.04–21.08	a・b・c・d
⑥出土地不明鏡	（不明）	?・?・?・?
④岡山・釜ヶ原鏡	（「七寸」：21.2 cm）	?・?・?・?
⑦奈良・伝金ヶ崎鏡	（21.1）	?・?・?・?

　川西が検討した①②③⑤では、いずれも傷b〜dが確認されているが、唯一②藤ノ木鏡において錆のため傷aの存在が未確認であり、また本鏡のみ突出して面径が大きい点から、①③⑤が同世代のキョウダイ鏡で、②藤ノ木鏡はそれらの直接のオヤとしての踏み返し原鏡にあたる可能性が指摘されている（図46、川西 2004：p.24）。この点は②藤ノ木鏡の錆のため未検証であるものの、本鏡群は、川西が検討した15種の中で、オヤコ関係を示す踏み返し原鏡が含まれる可能性が示された数少ない3種のうちの1種に該当する。

　森下（2011a）によって追加された2面のうち、⑥出土地不明鏡については詳細不明である。④釜ヶ原鏡については、写真からは傷の詳細な確認が困難で

図46 画文帯環状乳神獣鏡Cの製作順序（川西 2004）

あるが、面径が「七寸」（21.2 cm）とされており、この数値が正確であるとすると①③⑤鏡とほぼ同じとなることから、これらと同世代に位置づけられる可能性がある（岡崎敬地名表では「20.6（6寸8分）」の記載がある）。

⑦については、等彌神社所蔵鏡として報告され（木場・橋本 2015）、現物不明ながら21.1 cmと復元されている。写真・拓本のみの観察であるが、左下の獣像の外側に位置する界圏頂部の凹線の中に三角形状の笵傷があり、これが③白石鏡や⑤油津鏡などでも確認できるため、同型鏡と判断できる。油津鏡と面径もほぼ均しく同じ一群の可能性がある。

以上をふまえ、ひとまず①③⑤（⑦）をX群とし、②藤ノ木鏡・④釜ヶ原鏡も含めて鈕孔設置技術について検討する。

（4）鈕孔形態・鈕周辺の製作技術・鈕孔方向

【X群】

①京都・伝内里鏡

鈕孔方向は南北方向に開口する。鈕孔底辺は鈕座面と一致する。未計測ながら幅が9 mm前後とみられ、鈕孔1類に該当するものと考えられる。

③奈良・伝都祁白石鏡

鈕孔方向は南北方向に開口する。鈕孔底辺は鈕座面と一致する。未計測ながら幅が9 mm前後とみられ、鈕孔1類に該当するものと考えられる。

⑤宮崎・油津鏡

内区部分が欠損しており、鈕孔設置技術については不明である。

【その他】

②奈良・藤ノ木鏡

まず原鏡候補の可能性が示唆されている藤ノ木鏡について検討する（図47）。鈕孔方向は、ほぼ南北方向に開口している。鈕孔の内部には両方向とも紐が残っていて写真からは判別が困難であるが、実物の観察ではいずれも鈕孔底辺が鈕座面とほぼ一致することが確認できる。上側の鈕孔は幅8 mm・高さ

第 2 章　同型鏡と関連鏡群の系譜と製作技術

　　　　鈕孔左　　　　　　　　　　　　　　鈕孔右
　　図 47　奈良県藤ノ木古墳出土画文帯環状乳神獣鏡 C

約 5 mm のやや長方形に近い半円形を呈する。下側の鈕孔は幅 10 mm・高さ 6 mm で上辺がやや幅広で逆台形状の半円形を呈している。中に土が詰まっていて不明瞭であるが、楕円形中子が貫通しているものとみられる。この点で、

概ね鈕孔1類の範疇で理解することができるものである。

④岡山・釜ヶ原鏡

本鏡は、『岡山市史』第1巻（1936）では「邑久郡邑久村山田庄朝倉幸吉所造、同村釜ヶ原瓢箪式塚古墳より出土径七寸」とされている（p.271）。白石他（1994）では、岡崎敬の地名表（「六寸八分」）にもとづき「岡山・168」として、邑久町亀ヶ原の「瓢塚古墳」出土とされ、筆者もこれまでそのように表記しているが、ここでは『岡山市史』の記載にもとづき「釜ヶ原鏡」と修正する。「釜ヶ原」に関連するとみられる前方後円墳として亀ヶ原大塚古墳と金鶏塚古墳などがある（第4章参照。ただし、岡崎地名表中国地方Ⅲ—2岡山県39には「釜ヶ原・金鶏塚古墳・舶・三角縁神獣鏡」の記載もあり注意が必要である）。

鈕孔方向はほぼ上下方向に開口する。鈕孔底辺は鈕座面と一致する。未計測ながら、平面写真から上側の鈕孔の幅は8mm前後とみられ、鈕孔1類に該当する。傷a〜dの有無は写真のみでは判断がむずかしく、保留しておきたい。

（5）小　結

以上の検討結果をもとに各資料の関係を整理すると以下のようになる。

原鏡　　　→　Ⅹ群　鈕孔1類
（②藤ノ木鏡？）　　　（④）
　　　鈕孔1類　　　　　※鈕孔方向・形態は全資料でほぼ共通

鈕孔方向はすべてほぼ南北方向で一致している。④釜ヶ原鏡については、傷a〜dの有無およびそれ以外の傷の状態が不明であるが、ここでは面径から、Ⅹ群に含まれるかⅩ群と同じ世代のいずれかと考えておく。

面径という点で原鏡候補の可能性が想定される②藤ノ木鏡がやや変わった形の半円形であるが、鈕孔底辺が鈕座面に一致する点と鈕孔の法量からも、一般的な鈕孔1類の範疇で理解することができる。以上から、本鏡群は全体として鈕孔方向が一致しており、かつ鈕孔1類という点で共通性が高い一群として位置づけられる。もし②藤ノ木鏡が直接のオヤ原鏡であるとするならば、この原鏡（藤ノ木鏡）も含めて踏み返し鏡であるとみることが可能であろう。

19. 画文帯環状乳神獣鏡 D

（1） 同型鏡資料の概要と先行研究での位置づけ

　大阪府青松塚古墳出土鏡 1 面が該当する（以下青松塚鏡）。1947 年の調査後未報告であり、平面写真などが知られている（高槻市埋蔵文化財調査センター編 1998）。科学研究費により 2013 年に発掘調査が行われ、正式報告書は未刊行ながら、1947 年の調査資料とあわせて整理が進められている。この科学研究費の研究成果報告書の中で、「2 面の青銅鏡のうち、画紋帯神獣鏡は、図像的特徴および形態的特徴から、踏返模倣鏡の南北朝鏡であることが確認された」ことが明らかにされている。またもう 1 面は乳脚文鏡 e 類と判断されている（平成 27 年 6 月 8 日付研究成果報告書、日本学術振興会）。現在のところ単独資料である。正式報告書未刊行のため、参考資料として扱い、可能な範囲で検討を行う。

（2） 文様と系譜・原鏡の年代観

　面径 14.8 cm である。文様構成について概観すると、内区は有節重弧文の鈕座と伴う鈕の周囲を環状乳で 8 区画に区分する。向かって左側に東王公、右側に西王母、上段中央に伯牙・左に鍾子期・右側に成連を、下段には黄帝と脇侍を配する。周囲には、円文を付した維綱を銜む獣像が 4 体配される。半円方形帯は 12 区分で、半円の上面には複雑な 6 渦文を描く。方形は 4 区画による銘が刻まれるが、錆のため詳細不明である。斜面鋸歯文帯を伴う界圏の外側に画文帯と外区文様が付されるが、この部分も錆のため詳細不明である。画文帯は、伯牙弾琴区画の左上付近に車駕前方の輈がみえ、東王公の位置の外側に月を奉じる神仙が配されているものとみられることから、時計回りの通例通りの配置と想定される。

　原鏡の文様構成は、銘文が不明ながら、四神四獣配置で半円 6 渦という点で、上野祥史の環状乳神獣鏡ⅡCもしくはⅢC型式に該当するものとみられる。上野の第二期〜第三期を主体とする一群であり、2 世紀後半〜3 世紀初頭の年代が想定される。

（3）笵傷・踏み返し技術

内区と比べて画文帯・外区の部分が不鮮明であり、踏み返し鏡とみられる。

（4）鈕孔形態・鈕周辺の製作技術

鈕孔方向・形態等については詳細不明である。

（5）小　結

単独資料であり、錆により文様が不鮮明な部分も多いため不明な点も多い。今後、正式報告書刊行後にあらためて検討したい。

20．求心式神獣鏡

（1）同型鏡資料の概要と先行研究での位置づけ

　熊本県才園古墳出土鏡1面が該当する。この鏡は鍍金鏡として知られ、同型鏡群の中では前述の細線式獣帯鏡C（岐阜県城塚古墳出土鏡）とともに注目されてきた資料である。こうした本鏡の鍍金技術に注目した梅原末治（1952）は、本鏡が三国から六朝初期の年号鏡に多い鏡式で、鋳造年代を3・4世紀代と想定した。また乙益重隆は、「中国の六朝時代最盛期の所産であろう」と判断している（乙益 1983b）。その後、車崎正彦（車崎編 2002）は、以下でみる銘文改変などの特徴を指摘しつつ、本鏡を後漢末〜呉初の鏡を原鏡とした5世紀代以降の踏み返し鏡と捉えている。筆者は、後述する本鏡の鈕孔形態の特徴から、いわゆる同型鏡群の一種として位置づけることが可能であると考えている。筆者自身の観察結果（辻田 2016a）をもとに、以下具体的に検討する。

（2）文様と系譜・原鏡の年代観

　才園古墳出土鏡（以下才園鏡：図48）は、面径11.7 cmの鍍金神獣鏡である。1958年（昭和33）に、国の重要文化財に指定されるにあたり、「鎏金獣帯鏡」の名称が付されているが、鏡式名としてはいわゆる「獣帯鏡」とは異なり、樋口隆康分類（1979）でいう求心式神獣鏡に該当する。その後乙益重隆（1983b）をはじめ「鍍金画文帯求心式神獣鏡」と呼ばれてきた。ここでは

第 2 章　同型鏡と関連鏡群の系譜と製作技術　169

鈕孔左　　　　　　　　　　　　　　鈕孔右
図 48　熊本県才園古墳出土鍍金求心式神獣鏡

「鍍金求心式神獣鏡」と呼称する。求心式神獣鏡は、内区主文の神像・獣像が中に向かって求心的に配されつつ、神像・獣像が組み合わさって1つの単位文をなさず、各像が独立している点で対置式神獣鏡や同向式神獣鏡と区別される。

　本鏡の特徴として、①乳を伴わない神獣像配置、②画文帯の中に存在する銘帯、③鍍金技術などが挙げられる。本鏡の文様構成は、内側から有節重弧文の鈕座、内区は左向きの4体の獣像の間に4体の神仙が配され、内区外周に12分割の半円方形帯がめぐる。半円には5個の渦文と浮彫の半円文が伴い、方形に銘が刻まれる。内側斜面に鋸歯文を伴う界圏の外側に獣像を伴う銘文帯がめぐり、一段高くなった外区には上下2段の渦文が配される。

　内区主像は、東王公や西王母を配する神獣鏡全般とは異なり、伯牙弾琴の故事を抜き出して主像としたものと考えられている（車崎編 2002）。向かって上の位置に膝の上で琴を弾く伯牙を、左側にその理解者である鍾子期を配し、下にもう1体別の神仙（琴の師の成連か）と右にそれに傅く脇侍が配されている。乳を伴わない点と、以下に述べる銘文の内容から、上野祥史（2000）の分類でいう同向式神獣鏡ⅡA式などとの関連がつよい一群とみられる。

　銘文はこれまでさまざまな釈読が行われてきたが、筆者自身も現物を観察した上で、先行研究の釈読を参考にしながら、以下のように判読した。半円方形帯の方形銘には、時計回りに「吾作明竟 幽涷三商 彫刻無師」の12字が配される。また外区の画文帯／銘文帯には、「吾作 : 明竟 幽涷三商 彫刻無□（文様1）大吉羊 宜侯王 □富昌（文様2）師 百牙樂 衆神見容 命長（文様3）」と刻まれる。前半の3句は共通する内容である。

　またこの銘文帯については、本来画文帯が描かれておりその配列の一部を消去して銘文を後刻したものか、当初から銘文を大きく3つに分割して配置した上で間に文様を刻んだのかという点が問題である。この点について観察したところ、文様はすべて時計回りで、文様1は騎獣の神仙、文様2は騎亀文とその前方に侍仙と雲車（雷車）、文様3は日を捧げる神仙とみられる。文様2の雲車（雷車）の前方部分が途切れたような形になっていること、また文様1・2・3の位置関係が全体として画文帯同向式神獣鏡などで通例みられる画文帯の配置を維持しているとみられることから、車崎が指摘しているように、「画

紋帯を銘帯に直した」ものとみるのが妥当であろう。その場合、方形銘が元来の本鏡の銘帯であると考えれば、この内容に呼応する銘文を3つに分割して画文帯に刻んだということになる。銘文の後刻・改変という特徴は、次節で検討する「建武五年」銘画文帯神獣鏡でもみられる。

　銘文自体は前掲の上野分類のA3に該当し、これらが多用される一群として、上野は先に挙げた同向式神獣鏡ⅡA式などとともに「銭塘江系」として設定している。これらは会稽郡（浙江省紹興市周辺）を中心とした分布を示し、2世紀末から3世紀初頭を主体とする点で、車崎が指摘するように、才園鏡の原鏡の製作年代については後漢末～呉初といった年代観が想定される。

（3）笵傷・踏み返し技術

　才園鏡の技術的特徴としては、まず鍍金技術が挙げられる。前述のように、列島の遺跡出土鏡として福岡県一貴山銚子塚古墳出土方格規矩四神鏡、前掲の岐阜県城塚古墳出土・細線式獣帯鏡Cなどが挙げられる。前者は後漢～三国代の幅で捉えられ、後者は5世紀代の同型鏡群の一部と位置づけられるものであることから、鏡への鍍金技術が後漢代～六朝代に一貫して行われたことがうかがわれる。才園鏡では、鏡面側を除く鈕上面から縁の側面に至るまで鏡背全体に鍍金が施されており、梅原末治（1952）が指摘する鍍金鏡全般にみられる特徴と共通する。また縁の鏡背側の角の部分や内区主像の浮彫部分を中心に、鏡背全体にわたって鍍金の剥離がみられ、摩滅の進行が鍍金の剥離という形で表れているとみられる。

　また伯牙周辺の内区主像付近の文様が不鮮明であり、鈕孔の設置位置からこちら側に湯口が設置された可能性が考えられる。この伯牙付近に限らず、全体として鋳肌を残しながら文様が不鮮明な点は、踏み返し鏡の特徴を示している。

（4）鈕孔形態・鈕周辺の製作技術・鈕孔方向

　鈕孔方向は、写真でいうところの52分―22分の位置に開口する。鈕径17.5 mm、鈕高約8.5 mmの半球形の中に、約4.5 mmの円形の鈕孔が設定されている。中子が円形で鈕孔下端は鈕座面に半円形に近い形でやや開かれたよ

うになっている。同型鏡群の鈕孔と比べてやや小型である点が異なるが、鈕孔の仕上げや設置技術は、岡山県王墓山古墳出土画文帯仏獣鏡Aなどの大型鈕孔とも類似する。後述する群馬県恵下古墳出土画文帯同向式神獣鏡Aとは、法量や設置技術も近似する（図50）。半球形の鈕の上面に触るとわかる程度の約2～3 mmの平坦面がみられる点も同型鏡群との共通点である。鈕孔の小ささが面径・鈕自体が小さい点に起因するとみた場合、鈕孔形態としては鈕孔3類に該当する可能性がある。

（5）小　結

　以上の検討にもとづき、筆者は、才園鏡について後漢末～呉初に製作された鏡を原鏡として5世紀代に踏み返され、鍍金鏡として製作された可能性を想定した上述の車崎編（2002）の見解を支持するとともに、特に鈕孔形態の技術的特徴から、同型鏡群の一種として位置づけておきたい。同型鏡群において、小型鏡は先の盤龍鏡など一部に限定されているが、他方で才園鏡は小型鏡ではあるものの、鍍金・画文帯の銘文への改変といった他の大型の同型鏡とも共通する特徴が認められる点を確認しておきたい。

21. 画文帯対置式神獣鏡

（1）同型鏡資料の概要と先行研究での位置づけ

　同型鏡が4面知られている：①兵庫・よせわ1号墳出土鏡（以下よせわ鏡）、②愛媛・金子山古墳出土鏡（以下金子山鏡）、③熊本・江田船山古墳出土鏡（以下江田船山鏡）、④出土地不明。いずれも川西（2004）による詳細な検討が行われている。本鏡群は縁の拡大・改変がその特徴として挙げられる。

（2）文様と系譜・原鏡の年代観

　本鏡の文様構成については、川西（2004）と車崎（2007a）による詳細な検討があり、それをもとに概観する。本鏡は内区に乳を用いない対置式神獣鏡であり、内区は左に東王公、右に西王母が配され、その両脇に二対の獣像が伴う。上方に伯牙と鍾子期、下方は左が薬草をもつ神農、右が筆をもつ蒼頡とさ

れる（林巳 1989）。半円方形帯は 12 分割で、四神を支える架台にあたる 4 カ所にそれを支える円文・渦文が付される。半円形には浮彫の禽獣文が配される。方形にはそれぞれ 4 字ずつの文字が配される。車崎（2007a）により、次のように釈読されている：「青羊作□ □□□□ □日西王 東父□□ □□□昌 □牙□□ 遷人見容 □□□□ □□□遷 作吏高官 □宜侯王 子□□昌」。斜面鋸歯文帯の界圏を挟んで、画文帯は反時計回りに、六龍が引く雲車（雷車）、日を奉じる伏羲、振り返る天鹿、羽仙が乗る亀、騎虎、鳳、乗鳳、月を奉じる女媧、熊人が描かれる。その外側には「芝草紋を唐草風に図案化した連雲紋帯」が配される（車崎 2007a：p.131）。

本鏡は、上野祥史（2000）による神獣鏡分類によれば、半円と外区の特徴から対置式神獣鏡ⅢA に該当する。その場合、原鏡の製作年代は上野の第四期（3 世紀初頭～3 世紀第 2 四半期中葉）と考えられる。上野のク群にあたり、長江中流域系と位置づけられている。

（3）笵傷・踏み返し技術

川西（2004）により、以下の 2 つの傷の共有および外区改変の特徴が指摘されている。

傷 a：東王父の下部からのびる渦文の、向かって右の巻きこみ部が隆起している。

傷 b：建木の下部からのびる渦文の、向かって右の一部の巻きこみ部が隆起している。

	面径（cm）	傷の有無	外区改変
①兵庫・よせわ鏡	20.11-20.20	a・b	縁を三角縁に改造
②愛媛・金子山鏡	20.73-20.85	a・b	縁を拡張
③熊本・江田船山鏡	19.94-19.98	a・b	──
④出土地不明鏡	（不明）	a・b	縁を拡張

傷 a・b は 4 面すべてで認められ、面径の違いも縁の拡大に起因することから、川西は、この 4 面が同一の原鏡をもとに踏み返された同一世代のキョウダイ鏡の可能性を想定している（川西 2004：p.28）。

①よせわ鏡では画文帯の外側の平縁部分が大型の三角縁に改変されている。

面径は③江田船山鏡より2mm程度増加するにとどまり、水平方向への拡大というよりは垂直方向への立体的な拡大の結果として理解できよう。また半円形と方形の間で鋳つぶれている部分が数ヶ所認められる。

②金子山鏡は外区の連雲文帯の外側を3～4mmずつ水平方向に拡大している。④出土地不明鏡も、面径が不明のため拡大幅は不明ながら、②金子山鏡と同様の数ミリ単位での水平方向の外区拡大とみられる。

外区拡大の技術としては、いずれも凹凸やわずかな幅のずれなどが認められないことから、たとえば踏み返し後に挽型の回転を用いた方法などが想定されよう。

③江田船山鏡は唯一外区改変が見られない資料であるが、傷a・bが共有されていることなどから①②④の原鏡の可能性は否定されている（川西 2004：p.29）。ここではひとまず川西の理解に従い、4面が同世代の踏み返し鏡の可能性を想定しつつ、鈕孔製作技術について検討する。

（4）鈕孔形態・鈕周辺の製作技術・鈕孔方向

①兵庫・よせわ鏡

鈕孔は35分—5分の方向に開口する。鈕孔底辺は鈕座面とほぼ一致する。未計測ながら、実見観察の結果から、6～7mm前後の円形に近い鈕孔とみられる。

②愛媛・金子山鏡

鈕孔はおおよそ南北方向に開口する。鈕孔底辺は鈕座面と一致する。未実見・未計測ながら、名本二六雄の検討（名本 2014）と平面写真から、幅・高さともに7mm前後の鈕孔とみられる。

③熊本・江田船山鏡

鈕孔は59分—29分の方向に開口する。江田船山古墳出土鏡群は、本鏡も含めて銅質・遺存状態が良好な資料であるが、本鏡においては鈕の上面（上半分の位置）に大きなくぼみがある（図49）。また鈕の表面に一部隆起した部分があるなど、やや特殊な事例である。こうした鈕上面のくぼみは他の3面では認められない。鋳型のこの部分が隆起していたことになる。可能性としては、すでにみたいくつかの事例と同様、踏み返し時・原鏡の取り出し時に鋳型の裏側

第2章 同型鏡と関連鏡群の系譜と製作技術 175

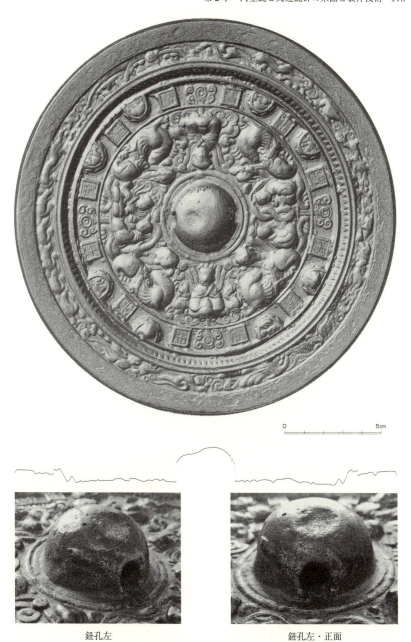

図49 熊本県江田船山古墳出土画文帯対置式神獣鏡

から指で圧迫され内側に突出したことなどが想定される。

下側の鈕孔は、幅7.5 mm・高さ7 mmの円形もしくは半円形である。上側の鈕孔は、幅7 mm・高さ7 mmの円形を呈する。上下両方向ともに鈕孔3類の典型例である。また上側鈕孔の右側辺の一部にくぼみがみられ、鈕孔痕跡と考えられる。これがもし鈕孔痕跡であるとすれば、高さが本鏡とほぼ同じであることから、原鏡についても3類の可能性がある。

④出土地不明鏡

鈕孔は59分—29分の方向に開口する。鈕孔底辺は鈕座面に一致する。未計測ながら、③江田船山鏡とほぼ同様の形状・大きさであり、3類の可能性が高いとみられる。

（5）小　結

以上、4面の鈕孔製作技術について検討した。鈕孔方向は①よせわ鏡がやや時計回りにふれる以外は概ね一致する。

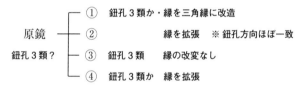

また②について未実見のため不確定な部分も多いが、①③の観察結果にもとづき平面写真から類推するかぎり、いずれも③江田船山鏡とほぼ同様の鈕孔3類を用いているものとみられる。外区改変の有無にかかわらず4面ともに鈕孔製作技術の共通性が高いと想定されるとともに、③江田船山鏡の鈕孔痕跡から、その原鏡においても鈕孔3類が用いられているものとみられる。同一鏡種内での鈕孔製作技術の共通性の高さを示す事例といえよう。

22.　画文帯同向式神獣鏡A

（1）同型鏡資料の概要と先行研究での位置づけ

同型鏡が2面存在する。①群馬・恵下古墳出土鏡（以下恵下鏡）、②出土地不明・韓国梨花女子大所蔵鏡（以下梨花女子大蔵鏡）。川西（2004）により詳

細な検討が行われ、原鏡を同じくする同世代の同型鏡の可能性が指摘されている。

（2）文様と系譜・原鏡の年代観

　川西（2004）の解説にもとづき概観する。本鏡は乳を配さず上下左右に神像を、その間に4体の獣像を配するもので、樋口隆康（1979）の同向式神獣鏡A型に該当する。上段は中央に伯牙、左に鐘子期、右に成連を配する。右の神像が三山冠をのせた東王公で龍虎座を伴う。左が西王母とみられる。下位が黄帝とみられ、その両肩には小型の神仙が1対配されており、沮誦と蒼頡かと推定されている。上段の獣像は後尾を向け合い、下段では維綱を銜んだ獣像が相対峙する形で配される。半円方形帯は各15個ずつ配される。銘については、黄帝右下の方形に「吾作明竟」がみられ、一区画おきに「天王日月」銘の方形が計7個配されるが、それ以外は文字が不鮮明で銘文の内容は不明である。画文帯については、「時計回りに駆ける六体の龍が車駕を牽き、その先に、騎獣二体と日象を掲げた義和がいる。鋳上がりが悪くてその先の図像はよくわからないが、日象に手を添えて義和を補助する神仙がおり、二体の獣二組を隔てて、二体の乗鶴へと続くようである。乗鶴の前方に二体の乗亀がいて車駕の背後に尾く月象を掲げた常儀に至る。禽獣は二体一組で構成し、各組のあいだを渦文で塡めている」（川西 2004：p.31）。画文帯の外側に、小ぶりの三角縁が付される。

　本鏡は、上野祥史（2000）による神獣鏡分類によれば、同向式神獣鏡ⅠA（1A-1、銘文A2か）に該当する。その場合、原鏡の製作年代は上野の第三～四期（3世紀初頭～3世紀第2四半期中葉）と考えられる。上野のウ群にあたり、華北東部系と位置づけられている。

（3）笵傷・踏み返し技術

　川西により、①②の間で以下の傷a～cが共有されることとあわせて、次の点が指摘されている：「鈕孔の方向が相違し、面径は恵下鏡の方がいくぶん小さいが、両鏡は原鏡を同じくするとみることを妨げない程度の違いである。傷a・cの様子からすると、両傷を繋いでさらに延びる割れで、原鏡が破損して

いた可能性を指摘できる」(pp.31-32)。傷 a〜c の内容は次の通りである。

傷 a：西王母の向かって左下から内区外周に沿って走る、鋳型の割れを示す傷。
傷 b：環鈕文の一画が消失。
傷 c：東王父の向かって右下から隆脚部にかけて走る、鋳型の割れを示す傷。

	面径（cm）	傷の有無
①群馬・恵下鏡	14.72-14.79	a・b・c
②梨花女子大蔵鏡	14.82-14.90	a・b・c

　上述のように、両鏡は、原鏡を同じくする同世代の同型鏡と推測されている。両鏡では、画文帯の外側に三角縁が付される点で共通するが（図50）、先に検討した画文帯対置式神獣鏡や次にみる画文帯同向式神獣鏡Bなどでは、いずれにおいても三角縁が付されていない原鏡が存在しており、三角縁はいわば外区改変の代表的な特徴の1つである。本鏡についても原鏡の実態は不明ながら、川西宏幸が指摘するように元来は画文帯の外側に通常の平縁がつづくタイプではなかったかと推測される（川西 2004：p. 29）。次に両鏡の鈕孔製作技術について検討する。

（4）鈕孔形態・鈕周辺の製作技術・鈕孔方向

　①群馬・恵下鏡
　鈕孔は40分—10分の方向に開口する。鈕孔底辺は鈕座面に一致する。左側の鈕孔は幅6mm・高さ5.5mmの円形鈕孔である。左下側に開く形で設置されている。右側の鈕孔は幅5mm・高さ6mmの円形鈕孔である。こちらは右下側に開く形であり、鈕孔の両側で下端の開き方が一致している。内部は円形の中子が貫通している。鈕孔の大きさや形態が、先にみた、才園古墳出土鍍金求心式神獣鏡（図48）と酷似しており、この点でも才園鏡を同型鏡群の一部とみなしてよいものと考える。鈕孔形態3類に該当する。

　②梨花女子大蔵鏡
　鈕孔は58分—28分に開口する。鈕孔底辺は鈕座面に一致する。未計測ながら、平面写真より幅5〜6mm前後とみられ、①恵下鏡とほぼ同様の大きさと

第2章　同型鏡と関連鏡群の系譜と製作技術　179

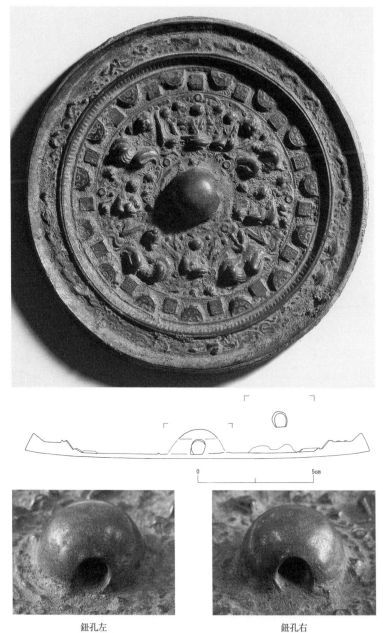

鈕孔左　　　　　　　　　　　　鈕孔右
図50　群馬県恵下古墳出土画文帯同向式神獣鏡 A

みられる。

（5）小　結

　先にみたように、原鏡においては外区が平縁で、改変された結果の可能性がある。②梨花女子大蔵鏡について未計測のため詳細が不明であるが、平面写真からは縁の形態について①②の間で大きな違いは見受けられず、その場合以下のような可能性が想定される。

　　　　　　　原鏡Ⅰ　→　原鏡Ⅱ　→　①②　鈕孔3類 鈕孔方向異なる
　　　　　　　　　　縁の改変（三角縁付加）

　鈕孔形態はいずれも小型の3類の可能性が高いものとみられる。鈕孔方向が約90度近くずれる理由は不明である。他鏡種の通例からすれば、①②のいずれかの方向が原鏡の鈕孔と一致するものと想定される。梨花女子大蔵鏡に鈕孔痕跡がみられるかどうかといった点も含めて課題としておきたい。

23. 画文帯同向式神獣鏡 B

（1）同型鏡資料の概要と先行研究での位置づけ

　川西によって、3面の同型鏡資料が検討されている：①旧ブリング氏蔵鏡、②愛知・大須二子山古墳出土鏡（以下大須二子山鏡）、③石川・狐山古墳出土鏡（以下狐山鏡）。①旧ブリング氏蔵鏡が通常の平縁であるのに対し、②③では外区が三角縁に改変されており、かつ②は画文帯外側の菱雲文を残し、③では菱雲文を消去するといった差異がある。以上から、川西は図51のような復元を行っている。そこでは、非改造鏡としての旧ブリング氏蔵鏡の鋳上がりが著しく鮮明である点から、②③の原鏡にあたる可能性を指摘している（川西2004：pp.35-36）。

　その後、森下章司（2011a）により、出土地不明鏡1面が追加されている。詳細不明ながら、森下によれば菱雲文を残しつつ三角縁を伴う改造鏡であり、②大須二子山鏡に近いことになる。これを以下④出土地不明鏡とする。さらに、九州歴史資料館所蔵の渡邉正氣氏旧蔵拓本資料の中に、本鏡群に該当するものが含まれることを確認した。残念ながら現在に至るまでの経緯が不明であ

るが、菱雲文を残し外区を拡大している点で④出土地不明鏡と共通する。④と同一鏡の拓本である可能性も現状で否定できないのであるが、後述する笵傷の違いなどからここでは別資料と捉え、⑤渡邉氏拓本資料とする[6]。それに加えてもう1面、個人蔵で「伝持田古墳群」とされる資料が存在することが明らかとなった。これは2014年5月に九州国立博物館で展示された資料である[7]。④や⑤渡邉氏拓本資料でみられる、上方外縁部の大きな傷（後述、傷a）が欠落している点から、④⑤とは異なる新資料と考えられる。これを以下⑥伝持田鏡とする。以上から、本鏡群については全部で6面の資料が存在するものとして以下検討を行う。

（2）文様と系譜・原鏡の年代観

川西（2004）の解説にもとづき文様構成について概観する。内区は全体を4つの乳で区画し、上下3段に神獣像を配する同向式神獣鏡である。上段は中央に伯牙、左下に鐘子期、右下に成連を配す。左右の神像は、左が西王母で右が東王公である。西王母は一角獣と別の獣を伴い、東王公は龍虎座を伴う。下段は中央に黄帝、顔の前に沮誦もしくは蒼頡を配す。乳を繞る獣像は、上の2体は内側を向き、下の2体はそれぞれ外側を向いている。下段は左が龍で右が虎である。神獣像の間を円環や乳を介して棒状の図文が連なっている。

半円方形帯は14区画である。黄帝右下の方形から時計回りで以下の銘が刻まれる（各方形は右上右下→左上左下の4字）：「吾作明竟 幽涷 三商 配象萬疆 統德序道 敬奉賢良

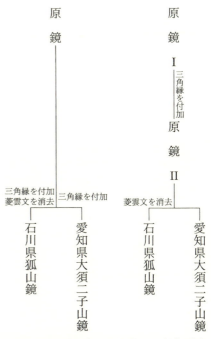

図51 画文帯同向式神獣鏡Bの製作順序
　　（川西 2004）

雕克無祉 衆事主陽 母□申明 □□安楽 子孫番昌 □車升遷 尚者富貴 士至公卿 其師命長」（川西の釈読による、下線はカと付されている）。画文帯は時計回りで、「黄帝の向かって左下に車駕がみえる。車駕を牽く六体の龍の前方に、雲気を表した渦文を隔てて二体の騎獣がおり、ふたたび渦文をはさんで、義和へと続く。日象を掲げた義和の腕の表現が誇張されており、このために、わかりにくい図像になっている。義和の前方に、日象をはさんで神仙がいる。義和の方を向いて両手を広げ、片手を日象にさしのばして、義和の活動を補助している。……さらに前方の図像を辿ると、渦文を隔てて、神仙の乗った鳥二体、渦文、騎獣二体、渦文と続き、車駕の後尾を走る双頭の獣に至る。車駕の後尾には、通例ならば常義がおり、月象を掲げているのであるが、それが省かれている」（川西 2004：p.34）。先の同向式神獣鏡Ａなどと比べても省略や具象性といった点で異なることが指摘されている。また前述の通り、画文帯の外側には元来は菱雲文が配されるが、①旧ブリング氏蔵鏡以外では菱雲文の外側に三角縁が付されるなど改変が認められる。

　本鏡は、上野祥史（2000）による神獣鏡分類によれば、同向式神獣鏡ⅠA（1B-1、銘文A2）に該当する。その場合、原鏡の製作年代は上野の第三～四期（3世紀初頭～3世紀第2四半期中葉）と考えられる。上野のウ群にあたり、華北東部系と位置づけられている。

（3）笵傷・踏み返し技術

　川西の検討では、①②③鏡の間に共有傷が確認されず、先の図51のようなあり方が想定された。その後増加した④⑤⑥について、特に⑤の渡邉氏拓本資料についてみると、大きく3つの傷が挙げられる。それをもとに各資料の概要を記すと次のようになる（下線は筆者による確認・追加情報）。

	面径（cm）	傷の有無	外区
①旧ブリング氏蔵鏡	（18.0-18.5）	×・×・×	菱雲文のみ（平縁）
②愛知・大須二子山鏡	19.43-19.53	×・×・×	菱雲文＋三角縁（小）
③石川・狐山鏡	19.41-19.56	×・×・△	菱雲文消去＋三角縁
⑥宮崎・伝持田鏡	不明	×・?・?	菱雲文＋三角縁
④出土地不明鏡	不明	――	菱雲文＋三角縁

⑤渡邉氏拓本資料　｜「19.2-19.4」｜ a・b・c ｜ 菱雲文＋三角縁

　⑥は④⑤と同様の構成を取る資料であるが、傷 a がないことを確認したため、⑤とは別の位置づけが可能である。傷 c についてみると、①②にはみられないが、③狐山鏡にはわずかに認められる。この点をふまえて②③について検討すると、②大須二子山鏡の外区に付加された三角縁は、③狐山鏡よりも小ぶりでやや幅が狭い。したがって、少なくとも図 51 の右側の復元とは異なり、②鏡と③鏡にはそれぞれ別の原鏡を想定する必要があるものと考える。この点は、傷 c の有無と呼応する。また逆に、未計測のため不確定要素は多いが、③狐山鏡の拡大外区は④⑤⑥とは概ね一致するとみられる。

　以上から、暫定的に可能性の 1 つとして以下のような関係を想定する。

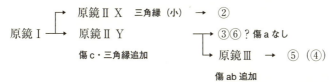

　この復元は、④⑥の面径が不明である点に加え、⑤渡邉氏拓本資料の面径が実際に 19.2-19.4 cm であるとした場合、②③より小さいとはいえ差がわずかであるといった点など、いくつかの問題点がある。ただし、後述する画文帯同向式神獣鏡 C のあり方からすれば、20 cm 前後の面径にして 1～2 mm 前後の収縮率でオジオイ関係が成立する可能性が指摘されていることから（水野他 2008）、ひとまずここでは、今後のこれらの計測を課題とした上で、鈕孔製作技術について検討する。

（4）鈕孔形態・鈕周辺の製作技術・鈕孔方向

①旧ブリング氏蔵鏡

　鈕孔は 34 分―4 分の方向に開口する。未実見であるが、平面写真から判断するかぎり鈕孔底辺が鈕座面より高い位置に設置してあるものとみられる。幅は未計測ながら 7 mm 前後とみられるやや小型の鈕孔であり、川西が指摘するように、原鏡の条件を満たす可能性がある。

②愛知・大須二子山鏡

　鈕孔は概ね 45 分―15 分の方向に開口する。未計測ながら、実物観察の結

184

鈕孔左　　　　　　　　　　　　鈕孔右
図52　石川県狐山古墳出土画文帯同向式神獣鏡 B

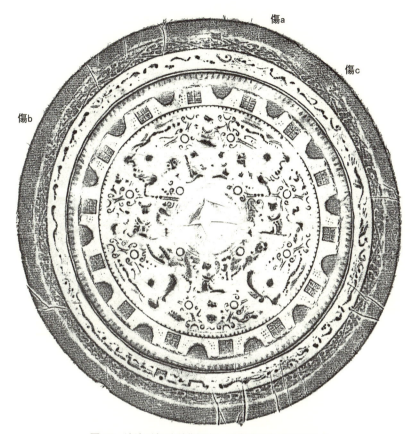

図 53　渡邉正氣氏所蔵拓本・画文帯同向式神獣鏡 B

【画文帯同向式神獣鏡 B の傷】（筆者の観察による）
傷 a：上方、伯牙の方向の外区菱雲文の外側に、方形の傷がある。
傷 b：画文帯で車駕を牽く六龍の前から 3 頭目付近にあたる外区菱雲文の外側に、円形の傷がある。
傷 c：右上の乳に対応する位置の方形との間の界圏斜面上に、粒状の傷がある。

果、幅 6〜7 mm 前後の半円形状の小型の鈕孔をもつ。鈕上面の孔とあわせてやや特殊な鈕である。

　③石川・狐山鏡

　鈕孔は 40 分—10 分の方向に開口する。鈕孔底辺は鈕座面に一致する。本鏡の鈕孔は鈕の大きさと比べて若干大きめである。左側の鈕孔は幅 11 mm・高

さ 7.5 mm の楕円形鈕孔である。右側の鈕孔は幅 12 mm・高さ 8 mm の長方形に近い楕円形鈕孔である。鈕孔 2 類に該当する。

⑥宮崎・伝持田鏡

概ね 41 分―11 分前後の方向で開口する。鈕孔底辺は鈕座面に一致しており、鈕孔の大きさ・鈕径との割合も③狐山鏡と同様である。未計測ながら、幅 10 mm 前後の横長楕円形鈕孔で、鈕孔 2 類もしくは 1 類の可能性が高い。

⑤渡邉氏拓本資料

鈕孔方向・大きさなどは不明である。渡邉の断面略側図から、鈕孔底辺は鈕座面に一致するものとみられる。

(5) 小　結

以上、増加した 3 面の資料を含めて鈕孔製作技術について検討した。その成果を先の図に適用すると以下のようになる。

①旧ブリング氏蔵鏡の鈕孔方向が 34 分―4 分と大幅に異なり、かつ設置位置や大きさなどが同型鏡群と異なる点で、川西が指摘したように、ここでいう原鏡Ⅰに該当する可能性は高いとみられる。また外区三角縁の大きさという点で他と異なる②大須二子山鏡は、鈕孔方向・大きさも同様に他と異なる位置づけであった。逆に③④⑥については、不確定要素は多いものの、鈕孔方向がほぼ共通し、鈕孔 2 類を軸としたいわゆる同型鏡群の一般的な鈕孔製作技術の特徴が認められた（⑤の渡邉氏拓本資料は鈕孔不明）。

以上のように、本鏡群に関しては、外区改変という特徴と、①の旧ブリング氏蔵鏡が原鏡Ⅰに該当する可能性の追認、②の大須二子山鏡以外の諸例における鈕孔製作技術の共通性の高さ、という点を確認しておきたい。

24. 画文帯同向式神獣鏡C

(1) 同型鏡資料の概要と先行研究での位置づけ

　同型鏡群の全鏡種の中で、最も同型鏡の面数が多い一群である。川西は計26面の同型鏡について、後述する傷a〜hの抽出を行い、製作順序の復元を行っている（図54）。この復元については、三次元計測データをもとに水野敏典らが検証を進めている（水野他 2008）。その後、森下章司（2011a）が京都府天塚古墳出土かと推定される破片資料（京都大学総合博物館所蔵）を追加して計27面とされた。さらに、筆者が整理作業を行った、福岡県勝浦峯ノ畑

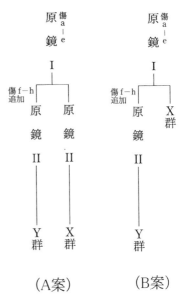

図54　画文帯同向式神獣鏡Cの製作順序：復元2案（川西 2004）

古墳（旧称：津屋崎41号墳）出土鏡の中で、従来知られていた画文帯同向式神獣鏡Cの破片資料が2面分に分離できることが明らかとなった（辻田 2011a）。この結果として、本鏡群は同一鏡種ながら同型鏡が28面存在することとなり、12面の浮彫式獣帯鏡A・神人歌舞画象鏡を大きく引き離して突出した量が出土していることが判明した。資料数が多いため、観察結果などについて一覧表に示した（表6）。従来から指摘されているように、出土面数が多いこととあわせ、近畿を中心に列島の東西に最も広く拡散している鏡種である（川西 2004、上野 2013a）。現在のところ半島地域での出土例は知られていない。なお早稲田大学が所蔵・公開している『宝月楼古鑑図譜』（市河寛斎〔1749-1820〕彙集）の中にも画文帯同向式神獣鏡Cが1面含まれているが、出土地不明鏡なども含めて対応関係が確認できない。参考資料として付記しておきたい。

鈕孔左 　　　　　　　　　　　　鈕孔右

図 55 　三重県神前山 1 号墳出土画文帯同向式神獣鏡 C（B 鏡）

第 2 章　同型鏡と関連鏡群の系譜と製作技術　189

図 56　奈良県新沢 109 号墳出土画文帯同向式神獣鏡 C

【画文帯同向式神獣鏡 C の傷】（川西　2004）
傷 a：外区の菱雲文帯の一部が切れる。
傷 b：内区主文部の外縁をめぐる鋸歯文界圏の外周が鋳崩れる。
傷 c：東王父に伴う龍虎座の龍頭の上部に、鋳型が剥離した形跡をとどめる。
傷 d：同じ龍虎座の龍頭の向かって左で、界圏内の隣接する鋸歯文二個が、鋳潰れて連結している。
傷 e：菱雲文の一部が鋳潰れる。
傷 f：半円の一個で、頂面の中央と上縁辺とに、点状の突起がつく。
傷 g：下段の黄帝像の、向かって右下にのびた蛇頭から、方形の向かって右の縁辺を通り、菱雲文の鋳崩れにつながる一連の傷で、鋳型のひびと剥離による。
傷 h：半円の一個で、頂面の下縁辺に点状の突起がつく。

表6　画文帯同向式神獣鏡C一覧

鏡種名	番号	県名	遺跡名	面径	傷a	b	c	d	e	f	g	h	区分
画文帯同向式神獣鏡C	①	群馬	古海原前1号墳	20.84-20.90	○	○	○	○	○	×	×	×	X群
画文帯同向式神獣鏡C	②	栃木	雀宮牛塚古墳	20.96-21.11	○	○	○	○	○	×	×	×	
画文帯同向式神獣鏡C	③	静岡	奥ノ原古墳	20.93-21.07	○	○	○	○	?	×	×	×	
画文帯同向式神獣鏡C	④	愛知	亀山2号墳	20.74-20.86	○	○	○	○?	?	×	×	×	
画文帯同向式神獣鏡C	⑤	福井	丸山塚古墳	21.10	○	○	○	○	?	×	×	×	
画文帯同向式神獣鏡C	⑥	三重	井田川茶臼山古墳A	20.90-20.94	○	○	○	○	○	×	×	×	
画文帯同向式神獣鏡C	⑦	三重	神前山古墳A・黒川	20.80-20.90	○	○	○?	○	?	×	×	×	
画文帯同向式神獣鏡C	⑧	三重	神前山古墳B・京博	21.01-21.08	○	○	○	○	○	×	×	×	
画文帯同向式神獣鏡C	⑨	大阪	郡川東塚古墳	20.92-20.94	○	○	○	○	○	×	×	×	
画文帯同向式神獣鏡C	⑩	奈良	新沢109号墳	21.08-21.15	○	○	○	○	○	×	×	×	
画文帯同向式神獣鏡C	⑪	兵庫	勝福寺古墳	(20.90)	○	○	○	○	○	×	×	×	
画文帯同向式神獣鏡C	⑫	福岡	推定沖ノ島21号遺跡	20.8	?	○	○	?	○	×	×	×	
画文帯同向式神獣鏡C	⑬	福岡	勝浦峯ノ畑古墳A	不明	?	?	?	?	○	×?	?	?	
画文帯同向式神獣鏡C	⑭	福岡	勝浦峯ノ畑古墳B	不明	?	?	?	?	○	?	×?	?	
画文帯同向式神獣鏡C	⑮	熊本	江田船山古墳	20.90-20.98	○	○	○	○	○	×	×	×	
画文帯同向式神獣鏡C	⑯	宮崎	持田25号墳	20.99-21.06	○	○	○	○	○	×	×	×	
画文帯同向式神獣鏡C	⑰	――	出土地不明・黒川	20.90-21.00	○	○	○	○	○	×	×	×	
画文帯同向式神獣鏡C	⑱	――	出土地不明・五島	20.81-20.84	○	○	○	○	○	×	×	×	
画文帯同向式神獣鏡C	⑲	長野	伝・飯田市下川路	20.84-20.88	○	○	○	○?	?	×	×	×	Y群
画文帯同向式神獣鏡C	⑳	三重	井田川茶臼山古墳B	20.80	○	○	○	○	?	×	×	×	
画文帯同向式神獣鏡C	㉑	三重	伝・神島	20.57-20.70	○	○	○	○	?	×	×	×	
画文帯同向式神獣鏡C	㉒	兵庫	里古墳	20.90-20.98	○	○	?	?	?	×	×	×	
画文帯同向式神獣鏡C	㉓	岡山	牛文茶臼山古墳	20.88-20.92	○	○	○	○	○	×	×	×	
画文帯同向式神獣鏡C	㉔	広島	西酒屋高塚古墳	20.82-20.91	○	○	○	○	○?	×	×	×	
画文帯同向式神獣鏡C	㉕	宮崎	持田24号墳	20.63-20.83	○	○	○	○	?	×	×	×	
画文帯同向式神獣鏡C	㉖	――	出土地不明・奈良博	20.81-20.92	○	○	○	○	?	×	×	×	
画文帯同向式神獣鏡C	㉗	三重	神前山古墳C・不明	不明	―	―	―	―	―	―	―	―	―
画文帯同向式神獣鏡C	㉘	京都	天塚?	破片・不明	―	―	―	―	―	―	―	―	―

（2）文様と系譜・原鏡の年代観

　川西（2004）および車崎（2007a）の解説にもとづき概観する。内区は4つの乳で区画する同向式神獣鏡であるが、先の同向式神獣鏡Bと異なり、下段の獣像が内側を向いて相互に向き合う形となり、また4体の獣像頭部の向きがそれぞれ異なっている。この点は建武五年銘鏡やその原鏡などと共通している（第4節参照）。上段は中央が伯牙、右下が鐘子期で左が成連である。左右の神像は、左が東王公、右が西王母で、龍虎座を伴う（西王母の左の獣は駝鳥のような姿を呈す）。下段は通天冠をのせた黄帝が中心であり、右前方の有翼小像は句芒、左の侍仙は沮誦または蒼頡とされる。下段左が龍で右が虎とみられ、東王公・西王母と対応する。その他の空間を大小の動物文様で充填しており、

第2章　同型鏡と関連鏡群の系譜と製作技術　191

鈕孔方向	鈕孔左	鈕孔右	鈕孔痕跡	鈕孔分類	備考	番号
右上左下	―・円	―・(円)	―	3類か		①
右上左下	10×8・楕円	10×6・楕円	なし	1類		②
右上左下	10×7・半円	10×6・半円	あり・右	1類		③
反時計回りに僅かに振れる	9×7・半円	10×6・半円	あり・左	1類	鈕孔痕跡は方向がずれた分	④
右上左下	―・楕円	―・楕円	―	1類		⑤
右上左下	7×7・縦長楕円	7.5×8・縦長楕円	あり・右	3類	鈕孔痕跡上辺から右側辺	⑥
反時計回りに僅かに振れる	9×6・半円	6×5.5・半円	あり・右	1類	鈕孔痕跡左側辺・中子小さい	⑦
反時計回りに僅かに振れる	8×5.5・楕円	8.5×7・楕円	不明瞭	1類		⑧
―	―	―	―	―		⑨
右上左下	10×5.5・半円	10×6・半円	なし	1類		⑩
右上左下	―・半円	―・半円	―	1類		⑪
右鈕孔は反時計回りにやや振れる	7×7・円	7×7・円～半円	あり・右	3類	鈕孔痕跡は方向がずれた分	⑫
右上左下	―	―	―	―		⑬
不明	―	―	―	―		⑭
右上左下	7.5×7・半円	8.5×7・半円	あり・左	1類	鈕孔痕跡は上辺から右側辺に僅かに, 縦方向	⑮
右上左下	9×6・半円	8×7・半円	あり・右	1類	鈕孔痕跡は右側辺	⑯
反時計回りに僅かに振れる	11×7・楕円	8×8・半円	不明瞭・左	1類		⑰
反時計回りに僅かに振れる	8.5×6・台形状	8×7・楕円	なし	1類	鈕孔形態やや不整形	⑱
右上左下	10×7.5・楕円	8×6・半円	不明瞭	1類		⑲
右上左下	6.5×6・半円	8.5×7・半円	あり・左	1類	鈕孔痕跡縦長	⑳
右上左下	―	―	―	―		㉑
右上左下	―・円	―・縦長半円	―	3類?		㉒
右上左下	8×6・半円	8×5.5・方形	あり・右	1類	鈕孔痕跡は右側辺	㉓
右上左下	―	―	―	―		㉔
右上左下	8×5・半円	―・半円	あり・右	1類	鈕孔痕跡は縦方向に	㉕
右上左下	―	―	―	―		㉖
―	―	―	―	―		㉗
―	―	―	―	―		㉘

―は未計測

　伯牙の左右に獣、黄帝の下に玄武がある。東王公の直下に飛禽、西王母の直下にも熊人かと思しき小型の動物が配される。

　界圏を隔てた半円方形帯は14区画である。玄武の右下の方形から時計回りで以下の銘文が配される（各方形内は右上右下→左上左下の順）:「吾作明竟 幽涷三商 配象萬疆 統徳序道 敬奉賢良 雕克無祉 百牙挙楽 衆羊主陽 聖徳光明 富貴安楽 子孫番昌 学者高連 士至公卿 其師命長」（川西の釈読による、下線はへんとつくりが逆）。画文帯は時計回りで、「車駕を牽く六体の龍の前方に、渦文を隔てて、騎獣二体が続き、ふたたび渦文をはさんで、日象を掲げた義和に至る。神仙が日象に片手を添えている。その前方は、渦文、騎獣（?）、騎獣、渦文、鳥、鳥（?）、渦文、騎獣、騎獣、渦文、熊人（雨師）、騎獣、乗亀

と連なって、車駕の後を追う月象を掲げた常義へと続いている」(川西 2004：pp.37-38)。その外側の最外縁部に菱雲文が配されている。

　本鏡は、上野祥史(2000)による神獣鏡分類によれば、同向式神獣鏡ⅠA(1B-2、銘文A2)に該当する。その場合、原鏡の製作年代は上野の第三～四期(3世紀初頭～3世紀第2四半期中葉)と考えられる。上野のウ群にあたり、華北東部系と位置づけられる。

(3) 笵傷・踏み返し技術

　川西(2004)により、傷a～hの存在が指摘され、各資料での状況が明らかにされている。川西は、傷f・g・hをもたない一群ともつ一群の両者を抽出し、前者をX群、後者をY群として設定した。前述の勝浦峯ノ畑古墳出土鏡(群)については破片のため不明とされていたが、観察の結果、⑬勝浦峯ノ畑A鏡については、傷eの存在とともに、傷fがおそらく存在しないこと、⑭勝浦峯ノ畑B鏡については、おそらく傷gが存在しないことを確認した。この結果を含めて示したものが表6である。上述の勝浦峯ノ畑鏡群⑬⑭が傷f・gをもたないと推測されるため、これらをX群に含めると、X群が①～⑱の18面、Y群が⑲～㉖の8面となる。㉗・㉘の2面については詳細不明でありここでの検討からは除外する。

　川西は、X群とY群の関係について、大きく両者が同世代のキョウダイの関係にある可能性(A案)だけでなく、オジオイの関係にある可能性(川西B案)もあわせて想定している。これは、傷f・g・hの追加という点に加え、わずかながらY群の方が面径が小さい点によるものである。また川西はオジオイの関係(B案)が想定される場合でも、傷の進行がみられない点から、大型鏡(X群)の中に原鏡が含まれていないことに注意を喚起している(川西2004：p.39-41)。この点について、三次元計測データをもとに検討した水野敏典らは、仕上げの研磨に左右されない界圏の下端の径について比較した結果、X群とY群の間に1.2mm(約0.7%)の収縮があることを確認し、川西が挙げた2つの可能性のうち、オジオイの関係(B案)に該当する可能性が高いことを指摘している(水野他 2008)。以上をふまえ、川西のB案の可能性が高いことを念頭に置きつつ、鈕孔製作技術について検討する。

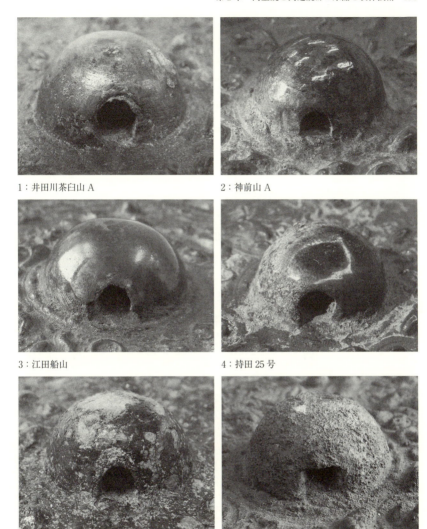

1：井田川茶臼山 A　　　2：神前山 A
3：江田船山　　　　　　4：持田 25 号
5：井田川茶臼山 B　　　6：牛文茶臼山

図 57　画文帯同向式神獣鏡 C の鈕孔と鈕孔痕跡

（4）鈕孔形態・鈕周辺の製作技術・鈕孔方向

　表 6 の右半分には鈕孔設置技術についての観察結果を示している。未実見・未計測の資料も存在するが、可能な範囲で検討を行う。ほとんどの資料におい

て、鈕孔底辺が鈕座底辺に一致することが確認されたため、この点については記入を省略している。

　まず鈕孔方向であるが、「右上左下」と記した分が、本鏡群の基本的な鈕孔方向であり、右上の乳と左下の乳を結ぶ方向（概ね37分—7分前後となる）に開口するものが大半である。6例ほどずれるものを確認しているが、Y群にはみられず、いずれもX群に限られており、ずれた場合も大きくても35分—5分前後の幅に収まる。したがって、鈕孔方向についてはきわめて共通性が高い一群といえよう。

　鈕孔形態・法量に関しては最大でも幅11mm、高さは8mm以下であり、最も多いのは幅8～10mm前後、高さ6～7mmの半円形鈕孔である。左側と右側で大きさや形態が異なるものも存在するが、両方向とも極端に標準から外れるものは存在せず、どちらかが中子もしくは設置方法の問題でイレギュラーとなった結果とみなされる。この点で、鈕孔形態1類を基本とする鏡群であることが確認できる。

　一方で、鈕孔痕跡が確認できる資料が多く含まれている（図57）。ここで観察できる鈕孔痕跡は、鈕孔方向のずれに関わるものだけでなく、すでに第1節で挙げた㉕持田24号鏡（図2-1）を含めて、上方向に広がる点が特徴である（⑥井田川茶臼山A鏡・⑮江田船山鏡・⑳井田川茶臼山B鏡）。実際に、⑥井田川茶臼山A鏡などでは縦長楕円形の鈕孔3類を用いていることからも、X群・Y群は横長半円形もしくは楕円形の鈕孔1類が基本ではあるが、原鏡Iの鈕孔は半円形の鈕孔が若干高い位置に設置してあったかもしくは縦長の形態であった可能性が想定される。Y群の⑳井田川茶臼山B鏡でもこうした高い位置の鈕孔痕跡が確認されることから、原鏡IIも同様とみられる。縦長の3類が1例もしくは2例に限定されることから、筆者は原鏡I・IIの鈕孔形態は縦長楕円形というより高い位置に設置されていたものである可能性が高いと考える。その場合、幅が8～10mmで高さ7mm前後の楕円形中子を用いたものであるとすると、原鏡I・IIについても鈕孔1類の製作技術によるものである可能性が高い。

　またこの他、大英博物館所蔵の⑫推定沖ノ島21号遺跡出土鏡（花田 1999a）は、実見の結果、円形に近い3類鈕孔をもつ資料であることを確認した。右上

の鈕孔は反時計回りにやや振れており、このずれた部分に鈕孔痕跡を伴う。

（5）小　結

以上をもとに原鏡およびX群・Y群の鈕孔製作技術について整理すると次のようになる。

```
原鏡Ⅰ            ┌→ X群   鈕孔1類主体   方向概ね一致
高い位置・鈕孔1類か └→ 原鏡Ⅱ → Y群   鈕孔1類主体   方向一致
                        高い位置・鈕孔1類か
```

上述のように、方向や形態・設置技術という点において、X群・Y群のいずれにおいても共通性が高い点が特徴である。鈕の大きさや高さの制約という点はあるにせよ、2類や4類といった極端に鈕孔が大きなものや極端に方向がずれるものがみられず、いわば技術的にみて変異幅がそれほど大きくない、ある種の「限定性」という点で特徴づけられる一群ということができる。本鏡群のこのようなあり方は、最も同型鏡面数が多いという点において、同型鏡群全体の生産の実態を理解する上でも重要である。

さらに、原鏡Ⅰや原鏡Ⅱの世代まで含めて、同型鏡群の鈕孔製作技術の範疇で理解できるものと考えた。原鏡Ⅰの世代においてやや高い位置に鈕孔が設置された理由として、本鏡の原鏡が華北東部系の画文帯同向式神獣鏡であり、原鏡Ⅰよりもさらに世代が遡る原鏡において、鈕座底辺から高い位置に方形もしくは長方形の鈕孔が設置されていたことに起因するものと想定する。この点については課題としておきたい。

25.　画文帯仏獣鏡A

（1）同型鏡資料の概要と先行研究での位置づけ

同型鏡が4面存在する：①千葉・鶴巻塚古墳出土鏡（以下鶴巻塚鏡）、②愛知・大須二子山古墳出土鏡（以下大須二子山鏡）、③岡山・王墓山古墳出土鏡（以下王墓山鏡）、④出土地不明・北京故宮博物院所蔵鏡（以下北京故宮蔵鏡）。本鏡群において注目されるのは、④北京故宮蔵鏡の存在である。川西（2004）により、図58のような復元案が提示されているが、後述するように、

図58 画文帯仏獣鏡Aの製作順序（川西 2004）

④北京故宮蔵鏡は鋳上がりがよく、面径もわずかに①鶴巻塚鏡より大きいことから、原鏡Ⅰに該当する可能性についても示唆されている。先の画文帯同向式神獣鏡Bの旧ブリング氏蔵鏡と並んでオヤ原鏡の実物である可能性とともに、故宮所蔵であり中国国内出土鏡である可能性が高いとみられる点で、同型鏡群の製作地の重要な論拠となってきた鏡種である。

（2）文様と系譜・原鏡の年代観

　川西（2004）の解説にもとづき、概観する。鈕座は有節重弧文を配する。内区は4つの環状乳により区分されて、各区に2体または3体の仏像を配する。2体区は立像と坐像、3体区は立像・坐像・半跏像により構成される。基本的な構図は前述の画文帯同向式神獣鏡Cとほぼ同じ配置で獣像が配され、左下の獣像が龍、向かいの右下の獣像が虎とみられる。

　下方の3体区は、中央の立像が左手を胸前におき、右手を挙げて蓮蕾をもつ。二重頭光を負い、仰蓮にのっている。左に通肩相（着物が両肩を覆う着方）の坐像、右側に半跏像が配される。

　左側の2体区は、右手に蓮華座上に結跏趺坐した通肩相の坐像があり、左手に体を坐像の方に向けた側面像の立像がある。水野清一は、本像について、「供養の天devaであろうか。あるいは蓮枝をもった蓮華手菩薩Padmapâniすなわち観音であろうか」と述べている（水野清 1950：p.49）。

　上側の3体区では、中央の通肩相の立像が左手を胸前に添え、右手を挙げて蓮枝をもち、蓮華手菩薩かと推測されている。頭頂から両側に長く頭髪が伸びる。右の通肩相の蓮華座坐像は、右手を胸前におき左手を掲げて蓮枝をもつ。二重頭光をもつ。左の半跏像は、右足を組み、右臂を膝において手を顔に添え、上げた足先に左手をあてる。本区のような半跏像が基本であるとされ、先の下の3体区の半跏像が変形したものと理解されている（川西 2004：p.54）。

　右側の2体区では、獅子座上に結跏趺坐した像と、左手に通肩相の立像があ

第 2 章　同型鏡と関連鏡群の系譜と製作技術　197

る。右の結跏趺坐像は、蓮華文の頭光を負い、その上に天蓋を伴っている。立像と隣接する虎との間は樹木風の図文が配され、また結跏趺坐象も座の形が異なるなど、この 2 体区は加飾の度が左側の 2 体区よりも高いことから、川西は、神獣鏡であれば本区が西王母の位置である点と関係する可能性を指摘している（川西 2004：p.55）。

　全体として、樋口隆康分類（1979）の画文帯同向式神獣鏡 B 型の構図における伯牙弾琴・東王公・西王母・黄帝の図像を 2 体区・3 体区の仏像表現に置き換えたものである。このうち、たとえば 3 体区において中央の立像がほぼ共通する一方、両脇の像に大小の相違があり、また構成も異なる点について、川西は、「作鏡者の無知のせいでないとすれば、また、作鏡者があえて変化を求めたというのでなければ、三仏の説明になお定見が流布していなかった中国仏教界の当時の事情を、これは映していることになる」と述べている（川西 2004：p.54）。

　半円方形帯は 14 区画である。通常の同向式神獣鏡などと同様に、下位の 3 体区の右外方の方形から、時計回りで以下の銘が配されている（方形内は右上右下→左上左下）：「吾作明竟 幽凍三商 彫刻無刑ヵ 大吉□年 益□子孫 盈堂宣行 買者ヵ位至 三公九卿 相侯天王 百子家平 服者□□ □□□□ □□□□ □如吾言」（川西の釈読による）。画文帯は反時計回りで、「向かって右上方に車駕がみえる。車駕を牽く六体の龍の前方に、羽を広げた鳥、渦文、二体の騎獣が連なり、紡錘形の図文に至る。この紡錘形の図文は、図案化がはなはだしいが、義和が日象をもち、もう一体の神仙が対峙して義和の活動を補助する姿を表している。すなわち、外側の二重線が神仙の肢体に、弧線を重ねた内側の隆起が神仙の袖に、また中央の円形が日象に、それぞれ相当する。……さらに前方に向かって図像を辿っていくと、渦文、乗鶴二体、渦文、騎獣二体、渦文、騎龍二体、渦文とつながり、紡錘形の図文を経て、車駕の後尾をかける獣と至る」（川西 2004：p.56）。義和像の簡略化が原鏡の製作年代を示唆するとともに、日象・月象の内部図文を代用するなどしながらも、神獣鏡でいえば東王公の位置に日象、西王母の位置に月象を配すといった点において、仏獣鏡に改変する一方で、画文帯神獣鏡における通常の配置を踏襲している点が注目される（川西 2004：pp.56-57）。外区の最外周には菱雲文が配される。

鈕孔左　　　　　　　　　　　　鈕孔右
図 59　千葉県鶴巻塚古墳出土画文帯仏獣鏡 A

本鏡の原鏡の製作年代については諸説あるが、水野清一は西晋「泰始六年」および「泰始九年」(270・273) 銘神獣鏡、また「建武五年」銘画文帯神獣鏡と比較しつつ、文様が泰始鏡に近いという観点から、「泰始鏡につぐ晋代の作とおもう。いいかえれば三百年前後のものとしてよかろう」と位置づけている (水野清 1950：p.51)。岡内三眞は、三国末〜西晋代 (岡内 1995) といった年代を想定し、黄河中流域〜長江下流域に製作系譜を求めている (岡内 1995)。上野祥史は、本鏡とほぼ同一型式である後述の画文帯仏獣鏡Bについて、水野と同様、泰始鏡などと比較しつつ、菱雲文や半円方形帯および画文帯における図像の簡略化などの特徴から、「300年前後の創作模倣の実態を示すもの」(上野 2013a：p.114) と位置づけるとともに、画文帯神獣鏡を模倣する華北の鏡として評価している。

筆者も先行研究の位置づけに基本的に異論はないが、実年代については現状で限定する根拠に乏しく、三角縁仏獣鏡の実年代を3世紀第3四半期と捉える観点から (辻田 2007b)、それに後続する年代として、ひとまず西晋代の後半期である3世紀第4四半期以降の製作と考えておきたい。

(3) 笵傷・踏み返し技術

川西により、以下の4つの傷が抽出されている。

傷a：三体区の一方に描かれた立像の外方で、点文の一部が鋳潰れる。
傷b：鈕座をめぐる有節重弧文の一部が潰れる。
傷c：鋳型の剝離により、鈕座の一部が盛りあがる。
傷d：鈕孔用の中型を装着する際の傷として、有節重弧文の一部が潰れる。

	面径 (cm)	傷の有無
①千葉・鶴巻塚鏡	21.95-21.97	a ・ b ・ c ・ d
②愛知・大須二子山鏡	21.40-21.50	a ・ × ・ × ・ ×
③岡山・王墓山鏡	21.50	a ・ × ・ × ・ ×
④北京故宮蔵鏡	22.1	(a) ・ ? ・ ? ・ ?

川西により、①〜③が同一原鏡をオヤとするキョウダイの関係と、前掲の図58のようなオジオイの2つの可能性が想定されている。④北京故宮蔵鏡が拓影のみのため除外されているが、面径が大きく文様が鮮明なことから、少なく

とも②③とは分離すべきであることが指摘され、図58のような可能性が高いことが示唆されている。あわせて、④北京故宮蔵鏡について、原鏡Ⅱにあたるとまでは「なお断言できない」としつつ、「鶴巻塚古墳出土鏡とキョウダイ関係にある可能性が高い。ただし、鶴巻塚古墳出土鏡の原鏡にあたる可能性が皆無ではない」（川西 2004：p.58）とし、原鏡Ⅰに該当する可能性についてもあわせて指摘している。

　④北京故宮蔵鏡（図60）については、『考古資料大観』において写真が掲載されており（車崎編 2002：202-1）、この写真をみるかぎり、傷aは存在しているものと判断できる。ただ傷aの有無のみでは原鏡Ⅰか原鏡Ⅱのいずれかの限定は困難であることから、ひとまず④北京故宮蔵鏡が原鏡ⅠもしくはⅡいずれかに該当する可能性をふまえつつ、鈕孔製作技術について検討する。

（4）鈕孔形態・鈕周辺の製作技術・鈕孔方向
　①千葉・鶴巻塚鏡
　鈕孔は43分―13分の方向に開口する。鈕孔底辺は鈕座面に一致する。左側の鈕孔は、中子部分での法量で幅12 mm・高さ12 mmを測る、大型の楕円形鈕孔である。右側辺にやや広めの段差があり、また左下にも段差がみられる。右側鈕孔は幅12 mm・高さ10 mmの楕円形であり、右側辺にわずかに鈕孔痕跡が認められる。鈕孔2類に該当する。鈕上面に広めの平坦面がみられる。

　左側鈕孔の右側辺における広めの段差は、右側鈕孔側の鈕孔痕跡と方向・位置が一致するので、こちらも鈕孔痕跡であるとみられる。また左側鈕孔では左下にも鈕孔痕跡と思しき段差がみられる。とするならば、本鏡の原鏡（原鏡Ⅰ）もまたやや大きめの鈕孔2類が用いられており、かつ鈕孔方向がやや反時計回りにふれて、41-42分―11-12分といった方向であった可能性がある。

　②愛知・大須二子山鏡
　鈕孔は43分―13分の方向に開口する。鈕孔底辺は鈕座面に一致する。未計測であるが、幅に比して鈕孔高が大きい点が特徴である。幅・高さともに10 mm前後とみられ、①③とほぼ同様の2類に該当するものと想定される。

　③岡山・王墓山鏡
　鈕孔は43分―13分の方向に開口する。鈕孔底辺は鈕座面に一致する。左

第 2 章　同型鏡と関連鏡群の系譜と製作技術　201

図 60　北京故宮博物院所蔵画文帯仏獣鏡 A

鈕孔左

鈕孔右

図 61　岡山県王墓山古墳出土画文帯仏獣鏡 A の鈕孔

側・右側のいずれも幅10mm・高さ9mmの楕円形鈕孔である。左側鈕孔では左下に、右側鈕孔では右下にというように鈕孔裾部が開くように設置されており、平面的には同じ方向（上側）に開く形である。中子設置時における粘土付加の位置の偏りを示す可能性がある。鈕孔2類に該当する。

④北京故宮蔵鏡

最後に、原鏡の可能性という点で問題となる④北京故宮蔵鏡について、拓本と写真から可能な範囲で検討しておく。鈕孔方向は43分─13分であり、①〜③鏡と一致する。鈕の上面に平坦面があるものと見受けられる。写真から、鈕孔底辺が鈕座面とほぼ一致するか1mm程度高い位置に設置されているものとみられる。平面写真から判断するかぎり楕円形鈕孔であり、③王墓山鏡と比較するとわずかに小さい。幅は8mm前後とみられ、その場合1類の可能性がある。未計測であり、課題としておきたい。

（5）小　結

以上をもとに整理すると、以下のような関係が復元できる。

原鏡Ⅰ　　　　　┬→①鶴巻塚鏡　鈕孔2類　①②③④の方向は一致
鈕孔2類？　　　└→原鏡Ⅱ／④　鈕孔1類？　→　②③　鈕孔2類
方向わずかに反時計回りに振れる

④北京故宮蔵鏡についても検討したところ、鈕孔方向が①②③とほぼ一致する一方で、鈕孔の法量は③などよりわずかに小さく、鈕孔1類の可能性が高いものと想定された。一方で、①鶴巻塚鏡の鈕孔痕跡から、原鏡Ⅰは鈕孔方向が反時計回りにわずかにずれており、かつ鈕孔2類を用いた可能性が高いと考えられた。もしこの2つの観察結果が妥当であるとするならば、④北京故宮蔵鏡は、原鏡Ⅰよりも原鏡Ⅱの可能性が高いということになる。さらにこの場合は、出土鏡の②③から数えて原鏡Ⅰの世代までの3世代において同型鏡群の鈕孔製作技術の範疇で理解できることになり、他鏡種とほぼ同様のあり方とみることができる。未計測である点も含めて、④北京故宮蔵鏡における①鶴巻塚鏡と同様の鈕孔痕跡の有無の確認という点を将来的な課題としておきたい。

26. 画文帯仏獣鏡 B

(1) 同型鏡資料の概要と先行研究での位置づけ

　従来同型鏡が6面知られており、川西（2004）により詳細な検討がなされた結果、製作順序の復元案が提示されている（図62）。その後、中国の個人所有資料の中に本鏡群の新資料が含まれていることを確認したため、若干の検討を行ったことがある（浙江省博物館編 2011、辻田 2013a）。この資料を含め、以下の7面について検討を行う：①千葉・祇園大塚山古墳出土鏡（以下祇園大塚山鏡）、②長野・御猿堂古墳出土鏡（以下御猿堂鏡）、③福井・国分古墳出土鏡（以下国分鏡）、④大阪・旧金剛輪寺所蔵鏡（以下旧金剛輪寺蔵鏡）、⑤出土地不明・イタリア・ジェノヴァ博物館所蔵キヨソーネ・コレクション鏡（以下キヨソーネ鏡）、⑥出土地不明・旧ベルリン民俗博物館所蔵鏡（以下旧ベルリン鏡）、⑦出土地不明・『古鏡今照』所収鏡（以下古鏡今照鏡）。

図62　画文帯仏獣鏡Bの製作順序（川西 2004）

　これまでも指摘されているように、本鏡群では、特に①祇園大塚山鏡と⑥旧ベルリン鏡において、外区付加による面径の大型化および鈕の拡大という特徴が認められる。また同型鏡群の中で面径が30 cmを超すもの、あるいは25 cmを超す超大型鏡は、この2面に限られる点を確認しておきたい。外区拡大前の面径約24.2 cmという点でも同型鏡群中最大である。

(2) 文様と系譜・原鏡の年代観

　川西（2004）の解説を参照しつつ、文様構成について概観する。本鏡も画文帯仏獣鏡Aと同じく、画文帯同向式神獣鏡B型の図文のうち、伯牙弾琴・東王公・西王母・黄帝の図像を2体区・3体区の仏像表現に置き換えたものである。鈕座は有節重弧文帯を変更して蓮蕾を重ねた文様がめぐり、内区は大きめの4つの環状乳により区画される。下段の獣像は右側が龍・左側が虎とみられ

る。

　下方の3体区では、中央に仰蓮にのる通肩相の立像がある。左手を胸前におき、右手で蓮枝を掲げる。二重頭光を負う。左側の通肩相の結跏趺坐の坐像は頭光を欠く。左膝の下に獣頭がある。右側の半跏像は、蓮華座に腰を下ろしている。川西は、この半跏像が後代の定型化した半跏像と比べて異形であることを指摘しつつ、仏像夔鳳鏡の半跏像に同じ例がみられる点から、この種の半跏像が、三国・西晋代に仏像様式の一部に加わっていた可能性を想定している（川西 2004：p.60）。

　左側の2体区では、双髻で蓮華文の頭光を負い、通肩相で結跏趺坐した坐像が2個の獣頭の上にのっている。左側の単髻の立像は仰蓮の上にのり、左手で蓮枝を掲げる。

　上側の3体区では、中央の主像は仰蓮の上に立ち、左手には蓮枝を掲げる。頭髪は双髻で二重円の内部を蓮華文で飾った頭光を負っている。本像が、通肩相で胸飾りを伴う点について、川西は、「ガンダーラ仏の場合、通肩相なら胸飾りをつけないのが、また、胸飾りをつけるなら、右肩をあらわにした偏袒右肩が、仏伝に基づく約束である。岡山市西辛川天神山古墳出土三角縁仏獣鏡上の坐像が、通肩相で胸飾りをつけているので、ガンダーラ仏の約束は、中国で比較的早く崩れ、主像の装飾化へと動いたことが察せられる」と指摘している（川西 2004：p.61）。左の蓮華座上の坐像は、右手で蓮枝を掲げる。右側には座の表現を省略した半跏像が配される。

　右側の2体区では、単髻で蓮華文の頭光を負った、通肩相の坐像が蓮華座にのる。左手で蓮枝を掲げる。その上方に大型の蓮華を描いている。左手には、双髻で通肩相の立像が蓮華座にのる。左手で蓮枝を掲げている。

　半円方形帯は12区画である。半円上面は4渦文である。方形は、右側2体区の坐像左膝外方の方格から時計回りに以下の銘が配される：「吾作明竟　幽練三商　彫剋無刑　大吉曽年　子孫盈堂　仕官至皇　□□天王　百子家ヵ平　長生富貴　皆如ヵ吾意　□先□前ヵ　立ヵ得□仙」（川西の釈読による）。方形内の字の配置は左上左下→右上右下であり、通例と逆となっている。画文帯は時計回りで、「向かって右上方に、車駕がみえる。結跏趺坐した仏や神仙や鳥を乗せ、六頭の龍がこれを牽く。龍の前方に飛鳥が、その前方に騎獣二体がいて、紡錘形の

図文へと続く。この図文は、画文帯周列式仏獣鏡Ａの例と同じく、義和ともう一体の神仙が、向かいあって日象を運ぶ場面を表している。しかし本鏡の方が、なおいっそう具象性を欠いている。紡錘形図文の前方を辿ると、獣、騎獣、神仙、騎獣、亀、渦文、神仙・騎獣各二体、鳥と続き、もう一個の紡錘形図文に至る。この図文もまた具象性に乏しいが、常義ともう一体の神仙とで、月象を運ぶ場面であることが、画文帯周列式仏獣鏡Ａの例から知られる。この図文の前方に、大小各一体の獣がおり、鳥もいて、車駕の後尾へと続いている」（川西 2004：pp.63-64）。最外周には、菱雲文の上端と下端が削られて六角形状に改変された文様がめぐる。内部は３渦文で飾られる。

　本鏡の特色として、川西は蓮蕾と弧線を装飾文として多用する点を挙げている。岡内三眞は本鏡を画文帯仏獣鏡のａタイプ、前述の画文帯仏獣鏡Ａをｂタイプとして捉え、ｂタイプを三国末～西晋代と捉えている（岡内 1995）。画文帯仏獣鏡Ａ・Ｂの両者を詳細に比較した川西は、画文帯の方向や乳を繞る龍虎の位置が両者で逆であること、方形内の銘の位置の逆転をはじめとして、両者が一方を手本とし、他方がこれを模索することによって生み出されていると捉え、画文帯仏獣鏡Ｂにおける変形や異形のあり方から、画文帯仏獣鏡Ａが「本」で画文帯仏獣鏡Ｂがその模作品であった可能性が高いことを指摘している（川西 2004：pp.67-75）。前述のように、上野（2013a）は本鏡群の原鏡について、華北の画文帯神獣鏡の系譜に連なる 300 年前後の創作模倣鏡と位置づけている。本鏡の製作年代についても、限定する根拠が乏しいが、先の画文帯仏獣鏡Ａと同様、３世紀第４四半期以降の作と考えておきたい。

（３）笵傷・踏み返し技術

　川西（2004）は、傷ａ～ｊの傷を抽出し、その共有により先の図 62 のような鋳造順序の復元を行っている。

	面径	傷の有無
④旧金剛輪寺蔵鏡	24.08-24.18	a・b・c・d・e・f・g・h・i・×
⑤キヨソーネ鏡	24.09-24.19	a・b・c・d・e・f・g・h・i・×
⑦古鏡今照鏡	23.5	a・b・c・d・?・f・g・?・i・×
②長野・御猿堂鏡	23.68-23.72	?・b・c・d・?・?・g・h・i・j

①千葉・祇園大塚山鏡	（原鏡部 23.32―23.48） 30.26-30.44	a・b・?・d・e・f・?・?・i・j
③福井・国分鏡	23.7	a・(b〜e 欠失)・?・?・?・i・?
⑥旧ベルリン鏡	（原鏡部 23.3―23.5 か） （一尺一寸一分：33.6）	拓本のため傷の有無不明

　ここで鋳造順序の復元に特に関わるのは、傷 j の有無である。新出資料の⑦については、写真資料をもとに観察すると、傷 e と傷 h に関しては写真の影などにより不明瞭であるが、傷 j に関しては存在しないことが判別できる。かつ面径が 23.5 cm とされ、傷 j をもたない他の 2 面（④⑤）よりも 5 mm 以上小さい点から、⑦は④⑤と同世代のキョウダイではなく、傷 j をもたない未知の原鏡により製作されたか、④⑤のいずれかを原鏡として生み出されたかのいずれかとみられる。④⑤と⑦を比較すると、上側 3 体区の中央立像の外側の方形（「□先□前」区）が、3 鏡の間でそれぞれ異なっており、かつこの部分の鋳上がりは⑦古鏡今照鏡が最も明瞭に銘字が鋳出されていることから、⑦については④⑤とのオヤコ関係ではなく、別にもう一面の原鏡が存在するものと考える。

　これ以外に位置づけが問題となっている資料として、③国分鏡と⑥旧ベルリン鏡がある。③国分鏡は錆のため傷 j の有無が写真からは判読困難である。⑥旧ベルリン鏡についても、拓本のため面径の詳細が不明であり、また傷 j についても確実な有無が不明である。以上から③⑥については、川西の検討でも除外されており、ここでも残念ながら傷からみた位置づけに関しては留保せざるをえない。

　以上と川西の検討結果（図 62）にもとづき、③⑥以外の 5 面について、以下のように位置づける。

　原鏡Ⅰの直接の踏み返し鏡とみられる④⑤を X 群とする。⑦古鏡今照鏡については、上述のように別の原鏡が存在するとみて、1 面のみながら Y 群と

し、原鏡ⅡYを設定する。また傷jが追加された①②についてはZ群とし、原鏡ⅡZを設定する。

⑥旧ベルリン鏡については、拓本をもとに全体の面径が33.6cmであるとして本体部分の面径を計算すると、23.3-23.5cm前後と復元される。梅原の報告（1931：p.115）では「径八寸八分」とあるが、この数値だと「26.7cm」となってしまい齟齬が生じるため、ここでは仮に23.3-23.5cmという数値を採っておきたい。この数値自体は不確実であるものの、拓本をみるかぎり、内区主像付近の鋳上がりから原鏡Ⅱの世代まで遡るとは考えにくい（梅原の報告でも「本鏡の表現が彼［引用者註：王墓山古墳出土・画文帯仏獣鏡A］に比して著しく明瞭を欠いて朦朧たる点も注意を惹く」［1931：p.115］とある）。傷jの有無が不明のためY群・Z群のいずれに帰属するかは不明であるが、本体部分の面径から、少なくともY群・Z群と同じ世代に属するとみられる。③国分鏡についても、面径が23.7cmという数値が確実であれば、群の帰属は不明ながら、同様にY群・Z群の世代に属すると想定される。以上をもとに、各資料の鈕孔製作技術について検討する。

（4）鈕孔形態・鈕周辺の製作技術・鈕孔方向
【X群】
④旧金剛輪寺蔵鏡

鈕孔方向はおよそ南北方向に開口する。鈕孔底辺は鈕座面に一致する。上側鈕孔は、幅12mm・高さ8.5mmの楕円形鈕孔である。下側は幅11mm・高さ8mmの半円形鈕孔で、中子は楕円形である。大型の鈕孔2類に該当する。下側鈕孔の右側辺に1mmほど間隔を置いて沈線状の鈕孔痕跡が認められる。この痕跡から、原鏡Ⅰの鈕孔方向は反時計回りにわずかにずれると想定されるとともに、原鏡Ⅰの鈕孔形態もまた大型の2類の可能性が高いと考えられる。

⑤キヨソーネ鏡

鈕孔は、上が58分から59分、下が28分から29分というように、④旧金剛輪寺蔵鏡よりわずかに反時計回りにふれている。これはちょうど、④旧金剛輪寺蔵鏡における鈕孔痕跡の方向と一致しており、本鏡の鈕孔方向は、原鏡の鈕孔方向を直接反映したものである可能性が高い。

図63 『古鏡今照』所収画文帯仏獣鏡B（右側が天の位置）

【画文帯仏獣鏡Bの傷】（川西 2004）
傷a：紡錘形図文から派生する四足様図形のひとつに残る突粒状の傷。
傷b：画文帯中の獣の首を貫く、鋳型の割れによる傷。
傷c：半円方形帯で地文の一部が潰れる。
傷d：半円方形帯で地文の一部が潰れる。
傷e：傷d外方の半円頂面に残る突粒状の傷。
傷f：2体区の坐像がのる蓮華座の一部に残る突粒状の傷。
傷g：傷aが痕跡をとどめる2体区から時計回りに四半周した3体区の、向かって右外方に位置する半円の頂面に残る突粒状の傷。
傷h：獣足から長く密にのびた体毛のなかに残る突粒状の傷。
傷i：半円頂面に残る突粒状の傷。
傷j：画文帯中の車駕の屋根の一部が、鋳型の剥離によって鋳潰れる。

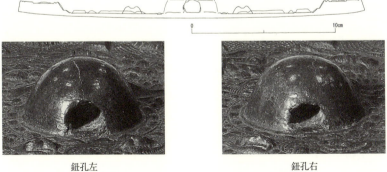

鈕孔左　　　　　　　　　　鈕孔右

図64　旧金剛輪寺所蔵画文帯仏獣鏡 B

鈕孔底辺は鈕座面に一致する。未実見・未計測のため写真による観察であるが、④鏡との比較から、上側の鈕孔は楕円形で、幅11 mm前後とみられる。下側鈕孔も幅11〜12 mm前後の楕円形鈕孔とみられ、④鏡と同じく鈕孔2類に該当するものと考えられる。

【Y群】

<u>⑦古鏡今照鏡</u>

鈕孔はほぼ南北方向に開口する（図63）。鈕孔底辺は鈕座底辺にほぼ一致するか、1 mm程度高くなっている可能性がある。未実見・未計測ながら、平面写真と他の資料との比較から、上下ともに幅11 mm前後の楕円形もしくは半円形鈕孔の可能性が高く、鈕孔2類に該当するものと想定される。

【Z群】

②長野・御猿堂鏡

鈕孔は、上がほぼ60分の方向、下が29分前後とやや反時計回りに振れている。鈕孔底辺は鈕座面に一致する。本鏡では、いくつか技術的な特徴が認められる。川西が指摘した、上段の2体の獣像頭部が、鋳型が軟らかい時点で擦過により削り取られている点（川西 2004：pp.65-66）に加え、鈕の下半分の形状がやや歪んでいるという点が挙げられる。すなわち、上側の鈕孔付近は通常の円球形の斜面であるのに対し、下半はやや斜めに収縮したような形となっている（図65断面実測図）。④旧金剛輪寺蔵の鈕径が約3.8 cmであり、本鏡も左右の軸で断面を計測すると概ねその値と一致している（断面図の破線）。

断面図上に示したのは下側の鈕孔で、幅11 mm・高さ10 mmの大型の円形鈕孔である。上側の鈕孔も幅10 mm・高さ9.5 mmでほぼ円形を呈している。下の両脇が抉れたようになっており、中子設置時の粘土付加に起因するものとみられる。鈕孔形態は大型の2類に該当する。

両方向では、鈕孔設置方法が異なるようであり、鈕の歪みがみられる下側鈕孔は、鈕孔の中子設置部が内側に入り込むような形となっている。設置時に粘土をやや多めに、広めに使用したものとみられ、鈕の歪みもそうした点と関連する可能性を想定しておきたい。

①千葉・祇園大塚山鏡

無文の外区を付加した極大鏡として著名な資料であり、⑥旧ベルリン鏡（伝

第2章　同型鏡と関連鏡群の系譜と製作技術　211

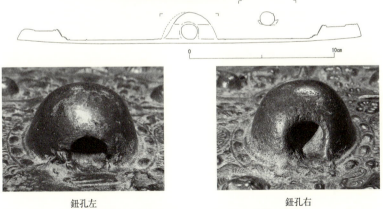

鈕孔左　　　　　　　　　　鈕孔右
図65　長野県御猿堂古墳出土画文帯仏獣鏡B

図66　千葉県祇園大塚山古墳出土画文帯仏獣鏡 B

日本古墳出土）とともに、古墳時代中期以降の列島の遺跡出土鏡としては最大級となる。また外区付加とともに、鈕自体を拡大している点も見逃せない特徴である。外区付加の問題は別途後述するとして、ここでは鈕孔製作技術と鈕の拡大について検討する。鈕孔は31分—1分というように、やや時計回りに振れている。鈕孔底辺は鈕座面に一致する。上述のように、④旧金剛輪寺蔵鏡などの事例から、元来の鈕径は3.8cm前後であるが、本鏡の鈕径は、図上で復元すると約5.0～5.1cm前後となり、全体で1cmほど拡張されている。鈕径5cm前後というのは、ちょうど本来は有節重弧文帯がめぐっている部分であり、その部分を指標として拡張した結果として、各区の仏像や4体の乳を続る

獣像の頭部がかろうじて損なわれず残存している。

　鈕孔の大きさは、写真および三次元計測データからの復元の数値であり未計測ながら、少なくとも幅13mm以上の大型鈕孔である。また両方向ともに、明瞭な円形や楕円形というより、左右側辺がやや直線気味に立ち上がるという特徴がある。[8]ここまでみてきた同型鏡群の資料においても、上辺が緩やかに丸くなる一方で、側辺が直線上に立ち上がる形状の鈕孔が存在しており（e.g. 画文帯環状乳神獣鏡A⑩韓国中央博蔵鏡）、大枠で大型の鈕孔2類の範疇で理解できるものと考えておくが、鈕の拡大に加えてやや変則的な鈕孔形態である点に注意しておきたい。

【帰属不明】

　③福井・国分鏡

　鈕孔は31分―2分の方向に開口する。鈕孔底辺は鈕座面に一致する。未計測ながら、平面写真と他鏡との比較から幅10mmを超すとみられ、鈕孔2類に該当するものと考えられる。

　⑥旧ベルリン鏡

　本鏡も、①祇園大塚山鏡と同様に外区が拡大され、さらに立体的な「唐草様の文様」が配された極大鏡である。また鈕の拡大という点も共通する。現状で同型鏡群中最大の資料である。梅原末治により1928年にドイツの旧ベルリン民俗博物館にて調査された後、拓本が報告された（梅原 1931）。「日本古墳出土」と記録されている資料と報告され、「其の面にあらい布の附着があったり、また錆の工合など」から列島での出土品であることはほぼ立証されると指摘されているが（梅原 1931：p.116）、その後、現物が行方不明となっている。ベルリンの博物館は戦後に再編されて名称も変更となっているが、筆者が現在のベルリン民族学博物館に直接問い合わせたところ、終戦時に旧ソ連によって持ち去られ、そのまま所在不明となっている資料の可能性が高いという回答を得た。なお本鏡について、下垣仁志は、奈良県野神古墳出土鏡の可能性を指摘している。三尺超の鏡が2面という点で該当することなどを論拠として挙げている（下垣 2016a）。

　以上のように、現状では梅原が残した拓本が唯一の資料である。外区の拡大については後述するとして、ここでは鈕孔形態と鈕の拡大について検討する。

拓本資料で限界があるものの、鈕孔の方向と大きさが拓本からも確認できる。またここから推測される鈕の大きさは、詳細不明ながら、拓本からは先の①祇園大塚山鏡でみた 5.0 cm を超す大きさにもみえる。梅原の報告においては、「中央にある二寸を超ゆる素大な鈕」（梅原 1931：p.115）とあるので、6 cm を超すものである可能性も示唆される。この数字が実際のものであるかどうかはともかく、そのような目で拓本を観察すると、たとえば左側の３体区の立像表現や上段の２体の獣像表現の頭部付近がわずかに鈕の範囲と重なっているようにも見受けられる。鈕の大型化が仏像・獣像にかからないぎりぎりの範囲で収まったかどうかという点は、鈕自体の大型化を優先した結果とはいえ、製作に際して文様の損失・欠落がどこまで許容されたかという問題を考える上でもきわめて重要である。将来実物資料の再発見によって確認されることを期待したい。

　鈕孔は、54 分—24 分というように、他の資料とやや異なる方向に開口している。鈕孔底辺は鈕座面に一致しているものとみられる。大きさ、形状については拓本からは判別が困難であるが、拓本上でも形状が比較的明瞭な右下の鈕孔についてみるかぎり、最大幅 17 mm 前後で台形状を呈するような鈕孔であることが想定される。現状で鈕孔も最大となるとみられるが、これについてもさしあたり大型の鈕孔２類（もしくは４類）の範疇で理解しておきたい。

（５）鈕孔製作技術からみた各資料の位置づけ

　以上、各資料の鈕孔製作技術について検討を行ってきた。その結果を整理すると以下のようになる。

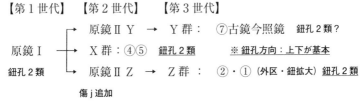

原鏡Ⅰについても、④旧金剛輪寺蔵鏡の鈕孔痕跡から鈕孔2類の可能性が想定された。③国分鏡は、傷による位置づけは不明ながら、鈕孔2類を採用するとみられ、鈕孔方向も上下方向に近い点で他の資料との共通性は高い。⑥旧ベルリン鏡については、鈕孔方向が他鏡とやや異なるが、外区付加・鈕拡大という技術的特徴や内区文様の不鮮明さが①祇園大塚山鏡と共通する点で、ひとまずZ群との関係の近さという点で理解しておきたい。

元来の鈕径の大きさという点もあってか、全体を通して大型の鈕孔2類を用いている点が本鏡群の特徴である。また出土鏡の世代から遡って原鏡Ⅰまでの3世代にわたって鈕孔製作技術の共通性が高い点は他の鏡種とも共通する。

(6) 画文帯仏獣鏡Bにおける外区拡大の具体相

最後に、本鏡群で特徴的な①・⑥鏡の外区拡大技術に関して、他鏡種との比較という点も含めて検討する。

①千葉・祇園大塚山鏡

外区拡大部と原鏡部との面径の差は、全体で約70mmである。原鏡部の踏み返しに際して、挽型を用いて拡大したとみられ、挽型の拡張部分での幅は35mm前後ということになる。断面は斜縁や三角縁ではなく、面を伴う蒲鉾状、もしくはやや膨らみ気味の台形状といった形態である。無文部の幅は約24mm、突出する外縁部の幅は約11mmとなる。

この断面形態と酷似した外縁部を有するものが倭製鏡の中に存在する。第3章で検討する、伝・奈良県広陵町疋相西方出土鏡である（図96-2）。いわゆる交互式神獣鏡系であり、内区の八神四獣配置と半円方形帯の周囲に、①祇園大塚山鏡と同様の無文の外区を配している。外縁端部は台形状を呈しており、①鏡と同種の鏡を模倣対象としている可能性が高い。この資料については、他の交互式神獣鏡系の倭製鏡とともにあらためて検討する。

なお①鏡と⑥ベルリン鏡では外区拡大とともに鈕の大型化も行われていることはすでにみた通りである。この拡大方法については、大きく2つの方法が想定される。1つは、原鏡を踏み返す際に、挽型を用いて外区を拡大する際に鈕自体も拡大したというものであり、もう1つの方法は、原鏡を踏み返す前に、何らかの方法であらかじめ原鏡の鈕を拡大しておいた上でそれを踏み返して鋳

図67 旧ベルリン民俗博物館所蔵画文帯仏獣鏡B

型を作成するというものである。厳密に両案のどちらの蓋然性が高いかについては未検証であり、今後の課題としておきたい。

⑥旧ベルリン民俗博物館所蔵鏡

現状で最大となる⑥旧ベルリン鏡の拡大部分は、原鏡の面径と比べて約10 cm分拡大されている。もし挽型を用いた拡大であるとすれば、挽型にして約5 cmの拡大ということになる。

全体のレイアウトは①祇園大塚山鏡と共通しており、幅約3.6 mmの平坦部とその外側に突出する外縁部を付すものである。突出部の実際の形状は梅原の報告でも記述がなく、①鏡を参考にしながら類推するしかない。拓本からは、①鏡のような断面台形状もしくは面を伴う蒲鉾状の形態を想定することも可能であるし、右上や左下の拓影からは、斜縁もしくは小ぶりの三角縁である可能性も否定できない。ただ斜縁状の形態を想定する場合も、突出部の頂点が鋭く尖っていたとみるよりは、やや緩やかなものであったと想定される点で、斜縁／三角縁と台形状の縁との間の中間的な様相を想定するのが穏当なところであろうか。

本鏡の拡大された外区において、①鏡との最も大きな違いは、平坦部に「曲線的な軟かな唐草様の文様」（梅原 1931：p.116）を配する点である。この文様帯について、梅原は次のように記述している：「吾々は嘗て上記の上総出土品（引用者註：祇園大塚山鏡を指す）に於いてほぼ同じ特徴を認めた際、その解釈として本来内側の示す支那鏡の模作を試みるに當って、單に原型の儘を型に移すに満足せず、其の外側に一帯を衞えて形の変化を求めたものとなし、また文様の不鮮明と対比して之れを我が国での倣製品と推定したのであったが、

此の事は移して本鏡をも律し得可く、更に本例では上総の遺品に見なかった外帯に一種の華様文が表され、それが軟らかな表現を取って、本来の四仏四獣鏡の體制とそぐはない存在であることも如上の推定を助くるものと見られ、鏡の銅質の白銅ではなく鉛銅色を呈してゐることも亦此の場合傍證となると思ふ」（梅原 1931：p.115）。梅原は、この時点では①祇園大塚山鏡と⑥旧ベルリン鏡のいずれも文様の不鮮明さや銅質から仿製鏡（倭製鏡）の可能性を想定していたということであるが、その点はひとまずおくとして、ここではこの「曲線的な軟らかな唐草様の文様」もしくは「華文様」の実態とその製作技術について検討したい。

結論から先に述べるならば、筆者はこの立体的な「唐草様の文様」もしくは「華文様」について、武寧王陵出土方格規矩四神鏡の浮彫文様付加でみられたような、蠟原型などの立体原型をスタンプ状に用いたものである可能性を想定している。以下具体的に検討する。

図 68 は、分析結果を示したものである。図 67 と比較していただきたいが、本鏡の実物を観察した梅原も含めて、拡張区の文様は不規則な突線状表現が全体を通して繰り返されていると理解され、たとえば画文帯神獣鏡の画文帯（飛禽走獣文）や画象鏡や獣帯鏡、方格規矩四神鏡などにおける獣文帯などのような具象的な文様とは異なると認識された結果として、抽象的文様としての「唐草文様」が想定されてきた。

筆者が問題と考えるのは、文様の意味については一旦留保するとして、この文様がどのように描かれ、鋳造されたかという点である。製作工程という観点から考えれば、先の①鏡で想定したように、まず挽型により外区の拡張を行いつつ、あわせて鈕の大型化を行ったものと想定される。その時点では①鏡と同様に、平坦部は無文の状態であるとみられ、そこから文様が付加された可能性がある。その際、梅原が「曲線的な軟かな唐草様の文様」とあえて「軟かな」と表現している点からも、この拓本に写された突線状表現は、たとえば画象鏡の獣文帯などにみられるような平面的で角をもつものではなく、丸みを帯びた立体的な表現である可能性が高い。その場合想起されるのが、武寧王陵出土方格規矩四神鏡において想定した、蠟原型ないしは立体原型の利用という点である。この点をもとに、⑥旧ベルリン鏡の外区文様においても、武寧王陵鏡と同

様に、蠟原型などの立体原型を用いているのではないかという仮説を立て、拓影をもとに可能な範囲で検証したところ、図68のような分析結果が得られた。

　拓本上で最もよく観察できるのは上半分、特に左上付近である。この付近を検討したところ、曲線が組み合わさって形成された文様単位が大きく2つ見出された。1つは文様単位Aで、左上から右方向に屈曲しながら延びる文様で、下端に線状表現、右上に渦文状表現、右下にもう1つ単位文を伴う。左向きの龍像や神仙などにもみえるが、元来は何を示したものか不明である。もう1つは文様単位Cで、左上ではAの左側に配置されているもので右下に内区にもみられるような蓮枝状の表現があり、上の方にもまとまった文様表現がみられるが、いずれも何を表したものか不明である。左上ではこのAとCが交互に繰り返される形で配置されている。一方で右上に目を向けると、文様単位Aの右側に文様単位Bが配置されている。この文様単位Bは、ちょうど文様単位Aを左右対称（鏡像）に描いたもので、文様単位Aと対になるものとみられる。この文様単位A・B・Cは、それぞれおおよそ幅が一定しており、文様全体を鋳型に直接彫り込んだと考えるよりも、文様単位A・B・Cに対応する立体原型が存在しており、それをスタンプ状に押し当てて繰り返した結果がこの拡張外区の文様を生み出しているものとみられる。各文様単位の分布を示したのが図68である。上側のCを起点として時計回りに記述すれば、〔C-A-C?-A-B-不明-B-B-C-A-C-A-A-C-B-A-C-A-C-A〕となる。

　現状で、AとCは隣り合う場合が多いので単位文としては一連のものである可能性もあるが、左右の配置の関係が一定せず、右上のように〔C?-A-B〕（時計回り・以下同じ）となったり、左下のように〔A-A-C〕となるなど不規則が基本なので、適宜A・Bを配置しながらその間をCで充塡した可能性が高いと考える。向かって右側約1/4ほどにBが集中し、左半分にはAが多い。

　問題は右側の〔不明〕の部分であり、ここについては、文様が不鮮明であることも理由の1つであるが、A・B・Cのいずれにも該当しない。唯一、〔不明〕区の向かって左手の部分が文様単位Aを反時計回りに回転させた形で施文している可能性が想定されるが、拓本の現状ではそれ以上の推測はむずかしい。いずれにしても、左右を文様単位Bに挟まれており、最終的にこの部分で全体の調整・辻褄合わせを行ったのではないかとみられる。

第2章 同型鏡と関連鏡群の系譜と製作技術 *219*

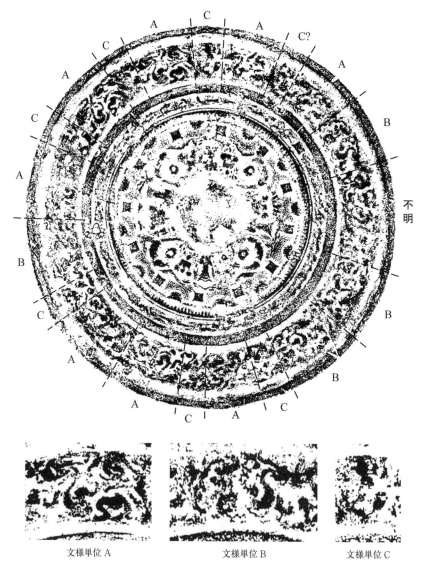

文様単位 A　　　　　　　文様単位 B　　　　　　文様単位 C

図68 旧ベルリン民俗博物館所蔵鏡における外区の拡大

もしこうした立体原型をスタンプ状に用いた施文技法とする想定が妥当であるとすると、割付線のようなものは認められないので、各文様単位の立体文を順番に軟らかい状態の鋳型に押しつけて施文する際に、文様単位同士の間に隙間やずれができないよう調整しながら進めたものと考えられる。

　A～Cの各文様単位が何を表現し、全体として何を意味するのかは判然としないが、少なくとも画文帯仏獣鏡本体部分の画文帯（飛禽走獣文）のように何かしらの神話世界を具象的に描いたといったものではなく、たとえば左右対称の龍像や神仙、また蓮枝や芝草文といった、大きく3つの文様単位の比較的ランダムな配列による拡大と加飾という点で理解することができよう。梅原が実物の観察をもとに記述した、「曲線的な軟らかな唐草様の文様」もしくは「華文様」の実態が、ここで示したような製作工程・製作技術によるものであることを確認しつつ、文様の実態が将来実物によって確認されることを期待したい。

　こうした拡張外区への単位文様の繰り返しによる配置という特徴は、やや時代が降るところの、初期の隋唐鏡における唐草十二支文鏡や方格四神獣文鏡などの十二支文系鏡（秋山 1995）、また岡村秀典が例示した外区拡大資料（岡村 2011a）などとの共通性を指摘することができる。さらに蠟原型などの立体原型の利用（中野 1994）という点においても、劉宋代の同型鏡群から隋唐鏡への変遷を考える上できわめて重要な資料である。

（7）小　結

　以上、画文帯仏獣鏡Bの文様・笵傷からみた製作順序・鈕孔製作技術・鈕と外区の拡張技術について検討してきた。笵傷から大きく3世代にわたる踏み返しが行われたことが想定され、鈕孔形態や鈕孔痕跡から、原鏡Ⅰの世代まで含めて技術的共通性が高いことを確認した。最後に外区拡張・鈕拡大について付言するならば、同型鏡群の中でも最大となるこれらの極大の改変鏡（①祇園大塚山鏡・⑥旧ベルリン鏡）は、いずれも世代的にみて原鏡Ⅰや原鏡Ⅱの世代ではなく、最新の世代に属する点を指摘しておきたい。後述するように、これは他の鏡種における文様改変事例でも同様である。この点は、⑥旧ベルリン鏡のように、鈕を拡大しすぎたがゆえに、内区主像の一部が損なわれた可能性を

もふまえるならば、さらに際立った特徴と理解される。すなわち、「内区主像の文様の精緻さ」とこうした外区拡大・文様付加・鈕拡大といった「改変」の両者は両立しておらず、「改変」に関しては内区主像が部分的に損なわれることが許容された可能性すらあるということになる。この点は、列島出土鏡が最新世代を中心としており、原鏡Ⅰや原鏡Ⅱの世代の資料、あるいは踏み返し原鏡に該当する資料が列島からほとんど出土しない点とも関わっている可能性がある。いわば同型鏡生産において何が優先順位として上位と考えられたかという問題である。これについては以下であらためて検討したい。

27. 八鳳鏡

（1）同型鏡資料の概要と先行研究での位置づけ

同型鏡が2面存在する：①兵庫・奥山大塚古墳出土鏡（以下奥山大塚鏡）、②出土地不明鏡。西田守夫（1987）により、東京国立博物館所蔵の①奥山大塚鏡と、「さる大学の資料館が保管する」出土地不明資料が検討された結果、同型鏡であることが判明した。その後、森下章司（2011a）により同型鏡群として追加されている。

（2）文様と系譜・原鏡の年代観

西田の説明を参照しながら、文様構成について概観する。いわゆる仏像夔鳳鏡に該当する資料であり、扁平な鈕を中心に、突線による大型の四葉座が配され、その間に冠羽を伴う鳳文が2体ずつ向き合う形で計8体配される。2体の鳳文の足下には長い尾をもつ獣文が配される。四葉座の根元には1字ずつ銘が配されているが判然とせず、「宜」のみ判読できる。四葉文の内部には振り返った獣が1匹ずつ配される。鈕孔の延長上にある1対は、それぞれ「後から俯瞰形に獣が表され、尾の先きは三つに分かれる」。別の1対の獣は、「前から俯瞰形に表され、獣の前には鳥が側面形に表されている」。内区外周は16区画の連弧文が配され、その中にそれぞれ獣像などが描かれる。大半が右向きのようである。太めの突線と凹線で外周が区画され、素文縁が配される。仏像を特徴づける「頭光のある"飛天"」は、この16区画の連弧文の中、鈕孔方向からみ

て左下の位置に見受けられる（西田 1987）。

　仏像夔鳳鏡については、先の画文帯仏獣鏡に関連して、三国末から西晋代において仏像夔鳳鏡が生産され、その後画文帯仏獣鏡へという変遷が想定されてきた（水野清 1950）。西田は、王仲殊（1985）を参照しながら、仏像夔鳳鏡の流行時期を三国時代呉の中期から後期（3世紀中期前半から中期後半）、地域を「主として長江中・下流域の江南地区」とし、本鏡群についても呉地の鋳造で、呉の中・後期の製作と捉えている（西田 1987）。秋山進午（1998）の分類でいう4A式に該当し、「華南」における三国末から西晋時期の製作と想定されている。

（3）范傷・踏み返し技術

	面径（cm）	傷の有無
①兵庫・奥山大塚鏡	18.9	——
②出土地不明鏡	18.86	突線周囲の凹帯部分に数カ所の鋳潰れあり

　西田の論考においては、文様以外の鋳造技術に関する検討があまり行われていないが、写真から判断するかぎり、②鏡の突線周囲の凹帯部分で数カ所において鋳潰れた部分を認めることができる。①鏡については錆のため判然としないが、②鏡の該当箇所部分の凹帯部分は鋳潰れておらず、両鏡の面径においてほぼ差がないという点からすると、両鏡は原型を同じくする同型鏡で、世代が同じ同型鏡の可能性が高い。

（4）鈕孔形態・鈕周辺の製作技術・鈕孔方向

　①兵庫・奥山大塚鏡

　鈕孔は、四葉座の中心軸からわずかに時計回りに振れた方向に開口する。鈕孔底辺は鈕座底辺に一致している。先にも述べたように、鈕自体が扁平で平坦面が広い点が特徴である。下側の鈕孔は幅7.5mm・高さ9mmで縦長となっている。大きく2段状となっており、下段だけであれば、この種の八鳳鏡で通例みられる、円形もしくは方形に近い円形とみなされるが、それが上方向に拡張されたものとも想定される（図69）。上側鈕孔は段差なく縦長鈕孔となっており、幅7mm・高さ8mmとなる。こうした縦長の鈕孔は、たとえば建安廿

第2章 同型鏡と関連鏡群の系譜と製作技術 223

鈕孔左

鈕孔右

図69 兵庫県奥山大塚古墳出土八鳳鏡

一年対置式神獣鏡（東京国立博物館所蔵）のような長江下流域の銘文帯神獣鏡などにおいてもみられるものであり、必ずしもイレギュラーな事例ともいいがたい。

下側鈕孔の段差から縦方向への拡張の結果であるとみた場合は、鈕孔3類に該当するとみることもできる。おそらく鈕の「天井」部分は非常に薄くなっているものと想定されるが、本鏡では内部に土が充塡していて貫通しておらず、鈕孔内部の鋳上がりがどのようになっているかについては不明である。

②出土地不明鏡

四葉座の中心軸方向とほぼ一致しており、①奥山大塚鏡とはわずかにずれがある。未実見のため詳細不明であるが、鈕孔底辺は鈕座底辺とほぼ一致するようである。①奥山大塚鏡とは異なり、鈕孔が縦長で鈕上面にくい込むといった特徴がみられないため、①鏡の鈕孔と対比しつつ平面写真からみるならば、②鏡の鈕孔は幅8～9mm前後、高さ6mm前後となるものとみられる。鈕本体の高さが1.3cm（径は4.0cm）とする計測値（西田 1987）とも概ね対応する。もしこの数値が妥当であるとするならば、鈕孔1類に該当する可能性がある。

（5）小　結

現状で②出土地不明鏡の鈕孔製作技術について不明な点が多いが、突線周囲の鋳潰れと面径という点から、同世代に属する同型鏡の可能性が高いと判断される。

```
原鏡 ┬→ ① 鈕孔3類？  鈕孔方向わずかにずれる
     └→ ② 鈕孔1類？
```

鈕孔は、あえて同型鏡群の範疇として分類するとすれば、①奥山大塚鏡が3類、②出土地不明鏡が1類に該当する可能性がある。問題はこれらが確実な5世紀代の踏み返し鏡であるかどうかという点である。ここでは①奥山大塚鏡における段状の鈕孔のあり方から、①②ともに5世紀代の同型鏡群の範疇で理解可能であると考えておくが、②出土地不明鏡の鈕孔の観察が課題であることを確認しておきたい。

28. それ以外の関連資料

ここまで、前節の画文帯環状乳神獣鏡Aも含め、計28種の同型鏡群につい

て検討を行ってきた。これ以外にも従来同型鏡群もしくはその関連資料として扱われてきた一群が存在する。ここでもそれらのうちのいくつかについて、「関連資料」として、若干ではあるが検討しておきたい。

(1) 同型鏡群に含まれる可能性が高いと考えられる資料
①香川・かんす塚古墳出土画文帯環状乳神獣鏡
　東京国立博物館所蔵（J-7793）。面径19.0 cmをはかる。奈良県立橿原考古学研究所編（2006）による三次元デジタルアーカイブにおいて、同型鏡群の項目で扱われた資料である。四神四獣配置の環状乳神獣鏡であるが、錆のため文様構成は不詳である。鈕孔について実見したところ、2方向とも幅6 mm・高さ5～6 mmの円形鈕孔であり、同型鏡群の鈕孔製作技術とすれば3類に該当する（図70）。文様の不鮮明さは錆だけでなく、本来の鋳上がりの状態にも関わっているとみられ、単独資料ながら同型鏡群の関連資料として位置づけておきたい。

②宮崎・猪塚古墳出土画文帯同向式神獣鏡
　現物不明ながら、詳細な絵図により文様の細部が判明する資料である（図71）。宮崎県東諸県郡・国富町の本庄古墳群の中の前方後円墳に伴う地下式横穴墓から出土した資料である（吉村和 2008）。径五寸とされ、面径15 cm前後とみられる。銘文不詳ながら、画文帯同向式神獣鏡であり、2面の倭製鏡（旋回式獣像鏡系1面・二神二獣鏡1面）および玉類・刀剣類・横矧板鋲留短甲・刀剣類などと共伴して出土している。絵図の精度から、鈕孔底辺が鈕座面に一致する同型鏡群の特徴を描いている可能性は高いとみられるが、旋回式獣像鏡系の鈕孔が方形ではなく同じく半円形として描かれているため、確証には欠ける。ただし、5世紀後半代の古墳副葬事例として、同型鏡群の可能性が高く、その場合九州南部の地下式横穴墓出土事例という点では唯一という点でも稀少な事例となる。単独資料ながら、同型鏡群の関連資料と位置づけておきたい。

③兵庫・亀山古墳出土画文帯神獣鏡
　東京国立博物館所蔵（J-34410）。面径14.6 cm。1937年調査による出土で、墳丘は長径48 m、短径44 mの楕円形古墳とされている（加西市教育委員会 2005）。文様が不鮮明であるが、同向式神獣鏡とみられ、半円方形帯の周囲は

鈕孔左　　　　　　　　　　　　　　鈕孔右
図70　香川県かんす塚古墳出土画文帯環状乳神獣鏡

内側から櫛歯文・鋸歯文・外周突線・三角縁となる。全体として踏み返し後に外区を改変したものとみられる（cf. 下垣2016b）。鈕孔製作技術の確認により同型鏡群と認定できる可能性があり、課題としておきたい。

④静岡・石ノ形古墳出土神人龍虎画像鏡（袋井市教育委員会 1999）

5世紀末葉の円墳

図71　宮崎県猪塚古墳出土画文帯同向式神獣鏡

（27m）から出土した。面径18.2 cm である。内区に4つの乳を配し、各区に2体ずつ神像・獣像を配する。内区外周には銘帯が巡り、外区は鋸歯文・複線波文・鋸歯文で縁部がやや斜縁気味に突出する。実見の結果、鈕孔は1〜2mm 高い位置に設置された幅6.5 mm×高さ7 mm の円形鈕孔であり、鈕孔3類に該当するものと考えられた。同型鏡群の神人龍虎画像鏡とは異なる文様構成であり、単独資料ながら同型鏡群の一種である可能性が高い資料である。

⑤大阪・海北塚古墳出土細線式獣帯鏡

東京国立博物館所蔵（J-5669）および京都大学総合博物館所蔵。破片に分かれているが、径16.1 cm に復元されている。6世紀代の副葬事例であり、前掲の三次元デジタルアーカイブの中で京都大学資料について同型鏡群の一種として扱われている。鈕孔は同型鏡群の一般的資料ほど大きくなく、これは鈕自体が小ぶりであることに起因する可能性もある。本鏡は鉛同位体比が前漢〜漢鏡4〜6期鏡の範疇にあるので（後述：第4節）、古墳時代前期以前からの列島での伝世か、もしくは同型鏡群の舶載時にもたらされた「原鏡候補」などの可能

性もある。本鏡の銅質・鋳上がりがきわめて精良である点はこうした点に起因するものとみられる。

⑥群馬・御殿山古墳出土星雲文鏡

東京国立博物館所蔵（J-22666）。面径12.3 cm。1933年出土で、後期の横穴式石室から鉄製刀剣類・金環・馬具などとともに出土した資料である。『考古資料大観』（車崎編 2002）および前掲の三次元デジタルアーカイブにおいて同型鏡群の項目の中で掲載され、同型鏡群との関係が想定されている資料である。現状では前漢鏡を原鏡とした確実な同型鏡群の事例がほとんど知られておらず、鈕孔製作技術の確認も含めて課題としておきたい。

⑦愛媛・天山1号墳出土環状乳五神五獣鏡

1971年出土で、名本二六雄により5世紀代以降の踏み返し鏡の可能性が指摘されている資料である（名本 2014）。面径19.3 cmを測る。鋳上がりの状態は踏み返し鏡の表面と共通する。鈕孔製作技術の確認を課題としておきたい。

⑧福岡・沖ノ島18号遺跡出土方格規矩四神鏡

面径17.8 cmである。沖ノ島18号遺跡出土資料であり、鈕区と本体部分が接合して同一個体であることが確認された（重住他 2010）。この資料について、柳田康雄は鈕孔が二重となり（鈕孔痕跡）、乳頂が丸く、乳座の連弧文が平坦な円座になる点、また鈕の頂部が平坦であるという特徴から踏み返し鏡と捉え、奈良県新沢173号墳出土鏡（浮彫式獣帯鏡E）などとの共通性を指摘している（柳田 2011）。筆者もこの指摘を受け、同型鏡群の参考資料として扱ってきた。あらためて検討すると、鏡背の突線の状態や鋳上がりからみて、本鏡が踏み返し鏡であるという指摘は妥当と思われる。鈕孔形態については、鈕孔底辺が鈕座面と一致している点、やや縦長の半円形である点から同型鏡群との共通性は高いものとみる。典型的な同型鏡群の鈕孔と比べやや鈕孔の法量が小さい点が気にかかるが、鈕が小さい点と関わるものとみて、ここでは同型鏡群の関連資料と捉えておきたい。

⑨熊本・国越古墳出土対置式四獣鏡

『考古資料大観』（車崎編 2002）において六朝鏡として同型鏡群と同じ文脈で位置づけられてきた一群である。面径9.2-9.3 cmを測る（図72）。全体的に鋳上がりがよく、鏡背を観察すると地文部は鋳肌を良好に残している。鈕孔形

第2章 同型鏡と関連鏡群の系譜と製作技術　229

鈕孔左　　　　　　　　鈕孔右
図72　熊本県国越古墳出土画文帯対置式四獣鏡

態は方形・円形でいずれも幅・高さ約4mmである。円形の側には上辺から左側辺にかけて鈕孔痕跡がみえる。先にみた熊本・才園古墳出土鍍金求心式神獣鏡が同様に鈕孔が円形で幅・高さが4.5mmと本鏡とほぼ同様であり、本鏡も鈕孔3類に位置づけることが可能とみられる。以上から、鈕孔形態の存在も含めて同型鏡群との共通性が高く、関連資料として位置づけておきたい。

⑩虺龍文鏡について

中期以降の古墳に副葬された虺龍文鏡については、これまでも鉛同位体比などから踏み返し鏡の可能性が指摘されてきた（藤丸1994・1996、平尾・鈴木1996）。ここでもいくつかの事例についてみておくと、たとえば兵庫県宮山古墳出土の虺龍文鏡は鏡背の状態・鋳上がりから踏み返し鏡の可能性が高いとみられるが、鈕径が約2.2cm・鈕高が約9mmと大型であり、鈕孔も幅約7～8mm・高さ約4～5mmというように、面径10.2cmに比して大型である。鈕孔形態は半円～方形であり、鈕孔底辺は鈕座面に一致する。また和歌山県椒古墳出土虺龍文鏡（東京国立博物館所蔵・J-5459）も踏み返し鏡の可能性が指摘されている資料であり、小型の鈕に比して鈕孔が大きい特徴がみられる。これらについては、同型鏡群の鈕孔製作技術との共通性の高さから関連資料とみておきたい。

⑪6世紀初頭前後の方格規矩四神鏡の副葬事例について

同型鏡群において確実な方格規矩四神鏡の事例として、韓国・武寧王陵出土鏡（および鏡研搨本鏡）について検討し、また先述のように福岡・沖ノ島18号遺跡出土鏡についても関連資料として捉えたところである。それ以外にも6世紀初頭前後においては、佐賀・島田塚古墳出土鏡や福井・十善の森古墳出土鏡などの副葬事例が知られている。島田塚古墳出土鏡（東京国立博物館所蔵J-5935：図73、面径16.5cm）は、鏡背の鋳上がりが踏み返し鏡の特徴を示し、半円形鈕孔を伴う点で同型鏡群の関連資料の可能性がある。十善の森古墳出土鏡は唐草文帯による外区片であり詳細不明である。いずれもさらなる今後の技術的な検討が必要であるが、武寧王陵鏡なども含め、6世紀初頭前後に方格規矩四神鏡の副葬事例が集中しているのは注意されるところである。今後の課題としておきたい。

図73　佐賀県島田塚古墳出土方格規矩四神鏡

（2）現物不明で同型鏡群との関連が想定される資料について

　5世紀後葉～6世紀前葉にかけて、現物不明ながら鏡の出土がいくつか知られている。たとえば山口県塔ノ尾古墳（桑原 1988）では画文帯環状乳神獣鏡とされる面径14.55 cmの資料の存在が知られ、21 cmの鏡とともに出土したとされている。また福岡県兜塚古墳（5世紀代4四半期築造・北部九州型初期横穴式石室）は、寛文年間（1661-1672）の開口とされ、面径五寸（約15 cm前後）の鏡の出土が知られている。近年の調査で鋲留短甲片が出土している（福岡市教育委員会 1996）。面径五寸に該当する鏡は、倭製鏡も当然含まれるが、同型鏡群の中で画文帯環状乳神獣鏡A・B・D・画文帯同向式神獣鏡Aや

前述の宮崎・猪塚古墳出土鏡などをはじめ、該当する可能性が高い鏡種が多く存在している。また前述のように、奈良・野神古墳からは、径一尺の鏡が2面出土したことが記録されており、下垣仁志は、該当する可能性がある資料として、前掲の旧ベルリン民俗博物館所蔵で伝日本古墳出土の画文帯仏獣鏡B（33.6 cm）を挙げている（下垣 2016a）。こうした中・後期の詳細不明鏡については面径などから同型鏡群の可能性が推測されるものがあることを確認しておきたい。

ここで挙げたのは主に5世紀後半～6世紀代の古墳・遺跡出土資料の一部にすぎず、今後の資料の見直しと、特に鈕孔製作技術の観察により、同型鏡群の関連資料は増加するものと考えられる。

（3）5世紀前半代の中国鏡の特徴と同型鏡群

従来より5世紀前半の古墳から中国鏡が出土することについて、5世紀代における対南朝遣使あるいは対半島交渉などを通じて新たに中国鏡が流入した可能性が想定されてきた（e.g. 川西 2004）。この点は、本章でここまで検討してきたいわゆる同型鏡群がいつ出現するのか、またそうした5世紀前半代の資料と技術的に区別が可能であるのかといった問題とも密接に関わっている。結論から述べるならば、5世紀前半代の中国鏡資料については、鈕孔製作技術が同型鏡群の1類～4類とは若干異なっており、識別が可能とみられる。具体例として、兵庫・宮山古墳出土画文帯環状乳神獣鏡（姫路市教育委員会 2016）と福岡・月岡古墳出土同向式画象鏡（辻田 2005b）の鈕孔写真を挙げる。どちらも5世紀前葉～中葉にかけての副葬年代が想定される資料であるが、前者は幅2 mm・高さ3 mmほどの微小な鈕孔であり（図74）、ほぼ同じ大きさである前述の才園古墳出土鍍金求心式神獣鏡や国越古墳出土対置式四獣鏡と比べて一回り小さく、形態上もやや異なっている。また月岡古墳出土同向式画象鏡についても、鈕座面よりわずかに高い位置に設置された幅約4 mm・高さ約3～3.5 mmの方形鈕孔であり（図75）、少なくとも本章で検討してきた同型鏡群の鈕孔形態とは技術的に異なっている。以上から、これらの資料については、鋳造年代の限定は困難であるが、同型鏡群の鈕孔製作技術以前の所産であるとみることが可能である。なお参考までに、九州における前期末～中期初頭前後

図74　兵庫県宮山古墳出土画文帯環状乳神獣鏡の鈕孔形態　　図75　福岡県月岡古墳出土同向式画象鏡の鈕孔形態

の画文帯神獣鏡事例として注目されてきた熊本・院塚古墳出土画文帯同向式神獣鏡についても、実見・実測の結果、反りが非常につよく、鈕孔も一段高い位置に幅4〜5mm・高さ3mm前後の長方形鈕孔をもつことから、後漢末〜魏晋鏡の範疇で理解可能であることを確認している。同様の事例は静岡県馬場平古墳出土画文帯同向式神獣鏡などにおいても確認され、同型鏡群との技術的差異が明瞭に識別可能である。

　また5世紀前半においては、半島南部においても中国鏡の副葬事例が知られるが（上野2004）、現状において同型鏡群と同じ鈕孔形態を有するものは含まれず、上記の宮山・月岡古墳出土資料と同様の脈絡で理解することが可能とみられる（e.g. 野幕古墳出土双頭龍文鏡：小型の長方形鈕孔をもつ）。上野祥史が指摘するように、半島南部地域においては、5世紀前半の鏡副葬事例と、5世紀後半における旋回式獣像鏡系などの倭製鏡副葬事例との間には時期差・段階差を認めることができるのであり（上野2013c・2014b）、この点からも同型鏡群の成立においてはある種の技術的変化を伴うことが想定される。以上から、5世紀前半以前における遺跡・古墳出土漢鏡・中国鏡は、半島南部出土資料も含めて、全般的に鈕孔形態が同型鏡群のもの（1類〜4類）とは異なり、小型の方形鈕孔や鈕座面より高い位置にあるものが多く、仮に踏み返し鏡であっても、本章で検討してきた同型鏡群よりも先行する時期の所産として、別の一群と捉えることができるものと考える。

　以上のように、同型鏡群として検討してきた28種約130面以外に、ここで

表7 同型鏡群と関連資料の改変事例一覧

	鏡種	番号	遺跡名等	面径	改変箇所
1	画文帯環状乳神獣鏡A	⑩	韓国・中央博蔵	15.22–15.34	鈕
2	方格規矩四神鏡	①	韓国・武寧王陵	17.8	内区図像浮彫文付加
3	細線式獣帯鏡C	—	岐阜・城塚	20.6	鏡背への鍍金
4	求心式神獣鏡	—	熊本・才園	11.7	鏡背への鍍金・画文帯改変
5	画文帯対置式神獣鏡	①	兵庫・よせわ	20.11–20.20	縁を三角縁に改造
6	画文帯対置式神獣鏡	②	愛媛・金子山	20.73–20.85	縁を拡張
7	画文帯対置式神獣鏡	④	出土地不明	不明	縁を拡張
8	画文帯同向式神獣鏡A	①	群馬・恵下	14.72–14.79	縁を三角縁に改造か
9	画文帯同向式神獣鏡A	②	梨花女子大蔵	14.82–14.90	縁を三角縁に改造か
10	画文帯同向式神獣鏡B	②	愛知・大須二子山	19.43–19.53	三角縁（小）付加
11	画文帯同向式神獣鏡B	③	石川・狐山	19.41–19.56	三角縁付加
12	画文帯同向式神獣鏡B	⑥	宮崎・伝持田鏡	不明	三角縁付加
13	画文帯同向式神獣鏡B	④	出土地不明	不明	三角縁付加
14	画文帯同向式神獣鏡B	⑤	渡邉氏拓本資料	19.2–19.4	三角縁付加
15	画文帯仏獣鏡B	①	千葉・祇園大塚山	30.26–30.44	鈕・外区拡大
16	画文帯仏獣鏡B	⑥	旧ベルリン	33.6	鈕・外区拡大・文様付加
参考	同向式神獣鏡	—	兵庫・亀山	14.6	縁を三角縁に改造か

挙げたような資料①〜⑪が同型鏡群に準ずる関連資料、もしくは同型鏡群の一部である可能性が想定されるところであり、(2)の資料なども含めるならば、現在までの古墳・遺跡出土資料としてだけでも同型鏡群は140面を超える可能性があることになる。以下で検討を行う上での参考数値としておきたい。

29. 踏み返し時における改変事例の技術的特徴

(1) 改変事例の種類

本章のここまでの検討において、同型鏡群では踏み返しに際してさまざまな「改変」が行われる事例があることを確認してきた。それを一覧で示したのが表7である。参考事例も含めて17例を挙げることができる。約130面ないし140面の1割をやや超えるほどの割合ということになる。なおこれらの中には同型鏡が含まれると考えられるため、「鋳型の改変」という意味ではこれよりやや数が少なくなる。

第2章 同型鏡と関連鏡群の系譜と製作技術　235

改変の世代	備考	
3世代の第2世代	鈕径はそのまま，高さを上げる形の大型化	1
最新世代か	蝋原型などの立体原型付加による踏み返し	2
最新世代	鏡背全体	3
最新世代	鏡背全体に鍍金・画文帯を一部銘文に改変	4
2世代の第2世代	②④とは別	5
2世代の第2世代	①とは別	6
2世代の第2世代	①とは別	7
3世代の第2世代	同型の可能性あり	8
		9
3世代の第2世代	③④⑤⑥とは別	10
3世代の第2世代	同型の可能性あり・③は菱雲文消去か	11
		12
3世代の第2世代	（同型の可能性あり）	13
		14
3世代の第3世代	鈕の拡大は内区主像まで及ばず	15
3世代の第3世代	外区文様は立体原型による繰り返し・鈕の拡大は内区主像に一部影響か	16
―	外区は櫛歯文・鋸歯文・外周突線・三角縁	参考

「改変」の具体例としては、大きくA：鈕の大型化、B：外区改変、C：文様付加、D：文様改変、E：鍍金の5種類が認められる。これらを総称して本書では「改変事例」と呼称する。以下それぞれの特徴を整理する。

（2）A：鈕の大型化

　鈕の大型化は3例である。画文帯環状乳神獣鏡A⑩は面径と鈕径はそのままで高さのみをかさ上げする。画文帯仏獣鏡Bの①⑥は、鈕径を大型化しており、特に後者の⑥鏡では、前述のように内区主像に一部影響を及ぼしている可能性がある。画文帯仏獣鏡Bの2面の事例は面径の大型化に関連するものとみられる。

（3）B：外区改変

　最も事例が多いのが外区改変事例であり、これは特にa）平縁を三角縁に改変する、b）外区を拡大するという両者が認められる。あわせて12例が挙げられ、最も多いのが、斜縁状の三角縁付加である（川西 2004）。こうした三角縁への改変は、5世紀代以降の中国鏡でも指摘されているところであり（上野 2005）、また後漢末〜三国代における斜縁系鏡群や三角縁神獣鏡の成立なども含めると、大陸における技術伝統の一環として捉えることができる特徴ともいえる。また画文帯仏獣鏡Bの2面は、原鏡の外区のさらに外側に一段低い平坦部と断面台形ないし半円形の外縁部を付して面径30 cm以上の極大化を達

成する点で共通する。いずれも踏み返しに際して挽型を用いて面的に拡大するという技術的特徴が認められる。外区改変は基本的に加飾と面径の拡大を目的としたものとみられるが、中型鏡から大型鏡まで幅広く行われている。

（4）C：文様付加

　韓国・武寧王陵出土の方格規矩四神鏡と、旧ベルリン民俗博物館所蔵・画文帯仏獣鏡Bの2面が該当する。前者は内区における浮彫文様の付加であり、後者は拡大した外区の幅広平坦面における浮彫文様の付加であるが、両者に共通するのは、蠟原型などの立体原型を用いているという点である。前者では立体原型を「踏み返し原鏡」に設置した上で踏み返したとみられるのに対し、後者では大きく3種類の立体原型をスタンプ状に用いて全体を構成している。前述のように、立体原型の使用という点で、後の隋唐鏡の製作技術への変遷（cf. 中野 1996）を考える上でも重要な技術的特徴である。[9]

（5）D：文様改変

　先の外区改変の事例において、三角縁を付す際に菱雲文を消去するもの（11：画文帯同向式神獣鏡B③）や、画文帯を銘帯に変更した、熊本県才園古墳出土求心式神獣鏡（車崎編 2002、辻田 2016a）などを想定して設定した。踏み返し後の鋳型が軟らかい時点での鋳型への直接改変によるものとみられる。事例数が少ないが、逆にこの点からも、内区主像や外区文様などに対する改変が行われているのはこのC・Dに該当するわずか数例に限られており、同型鏡群の生産においては、全般的には踏み返しに際して原鏡の文様をそのまま複製することに主眼が置かれていたことが想定される。

（6）E：鍍金

　鍍金の事例が2例認められる。岐阜県城塚古墳出土鏡（細線式獣帯鏡C：20.6 cm）、上述の熊本県才園古墳出土鏡（求心式神獣鏡：11.7 cm）である。厳密な意味での「改変」とは異なるが、他の改変事例と同様に、以下に述べる同型鏡群における踏み返しの最新世代鏡への技術的加飾という点で同様の脈絡によるものと考える。2例は大型鏡と小型鏡であり、面径の大きさとの直接の

相関は認めがたい。比較的文様の不鮮明化が進んだ鏡の鏡背全体への鍍金という共通性が認められる（cf. 梅原 1952）。現在の資料においては全体の比率からすればごく一部ということになり、同型鏡群の生産においては鍍金自体は必ずしも求められていなかったと想定されよう。

（7）小結：改変事例の帰属世代と製作者の「優先順位」

　最後に、これらの改変事例において、鋳型への改変が行われたのがどの世代かという点についてみておきたい。表7の改変事例全体で共通するのは、鋳型への改変が必ずしも原鏡に近い、あるいは踏み返しの古い世代というわけではなく、たとえば現在判明している3世代の中の第2世代もしくは最新世代が主体であるという点である。すなわち、同型鏡群の製作にあたって、踏み返し鏡生産の初期において速やかに外区改変により面径を拡大したり文様を付加したというよりは、文様の精緻な原鏡をもとに何度か踏み返しを行った後、文様が不鮮明になりつつある新しい世代の製品をもとに踏み返しを行う際に改変が行われていることになる。このことは、こうした改変事例においては、たとえば拡大した外区と内区主像の精緻さといった点は必ずしも両立しないことを意味する。言い換えれば、これらの改変事例の製作に際しては、原鏡本来の文様の精緻さよりも、改変されたA～Eの特徴の方が優先された可能性を示唆している。

　一方で、川西（2000・2004）が指摘するように、世代が古く遡る原鏡が列島出土鏡にほとんど含まれないこととあわせて考えるならば、原鏡保有者あるいは製作者の側においては、文様の神話世界などが厳密に表現された精緻な「踏み返し原鏡」の方がより価値が高く重要であったとみられる。これは、南斉建武五年（498）銘画文帯神獣鏡のような「王朝の鏡」の可能性が高い鏡の製作においては、「精緻巧妙の極」（富岡 1920）と評されるような主像の精巧さが達成されていることからもうかがわれる（辻田 2014a）。列島出土鏡としては、外区を改変した画文帯仏獣鏡B（①⑥）が30 cmを超す極大鏡として鏡の序列の最上位に位置づけられるが、ここまでみてきたように、これらにおいては本来の内区主像が不鮮明であったり損なわれたりしている点で、原鏡保有者あるいは製作者の本来の価値づけとは「ずれ」が生じているものとみられ

る。同型鏡群において原鏡をそのまま複製した「非改変事例」が多い理由がこうした点に求められる可能性もあろう。この点は、以下で検討するように、大半が踏み返しの新しい世代に属する列島出土鏡（および半島南部出土鏡）全体の位置づけを考える上で重要な意味をもつものと考える。

　なお重ねて付言するならば、踏み返し鏡製作の外区改変における三角縁の問題、方格規矩四神鏡や画文帯仏獣鏡Bの文様付加における立体原型利用と文様の内容などを含めたA～Eの特徴は、いずれも列島の倭製鏡には認められないものであり、むしろ大陸での技術伝統に属するものであることから、これらの特徴の存在という点にもとづき、最新世代の生産まで含めて、これらの同型鏡群の製作地は大陸・南朝と考えるのが妥当であろう。同型鏡群の製作地とその背景をめぐる問題については第5節であらためて検討することとし、以下では列島および半島南部の遺跡から出土した同型鏡群が基本的に大陸産であるという理解のもと論を進めたい。

30.　小結：同型鏡群の製作技術と生産の具体相

　以上、同型鏡群の28種および関連資料を含め、約140面の資料について、鈕孔製作技術や改変事例という技術的な観点から検討を行ってきた。その結果をまとめたものが表8である。これをもとに、新たに判明した事実関係を中心として、ここでの分析結果を整理しておきたい。

（1）踏み返しにおける「世代」と遺跡出土鏡の帰属

　本章では、主に川西宏幸（2004）の笵傷の観察にもとづく各鏡種の製作順序復元をふまえ、鈕孔製作技術の観察から検討を行った。その結果、多くの鏡種において、「原鏡Ⅰ」の世代まで遡って、列島および半島南部出土の遺跡・古墳出土の同型鏡群（以下遺跡出土鏡と呼称）と同じ鈕孔製作技術による生産が行われていた可能性が高いことが新たに判明した。鈕孔痕跡などから鈕孔形態を確認できない原鏡Ⅰも存在しており、必ずしもすべてではないが、各鏡種の「原鏡Ⅰ」自体にも踏み返し鏡が多数含まれているとみられる。このことは、鋳造年代がたとえば後漢代などに遡るような本来の原鏡は、本章でみたような

復元図式には含まれておらず、さらに世代が遡る可能性が存在することを意味している。この場合、原鏡Ⅰの世代から最新世代の未発見資料まで含めると、同型鏡群全体の生産数は本来140面を大きく上回ることが想定される。

表8では、遺跡出土鏡から数えて、各鏡種の「原鏡Ⅰ」まで含めた「最小世代数」を示している。たとえば最初に第2節で検討した画文帯環状乳神獣鏡Aは、「原鏡Ⅰ—原鏡Ⅱ—出土鏡」となり、これを「3世代」とする。その上で、遺跡出土鏡から逆算可能な「最小世代数」と、出土鏡の帰属世代について検討した。その結果、最小世代数は「3世代」が最も多く11鏡種であった。「2世代」のものも多く存在するが（9鏡種）、出土面数1面の単独事例が多く含まれているため、今後の資料数増加により世代数も含めて変動するものとみられる。「4世代」は2例にとどまることから、遺跡出土鏡から遡って「3世代」というのが同型鏡群の踏み返し鏡生産の一般的なあり方と想定される。すなわち、同型鏡群は、こうした「最小世代数3世代を基本とする」という点においても、鏡種を横断して共通性が高い一群であると考えるができる。

第1章でもみたように、川西宏幸は、原鏡候補を含む「オヤコ」関係が想定される資料として、画文帯環状乳神獣鏡C（4面）、画文帯同向式神獣鏡B（3面）、画文帯仏獣鏡A（4面）を挙げ、原鏡候補となる資料が少なすぎる点を指摘し、踏み返し原鏡の輸出が制限された可能性を論じている（川西 2004）。川西が踏み返し原鏡の候補として挙げたのは、以下の3面である：

- 画文帯環状乳神獣鏡C：②藤ノ木鏡（3世代中の原鏡Ⅰの可能性）
- 画文帯同向式神獣鏡B：①旧ブリング氏蔵鏡（4世代中の原鏡Ⅰの可能性）
- 画文帯仏獣鏡A：④北京故宮蔵鏡（3世代中の原鏡Ⅱの可能性）

なおこのうち、画文帯仏獣鏡Aの④北京故宮蔵鏡については、本章での鈕孔痕跡の観察の結果、第1世代の原鏡Ⅰではなく、第2世代の原鏡Ⅱの可能性が高いと判断したものである。残りの2鏡種のうち、藤ノ木鏡は鈕孔1類とみられる。旧ブリング氏蔵鏡は原鏡Ⅰの可能性が想定されるが、残念ながら未実見のため、鈕孔形態が同型鏡群の技術そのものであるかについては不明である。

本章での鈕孔痕跡の観察により、「原鏡Ⅰ」が同型鏡群の鈕孔製作技術の範疇で理解可能なものとして、以下の12鏡種が挙げられる：細線式獣帯鏡A

表8 同型鏡群の鈕孔製作技術

	鏡種名	面径	出土面数	最小世代数	出土鏡の帰属世代	鈕孔形態 1類	2類	4類	3類	面径区分
1	方格規矩四神鏡	17.8	2	2世代	第2世代		1			中
2	細線式獣帯鏡A	22.3	7	3世代	第3世代(＋第1世代?)	1	3	1	1?	大
3	細線式獣帯鏡B	24	2	──	──	?	?			大
4	細線式獣帯鏡C	20.6	1	2世代	第2世代		1		1	大
5	細線式獣帯鏡D	18.1	1	──	──	1?				中
6	細線式獣帯鏡E	23.6	1	2世代	第2世代	1?				大
7	浮彫式獣帯鏡A	17.5	12	4世代	第3・第4世代	8	4			中
8	浮彫式獣帯鏡B	23	4	3世代	第2・第3世代	1	(2)	1		大
9	浮彫式獣帯鏡C	17.8	1	2世代	第2世代				2	中
10	浮彫式獣帯鏡D	20.6	1	──	──		1			大
11	浮彫式獣帯鏡E	20.3	1	2世代	第2世代				2	大
12	盤龍鏡	11.6	2	──	──				1	小
13	神人龍虎画象鏡	20.5	5	3世代	第2・第3世代		3	1		大
14	神人歌舞画象鏡	20.3	12	3世代	第2・第3世代	2	9			大
15	神人車馬画象鏡	22.2	3	2世代?	第2世代?		1	1		大
16	神獣車馬画象鏡	20.1	1	──	──	1				大
17	画文帯環状乳神獣鏡A	14.8	10	3世代	第2・第3世代	6	3			中
18	画文帯環状乳神獣鏡B	15.3	6	3世代	第3世代	1			(5)	中
19	画文帯環状乳神獣鏡C	21	7	2世代	第1・第2世代?	4				大
20	画文帯環状乳神獣鏡D	14.8	1	2世代	第2世代	1?				中
21	求心式神獣鏡	11.7	1	──	──				1	小
22	画文帯対置式神獣鏡	20.2	4	2世代	第2世代				4?	大
23	画文帯同向式神獣鏡A	14.8	2	3世代?	第3世代?				2?	中
24	画文帯同向式神獣鏡B	19.4	6	4世代	第3・第4世代		(2)			大
25	画文帯同向式神獣鏡C	21	28	3世代	第2・第3世代	16			4?	大
26	画文帯仏獣鏡A	21.5	4	3世代	第2・第3世代	1?	3			大
27	画文帯仏獣鏡B	23.6	7	3世代	第2・第3世代		7?			大
28	八鳳鏡	18.9	2	2世代	第2世代	1?		1?		中
					小計	(46)	(41)	4	(24)	

240

鈕孔方向の一致	備考	
──	浮彫文付加	1
概ね全体で一致		2
──		3
2世代で一致	原鏡鈕孔2類か	4
──		5
2世代で一致		6
群・世代により異なる		7
一致		8
一致	原鏡鈕孔3類か	9
──		10
2世代で一致	原鏡鈕孔3類か	11
──		12
全世代で一致		13
概ね全体で一致	原鏡Iは鈕孔1類か	14
一部不一致		15
		16
群・世代により異なる	一部鈕の大型化	17
1面を除きほぼ一致		18
一致	原鏡Iを含むか	19
一致	青松塚鏡	20
──	鍍金・画文帯改変	21
1面を除きほぼ一致	縁の拡大・改変	22
不一致	縁の改変か	23
群・世代により異なる	縁の改変・旧ブリング氏蔵鏡は原鏡Iか	24
全世代で概ね一致		25
第1世代のみ僅かに異なるがそれ以外は概ね一致	原鏡IIを含むか，原鏡Iは鈕孔2類か	26
1面を除きほぼ一致	鈕・縁の拡大・外区文様付加，原鏡Iは鈕孔2類か	27
ほぼ一致		28

(3類？)、細線式獣帯鏡C（2類）、浮彫式獣帯鏡A（2類？）、浮彫式獣帯鏡C（3類）、浮彫式獣帯鏡E（3類）、神人龍虎画象鏡（2類）、神人歌舞画象鏡（1類？）、画文帯環状乳神獣鏡C（1類）、画文帯対置式神獣鏡（3類？）、画文帯同向式神獣鏡C（1類？）、画文帯仏獣鏡A（2類？）、画文帯仏獣鏡B（2類）。28鏡種のうち鈕孔痕跡から確認できたものだけで12種と半数近くであることから、鈕孔痕跡が未確認のものも含めて、多くの鏡種で原鏡Iまで同型鏡群の範疇に該当する可能性は高いとみられる。大型の2類が多く含まれる一方で3類が目立っているが、これは「新しい世代の踏み返し鏡」に「3類の鈕孔痕跡がみられる」ことを意味しており、この点で原鏡の鈕孔形態とも関連している可能性がある。

　日本列島および朝鮮半島の遺跡出土鏡の中に、原鏡Iにかぎらず原鏡候補が含まれる可能性が低いという川西が指摘した点は、本章において増加した資料をもとに検討した結果としても変更はない。さらに具体的にいえば、遺跡出土鏡の帰属世代は、「3世代中の第2・第3世代」もしくは「最新世代」が大半であることがわかる。例外的に原鏡Iの世代まで遡る可能性がある資料として、細線式獣帯鏡Aの⑦日隈鏡があるが、本鏡も原鏡Iそのものではなく、それよりも遡る踏み返し原鏡が別に存在するとみられる。

　以上から、鈕孔痕跡からみると、原鏡Iの世代まで含めて同型鏡群（踏み返し鏡）の範疇で理解されるにもかかわらず、列島・半島南部の遺跡出土鏡の実に9割以上が「最新世代」もしくはそのひとつ前の世代に属し、かつ踏み返しの原鏡候補に該当しない鏡であるという点をあらためて確認した。あえて誤解をおそれずにいえば、同型鏡群は、「踏み返し鏡」である点において、元来「粗製濫造品」としての性格を有していると考えられるが、列島および半島南部の遺跡出土鏡は、大半が、そうした「粗製濫造品」の中でもさらに最新世代の、いわば「末端」の製品であることになる。この点と、前項でみた「改変事例」が同様に最新世代を主体とするという点は、論点として重なってくる。すなわち、「極大化した外区改変事例」（画文帯仏獣鏡B）や鍍金鏡（細線式獣帯鏡C・求心式神獣鏡）などについても、数次にわたる踏み返しが行われた「粗製濫造品」の「末端」の製品であるということになる。

　以上の点において、あらためて川西（2004）が想定した、「原鏡候補の輸出

制限」という仮説の妥当性を追認するとともに、遺跡出土鏡としての同型鏡群が、鈕孔製作技術などとあわせて、踏み返しの帰属世代という点でもきわめて共通性が高い一群であることが確認できる。このことは、第1章で課題として設定した、「同型鏡群」をある種のまとまりをもった製品群として認めることができるかどうかという論点に関わってくる。すなわち、いわばランダムに原鏡候補となる鏡が混在することがなく、「最新世代」を主体とするという点において徹底しているのであり、「舶載鏡」であるという観点からいえば、少なくとも踏み返し原鏡にもとづく「生産」と「輸出」に際しての、ある種の管理が非常に行き届いた製品群であるという理解が可能であるとみられる。

(2) 鈕孔製作技術からみた生産の具体相

　以上の点をふまえ、本章で検討した鈕孔製作技術の観点から、同型鏡群の生産の実態について検討したい。

　ここまでみてきたように、本章の分析結果によって事実関係として新しく指摘した点は、鈕孔痕跡からみて、原鏡Ⅰの世代まで含めて同型鏡群の鈕孔製作技術の範疇で理解できる可能性が高いこと、そしてそれらの技術は5世紀前半以前の鈕孔製作技術とは異なるものであり、その意味で「同型鏡群の鈕孔製作技術」としての共通性が高いという点である。

　ここでは、同型鏡群の生産の具体相について、鈕孔形態から考えてみたい。表8においては、28種類の各鏡種ごとに、用いられた鈕孔形態をそれぞれに整理している。不明のものも多いが、把握可能な範囲で集計したところ、判断保留のものも含めた概数であるが、鈕孔1類が最も多く46例、ついで2類が41例、3類が24例、4類が4例となった。前述のように、4類は大型鈕孔という点で2類の範疇で理解可能であるので、これをあわせると、概ね1類と2・4類が50例前後で相半ばし、3類が少数派というのが実態であることが判明した。第2節の画文帯環状乳神獣鏡Aの分析においてもみたように、同一鏡種において1類と2類が混在する事例が比較的多い。また複数の鈕孔形態が混在する鏡種では、2類が主体の鏡種は19cm以上の大型鏡が多いことから、面径・鈕の大きさと相関するとみてよい。すなわち、大型鏡には2類が主体的に用いられ、全般的には1類を用いるのが基本であったと考えることができる。

```
1～2世紀    3世紀      4世紀   5世紀   6世紀      7世紀
（後漢代）（三国代）（西晋代）（東晋代）（宋代）（斉・梁・陳）（隋唐）
―――半円―――
      ―――長方形（段差あり）―――？   半円（段差なし）―――――――
      ―――方形―――？
      ―――円形―――――？    （円形）―――
```

図76　後漢・三国・西晋・南朝における鈕孔形態の変遷概念図

この場合、1類と2類の関係は、同じ楕円形中子を用いた半円形鈕孔という点で、ほぼ同種の鈕孔形態である可能性が高くなる。

　問題は鈕孔3類の円形鈕孔の位置づけである。この問題を考える前に、ここで前提としての大陸の銅鏡における鈕孔形態の変遷について確認しておきたい。

　大陸における後漢代以降の鈕孔形態の変遷を概念的に整理したものが図76である。秦憲二（1994）の研究を参考にしながら、筆者の観察結果をふまえて模式化したものである。後漢代は小ぶりの半円形鈕孔が基本であり、鈕孔底辺が鈕座面に一致するものが一般的であるが、一段高い位置に設置されたものも一定数存在する。後漢代の後半期、特に2世紀後半以降のいわゆる漢鏡7期以降になると、方形や円形のもの、さらには魏晋鏡の特徴でもある、鈕座面より一段高い位置に長方形鈕孔を設置するものが目立つようになる。こうした鈕孔形態の変遷と斜縁化がある程度並行して起こっているとみられる。華北東部では鈕座面よりやや高い位置に長方形や方形の鈕孔を設置するものが、華中・江南地域周辺では鈕孔底辺が鈕座面に一致する方形や円形の鈕孔をもつものが多くみられ、地域性として発現する。いわゆる西晋鏡においては長方形・方形が中心としてみられる。三角縁神獣鏡における長方形鈕孔もこうした一連の変遷の一部としてみられる。その後、4世紀の東晋代においては銅鏡の実態が不明瞭であり、ここでも明確な特徴を示すことができない。5世紀前半代までの列島遺跡出土鏡からみて三国代から西晋代のあり方を継承していると想定されるが詳細不明である。先に5世紀前半以前の中国鏡と想定した列島・半島南部の遺跡出土鏡には、小型（高さ・幅ともに4～5mm以下）の方形状の鈕孔をも

第 2 章　同型鏡と関連鏡群の系譜と製作技術　245

つものが多く見受けられる。

　5世紀中葉以降の同型鏡群においては、本章でもみたように、楕円形中子を用いた大型（幅・高さともに 6〜7 mm 以上）の半円形鈕孔が主体であり、中子の幅が 10 mm を超すような、それ以前と比べて法量が大型化した鈕孔が多数みられるようになる。そしてこうした半円形鈕孔が、後の隋唐代へと継承されていくと考えられる。

　以上をふまえた上であらためて同型鏡群における鈕孔 1 類〜4 類の位置づけについて考えてみたい。前述のように、同型鏡群においては 1 類と 2 類が主体である。両者は楕円形中子を用いた半円形鈕孔であるという点で共通しており、1 類が基本でそれが大型化したものが 2 類（・4 類）と理解できる。これらは 5 世紀代特有の大型の「半円形鈕孔」として理解することができる。そしてこの大型半円形鈕孔は、それ以前とはある種の不連続性をもって突然出現する点において、同型鏡群の成立・出現とも深く関わるものと考えられる。

　他方で 3 類の円形鈕孔については、1 類の楕円形鈕孔の変容形とみなされるものと、後漢末〜三国代にかけて盛行した円形・方形鈕孔を原鏡とする場合に、それに影響を受ける形で採用されたものの両者が含まれている可能性が高い。たとえば 3 類とした資料において縦長楕円形鈕孔の事例（例：浮彫式獣帯鏡 E：新沢鏡）などは、1 類の楕円形中子を縦方向に用いたものである可能性もある。いずれにしても、3 類において、中子の非固定や鈕孔痕跡といった鈕孔設置技術が 1 類・2 類（・4 類）と共通するので、形態は異なるものの、基本的にはこれらと同種の範疇と考えることができる。

　以上のように、後漢代から魏晋南北朝期の大陸の技術系譜の中で考えるならば、同型鏡群の鈕孔形態・製作技術の特徴は、同型鏡群の出現・成立自体と密接に関わっていることが想定される。そしてその技術的な実態は、各鏡種を横断して全体として非常に共通性が高いというものであり、また踏み返しの「世代」との関係についてみた場合も、たとえば原鏡 I の世代や最新世代など、特定の「世代」に特有の形態や技術といったあり方は認められない。そしてあらためて強調するまでもなく、同型・踏み返し技法自体の共通性も全体として非常に高い。これらの事実は、同型鏡群の製作技術が、原鏡 I の世代まで含めて、ある種の「限定性」という特徴を有することを示唆するものである。また

踏み返しの世代差による変遷がみられない点は、製作が比較的短期間で行われたか、もし長期にわたった場合でも技術的な「限定性」が維持されていたことを示唆する。

　また同型鏡群の踏み返し鏡生産において、鈕孔の設置位置については、特に中子の非固定（段を彫り込まない）という設置方法の点からも、鋳型を製作するたびに異なる方向になるといったことがあっても不思議ではないが、実際には多くの鏡種において、数度前後のずれは認められるものの、群や世代の違いを横断して、鈕孔方向が概ね一致するものが大半であった。これは、踏み返しによる鋳型の製作に際して、鋳型に残された鈕孔痕跡を目安に中子を設置する場合が多かったためとみられ、それにより結果的に製品においても鈕孔痕跡が残るものが一定数みられることになったものと理解できる。また同型鏡群は縁の端部が比較的鋭く仕上げてあるものが多い。面取りのようなことはあまり行われていないが、バリが残っていたりすることはない。こうした点においても技術的な共通性の高さがうかがわれる。

　ここで出土遺跡の観点から製作の年代について考えると、千葉県祇園大塚山古墳（須恵器ON46型式前後：上野編 2013）や三重県神前山1号墳（画文帯同向式神獣鏡Cが3面出土、TK208型式）などが初現期の副葬事例として知られるが、祇園大塚山鏡自体が画文帯仏獣鏡Bの最新世代（第3世代）に属する点で、列島において出現した時点で、少なくとも画文帯仏獣鏡Bの生産は終了していたことになる。方格規矩四神鏡や浮彫式獣帯鏡Bなど、出土遺跡の年代が6世紀に偏る事例も存在するが、多くの鏡種（の最新世代の製品）がいわゆるTK23〜47型式の時期までには出現しており、その頃までには大半の鏡種の生産が終了していた可能性が高い。ON46・TK208・TK23・TK47といった須恵器型式と同型鏡群・倭製鏡の実年代については第3章であらためて詳細に検討するが、従来一般的にTK23・47型式は「5世紀後葉」（5世紀第3四半期後半〜第4四半期前後）と想定されており、ON46・TK208型式はそれに先行する「5世紀中葉前後」と考えることができる。上述のように、遺跡出土鏡の大半が「最新世代」に属する点からすると、出土遺跡の年代からみても、同型鏡群の生産がたとえば半世紀といった長期間にわたったとは考えにくく、「5世紀中葉前後」のある時期に短期間で生産された可能性が高い。

以上の点から、同型鏡群の生産が技術的・時期的な「限定性」において理解可能である点において、たとえば多数の製作集団単位による分散的・没交渉的・散発的・不規則的・非体系的な生産体制を想定することはおそらく妥当ではない。その対案として、比較的「短期間」での「集中的」「局所的」「限定的」「非分散的」な生産体制を考えることが可能ではないか。そうした意味での「限定性」という点において、同型鏡群は、前期の三角縁神獣鏡のような、ある種のまとまりをもった鏡群として理解することができるのではないかと考える。

　逆にいえば、同型鏡群について、たとえば大陸におけるより広範で散発的な生産によって生み出された踏み返し鏡の一部が集積されて列島にもたらされたものであり、本来は遺跡出土鏡以外に数倍以上もの大量の銅鏡生産が大陸では行われていて、同型鏡群はそのごく一部にすぎないという考え方を採る場合でも、「列島および半島南部の遺跡出土鏡としての同型鏡群」が、鈕孔製作技術や踏み返しの最新世代といった点で、技術的にも時期的にも限定された資料群であるという評価は動かない。筆者は、5世紀代の大陸での遺跡出土銅鏡についての現在の資料の少なさから、積極的にそうした見方を取ることはできないが、この点は、第1章でもみたような、同型鏡群について「特鋳説」的理解が可能かどうかという問題に関わってくる。この点をふまえ、最後に同型鏡群の鏡種の構成について若干検討しておきたい。

（3）鏡種と面径の「偏り」が示すもの

　ここであらためて、同型鏡群における鏡種の構成について確認しておきたい。第1節でも概観したように、28種に限定してみた場合でも大型鏡が主体である。画文帯仏獣鏡Bの2面のように、外区を拡大して30cmを超す面径を達成した極大鏡も含まれるが、前述のようにそれらも含めて、全体として踏み返しの世代が新しく、面径の大きさと内区主像の文様自体の精緻さとは両立しない。その点において原鏡保有者や製作者にとって、製品自体の優先順位や価値づけが必ずしも高いものではなかったとみられる。

　また大型鏡の鏡種の中でも、南朝の本拠地である江南地域の鏡種などよりも華北東部地域の鏡種などが原鏡として多く含まれる点があらためて注目され

る。なぜ銘文帯の対置式神獣鏡や三段式神仙鏡などがより多く含まれないのだろうか。そしてそれ以上に際立つのが、同一鏡種での同型鏡の面数の違いである。あくまでも現状の所産でしかないことを前提としても、画文帯同向式神獣鏡 C（約 21 cm）が同一鏡種として現状で 28 面と突出して多く、この鏡種が何らかの理由で「選択」され、より大量に生産された可能性がある。またそれについで多いのが神人歌舞画象鏡（12 面：約 20.3 cm）、浮彫式獣帯鏡（12 面：約 17.5 cm）、画文帯環状乳神獣鏡 A（10 面：約 14.8 cm）というように、非常にまとまった数の大量生産が行われている点で注目される。特に画文帯同向式神獣鏡 C の 28 面は明らかに特異な存在であり、この種の鏡が大量生産された理由については説明が必要である。この点で、外区改変による面径の極大化がなされた画文帯仏獣鏡 B など、樋口隆康分類（1979）でいうところの画文帯同向式神獣鏡 B 型と呼ばれるような、4 つの乳の周囲に 4 体の獣像を配した四神（仏）四獣鏡形式の鏡が面径の大きさという意味で最上位の鏡として製作されていることが注意されよう。問題はこれらが極端に大量生産されたり極大化された理由と背景である。

　従来の同型鏡群の研究では、同型鏡として認定された列島・半島の遺跡出土鏡の各鏡式・鏡種について、中国鏡・大陸由来の原鏡にもとづく製品であることは当然としながら、なぜそれらの鏡式・鏡種であるのか、なぜ他の鏡式・鏡種ではないのか、といった点はあまり問われてこなかった。またあわせて、それらの同型鏡のもとになった「踏み返し原鏡」がどのようなもので、それらはどのようにして「踏み返し原鏡」として採用されるに至ったのか、といった問題はあまり追究されてこなかった。この問題を考える上では、ここまで繰り返し述べてきたように、川西（2004）が、それらの「踏み返し原鏡が優品であるが故に輸出に際して制限された（輸出に供されなかった）」ことを指摘した点がきわめて重要であるが、ではその「優品」としての「踏み返し原鏡」はどのようにして同型鏡群の原鏡として採用されたのであろうか。それらの「踏み返し原鏡」は、おそらく銅質の良さ、鋳上がりの精巧さや文様の精緻さといった点で、私たちが「粗製濫造品の末端の製品」として目にするものとはかなり趣が異なっていたと想定される。そうした「優品としての踏み返し原鏡」は、5 世紀代の南朝膝下であれば、市井のどこにでも多数存在していたのであろう

か。ここまでの遺跡出土鏡の検討をふまえた上で、次に同型鏡群の生産について問題とされるべき論点は、こうした「踏み返し原鏡」の由来や、それらの原鏡としての選択・採用の意義であると考える。

　以上のように、同型鏡群は、一見すると多種多様な鏡種が何らかの理由により「選択」され、一定の「限定的」な技術と期間において、ある種の体系性と集約性をもって製作された可能性が高いとみられる。同型鏡群の製作背景を理解する上では、この鏡種選択の理由・要因とそうした選択を行った主体、そして限定的な製作が行われることになった経緯と契機の説明が必要であろう。上述のような特定鏡種の生産における「偏り」や「踏み返し原鏡」の由来という点も含め、第4節の分析を経た上で、第5節において検討したい。

（4）小　結

　以上、第2節と第3節での分析結果とそれが派生する問題について検討を行ってきた。要約すると次のようになる：
1) 列島・半島南部の遺跡出土鏡は、同型鏡群の各種において、いずれも踏み返しの最新世代もしくはそれに近い世代に属する資料が大半である。
2) 鈕孔痕跡の検討の結果、原鏡Ｉの世代まで遡って同型鏡群と同じ鈕孔製作技術が用いられている鏡種が複数存在する。
3) 外区改変や文様付加などの改変事例はいずれも踏み返しの最新世代もしくはそれに近い世代において行われており、これらの蠟原型などの立体原型を用いたとみられる技術的・文様的特徴から、同型鏡群は最新世代まで含めて大陸で生産された可能性が高い。
4) 同型鏡群は鈕孔製作技術・同型技法という点において、技術的な「限定性」という意味で全体としての共通性が高い一群である。
5) 同型鏡群の鈕孔製作技術は5世紀前半以前の遺跡出土中国鏡とは異なっている。楕円形中子による大型の半円形鈕孔をするもので、同型鏡群の成立・出現と深く関連しているとみられ、かつこの技術は後の隋唐代に継承される。倭製鏡の方形鈕孔とは技術系譜が異なる。
6) 出土遺跡の年代からみて、列島での最古の副葬例がみられる時点において、多くの鏡種の踏み返し鏡生産が概ね終了していたものとみられ、その

点において、同型鏡群の生産は5世紀中葉前後の比較的短期間に行われた可能性が高い。

7) 技術的・時期的な「限定性」という観点からみた場合、同型鏡群の生産は、多数の製作集団単位による分散的・没交渉的・散発的・不規則的・非体系的な生産体制によるものではなく、比較的「短期間」での「集中的」「局所的」「限定的」「非分散的」で「体系的」な生産体制が想定される。

8) 同型鏡群は大型鏡が主体であり、外区を拡大した極大鏡も含まれるが、それらはいずれも踏み返しの世代が新しく、内区主像の文様自体は不鮮明であることから、その点において原鏡保有者や製作者にとっては優先順位や価値づけが高いものではなかったとみられる。

9) 大型鏡の各鏡種の中でも、南朝の本拠地である江南地域の鏡種などよりも華北東部地域の鏡種などが原鏡として多く含まれる。

10) 画文帯同向式神獣鏡Cが同一鏡種として現状で28面と突出して多く、画文帯仏獣鏡Bの外区改変による極大化とあわせ、この種の鏡(樋口分類画文帯同向式神獣鏡B型の配置をもつ鏡種)が何らかの理由で大量生産や面径の極大化の対象として選択された可能性がある。

以上の検討を経てなお、同型鏡群の生産がなぜ、どのようにして行われるようになったのかという点については明確でない。特に先に述べた「踏み返し原鏡」とその由来という点は、これまでほとんど検討されてこなかった問題である。この問題を解決するために、ここで節をあらため、従来から同型鏡群の関連資料として考えられてきた、「建武五年」銘画文帯神獣鏡の製作技術と製作背景について検討し、その結果をもとにあらためて同型鏡群の製作背景について検討したい。

第4節　建武五年銘画文帯神獣鏡の文様と製作技術（付・補論）

現在、「建武五年銘画文帯神獣鏡」として知られる鏡が和泉市久保惣記念美術館に所蔵されており、重要文化財に指定されている（図77）。従来南斉の建武五年（498）とされ（富岡 1920）、近年も製作技術の観点からこの年代を肯

第 2 章　同型鏡と関連鏡群の系譜と製作技術　251

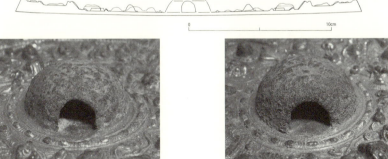

鈕孔左　　　　　　　　　　　　　鈕孔右
図 77 「建武五年」銘画文帯同向式神獣鏡

定する見解が示されているが（e.g. 車崎編 2002)、文様の系譜や製作背景など含めて不明な点の多い鏡である。本鏡は、こうした製作年代という点において、いわゆる倭の五王の時代の同型鏡群の位置づけを考える上でも重要な資料として認識されてきた。

　前節までにみたように、同型鏡群の中では面径という点において外区を拡大した画文帯仏獣鏡Ｂが格付けとしては最上位と想定される。また画文帯仏獣鏡Ｂや最多の画文帯同向式神獣鏡Ｃを含めて、樋口隆康（1979）の分類でいう画文帯同向式神獣鏡Ｂ型の構図を採るもの（四獣がそれぞれ4つの乳を繞るように配置されるもの）が突出して多く生産されていることから、この種の構図の鏡が重視された可能性が想定される（辻田 2013a)。

　建武五年銘鏡は、この画文帯同向式神獣鏡Ｂ型の構図を採り、かつ紀年銘を有する鏡であり、同型鏡群との関係という点でもきわめて重要な資料である。ここでは、この鏡の位置づけをめぐる学史を繙きつつ、実物の観察を通して、文様と製作技術の系譜について検討を試みる。その上で、関連資料との比較を行いながら、本鏡製作の意義について考えてみたい。

1. 問題の所在

（1）建武五年銘鏡をめぐる研究史と論点―1980年代以前―

　建武五年銘鏡については、大正年間に多数の研究が発表され、その後の基本的な理解が形成された。その後、1990年代以降に漢鏡研究および同型鏡群の研究の進展に伴い、新たな展開がみられる。それゆえここでは1980年代以前と1990年代以降に分けて研究史を検討したい。

　明治期から大正期にかけての日本考古学の黎明期において、中国鏡の研究が実年代の問題とあわせて活発に議論されたことはよく知られているが、そこでは紀年銘鏡が重要な研究対象となった。そのような中で建武五年銘鏡を学界に紹介したのは高橋健自である。高橋は、漢代から六朝代の紀年銘を検討する中で本鏡について検討し、「建武五年」の可能性として後漢光武帝期（AD29年）、後趙（339年）、南斉（498年）の3つを挙げ、後漢光武帝の時代には該当しないであろうこと、後2者では「齊の方にすると殆ど第六世紀に近いので

ありますから、私は後趙の方と認めるのが様式の上から見ても穏当だらうと思ひます」（高橋健 1914a：pp.58-59）とし、後趙の 339 年（東晋：咸康五年）説を提示した。その後、山田孝雄（1915c）や大村西崖（1917）らも後趙 339 年説を採っている。また中山平次郎（1919a・b）は神獣鏡の製作年代を論ずる中で後漢光武帝期（29 年）説を主張した。

これに対し富岡謙蔵は、この鏡が「精緻巧妙の極に達したるもの」であり、漢六朝を通じて「之に勝れる遺品」がなく、「従て其の製作せられたる場所は、当時かかる鋳工の術の大いに発達し、文化の開けたる国土ならざるべからざるは勿論のことなり」とし、「後趙は僻遠の国にして、文化開けず、当時に於て到底かかる技術の存し能ふべきの土地にあらず」とする。この点を論拠として、南斉明帝の建武五年（498）説を提唱した。富岡は、「明帝は大に美術工芸品を愛好し、当時其国内に技術の進めるものありしは疑を容れず。また鏡其物に就て見るも、怪獣の形式および手法は、六朝末に起こり、隋に盛行せる四獣鏡に類似して、互に関係あるを認めしむるは、此の比定を傍証するものなり」と結論づけている（以上、富岡 1920：pp.132-133）。また富岡は、紀年銘鏡の断面形態と鈕の大きさについても検討し、建武五年銘鏡を南斉鏡とする立場から、漢鏡で鈕が大型化し、反りがつまった後、時代が降るとともに鈕が小型化して平坦の度合いを増すこと、唐代に至り鏡面が水平になることを指摘している（同：p.145）。この富岡の南斉建武五年説は、羅振玉（1916）や梅原末治（1942）らによって踏襲され、それ以降の基本的な理解となった。

その後、1960 年代から 1970 年代にかけて、小林行雄や樋口隆康により同型鏡群の研究が進められ、古墳時代中・後期の同型鏡群が倭の五王の時代に南朝で製作された鏡という理解が形成された（e.g. 小林行 1966、樋口 1960・1972）。また樋口により漢鏡の鏡式体系が整理され、建武五年銘鏡を含むいわゆる画文帯神獣鏡類についても分類が行われた。樋口は、神獣鏡のうち、建武五年銘鏡も含む一群を画文帯同向式神獣鏡として分類し、さらに、「側面形の獣形を上段では外向きに、下段では内向きに対置させ、各区を区分する乳はない」A 型と、「四乳があって、この乳をめぐる蟠龍形の獣文をそれぞれ二体ずつおいている」B 型の 2 つに細分し、A 型を 3 世紀代、B 型を 4 世紀代とする年代観を提示した（樋口 1979）。

樋口はこの中で建武五年銘鏡についても検討し、同型鏡がカナダ・トロントのロイヤル・オンタリオ博物館に存在することを指摘した上で、年号の検討を行っている。そして「建武五年」銘が逆字であり字並びも逆転していることなどから、南斉の498年説に疑義を示している（樋口 1979：pp.240-241）。またその後六朝代の鏡について検討する中で再度建武五年銘鏡についても検討し、中国で発見される六朝後半の墓からこうした精緻な鏡の出土した例がないこと、後漢代から3世紀の魏晋代まで多くみられる紀年銘鏡から遊離した資料であるという点から、「とすれば、建武五年鏡の精緻なものは、早い時期に置くのを妥当とするわけである」（樋口 1983：pp.1021-1022）とする。また南朝代における銅不足から、六朝後半代が鏡製作の「一時沈滞した時期」であると捉え、「やがて隋唐時代に入って、まったく新しい様式が白銅鏡としてあらわれ、鏡の製作が再出発した」と論じている（同：pp.1025-1026）。徐苹芳も、南北朝期の墓から出土する鏡に小型の鉄鏡が特徴的にみられることから、当該時期の銅鏡生産が低調であったことを論じている（徐苹 1984）。樋口の見解では、5・6世紀代には基本的に年号鏡が存在せず、それらが4世紀代までに収まることが強調されており、建武五年銘鏡についても他の画文帯同向式神獣鏡B型と共通することを主張したものとみられる。この見解は、六朝代の銅鏡生産全般の実態と背景について論じた点で重要であり、南斉建武五年説の可能性についてもこの視点からみた再検討が必要であるといえよう。

また中野徹は、建武五年銘鏡の詳細な観察にもとづき、文様からはひとまず南斉建武五年（498）の作と考えるとしながら、踏み返しの技術と銀白色の精良な銅質を根拠として、また後述する銘文の「宋国太□」が故事を記述した可能性も含め、隋・初唐期の作である可能性を指摘している（和泉市久保惣記念美術館 1985、中野 1994）。他方、保坂三郎は銘文の検討から従来の南斉建武五年説を支持する見解を提示している（保坂 1986a）。

以上のように、大正年間に提起された南斉建武五年説が長く基本的な理解となった後、1970～80年代には漢鏡・六朝鏡・隋唐鏡それぞれの研究の進展に伴い、異なる見解が提示されるようになったとみることができる。この点を確認しつつ、次に1990年代以降近年の研究動向について検討する。

（2）建武五年銘鏡をめぐる研究史と論点—1990 年代以降—

　第 1 章でみたように、1990 年代以降の研究で特筆されるのは、5 世紀代における同型鏡群の研究の進展（e.g. 川西 2004）、また三国代における倣古鏡（模倣鏡）および同型鏡生産研究の進展、そして漢鏡・三国西晋鏡の作鏡系譜研究の進展などである。また前述のように、特に秦憲二による鈕孔製作技術研究では、鈕孔底辺（中子設置位置）が鈕座面に一致するもの（Ⅰ類）と鈕座面より一段高い位置に設置されるもの（Ⅱ類）に区分され、漢代以来の中国鏡がⅠ類であるのに対し、三角縁神獣鏡などの三国・魏晋鏡がⅡ類となること、また 5 世紀代以降の同型鏡群や隋唐鏡において再びⅠ類が主流になることが指摘された（秦 1994）。建武五年銘鏡はこの中で鈕孔形態がⅠ類にあたり、秦も南斉建武五年鏡として位置づけている。車崎正彦は、この秦の研究および本鏡の単位文様の一部が漢代の同向式神獣鏡のそれと様相を異にする点を論拠として、建武五年銘鏡を六朝鏡でかつ南斉建武五年鏡として理解する見解を提示している（車崎編 2002）。

　同向式神獣鏡については小山田宏一により樋口の獣像配置によるＡ型・Ｂ型の分類が細分され、雲車の型式学的検討をふまえた編年案が提示された（小山田 1993）。この中で建武五年銘鏡は、獣像が「盤龍式の配置を採用する」ことから「Bb 形式の異式」と位置づけ、小山田の Ab 形式と Bb 形式が複合し変形を遂げた結果であろうとしている（前掲：p.244）。その上で小山田は建武五年銘鏡については、画文帯同向式神獣鏡Ｃなどとあわせて特殊鏡群と位置づけ、建武五年銘鏡も南斉の 498 年としている。また神獣鏡の製作系譜について検討した上野祥史の研究では、環状乳・同向式・重列・対置式の各神獣鏡の分類と編年が行われ、かつ文様構成や銘文などから、製作系譜について広漢郡系・華北東部系・長江中流域系・銭塘江系に区分されている（上野 2000）。上野は、それらの生産が 2 世紀前半代から 3 世紀代 4 四半期以降の西晋代まで継続し変遷することを示している。また 3 世紀代の銅鏡生産を「創作模倣」、5 世紀代の同型鏡群生産を「踏返模倣」と特徴づけるとともに（上野 2009・2013b）、建武五年銘鏡については南斉建武五年鏡として位置づけている（国立歴史民俗博物館編 2010）。

　岡村秀典（2011a）は、南北朝の時期に列島にもたらされた中国鏡を大きく

第一様式と第二様式に区分し、前者を川西説を妥当とする形で劉宋の鏡と捉え、後者を第一様式につづいて南斉・梁で製作されたとした。さらに第二様式をA〜C類に細分し、このうちのB類の代表例として建武五年銘鏡を挙げ、「漢代の文様を南朝風にあらため、白銅質の地金が隋唐鏡の質感を持つ」、としている。岡村は、「東晋代に衰退していた江南での鏡生産が、漢鏡を踏み返した第一様式によって復興をなしとげ、さらに南朝風の新しい図像文様を加えた第二様式において隋唐鏡への橋渡しとなる南朝鏡が完成した」と捉えている。

以上のように、1990年代以降の議論においては、文様論・製作技術論のいずれの観点においても、南斉の建武五年銘鏡という理解ではほぼ一致しているといえる。

（3）問題の所在

以上の点をふまえ、ここで論点を整理したい。上にみたように、1990年代以降においては、建武五年銘鏡は南斉鏡ということで概ね共通理解を得ているといえる。他方で、かつて樋口隆康が提起した六朝代における銅鏡生産の衰退の問題や、銅質・製作技術からみた隋唐代の製作の可能性（中野 1994）といった点は解決されていない。また仮に建武五年銘鏡が南斉の作であったとした場合も、なぜ他の鏡式ではなく画文帯同向式神獣鏡であるのか、そして画文帯同向式神獣鏡が南斉の建武五年において製作されたことはどのような意義があるのか、といった点は必ずしも明らかではない。もう少し具体的にいえば、内区の基礎部分が後漢〜三国代の画文帯同向式神獣鏡B型の一般的な脈絡で説明できるのかどうか、またそもそも南斉の「建武五年」がどのような年で、銘文の趣旨や意義がどのようなものであるのかについても、これまでほとんど議論されたことがないのである。これは類例の少なさという点での資料上の制約と、建武五年銘鏡の銘文の判読のむずかしさ（梅原 1942：p.119）という点に起因する問題であることから、一定の限界があることを認識した上でどのような議論が可能かを考える必要がある。

筆者は先述のように、同型鏡群の検討を行う中で、画文帯同向式神獣鏡Cや、外区を拡大する画文帯仏獣鏡Bなどを含めて、樋口の分類でいう画文帯同向式神獣鏡B型が同型鏡群の中で大きな位置を占める点に注目したが、も

し建武五年銘鏡が南斉鏡であるならば、南朝鏡という意味での系譜的な連続性という点において、その意義は大きいと考えることができる（辻田 2013a：pp.85-86）。

建武五年銘鏡については、画文帯同向式神獣鏡の一部を南朝風の文様に改変して製作されたと考えられてきた（e.g. 中野 1994、岡村 2011a）。その際に、原鏡の文様がどのようなものであったのかについてはこれまで推測することが困難であった。こうした状況において、後述するように、近年磐田市教育委員会に寄贈された渡邊氏晃啓旧蔵資料の中に新たな資料を確認し、筆者は当該資料（以下旧渡邊氏蔵鏡：図78）が建武五年銘鏡の成立を考える上で重要な手がかりとなると考えるに至った。以下では建武五年銘鏡と関連資料との比較検討を通じて、これまで明らかではなかった建武五年銘鏡の文様や製作技術の系譜とその位置づけについての考察を試みる。具体的な課題は次の点である。

1) 建武五年銘鏡自体の観察：文様・製作技術・銘文の内容の検討
2) 新たに確認された旧渡邊氏氏蔵鏡の観察と建武五年銘鏡との比較
3) 建武五年銘鏡の文様および製作技術の系譜の検討と、本鏡製作の意義についての考察

以下、それぞれの鏡についての観察から始めることにしたい。

2．建武五年銘鏡の文様と製作技術

（1）同型鏡の存在と検討対象

本稿で検討の対象とするのは、和泉市久保惣記念美術館に所蔵されている鏡である。1933年（昭和8）に重要美術品に、1972年（昭和47）に重要文化財に指定されて現在に至る。梅原末治の記述によれば、元来は清の金石学者であった「山東濰縣陳介祺蒐集鏡の一」であったもので（梅原 1942：p.119）、その後、1915年（大正4）に富岡謙蔵氏の所蔵となり、最終的に久保惣太郎氏の所有となって現在の和泉市久保惣記念美術館に保管されるようになった。

また先にも触れたように、この鏡と同型の鏡とされる資料が、カナダ・トロントのロイヤル・オンタリオ博物館（Royal Ontario Museum：ROM）に所蔵されていることが樋口隆康によって指摘されている（樋口 1979・1983）。樋口

(1983) 掲載の写真観察から、鈕孔方向については和泉市久保惣美術館所蔵鏡（以下久保惣鏡と呼称）と概ね一致することが想定されるところであった。このロイヤル・オンタリオ博物館所蔵鏡（以下 ROM 鏡と呼称）については、本節のもとになった論考（辻田 2014a、以下旧稿）の上梓後に実見する機会を得た。結論を先に記すならば、ROM 鏡の観察結果によって旧稿の内容に変更を加える必要が生じなかったため、以下の本文中では旧稿の記述にもとづいて検討し、ROM 鏡の観察結果および久保惣鏡と ROM 鏡の比較については、本節の最後に補論として記すこととした（本節第 1 項～第 4 項が旧稿部分、第 5・6 項が補論に該当する）。それゆえ、以下第 6 項までの検討において「建武五年銘鏡」と述べる場合は、基本的に久保惣鏡を指すことを諒とされたい。

（2）建武五年銘鏡の法量と鋳造技術（図77）

　ここではまず、建武五年銘鏡について観察を行い、文様および技術的な特徴の把握を行う。

〔法量〕面径は 24.2 cm である。重量は 2,050 g とされている。

〔反り〕外縁端部での反りは約 2 mm であり、鏡面は比較的水平に近い製品である。

〔銅質・鋳上がり・研磨等〕銅質は白銅質で非常に鋳上がりもよい。他方、すでに指摘されているように、「本鏡の縁部や鋸歯文の面にも研ぎあとがなく、しかも全面にわたって一様な鋳肌が見られる」（和泉市久保惣記念美術館 1985：p.78）。また「凸帯内側の鋸歯文の面には、金属を研磨した際にのこる研ぎ目がおぼろげに鋳出されており、しかも鋸歯文の先端は鈍く崩れている」ことから、踏み返し鏡の可能性が示唆されている（同）。全体として、鋳造直後の状態をよく残した鏡とみることができる。なお、右上の獣像の顔の直下から有節重弧文帯にかけて、左上の方向に延びる突線状の疵瘢が認められる。

〔鈕と鈕孔製作技術〕鈕は半円形で、径が約 3.2 cm で高さが約 1.3 cm である。鈕孔方向は、正面左側の東王公と、右側の西王母と上の乳を繞る獣像との間を結ぶ線上にある。鈕の上には顕著な鈕孔痕跡はみられない。鈕孔の大きさは、東王公側が底辺 9.5 mm で高さ 8 mm、西王母側が底辺 10 mm で高さ 8 mm と左右でほぼ同じ大きさとなっている。鈕孔形態は半円形で、鈕孔底辺

が鈕座面と一致しており、車崎も指摘するように、「むしろ抉れるほどである」（車崎編 2002：p.201）。法量からは、筆者分類の鈕孔形態2類（大型の半円形および楕円形の鈕孔で、幅 10 mm 以上、高さ 8 mm 以上のものが多い）の範疇で関連資料と対比できるものである。

（3）建武五年銘鏡の文様構成

　以下、車崎正彦による神獣鏡の図像解釈（車崎 2003）を参照しながら、それぞれの箇所についての検討を行う。

〔全体の構成〕内側から鈕区、内区、圏線に挟まれた半円方形帯、一段高くなった斜面鋸歯文帯、画文帯、連環状雲気文と素文の外縁部と続く。

〔内区〕鈕座は23節の有節重弧文帯が配される。内区は高さ約 5 mm の乳が4つ配され区画される。全体が上下3段で構成される同向式神獣鏡であり、中段の左右に龍虎座に乗った東王公と西王母が描かれ陰陽を表し、下段の黄帝と上段の伯牙によって全体を調和する構図をとる。上段は中央に琴を弾く伯牙、左側に伯牙の琴の理解者である鐘子期が首を傾けて座し、右側に伯牙の琴の師である成連が配される。伯牙と成連は通天冠をのせており、3人はいずれも左右の乳を繞る獣像が銜む維綱の上に座っている。中段は左側に三山冠をつけた東王公、右側に玉勝をつけた西王母が龍虎座を伴って描かれている。東王公の左上、西王母の右上には別に獣頭が描かれる。下段は中央に冕冠をのせた黄帝とその右側に侍仙（沮誦または蒼頡とされる）が配され、黄帝下部の雲気で画された内部には手を広げた小獣（熊人）が描かれる。4体の乳を繞る獣像はそれぞれに乳の下から内側上向きに入り込んだ形であり、左上の獣頭が首を横に傾ける以外はすべて正面を向いている。上段の2体と下段左下の獣像は維綱を銜んでいる。

〔半円方形帯〕半円方形帯は、内側に斜面鋸歯文を伴う低い界圏があり、外側は高い斜面鋸歯文帯によって画される。半円・方形のいずれも14個あり、14分割となる。内区の中軸線よりわずかに傾いた軸で上下に半円形が配されるが、半円形・方形の大きさの違いにより、右上と左下の乳を結ぶ線上に半円形が、左上と右下の乳を結ぶ線上に方形が配されるアンバランスな配列となっている。内区上段の伯牙の真上に位置する方形から、時計回りに銘がめぐる。銘

文の内容は、釈読できない文字が多いが、従来概ね次のように理解されている。

吾作明鏡　王吉□□　□方□□　□周家東　□□□□　□□□□　□□□□
□□□□　□□□□　宋国太□　建武五年　晉侯冊命　□□□□　□師命□
　　　　　　（五島美術館学芸部編 1992：p.77）　※下線部は逆字

この銘について車崎は、「建武五年鏡が踏返鏡であることは、原鏡の「吾作明鏡……其師命長」という銘文の一部を直して、それと逆廻りに「晉侯冊命、建武五年、宋国太□」という故実らしい別筆の銘文があり、あきらかである」と論じている（車崎 2003：p.71）。4字は基本的に方形内で右上右下→左上左下の順に配されているが、下線部のある方格では左右逆字となっており、左上左下→右上右下の順に4字が配される。後述するように、関連資料での銘帯とは初句の「吾作明鏡」と末句の「□師命□」以外全般的に異なっており、判読が困難とされる要因ともなっている。本書でもひとまず先行研究の釈読に従っておきたい。

また半円と半円の間、方形と斜面鋸歯文帯の間の斜面には、蓮華文（もしくは芝草文）が配されている。半円形の斜面には11個の半円形の浮文が描かれる。半円形の上面は、通常の渦文ではなく、すべて同じデザインの獣像頭部が描かれる。V字に開いた表現の下に両目がつき、鼻筋を挟んで口元が両脇に広がった形である。類例としては、三角縁神獣鏡の表現⑦の獣頭表現が比較的類似したものとして挙げられるものの、下顎が描かれないなど、異なる点も多い。この外側に、頂点に凹線をもつ斜面鋸歯文帯が高く突出して巡り、画文帯へと続く。

〔外区〕まず画文帯については、六龍に引かれる雷車（一般に雲車とされるが、車崎［2003：pp.82-83］は雷車とする）が正面下位ではなく、右斜め上の位置にあり、そこから右回りに以下の図像がつづく：六龍が引く雷車（前方の輈に御者の羽仙、輿の上に神仙、後方に侍仙が乗り、雷車の後方にもう1体侍仙がつづく）、騎虎の神仙、日を奉じる神仙、振り返り両手を広げる怪神（内区の黄帝直下の熊人と表現が類似する）、騎鳳の神仙、振り返る鳳凰、前方に

仙薬を奉じる神仙、振り返る神仙、騎龍の神仙が２体、騎獣の神仙が２体、龍、月を奉じる神仙、騎亀の神仙が２体、となる。六龍と雷車の間には渦文がある。雷車の位置の関係で、日を奉じる神仙が「右下」に、月を奉じる神仙が「左上」に配置される。また月を奉じる神仙の月を挟んで次の位置に、後述する渡邊氏旧蔵鏡では人身蛇尾像が描かれるが、この鏡では騎亀像との間で簡略化された渦文に変わっている。すでに指摘されているように（小山田 1993、車崎編 2002）、雷車（雲車）にスポークを伴う車輪が描かれ、立体的に彫刻されている点で異例である。画文帯の外側には低い斜面鋸歯文がめぐり、その周囲に連環文状の雲気文（小山田 1993）が配される。さらにその外側に突線がめぐり、素文の縁部となる。

（４）既存の研究における位置づけと課題

　従来、本鏡の文様については、直接に文様を対比しうる関連資料がほとんどなく、「建武五年」の問題もあり、その文様の系譜は必ずしも明らかではなかった。ただし、半円形上面の獣面部については後刻によるものであることが先行研究ではほぼ共通理解であり、また画文帯に見られる雷車（雲車）の車輪や立体的表現の特殊性がこれまでも注目され、踏み返しを想起させる表面の状態とともに、製作年代が六朝代から隋唐代に下るものと推定する根拠とされてきた。他方で、内区図像の構図や全体としての文様構成は、後漢代から三国代の画文帯同向式神獣鏡と共通することから、この鏡を製作する上でモデルとなった鏡が存在したことが想定される。本鏡の各種単位文様の細部のみからそれを推定することは、まったく不可能ではないとしてもかなり限定されたものとならざるをえない。この状況下で、最近確認された新資料（渡邊氏旧蔵鏡）は、建武五年銘鏡のモデルを考える上できわめて重要な資料と考えられる。以下、この渡辺旧蔵鏡について検討し、両者を比較することで建武五年銘鏡のモデルと製作の背景について考えてみたい。

3. 渡邊晃啓氏旧蔵画文帯同向式神獣鏡の検討

（1）渡邊晃啓氏コレクションについて

渡邊晃啓氏（1921〜2004）は静岡県磐田市出身で、長く旧磐田市の文化財専門審議会委員を務められ、1995〜2003年（平成7〜15）には委員長として文化財保護に努められた。同コレクションは、生前氏が収集し、整理されていた資料が、2005年に磐田市教育委員会に一括して寄贈されたものであり、2005・2006年には同教育委員会によって展示公開されている（磐田市教育委員会2005）。鏡だけで総数529面のコレクションであり、戦国時代から江戸時代の柄鏡まで内容も多岐にわたっている。このうち筆者が実見させていただいた資料は、「後漢式鏡123面」と「仿製鏡17面」に限られるが、漢鏡の中には紀年銘鏡もあり、すでに詳細な検討結果が公表された資料もある（「中国古鏡の研究」班 2012：建安二十六年重列式神獣鏡）。

この中に、「後漢100」と番号が付された資料として、以下で紹介する画文帯同向式神獣鏡がある（図78）。筆者は2009年2月に磐田市埋蔵文化財センターにて本資料を実見させていただき、その後同型鏡群の検討を進める過程で、本鏡の図像が先に検討した建武五年銘鏡と酷似することを確認し、2013年に同センターにて再度実見および断面実測図の作成を行わせていただく機会を得た。以下、旧渡邊氏蔵鏡の詳細について検討する。

（2）旧渡邊氏蔵鏡の法量と鋳造技術（図78）

本資料の出土地などは不明であり、渡邊氏が入手した経緯などについても現状では情報はない。以下、本鏡の特徴について記述する。

〔法量〕面径は21.2〜21.3cmである。重量は1,415gとされている。
〔反り〕外縁端部での反りは3.5〜4.5mmであり、建武五年銘鏡より若干反りがつよい。
〔銅質・鋳上がり・研磨等〕銅質は白銅質で非常に鋳上がりも良好である。ただし、建武五年銘鏡と同様に、鏡背全体において鋳肌が残された部分が認められ、かつ鋳肌を残しながら文様が不鮮明な箇所がみられる。縁端部の面取り痕

第 2 章　同型鏡と関連鏡群の系譜と製作技術　263

鈕孔左

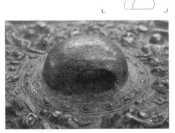
鈕孔右

図 78　旧渡邊晃啓氏蔵画文帯同向式神獣鏡

などは不明瞭である。

〔鈕と鈕孔製作技術〕鈕は半円形で、径が約3cm、高さが約1.3cmである。鈕孔方向は、向かって見て大きくほぼ上下に配されているが、上側の鈕孔はやや左側にずれた位置に開いている。これは以下に述べる「鈕孔痕跡」によるものである。2つの鈕孔はいずれも同型鏡群と同様、底辺が鈕座面に一致したもので、下側の鈕孔（鈕孔①）は楕円形で最大幅が13mm、高さが8mmである。上側の鈕孔（鈕孔②）は半円形で最大幅13mmで高さ7mmである。また後者の鈕孔②を鈕孔の正面から観察すると、鈕孔の左側に触ってもそれとわかる小さな平坦面（幅約5mm、高さ約7mm）が確認できる（図78左下の鈕孔実測図）。これは、踏み返し鏡の製作に伴い原鏡の鈕孔の位置が残存した「鈕孔痕跡」（柳田 2002b、辻田 2013a）とみられる。この結果、鈕孔は図のようにやや中心軸よりずれた位置に開口している。こうした鈕孔痕跡の存在と、先述の鏡背全体に見られる鋳肌と文様の不鮮明な部分という点は、本鏡が踏み返し鏡である可能性が高いことを示している。その観点からすれば、鈕孔①と②のいずれも、大きさは筆者分類の同型鏡群の鈕孔形態2類に該当するものであり、同型鏡群の鈕孔技術の範疇で理解することも可能である。

（3）旧渡邊氏蔵鏡の文様構成

〔全体の構成〕内側から鈕区、内区、圏線に挟まれた半円方形帯、一段高くなった斜面鋸歯文帯、画文帯、連環状雲気文と素文の外縁部とつづくもので、先に検討した建武五年銘鏡とほぼ同じ構図を採る。

〔内区〕鈕座は21節の有節重弧文帯が配される。内区は高さ約5mmの乳が4つ配され、その周囲にそれぞれ1体ずつの獣像が続く。上段はその獣像が銜む維綱の上に、中央に伯牙、左に顔を傾けた鐘子期、右に成連が配され、伯牙と成連の間には獣像が描かれている。伯牙と成連は通天冠をのせている。中段には左に三山冠をつけた東王公、右側に玉勝をつけた西王母が、それぞれ龍虎座に乗った形で描かれ、その斜め上方には獣像頭部が描かれる。下段は中央に黄帝と侍仙（沮誦または蒼頡）が配され、黄帝下部には雲気で画された内側に手を広げた熊人が描かれる。乳を続る獣像の向きなども含め、基本的な構図は建武五年銘鏡とほぼ一致している。

〔半円方形帯〕半円方形帯は、いくつかの点で建武五年銘鏡とは異なっている。内側に斜面鋸歯文を伴う低い界圏があり、外側は高い斜面鋸歯文帯によって画される点、また半円・方形のいずれも14個あり、14分割となる点は建武五年銘鏡と共通するが、「吾作明鏡」で始まる銘文の始点が黄帝のほぼ真下に位置しており、また4つの乳と半円形・方形の配置が対応せず、上下方向の軸線上に方形が配される点が大きな違いである。付言すれば、この旧渡邊氏蔵鏡のように、南北の方形が内区の中軸線を通る半円方形帯の配置が後漢代の神獣鏡の通例に近いとみることができる。

　上述のように、黄帝直下の方形を始点として、時計回りに銘がめぐる。方形内の銘文については、右上右下、左上左下の順で4字が入る。内容は次のようになる。(11)

| 吾作明鏡 | 幽涷三商 | 周亥無祉 | 配像萬彊 | 白牙陳楽 | 衆神見容 | 天□四首 |
| 銜持維剛 | 邊則泰乙 | 福祿是従 | 富貴安楽 | 子孫番昌 | 曾年益壽 | 其師命長 |

（下線部は逆字）

　また半円と方形の間は小さな珠文で充塡され、方形の左右（と下部）には円文が配される。方形の下に蓮華文（もしくは芝草文）が配される点も建武五年銘鏡と共通する。他方で、半円形の上面には、花弁状の文様を取り巻くように外側に6重の渦文が描かれ、また周囲の斜面には7個の半円浮文が施されている。半円方形帯の外側は一段低い溝が巡る形になっており、その外側に、頂点に凹線をもつ斜面鋸歯文帯が配されている。

〔外区〕黄帝直下の「吾作明鏡」の方形の右下の位置に六龍が引く雷車があり、そこから時計回りに以下の図像がつづく：六龍が引く雷車（前方に御者の羽仙、輿の上に神仙、後方に侍仙が乗り、雷車の後方にもう1名侍仙がつづく）、騎獣（虎？）の神仙が2体、日を奉じる神仙、振り返り両手を広げる熊人、渦文、騎鳳の神仙、振り返る鳳凰、前方に仙薬を奉じる神仙、振り返る神仙、騎龍の神仙が2体、騎獣の神仙が2体、龍、月を奉じる神仙、人身蛇尾像、騎亀の神仙が2体、となる。後述するように、六龍が引く雷車では、神仙が乗る輿の下に前方の軸が入り込む形となっており、より古い形態を残してい

るとみられる。画文帯の外側には斜面に半円浮文が施され、その外側に連環状雲気文、最外周に素文の外縁部とつづく。

（4）既存の研究における位置づけと課題

　本鏡は、内区の構成からみて、建武五年銘鏡の稀少な類例といえる資料である。鋳造技術、特に鈕孔形態からみて踏み返し鏡の可能性が高いため、鋳造年代と文様が示す原鏡の製作年代との間には開きがあると考えられる。まず原鏡の年代と系譜について検討する。

　先行研究の見解と対比すると、まず上野祥史（2000）の神獣鏡の分類では、神獣配置は1B-2類、銘文は上野のA3で両者の組合せにより同向ⅠB式に分類される。同向ⅠB式は上野の第三期～第四期（2世紀末～3世紀第2四半期中葉）に相当し、また上野の銘文A3は銭塘江流域系に位置づけられている。本鏡の銘文は林裕己（2006）の分類でいうSa1にあたる。この銘文Saについては、岡村秀典が広漢派の獣首鏡に起源をもつこと、また漢鏡七期に一人称の「吾」で始まる四言句の銘文が広漢派によって生み出され、林分類SaやSbとして定型化した後、徐州や湖南など華東地域の神獣鏡に採用されていったことを論じている（岡村 2011b：pp.37-42）。銘文の文言自体は銘文七三三（『巖窟蔵鏡』所収：内向九弧明鏡）に最も近い（「中国古鏡の研究」班 2011a：pp.264-267）。

　車崎正彦は環状乳神獣鏡の変遷を検討する中で、半円方形帯で外側に蓮華文（もしくは芝草文）をもつA類、また雷車（雲車）の軛が輿の下に入り込むⅠ類がいずれも永興元年（167）銘の環状乳神獣鏡に見られることを指摘し、これらの特徴をより古く位置づけている（車崎 2003：pp.88-91）。渡邊氏旧蔵鏡では、この半円方形帯A類および雷車Ⅰ類の特徴が見られる他、半円の高さの幅に対する比率が大きく、半円形上面の渦文数が6渦文である点など、全体として古い様相を示している点が特徴である。その点では、下段の左右一対の獣像が、それぞれ乳の下側から内回りに続き、かつ顔が正面を向く造形もまた、この種の通例である、胴体が乳の上側から外回りに続く一群（e.g. 同型鏡群の画文帯同向式神獣鏡Cや画文帯仏獣鏡Bなど）よりも古い様相を示している可能性もある。同向式神獣鏡の出現は従来2世紀末（上野の第三期）と考

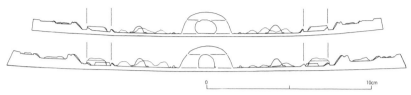

図79　旧渡邊氏蔵鏡（上）と建武五年銘鏡（下）の断面比較

えられているが、旧渡邊氏蔵鏡の製作年代は、上記の特徴から上限としては2世紀後半代と考えておきたい。建武五年銘鏡の内区図像の類例が今までほとんど知られていなかったのは、原鏡の製作年代が古く稀少な資料であったことに起因する可能性もあろう。

　以上から、旧渡邊氏蔵鏡の原鏡の製作年代については上限を2世紀後半代とし、系譜については銘文から上野の銭塘江系を含む「華東地域」と捉えておきたい。

　そして問題は旧渡邊氏蔵鏡の鋳造年代であるが、これについては現状で不明な点が多い。資料自体からいえるのは、厳密には本鏡が技術的な特徴から踏み返し鏡と想定され、原鏡の製作年代よりも鋳造年代が新しい可能性が高いという点のみである。その上で、上述のように鈕孔痕跡がみられること、鈕孔の製作技術と大きさが筆者分類の2類に該当すること、さらに面径21cm前後で反りが約4mm前後であり、同型鏡群の一般的傾向と概ね共通することから、同型鏡群の製作年代の範疇で理解することは不可能ではないと考える。この点を確認しつつ、次に建武五年銘鏡との比較を行う。

（5）建武五年銘鏡との比較

　大きく4項目について両資料について比較する。

〔断面形態・面径〕断面形態は、上述のように反りの大きさが異なっており、旧渡邊氏蔵鏡が4mm前後であるのに対し、建武五年銘鏡が2mm程度であることから、両者の製作年代には若干の時期差が想定される。挽型・文様のレイアウトという点では、両資料の断面図を比較すると、鈕区から半円方形帯外周まではほぼ一致しており、建武五年銘鏡では斜面鋸歯文帯より外側の部分が高く、大きく拡張されていることがわかる（図79）。たとえば斜面鋸歯文帯部分

は、渡邊氏旧蔵鏡が厚さ約 7 mm、幅約 6 mm であるのに対し、建武五年銘鏡は高さ 8.5 mm で幅 9.5～10 mm と大型化している。鈕径は建武五年銘鏡の方がわずかに大きいが、鈕の高さはほぼ一致している。
〔内区図像〕先に検討したように、内区を構成する主要図像はほぼすべてが対応しており、位置関係まで含めて概ね一致している。ただし、鈕座の有節重弧文帯の節の数、神像の冠の傾きや位置など、詳細にみると厳密には一致しておらず、内区図像に限定しても両者は同型の関係にはない。上記の挽型上のレイアウトとその中での図像の構成と配置のみが一致した形である。
〔半円方形帯〕半円形・方形それぞれの大きさや数、方形の外側に蓮華文（もしくは芝草文）を配する点は概ね一致するが、上述のように配置・銘文の内容・半円形上面の文様の3点が異なる。配置は、旧渡邊氏蔵鏡では通例の画文帯同向式神獣鏡にみられるように、内区中軸線上に方形を配して黄帝直下から「吾作明鏡」の右回りの銘文が始まるのに対し、建武五年銘鏡では若干バランスを崩した配列となり、かつ「吾作明鏡」が伯牙の上部に位置している。銘文の内容も初句の「吾作明鏡」と末句の「其師命長」以外はほぼすべて異なっている。半円形上面の文様も、モデルは不明であるが獣頭表現の追刻という点で大きく異なる。
〔外区（画文帯）〕建武五年銘鏡では雷車（雲車）の文様が立体的に描かれるなど、全体的に新たに彫り起こされたものとみられる。ただし構成要素は旧渡邊氏蔵鏡の画文帯と一致しており、それを手本にして建武五年銘鏡を製作することは可能と考えられる。また先述のように、建武五年銘鏡では雷車の位置の関係で、日を奉じる神仙が「右下」に、月を奉じる神仙が「左上」に配置されており、これは旧渡邊氏蔵鏡も含め、通例の画文帯の位置からすると、240度ほどずれた位置ということになる。外区は連環状雲気文を挟んで内側に斜面鋸歯文、外側に突線と素縁部が配される点で共通している。

（6）小　結
以上のように、旧渡邊氏蔵鏡と建武五年銘鏡を比較すると、内区図像の構成と構図、そして半円方形帯外周の界圏までの挽型のレイアウトなどが概ね共通する一方で、半円方形帯の内容や画文帯・外区の拡張、また画文帯の始点・終

点の位置などにおいて両者の間に相違点があることが認められた。また内区図像の観察から両者は同型関係にはないとみられるが、他方で文様の構成要素がほぼ共通することから、両者が類鏡であることは確実といえよう。以下、この両者の関係と建武五年銘鏡の製作背景について若干の考察を試みたい。

4．考　察

（1）両者の関係と旧渡邊氏蔵鏡の意義

　まず前提として確認しておくべきは、旧渡邊氏蔵鏡自体が踏み返し鏡であり、別に「原鏡」が存在するであろうという点である。ただし改めて述べるまでもなく、その「原鏡」自体も建武五年銘鏡とは同型関係にはない。その上で建武五年銘鏡の製作という観点から両者の関係について考えた場合、いくつかの可能性が想定される。具体的には、建武五年銘鏡の製作にあたって全体にわたって新たに鋳型が彫り起こされた場合（仮説A）と、旧渡邊氏蔵鏡とは別に内区図像が酷似した「別の鏡」が存在しており、その鏡を踏み返した後に、外区を拡張し文様を追刻した場合（仮説B）の両者が想定される。前者は、製作にあたり参照されたモデルが旧渡邊氏蔵鏡そのものであった場合と「別の鏡」であった場合に分かれる。すなわち：

　仮説A1：旧渡邊氏蔵鏡（もしくはその原鏡）がモデルとなって、新たに鋳型が彫り起こされた場合

　仮説A2：旧渡邊氏蔵鏡（もしくはその原鏡）と類似した「別の鏡」が存在しており、その鏡がモデルとなって、新たに鋳型が彫り起こされた場合

　仮説B：旧渡邊氏蔵鏡の原鏡と類似した「別の鏡」が存在しており、その鏡を原鏡として踏み返されて鋳型が作られた上で、半円方形帯や画文帯など、文様を改変・追刻して製作された場合

現状で建武五年銘鏡の類例が旧渡邊氏蔵鏡にほぼ限定されており、建武五年銘鏡の踏み返し原鏡となりうるような「別の鏡」が存在した可能性が否定できないことから、厳密にはこれらの可能性を検証することは困難である。また建武五年銘鏡自体も踏み返し鏡の可能性が高く、現在知られている久保惣鏡とROM鏡の2面以外に同型鏡が存在する可能性もあることから、内区と外区の

間での「踏み返しの段階差」がもしあるとした場合も、その抽出は困難であり、建武五年銘鏡自体が新たに鋳型として彫り起こされたか、また踏み返しによる追刻かという点についても現状では保留しておきたい。ただし、半円方形帯より内側での挽型のレイアウトの共通性や、文様構成要素の一致という点から考えると、現状では旧渡邊氏蔵鏡、もしくはそれと同じ構図をもった類鏡(「別の鏡」)が、建武五年銘鏡製作においてモデルとなった鏡の有力候補であるということはできるであろう。

　上記の可能性の問題については第5節において再論するが、旧渡邊氏蔵鏡の意義としてここで確認しておきたいのは、これまで系譜について不明な点が多かった建武五年銘画文帯同向式神獣鏡の文様について、内区図像だけでなく画文帯・外区部分も含めて直接対比しうるような、後漢代に製作された原鏡が存在した可能性が高いことを示しているという点である。また旧渡邊氏蔵鏡自体が踏み返し鏡で、もし本稿で指摘したように5世紀代における同型鏡群と同様の脈絡で理解される鏡であるとするなら、5世紀代にはおそらく原鏡がそのまま踏み返され複製されたと想定され、それに対し、「建武五年銘鏡」製作にあたっては、新たに外区拡張・文様追刻などがなされたという差異が認められることになろう。

(2) 建武五年銘鏡製作とその背景

　最後に上記をふまえ、「建武五年」銘鏡の製作背景について考えてみたい。以上にみたように、建武五年銘鏡は、旧渡邊氏蔵鏡(もしくはその原鏡)にみられるような、後漢代に製作された画文帯同向式神獣鏡の構図の一部を拡張・改変する形で製作された鏡である。外区拡張による面径の拡大という特徴はその後の隋唐鏡に連なる特徴であることが指摘されており(岡村 2011a)、その点からも改めて南朝鏡として理解することが可能であろう。筆者自身は鈕孔形態が筆者分類の同型鏡群の2類に該当するという点から、「建武五年」が示す年代は南斉の498年とみてよいと考えている。問題は、この南斉建武五年にこの鏡が製作されたことの背景と意義である。

　まず「建武五年」は、別稿(辻田 2013a：pp.85-86)でもふれたように、南朝で479年に宋により禅譲を受けた斉の5代皇帝明帝が建武元年(493)に即

位した後、在位期間5年で崩御した年にあたる。498年の四月に永泰元年と改元され、七月に明帝が病没して皇太子蕭宝巻（廃帝東昏侯）が即位したとされる。とすれば、「建武五年」は数カ月の短期間に限られることになる。東昏侯も反乱が発生する中で衛兵により殺害され、蕭衍により擁立された和帝が蕭衍に禅譲することにより梁が成立する（天監元年：502年）。この間、元号は蕭宝巻即位により永泰が改元され、永元元年〜三年（499〜501）、中興元年〜二年（501〜502）とめまぐるしく変わっている。宋朝以来の先帝とその子孫の殺害が繰り返される中での皇帝交代の動きが、斉においてもつづいたとされる（川本 2005）。建武年間の明帝も、高帝蕭道成や二代武帝の子孫を殺害するなど、例外ではない。その上で建武五年銘鏡の銘文を見ると、車崎（2003）が指摘するように、「建武五年」の箇所は、方形内部の銘の順序からも、「晋侯」「宋国」という順序で王朝名が並ぶ「晋侯冊命、建武五年、宋国太□」とする読み方が妥当と考える。前後の脈絡が不明であるが、「晋侯」「宋国」という王朝名は、東晋から宋王朝へという王朝の交代を指し、「冊命」も天子が冊書により命ずるといった政治的な意味において理解するとすれば、この銘文は、東晋から斉王朝に至る王朝交代の正当性を謳った文章の一部である可能性もある。上述の明帝は建武五年（元号は永泰に改元後）に病没しているが、その最晩年の所産と考えれば、銘文の内容とも呼応するようにも思われる。他の字句については銹着のため釈読が困難な箇所が多い。この点は同型鏡であるROM鏡についても同様であり、ROM鏡の銘文については補論にて後述する。

　仮に銘文がそうした王朝交代とその正当性を謳ったものであり、そこにおける「建武五年」銘と考えた場合、従来から指摘されている本鏡の「精緻巧妙の極」といった特徴（富岡 1920）は、本鏡がそうした意味での「王朝の鏡」として製作された可能性を示唆するものとも考えられる。研究史でも述べたように、南朝代は銅鏡生産の衰退期にあたることが指摘されてきた（e.g. 樋口 1979・1983、徐苹 1984）。また宋代の元嘉の治において貨幣経済が発達し、銅生産も活発に行われていたが、450年前後の文帝末期の北伐により経済が混乱し、銅生産も衰退したと考えられている（川本 2005）。王朝交代と皇帝の代替わりが短期間でつづいていた南斉において状況が大きく好転していたとは考えにくいが、その南斉建武五年（498）において本鏡のような銅質の良好な鏡が

もし製作可能であったとすれば、尚方のような組織での製作が想定される。このことは上述の「王朝の鏡」として製作された可能性という点とも矛盾しない。魏晋代においては、基本的に漢代以来の三尚方制が継承されているが、東晋代で再編された後、宋・南斉代においては東晋以来の尚方を引き継ぐ右尚方と新たに設置された左尚方の二尚方制へと転換し、宋代とそれ以前とで大きく性格が転換した可能性が文献史料の検討により指摘されている（米澤 1939、桃崎 2005）。宋や南斉の尚方における生産の実態については今後の課題であるが、ひとまず南斉建武五年においても尚方が存在しており、そこでの製作の可能性が想定されうることを確認しておきたい。そのように理解した場合、なぜ建武五年銘鏡の製作にあたって鏡式として採用されたのが画文帯同向式神獣鏡であったか、という点があらためて注目される。

　先に述べたように、宋朝下で製作されたと目される同型鏡群においては、外区を拡張した画文帯仏獣鏡Bが最上位に格付けされ、かつ画文帯同向式神獣鏡Cが少なくとも1種28面というように大量生産されるなど、この種の鏡においてやや特殊な位置づけが行われている（辻田 2012d、2013a）。また川西宏幸は、同型鏡群の製作順序を検討する中で、現在知られている同型鏡群の資料中に、踏み返しの原鏡候補となる鏡が少なすぎることを指摘し、その理由として、これらの原鏡がその貴重さゆえに輸出鏡の対象から除外された可能性を論じている（川西 2004）。この2つの点、すなわち画文帯仏獣鏡や画文帯同向式神獣鏡の位置づけや、原鏡候補の稀少性とその特殊な扱いというあり方は、これらを原鏡とした同型鏡群の生産や原鏡の保管がかなり限定されたものであった可能性を示唆すると考える。

　以上から考えれば、建武五年銘鏡の原鏡として、後漢代に遡る可能性が高い画文帯同向式神獣鏡が想定されること、そして建武五年において外区拡張の上で精緻な文様が彫刻され、王朝交代の正当性を示す銘文が刻まれたことは、この原鏡の文様構成がもつ象徴的意味がつよく意識されたがゆえであろう。建武五年銘鏡の原鏡となった画文帯同向式神獣鏡の製作年代が仮に後漢代まで遡るとして、その原鏡自体が、後漢以来の正統王朝であることを示す象徴的器物であったかどうか、そこまでを確認する術を知らないが、今後はそうした可能性も含めて検討していく必要があると考える。

5. 補論1：ROM鏡の観察結果と久保惣鏡との関係について

　前述のように、本節の旧稿（辻田 2014a）の上梓後に、カナダ・トロントのロイヤル・オンタリオ博物館において、本節で検討した久保惣鏡の同型鏡について実見する機会を得た。前項までに述べた結論自体に変更は生じないが、もう1面の「建武五年」銘鏡の実態と久保惣鏡との関係についてここで明らかにしておきたい。

（1）ROM鏡の技術的特徴・鈕孔形態

　ROM鏡は、後述するように1934年以前の中国における購入資料とみられ、来歴などについては不明な点が多い。文様構成や配置などにおいて、特に改変箇所などは認められず、久保惣鏡とは同一文様鏡の関係にある。

　ROM鏡の一見して明らかな特徴は、全体として久保惣鏡と比べて文様に不鮮明な箇所が多い点である（図80）。これは特定箇所に限らず、内区主像から半円方形帯、画文帯、外縁部に至るまですべての箇所にわたって認められ、踏み返し鏡の特徴を示しているといえる。鋳肌を残している部分も多く観察できることから、鋳造時において元来文様が不鮮明であったとみられることに加え、場所によっては文様表面の摩滅が顕著に認められる。鏡面側は全体的に白銅質の面が良好に遺存している。

　ROM鏡の面径は、実測の結果23.9〜24.1 cmという計測値が得られた。文様の不鮮明な箇所が多い点から、久保惣鏡よりわずかに小さくなるような可能性も想定されたが、断面実測図を作成し、久保惣鏡と重ねたところ、界圏などの位置が両鏡の間でほぼ一致していることから、面径が異なるのは鋳型製作時における外縁端部の位置と仕上げの問題によるものと想定された（図81）。第3節でも述べたように、水野敏典らの三次元計測データによる検討では、画文帯同向式神獣鏡Cにおいて、踏み返しによる収縮がみられる場合、仕上げの研磨などに左右されない圏線の部分（直径約17.3 cm前後）において1.2 mm（0.7%）の収縮が認められている（水野他 2008）。画文帯同向式神獣鏡Cよりも一回り面径が大きな建武五年銘鏡においては、もし世代差を伴う踏み返しが

図80 ROM所蔵「建武五年」銘画文帯同向式神獣鏡

行われていれば圏線での収縮は 1.2 mm よりも大きいものである可能性があるが、三次元計測データほど正確ではないとはいえ、現状で 1 mm を超えるようなずれを確認することはできない。以上の点から、ROM鏡に関しては、踏み返しに伴ういわゆる「面径の収縮」は想定する必要がないものと考える。久保惣鏡では外縁部が非常に鋭く仕上げられているが、ROM鏡では縁の上端・下端のいずれも丸みを帯びており、仕上げ・摩滅双方に起因するものとみられる。

反りは向かって右半分が約 2.5 mm、左半分が約 4 mm であり、全体としては久保惣鏡と同様に水平・平坦に近い製品でありながら、向かって左半分の鏡体においてわずかに反りがつよくなっている。上述のように、平面的な界圏の位置関係には差がみられないが、その一方で、特に内区の垂直的な位置や厚さが異なっていることから（図81：ROM鏡の方がやや厚みがある）、ROM鏡の製作にあたり、鋳型に歪みが発生するといった技術的な問題が発生した可能性が高い。

また半円方形帯から外区にかけて部分的に緑色の錆が広がっている。半円方形帯の一部で赤みがかった部分が認められることなどからも、元来は出土品であった可能性があるものと考えられる。

鈕孔方向は、前述のように久保惣鏡との間でほとんど差はなく、どちらも概ね 43 分—13 分の方向に開口している。左側の鈕孔は幅 10 mm・高さ 8.5 mm

図81　久保惣鏡とROM鏡の断面比較

の楕円形鈕孔である。鈕孔両側辺にわずかに面が形成されており、鈕孔痕跡とみられる。右側の鈕孔は幅10 mm・高さ8 mmである。いずれの方向でも、鈕孔内部の観察から楕円形中子によって形成されたものであったことが確認された（図81）。鈕孔形態の仕上げは前節までに検討した同型鏡群のそれとほぼ同一であり、法量からも鈕孔2類に該当するとみてよい。この鈕孔方向・鈕孔の法量は久保惣鏡とほぼ一致することが確認できた。

　文様が全体として不鮮明である点から、久保惣鏡との同型鏡や踏み返し鏡という場合に、例えば唐宋代以降の踏み返し鏡である可能性についても想定されるところであるが、鈕の上面に大きな平坦面があるといった特徴はみられないことからも、いわゆる宋代の踏み返し鏡などでないことは確実である。上述のようにROM鏡が久保惣鏡と同様に良好な白銅質であること、久保惣鏡と面径がほぼ同一で顕著な収縮がみられないこと、そして鈕孔方向・法量などが久保惣鏡と一致し、両鏡ともに同型鏡群の鈕孔製作技術との共通性が高いことなどから、筆者はむしろ久保惣鏡とほぼ同時期に製作された文字通りの関連資料であるとみてよいと考える。

（2）久保惣鏡とROM鏡の関係

　この両鏡の間では、面径がほぼ同じであるという点から、同型・同笵の可能性が想定された。ここで注目されるのは、久保惣鏡の技術的特徴として前述した、右上獣像の頭部下から鈕座の有節重弧文帯に向けて伸びる突線状の傷である。この傷がROM鏡では認められないことが確認された。ROM鏡の方が久保惣鏡と比べ全体に文様が不鮮明であることとあわせて考えるならば、傷を有する久保惣鏡を初鋳・傷をもたないROM鏡を後鋳とするような「同笵」関係を想定することはできない。この傷の有無と両者の面径がほぼ同一である点を考えた場合、この2面の関係については、この両者とは別に原鏡が存在してお

図82　久保惣鏡の細部

り、それを同一の踏み返し原鏡とする同型鏡と考えるのが現状で最も蓋然性が高い。鋳上がりの違いから、ROM鏡と久保惣鏡との間に世代差がある可能性（両者がオジオイの関係）も存在するが、前述のように圏線での面径の収縮が確認されず、また他鏡種において、同一世代の踏み返し鏡（キョウダイの世代）同士の間で文様の鋳上がりが異なる例が一定数存在していることから、ここでは久保惣鏡とROM鏡の間での文様の鋳上がりの違いは同世代（キョウダイ）における踏み返し鏡の変異の許容範囲として理解しておきたい。鈕孔の方向および法量・技術的特徴の一致という点からすれば、前述のように両者の間に大幅な製作年代の差はなかったとみるのが妥当であろう。

（3）ROM鏡の銘文の内容について

　その上でROM鏡について注目されたのが銘文の内容であるが、残念ながら上述のように久保惣鏡よりも全体として文様が不鮮明であるために、文字情報として久保惣鏡以上の内容を得ることはできなかった。これは久保惣鏡において方形部の上面が錆で覆われている部分についても同様であり、字体の一部が確認できる箇所もあるものの、各銘字の全体の復元は困難であることが確認された。図82では、久保惣鏡の「建武五年」銘の部分を示している。ROM鏡では当該部分も久保惣鏡と比べて不鮮明であり、極端にいえば、もし久保惣鏡が未発見でROM鏡しか存在していなかった場合、「建武五年」銘鏡という位置づけがなされるかどうかむずかしいところがある。実際にROM鏡は「建武五年」銘鏡としては登録されておらず、後漢代の神獣鏡として扱われている。

　以上のような点から、「建武五年」銘鏡の銘文やその内容については、現状では久保惣鏡から判断するしかない。将来的に、錆に覆われた銘帯部分についてのX線撮影や、未発見の両鏡の原鏡が確認される機会を期待したい。

（4）半円文上の獣頭表現について

　これは ROM 鏡に直接関連する問題ではないが、建武五年銘鏡に関する補論として付記しておきたい。先に建武五年銘鏡の半円方形帯の半円文上の獣頭表現について、三角縁神獣鏡の表現⑦との類似について述べているが、その後の検討において、フリーア美術館蔵鏡（F1917.169a-b）やベルリン民族学博物館所蔵鏡（Inv.Nr.1975-49）などに直接の類例が求められることを確認した。前者は 18.9 cm の画文帯求心式四神四獣鏡の 14 個すべての半円文の上に浮彫表現の獣頭文様が施文されている。下顎まで表現されているが、獣面自体の類似度は高い。また後者は画文帯環状乳四神四獣鏡の半円文上部（12 個あるうちの半数）に平彫りで獣面文が施文されている。ややデフォルメされているが、建武五年銘鏡の獣頭文と同じ範疇で理解できる図像である。以上から、建武五年銘鏡の獣頭文についても、旧渡邊氏蔵鏡（あるいはその類鏡）とともに、こうした後漢鏡も含めて系譜を想定することが可能であることを確認しておきたい。

（5）ROM 鏡の来歴について

　最後に、ROM 鏡の来歴について付言しておきたい。本節でみてきたように、現時点では久保惣鏡・旧渡邊氏蔵鏡のいずれについても出土地に関する情報はない。久保惣鏡が山東省の陳介祺の所蔵鏡であったこと、旧渡邊氏蔵鏡についても購入資料であることから、元来は中国で古美術品として流通していた可能性を想定することができるにとどまる。この点は ROM 鏡も基本的に同様である。

　ROM 鏡は、カナダ人のキリスト教司教（Bishop）であるウィリアム・ホワイト（William C. White 1873-1960）の収集資料（ホワイト・コレクション）である。ホワイトはキリスト正教会の司教として、1897 年、23 歳の時に中国に派遣された。カナダ人として初めて中国に派遣された司教であり、1910 年から 1934 年まで河南省における最初の司教として活動した。38 年の滞在期間において、中国文化を学ぶ中で、その文物をカナダに持ち帰ることを考えるようになったとされる（Walmsley 1974）。そのようにしてカナダに持ち込まれた資料が、現在のロイヤル・オンタリオ博物館のホワイト・コレクションとな

っている。

　ホワイトの収集資料の中で銅鏡に注目すると、従来日本でも魏晋鏡として紹介され注目されてきた芝草文帯規矩四神鏡（e.g. 福永 2005a）をはじめ、30面を超す後漢代以降の漢式鏡が存在する。建武五年銘鏡の調査とあわせて実見した結果、これらの資料に双頭龍文鏡をはじめとした魏晋鏡が多く含まれていることを確認した。残念ながらホワイト・コレクションの銅鏡については、建武五年銘鏡も含めていずれも出土地や来歴などの記録は明確でない。帰国前の1933年に、ROMに持ち帰るための古美術品を購入しに北京へ赴いた際に慕學勛 Mu Xuexun コレクションとされる図書資料を購入した、といった記録もあるため、[12]任地の河南省付近での出土品に限らず、北京などでの購入品が多く含まれている可能性が高い。ホワイト・コレクションに魏晋鏡が多く含まれる点についても、ひとまず河南省や北京といった華北地域での流通品などの購入資料という脈絡で理解することができよう。

　問題は建武五年銘鏡の来歴であるが、これについても同様に、現状では購入資料であるという推測にとどまらざるをえない。本節でみてきたように、もし建武五年銘鏡が南斉の建武五年に製作された鏡であり、また「王朝の鏡」などであったとすれば、それらが元来はどの地域に存在していたものであり、どのように後世に伝来したのかがきわめて重要な問題であることは言を俟たない。残念ながら本節では、ROM鏡や久保惣鏡が19世紀～20世紀初頭にかけて中国で古美術資料として流通し、購入品として現在に至っているという点を確認したにすぎない。将来新資料が発見されたときのために参考として付記しておく次第である。

6. 補論2：建武五年銘鏡と同型鏡群の鉛同位体比

　ここで、建武五年銘鏡の鉛同位対比と同型鏡群との関係について検討しておきたい。ここでの鉛同位体比データは、分析データについての各報告書と、新井悟氏が自身のホームページ上で公開している、これまでに発表された鉛同位体比のデータ集成を参照した。同型鏡群については、多くが東京国立博物館に所蔵してある関係で、西田守夫の三角縁神獣鏡の鉛同位体比についての科学研

第2章　同型鏡と関連鏡群の系譜と製作技術　279

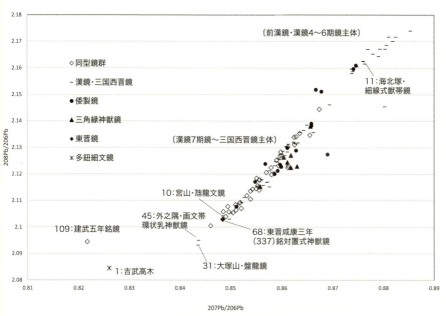

図83　同型鏡群および関連資料の鉛同位体比

究費報告書（西田 1986）において、多くのデータが集められている。それ以外の同型鏡群のデータも含めて40面前後のデータがある。この同型鏡群のデータに加え、前漢鏡・後漢鏡（岡村秀典分類・漢鏡4期～6期）・漢鏡7期鏡・三国西晋鏡・舶載三角縁神獣鏡・仿製三角縁神獣鏡・東晋鏡・倭製鏡について、同型鏡群以外は各時期の特徴を示す資料をランダムに抽出し$^{207}Pb/^{206}Pb$と$^{208}Pb/^{206}Pb$の相関をみたものが図83である。建武五年銘鏡については、久保惣鏡のデータが含まれている。$^{206}Pb/^{204}Pb$と$^{207}Pb/^{204}Pb$の相関については概ね同様の傾向であったため、ここでは$^{207}Pb/^{206}Pb$と$^{208}Pb/^{206}Pb$のデータのみを図示している。

　建武五年銘鏡について検討する前に、同型鏡群を含めた本データの全般的な傾向を述べておきたい。図83の作成に際し、漢鏡などについては概ね上記のように区分した（表9）。この結果、漢鏡・三国西晋鏡については、大きく$^{207}Pb/^{206}Pb$の数値が0.88付近に位置する一群と、0.84～0.86付近に位置する一群の両者に分かれ、前者が〔前漢鏡・漢鏡4～6期鏡〕、後者が〔漢鏡7期鏡・

表9 同型鏡群および関連資料の鉛同位体比一覧

資料番号	区分	遺物名称	遺跡名称	207Pb/206Pb	208Pb/206Pb	206Pb/204Pb	207Pb/204Pb	文献	試No.
1	半島鏡	多鈕細文鏡	福岡・吉武高木遺跡3号木棺	0.826	2.0845	19.096	15.773	9	183
2			山口・梶栗浜遺跡	0.7942	2.0623	20.019	15.899	2	M-114
3		内行花文昭明鏡	広島・中出勝負峠墳墓群	0.8819	2.1701	17.602	15.423	6	SK8-1
4		昭明鏡	佐賀・桃島山遺跡石棺	0.8825	2.1717	17.556	15.493	4	M-102
5	前漢鏡		中国・北九州市考古博	0.8803	2.1454	17.667	15.552	13	HS190
6			福岡・南方浦山古墳	0.8791	2.1644	17.666	15.53	13	HS120
7		虺龍文鏡	岡山・鋳物師谷1号墳	0.8761	2.1625	17.737	15.539	13	HS187
8			鳥取・小屋谷3号墳	0.874	2.1587	17.802	15.559	13	HS188
9			福岡・平原遺跡17	0.8737	2.1597	17.845	15.591	11	—
10	同型鏡？	虺龍文鏡	兵庫・宮山古墳	0.8485	2.1043	18.484	15.684	13	HS189
11		細線式獣帯鏡	大阪・海北塚古墳	0.8764	2.1616	17.707	15.518	7	1373
12		方格規矩四神鏡	福岡・平原遺跡02	0.8854	2.174	17.496	15.491	11	—
13		陶氏作方格規矩四神鏡	福岡・平原遺跡38	0.8804	2.1672	17.651	15.54	11	—
14		方格規矩四神鏡	福岡・平原遺跡29	0.8807	2.1686	17.591	15.492	11	—
15			奈良・天神山古墳	0.876	2.1626	17.695	15.501	3	M-9
16			福岡・平原遺跡13	0.8794	2.1672	17.654	15.525	11	—
17			福岡・平原遺跡14	0.8811	2.1717	17.619	15.524	11	—
18		内行花文鏡	福岡・平原遺跡11	0.878	2.1653	17.711	15.55	11	—
19			楽浪・王旰墓	0.8694	2.1461	17.934	15.592	7	313
20			静岡・松林山古墳	0.8748	2.1605	17.772	15.547	7	191
21	後漢鏡		京都・椿井大塚山古墳01	0.8738	2.158	17.765	15.523	12	1
22		大宜子孫銘内行文鏡	福岡・平原遺跡15	0.877	2.1671	17.723	15.543	11	—
23		内行花文鏡	京都・長法寺南原古墳	0.8662	2.1357	18.101	15.679	7	368
24		内行花文鏡片	福岡・羽根戸南古墳群	0.86	2.1275	18.195	15.648	14	HS1129
25		蝙蝠座内行花文鏡	島根・岡田山1号墳	0.8608	2.1304	18.171	15.642	5	25
26		浮彫式獣帯鏡	福岡・泊一括箱式石棺	0.8649	2.1385	18.066	15.625	9	68
27			福岡・天神森古墳	0.8618	2.1262	18.169	15.658	1	M-92
28			島根・月廻古墳	0.8628	2.1314	18.146	15.656	5	28
29		盤龍鏡	京都・長法寺南原古墳	0.8606	2.1269	18.168	15.635	7	208
30			宮崎・伝持田1号墳	0.8596	2.1255	18.215	15.658	3	M-45
31			滋賀・大塚山古墳	0.8436	2.0932	18.622	15.71	7	836
32		画象鏡	伝・紹興 久177	0.8553	2.1154	18.303	15.655	7	421
33			伝・紹興 久180	0.8498	2.1031	18.481	15.705	7	419
34		神人龍虎画象鏡	静岡・薬師堂山古墳	0.8632	2.1318	18.139	15.658	7	202
35		神人車馬画象鏡	福岡・津和崎権現古墳	0.8594	2.1256	18.239	15.675	9	65
36		上方作系浮彫式獣帯鏡	広島・中小田1号墳	0.8611	2.1284	18.138	15.619	4	M-66
37			大分・免ヶ平古墳	0.8561	2.1179	18.292	15.66	7	415
38		斜縁二神二獣鏡	福岡・五島山古墳	0.8564	2.1157	18.312	15.682	9	67
39	漢鏡7期鏡		長野・兼清塚古墳	0.8592	2.1245	18.218	15.653	8	3
40		双頭龍文鏡	福岡・羽根戸南古墳群	0.8592	2.126	18.221	15.656	14	HS1128
41			佐賀・谷口古墳	0.8624	2.1317	18.151	15.653	7	463
42		画文帯環状乳神獣鏡	大阪・和泉黄金塚古墳	0.8584	2.1208	18.258	15.673	14	KP1241
43			広島・宇那木山2号墳	0.8527	2.1113	18.365	15.66	4	M-69
44		画文帯環状乳神獣鏡	兵庫・ヘボソ塚古墳	0.8511	2.1073	18.454	15.706	7	472
45		画文帯四獣鏡片	福岡・祇園山古墳裾郡甕棺	0.8511	2.1081	18.46	15.711	9	69
46		画文帯環状乳神獣鏡	福岡・外之隈遺跡1号墓	0.8437	2.095	18.628	15.716	9	70
47		二禽二獣鏡	愛媛・朝日谷2号墳	0.8597	2.1274	18.219	15.662	14	CP0275
48		倣古・方格規矩鏡	福岡・津古生掛古墳	0.8636	2.1357	18.08	15.614	9	71
49		青龍三年（235）銘方格規矩四神鏡	京都・太田南5号墳	0.8588	2.1246	18.208	15.637	12	1

280

資料番号	区分	遺物名称	遺跡名称	207Pb/206Pb	208Pb/206Pb	206Pb/204Pb	207Pb/204Pb	文献	試No.
50	三国西晋鏡	倣古・盤龍座獣帯鏡	兵庫・吉島古墳	0.8586	2.1231	18.22	15.644	7	800
51		景初三年銘三角縁神獣鏡	大阪・和泉黄金塚古墳	0.8623	2.1321	18.132	15.635	14	KP1243
52		景初四年(239)銘盤龍鏡	宮崎・伝持田古墳群	0.8602	2.1287	18.193	15.65	10	N13
53			京都・広峯15号墳	0.8643	2.1365	18.062	15.611	12	4
54		赤烏元年(238)銘対置式神獣鏡	五島美術館蔵	0.8572	2.117	18.221	15.619	7	16
55			山梨・鳥居原狐塚古墳	0.8522	2.1092	18.368	15.653	3	M-56
56		赤烏七年(244)銘対置式神獣鏡	兵庫・安倉高塚古墳	0.8501	2.1054	18.44	15.676	7	364
57		泰始九年(273)銘画文帯	久保惣記念美術館蔵	0.8613	2.1313	18.172	15.652	7	1116
58		太康元年(280)銘対置式神獣鏡	五島美術館蔵	0.8576	2.1152	18.264	15.663	7	393
59		求心式神獣鏡	岐阜・円満寺山古墳	0.8571	2.1169	18.259	15.65	7	775
60		環状乳神獣鏡	福井・泰遠寺山古墳	0.8576	2.1212	18.227	15.66	7	1107
61	三角縁神獣鏡	舶載三角縁盤龍鏡	山口・宮ノ洲古墳	0.8604	2.1263	18.204	15.663	7	804
62			京都・椿井大塚山古墳08	0.8656	2.138	18.03	15.607	12	8
63			福岡・妙法寺2号墳	0.8558	2.1153	18.277	15.641	7	411
64			大分・亀甲山古墳	0.8618	2.1271	18.128	15.623	7	828
65		仿製三角縁神獣鏡	愛知・出川大塚古墳2599	0.8618	2.1224	18.13	15.624	7	210
66			福岡・一貴山銚子塚古墳S1	0.8611	2.1244	18.169	15.638	12	2503
67			佐賀・谷口古墳6198	0.863	2.1229	18.095	15.616	7	348
68	東晋鏡	東晋咸康三年(337)銘対置式神獣鏡	東京国立博物館蔵	0.8485	2.103	18.49	15.689	7	4
69	同型鏡	細線式獣帯鏡E	愛媛・樹之本古墳	0.7906	1.9792	20.017	15.825	7	792
70		浮彫式獣帯鏡A	伝南朝鮮	0.8613	2.123	18.218	15.691	7	213
71			三重・木ノ下古墳	0.8505	2.1055	18.466	15.705	7	661
72			熊本・国越古墳	0.8551	2.1184	18.307	15.654	4	M-74
73			宮崎・伝新田原山ノ坊古墳群	0.8556	2.114	18.357	15.706	7	777
74			宮崎・伝新田原山ノ坊古墳群	0.8532	2.1119	18.411	15.708	4	776
75		浮彫式獣帯鏡B	群馬・綿貫観音山古墳	0.8597	2.1269	18.198	15.645	7	485
76			奈良・愛宕山(米山)古墳	0.8612	2.1224	18.16	15.639	7	204
77			岡山・築山古墳	0.8486	2.1059	18.513	15.711	7	1397
78		神人龍虎画象鏡	東京・亀塚古墳	0.8655	2.1347	18.048	15.621	7	207
79			大阪・郡川西塚古墳	0.8625	2.1311	18.085	15.598	7	206
80			岡山・朱千駄古墳	0.8628	2.1341	18.136	15.648	7	401
81		神人車馬画象鏡	京都・トヅカ古墳	0.8553	2.1156	18.289	15.643	7	1364
82			伝・仲津郡・藤井有鄰館所蔵	0.8579	2.1224	18.259	15.664	7	918
83		画文帯環状乳神獣鏡A	岡山・西郷免	0.8497	2.1058	18.432	15.699	7	180
84			香川・津頭西	0.8519	2.1093	18.428	15.631	7	181
85			熊本・迎平6号墳	0.8511	2.1065	18.456	15.708	4	M-78
86			熊本・国越古墳	0.8518	2.1091	18.441	15.708	4	M-72
87		画文帯環状乳神獣鏡B	伝・仲津郡・藤井有鄰館所蔵	0.8674	2.1444	17.974	15.591	7	917
88			宮崎・伝新田原山ノ坊古墳群	0.8521	2.1071	18.444	15.716	7	778
89		画文帯環状乳神獣鏡D	大阪・青松塚古墳	0.8624	2.1339	18.197	15.693	12	2514
90		画文帯対置式神獣鏡	愛媛・金子山古墳	0.8556	2.1178	18.289	15.648	7	1394
91		画文帯同向式神獣鏡A	群馬・恵下古墳	0.8539	2.1136	18.374	15.69	7	183
92		画文帯同向式神獣鏡B	石川・狐山古墳	0.851	2.1085	18.466	15.715	7	182
93			愛知・大須二子山古墳	0.8491	2.104	18.515	15.721	7	997
94		画文帯同向式神獣鏡C	群馬・古海原前1号墳	0.8495	2.1078	18.469	15.689	7	
95			栃木・雀宮牛塚古墳	0.8594	2.1231	18.188	15.631	7	178
96			長野・伝下川路	0.8612	2.1303	18.156	15.636	7	179
97			静岡・奥ノ原古墳	0.8598	2.1284	18.206	15.654	7	177
98			三重・井田川茶臼山1号	0.858	2.1198	18.213	15.627	7	139
99			三重・井田川茶臼山2号	0.8461	2.1005	18.53	15.678	7	140

資料番号	区分	遺物名称	遺跡名称	207Pb/206Pb	208Pb/206Pb	206Pb/204Pb	207Pb/204Pb	文献	試No.
100			岡山・牛文茶臼山古墳	0.8557	2.1178	18.28	15.642	7	176
101		画文帯仏獣鏡A	千葉・鶴巻塚古墳	0.857	2.1206	18.287	15.672	7	926
102			岡山・王墓山古墳	0.855	2.1145	18.297	15.644	7	189
103		画文帯仏獣鏡B	長野・御猿堂古墳	0.859	2.1253	18.211	15.643	8	2
104			福井・国分古墳	0.8635	2.1354	18.088	15.619	7	1392
105		八鳳鏡	兵庫・奥山大塚古墳	0.8539	2.1106	18.342	15.662	7	460
106	同型鏡関連資料	神人歌舞画象鏡片か	長野・兼清塚古墳	0.86	2.1271	18.209	15.66	8	4
107		対置式四獣鏡	熊本・国越古墳	0.8543	2.1143	18.365	15.689	4	M-73
108		画文帯環状乳神獣鏡	愛媛・天山1号墳	0.8555	2.1151	18.326	15.678	4	M-62
109	※※	建武五年銘画文帯神獣鏡	久保惣記念美術館蔵	0.8217	2.0944	19.179	15.759	7	428
110		倭・内行花文鏡系	静岡・松林山古墳	0.8611	2.1299	18.149	15.628	7	791
111	前期倭製鏡	倭・鼉龍鏡系	新潟・菖蒲塚古墳	0.8628	2.1289	18.106	15.622	14	KP1905
112			広島・掛迫6号墳	0.8658	2.139	18.065	15.641	12	2490
113		倭・家屋文鏡	奈良・佐味田宝塚古墳	0.8586	2.12	18.223	15.646	14	CP0409
114		倭・画象鏡系	岡山・正崎2号墳	0.8599	2.1227	18.186	15.638	14	CP0864
115		倭・内行文鏡B系	長野・兼清塚古墳	0.8597	2.1235	18.204	15.65	8	5
116		倭・斜縁四獣鏡B系	長野・兼清塚古墳	0.8741	2.1597	17.803	15.562	8	6
117		倭・珠文鏡	慶南・山清生草9号墳	0.869	2.1274	17.951	15.6	15	B6143
118		倭・内行花文鏡獣文系	栃木・十二天塚古墳	0.8568	2.1238	18.256	15.642	7	230
119		倭・多重複波文鏡群	神奈川・吾妻坂古墳	0.8667	2.1518	17.972	15.576	14	KP2525
120	中・後期倭製鏡	倭・神獣鏡系	岡山・勝負砂古墳	0.8678	2.1511	17.982	15.604	16	B9801
121		倭・旋回式獣像鏡系	大分・法恩寺山4号墳	0.8512	2.1078	18.439	15.695	3	M-48
122		倭・五鈴鏡	栃木・十二天塚古墳	0.8592	2.1212	18.195	15.633	7	232
123		倭・二神四獣鏡	群馬・綿貫観音山古墳	0.8658	2.1382	18.022	15.603	7	484
124		倭・半円方形帯鏡群	トヅカ古墳	0.8548	2.1171	18.309	15.651	7	1366
125		倭・交互式神像鏡C系	福岡・寿命王塚古墳	0.8746	2.161	17.786	15.555	14	KP1857
126	参考	鈴杏葉①	岡山・勝負砂古墳	0.8578	2.1213	18.255	15.659	16	B9802
127	参考	鈴杏葉②	岡山・勝負砂古墳	0.856	2.1185	18.353	15.709	16	B9803

三国西晋鏡〕を主体とする。これは従来A領域・B領域と呼ばれてきた範囲に該当し、それぞれ華北産の鉛・華南産の鉛と想定されてきたものである（平尾・鈴木 1996）。東晋の咸康三年（337）銘対置式神獣鏡も後者に含まれる。本章で検討してきた同型鏡群は、後者の〔漢鏡7期鏡・三国西晋鏡〕とほぼ重なっていることが確認できる。使用している鉛の問題であるため製作地の問題とは直結しないが、同型鏡群の原材料における鉛と〔漢鏡7期鏡・三国西晋鏡〕の鉛はほぼ同一の同位体比を示しているといえよう。

　これに関連して、いくつか先行研究において注目されていた資料の位置づけが概ね明らかとなった。1つは大阪府海北塚古墳出土細線式獣帯鏡であり、上述のように〔前漢鏡・漢鏡4～6期鏡〕の領域に収まることから、製作年代が古い鏡であり、列島内での長期保有か、同型鏡群の「原鏡候補」が5世紀代にもたらされた可能性などが想定される。また兵庫県宮山古墳出土虺龍文鏡

は、従来から弥生時代後期〜前期古墳出土虺龍文鏡から大きく離れた数値であることが指摘されていたが（平尾・鈴木 1996、藤丸 1996）、この図でもその位置づけが明らかである。〔漢鏡7期鏡・三国西晋鏡〕の範疇でもあることからあくまで参考データであるが、鈕孔の大きさという点ともあわせて同型鏡群との近さが確認できた。

また前期の三角縁神獣鏡や、各時期の倭製鏡も概ねこの〔漢鏡7期鏡・三国西晋鏡〕の範囲に重なっている。倭製鏡については同型鏡群よりもばらつきが大きく、製作時期の近接性とも必ずしも一致しないという特徴がみられる。この倭製鏡のばらつきの範囲と傾向は同型鏡群のそれとは異なっていることから、この両者の「違い」という点についての一定の論拠となろう。

以上をふまえて建武五年銘鏡について検討したい。久保惣鏡は、この図でみてわかるように、他の同型鏡群から大きく外れた位置にあるが、本鏡とは別にもう1面大幅に外れた位置にある同型鏡の資料が存在する。それは愛媛県樹之本古墳出土の細線式獣帯鏡 E（69）である。$^{207}Pb/^{206}Pb$ が 0.7906、$^{208}Pb/^{206}Pb$ が 1.9792 であり、久保惣鏡の $^{207}Pb/^{206}Pb$ が 0.8217 $^{208}Pb/^{206}Pb$ が 2.0944 という数値よりもさらに小さいものであり、このグラフの上に載せるとさらに欄外の左下方向に位置することになるため、ここではプロットを割愛している。またこの2面の数値は表9に挙げた2面の多鈕細文鏡の数値にも近接しており（図中には1の吉武高木遺跡鏡を表示）、これらはいわゆる朝鮮半島系遺物が多くみられる「ラインD」に位置する。新井宏は、この「ラインD」について、中国の鉛同位体比研究の成果を参照しつつ、中国の青銅器に多くみられること、またデータから推定される鉛原料の産地としては雲南省が該当することを指摘している（新井宏 2000）。半島系青銅器と同型鏡群の一部資料がともに「ラインD」として一括されるかどうかはともかく、建武五年銘鏡と樹之本鏡の2面が漢鏡7期鏡・三国西晋鏡や同型鏡群からやや離れた位置にあることが確認できる。

現状でこの2面の鉛同位体比のみこのように同型鏡群の通常領域からやや離れた位置にある理由は不明であるが、どちらも発見年代が古く（建武五年銘鏡は清末以前、樹之本鏡は1907年）、また鈕孔製作技術からみても贋作の可能性は低いと考えられる。その場合、同型鏡群の一部にはこの2面のように鉛同位

体比に若干幅がある資料が含まれることが想定される。久保惣鏡は樹之本鏡とB領域の中間的な数値を示していることから、ここではこの意味で建武五年銘鏡（久保惣鏡）が同型鏡群との関連において理解可能であると捉えつつ、今後のデータの増加を期待したい。

7．小結：建武五年銘鏡に関する今後の検討課題

　以上、建武五年銘鏡と旧渡邊氏蔵鏡の観察を通じて、両者の関係について検討し、また建武五年銘鏡の製作背景について5世紀代の同型鏡群の生産の問題と重ねつつ考察を行った。またROM鏡の観察結果についても補論として検討し、ROM鏡と久保惣鏡が同一原鏡による同型鏡である可能性を指摘した。建武五年銘鏡に関しては、ROM鏡の銘文が不鮮明であり、また銘文の内容については現状で久保惣鏡の内容以上の情報が得られないことをあわせて確認した。今後の関連資料の増加が期待されるところである。
　本節では建武五年銘鏡を南斉498年作の南朝鏡として捉えたが、今後隋唐鏡との技術的な比較検討を行っていく必要がある。また旧渡邊氏蔵鏡についても5世紀代の同型鏡群の脈絡で理解可能であるとする観点で議論を行った。本節での検討を通じて、建武五年銘鏡や旧渡邊氏蔵鏡が同型鏡群を考える上での重要資料であることがあらためて確認されたものと考える。ここでの議論をふまえた上で、以下同型鏡群の生産とその背景について検討したい。

第5節　5世紀における同型鏡群の生産とその背景
　―南朝における銅鏡生産の実態と尚方―

　前節まで、同型鏡群の技術的・年代的な「限定性」の問題や、同型鏡群の関連資料としての「建武五年」銘画文帯同向式神獣鏡について、「王朝の鏡」の可能性といった問題を論じてきた。ここでは、それらの論点を整理・統合して、5世紀代における同型鏡群の生産の実態とその背景について検討したい。論点は、大きく以下の3点である：

1) 同型鏡群の生産における大陸・南朝の事情：原鏡の由来
2) 同型鏡群の「生産体制」とその実態
3) 同型鏡群の生産・流通における列島社会との関係

1. 同型鏡群の生産における大陸・南朝の事情

（1）同型鏡群の原鏡の由来と「王朝の鏡」

　本章でみてきたように、同型鏡群には多種多様な鏡種が含まれている。大型鏡で後漢鏡・三国鏡が多く、また南朝の本拠地である江南地域よりも華北東部系とみられる鏡種が多く含まれることを確認してきた。他方で、列島や半島南部の遺跡出土鏡としての同型鏡群は、「粗製濫造」の踏み返し鏡であり、しかもその最新世代の、いわば「末端」の製品が主体であることを第3節で確認した。そうした事実関係を起点として考えるならば、本来は、同型鏡群として私たちが目にしているものよりもはるかに鋳上がり精良で精巧な製品が、踏み返しの原鏡として存在していたとみられる。その中には、かつて富岡謙蔵（1920）が、先の建武五年銘鏡について「精緻巧妙の極に達したるもの」と称したことに比されるような、精製の銅鏡が多数含まれていたものと想定される。先にも述べたように、ここで問題となるのは、そうした踏み返し原鏡が、元来どこからもたらされたものであり、そしてその後どこへ行ったのか、という問題である。従来同型鏡群を考える視点としては、同型鏡群自体の鋳上がりの悪さという点のみが強調され、その点にもとづき、踏み返し鏡生産の問題として議論されてきたが、建武五年銘鏡の検討結果をふまえるならば、問題となるのは同型鏡群の遺跡出土鏡だけでなく、これらの踏み返し原鏡とその由来という点であることが理解されよう。これらの「精緻巧妙」と推測される原鏡は、5世紀代の大陸においてどこにでも存在したような種類の銅鏡なのだろうか？　この問題は、同型鏡群の生産が行われたと目される、「大陸南朝における銅鏡の製作事情」とも言い換えることができる。

　筆者は、第3節でみたように、同型鏡群の原鏡が、いずれもおそらく当時大陸に存在した銅鏡の中でも、技術的に最高水準の精巧な漢鏡・三国鏡・西晋鏡（画文帯仏獣鏡など）に限定される点、そしてそれらが基本的に輸出に供され

ないという制限下に置かれていたと推測される点（川西 2004）、また建武五年銘鏡の「王朝の鏡」という観点からも、これらの原鏡は、東晋以来、南朝の中央政権下で管理・継承されてきたものではないかと推測する。その「精緻巧妙」の技術水準からみて、南朝の市井のどこにでも存在したような鏡と考えるのは困難である。鏡種が三国・魏晋鏡などではなく、ほかならぬ「後漢鏡」の大型鏡を主体とする点も、そうした「漢王朝」以来の「王朝の正当性」を示す器物として重視されていた可能性を物語っている。

　そうした中央政権下での器物継承といった「方式」は、第4章でも検討するように、列島社会においても模倣され、採用されているとみられる（cf. 田中晋 1993、辻田 2014a、上野 2015b、加藤 2015b）。問題は中国でいつごろから行われているかという点であるが、同型鏡群に限定して考えるならば、前漢鏡の鏡種がほとんど含まれておらず、後漢鏡以降が主体である点からすると、そうした貴重な鏡の王朝下での管理・世代間継承は、後漢代の紀元後1世紀頃に始まったものである可能性がある。あるいは前漢鏡も存在していたが、同型鏡群の鏡種として「選択」されなかったという可能性も存在する。現状では前漢鏡が存在したとしても少数であるとみられることから、ここでは遅くとも後漢代までにはこうした中央政権下での管理・継承が始まっていた可能性を、仮説として提示しておきたい。

　また筆者は、3世紀中頃の古墳時代初頭において、大陸から大量の完形後漢鏡と一部魏鏡が日本列島にもたらされたことを想定しているが（辻田 2007b）、そうした問題とも関わることが想定される。5世紀代の同型鏡群と比べて、3世紀においてはそうした後漢鏡が大量に輸出鏡として供されることが可能であったのは、後漢王朝の権威を直接継承した3世紀の魏王朝と、それから200年近くが経過し、東晋以降の「南朝」の後継としての5世紀代の宋王朝という事情の違いとして理解できる可能性も存在する（前期古墳出土後漢鏡の場合も、技術的に「精緻巧妙の極」ではない製品が一定数存在する）。なお前漢鏡についても少数ながら後漢代以降に管理・継承が行われていた可能性として、5世紀代以降の列島での出土事例としては、第3節でも検討した群馬県御殿山古墳出土の星雲文鏡などが挙げられる。3世紀代の列島出土鏡としては、香川県石清尾山猫塚古墳出土の異体字銘帯鏡などが挙げられよう。

（2）同型鏡群の原鏡のその後

　同型鏡群の踏み返し原鏡が、そうした南朝の中央政権下で管理・継承されたきわめて貴重な銅鏡であり、それらは輸出鏡として供されることがなかったとすれば、その後も王朝下で保管された可能性も想定されうるが、これらの原鏡はその後どこに行ったのであろうか。この問題を考える上で重要とみられるのが、同型鏡群においても含まれている、各地の博物館などに所蔵された出土地不明、もしくは来歴不詳の資料である。建武五年銘鏡もこれに該当する。

　ROMのホワイト・コレクションのような資料群は、世界各地に存在しており、日本国内でも多くの博物館・美術館において「精緻巧妙」な中国鏡が所蔵されている。それに加え、近年、前節でも検討した磐田市教育委員会の旧渡邊氏蔵鏡群なども含め、各地でいわゆるコレクション資料の寄贈が相次いでいる（e.g. 兵庫県の千石コレクションなど）。こうした資料の来歴はさまざまであり、多くは古美術品としての流通資料とみられる。これらの中には、発掘調査による出土資料ではみられないような稀少な資料も多く存在しており、類例がないという点において真贋の判断が困難なものも含まれることになる。こうした出土地不明の精緻巧妙な鏡の中には、漢墓などの盗掘資料など以外にも、元来は各時代の王朝下で宝器として保管されていた鏡が流出したものなどが含まれている可能性もあろう。

　筆者は従来川西（2004）が指摘しているような、遺跡出土鏡における原鏡候補の少なさと関連資料の中国での出土という点に加え、第3節でみたような「改変事例」の5つの特徴をもとに、同型鏡群は最新世代まで含めてすべて大陸における生産であると考える。そして建武五年銘鏡と同型鏡群との技術的な共通性という観点から、建武五年銘鏡を南斉の「王朝の鏡」とみる場合、同型鏡群についても南朝下において製作された鏡とみてよいと考える。そのように考えた上で、同型鏡群の原鏡のその後について考えてみたい。

　第1節でみたように、同型鏡群は列島の出土遺跡の傾向として若干の偏りがある。また中国における発掘調査に伴う出土鏡の実態について不明な点が多いという意味では、遺跡出土鏡としての同型鏡群は、本来存在した全体数の氷山の一角でしかない可能性はある。ただし、ここまでみてきたような、踏み返しの最新世代を主体とするといった一定の傾向が存在することは確実であるこ

とからみて、今後も将来的に列島や半島南部周辺において遺跡からの出土が想定されるのは、踏み返しの最新世代の末端資料が主体であることは変わらないものと推測できる。

　逆に、今後製作地としての中国において関連資料が見つかるとすれば、こうした踏み返しの最新世代に属する末端資料というより、原鏡候補やそれに近い資料が主体となることが想定される。それらは最新世代の資料よりもはるかに数が少ない。そしてそれに該当すると考えられる資料が、すでにここまで検討してきた資料の中に具体的な実例として存在している。すなわち、画文帯同向式神獣鏡Bの原鏡Ⅰに該当する可能性が想定される①旧ブリング氏蔵鏡、画文帯仏獣鏡の原鏡Ⅱに該当する可能性が高い④北京故宮博物院蔵鏡、画文帯仏獣鏡Bの第2世代に該当すると目される⑤キヨソーネ鏡などである。また画文帯仏獣鏡Bのコレクター資料である⑦古鏡今照鏡は、現在のところ最新世代（第3世代）に属するとみられるが例外的である。もしこの鏡が本来中国出土資料であるとすれば、他の原鏡候補と同様、鋳上がりが精良な鏡であったため輸出には供されなかった可能性なども想定されうる。

　以上のように、同型鏡群の原鏡各種については、5世紀代の大陸のどこにでも存在しえたような鏡であるとは考えられず、むしろ「精緻巧妙の極」で輸出に供されることが制限されるほどの優品で、かつそれらは遅くとも後漢代以来、そして東晋南朝以来、宋王朝に至るまで各時代の中央政権下で管理・伝承されてきた貴重な銅鏡群であった可能性が想定される。第4節でも述べたように、それらの銅鏡の管理・伝承自体が、王朝の正当性を示すレガリアのような役割を付与されていたのかどうかまでは現状で確言することはできないが、建武五年銘鏡の存在などから考えた場合、そうした可能性も含めて検討する必要があることは認められよう。同型鏡群は、以上のような形で南朝下に保管されていた、きわめて貴重な鏡を踏み返し原鏡として製作された一群である可能性が高いということができる。

2. 同型鏡群の「生産体制」とその実態

(1) 5世紀代の「尚方」における銅鏡生産：建武五年銘鏡の「外区改変」とその意義

　前項で述べたような、原鏡の稀少性・南朝下において管理・継承された大型の後漢鏡・三国鏡・西晋鏡の宝器的性格という点に加え、第2節・第3節で検討した製作技術および製作期間という二重の意味での「限定性」という観点から考えるならば、同型鏡群は、大陸南朝の市井で分散的に生産されたものが無作為に集積され輸出されたといった考え方を採ることは困難であり、むしろ南朝の官営工房での直轄生産の可能性が最も高いという理解に至る。その場合、第4節の建武五年銘鏡の生産においても想定したように、「尚方」での生産という可能性が高いと考える。

　建武五年銘鏡においては、旧渡邊氏蔵鏡のような文様構成の鏡をもとにして、外区を拡大するという特徴が認められた。これは同型鏡群における「外区改変」と理念型としては共通している。問題は、技術的に同型鏡群の「外区改変」と同列のものとして理解可能であるのかという点である。前節でみたように、建武五年銘鏡の場合は、製作にあたって全体にわたって新たに鋳型が彫り起こされた場合（仮説A）と、旧渡邊氏蔵鏡とは別に内区図像が酷似した「別の鏡」が存在しており、その鏡を踏み返した後に、外区を拡張し文様を追刻した場合（仮説B）の両者を想定した。

　この問題について、あらためて第3節の外区改変事例の検討結果をもとに考えると、建武五年銘鏡は内区主像の精緻さと拡大された外区とが「精緻巧妙の極」と呼べるほどに共存・両立している点で、同型鏡群にみられる「最新世代」での、いわば内区主像の鮮明さよりも面径の極大化や外区の加飾化を優先したあり方とは大きく異なっているという理解が可能である。これは建武五年銘鏡の「王朝の鏡」としての製作契機・背景とも関わっているとみられるが、その点からは、建武五年銘鏡については、同型鏡群の外区改変事例とは異なり、上記の仮説Aのような形で製作された可能性が高いものと考える。建武五年銘鏡のような、尚方における最高峰の鏡の生産の場合は、製作者側におけ

る製作技術上の内区主像の優先順位が、同型鏡群よりも大幅に高いことを示唆している。逆にいえば、同型鏡群が建武五年銘鏡と同じく尚方で生産されたものであるとした場合も、踏み返しの最新世代を主体とし、内区主像の優先順位の低さという点で、建武五年銘鏡とは生産に際しての位置づけが大きく異なっていたものと考えることができよう。

（2）5世紀代の東アジアにおける鏡の生産と流通：鉄鏡と銅鏡

　4・5世紀代における南朝での銅鏡生産については、5世紀中葉以降の列島・半島南部地域における同型鏡群を除けば、実態がほとんどわかっていない。従来南北朝期の墓地出土鏡として、小型の鉄鏡などが多いことが指摘され、銅鏡生産自体が衰退していたことが想定されてきた（樋口1979・1983、徐苹1984）。この点で南北朝期における鉄器の生産と流通が問題となる。この時期の鉄鏡については、潮見浩（1991）・上野祥史（2004）および桃崎祐輔（2005）らにより出土例が整理されている。また列島出土鉄鏡についてまとめたものが第4章の表17である。現状で資料数が限られており傾向を把握するにとどまるが、朝鮮半島南部でも、新羅地域の皇南大塚北墳で出土している（第4章・表16）など、銅鏡とはやや異なるあり方が認められる。5世紀代の列島の資料としては、大阪府百舌鳥大塚山古墳において副葬事例が知られている（森浩1954）。

　中国での鉄鏡の出土例は現状で4世紀代までの資料を主体としている。上述のように半島南部や近畿地域周辺などでも副葬事例が認められ、5世紀前半までに流通していることは確実である。百舌鳥大塚山古墳の鉄鏡についても、副葬時期が5世紀前葉以前とみられる。これらは同型鏡群の列島での出現より明らかに先行している点で、現状では鉄鏡の存在を同型鏡群と同時期の現象として積極的に評価することは困難である。こうした鉄鏡副葬事例と同型鏡群の生産・流通とは明らかに異質であり、同列には論じることはできない。

　また鉄鏡に関しては、従来から大分県日田市ダンワラ古墳出土鏡（河野2014）の位置づけが年代的にも問題になっているが、現状では不明な点が多い。ダンワラ古墳の年代自体の評価も含めて、あらためて注目しておきたい。ただいずれにしてもダンワラ古墳出土鉄鏡のようなあり方が各地で広く認めら

れるわけではなく、5世紀中葉以降の中国鏡としては、現状では同型鏡群のような銅鏡資料が主体であるものとみられる。

5世紀前半代における銅鏡の出土事例については、第3節でみたように鈕孔製作技術が同型鏡群とそれ以前とでは異なっている。従来より、5世紀の倭の五王の時代における対南朝遣使に伴い、新たな中国鏡が列島にもたらされた可能性が想定されているが（e.g. 川西 2004）、仮にそうした資料が存在すると考えた場合も、大陸に存在した後漢代～三国・西晋代に生産された銅鏡が5世紀代に新たに列島周辺にもたらされた事例と、それ以前の3・4世紀代（古墳時代前期）に列島周辺にすでに流入していたものが5世紀代に副葬された事例とを識別することは困難である。5世紀前半代の中国鏡副葬事例の中に、この時期新たに列島周辺にもたらされたものが含まれている可能性を指摘するにとどまらざるをえないのであり（これは半島南部地域の5世紀前半の中国鏡副葬事例についても同様である）、かつそうした資料は5世紀中葉以降の同型鏡群と比べて量的に少なく、また同型鏡群の内容や出現後の流通形態などとは明らかに異質で、不連続である。この点であらためて、5世紀中葉以降の同型鏡群の出現を、東アジアの銅鏡の生産・流通における大きな画期として認めることができると考える。

以上のように、5世紀代の大陸における鏡生産の実態については今後の資料の増加に期待するより他はないが、現在の資料状況からみた場合、同型鏡群の生産・流通は、5世紀前半代までの鉄鏡・銅鏡の生産・流通とは大きく異なる、かなり特殊なあり方とみられることがあらためて確認されよう。これらの生産が、南朝直轄の官営工房、すなわち「尚方」によると考えた場合に、こうした同型鏡群が、どのような背景でなぜ新たに生産されるようになったのかといった点があらためて問題となる。そして、なぜそれらの中でも踏み返しの最新世代「だけ」が列島および半島南部地域に集中して出土するのかという点についての説明が必要となる。最後にこの点について考えてみたい。

3. 同型鏡群の生産・流通における列島社会との関係

（1）画文帯同向式神獣鏡Cの同型鏡とその意義

　第3節でみたように、同型鏡群の中には、同一鏡種での同型鏡製作面数が、現状の資料状況においても10面以上認められるものが少なくとも4種類存在する。具体的には、面数の多いものから、画文帯同向式神獣鏡C（28面、約21 cm）、神人歌舞画象鏡（12面、約20.3 cm）、浮彫式獣帯鏡A（12面、約17.5 cm）、画文帯環状乳神獣鏡A（10面、14.8 cm）である。これ以外にも細線式獣帯鏡Aや画文帯仏獣鏡Bの7面をはじめ、5面以上の製作が行われた鏡種も少なくとも5種ほど存在している。この中でも特に突出するのが、画文帯同向式神獣鏡Cの28面である。

　同型鏡群以前の東アジアにおける銅鏡生産を見渡した場合に、まったく同一の複製鏡が20面以上製作された事例は他に存在しない。同一文様鏡の大量生産という点で特徴づけられる三角縁神獣鏡においてすら、目録番号207の10面や93・213の9面というのが同一文様鏡として現在判明している中での最大製作面数である。この点で、神人歌舞画象鏡や浮彫式獣帯鏡Aの12面、画文帯環状乳神獣鏡Aの10面についても、十分に通常ではない製作面数といえる。また唐代の海獣葡萄鏡で奈良県高松塚古墳出土鏡を含む10面以上の同型鏡という事例が想起される（兵庫県立考古博物館編 2017）。そうした点でも、あらためて画文帯同向式神獣鏡Cの28面は突出している。未発見の資料としてさらに資料が増加するとなるとなおのことである。

　同型鏡群の中での画文帯同向式神獣鏡Cの特徴としては以下の点を挙げることができる：

1) 面径21 cmで大型鏡に属する
2) 鈕孔形態・鈕孔方向における共通性がきわめて高い
3) 現状では「改変事例」が認められず、同一文様鏡の大量複製生産である
4) 華北東部系（上野 2000）とされる画文帯同向式神獣鏡の一種である
5) 樋口隆康分類（1979）の画文帯同向式神獣鏡B型の文様構成を採る
6) 文様構成として、画文帯仏獣鏡A・Bおよび建武五年銘鏡と共通する

このうち、1）〜3）の技術的特徴からは、いわば「規格性」の高さ・技術的共通性の高さを読み取ることができる。4）〜6）の文様構成の特徴からは、「華北東部系」の画文帯同向式神獣鏡であるという点において、この種の文様構成の鏡種が、古墳時代前期以来、日本列島において広く存在したものであることが注意される。特に樋口の画文帯同向式神獣鏡 B 型は、前期古墳出土鏡の中でも面数が多い大型鏡であるだけでなく、前期倭製鏡の鼉龍鏡系のモデルの 1 つとして採用された鏡種である（cf. 辻田 2007b）。

また同様の構図をもつ画文帯仏獣鏡 A・B のうち、特に後者の一部は外区改変により面径 30 cm を超す極大鏡として生産されており、踏み返しの最新世代という点で内区主像が不鮮明であるものの、少なくとも同型鏡群中で面径最大という点で、列島における鏡の序列の中では最上位に位置づけられていた可能性が高い一群である（上野 2013a、辻田 2013a）。そしてこれらの鏡式は、4 つの乳を繞る四神四獣配置という点で、他ならぬ建武五年銘鏡と同様の文様構成を採るものである。

こうした事実関係から想定されるのは、第一に、画文帯同向式神獣鏡 C のような文様構成をもつ鏡が前期以来日本列島に広く存在していたという点で、いわば前期以来の「伝統的」な鏡種であったと考えられる点である。そして第二に、建武五年銘鏡の存在が示すように、原鏡の文様構成は、南朝においても「王朝の鏡」として正当性を謳う鏡の原鏡として採用されるほどに重視されるものであった可能性が高い点である。こうした点に加え、1）〜3）における「規格性」および技術的共通性の高さという点から想起されるのは、前期の三角縁神獣鏡である。三角縁神獣鏡もまた、華北東部系の画文帯同向式神獣鏡をはじめとした神獣鏡各種をベースとしながら、同笵／同型技法により同一文様鏡が大量生産されたという点で共通項が多い。

結論から述べるならば、筆者は、同型鏡群が全体として前期の三角縁神獣鏡と同様に、規格性および技術的共通性が高い一群として製作されたものであると同時に、突出して製作面数が多い画文帯同向式神獣鏡 C は、同型鏡群の中でも特に前期の三角縁神獣鏡と同種の鏡として生産された可能性を想定している。そしてこの場合、画文帯同向式神獣鏡 C・28 面のほぼすべてが日本列島から出土していること、また同型鏡群の中でも、列島（および半島南部の）出

土鏡の大半が踏み返し鏡の最新世代であることからすれば、これらの最新世代の製品は、基本的に日本列島向けに特別に生産された可能性が最も高いという理解に帰結する。現状で28面もの同一文様鏡が製作された事例が東アジアの銅鏡生産において他にまったくみられず、列島出土鏡に限られた現象であることからすれば、こうした銅鏡生産は、列島社会の需要・要望によって生み出されたと考えるのが妥当であろう。

　要約すれば、同型鏡群は、最多28面の画文帯同向式神獣鏡Cをはじめとして、列島社会の要望によって南朝・尚方において製作された一群と考えることができる。そして同型鏡群の中でも特に画文帯同向式神獣鏡Cには、前期の三角縁神獣鏡と同様の、大型鏡で同一鏡種の量産鏡という役割が期待されたものと想定する。これはすなわち、同型鏡群の「特鋳鏡」説ということができる。

　こうした同型鏡群の「特鋳鏡」説の可能性について、筆者はこれまでも上述のような点を論拠として、予察としてすでに述べていたが（辻田 2013a・2015c）、第2節〜第4節において同型鏡群の全鏡種・各資料について技術的な検討を行い、また南斉「建武五年」銘鏡の尚方作の可能性および「王朝の鏡」としての可能性について検討を行った上で、その結果にもとづき、同型鏡群については列島社会の需要・要望によって生み出された特鋳鏡であるという暫定的結論に至った。ここであらためて同型鏡群の「特鋳鏡」説として提起するものである。

（2）同型鏡群の「特鋳鏡」説：列島社会の需要の所産としての同型鏡群

　第1節でもみたように、同型鏡群28種は、大型鏡を主体とし、かつ華北東部系を多く含む後漢鏡・三国鏡・西晋鏡により構成されている。これが何らかの形で「選択」された結果であるとするならば、前提として原鏡候補の選択肢という問題がある。これは、先にみた、東晋南朝下において保管・継承されてきた宝器鏡という観点で説明ができる。江南地域周辺の鏡種のみならず、華北東部系の鏡種が多く含まれる点も、後漢・魏・西晋といった漢末〜三国時代以来の王朝において継承された鏡種という点で理解可能である。すなわち、南朝において管理・継承されてきた多数の原鏡候補の「選択肢」の中から、一部は

列島側の需要・要望に応える形で生み出されたのが、同型鏡群の鏡種構成であると考えられる。

　この点とともに重要であるのが、「改変事例」の評価である。画文帯仏獣鏡Bなどにおける外区拡大の極大鏡が踏み返しの最新世代に属し、内区主像と両立しないという点で、「精緻巧妙」な原鏡の保有者ないし製作者側（南朝および尚方）からの価値づけとしては低いことが想定されるという点についても、「そのような内区主像が損なわれてしまうような鏡でも大きければそれでよかった」というような列島側の需要という観点で理解可能なのではないか。その意味で、①踏み返しの最新世代を主体とする、②文様は二の次で大きさ優先、③倭人が好みそうな鏡種が多い、④精巧な原鏡は基本的に輸出鏡には供されない、といった特徴からも、同型鏡群は全体として列島側の需要と事情により生み出されたもので、列島および半島南部に出土が限られるのは、そうしたいわば「倭国」向けの特別な鏡、いわゆる「特鋳鏡」であったため、と考えるのが妥当であろう。

　その上で問題となるのは、なぜそうした「特鋳鏡」が5世紀中葉前後の列島社会において求められたのかという点である。これについては次章以降の分析をふまえた上であらためて第5章において議論するが、ここまでの検討結果から推測されるのは、画文帯同向式神獣鏡Cの28面といったあり方、および大型鏡を中心としながら極大鏡から小型鏡まで面径の格差を含む形で全体が構成されている点から判断して、完形中国鏡・三角縁神獣鏡・倭製鏡の面径と種類の差にもとづいた前期的な鏡の秩序を再興することが目指されたのではないかという可能性である（辻田 2016b）。次章以降で検討するように、古墳時代前期末～中期初頭の時点において、前期的な、完形中国鏡・三角縁神獣鏡・倭製鏡による鏡の秩序とその流通は一度収束し、5世紀代においては帯金式甲冑などを主体とした鉄製武器・武具の生産・流通へと転換しており、鏡の流通量は大幅に減少していた。そこにおいて、前期的な鏡の秩序の再興が目指され、南朝宋との対外交渉において特鋳鏡の生産が要請された結果として生み出されたのが同型鏡群であったと考えられる。

　もし以上のように考える場合、古墳時代前期において最上位に格付けされていたと目される四葉座内行花文鏡や方格規矩四神鏡が中核的でないという点が

注意される。これらについては、いずれも南朝宋において継承・伝世されていなかったか、原鏡として存在していたとしても、列島側がそれらを前期的なあり方そのものであるとしてあえて避けたか、あるいはまだ遺跡出土の同型鏡群として発見されていないだけで実はそれらも生産されていたか、といったさまざまな可能性がある。ただし四葉座内行花文鏡については、西晋代以降の大陸における大型の四葉座内行花文鏡の出土事例が少ないことから（近藤喬1993・2000）、5世紀代において存在自体が稀少な鏡であった、といった点が要因の1つとして挙げられよう。将来的に資料状況が変わるかどうか、今後も注視したい。三角縁神獣鏡については、それとほぼ同じ大きさの大型神獣鏡である画文帯同向式神獣鏡Cの原鏡をもとに、複製鏡としての大量生産を依頼することにより、その代用とした可能性を想定することができる。

　なおこれに対して、同じ南朝・尚方での製作が想定されるとはいえ、「建武五年」銘鏡については同型鏡群とは製作の事情がまったく異なり、列島向けなどではなく、王朝の鏡、皇帝の鏡の可能性が想定されるものである。一方で、建武五年銘鏡もまた、2面とも別に原鏡が存在する同型鏡（踏み返し鏡）であり、モデルという意味での原鏡候補である旧渡邊氏蔵鏡も同様であった。こうした建武五年銘鏡とその関連資料についても踏み返し技法による複製が行われている点は、尚方の内部において製作技術としてその後に引き継がれたことを示唆している。尚方における本来の技術水準の高さを推し量ることができるという意味での好例と理解されよう。

　以上のような筆者の同型鏡群の「特鋳鏡」説は、学史的にみて、小林行雄（1962・1965・1966）によって倭の五王の時代に対南朝交渉の所産として列島にもたらされたことが想定されて以来、おそらく先行研究においても想定されてきた仮説の1つとみられるが、考古学的な証拠にもとづき明確に主張されてきたものではない。結果的に森下旧説（1994）の考え方と共通する部分が多いが、森下旧説に関しては、第1章でもみたように、その後、森下自身がそうした見方について慎重な立場を示している点（森下 2004a・2011a）に留意されたい。また川西（2000・2004）においても、おそらく笵傷の共有と同型技法の共通性の高さという観点での分析結果や原鏡輸出制限説といった点から、ここでいう特鋳説に近い考え方と考えられるが、川西は原鏡候補の来歴・背景の問

題や「尚方」での製作の可能性といった問題にはあえて言及していない。筆者の「特鋳鏡」説は、本章における鈕孔形態を中心とした技術的な検討と、特に「建武五年」銘鏡の検討結果により導き出されたものであり、同型鏡群が、南朝下で管理・継承された宝器鏡の一部に対する、列島側の需要と要望にもとづく選択の結果として、列島社会向けに「尚方」において特別に生産された「特鋳鏡」であると捉える点において、森下旧説（1994）および川西説（2004）よりさらに具体的に踏み込んだ所説であることをご理解いただければ幸いである。[13]

4. 小結：同型鏡群の生産と背景をめぐる暫定的結論

以上、同型鏡群について、列島社会の側の需要・要望にもとづく「特鋳鏡」として生産された可能性を論じてきた。論点を確認すると次のような点が挙げられる：

- 同型鏡群の踏み返し原鏡は、後漢代以来、劉宋代まで歴代の王朝下で引き継がれたものであり、南斉の建武五年銘鏡がその証拠となる
- 建武五年銘鏡と同型鏡群との製作技術の共通性から、同型鏡群は尚方で生産された可能性が高い
- 画文帯同向式神獣鏡Ｃの28面などのあり方、また踏み返し鏡の最新世代の末端製品しか輸出に供されていない点などから、これらは列島側の需要・要望によって生み出されたものである可能性が高く、その意味で列島向けの「特鋳鏡」である可能性が高い
- 列島側の南朝への同型鏡群生産をめぐる需要・要望は、前期的な鏡秩序の再興を目指して行われたものであった可能性が高い

以上が本章の分析結果にもとづく同型鏡群の生産に関する暫定的結論であるが、もし仮にそうした理解が認められるとした場合、さらに以下のようないくつかの問題が派生する。すなわち、

①南朝に対し同型鏡群の生産について要望が出されたとすれば具体的にいつ頃で、列島とその周辺ではどのようなことが起こっていた時代なのか、

②なぜ列島社会あるいは「倭国」は、その時期に前期的な鏡秩序の再興を目

指したのか、
③なぜそうした前期的な鏡秩序再興の中核が列島産の鏡（倭製鏡）ではなく、「舶載鏡」（輸入鏡）でなけれならなかったのか、
といった問題である。

　上述のような問題を考えるために、ここで章をあらためて、5世紀代の倭製鏡生産について検討する。なぜ前期のような大型・超大型倭製鏡の生産ではなく、大型の舶載鏡・輸入鏡が必要とされたのか。また輸入鏡としての同型鏡群が存在する一方で、同型鏡群の出現以降、中・小型倭製鏡の生産が活発化することがこれまでも指摘されてきた（森下 1991・1993ab・2002）。こうした観点から、同型鏡群と倭製鏡はどのような形で併存したのかといった問題について第3章で検討する。その上で第4章において、同型鏡群と倭製鏡の日本列島および半島南部での流通形態とその変遷について検討し、あらためて同型鏡群が出現したのはどのような時期か、またその後にどのような歴史的展開がみられるのかを検討する。第5章では文献史学の成果との接続を目指しつつ、5・6世紀の東アジアの歴史叙述を試みるとともに、同型鏡群の歴史的意義について考察する。

註
（1）　本節は辻田（2013a）の後半部分をもとにしているが、そこでは同型鏡群の鈕孔形態・製作技術の特徴を①〜③の3点として整理していた。ここで④として挙げた中子の形態についても別稿にて同型鏡群の鈕孔の特徴として言及しているが（辻田 2015c）、⑤の中子設置技術の問題とあわせて、本書ではあらためて5つの特徴として整理し直した。
（2）　辻田（2013a）において、伝宮崎県持田1号墳出土・浮彫式獣帯鏡Aを4類としていたが、再度観察した結果、大型の楕円形中子が貫通したものとみるのが妥当と判断したため、2類と修正する。また推定甲山古墳出土鏡の1面（三上山下B鏡・浮彫式獣帯鏡B）は、縦方向に拡大したものとしていたが、計測値と鈕孔写真の公表結果（岸本圭 2015）にもとづき再検討したところ、幅17 mmという点で横方向への拡大事例と理解を修正した（詳細は第3節参照）。
（3）　ここでは清水らの説明に倣い、便宜的に「第1次踏み返し」「第2次踏み返し」としているが、ここでいう原鏡Ⅰも踏み返し鏡であった可能性もあり、その場合はさらに世代が遡ったものが実際の「原鏡」であったことになる。ここでは現状の列島古墳出土鏡から遡った場合の記述用法として「第1次」「第2次」とする。

（4）　韓国中央博蔵鏡の鈕孔形態については清水康二氏に直接ご教示いただいた。2類という判断は筆者自身による。
（5）　岸本圭氏のご教示による。本資料は2017年8月に九州国立博物館で展示され、筆者もその際に実見した。
（6）　ここで⑤渡邉氏拓本資料とした鏡に該当する可能性が高い資料が車崎編（2002）に掲載されている。「191-2」鏡がそれであり、面径19.3 cm、880 gとされている。後述する傷a～cや縁部の欠損箇所の特徴が一致しており、実物の有力候補であるが、詳細については今後の課題としておきたい。
（7）　岸本圭氏にご教示いただいた。
（8）　形態の特徴については加藤一郎氏にご教示いただいた。
（9）　本稿で検討した、同型鏡群における改変事例の「立体原型」は、中国鏡の技術伝統でいえば戦国鏡以来の「印型（印模）」などに系譜がみられる（cf. 中野1996）。隋唐鏡の蠟型技法などへの変遷を考える上でも、漢代以降の鏡以外の青銅器製作技術との関係が重要となろう。中国における失蠟法の変遷については丹羽崇史の成果を参照した（丹羽2008・2013）。
（10）　同型鏡群について「粗製濫造品」という性格を考える上では、長野・御猿堂古墳出土画文帯仏獣鏡Bにおいて、鋳型が軟らかい時点で中子設置時に鋳型の獣像が大きく損なわれてしまっている問題に関する次の川西の指摘があらためて重要である：「長野県御猿堂古墳出土の三体区に残された大きい傷は、未乾燥状態にあった笵の一部を誤って擦った痕跡である。後述する奈良県今井一号墳出土細線獣文鏡にも未乾燥時についた大きな笵傷がみられ、しかもその位置は、本鏡と同じく鈕孔付近にあたる点で、擦痕が生じた理由として、鈕孔用の中型をとりつけるさいに、注意を欠いたことが考えられてよい。この点についてさらに付言すると、中型とりつけ時のこのような失敗を避けるためには、乾燥後にとりつけを実行することもできたはずである。また、製品に不備が生じる失敗作の鋳型ならば、これを捨てて使わないのが常道であろう。あえてそうしなかったことについて、製品の数を揃えるために質を軽視したことも考えられるし、また、質を軽視した粗造品が許されてもいたのであろう」（川西2004：pp.65-66）。
（11）　この釈読については、類例を参照しながら筆者が読んだものを、本資料についても実見されている岡村秀典氏に依頼し、校訂していただいた。特に9句目の「邊則泰乙」については岡村氏による釈読であることを、深甚の謝意とともに明記しておきたい。
（12）　ROMのホームページによる慕學勛 Mu Xuexunコレクションについての説明を参照。
（13）　5世紀代の南朝・大陸の銅鏡生産については、実態が不明ながら、列島・半島出土の同型鏡群以外に生産が「全く」行われていなかったというわけではなく、実際に旧渡邊氏蔵鏡のような踏み返し鏡や、類例が少ない中国鏡（各地の博物

所蔵資料など）の中に同型鏡群と同様の鈕孔形態をもつ事例が一定数存在していることからも、踏み返し鏡の生産は「同型鏡群」以外にも大陸で行われていた可能性は高いものと考える。そのように認識した上で、①その「原鏡」については、「王朝の鏡」も含め、5世紀代においては稀少で限定的な存在であったであろうこと、②列島・半島出土の「同型鏡群」は、そうした踏み返し鏡生産の中でも、最新世代で「末端」の製品である、とする点が本書で新たに指摘した点である。この点を最後に強調しておきたい。

第3章　古墳時代中・後期における倭製鏡の変遷と系譜

　本章では、同型鏡群と倭製鏡との相互の関係を考えるための枠組みとして、古墳時代中・後期における倭製鏡の分類・編年および中・後期古墳の編年基準とその実年代について検討する。その上で中・後期における倭製鏡の変遷とその特質について考えてみたい。

第1節　中・後期倭製鏡の分類・編年と中・後期古墳の編年基準

1. 問題の所在：倭製鏡の変遷観と同型鏡群との関係

（1）先行研究における中・後期倭製鏡の変遷観と議論の焦点

　まず、古墳時代中・後期の倭製鏡の分類・編年について検討を行うにあたり、先行研究とそこでの論点について確認したい。第1章でもみたように、現在の倭製鏡研究においては、1970年代から1980年代における樋口隆康（1979）、田中琢（1979）、小林三郎（1982）らの分類研究の進展を基礎としながら、1990年代に体系的な編年案として提示された森下章司による「3段階」の変遷観が広く受け容れられている。まずこの森下の分類・編年（以下森下編年と呼称）の内容とその後の研究成果についてやや詳細に検討する。

　森下編年は、内区文様による「系列」の分類と、外区文様の変遷を基準とした編年を基礎とする。1991年の編年案では、「四世紀の仿製鏡」「四世紀末〜五世紀中葉の仿製鏡」「五世紀後葉から六世紀の仿製鏡」の3段階が設定され（森下 1991：図84・85）、このうち2段階目にあたる「四世紀末〜五世紀中葉の仿製鏡」は斜縁四獣鏡B系を代表とし、外区は斜縁鋸波鋸文を主体とする

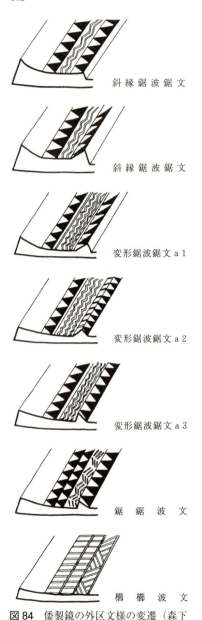

図84 倭製鏡の外区文様の変遷（森下 1991）

ことが示された。また3段階目にあたる「五世紀後葉から六世紀の仿製鏡」は、斜縁鋸波鋸文から変形鋸波鋸文a・bが生み出され、そこから鋸鋸波文・櫛櫛波文へと型式学的変遷がたどれること、外区の変遷と連動するように旋回式獣像鏡系などの新たな系列が生み出されること、そして「六世紀代」を主体として交互式神獣鏡系が製作されることなどが明らかにされた。また「火竟」銘を有する京都府幡枝1号墳出土鏡・宮崎県持田25号墳出土鏡について検討する中で、両者にみられる変形鋸波鋸文から、これらが「5世紀後葉」の早い段階で出現し、変形鋸波鋸文がその時期にほぼ限定される短期的な文様であることを指摘している（森下 1993b）。

その後、『考古資料大観5 弥生・古墳時代 鏡』（車崎編 2002）の刊行にあたり、「古墳時代倭鏡」の項目で、各系列の具体例が多数の写真図版とともに示され、かついくつかの新しい系列を追加して森下の倭製鏡分類・編年体系の全体像が提示された（森下 2002）。またこの中では3段階区分について、それぞれ「前期の倭鏡」「前期末〜中期前半の倭鏡」「中期後半〜後期の倭鏡」と呼称されている。各段階の指標は上記の編年案とほぼ同一である。

1990年代前半当時における古墳時代

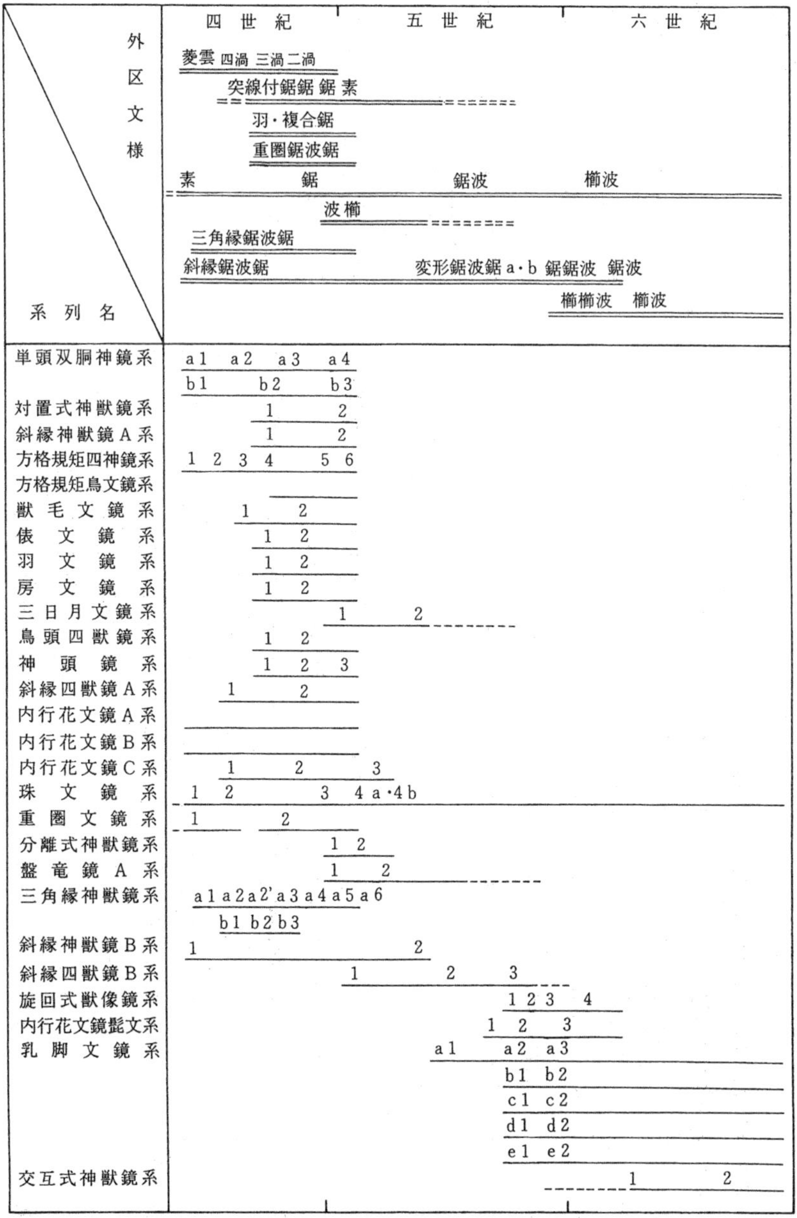

第3章 古墳時代中・後期における倭製鏡の変遷と系譜

外区文様 \ 系列名	四世紀	五世紀	六世紀
	菱雲 四渦 三渦 二渦		
	突線付鋸 鋸 素	=======	
	羽・複合鋸		
	重圏鋸 波鋸		
	素 ＝＝ 鋸	鋸波	櫛波
		波櫛 =======	
	三角縁鋸波鋸		
	斜縁鋸波鋸	変形鋸波鋸a・b 鋸鋸波 鋸波	
			櫛櫛波 櫛波
単頭双胴神鏡系	a1 a2 a3 a4		
	b1 b2 b3		
対置式神獣鏡系	1 2		
斜縁神獣鏡A系	1 2		
方格規矩四神鏡系	1 2 3 4 5 6		
方格規矩鳥文鏡系			
獣毛文鏡系	1 2		
俵文鏡系	1 2		
羽文鏡系	1 2		
房文鏡系	1 2		
三日月文鏡系	1 2 ---------		
鳥頭四獣鏡系	1 2		
神頭鏡系	1 2 3		
斜縁四獣鏡A系	1 2		
内行花文鏡A系			
内行花文鏡B系			
内行花文鏡C系	1 2 3		
珠文鏡系	1 2 3 4a・4b		
重圏文鏡系	1 2		
分離式神獣鏡系	1 2		
盤竜鏡A系	1 2 ---------		
三角縁神獣鏡系	a1 a2 a2' a3 a4 a5 a6		
	b1 b2 b3		
斜縁神獣鏡B系	1 2		
斜縁四獣鏡B系	1 2 3 ---		
旋回式獣像鏡系		1 2 3 4	
内行花文鏡髭文系		1 2 3	
乳脚文鏡系		a1 a2 a3	
		b1 b2	
		c1 c2	
		d1 d2	
		e1 e2	
交互式神獣鏡系		-------- 1 2	

図85 森下章司による倭製鏡の編年 (1991)

の実年代観は、特に前期が現在と大幅に異なるため、3段階区分の名称はおくとして、この3段階編年自体は大枠として広く受け容れられている。以上をふまえ、本書では森下の「前期の倭鏡」を「前期倭製鏡」、後2者をまとめて「中・後期倭製鏡」と呼称する。なお森下の論考では、須恵器のTK47型式を埼玉県稲荷山古墳礫槨の辛亥年（471年）も重なるものとし、MT15型式を6世紀前葉とする立場が示されており（森下1991）、この点と森下（2002）における記述の文脈から、森下の「中期」が「5世紀代」、「後期」が「6世紀代」に概ね対応するものと判断できる（「4世紀末」が「前期末」に対応）。また関連資料の出土古墳の年代観から、森下の「5世紀中葉」は須恵器のTK208型式まで（例として千葉県稲荷台1号墳が挙げられている）、「5世紀後葉」はTK23・47型式を指すことが示唆される（森下1993b）。以上から、各論考の年代観をつなぎ合わせるならば、森下の「中期後半」がTK23・TK47型式を主体とすることがうかがわれよう。

　ここで注目したいのは、森下は、「前期末～中期前半」において倭製鏡生産が低調気味であったのに対し、3段階目にあたる「中期後半～後期」に出土数も増加し、鈴鏡や大型鏡も作られるようになるなど、この時期に「鏡づくりは復興を迎えた」ことを指摘している点である。その要因として、鈴鏡と馬具との関連が示す「外来の鋳造工人の導入」および「中国から新たに多数の鏡群がもたらされた」ことを挙げており、後者は同型鏡群の舶載を指している。その上で、これらの「同型鏡群を模倣したことがはっきりわかるもの」として、「同向式神獣鏡B系」、「交互式神獣鏡系」および神獣鏡を模倣したとみられる種々の倭製鏡を挙げた（森下2002）。また旋回式獣像鏡系についても、画文帯対置式神獣鏡をその祖型候補として想定している（森下1991）。森下は列島における同型鏡群の出現を須恵器の「ON46型式」≒「仁徳陵古墳の時代」と捉えており（森下2011a）、「中期後半」の倭製鏡は「同型鏡群の舶載以降」に、その影響を受けつつ出現したものと理解されている。

　森下の系列分類と3段階編年のうち、特に中・後期倭製鏡については森下編年の完成度の高さから、系列分類や編年の枠組みはその後もほぼそのままの形で参照されてきた。その後、下垣仁志により倭製鏡の系列全体の再分類案が提示され、中・後期倭製鏡についても個別の系列の再設定が行われているが（下

垣 2011a・2016b)、森下の3段階編年の大枠は継承されているとみられる。

　他方で、第1章でもみたように、同型鏡群との関係については森下とは異なる見解も提示されている。上野祥史は、旋回式獣像鏡系の祖型候補として、画文帯対置式神獣鏡および画文帯環状乳神獣鏡とともに斜縁四獣鏡B系など倭製鏡自体を挙げている（上野 2012a）。加藤一郎は、旋回式獣像鏡系の祖型がそうした中期前半の倭製鏡に求められることに加え、同型鏡群の列島での出現年代が出土古墳の年代観からみてON46型式まで遡らず、TK23型式前後を主体とする可能性を想定しつつ、倭製鏡生産に対する同型鏡群の影響が従来想定されているよりも大きくない可能性を論じている（加藤 2014：p.3、2016a）。また岩本崇は、奈良県五條猫塚古墳出土珠文鏡の検討を通じて、「中期中葉」の「須恵器ON46型式段階」に、森下が変形鋸波鋸文b種と呼ぶ、外区に「線描菱雲文」を組みこんだ一群が出現することを指摘し、これが中期段階における倭製鏡生産の一大画期であることを論じている（岩本 2016a）。岩本も加藤と同様、同型鏡群の副葬古墳の年代がTK23型式以降が主体であることを論拠として出現もその頃と想定しており（岩本 2015）、「線描菱雲文」鏡群の出現・倭製鏡生産の画期は同型鏡群の出現に先行する、もしくは両者の間には「ズレ」があると評価しているようである。前章までにみたように、この須恵器ON46型式は、森下も含めて、これまで列島での同型鏡群の出現年代と考えられてきた時期であるが（e.g. 川西 2004、森下 2011a、上野 2013a、辻田 2014b・2015b)、加藤や岩本の見解は、同型鏡群の出現が実際はそれより新しかったと捉えることにより、「中期後半」の倭製鏡の出現や「中期中葉」の画期についても、同型鏡群の影響が小さい（もしくはみられない）ことを主張しているものと見受けられる。

　以上のような先行研究から、具体的な論点として挙げられるのは、1)「中期後半」もしくは「中期中葉」とされる倭製鏡生産の画期の実態と列島における同型鏡群出現年代との関係、2) 中・後期倭製鏡全般における同型鏡群の影響と相互の関係の具体相、の2点である。いずれも「同型鏡群と倭製鏡の関係」という意味で一貫した問題である。

　本章では、この問題を解決するために、古墳時代中期から後期の倭製鏡の諸系列の分類・編年的位置づけについて再検討する。その上で、上述の加藤・岩

本らの議論をふまえつつ、「中期後半の倭製鏡生産（の画期）」（森下 1991・1993b・2002）にあたり「同型鏡群の舶載」を契機とする理解自体を仮説として一旦保留し、この点の検証も含めて具体的に検討を行う。以下では倭製鏡の分類・編年を行った上で、各系列の祖型の検討から同型鏡群の影響について検証する。あわせて中・後期古墳の編年基準についても検討し、同型鏡群の出現年代と「中期後半」の倭製鏡との前後関係について整理する。その上で、中・後期倭製鏡の変遷と、そこにおける面径の大小も含めた諸系列の位置づけおよび同型鏡群との関係について論及したい（先行研究の中でも、2017 年に発表された論文については、本章末の「補註」において補足しているため、あらかじめご参照いただければ幸いである）。

（2）倭製鏡の時期区分に関する呼称・用法について

　具体的な分析の前に、倭製鏡の時期区分と名称の問題についてあらためて検討しておきたい。ここまで繰り返しみたように、森下編年の 3 段階区分が広く共有される一方で、この 3 段階についてはさまざまな名称が提起されてきた。具体的な名称として、以下の 2 つが代表例として挙げられる。1 つは、3 つの段階それぞれについて、たとえば「前期倭鏡・中期倭鏡・後期倭鏡」と呼称するものであり（e.g. 加藤 2014・2015b）、もう 1 つは、それぞれを「第 1 期倭鏡・第 2 期倭鏡・第 3 期倭鏡」とするもの（e.g. 上野 2015a）である。前者における「前期・中期・後期」は森下の 3 段階編年の各段階に対応するものであり、森下（2002）の「（古墳時代）前期・中期・後期」の用法と異なっている点で注意が必要である（加藤の「中期倭鏡」は TK208 前後まで、「後期倭鏡」は主に TK23・47 型式以降の倭製鏡全般を指している）。また「古墳時代中期」と「古墳時代後期」の境界についても、森下のように TK47 型式と MT15 型式の間におく立場（e.g. 橋本 2005、鈴木一 2014・2017 など）と、TK208 型式と TK23 型式の間におく立場（e.g. 和田晴 1987）の両者が併存している状況である。筆者は森下と同様に前者に近い考え方を採っている。また加藤は TK23 型式の実年代を 503 年に近づけており、この点で実年代観も含めて森下編年との差異が生じている。

　森下の 3 段階編年について、森下のように実年代もしくは古墳時代の時期区

分で呼称するのでなければ、上野のような「第1期・第2期・第3期」といった表現がニュートラルであるように思われるが、筆者自身は当面、元来の森下編年の用法（2002）にもとづき、「古墳時代前期の倭鏡」を「前期倭製鏡」、「古墳時代前期末～中期前半の倭鏡」「古墳時代中期後半～後期の倭鏡」の両者をあわせて、「古墳時代中・後期の倭製鏡」という意味で前述の「中・後期倭製鏡」と呼称したいと考えている。

こうした名称の問題はともかくとして、いずれの場合においても森下編年が基礎として共有されている点を重ねて確認しておきたい[1]。

2. 中・後期倭製鏡の諸系列

（1）「系列」と「群」の設定について

ここでは、以上の先行研究をふまえ、中・後期倭製鏡の諸系列について検討を行う。はじめにいくつか用語・概念について確認しておきたい。

まず「系列」については、倭製鏡において同一の文様において系譜と変遷をたどることができる一群を指す（田中琢1983、森下1991）。これについては、以下で森下編年をはじめとした先行研究の系列分類案にもとづき、基本的には森下編年の枠組みを踏襲しつつ、必要な系列については新たに設定を行う。

また本章で検討を行うにあたり、系列とは別に「群」を分類名称・単位として設定したい。これについては、系列を横断して、あるいは系列を形成しないながらも、外区文様などにおいて製品同士の間で共通した特徴をもつような、ゆるやかなまとまりを示すものとして用いる。中・後期倭製鏡のように、前期倭製鏡以上に内区主像が多様で単発的な製品が多い資料においては有効な分類単位となるものと考える。

なおこれに関連して、従来から「鈴鏡」は1つのカテゴリーとして独立して扱われてきているが、森下（1991・2002）が指摘するように、これらは「鈴鏡」としてのまとまりを有するというよりは、「中期後半～後期」の倭製鏡の諸系列において、一部の製品に鈴の付加が行われる、といった性格がつよいものとみられる。本書でもこの理解にもとづき、各系列ごとにどのような製品に

鈴が付加されるかといった観点から、各系列の「鈴付加鏡」（鈴付加資料）として検討したい。

　以下では具体的に系列の分類と各系列について個別の検討を行うが、あらかじめ述べるならば、以下の分類は、森下の系列分類（1991・2002）を基礎としながら、特に森下の「同向式神獣鏡Ｂ系」「斜縁神獣鏡Ｂ系」をはじめとした中期後半の諸系列について再検討した上で、いくつかの新たな系列を設定するものである。また系列の名称という点も含め、同型鏡群との関係や先行研究における時間的な位置づけを一旦留保し、文様構成とその祖型・系譜という点から整理し直すことを通じて、同型鏡群との関係やその影響がどのようなものであったのかという点をあらためて検討することとしたい。

（２）中・後期倭製鏡における分類・編年基準と資料の概要

　以下で分類・編年を行うにあたり、中・後期倭製鏡について以下の２つの特徴を確認しておきたい。まず編年基準としての時間軸の指標については、前述のように森下（1991・1993b・2002）による斜縁鋸波鋸文から変形鋸波鋸文ａ・ｂを経て鋸鋸波文・櫛波文へという外区文様の変遷が有効であり、これと内区文様の変遷を組み合わせることにより編年的な位置づけを行うことが可能であることから、この点については本書でも継承する（図84）。この点も含めて、本章の以下の検討は森下編年を基礎とした修正案である。

　もう１つの特徴は、別の系列同士を結びつける文様構成要素の存在である。上述の外区文様も含め、系列間での文様の置換や共有は前期以来の倭製鏡の特徴であるが（田中琢 1979、森下 1991）、中・後期倭製鏡では特定の資料群にのみ限定的に使用される文様構成要素が存在する。たとえば、中・後期倭製鏡の諸系列において、いわゆる「半円方形帯」に注目すると、「前期末〜中期前半」の倭製鏡では半円方形帯を用いるものがほとんどみられず（この時期の古墳の副葬鏡で半円方形帯をもつのは前期倭製鏡の「伝世品」である場合が大半である）、また「中期後半〜後期」の倭製鏡においても、半円方形帯を有するのはいわゆる交互式神獣鏡系などにほぼ限定されていることが指摘できる。森下が「同向式神獣鏡Ｂ系」として分類する一群などにおいて、同型鏡群の画文帯神獣鏡の諸鏡種で一般的である半円方形帯がほとんどみられない点は意外

な印象をもたれるかもしれない。また同一系列として約140面が確認されている旋回式獣像鏡系においても、現状では、半円方形帯を有するのは、交互式神獣鏡系との関係などから注目されている京都府トヅカ古墳出土鏡（cf. 加藤2014、辻田2016b）などにほぼ限定される。このことは、半円方形帯の存在が系列同士を結びつける「群」を考える上での指標となる可能性、さらには製作年代の近接性の指標となる可能性を示唆している。

他にこうした特徴的な属性として挙げられるのが、「変形鋸波鋸文a種」（森下1991・1993b・2002）とそこでみられる「多重（三重・四重）複線波文帯」、あるいは岩本崇（2016a）が「線描菱雲文」と呼ぶ「変形鋸波鋸文b種」（森下前掲）にみられる突線表現による菱雲文、前述の「火竟」銘（森下1993b）などである。

こうした中・後期倭製鏡の特徴に注目しつつ、主に森下編年でいう「中期後半〜後期の倭鏡」を対象として具体的に系列と群を分類したものが表10の約80面の資料である。「中期前半」の斜縁四獣鏡B系（森下1991・2002）や、旋回式獣像鏡系（加藤2014・2016a）・乳脚文鏡系（森下1991・2002）・珠文鏡系（岩本2012・2014a・2016a、脇山2013）などのように個別の検討が進んでいる系列については、そうした先行研究の分類・編年案を参照しつつ、本書ではそれ以外の資料を中心として系列分類の検討を行った。また後述するように、ここで扱ったもの以外にも系列を形成しない個別資料が多数存在しているが、これらの位置づけについては今後の課題としておきたい。

また中期後半段階の主要な系列である旋回式獣像鏡系と乳脚文鏡系、そして鈴付加事例を含む関連資料について、下垣仁志（2016b）の『列島出土鏡集成』にもとづき抽出したものが表11である。これらは約400面を数え、このうち旋回式獣像鏡系が約140面、乳脚文鏡系が約200面、鈴付加事例は全体で約140面の存在が確認できる。各系列における「鈴付加」の資料数や割合については、個別系列の検討において言及することにしたい。以下、斜縁神獣鏡B系から順に各系列について検討を行う。

（3）斜縁四獣鏡B系

斜縁四獣鏡B系は、上述のように森下編年において「前期末〜中期前半の

表10 中・後期倭製鏡分析対象一覧

県名	番号	出土遺跡名	面径	群	系列名・(資料名)	鈴の付加	備考
栃木	19	助戸十二天塚古墳	14.1	—	内行花文鏡髭文系	—	
栃木	20	助戸十二天塚古墳	11.2	—	内行花文鏡髭文系	—	
群馬	100	保渡田薬師塚古墳	9	—	内行花文鏡髭文系	—	
群馬	192・201	古海天神山古墳	12.7	—	内行花文鏡髭文系	六鈴	
千葉	48	御霊崎古墳	11.5	—	内行花文鏡髭文系	—	
東京	5	御岳山古墳	13.3	—	内行花文鏡髭文系	七鈴	
長野	109	新道平1号墳	10.1	—	内行花文鏡髭文系	—	
静岡	127	猪谷神社古墳	13.8	—	内行花文鏡髭文系?	六鈴	
奈良	177	新沢129号墳	12.9	—	内行花文鏡髭文系	—	
島根	14	金崎1号墳	6.8	—	内行花文鏡髭文系	—	
宮崎	53	西都原265号墳	11.5	—	(変形十字文鏡)	—	内行花文鏡髭文系の関連資料か
宮崎	20	持田25号墳	20	多重複波文鏡群	(火竟銘四獣鏡)	—	「火竟」銘
京都	74	幡枝古墳	20.2	多重複波文鏡群	(火竟銘四獣鏡)	—	「火竟」銘
明治	5	不明	19.7	多重複波文鏡群	(火竟銘二神二獣鏡)	—	「火竟」銘
神奈川	28	吾妻坂古墳	19.1	多重複波文鏡群	(四獣鏡)	—	最外周に線描菱雲文+素文
大阪	99	郡川西塚古墳	21.2	多重複波文鏡群	(四獣鏡)	—	正面を向く獣像頭部表現
茨城	28	伝舟塚古墳	16	多重複波文鏡群	(四獣鏡)	—	旋回式獣像鏡系の祖型か
奈良	290	一楽古墳	17.9	多重複波文鏡群	(旋回式獣像鏡系)	—	旋回式獣像鏡系の祖型か
奈良	332	米山古墳(愛宕山古墳)	15.1	多重複波文鏡群	(四獣鏡)	—	斜縁四獣鏡B系の模倣か
福岡	456	日輪寺古墳	13.8	多重複波文鏡群	(四獣鏡)	—	斜縁四獣鏡B系と旋回式獣像鏡系の中間形態か
熊本	35	鞍掛塚古墳	20.6	多重複波文鏡群	(四乳渦文鏡)	—	画文帯同向式神獣鏡の文様構成などを模倣か
栃木	14	雀宮牛塚古墳	16.9	多重複波文鏡群	(八獣鏡)	—	画文帯同向式神獣鏡の文様構成などを模倣か
神奈川	3	日吉矢上古墳A	20.6	多重複波文鏡群	(五獣鏡)	—	三重複線波文・Bと同型か
神奈川	4	日吉矢上古墳B	20.6	多重複波文鏡群	(五獣鏡)	—	三重複線波文・Aと同型か
岡山	17	大平古墳	16.7	多重複波文鏡群	旋回式獣像鏡系	—	三重複線波文・古段階
茨城	19	上野古墳	12.9	多重複波文鏡群	(乳脚文鏡系)	六鈴	三重複線波文
千葉	101-1	牛久石奈坂1号墳	16.8	多重複波文鏡群	(潜繞獣像鏡系/鼉龍鏡系)	—	鼉龍鏡系を復古再生したもので潜繞獣像鏡系の祖型か
兵庫	182	宝地山2号墳	16.3	多重複波文鏡群	潜繞獣像鏡系	七鈴	三重複線波文
三重	15	保子里1号墳	14	—	潜繞獣像鏡系	—	鋸鋸文・擬銘
京都	34	大畠古墳	9.8	—	潜繞獣像鏡系	—	鋸波文・擬銘
熊本	60	井寺古墳	—	多重複波文鏡群	(四獣鏡/鼉龍鏡系)	—	鼉龍鏡系の復古再生か
福岡	387	頭ური古墳	16.8	多重複波文鏡群	(細線式渦文鏡)	—	細線式獣帯鏡を模倣か
奈良	83	割塚古墳	15.1	多重複波文鏡群	(四神鏡)	—	三重複線波文
福岡	404	かって塚古墳	11.7	多重複波文鏡群	(方格T字文鏡)	—	方格T字鏡の模倣か
三重	158	伊ア之丸古墳	13.9	線描菱雲文鏡群	(四獣鏡)	—	線描菱雲文
茨城	30	三昧塚古墳	19.7	—	(四神四獣鏡)	—	四神四獣鏡系の祖型か
岡山	18・20	宿寺山古墳	11.8	—	四神四獣鏡系	—	斜縁鋸波鋸文
長野	56	里原1号墳	13.6	(多重複波文鏡群)	四神四獣鏡系	—	三重複線波文
三重	32	北浦	17.4	(多重複波文鏡群)	四神四獣鏡系	—	三重複線波文
和歌山	30	大日山35号墳・岩橋千塚	15.5	—	四神四獣鏡系	—	二重複線波文

第3章　古墳時代中・後期における倭製鏡の変遷と系譜　311

番号	出土遺跡名	面径	群	系列名・(資料名)	鈴の付加	備考	時期
47	坊主塚古墳	14.2	—	四神四獣鏡系	—	—	2期
119	苦編古墳	18.8	線描菱雲文鏡群	四神四獣鏡系	—	線描菱雲文	2期
32	伝・持田古墳群	21.3	線描菱雲文鏡群	四神四獣鏡系	—	線描菱雲文	2期
23-2	川合所在古墳	17	線描菱雲文鏡群	四神四獣鏡系	—	線描菱雲文	2期
31	根上り松古墳	14.9	線描菱雲文鏡群	四神四獣鏡系	—	線描菱雲文	2期
35	向出山1号墳1号石室	15	線描菱雲文鏡群	四神四獣鏡系	—	線描菱雲文	2期
37	向出山1号墳2号石室	14.8	線描菱雲文鏡群	四神四獣鏡系	—	線描菱雲文	2期
—	南山大学人類学博物館所蔵鏡	17.8	線描菱雲文鏡群	(四獣鏡)	—	線描菱雲文	2期
18	小柴見古墳	14.2	線描菱雲文鏡群	(五獣鏡)	—	線描菱雲文	2期
214	塚廻古墳	13.9	線描菱雲文鏡群	(五獣鏡)	—	線描菱雲文	2期
322	五條猫塚古墳	9.2	線描菱雲文鏡群	(珠文鏡充填系)	—	線描菱雲文	2期
134	青塚古墳	11	線描菱雲文鏡群	(乳脚文鏡系)	—	線描菱雲文	2期
13	客山1号墳	9.2	線描菱雲文鏡群	(乳脚文鏡系)	—	線描菱雲文	2期
40・41	気延山古墳群(奥谷古墳)	8.6	線描菱雲文鏡群	(乳脚文鏡系)	—	線描菱雲文	2期
13	鶴巻塚古墳	17.2	—	多状文縁神像鏡系	—		3期
54	寸領古墳	18.5	—	多状文縁神像鏡系	—		3期
18	志段味羽根古墳	14.6	—	多状文縁神像鏡系	七鈴		3期
140	浅間山古墳	14.2	—	多状文縁神像鏡系	六鈴		3期
289	平林古墳	21.5	半円方形帯鏡群	交互式神獣鏡A系	—	直模鏡	4期
92	宇洞ヶ谷横穴墓	15.1	半円方形帯鏡群	交互式神獣鏡A系	—	傘松文様	4期
6	伝・高崎市若田町	15.7	半円方形帯鏡群	交互式神獣鏡A系	—		4期
64	藤ノ木古墳	16	半円方形帯鏡群	交互式神獣鏡A系	—		4期
72	伝・塚の越古墳	不明	半円方形帯鏡群	交互式神獣鏡A系	—		4期
376	伝・奈良県	10.9	半円方形帯鏡群	交互式神獣鏡A系	七鈴		4期
72	塩冶古墳	10	半円方形帯鏡群	交互式神獣鏡A系	—	(新段階)	4期
3	伝・南方古墳群	16	半円方形帯鏡群	交互式神獣鏡B系	—		4期
50	伝・野洲市大岩谷	15.3	半円方形帯鏡群	交互式神獣鏡系B系	—		4期
69	烏土塚古墳	13.7	半円方形帯鏡群	交互式神獣鏡系B系	—	(新段階)	4期
399	王塚古墳	21.1	半円方形帯鏡群	交互式神獣鏡C系	—		4期
55	出土地不明・甲府市田村氏旧蔵	不明	半円方形帯鏡群	交互式神獣鏡C系	八鈴		4期
73	大門大塚古墳	12.6	半円方形帯鏡群	交互式神獣鏡C系	—		4期
284	伝・疋相西方	15.4	半円方形帯鏡群	交互式神獣鏡D系	—		4期
66	藤ノ木古墳	16.7	半円方形帯鏡群	(五獣鏡)	—		4期
44	南大塚古墳	14.4	半円方形帯鏡群	(二神四獣鏡)	—	交互式神獣鏡A系の関連資料	4期
165	八尾	19	半円方形帯鏡群	(二神二獣鏡)	—		4期
20	隅田八幡神社蔵鏡	19.9	半円方形帯鏡群	(人物画象鏡)	—	直模鏡	4期
84	額田部狐塚古墳	18.3	半円方形帯鏡群	(二神三獣鏡)	—	潜続獣像鏡系の復古再生か	4期
182	トヅカ古墳	16.2	半円方形帯鏡群	(四獣鏡)	—	古相の旋回式獣像鏡系の復古再生か	4期
108	神門神社蔵鏡	21.1	半円方形帯鏡群	(四神四獣鏡)	—		4期
107	神門神社蔵鏡	10.3	半円方形帯鏡群	(一神二獣四乳文鏡)	—		4期

表11　旋回式獣像鏡系・乳脚文鏡系と鈴付加事例一覧
【旋回式獣像鏡系】

	県名	番号	出土遺跡名	面径	鈴	備考		県名	番号	出土遺跡名	面径	鈴	備考
1	宮城	7	狐塚古墳	10.8	○	六鈴	42	静岡	72	大門大塚古墳	13.4	—	
2	宮城	8	台町20号墳	10.4	○	六鈴	43	静岡	81	逆井京塚古墳	15.4	—	
3	茨城	2	伝・南塚古墳群	14.7	—		44	静岡	96	西岡津金山社古墳	16.5	—	擬
4	茨城	2-1	神岡上3号墳	12.7	○	七鈴	45	静岡	98	高田所在古墳	7.5	—	
5	茨城	5-6	稲荷神社境内古墳	10.1	—		46	静岡	194	五塚山古墳	13.8		
6	茨城	33-5	伝・茨城県	不明	○	六鈴	47	静岡	113	曲山2号墳	破片	○	五
7	栃木	15	雀宮牛塚古墳	9.5	○	五鈴	48	静岡	126	坂本所在古墳	12.3	—	
8	栃木	29	益子天王塚古墳	13.8	—		49	愛知	28	山神古墳	14.6		
9	群馬	1	八幡観音塚古墳	10.6	○	五鈴	50	三重	20	愛宕山2号墳	11.8	○	七
10	群馬	2	八幡観音塚古墳	13.4	—	擬銘	51	三重	70	伝・朝見地区	9.5		
11	群馬	11	伝・寺前御塚古墳	10.9	○	七鈴	52	三重	108-1	伝・斎宮地区	14		
12	群馬	32	伝・綿貫町	10			53	三重	157	イト塚古墳	10		
13	群馬	50	伝・岩鼻火薬製造所内	10			54	三重	160	高猿1号墳	11.5		
14	群馬	83-1	吉井町6号墳	10.9	○	七鈴	55	三重	167・168	八王子神社跡古墳	11.3		
15	群馬	112	芳賀村2号墳	14			56	三重	185-1	東条1号墳	11.8		
16	群馬	144	赤堀村16号墳	11.1			57	三重	173	尻矢2号墳・西棺	11.8		
17	群馬	136	伝・小泉	10	○	六鈴	58	滋賀	7	垣籠古墳	14.1		
18	群馬	163	久呂保村3号墳	9.6	○	五鈴	59	滋賀	75	雲雀山3号墳	10.7		
19	群馬	167	伝・飯塚字松原	14.2	—		60	滋賀	76	雲雀山2号墳	11.8		
20	群馬	170	白山古墳	9.2			61	滋賀	38	木部天神前古墳	10.6		
21	群馬	197	伝・群馬県	12	○	七鈴	62	滋賀	68	山津照神社古墳	13.2		
22	埼玉	14	庚塚古墳	10.9	○	六鈴	63	京都	242-3	天城山2号墳	10.7		
23	群馬	135	伝・群馬県玉村町	19.5	○	十鈴	64	京都	225-1	上狛天竺山1号墳	11.4		
24	埼玉	24	鎧塚古墳	12.4	—		65	大阪	79	伝・太秦古墳群	12.8	○	六
25	埼玉	32	伝・大稲荷1号墳	11.8			66	兵庫	68	鬼神山古墳	9.6		
26	千葉	1	嶺岡東上牧天塚古墳	11.8	○	七鈴	67	兵庫	54	勝福寺古墳・後円部第1石室	10.9	○	六
27	千葉	9	金鈴塚古墳	15.8			68	兵庫	55	勝福寺古墳・前方部北棺	11.4		
28	千葉	14	塚の越古墳	10.7			69	兵庫	64	佐礼尾古墳	11.2	○	六
29	千葉	30	持塚1号墳	13.3			70	兵庫	88	天神山5号墳	12.1	○	六
30	千葉	52	八幡台古墳	9.2			71	兵庫	128	東阿保古墳群	11.4	○	六
31	千葉	54	下方内野南遺跡第38号住居跡	13.1			72	兵庫	137	小丸山古墳	13.6		
32	東京	2	西岡28号墳	10.3	○	六鈴	73	兵庫	174	池ノ川古墳	13.1		
33	神奈川	21-3	北金目	不明			74	兵庫	225	世賀居塚古墳	13.5		
34	福井	42	三塚古墳	12.5	—		75	奈良	115	豊田ホリノヲ1号墳	13.5	—	擬
35	長野	15	観音塚古墳	9.8	○	六鈴	76	奈良	120	伝・山辺郡朝和村	完形		擬
36	長野	53	糠塚古墳	11			77	奈良	157	伝・桜井市阿部	10.9		
37	長野	69	鳥居場1号墳	10.8			78	奈良	183	新沢312号墳	12.7		
38	岐阜	7	城山	11			79	奈良	194	三倉堂遺跡・2号木棺	12.2	○	七
39	岐阜	60	伝・伊久良河宮跡	不明			80	奈良	385	伝・奈良県	16.4		十
40	岐阜	145	伝・薬師平古墳	11.4	○	七鈴	81	和歌山	39-1	簑島	12.7		
41	静岡	10	学園内4号墳	12	○	七鈴	82	鳥取	24	谷奥1号墳	12.5		

第3章 古墳時代中・後期における倭製鏡の変遷と系譜

県名	番号	出土遺跡名	面径	鈴	備考
鳥取	28	伝・阿古山所在古墳	8.9	—	
島根	17	古天神古墳	13.6	—	
岡山	212	四つ塚13号墳・B主体部	9.5	—	
岡山	13	東塚	9	—	
岡山	17	大平古墳	16.7	—	
岡山	32	江崎古墳	14.1	—	
岡山	91・93	津島福居塚ノ本塚古墳	14.5	—	擬銘
岡山	201	伝岡高塚古墳	13.2	—	
広島	12	白山所在古墳	10.8	—	
愛媛	79	伝・温泉郡	8.7	○	五鈴
愛媛	69	春戸口古墳	13.5	—	
愛媛	87-3	伝・愛媛県？	9.1	—	
福岡	242	日拝塚古墳	13	—	
福岡	316	伝・沖ノ島4号遺跡	12.2	—	擬銘
福岡	300-1	勝浦峯ノ畑古墳	14.6	—	
福岡	401	漆生古墳	完形	—	
福岡	402	漆生古墳	完形	—	
福岡	463-6	若宮	10.4	—	
福岡	534	箕田丸山古墳前方部	11〜13	—	
福岡	593-1	長迫古墳	9	—	
佐賀	13	東尾大塚古墳	9.7	—	所在不明
佐賀	133	島田塚古墳	12.2	—	東博 J5934
佐賀	183	龍王崎3号墳	9.7	—	
熊本	52	打越稲荷山古墳	9	—	
熊本	72	史跡宇土城跡 SD01・西岡台遺跡	15.2	—	擬銘
熊本	93	塩釜1号墳	11.2	—	
大分	79	法恩寺4号墳	11.2	—	
大分	82	天満1号墳	14	—	
大分	84	有田古墳	12.7	—	
宮崎	8	鈴鏡塚古墳	13.1	—	八鈴
宮崎	22	持田34号墳	17.2	—	
宮崎	24	持田40号墳のA墳	14.5	—	
宮崎	35	推定・持田古墳群	9.8	—	
宮崎	36	百塚原	13	—	
宮崎	37	推定・持田古墳群	7.3	—	
宮崎	73	陣ヶ平所在古墳	10.9	—	
宮崎	92	猪塚	9.7	—	
宮崎	122	築地99-2号地下式横穴墓	15.2	—	
東博	7	不明	11.2	—	
歴博	1	不明	12.7	—	
大歴	2	不明	12.8	○	七鈴
大歴	7	不明	不明	—	
國學院	4	不明	不明	○	六鈴
五島	16	不明	13.1	—	
泉屋	14	不明	12.1	○	六鈴
黒川	6	不明	11	—	
黒川	9	不明	11.2	—	
根津	9	不明	12.4	—	
辰馬	4	不明	14.2	—	
仙掌菴	3	不明	不明	—	
Brundage	3	不明	14	—	
個人	1-3	不明	9.8	—	
個人	1-4	不明	9	○	五鈴
個人	9	不明	不明	○	七鈴

【珈文鏡系】

県名	番号	出土遺跡名	面径	鈴	備考
宮城	4	裏町古墳	9.1	—	
山形	2	お花山22号墳	9	—	擬銘
茨城	13	伝・長者山古墳	9.1	—	擬銘
茨城	19	上野古墳	12.9	○	六鈴
茨城	26	太田古墳	8.3	—	
茨城	29	三昧塚古墳	10.1	—	
栃木	43	城南3丁目遺跡1号墳	9.7	—	
栃木	44	本村2号墳	8.9	—	
栃木	12	桑57号墳	9.6	—	擬銘
栃木	27	伝・絹4号墳	10.5	—	
栃木	37	若旅大日塚古墳	9.4	—	
群馬	10-1	綿貫町	9.4	○	五鈴
群馬	41	伝・若宮所在古墳	9.6	○	六鈴
群馬	47・102	伝・八幡原町or群馬郡	6.3	—	四乳
群馬	101	伝・井出二子山古墳	不明	—	珠文鏡？
群馬	68	白石二子山古墳	7.9	—	擬銘
群馬	69	白石二子山古墳	10.7	—	
群馬	73	伝・藤岡市	10.7	○	五乳
群馬	107	伝・大黒古墳	10.9	○	六鈴
群馬	113	五代大日塚古墳	7.5	—	
群馬	114	伝・青梨子町	10.2	○	五鈴
群馬	122-A1	宮田諏訪原遺跡I区1号祭祀跡	6.1	—	
群馬	122-2	金井東裏遺跡4区	5.7	—	

	県名	番号	出土遺跡名	面径	鈴	備考
160	群馬	127	台所山古墳	10.1	—	
161	群馬	179・183	伝・八幡塚古墳	9	—	
162	群馬	187	兵庫塚古墳	11.3	○	六鈴
163	群馬	188	兵庫塚古墳	10.6	—	
164	埼玉	6	どうまん塚古墳	8.7	—	
165	埼玉	12	入西石塚古墳	9	—	
166	埼玉	23	新里(青柳古墳群)	12.7	○	五鈴
167	埼玉	34	埼玉将軍山古墳	7.6	—	
168	埼玉	38	白鍬宮腰遺跡第2号円形周溝墓	8	—	
169	千葉	8	三条塚古墳	10	—	
170	千葉	10	金鈴塚古墳	10.8	—	
171	千葉	88	戸崎	10.2	○	五鈴
172	千葉	101	潤井戸天王台29号墳	6.7	—	
173	千葉	51	上人塚古墳	8.9	—	
174	千葉	60	瓢塚17号墳	8	—	
175	千葉	108-2	台方宮代遺跡3号墳	9	—	
176	東京	16-1	馬坂古墳	9	—	
177	東京	14	八幡塚古墳	11.6	—	
178	神奈川	31	らちめん古墳	8.5	—	
179	神奈川	36	下田横穴群第5号穴	8.5	—	
180	新潟	8	蟻子山48号墳	8.4	—	
181	新潟	17	伝・飯鋼山古墳群	9.8	—	
182	富山	7-3	加納南10号墳	9	—	
183	石川	18	和田山1号墳	10.4	○	六鈴
184	福井	49-4	花野谷2号墳	10.3	—	
185	山梨	61	三珠大塚古墳	11.5	○	六鈴
186	山梨	60	伝・豊富村浅利組	7.1	—	
187	長野	3	金鎧山古墳	10	○	五鈴
188	長野	5	林畦2号墳	7.9	—	
189	長野	16	村北3号墳	9.5	—	
190	長野	38	大峡2号墳	8.1	—	
191	長野	51-1	山岸桜丘古墳	8.3	—	
192	長野	54	フネ古墳	7.6	—	
193	長野	58	武領地2号墳	7.6	—	
194	長野	60	雲彩寺古墳	10	—	
195	長野	65	平地1号墳	7.1	—	
196	長野	80	上溝6号墳	14.5	○	七鈴
197	長野	83	丸塚古墳	9	○	六鈴?
198	長野	84	神送塚古墳	9.7	○	六鈴
199	長野	99-1	大塚古墳	10	○	五鈴
200	長野	101	権現3号墳	7.1	—	
201	長野	102	久保田1号墳	8.8	○	五鈴
202	長野	113	宮の平	7.7	—	
203	長野	79-1	ナギジリ1号墳	10	—	
204	岐阜	54	伝・小山古墳	9.7	○	五
205	岐阜	97-1	伝・朝倉	11	—	
206	岐阜	106	跡部古墳	9.2	—	
207	岐阜	109	伝・平賀	8.5	—	
208	岐阜	132	天神ヶ森古墳	10	○	五
209	静岡	11	根本山古墳群	7.4	—	
210	静岡	12	御山塚古墳	9.7	○	五
211	静岡	75	愛野向山12号墳	7.8	—	振
212	静岡	77	伝・五軒平古墳	8.5	—	五
213	静岡	79	石ノ形古墳・西主体	8.2	—	
214	静岡	83	文珠堂山北山林中古墳	9.6	—	
215	静岡	131	賤機山古墳群	11	○	六
216	静岡	165	中里K78号墳	8.7	—	振
217	静岡	166・167	陣ヶ沢古墳	8	—	
218	静岡	172	清水柳北2号墳	9.6	—	
219	静岡	178	宮脇神社	7.9	—	振
220	静岡	192	伝・遠江国	10.2	○	六
221	愛知	5	白鳥古墳	11.2	○	五
222	愛知	15	松ヶ洞8号墳	9.7	○	六
223	愛知	17	志段味大塚古墳	11.2	○	五
224	愛知	56	いわき塚古墳	6.5	—	
225	愛知	70	宇頭王塚古墳	8.6	—	振
226	愛知	80	豊田大塚古墳	10.6	—	振
227	愛知	83	寺西1号墳	9.3	—	
228	三重	10	丸山古墳	不明	—	
229	三重	187	庄内2号墳	10	—	
230	三重	100	かまくら1号墳	9.2	—	
231	三重	107	南山古墳	9	—	
232	三重	120	伝・答志町大答志	6.1	—	
233	三重	129	泊古墳	11	○	五
234	三重	133	キラ土古墳	9.1	—	振
235	三重	137	久米山6号墳	8.3	—	
236	三重	170	鳴塚古墳	9.9	—	
237	三重	188	横山13号墳・北棺	8.3	—	
238	滋賀	49	伝・三上山麓	11.2	—	
239	滋賀	67	山津照神社古墳	8.4	○	五
240	京都	261	南谷3号墳	7.5	—	
241	京都	6	桃谷1号墳	8.6	—	
242	京都	12	千原1号墳・表採	6.8	—	振
243	京都	22	奉安塚古墳	8.3	—	
244	京都	35	大畠古墳	9.8	—	
245	京都	39	宮ノ口古墳・採集	9	—	
246	京都	48	保津山古墳	10.1	—	
247	京都	134	久津川青塚古墳	11	—	

第3章 古墳時代中・後期における倭製鏡の変遷と系譜　315

県名	番号	出土遺跡名	面径	鈴	備考	県名	番号	出土遺跡名	面径	鈴	備考
大阪	35	青松塚古墳	8	—		291	愛媛	54・86	大池東北古墳	9.5	○	五鈴
大阪	37	土保山古墳	9.5	—	擬銘	292	愛媛	59	星ノ岡西山古墳	9.2	—	
大阪	228	経塚古墳	11.2	—		293	愛媛	90-5	味生	9.3	—	
大阪	233	丑石3号墳	不明	—		294	福岡	20	大門古墳	9.2	—	
兵庫	94	高木古墳群（西）	7.5	—		295	福岡	569	伝・筑前国	9	—	
兵庫	98	阿形甕塚古墳	7.5	—		296	福岡	150	伝・飯氏所在古墳	10.8	○	六鈴
兵庫	161	安黒古墳	7.8	—		297	福岡	171	夫婦塚1号墳	9.2	○	五鈴
兵庫	167	西野山5号墳	7.1	—		298	福岡	227-6	太宰府市？	9.1	—	
兵庫	184	宮田山1号墳	7.1	—		299	福岡	313	伝・沖ノ島4号遺跡	11.2	—	擬銘
兵庫	201	北浦28-3号墳	7	—		300	福岡	315	伝・沖ノ島4号遺跡	9.3	—	
兵庫	209	シゲリ谷古墳群	4.8	—		301	福岡	322	沖ノ島8号遺跡	10	—	
兵庫	207	ヘタバナ遺跡	8.4	—		302	福岡	371・372	沖ノ島21号遺跡	11.7	—	
兵庫	235-5	梅田1号墳	10.1	—		303	福岡	439	小塚古墳	8	—	擬銘
兵庫	235-6	梅田3号墳	9.1	—		304	福岡	490	鷲塚古墳	7.4	—	
奈良	53	伝・帯解町山村	10.9	○	六鈴	305	福岡	514	極楽寺1号墳	6.9	—	
奈良	111	山田千塚山古墳	7.5	—		306	福岡	516	こうもり塚古墳	9.2	○	五鈴
奈良	158	伝・桜井市阿部	11.4	—		307	福岡	584	竹並遺跡A-23号横穴墓	9.2	—	擬銘
奈良	297	寺口和田4号墳	8.8	—		308	佐賀	73	花納丸古墳	9	—	
奈良	299	伝・ヘン塚古墳	12.1	—		309	佐賀	108	三里丹坂峠古墳	10.5	—	
奈良	336	大王山1号墳	11.2	—		310	佐賀	125	玉島古墳	10.9	—	
奈良	338	ヲトンダ4号墳	9.2	—		311	佐賀	126	玉島古墳	7.2	—	
奈良	341	高山1号墳	10.6	—		312	佐賀	137	杉殿古墳	11.1	—	
和歌山	29	岩橋千塚古墳群	8.2	○	五鈴	313	佐賀	156	金屋谷古墳	8.9	—	
島根	47	月坂放レ山5号墳	7.8	—		314	佐賀	161	立蘭古墳	9.1	—	
島根	13	客山古墳	9.2	—		315	佐賀	165	野田古墳	10.6	—	
島根	15	薬師山古墳	9.5	—		316	佐賀	177	玉島古墳	7.2	—	
島根	35	めんぐろ古墳	8.8	—		317	長崎	20	恵比須山5号石棺	7.1	—	
島根	36	鵜ノ鼻50号墳	8	—		318	大分	96	古国府遺跡群遺物包含層	8.8	—	
島根	39	苗代田東方丘陵南古墳	10.5	—		319	大分	78	日隈2号墳	7.1	—	
岡山	70	岩田1号墳周溝	9.3	—		320	宮崎	55-4	西都原古墳群？	9.4	—	
岡山	211	北山2号墳	6.2	—		321	宮崎	59	伝・新田原45号墳	7.4	—	
岡山	210	諏訪神社裏2号墳	7.7	—		322	宮崎	63	川床2号墳	9.1	—	
岡山	214-4	伝・備前国	10.3	—		323	宮崎	71	トメ塚	12.1	—	擬銘
広島	20	須賀谷1号墳	10.2	—		324	宮崎	125-3	山崎下ノ原第1遺跡H区2号墳	8.7	—	
広島	67	二塚古墳	10.5	—		325	宮崎	88	市の瀬5号地下式横穴	8.7	—	擬銘
広島	96	新庄町所在古墳	8	—		326	宮崎	89	市の瀬5号地下式横穴	10.8	—	
徳島	40・41	気延山古墳群（奥谷古墳）	8.6	—		327	愛美	5	不明	8	○	五鈴
香川	57	遍照院裏山古墳	9.2	—	擬銘	328	愛美	7	不明	9.8	—	
愛媛	7	大日裏山4号墳	7.5	—		329	五島	1	不明	7.6	○	五鈴
愛媛	29	伝・鷹取山西方尾根	7.6	—		330	五島	2	不明	9.1	○	五鈴
愛媛	44	弁天山古墳	9.4	—		331	五島	3	不明	8.5	○	五鈴
愛媛	49・50・84	溝辺横谷古墳	9.1	○	五鈴	332	坂本	4	不明	4	—	
愛媛	51	湯山横谷	不明	—		333	多和	2	不明	不明	—	

【その他・鈴付加事例】

	県名	番号	出土遺跡名	面径	系列名	鈴	備考
334	岩手	1	五郎屋敷古墳群	8.5	(五鈴鏡)	○	五鈴
335	岩手	1-1	伝・熊ン堂古墳	不明	(五鈴鏡)	○	五鈴
336	茨城	3	十二社古墳	不明	不明	○	五鈴
337	栃木	24	上大領東原古墳	9.1	珠文鏡系	○	五鈴
338	栃木	30	別処山古墳	6.8	素文鏡	○	三鈴
339	栃木	16	雀宮牛塚古墳	5.8	櫛歯文鏡	○	四鈴
340	栃木	17	雀宮牛塚古墳	6	櫛歯文鏡	○	四鈴
341	栃木	18	雀宮牛塚古墳	5.9	櫛歯文鏡	○	四鈴
342	栃木	21	助戸十二天塚古墳	6.4	櫛歯文鏡	○	五鈴
343	栃木	22	助戸十二天塚古墳	6.3	櫛歯文鏡	○	五鈴
344	群馬	10	綿貫観音山古墳	12.3	二神四獣鏡	—	
345	群馬	92-1	後閑3号墳	不明	不明	○	不明
346	群馬	178	焼山北古墳	5.5	五鈴鏡	○	五鈴
347	群馬	191	伝・新田郡	不明	鈴鏡	○	不明
348	群馬	195	伝・群馬県	不明	不明	○	不明
349	群馬	196	伝・群馬県	10.5	不明	○	五鈴
350	埼玉	16	三千塚古墳群	不明	不明	○	五鈴
351	埼玉	33	伝・大稲荷1号墳	8.5	不明	—	
352	埼玉	40-1	生出塚古墳群新屋敷60号墳周溝覆土	8	不明	○	五鈴
353	山梨	34	伊勢塚古墳	不明	不明	○	六鈴
354	長野	1	伝・横倉	5.8	重圏文鏡	○	五鈴
355	長野	117-1	宮ノ上遺跡	不明	不明	○	五鈴
356	長野	61	番神塚古墳	11	(櫛歯文)	○	四鈴
357	長野	71	新井原7号墳	8.4	(乳文鏡)	—	
358	長野	78	伝・座光寺地区内	不明	不明	○	五鈴
359	長野	79	伝・座光寺地区内	不明	不明	○	五鈴
360	長野	82	上溝5号墳	不明	不明	○	四鈴
361	長野	97	伝・塚原地区内	不明	不明	○	鈴のみ
362	長野	99	伝・塚原地区内	不明	不明	○	鈴のみ
363	岐阜	43	伝・昼飯1号墳	不明	不明	○	五鈴
364	岐阜	108	伝・糠塚古墳	不明	不明	○	不明
365	岐阜	135	伝・鈴ヶ森古墳	不明	不明	○	五鈴
366	岐阜	146	伝・千田古墳群	不明	不明	○	六鈴
367	静岡	67	団子塚4号墳	欠損	不明	○	六鈴
368	静岡	66	上神増所在古墳	13.5	S字獣像鏡	○	六鈴
369	静岡	157-1	東護森古墳	不明	不明	○	七鈴
370	静岡	169	今泉	不明	不明	○	三鈴
371	静岡	170	元村山古墳	不明	不明	○	五鈴
372	静岡	191	伝・遠江国	不明	不明	○	不明
373	滋賀	57	伝・沙々貴山	不明	不明	○	七鈴
374	京都	21	弁財1号墳	13.9	(四神四獣鏡)	○	八鈴
375	兵庫	38	園田大塚山古墳	10.2	細線式鏡	○	五鈴

第3章 古墳時代中・後期における倭製鏡の変遷と系譜　317

	県名	番号	出土遺跡名	面径	系列名	鈴	備考
376	兵庫	98-1	阿形甕塚古墳	不明	不明	○	五鈴
377	奈良	112	星塚2号墳	10	―	○	六鈴
378	奈良	119	伝・萱生町	7	珠文鏡系	○	五鈴
379	奈良	175	新沢115号墳	8.7	(乳文鏡)	○	五鈴
380	奈良	300	伝・ヘン塚古墳	8.7	(乳文鏡)	―	
381	和歌山	10	大谷古墳	2.8	素文鏡	○	四鈴
382	和歌山	11	大谷古墳	2.8	素文鏡	○	四鈴
383	和歌山	12	大谷古墳	2.8	素文鏡	○	四鈴
384	和歌山	13	大谷古墳	5.5	素文鏡	○	四鈴
385	和歌山	14	大谷古墳	6	素文鏡	○	四鈴
386	島根	28	上島古墳	9.1	珠文鏡系	○	五鈴
387	岡山	55	賀陽郡八田部村掘地	8	珠文鏡系	○	五鈴
388	山口	57	上の山古墳	10.6	(獣像鏡)	○	六鈴
389	愛媛	1	四ツ手山古墳	12.7	不明	○	
390	愛媛	5	金子山古墳	12.7	珠文鏡系	○	四鈴
391	愛媛	45	弁天山古墳	8.4	珠文鏡系	○	五鈴
392	福岡	369	沖ノ島21号遺跡	12.1	四獣鏡	―	
393	福岡	314	伝・沖ノ島4号遺跡	8.9	変形四神四獣鏡	―	
394	福岡	300	勝浦峯ノ畑古墳	14.4	(獣像鏡)	―	
395	佐賀	159	伝・唐津	不明	不明	○	五鈴
396	熊本	40	伝・中通古墳群	6.8	乳文鏡	―	
397	宮崎	83	六野原10号墳	9.5	乳文鏡	―	
398	宮崎	110	神門神社蔵鏡	7.4	乳文鏡	―	
表10	群馬	192・201	古海天神山古墳	12.7	内行花文鏡髭文系	○	六鈴
表10	東京	5	御岳山古墳	13.3	内行花文鏡髭文系	○	七鈴
表10	静岡	127	猪谷神社古墳	13.8	内行花文鏡髭文系?	○	六鈴
表10	愛知	18	志段味羽根古墳	14.6	多状文縁神像鏡系	○	七鈴
表10	三重	140	浅間山古墳	14.2	多状文縁神像鏡系	○	六鈴

倭製鏡」の代表的な系列として挙げられてきたものである。本系列については変更なく、森下編年の定義に従う。その内容は、「斜縁四獣鏡を、大きな変形をほとんど加えずに忠実に模倣するもの」であり、祖型は中国鏡の斜縁四獣鏡が想定されている。外区には斜縁鋸波鋸文が用いられ、獣像の下顎の省略という点で型式変化があることが指摘されている（森下 1991）。また本系列については、京都府久津川車塚古墳出土鏡群や伝宮崎県持田古墳群出土鏡群（辰馬考古資料館蔵鏡）など、ほぼ同一文様で同大の鏡が複数存在し、短期間に「連作鏡群」として製作されたことが従来から指摘されている（図86-1・2：森下 1998c、下垣 2005b）。中期前半の主要な倭製鏡として、中型鏡・小型鏡を中心として製作された系列である。祖型については、上述のように森下は斜縁四

318

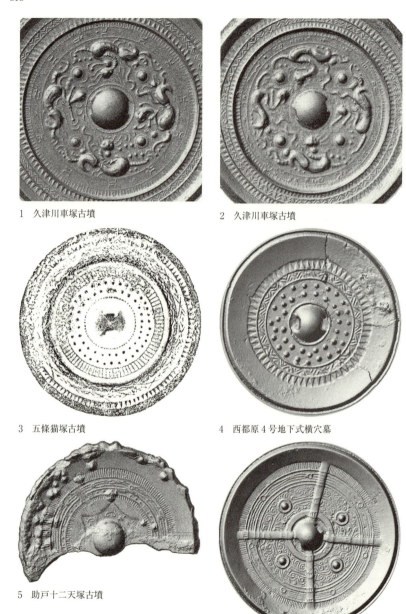

1　久津川車塚古墳
2　久津川車塚古墳
3　五條猫塚古墳
4　西都原4号地下式横穴墓
5　助戸十二天塚古墳
6　変形十字文鏡

図86　斜縁四獣鏡B系・珠文鏡系・内行花文鏡髭文系

獣鏡を挙げており、斜縁神獣鏡の獣像表現を 4 体繰り返した可能性も含め、舶載の斜縁四獣鏡・斜縁神獣鏡に求めることができる。4 つの乳を配する点は前期倭製鏡以来の伝統ともいえるが、前期倭製鏡とは異なり、乳配置が正確な 4 分割でない資料が多い。中型・小型鏡が主体である。

（4）斜縁神獣鏡 B 系

　本系列も森下編年（1991・2002）において設定されたものであるが、検討の結果、本系列については一部修正の必要があると考えている。具体的には、森下が『考古資料大観』において斜縁神獣鏡 B 系として提示したいくつかの資料（e.g. 兵庫県苫編古墳出土鏡、伝・宮崎県持田古墳群出土鏡［図 89-3］）については、以下で設定する「四神四獣鏡系」として再編されるものと想定している。またそれ以外に森下が挙げた資料（大分県下山古墳出土鏡・同葛原古墳出土鏡・福岡県四反田 2 号墳出土鏡など）についても、一部は前期において神獣鏡を模倣した倭製鏡の中に包摂される可能性もあることから、系列として存在する場合も資料数としては少ないことが想定される。現状では中期段階の製作の可能性を含めて位置づけについては課題としておきたい。

（5）珠文鏡系

　小型鏡として早くから検討が行われてきた系列であり（e.g. 小林三 1979・1982）、森下編年において、一列の珠文を主体とする前期から、二列・三列の珠文を主体とする中・後期へという変遷観が整理された。その後、中・後期の珠文鏡についても検討が進んでいる（岩本 2012・2014a・2016a、脇山 2013）。このうち岩本の研究では、中期段階に前期以来の「列状系」に加え新たに「充塡系」が出現すること、また上述のように奈良県五條猫塚古墳出土鏡（図 86-3）の検討を通じて、「充塡系」の出現に際して「線描菱雲文」を組みこんだ一群（森下の「変形鋸波鋸文 b」）が製作されたことが指摘されている（岩本 2016a）。「線描菱雲文」の評価については後述するが、岩本のいう珠文鏡充塡系以後、後期に至るまで珠文鏡系は継続的に製作が行われたとみられ、中期を通じて安定した小型鏡の系列ともいえる。珠文鏡系への「鈴付加事例」は 6 例前後が確認できる。

（6）内行花文鏡髭文系

　森下編年において設定された系列である（表10）。本系列についても変更はなく森下編年の系列分類を踏襲する。森下編年における定義は、「花文間に、髭状の単位文様をいれる。他の内行花文鏡系ではすぐに失われる四葉座を、変形が進んでも保持する」というもので、六花文で四葉座を備えたもの（1式）から六～五花文で雲雷文の省略されたもの（2式）、五～四花文で四葉座が線表現あるいは省略されたもの（3式）といった変遷が想定された。外区として素文あるいは鋸鋸波文などを用いるものが古相とみられ、旋回式獣像鏡系よりわずかに先行して出現するものと想定されている（図84：森下 1991）。この中には東京都御岳山古墳出土鏡のように鈴を付すものも含まれており、「鈴付加事例」の出現を考える上でも重要である。また清水康二（1994・1995）も内行花文鏡系全体の分類・編年を行う中でE類として前期のA～D類とは別の独立した分類単位として扱い、鈴鏡などを含む後出する一群と位置づけている。同型鏡群においては、現状で大型の舶載四葉座内行花文鏡が含まれないとみられることから（第2章参照）、祖型は前期倭製鏡の内行花文鏡系もしくは前期までに存在した舶載の四葉座内行花文鏡などが想定される。前期と異なり大型鏡は生産されておらず、資料数という点でも旋回式獣像鏡系などと比べると少数派である。鈴付加事例が3面存在する。

　なお関連資料として、宮崎県西都原265号墳出土の「変形十字文鏡」が挙げられる（図86-6：11.2 cm、辻田 2015d）。内区は内行花文鏡ではなく突線による渦状文が施され、それを横断して十字の幅広突帯が配される。内区外周に雲雷文ないし有節松葉文帯を模したとみられる文様帯があり、この文様が内行花文鏡髭文系の栃木県十二天塚古墳出土鏡（図86-5：11.2 cm）と共通することから、同時期に製作された関連資料と判断される。

（7）多重複波文鏡群・線描菱雲文鏡群と「火竟」銘鏡群

　上述のように、森下編年における「中期後半」の開始を示す指標として挙げられるのが、外区における変形鋸波鋸文a・bの成立と鋸鋸波文への変遷である（図84・85：森下 1991）。またその中で、「火竟」銘を有する3面の資料が出現したものと考えられてきた（森下 1993b）。変形鋸波鋸文a・bは、存在

第 3 章　古墳時代中・後期における倭製鏡の変遷と系譜　321

「火竟」拡大写真

図 87　宮崎県持田 25 号墳出土「火竟」銘四獣鏡

自体が短期間に限定される点で特徴的な文様構成要素であり、用いた資料の相互の関係を想定する上でも指標となる。本書ではこの点をふまえつつ、それぞれについて分類単位としての「群」を新たに設定した（表 10）。

　まず、変形鋸波鋸文 a に特徴的な、三重もしくは四重の複線波文をもつ（およびその外周に一条ないし二条の鋸歯文を伴う）一群を、「多重複波文鏡群」とする。この中には、「火竟」銘を有する 3 面の資料も含まれる（図 87・88-1・2）。この 3 面は、文様構成が相互に異なるものの、変形鋸波鋸文 a と「火竟」銘をもつ点で共通しており、「多重複波文鏡群」の一部でかつ系列に準ず

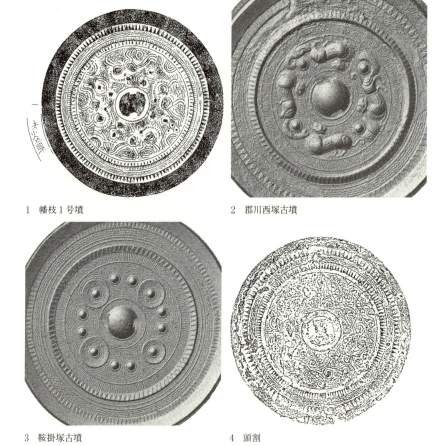

1 幡枝1号墳　　　2 郡川西塚古墳

3 鞍掛塚古墳　　　4 頭割

図88 火竟銘鏡群・多重複波文鏡群の具体例

るまとまりを有するという観点から、「火竟銘鏡群」と呼称する。
　これらの三重もしくは四重の複線波文をもつ資料は、火竟銘鏡群に限らず広く存在するが（図88）、19cm以上の大型鏡もしくは16cm以上の中型鏡でもやや大きめの製品が多く含まれる点が特徴である。この点からみて、変形鋸波鋸文aの出現の要因は、何らかの理由で面径の大型化と鏡本体のボリュームの増加が図られた結果、斜縁鋸波鋸文の複線波文部分の幅を拡大したこと、そして内区との境界にあたる段を界圏状に突出させて内区との違いを立体的に強調

したことに求められるであろう。

　また岩本（2016a）が「線描菱雲文」（森下の変形鋸波鋸文 b 種に相当）をもつ一群として扱ったものについても、「線描菱雲文鏡群」として設定できる。ただし、この中で四神四獣配置をもつ一群については、線描菱雲文をもたない資料も含めて独立した系列を形成するものと捉え、次項に示すように「四神四獣鏡系」として分離して新たに系列として設定した。換言すれば、「線描菱雲文鏡群」の中に、「四神四獣鏡系」や五條猫塚古墳出土珠文鏡などをはじめとしたいくつかの個別資料が含まれる、という理解である（表10）。

　以上のように、変形鋸波鋸文 a・b を有する資料をそれぞれ「多重複波文鏡群」「線描菱雲文鏡群」として設定し、前者の中に「火竟銘鏡群」が含まれるものと想定した。以下、「火竟銘鏡群」について説明を補足する。

　火竟銘鏡群は、森下（1993b）が詳細な検討を行っているように、3面の資料が存在する。図87は宮崎県持田25号墳出土とされる資料である。面径20.0 cm の大型鏡で、内区に4つの乳と右向きの獣像4体を配する。乳の配置は不規則であり、対称位置にある2個の乳の下部には人面状の表現が施文される。外縁部に鋳造後に直接彫り込む形で「火竟」銘が記される（拡大写真）。四重の複線波文部が幅広となり、かつこの一部には突線表現による菱雲文が組みこまれ、変形鋸波鋸文 b と同時期の所産であることを示している。鈕孔形態が大型の長方形を呈し、鈕孔底辺が鈕座面に一致する点も特徴である。

　他の2面も同様に大型鏡であり（図88-1）、京都府幡枝古墳出土鏡は頸部と脚部が長く立ったような獣像表現が4つの乳の間に4体配されている。内区外縁に半円方形帯の一部を模したとみられる半円文様が4つ描かれるが方形は描かれず、4つの乳の位置とも対応してしない。外区上面に「夫火竟」銘が刻される。筆跡は持田鏡とほぼ共通である。明治大学所蔵鏡は4乳の間に1対の左向きの獣像表現と1対の神像状表現を配し、その間を突線による表現で充填する。内区外周に幡枝鏡とは逆に方形文様を3カ所に配している（新井・大川1997）。持田鏡と同様に、「夫火竟」銘を外縁部に刻する。

　火竟銘鏡群の3面は、不規則ながらも乳を配する点で、中期前半の製作技術とのつながり、もしくは「中期後半」とされる資料の中での製作年代の古さを示唆している。祖型を特定することは困難であるが、半円方形帯の部分的な参

照と内区主像の大型化といった点が特徴である。半円方形帯について中期中葉前後の時期に参照可能なモデルとしては、鼉龍鏡系をはじめとする前期倭製鏡か、同型鏡群の画文帯神獣鏡諸鏡種にほぼ限られ、祖型の一部はそれらに求められる可能性がある。また「半円」と「方形」を分離して別個に断片的に描いている点で、後述する交互式神獣鏡系およびその関連資料とは様相が異なる。

　森下が指摘するように、変形鋸波鋸文をもつ一群においては、鈴付加事例が存在しておらず、後続する鋸鋸波文が鈴付加事例が出現する時期の指標となるものと考えられている（森下 2002）。ただし、多重複線波文という点では、後述する潜繞獣像鏡系の兵庫県宝地山2号墳出土鏡（図90-1：16.3 cm・三重複線波文）や乳脚文鏡系の茨城県上野古墳出土鏡（図93-3：12.9 cm・三重複線波文）などにも認められることから、変形鋸波鋸文をもつ一群に鈴付加事例が欠落するのは、大型鏡に鈴付加事例が少ないことと関連する可能性もある。ここでは、変形鋸波鋸文a・bをもつ一群では基本的に鈴付加事例はみられないものの、その段階まで初現が遡る可能性についても想定しておきたい。

（8）四神四獣鏡系（図89）

　本系列は本書で新たに設定したものである。元来は、先に挙げた森下編年における斜縁神獣鏡B系の一部と、岩本（2016a）が挙げた線描菱雲文をもつ神獣鏡を再編したものである。樋口隆康（1979）および小林三郎（1982）の分類名称と内容を一部継承しつつ、以下のような特徴をもつ、中・後期段階の資料に限定して設定する。

　本系列の特徴は、「内区に4体の神像状表現と4体の獣像表現を交互に配するもので、乳を用いず、獣像が全て同じ方向を向く」というものである（図89-3・4）。外区には、変形鋸波鋸文a（三重複線波文）および変形鋸波鋸文b（線描菱雲文）の両者がみられるが、後者が主体であることから、前者も含めて広義において「線描菱雲文鏡群」の一部と捉えておきたい（表10）。

　これらの資料について森下は、変形鋸波鋸文の変遷について論ずる中で以下のように説明している：「変形の始まる直前段階の、内側の鋸歯文帯が外傾しただけの斜縁鋸波鋸文は三重県高猿6号墳、岡山県宿寺山古墳、また変形鋸波鋸文b種でまだ内側の鋸歯文帯が外傾していない資料を出土した三重県伊予

之丸古墳などから5世紀中葉にその年代を置くことができる。そして変形鋸波鋸文の年代は、変形鋸波鋸文a1式を外区にもつ鏡を出土した大阪府郡川西塚古墳、界圏を失いa3の中でも新しく位置づけられる外区文様をもつ鏡を出土した奈良県愛宕山古墳、b1式出土の福井県向出山古墳、b2式出土の大阪府塚廻古墳などから5世紀後葉におくことができる」（森下 1993b：p.3）。森下は、以上のように内側の鋸歯文の外傾化（突出）に始まる変形鋸波鋸文の変遷において一連の資料を位置づけている。ただし、森下はこれらについて内区主像にもとづく系列の設定を行っておらず、また上述のように兵庫県苫編古墳鏡や伝・宮崎県持田古墳群出土鏡（図89-3）などは森下の「斜縁神獣鏡B系」の中に含まれており（森下 2002）、相互の系譜関係については不明な点も多かった。この2面についても、上述の四神四獣配置をはじめとした特徴があてはまる。苫編鏡では神像状表現の両側に一対の脇侍状表現が、持田鏡では右側に1体の脇侍状表現が配される。福井県向出山1号墳1号石室出土鏡と2号石室出土鏡では、文様構成が共通しつつ、後者は前者の獣像が神像状表現に置換されたものであることが下垣によって指摘されている（下垣 2016b）。この置換された神像状表現は、四神四獣鏡系本来の神像状表現（肩から袂にかけて裾広がりに膨らむ形態）とは異なり、立像状の表現である点が特徴である（なお下垣はこれらも含めて広く「中期型神獣鏡」を設定しているため、独立した系列としては扱われていない）。

　本系列には大型鏡・中型鏡・小型鏡が含まれており、また上述のような脇侍状表現の数の多寡や省略などはあるものの、変形鋸波鋸文a・bという点でも短期的な系列とみられることから、ここでは型式設定は行わない。問題はこれらの祖型であるが、岩本は、上述の持田鏡と愛媛県根上り松古墳出土鏡について、「これらの鏡では神像の方から袂が大きな膨らみで表されており、前期仿製鏡である対置式神獣鏡と近似した表現をもつ。さらに、脇侍とみられる小ぶりな人物表現があり、あわせて斜縁神獣鏡という別の原形が存在したことをうかがわせる」と述べ、かつ「そもそも線描菱雲文も、前期仿製鏡にある浮彫表現の菱雲文にその系譜を求めるのが最も妥当である」と指摘している（岩本 2016a：p.271）。四神四獣配置で、かつ獣像が同一方向を向くといった特徴をもつものとしては、倭製鏡では茨城県三昧塚古墳出土鏡が獣像表現としても類

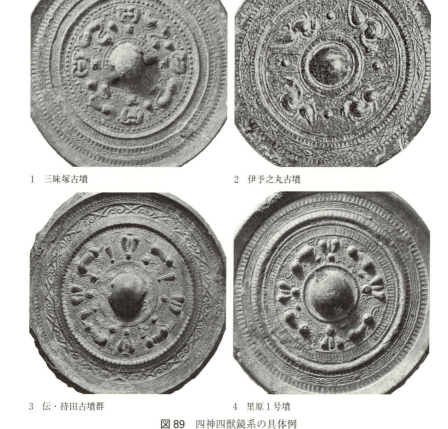

1　三昧塚古墳　　　　　　　2　伊予之丸古墳

3　伝・持田古墳群　　　　　　4　里原1号墳

図89　四神四獣鏡系の具体例

似する（図89-1）。本鏡では乳の配置を伴う斜縁鋸波鋸文という点で、他の四神四獣鏡系よりも先行するとみられ、直接の祖型としては現状で最も可能性が高い。内区外周もしくは外区の一部に珠文帯を配する特徴については、森下が斜縁神獣鏡B系とした岡山県金蔵山古墳出土鏡や広義の斜縁四獣鏡B系に含まれる伝宮崎県持田古墳群出土四獣鏡などで認められることなどから、製作年代については中期前葉～中葉の範囲で考えておきたい。

　さらにこの三昧塚古墳出土鏡における四神四獣配置の祖型という点では、た

とえば舶載三角縁神獣鏡の中に四神四獣配置で獣像が同一方向を向くもの（小林行雄分類のG・G'、表現①：目録番号79、表現③：目録番号80・81）などを挙げることができる。神像状表現の頭部で双髻冠を表現している点も、三角縁神獣鏡や斜縁神獣鏡などとの共通性の高さを示している。また脇侍状表現を伴う四神配置で菱雲文を備えた前期倭製鏡という点では、兵庫県阿形甕塚古墳出土鏡（東京国立博物館蔵：J-2152）なども関連資料として挙げられる。もし文様構成（構図）という点で舶載三角縁神獣鏡などが参照された可能性を想定する場合も、斜縁神獣鏡の脇侍状表現や、前期倭製鏡の神像状表現や菱雲文なども含め、複数の原鏡の文様と単位文様を合成して新たに創出された系列と考えるのが妥当であろう。

関連資料として森下（1993b）も挙げる三重県伊予之丸古墳出土鏡（図89-2）は、獣像表現がやや他の資料とやや異なっており、4つの乳を配した四獣鏡であること、また森下も指摘するように内側鋸歯文の突出が起こっていない点で時期的に先行する可能性があり、四神四獣鏡系全般とはやや異なる位置にある資料である。ここでは線描菱雲文をもつ点から、四神四獣鏡系の関連資料として扱っておく。

また新井悟により、南山大学人類学博物館所蔵の購入資料が報告されている。内区側の鋸歯文が突出した変形鋸波鋸文bを有する17.8 cmの四獣鏡である（新井悟2017）。新井は、上述の火竟銘鏡群との関連を想定しつつ、後世の作の可能性も含めて慎重に検討しているが、乳を配した四獣表現、その間に付された2つの人面状表現、内区外周に6個の方形「だけ」の配置、線描菱雲文の表現、方形鈕孔など、上述の線描菱雲文鏡群の要件を満たす関連資料と想定される。

上述の関連資料も含め、四神四獣鏡系の出現時期は、変形鋸波鋸文a・bの一部という点から、前述の火竟銘鏡群とほぼ同時期で、かつ上述のようにその時期にほぼ限定される短期的な系列と考えられる。四神四獣鏡系の諸資料においては、鈴付加資料は知られていない。

（9）潜繞獣像鏡系

森下（2002）によって設定された「同向式神獣鏡B系」を再編し、新たに

設定するものである。森下の「同向式神獣鏡A系」は、前期の系列として別に設定されている（森下 2001）。前述のように、森下は、同型鏡群を模倣したことが明らかな系列として「同向式神獣鏡B系」を挙げており、系列名に含まれる「同向式神獣鏡」も、同型鏡群の「画文帯同向式神獣鏡」諸鏡種が原鏡として参照された可能性などが含意されているものとみられる。森下が挙げた「同向式神獣鏡B系」のうち、栃木県雀宮牛塚古墳出土鏡（図97-2）は、前述の多重複波文鏡群の一種と考えることができる（詳細は後述する）。また森下が「同向式神獣鏡B系」の代表例として挙げた神奈川県日吉矢上古墳出土の同一文様鏡2面については、別途検討した結果として同型鏡群の影響を受けた可能性を棄却することはできないと筆者は考えているが（辻田 2016b、本章第2節で詳述）、日吉矢上鏡群の類例が他にみられないことと、以下に挙げる3面の資料は日吉矢上鏡群とは別の系列として独自に系列設定が可能と判断されることから、ここでは一旦系列名として「同向式神獣鏡B系」の名称を留保し、新たな系列：「潜繞獣像鏡系」として設定したい（図90-1）。以下に概略を述べる。

　「潜繞獣像鏡系」という系列名は見慣れない表現と思われるが、内区に5つもしくは4つの乳が配置され、その周囲に、乳の下に「潜る」ような形で獣像が乳を「繞る」ことから付した名称である。また乳の下から「潜り繞った」獣像表現は、頸部が直立した上で頭部がやや下を向くという特徴が共通している。この点で、上述の日吉矢上古墳出土鏡群とは区別される。また内区に前期倭製鏡の鼉龍鏡系で特徴的にみられる「巨」の表現が描かれるものがある。

　潜繞獣像鏡系は、関連資料を含めても5面前後で面数は少ない。またこれらについては、清水康二（1995）が交互式神獣鏡系の関連資料として扱っているが、交互式神獣鏡系とは系譜が異なっており別系列として扱った方がよいと考える。このうち清水が潜繞獣像鏡系の三重県保子里1号墳出土鏡や京都府大畠古墳出土鏡に先行する資料として挙げた奈良県額田部狐塚古墳出土鏡（図100-1）は、獣像表現が潜繞獣像鏡系と共通する一方で、半円方形帯をもつ点で交互式神獣鏡系の関連資料であり、潜繞獣像鏡系との関連もあるものの、時間的な位置づけも含めてややそれらとは異なる位置にある資料である。額田部狐塚鏡については、交互式神獣鏡系との関係で後述する。

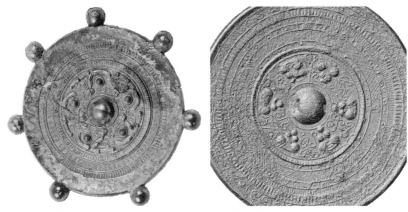

1　宝地山2号墳　　　　　　　　2　鶴巻塚古墳
図90　潜繞獣像鏡系・多状文縁神像鏡系の具体例

　潜繞獣像鏡系の中でより複雑で原鏡に近い文様構成をもつのは、兵庫県宝地山2号墳出土鏡である（図90-1）。本鏡では、5つの乳の周囲に「潜り繞った」右向きの獣像が5体配される。そしてその間の内区外周に2個ずつ乳が配される。この内区外周の2個ずつの乳は、前期の鼉龍鏡系の「獣毛乳」に由来するものとみられ、この点から本系列の祖型は、前期倭製鏡の鼉龍鏡系などが想定される。本鏡は外区に三重複線波文をもつことから、変形鋸波鋸文aの段階まで製作年代が遡るものと考える。他の2面については、鋸鋸波文・鋸波文という点で、中期後葉段階に製作年代が降るものとみられ、現状で資料数は少ないものの、一定の存続期間が見込まれる。
　この宝地山2号墳出土鏡と潜繞獣像鏡系の祖型の問題を考える上で重要な資料が、千葉県牛久石奈坂1号墳から出土している。16.8 cmの倭製鏡で、内区は4つの乳を繞る4体の獣像＋巨＋鋸を衛む獣像＋内区外周に配された獣毛乳という特徴から、前期の鼉龍鏡系の特徴を受け継いだ鏡であるとみられる。他方で、外区には三重複線波文がみられ、本鏡について検討した車崎正彦は、「現状では〔倭製の〕同向式神獣鏡に分類され、遡ってもTK208型式期」と評価している（北見 2012）。三重複線波文が中期中葉前後、あるいは斜縁鋸波鋸文aなどにほぼ限定されることからすれば、牛久石奈坂鏡が鼉龍鏡系の文様構成を引き継いでいる点については、変形鋸波鋸文aの段階に、前期の鼉龍鏡

系を原鏡として模倣・復古再生した結果である可能性が高い。そして、宝地山2号墳出土鏡は、この牛久石奈坂鏡と文様構成が類似する（①内区外周の2個並ぶ獣毛乳、②牛久石奈坂鏡の獣像表現を上下逆に配列すると潜繞獣像鏡系の獣像の形と同一になる）ことから、潜繞獣像鏡系は、前期倭製鏡としての鼉龍鏡系か、もしくはそれをもとに中期段階に復古再生された牛久石奈坂鏡や後述する熊本県井寺古墳出土鏡（p.343）などを原鏡として製作された可能性が高い。

また本系列では、宝地山2号墳出土鏡で七鈴の付加がみられ、三重複線波文をもつ中型鏡であることから、鈴付加事例の初現期の様相を考える上で重要な資料である。

（10）多状文縁神像鏡系

本系列は、下垣（2011a・2016b）が「後期型神像鏡Ⅰ系」として設定した系列に該当する。「後期型」の名称の留保という観点から、「多状文縁神像鏡系」と呼称したい。本系列は、この名称が示すように、外区の幅が通常の系列と比べて著しく広い点が特徴であり、いずれも5条ないし6条の文様帯を配し、その中に細めの鋸歯文・櫛歯文・突線S字文などを施文している（図90-2）。内区には5体もしくは6体の神像状表現を配する。これらの神像状表現は、頭部・両肩・両袂を大きく5つの円形のブロック状に示す特徴がある。本系列の主像について、加藤（2015b）は、前期の仿製三角縁神獣鏡・新段階（福永伸哉［1994］分類のⅣ・Ⅴ型式）もしくは西晋代・太康年間の神獣鏡などに求められる可能性を指摘している。他にも神像表現という点では舶載三角縁神獣鏡の表現③（目録80）や表現⑤（目録93・95）などでも類似の表現がみられるが、内区における突線の十字文などは、加藤が指摘するように仿製三角縁神獣鏡などとの親縁性を示す可能性がある。

現状で資料数が4面前後と少なく、資料間の差異がそれほど大きくないことから、存続期間が短いものとみられる。加藤は氏の旋回式獣像鏡系Ⅲ～Ⅳ型式に並行するものと捉え、加藤の「後期倭鏡」の中でも「後出」する系列と想定している（加藤 2014・2015b）。千葉県鶴巻塚古墳出土鏡（図90-2：17.2 cm）にみられる複合鋸歯文などは旋回式獣像鏡系（加藤のⅣ型式）に属する推定宮

崎県持田 34 号墳出土鏡（17.3 cm）とも共通しており、加藤の見解は首肯されるものと考える。鈴付加事例が愛知・志段味羽根古墳出土鏡でみられ、中型鏡としての本系列の中でも、小型に近い 14.6 cm の鏡への鈴付加事例である。

（11）旋回式獣像鏡系

　森下編年で設定された系列で、次の乳脚文鏡系と並んで「中期後半」の倭製鏡の代表的な一群である。中型・小型鏡を主体としており、前述のように全体で約 140 面が知られている（下垣 2011a・2016b、加藤 2014・2016a）。本系列は、「同一方向を向いて巡る 5、6 体の獣像を基本とし、間に神像などを配するものもある。乳を用いて神獣像間を区分しないのは大きな特徴」と定義され、獣像の間に 3 神を配したもの（1 式）から、1 神のみ（2 式）、神像を省略して獣像のみで空間を残したもの（3 式）、獣像の頭部が失われる（4 式）といった 4 段階の変遷が想定されている（森下 1991）。その後、前述のように上野や加藤らによりさらに検討が行われ、加藤により獣像表現・神像表現・断面形態などの詳細な検討にもとづき型式分類の細分と編年案の再検討が行われた。その結果、大きくはⅠ～Ⅲ型式とⅣ・Ⅴ型式といった変遷として整理されている（加藤 2014・2016a）。製作年代について加藤は、上限を TK208 型式としつつ、TK23・47 型式が主体であること、また一部の最終段階の資料は 6 世紀代に降る可能性を指摘している（加藤 2014・2016a）。

　旋回式獣像鏡系全体の変遷観としては、森下・加藤が示すように、複数の神像を伴うものからＳ字形獣像が頭部を失い胴部状表現が繰り返されるものへという変遷観が妥当であるものと考える。ここでは獣像頭部表現の有無を指標として、森下の 1～3 式・加藤のⅠ～Ⅲ型式を古段階、森下の 4 式・加藤のⅣ・Ⅴ型式を新段階と捉えておきたい。なお 14 cm 以上の「中型鏡」は全体の約 15% 前後であり、他はすべて小型鏡である。新段階にも一部面径が大きな資料が含まれるが（e.g. 宮崎県持田 34 号墳出土鏡：17.4 cm）、中型鏡は古段階資料が主体であり、大半の資料が小型鏡として生産されていることになる。

　旋回式獣像鏡系の外区は鋸鋸波文・鋸鋸文・鋸波文・櫛波文といった変遷を辿り、内区の変遷と対応しているが（森下 1991）、この変遷にのらないイレギ

図 91 宮崎県百塚原出土旋回式獣像鏡系（古段階）

ュラーな資料として、半円方形帯を有する京都府トヅカ古墳出土鏡が挙げられる（図100-2）。加藤はこの資料の特徴が交互式神獣鏡系の奈良県平林古墳出土鏡や隅田八幡神社人物画象鏡などと共通するものと捉えつつ、トヅカ鏡が旋回式獣像鏡系の「Ⅱ型式」段階に位置づけられるという観点から、前述のように旋回式獣像鏡系古相の盛行期（TK23型式）が隅田八幡神社人物画象鏡が示す503年と重なるという年代観を想定した（加藤 2014）。これにより、旋回式獣像鏡系と後述する交互式神獣鏡系の出現時期に「大きな隔たりがない」可能性を想定している（加藤 2014：p.15）。

　この問題について筆者は、当該のトヅカ鏡は旋回式獣像鏡系古段階の文様をもとに、5世紀末〜6世紀初頭前後に復古・模倣した鏡と捉えており（辻田 2016b）、旋回式獣像鏡系の通常の変遷とは切り離して考えることが可能と考えている。これについては交互式神獣鏡系・半円方形帯鏡群の設定と合わせて後述したい。

　旋回式獣像鏡系の祖型については、前述のように同型鏡群の画文帯対置式神獣鏡と中期前半の斜縁四獣鏡B系などに求める見方が提示されている。現状では、奈良県一楽古墳出土鏡（加藤 2016a）や茨城県伝舟塚古墳出土鏡などにおいて、斜縁四獣鏡B系と旋回式獣像鏡系の古段階をつなぐような文様構成が確認されていることから、後者の見方が有力となりつつある（舟塚鏡につい

ては下垣［2016b］も同様の点を指摘している）。また一楽鏡や伝舟塚鏡が三重複線波文を伴う点に加え、乳を伴わない旋回式獣像鏡系の古段階資料に変形鋸波鋸文aが伴う場合があることから（図91）、変形鋸波鋸文a段階に旋回式獣像鏡系の成立が求められる可能性が高い。そして上述のような中間的な資料の存在からみた場合、旋回式獣像鏡系については、実質的な意味で斜縁四獣鏡B系の後継系列と理

図92　静岡県学園内4号墳出土旋回式獣像鏡系（新段階）

解するのが妥当ではないかと考える。また鋸鋸波文で三重複線波文をもつ過渡的な資料として、岡山県大平古墳出土鏡（16.7 cm）がある。内区の空間を突線で充填する表現が火竟銘鏡群などと共通しており、次節で検討する日吉矢上古墳出土鏡群と外区の構成がほぼ一致している。

　旋回式獣像鏡系については、鈴付加事例として33例前後が知られている（図92）。またこのうち古段階資料の中には、伝・群馬県玉村町小泉出土の大型十鈴鏡が含まれており（鏡体部径19.5 cm：図102）、旋回式獣像鏡系にかぎらず、19 cm以上の大型鏡への現状唯一の鈴付加事例として注目される。

(12) 乳脚文鏡系

　本系列も森下編年で設定されたものであり、本書でも森下の成果を参照する。乳脚文鏡系の定義は、「小乳に脚状の線表現と乳を囲むΩ形表現をつけたものを鈕のまわりに巡らす」というもので、a〜eの5つの小系列が設定され

ている（森下 1991）。内区文様に変異幅が少ないことから、外区文様に鋸歯文を用いるか、櫛櫛波文を用いるかという基準によって二分されている（図93-1～3と4）。a系の祖型は前期倭製鏡の捩文鏡系の一種である房文鏡系に求められる可能性が想定されている（同）。a系はb～e系および旋回式獣像鏡系や内行花文鏡髭文系などよりも先行して出現したものと考えられている（図85）。この中には、外区に線描菱雲文をもつ資料（e.g. 京都府青塚古墳・徳島県奥谷古墳出土鏡など）が含まれており（cf. 岩本 2016a）、a系の成立は変形鋸波鋸文b段階に求められる可能性が高い。また茨城県上野古墳出土鏡（図93-2）は、三重複線波文をもつ鋸鋸波文の鈴付加資料であり、次節で検討する日吉矢上古墳出土鏡群との外区の共通性という点でも注目される。

　乳脚文鏡系は、「中期後半～後期」の倭製鏡の中では最も資料数が多く、200面前後が出土している（下垣 2016b）。すべて面径14cm以下の小型鏡であり、このうち約40面で鈴付加事例が確認できる。

（13）交互式神獣鏡系・半円方形帯鏡群

　第1章でもみたように、交互式神獣鏡系は隅田八幡神社人物画象鏡や画文帯仏獣鏡などとの関係をはじめ、6世紀初頭前後の政治動向を考える上で重要な系列として検討が行われてきた。検討の結果、本書では、交互式神獣鏡系について4つの小系列を設定するとともに、交互式神獣鏡系を含めて新たに「半円方形帯鏡群」を設定する。これらについて説明する前に、今一度交互式神獣鏡系をめぐる論点について確認しておきたい。

　森下編年において設定された交互式神獣鏡系は、同型鏡群の画文帯仏獣鏡を原鏡とする一群とされ、神像表現の区別があるもの（1式）からないもの（2式）へといった変遷が想定されるとともに、出土古墳の年代において「2式の主体が六世紀中葉～後葉にあることは確実」という観点から、変遷の主体が6世紀にあるものと想定された（森下 1991）。2002年の論考では、交互式神獣鏡系も含め、後期の倭製鏡生産は「少なくとも後期の前半まで続いていた」という見解に修正されている。その後、本系列の代表例である奈良県平林古墳出土鏡（図94）において内区の空間を充填する十字・角をもつ突起状表現や重弧線文などの文様が隅田八幡神社人物画象鏡（図99）と共通することから、

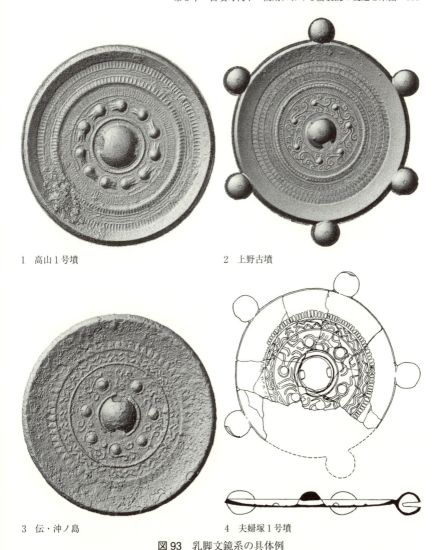

1　高山1号墳　　2　上野古墳　　3　伝・沖ノ島　　4　夫婦塚1号墳

図93　乳脚文鏡系の具体例

両者が同型鏡群を模倣した一連の資料であること、また交互式神獣鏡系の出土古墳が6世紀を主体とすることから、交互式神獣鏡系の成立自体も6世紀初頭前後にあり、この点で隅田八幡神社人物画象鏡の「癸未年」は503年にほぼ限定されることが共通理解となった（車崎1993a・1995、森下1993a・b、福永

図 94　奈良県平林古墳出土交互式神獣鏡 A 系

2005b・2011)。清水康二 (1993・1995) は隅田八幡神社人物画象鏡について小林行雄 (1962) や田中琢 (1979) らと同様に 443 年説を主張しているが、これは清水が交互式神獣鏡系を含めて「倣製画文帯仏獣鏡」を分類・編年した上で、その変遷を前期の内行花文鏡系の年代観 (清水 1994) と重ねた結果、100 年の時期幅をもつとする仮説的前提のもとに提示されたものである。坂靖 (1994) は平林古墳出土鏡の位置づけを考えるに際し、交互式神獣鏡系の分類を行い、複雑な構成が簡略化されるという変遷観を提示している。坂も清水の議論 (1993) を参照しつつ、癸未年を 443 年と捉えている。坂および清水の分類・編年案自体は交互式神獣鏡系および関連資料の型式学的変遷を整理している点で有効である。その後、前述のように加藤が京都府トヅカ古墳出土鏡 (旋回式獣像鏡系の関連資料) と平林鏡などとの類似にもとづき、旋回式獣像鏡系

の盛行期（TK23 型式期）を 503 年と近づける年代観を提示しており、須恵器型式の実年代の問題とともに、交互式神獣鏡系と旋回式獣像鏡系が同時期に出現したのかどうかといった点が問題となっている。交互式神獣鏡系の成立と展開がもつ意義については、分類・編年体系を整理した上で次節にて検討することとし、ここでは交互式神獣鏡系の分類について検討したい。

　以下ではまず、交互式神獣鏡系の分類を行うにあたり、交互式神獣鏡系も含めた資料群の抽出を行いたい。前述のように、中・後期倭製鏡において、半円方形帯を有する資料というのは、交互式神獣鏡系と以下にみる関連鏡群にほぼ限定されている。先に検討した火竟銘鏡群のうち 2 面で「半円形」「方形」がそれぞれ別個に内区の一部に施文されているが、ここでみる半円方形帯を「文様帯」として採用した資料群とは様相が異なることから、別個のものとして扱う。以上をもとに、ここでは「半円方形帯鏡群」として設定する。具体例として、表 10 に示したような、交互式神獣鏡系と、それ以外に、京都府トツカ古墳出土鏡・奈良県額田部狐塚古墳出土鏡・奈良県藤ノ木古墳出土鏡・宮崎県神門神社所蔵鏡、そして隅田八幡神社人物画象鏡などが挙げられる。これらはそれぞれに重要資料であることから後ほど個別に検討を加えるが、「文様帯」としての半円方形帯の採用という点だけでなく、突線文による外区文様や半円方形帯外周の界圏などが共通しており、相互に関連する一群である。筆者は、この半円方形帯鏡群が中期中葉〜後葉の時期に成立した諸系列とは一定の時期差をもちつつ、それらをも参照する形で 6 世紀初頭前後に新たに生み出された一群であると考えている（辻田 2016b）。詳細は次項にて検討する。

　以上のように半円方形帯鏡群を設定した上で、その中の中核的系列として交互式神獣鏡系を位置づける。なお清水（1995）は、交互式神獣鏡系と前述の潜繞獣像鏡系をあわせて「倣製画文帯仏獣鏡」と捉え、その中の別系列として扱っているが、これは上述の額田部狐塚古墳出土鏡が潜繞獣像鏡系の関連資料であるためである。実際は、額田部狐塚鏡以外の潜繞獣像鏡系は交互式神獣鏡系とは直接の関係がないとみられることから、これらについては別系列として扱う。

　以下、交互式神獣鏡系について、外区の構成と内区主像との相関から、4 つの A〜D の小系列に細分する（表 10）。

- 交互式神獣鏡 A 系（図 94・95-1・2）：半円方形帯および外区に突線による文様を伴う立体的な一群で、原鏡としての画文帯仏獣鏡の忠実模倣により製作された平林古墳出土鏡を最古型式とする。
- 交互式神獣鏡 B 系（図 95-3・4）：外区が平面的な一群で、鋸鋸文・複合鋸歯文をもつ。獣像は基本的に同じ方向を向く。
- 交互式神獣鏡 C 系（図 96-1）：鋸鋸文＋界圏を有する一群で、3 面が存在しており、平面的な神像状表現などの内区主像が共通する。このうち静岡県大門大塚古墳出土鏡以外の 2 面の内区主像の共通性については清水（1995）・西岡巧次（2005）によって指摘されており、清水も上記 A 系とは別の小系列として扱っている。
- 交互式神獣鏡 D 系（図 96-2）：文様構成が八神四獣配置で、外区に素文拡大縁部が用いられるなど、A～C 系と異なる特徴をもつ。素文拡大縁部は、断面形態も含めて画文帯仏獣鏡 B の千葉県祇園大塚山古墳出土鏡の拡大外区を模倣・再現した可能性が高いとみられる（清水 1995）。半円の上に珠文が付される特徴は、A 系の奈良県藤ノ木古墳出土鏡でも確認でき、広い意味では A 系の派生系列と位置づけられる。現状は奈良県広陵町疋相西方出土鏡の 1 面のみであるが、内区主像において祇園大塚山鏡の忠実模倣でもなく、文様構成として定型化していることから、本来はこれ以外にも一定の数が生産された可能性が想定される。

以上の 4 つの小系列のうち、A 系の祖型である平林古墳出土鏡は画文帯仏獣鏡 A と B を祖型とするものと考えられてきた（車崎 1995、川西 2004）。また A 系の資料である静岡県宇洞ヶ谷横穴墓出土鏡において、舶載三角縁神獣鏡の笠松文様が参照されていることが指摘されており（加藤 2015b）、画文帯仏獣鏡以外の鏡種も含めて複数の原鏡の文様が参照・合成されているものと考えられる。B 系と C 系は祖型が不確定であるが、原鏡の要素よりも A 系との共通性が高いことから、A 系からの派生系列と考える。D 系も同様に A 系の派生系列とみられるが、祇園大塚山鏡などを直接参照の上で生み出された別系列である。文様構成としては、現在の資料の中では明らかに A 系の平林鏡が最古型式であり、型式変化については森下（1991）、坂（1994）や清水（1995）が指摘するように、神像（仏像）・獣像の省略という点での変遷として説明が

1 高崎市若田町出土　　2 藤ノ木古墳

3 伝・野地　　　　　　4 烏土塚古墳

図 95　交互式神獣鏡 A 系・B 系の具体例

可能である。小型鏡でも頭部を維持している製品が存在するので、頭部が省略された製品は新相を示すと考えることができることから、神像の頭部表現が維持される古段階と、省略された新段階とに区分できる。とはいえ資料数が少なく、全体の製作期間もそれほど長期間にわたる系列と想定することはむずかしいため、系列内での変遷の目安として捉えておきたい。

　同一系列において大型鏡から小型鏡まで広く製作されているのは中・後期倭製鏡の中ではめずらしく、その点でも他の系列とは製作の背景などが異なる可

1　寿命王塚古墳

2　疋相西方

図96　交互式神獣鏡C系・D系

能性が想定される。また本系列の鈴付加事例はA系で1面、C系で1面が確認できる。祖型である平林鏡については、これまでも注目されている隅田八幡神社人物画象鏡との関係なども含め、半円方形帯鏡群の関連資料との関係や編年的位置づけ、実年代などとあわせて次項にてあらためて検討する。

（14）小　結

　以上、森下章司の系列分類・編年案（1991・1993b・2002）をもとに、一部修正を加えつつ系列案を提示してきた。ここで系列として扱ったもの以外にも多数の資料が存在しており、下垣は、中期前半に「S字文鏡系」「中期型神獣鏡」「中期型獣像鏡」、中期後半～後期に「後期型神獣鏡」「後期型神像鏡Ⅱ系」などを設定している。以下では本項で扱ってきた系列を中心に検討することとし、それ以外の個別資料の位置づけについては今後の課題としておきたい。

3. 中・後期倭製鏡の編年と中・後期古墳の編年基準

(1) 出土古墳の年代からみた各系列の年代観と併行関係

　ここでは、前項での系列分類をふまえ、出土古墳の年代および各系列における単位文様の共有といった観点から、系列間の併行関係について検討する。
　まず斜縁四獣鏡Ｂ系で確実に時期が判明しているのは、山口県赤妻古墳、京都府久津川車塚古墳、大阪府珠金塚古墳などが挙げられ、いずれも中期前半代に位置づけられる。
　珠文鏡・充塡文系については、変形鋸波鋸文ｂの線描菱雲文という点も含めて、奈良県五條猫塚古墳出土鏡（図86-3）が指標となり、須恵器の「ON46型式」前後とされる（岩本 2016a）。猫塚古墳は埴輪の年代からも大阪府大仙陵古墳と同時期と位置づけられており（加藤 2016b）、従来「ON46型式」とされてきた同型鏡群の舶載年代という点も含め、中期古墳の編年を考える上でも基準資料となる。この猫塚古墳出土鏡を定点として、変形鋸波鋸文ａ・ｂをもつ多重複波文鏡群・線描菱雲文鏡群の上限年代も、このON46〜TK208型式前後とみることができる。これに該当するのは、火竟銘鏡群・四神四獣鏡系・潜繞獣像鏡系の一部などである。乳脚文鏡系においても、線描菱雲文をもつ資料の存在から、初現期の一点をこの段階に求めることができよう。また内区に乳を配するのは、潜繞獣像鏡系の新相資料および後期の交互式神獣鏡系などを除くと、基本的にこの段階までの資料が主体である。
　旋回式獣像鏡系をはじめとした外区で主体的にみられる鋸鋸波文は、変形鋸波鋸文ａ・ｂに後続する年代として、基本的にTK23型式以降とみることができるが（森下 1991・1993b）、鋸鋸波文でも後述する日吉矢上鏡群や茨城県上野古墳出土乳脚文鏡系（図93-2）などのように三重複線波文をもつものについては、TK208型式段階まで遡る可能性を考えておきたい。多状文縁神像鏡系は先の検討からTK23〜TK47型式前後に位置づけられる。
　交互式神獣鏡系を含む半円方形帯鏡群については、出土古墳の多くが６世紀代であり、また隅田八幡神社人物画象鏡の「癸未年」についても後述するように503年の可能性が高いと筆者は考えており、６世紀初頭前後が成立の指標と

なるものとみられる。須恵器の型式でいえばMT15型式前後が主体といえる。この中で、前述のように問題となっているのが、京都府トヅカ古墳出土鏡である。この資料も含めて、次項では「多重複波文鏡群」と「半円方形帯鏡群」の資料を中心に、系列間の併行関係を考える上で重要な個別資料の位置づけについて検討した上で、これらの系列について編年案を提示したい。

（2）「多重複波文鏡群」個別資料の編年的位置づけと系列間の関係

神奈川県吾妻坂古墳出土四獣鏡　面径19.1 cm（図97-1）。内区に4つの乳を伴う4体の獣像を配する四獣鏡であり、内区主像自体は斜縁四獣鏡B系に系譜を辿ることができる。外区の内側は界圏状に突出し、三重複線波文を伴う変形鋸波鋸文aをもつ。さらに外側にもう1帯の文様帯を付加し、その中に線描菱雲文を配する。報告した村松洋介および林正憲は前期末〜中期前半の資料として位置づけているが（村松 2004、林 2004）、いわば変形鋸波鋸文aとbの複合と外区の拡大により面径を大型化したもので、火竟銘鏡群などと同じく中期中葉前後の所産とみられる。なおこの通常の外区の外側にもう1帯の文様帯＋外縁部を付加して面径を拡大するという発想は、同型鏡群の画文帯仏獣鏡Bにおける祇園大塚山鏡や旧ベルリン鏡などと共通するとともに、従来の倭製鏡の中ではみられないものであり、同型鏡群から着想を得た可能性も想定されよう。

栃木県雀宮牛塚古墳出土八獣鏡　面径16.9 cm（図97-2）。外区内側の鋸歯文がやや突出し、その外側に数ヶ所に入組文を伴う平行突線、三重複線波文、鋸歯文という外区構成（変形鋸波鋸文a）をもつ。内区には、4つの乳とそれを繞る4体の獣像、そしてその間に斜縁四獣鏡B系や旋回式獣像鏡系などにみられるS字形の胴部と横向きで嘴を伴う頭部をもった右向きの獣像を4体配している。乳を繞る獣像の向きが左右で向き合う形であり、森下は「同向式神獣鏡B系」と位置づけている（森下 2002）。現状では変形鋸波鋸文a段階に製作されたと想定される倭製鏡の中で、同型鏡群の画文帯同向式神獣鏡Cや画文帯仏獣鏡A・B（あるいは前期倭製鏡の同向式神獣鏡系）などの構図に近い資料であり、斜縁四獣鏡B系の獣像などと組み合わせて創出されたものとみられる。

大阪府郡川西塚古墳出土四獣鏡 21.2 cm（図88-2）。4つの乳を配した四獣鏡で、四重複線波文の変形鋸波鋸文をもつ。頭部表現が前期倭製鏡のいわゆる鼉龍鏡系に連なる一群の頭部を引き写しており、この点で前期倭製鏡を原鏡として参照しているものと想定される。胴部表現はS字状に近く、旋回式獣像鏡系の祖型と目される奈良県一楽古墳出土鏡などとも共通する。本鏡で注目されるのは乳の下にみられる小ぶりの獣像表現で、乳の下に潜り繞る形で頭部が認められることから、潜繞獣像鏡系やその祖型となった鼉龍鏡系などとのつながりも想定される。

他に多重複波文鏡群の関連資料としては、熊本県井寺古墳出土とされる、前述の潜繞獣像鏡系の項で言及した千葉県牛久石奈坂1号墳出土鏡と同様の、三重複線波文を伴う鼉龍鏡系の類似資料がある。(2) 現状で三重

1　吾妻坂古墳

2　雀宮牛塚古墳

図97　多重複波文鏡群の具体例

複線波文と半円方形帯が共存するのは本例のみに限られており、牛久石奈坂鏡とともに潜繞獣像鏡の祖型である可能性があることから、以下で検討する半円方形帯鏡群とは別の例外的事例と考えている。

熊本県鞍掛塚古墳出土四乳渦文鏡（図88-3）は、4つの乳の間に2個ずつの小乳を4カ所配し、空間を重弧文で充填するものであるが、これについては、乳の配置および全体の構図という点では、同型鏡群の画文帯同向式神獣鏡Cや画文帯仏獣鏡A・Bなどの乳・文様の配置と共通しており、それらの構図のみを引き写した資料の可能性も想定される（辻田 2016b）。

福岡県飯塚市頭割古墳出土細線式渦文鏡（図88-4）は、三重複線波文の変形鋸波鋸文aをもつ16.8 cmの中型鏡であるが、全体を突線の渦文状表現で充填する点で異例である。報告した小田富士雄は、「本来細線式獣帯文で空所を渦状文で埋めていたものから変形したのではないかと思われるふしがあるが、すでに原形をたどるのはむずかしい」と述べている（小田 1981）。もし本鏡が細線式獣帯鏡を原鏡とするものであれば、前期倭製鏡の細線式獣帯鏡系とともに同型鏡群の細線式獣帯鏡なども具体的な原鏡候補として想定される点で重要な資料である。

なお本鏡と関連して、福岡県嘉麻市かって塚古墳出土方格T字文鏡（11.7 cm）は、従来魏晋鏡などの一種と考えられることもある資料であるが、三重複線波文をもっており、鈕が半球状でなく段を伴う方形状を呈する点も含めて異例である。上記の細線式渦文鏡と同様に、魏晋の方格T字鏡などを原鏡としながら、多重複波文鏡群における試作品として製作された可能性もある。参考資料として付記しておきたい。

以上のように、多重複波文鏡群については、全体からすれば少数であるものの、一部で同型鏡群を原鏡とした可能性がある資料が含まれる点が注目される。

（3）「半円方形帯鏡群」個別資料の編集的位置づけと系列間の関係

奈良県藤ノ木古墳出土五獣鏡　16.7 cm（図98-1）。藤ノ木古墳からは、もう1面交互式神獣鏡A系の資料（図95-3：16 cm）が出土しているが、本鏡も交互式神獣鏡系そのものではないものの、その関連資料とみられる。文様構成

1 藤ノ木古墳　　　　　2 南大塚古墳
図98　半円方形帯鏡群関連資料①

は、内区に右向きの獣像表現を5体配し、その間に5個の頭部状表現をおく。内区外周に12区分の半円方形帯と界圏、さらにその外側に鳥文を模倣した画文帯と菱雲文が描かれる。半円方形帯のみならず、画文帯と菱雲文を併せもつ点で稀少な事例である。内区は前述の雀宮牛塚鏡などとも類似するが、五獣鏡でかつ半円方形帯を備える点で、旋回式獣像鏡系以後の資料とみられる。

　本鏡について、森下（2002）や下垣（2016b）は同型鏡群を原鏡候補として想定している。筆者も同型鏡群の画文帯神獣鏡諸鏡種を候補と考えるが、あわせて、上述のように外区に画文帯と菱雲文帯の双方を併せもつ点で、夔龍鏡系や対置神獣文鏡系などの前期倭製鏡も候補に含まれるものと想定する。内区主像は斜縁四獣鏡B系や旋回式獣像鏡系などから借用し、それらを複合して創出されたものと考える。

　愛知県南大塚古墳出土二神四獣鏡　14.4 cm（図98-2）。本鏡について、森下（2002）は「同向式神獣鏡B系」として扱い、また下垣は「中期型神獣鏡」と位置づけている。本章では、半円方形帯をもつこと自体に加え、不規則な乳配置と、方形文において全体を上下に突線で2分割し、それぞれを縦方向の突線で埋める表現が、交互式神獣鏡A系の群馬県若田古墳出土鏡などでもみられることから、交互式神獣鏡系の関連資料として半円方形帯鏡群の中に位置づけ

た。内区主像は4つの乳とそれを繞る獣像が配され、その間に2体の不整形で立像状の神像状表現が描かれる。獣像頭部は前期の罼龍鏡系にも類似する。4体の獣像のうち、隣接する一方の2体が右向き、もう一方の2体は左向き（時計回りに、右・右・左・[神]・左・[神]）に配置される点でもイレギュラーである。また外区の最外周には突線により菱雲文を描くが、変形鋸波鋸文bの線描菱雲文とは異なり、外側に鋸歯文や素文縁部を伴わない。祖型の推定は困難であるが、現状では、交互式神獣鏡系と同時期に、前期倭製鏡や同型鏡群などを参照して製作されたものと考えておきたい。

図99　隅田八幡神社人物画象鏡

また奈良県田原本町八尾出土二神二獣鏡（東博J9828）も、内区の省略が進んだ二神二獣配置とみられ、外区の画文帯の突線表現などから交互式神獣鏡系A系の関連資料と位置づけられる。面径19cmの大型鏡である。

隅田八幡神社人物画象鏡・奈良県平林古墳出土鏡（交互式神獣鏡A系）　ここでは、従来隅田八幡神社人物画象鏡について、年代を考える上で相互に密接な関係のある資料として扱われてきた、奈良県平林古墳出土鏡（図94）とあわせて検討を行う。隅田八幡鏡（図99）は19.9cm、平林鏡は21.6cmで、いずれも後期を代表する大型倭製鏡である。隅田八幡鏡は特に銘文の内容について長い学史があり論点も多岐にわたるが、ここでは冒頭の銘字が「癸未年八月」である点のみ確認し、考古学的・技術論的観点での倭製鏡生産という問題に絞って検討する。銘文の内容を含めた意義については第5章で検討したい。

隅田八幡鏡については、原鏡が同型鏡群の神人歌舞画象鏡であること、半円方形帯を有しており、交互式神獣鏡系の平林鏡と系譜が同一であることなどが

これまで注目されてきた。車崎正彦は、平林鏡の祖型を面径や界圏の一致という点から画文帯仏獣鏡Aと捉え、半円方形帯の類似性などから両鏡が同一製作者によるものである可能性も想定した上で、癸未年を503年と論じた（車崎1993a・1995）。前述のように、清水（1995）は製作年代の時期幅という観点から443年説を採っているが、両鏡の関連性の認識という点では共通する。川西宏幸は、平林鏡の祖型について、「仏獣鏡Aから寸法を、仏獣鏡Bから図文をそれぞれ借用している」ことを指摘し、製作にあたって画文帯仏獣鏡の2者が手元でともに参照された「直模鏡」であることを論じている。あわせて、隅田八幡鏡も面径や同心円径が神人歌舞画象鏡と一致する点で「直模鏡」であることを指摘し、かつ隅田八幡鏡の半円方形帯と内区の間隙を「短弧線文」で満たすのは画文帯仏獣鏡Bに限られるとし、隅田八幡鏡の祖型を神人歌舞画象鏡と画文帯仏獣鏡Bに求めた。この結果として、「作者が同一人であるとまではいえないとしても、作鏡工房が同じであった可能性は大いに考えられる」こと、また「直模二鏡はともに、同型鏡の模作に踏み切った頃の製品である」と論じ、癸未年も503年という結論に至っている（川西 2004：pp.139-141）。

両鏡の共通性としては、川西が挙げた「短弧線文」（重弧線文）や、乳配置の不規則性などが注目されており、福永伸哉は、こうした特徴と銘文の内容から、隅田八幡鏡を銅鏡製作に不慣れな百済工人の手による可能性を想定している（福永 2011）。岡村秀典は、韓国・武寧王陵から同型鏡が出土しており、また岡村が南朝鏡のC類とする画文帯仏獣鏡を「南朝から百済をへて倭にもたらされたと考えられる」とする観点から、「武寧王が忍坂宮のフト（継体）王」のためにつくったと考える百済製説〔山尾一九八三〕も一考に値しよう」と論じている（岡村 2011a）。

このように、503年に同型鏡群を直接の原鏡として製作されたという点では共通理解が形成されている一方で、製作者・製作工人や製作地についていくつか異なる意見が提示されているといえる。

また前述のように、加藤（2014）は、平林鏡・隅田八幡鏡と後述するトヅカ古墳出土鏡（図100-2）が同時期の所産であると捉え、旋回式獣像鏡系と交互式神獣鏡系・隅田八幡鏡が503年頃にそれほど時間差をもたずに製作されたとみている。加藤の指摘で注目されるのは、この3鏡をつなぐ特徴として、従来

指摘されたもの以外に、「内区に施された十字をもつ多数の乳状突起」を挙げている点である。加藤はこれがトツカ鏡や旋回式獣像鏡系の獣像頭部にみられることを論拠として挙げている。またこれらの3鏡においては、通常みられる長方形鈕孔ではない点を指摘している点も注意される。

3鏡の共通性の深さと、同型鏡群を原鏡として生み出されたとする点、そしてそれをふまえて「癸未年」を503年と理解する点については、上述の先行研究でほぼ論が尽くされているということができる。ここでは筆者自身による両鏡の観察結果をふまえ、意見が分かれている製作工人や系譜の問題について、技術的な観点から若干私見を述べておきたい。

まず交互式神獣鏡A系の最古型式とみられる平林鏡について検討する。図94は平林鏡の三次元図である（奈良県立橿原考古学研究所編 2005）。原鏡との対応という観点でいえば、右側が第2章で示した画文帯仏獣鏡の上側に対応しており、いわばこの位置から時計回りに90度回転させたものである。これは、乳の配置が全体の4等分でなく、結果的にこの向き（もしくは上下逆）が神像・獣像の配置としてバランスが取れていることとも関係しており、平林鏡の製作に際しては、図94のようにいずれかの坐像を天・地とする形で全体がレイアウトされ、最終的に4つの乳が台形もしくは逆台形の配置となるような形で施文が行われたものと想定される。

図94の右側を上として画文帯仏獣鏡A・Bと対比した場合、内区の光背を伴う仏像表現や、上側に位置する立像の足下に配された獣像頭部、また画文帯の位置関係などに関しては、画文帯仏獣鏡A・Bのいずれとも概ね共通する（これは画文帯仏獣鏡A・Bの類似度の高さに起因する）。また川西が指摘するように、画文帯仏獣鏡Bの画文帯にみられる車駕部分の結跏趺坐像が忠実に再現されている点が注目される（図94右側矢印、川西 2004：p.139）。左側の坐像の裾部には蓮枝文などがみられ、中・後期倭製鏡においては異例の忠実模倣である。右側の坐像の裾部には棒状の表現がみられるが、これに該当するような儀仗状表現は画文帯仏獣鏡BやAでは認められず、原鏡の立像の長く伸びた衣や、加藤（2015b）が指摘するような三角縁神獣鏡の傘松文様などを表現したものである可能性もある。

先に挙げた交互式神獣鏡A系の諸例は、立像と坐像が省略されつつ変遷す

るものであり、従来指摘されているように、基本的に平林鏡を祖型としつつ、必要に応じて三角縁神獣鏡などの別の鏡種を参照（加藤 2015b）したものとみられる。

　隅田八幡鏡については、神人歌舞画象鏡であるため内区主像の表現は平林鏡とは異なるものの、特に半円部外側斜面の鋸歯文がほぼ同一であり、内区の重弧線文などとあわせて、両者の共通性の高さがあらためて確認できる。

　また加藤が指摘した鈕孔形態についても、筆者自身がこれまで観察した資料にもとづくかぎり、実際に中期中葉～後葉の資料に特徴的な角をしっかりもった長方形鈕孔とは異なり、半円形状の鈕孔を有するものが半円方形帯鏡群には含まれている。平林鏡の鈕孔は幅 8.5 mm・高さ 7 mm の半円形である（図 3-6）。ただし、これらの半円形状の鈕孔は、交互式神獣鏡 C 系とした福岡県王塚古墳出土鏡など、通常の旋回式獣像鏡系と同様の長方形鈕孔をもつものと共存しており、従来の製作技術の系譜とまったく異なる、あるいは排他的なものとは考えにくい。またこれは、内区を充塡する特徴的な文様として注目されている重弧線文についても該当する問題である。この重弧線文は平林・隅田八幡・トヅカ鏡の 3 鏡だけにみられるものではなく、たとえば旋回式獣像鏡系の最古相の製品（加藤 I 型式）とされる千葉県金鈴塚古墳出土鏡や、新段階（加藤 IV 型式）の兵庫県鬼神山古墳出土鏡（13.2 cm）などでも認められる文様であり、いわば「中期後半」の倭製鏡の初期段階から旋回式獣像鏡系の新段階まで長期間にわたり存続している「伝統的」な文様であることから、3 鏡の文様もそうした中期後半以降の倭製鏡生産の延長上といった脈絡で理解することができる。加藤（2014）の論考では、このことは旋回式獣像鏡系の古相資料が交互式神獣鏡系や隅田八幡鏡などと同時期であることを示す証拠であるとされたが、筆者はこの重弧線文の使用・存続幅自体が長いことに起因するもので、旋回式獣像鏡系と交互式神獣鏡系それぞれの出現年代は、従来から指摘されているように時期差があるものと考える。

　以上から、製作技術という観点において、交互式神獣鏡系・隅田八幡神社人物画象鏡・トヅカ古墳出土鏡が相互に密接な関係にあることが再確認できる。そして製作地や製作工人の系譜の問題についても、上述のような鈕孔形態・細部の文様・製作技術という点から、筆者はこれらの 3 鏡は中期以来の列島にお

1　額田部狐塚古墳

2　トヅカ古墳

図100　半円方形帯鏡群関連資料②

ける倭製鏡生産体制において製作された製品群であると考える。同型鏡群の「直模鏡」である点や隅田八幡鏡の銘文の内容を含め、製作契機や発注元がどのようなものであったかはまた別の問題であるが、技術系譜として中期後半以降の倭製鏡生産の脈絡で理解可能であることを確認しておきたい。

奈良県額田部狐塚古墳出土二神三獣鏡　18.3 cm（図100-1）。本鏡について、森下（2002）は同型鏡群の神獣鏡を模倣した製品と捉え、下垣（2016b）は「後期型神獣鏡」としている。清水（1995）は前述のように「倣製画文帯仏獣鏡」の1種として、筆者が潜繞獣像鏡系とした保子里鏡・大畠鏡とともに小系列として位置づけ、平林鏡から派生したとした。この清水の見解のうち、平林鏡と本鏡が関連する点については異論はないのであるが、保子里鏡・大畠鏡を額田部狐塚鏡の後出製品とみる点について意見が相違する。結論から先に述べるならば、額田部狐塚鏡は、時期的に先行する潜繞獣像鏡系の製品を原鏡の1つとしながら、平林鏡などが製作された時期に復古再生された製品であると考

える。以下具体的に検討する。

　額田部狐塚鏡は、内区外周に半円方形帯・界圏、外区に複線波文と突線流雲文をもつもので、清水が指摘するように、平林古墳出土鏡との共通性が高い。内区について仔細に観察すると、不規則に配された4つの乳があり、このうちの3つの乳の周囲に潜繞獣像鏡系と同様の獣像が右向きで3体配される。ただし潜繞獣像鏡系の獣像頭部・胴部表現に加え前肢と後肢を突線で明瞭に描いているという特徴がある。そしてもう1つの乳の左右に神像を配し、両者の間には潜繞獣像鏡系でみられた「巨」を挿入している。この2体の神像表現は、袂が左右に広がる形状であり、画文帯仏獣鏡の結跏趺坐表現を祖型とする可能性もあるが、他の交互式神獣鏡系の神像状表現には同一と呼べるものはみられない。多状文縁神像鏡系の神像表現（あるいはさらにその祖型）など他の鏡種に祖型が求められる可能性もあるが現状では確定できない。いずれにしても、平林古墳出土鏡などと同時期に、それらと密接な関連をもちつつ、潜繞獣像鏡系などの先行する時期の倭製鏡なども参照しながら創出された鏡であるとみられる。系列を形成するかは現状では不明である。

　京都府トヅカ古墳出土四獣鏡　16.2 cm（図100-2）。本章で繰り返し言及してきた資料であり、加藤は旋回式獣像鏡系Ⅱ型式と位置づけている（加藤2014）。これに対し筆者は、上述の額田部狐塚鏡と同様に、先行する時期の旋回式獣像鏡系（古段階）を原鏡の1つとしながら、平林古墳出土鏡などの交互式神獣鏡系が製作された時期に復古再生された資料であると考える（辻田2016b）。以下具体的に理由を説明する。

　本鏡で特徴的なのは、内区外周の半円方形帯と外区の突線による連雲文である。これらは加藤も指摘するように平林鏡や額田部狐塚鏡と共通する特徴といえるが、他方でここまでもみてきたように、旋回式獣像鏡系においてこのような半円方形帯を伴うのは現状では本鏡にほぼ限定される。また内区主像は頭部表現を伴う獣像であるが、通常の旋回式獣像鏡系Ⅱ型式の資料と比べて胴体部分がやや誇張されており、バランスが異なっている。また間に台形状に描かれた神像状表現と思しき文様がみられ、前期倭製鏡の画象鏡系の一部（例：滋賀県天王山古墳出土鏡、現大英博物館所蔵・推定沖ノ島遺跡出土鏡［花田1999a］など）で同様の文様を確認できるが、あわせて交互式神獣鏡A・B・

D系の神像状表現とも類似しており、他の構成要素も含めてひとまず後者の可能性を想定しておくのが穏当かと思われる。

　以上から、筆者はトヅカ古墳出土鏡については、「旋回式獣像鏡系の古段階の鏡を原鏡として、交互式神獣鏡系が製作された頃に復古再生された鏡」と考える。トヅカ古墳では、金銅装のf字形鏡板付轡と剣菱形杏葉が出土しており、後者は田中由理（2005）のⅠB2式とされる。類例として福岡県番塚古墳や同櫨山古墳〔横穴〕出土資料などが挙げられ、TK47～MT15型式の副葬事例とみられる（桃崎 2015）。トヅカ古墳出土鏡についても、TK47型式末前後の製作とみた場合、平林古墳出土鏡や隅田八幡神社人物画象鏡との類似性から、TK47型式末が503年前後に近接すると想定することが可能となる。このように位置づけることにより、加藤のように旋回式獣像鏡系のⅡ型式（TK23型式）を503年と接続することなく、むしろTK47型式末前後を500年前後と捉えることによって、TK23型式を5世紀第3四半期・TK47型式を5世紀第4四半期～6世紀初頭とする従来の一般的な年代観（e.g. 森下 1991）とある程度整合的に位置づけることができるものと考える。須恵器や馬具の年代観として6世紀初頭がTK47型式後半～末に含まれるとする考え方（e.g. 白井克 2003）とも接合可能であり、結果として、従来森下編年（1991・1993b・2002）や車崎正彦（1993a・1995）らによって想定されているように、旋回式獣像鏡系の古段階（TK208～TK23型式）と交互式神獣鏡系の出現との間には、実年代も含めて一定の時期差があると考えることができる。

　宮崎県神門神社所蔵・四神四獣鏡　21.1 cm。神門神社所蔵鏡の中には、確実に中・後期倭製鏡とみられる資料が3面含まれている（奈良文化財研究所飛鳥資料館 2002）。そのうちの1面が、図101に示した四神四獣鏡である。半円方形帯の突線表現やゆるく曲線的な二重複線波文の表現が交互式神獣鏡A系（平林鏡、宇洞ヶ谷鏡、額田部狐塚鏡など）や隅田八幡神社人物画象鏡などと共通しており、半円方形帯鏡群の一種である。界圏の外側には緩やかな二重複線波文（部分的に三重になっている）があり、その外側には獣文帯がめぐり、小ぶりの三角縁が付される。鈕孔は長方形である。内区主像は乳を伴わない四神四獣配置であるが、1カ所だけ左上の獣像と左側の神像の間に痕跡的に乳状の突起が表現される。4体の神像がいずれも異なる表現であり、また前述の四神四

獣鏡系のように獣像が同じ向きでなく、上下の神像を挟んで向き合う形で配列されており、系譜・原鏡が異なるものとみられる。また左側の神像表現の右脇に棒状の表現があり、先端が三角縁神獣鏡の傘松文様に類似する。獣像が神像を挟んで向き合う四神四獣配置という点では、同型鏡群の画文帯対置式神獣鏡などが想起されるが、上記の傘松文様に似た棒状表現の存在か

図101 宮崎県神門神社所蔵四神四獣鏡

らは、舶載三角縁神獣鏡の表現②（配置F1：目録番号68〜71・74・75・77）などを原鏡候補の1つとして挙げることができる。縁部が三角縁である点もこうした点に関わる可能性がある。ただしその場合も、神像表現・獣像表現の違いや半円方形帯・画文帯の存在といった点で、三角縁神獣鏡の忠実模倣ではなく、画文帯仏獣鏡などの他の原鏡の要素を参照して複合したものと考えるのが妥当であろう。神像表現はこれらの半円方形帯鏡群の中でも変異幅が大きく、厳密に原鏡を特定することは困難であることから、上記の複数の原鏡を想定しておきたい。本鏡は、平林鏡や王塚鏡などの交互式神獣鏡系とともに、半円方形帯鏡群の大型鏡という点で重要な位置を占める資料である。

　神門神社所蔵鏡の3面の中・後期倭製鏡のうち、1面は半円方形帯鏡群の小型鏡（10.3 cm）、もう1面は乳脚文鏡（7.4 mm）である。前者は平面的な内区外周に半円方形帯を描く点で、交互式神獣鏡B系の伝・宮崎県野地出土鏡（図95-3）と共通する。内区は突線による四脚文を伴う4つの乳の間に簡略化された一神二獣像を配すもので、外区にまばらな櫛歯文を配しており、交互式神獣鏡系の新段階に併行するとみられる。

表12 中・後期倭製鏡の編年

群	系列名				
多重複波文鏡群	斜縁四獣鏡B系	───────			
	珠文鏡列状系	───────			
	珠文鏡充塡文系		────────		········
	火竟銘鏡群		───		
	潜繞獣像鏡系		··········		
線描菱雲文鏡群	四神四獣鏡系	·····			
	内行花文鏡髭文系		············		
	旋回式獣像鏡系		············		
	乳脚文鏡系		───		
	多状文縁神像鏡系			────	
半円方形帯鏡群	交互式神獣鏡A系				───
	交互式神獣鏡B系				─────
	交互式神獣鏡C系				─────
	交互式神獣鏡D系				─────
					（隅田八幡神社人物画象鏡）
外区文様・内区外周		斜縁鋸波鋸文	変形鋸波鋸文a・b（多重複線波文・線描菱雲文）	鋸鋸波文 鋸波文・櫛波文	突線流雲文 半円方形帯
須恵器編年		-TK216	ON46-TK208	TK23-TK47	TK47末-MT15・TK10
時期区分		中期前葉	中期中葉	中期後葉	中期末〜後期前半
中・後期倭製鏡編年		1期	2期	3期	4期

（4）中・後期倭製鏡の編年：変遷と画期

　以上の検討結果をふまえ、ここで中・後期倭製鏡の変遷について整理し、編年案として提示したい。

　ここまで繰り返し述べてきたように、本章で検討してきた中・後期倭製鏡の系列分類と変遷観は森下編年を基礎とした形での部分的な修正案である。特に外区文様の編年基準を継承しつつ、各系列の出現と展開について整理したものが表12である。ここでは、中・後期倭製鏡を大きく1期〜4期に区分する。森下が指摘した「中期後半」の画期の重要性と意義を認識しつつ、系列の変遷における連続的な側面という観点から、「中・後期倭製鏡」として一連の変遷として捉え直している点が特徴である。

　1期は斜縁鋸波鋸文の外区で特徴づけられ、代表的な系列として斜縁四獣鏡B系と珠文鏡系が挙げられる。斜縁神獣鏡B系については系列として存在するか不明であり、前期倭製鏡の生産が再編され、生産面数や生産体制の規模も

第 3 章　古墳時代中・後期における倭製鏡の変遷と系譜　355

大きく縮小したとみられる時期である。中期前葉を中心とする。

　2期は変形鋸波鋸文a・bの外区によって特徴づけられる時期であり、須恵器のON46型式～TK208型式前後の中期中葉にあたる。代表的な系列として四神四獣鏡系・火竟銘鏡群・潜繞獣像鏡系・内行花文鏡髭文系・乳脚文鏡系・珠文鏡充填文系などが挙げられる。大きくは多重複波文鏡群と線描菱雲文鏡群の成立時期であるとともに、この2期にほぼ限定される短期的な製品群の生産時期である。またこの時期には鈴付加事例が出現しており、次節で検討する大型鏡の生産という点においても、中・後期倭製鏡生産における第1の画期である。あわせて前述のように、旋回式獣像鏡系は実質的に斜縁四獣鏡B系の後継系列として、この時期に成立が遡り、連続的に理解できる可能性がある。

　3期は変形鋸波鋸文から鋸鋸波文が生み出され、定着する時期であり、須恵器のTK23～47型式段階の中期後葉を主体とする。2期に出現した系列の多くは2期において短期的に終了し、その中で旋回式獣像鏡系・乳脚文鏡系、そして珠文鏡系といった、主として小型鏡の生産およびそれらにおける鈴付加鏡の製作に収斂した時期である。この時期は、新たな系列の創出はあまり行われず、既存の一部の系列への集約化とその大量生産という点が特徴である。

　4期は3期の各系列の変遷が終了しつつある時期において、新たに半円方形帯鏡群が製作される時期であり、交互式神獣鏡系や隅田八幡神社人物画象鏡といった、同型鏡群を原鏡とした「直模鏡」の製作という点で特徴づけられる。半円方形帯と突線による特殊な外区文様を主体とする。TK47型式末～MT15・TK10型式期（中期末～後期前半）を中心とするとみられ、上述の額田部狐塚鏡・トヅカ鏡のように、先行する3期以前の倭製鏡を参照して復古再生した製品の製作も行われている。大型鏡生産と新たな系列の創出という点で、中・後期倭製鏡生産における第2の大きな画期ということができる。そしてこのTK47型式末と4期の開始年代については、隅田八幡神社人物画象鏡の「癸未年」から503年前後、あるいは6世紀初頭前後という実年代の定点が得られる。

　なお倭製鏡生産という点では、中期の主立った系列の生産は3期までに終了している可能性が高く、4期は新たに半円方形帯鏡群が生産されたという点によって特徴づけられる。後期古墳から出土する倭製鏡の多くは3期までの系列

の製品であり（旋回式獣像鏡系・乳脚文鏡系・珠文鏡系など）、半円方形帯鏡群・交互式神獣鏡系以外の中期以来の系列において、新たな型式が活発に、あるいは大量に生産されたような形跡は読み取れない。岩本（2014a）は珠文鏡充塡文系の生産が後期後半まで継続した可能性を指摘しているが、そうであるとした場合も、森下（2002）が指摘するように、他の系列の生産は概ね後期前半までには終了していた可能性が高いものと想定する。この点で、生産面数という点での生産のピークは3期にあったものとみられ、先に表11で挙げた約400面の資料の大半がこの3期に生産されたものと考えることができる。

　先行研究と対比するならば、本編年案は、森下の編年案のうち「中期後半〜後期の倭鏡」を大きく2期〜4期に細分し、系列分類の一部とともに「2期」と「4期」の画期と年代的位置づけを捉えなおしたものということができる。2つの画期の意義については次節にてあらためて検討したい。

（5）鈴付加鏡の成立・展開と中・後期倭製鏡の製作地

　本章で鈴付加鏡として扱ってきたいわゆる「鈴鏡」については、前述のように全体で約140例が知られる（下垣 2016b）。これまで最古段階の資料として、東京都御岳山古墳出土鏡などが挙げられてきた（川西 2004）。内行花文鏡髭文系（13.3 cm）に七鈴を付したものであり、古墳の年代観からTK208型式前後とされる。この他、三重複線波文をもつ初期の資料として、同じく七鈴を付加した潜繞獣像鏡系の兵庫県宝地山2号墳出土鏡（図90-1：16.3 cm）、六鈴を付加した乳脚文鏡系の茨城県上野古墳出土鏡などが挙げられ、TK208型式段階まで遡るものと想定される。以上から、鈴付加事例の成立時期は、本章編年2期段階に求められる。桃崎祐輔による鋳銅製五鈴杏葉の検討では、福岡県セスドノ古墳出土事例を最古型式として、TK208型式前後に位置づけている（桃崎 2011）。この時期の資料数は少ないが、現状で鋳銅製鈴付馬具の出現年代とはある程度重なるとみてよいものと考える。

　倭製鏡における鈴付加事例は、つづく3期（TK23〜TK47型式）で生産のピークを迎え、これも鈴付馬具の生産と概ね連動しているとみられる。大型鏡への鈴付加事例は前述の伝・群馬県玉村町小泉の旋回式獣像鏡系1面（19.5 cm：図102）のみで、14 cm以上の中型鏡も4面ほどしかなく、他は旋回式

獣像鏡系の小型鏡および乳脚文鏡系の小型鏡などに集中している。3期の倭製鏡生産はこの2つの系列が主体であることから、その中で鈴付加鏡の生産が一定の比重を占めて行われた時期と考えることができる。以上から、鈴付加鏡が小型鏡を主体とすることがあらためて明らかとなった。取り回しのよさといった機能性が重視されたものとみられ、大型鏡とは使用方法や付与された意味が異なる場合が多かったものと想定される。

図102　十鈴付加・旋回式獣像鏡系

　これに対し、4期の半円方形帯鏡群では、交互式神獣鏡A系古相の五島美術館蔵鏡（面径10.9cm）とC系古相の出土地不明鏡（面径不明）で鈴付加資料が知られているのみであることから、4期でも早い段階で鈴付加鏡の生産は終了したものとみられる。6世紀段階でも鈴付加資料の副葬例が多数知られているが（岡田 2003）、各系列の文様からも鈴付加鏡の生産の中心は上述の3期とみられ、製作地での保管およびそれ以後の流通・保有が長期にわたった事例が多かったものと考えることができる。

　以上のような中・後期倭製鏡の系列の変遷は相互に密接に関連しており、また技術的にも継続的な変遷がみられることから、製作地が分散していた可能性は低く、前期と同様に、近畿地域において集約的な生産が行われたものとみられる。この場合も、原鏡としての同型鏡群や前期倭製鏡・三角縁神獣鏡などの管理・継承や参照可能性という点で、近畿中央政権下での直轄的な生産と想定するのが妥当である（森下 1991・2002）。鈴付加鏡については、分布が東日本などに多いことから近畿外での生産が想定される場合もあるが、鈴付加鏡の生産もまた上記の系列の変遷の一部であり、その製作地についても同様に理解

することができる。

　ここでみた1期〜4期の変遷の背景とその意義については次節でさらに詳細に検討するとして、本節の最後に、この中・後期倭製鏡の編年案をふまえて、中・後期古墳の編年基準との対応関係と実年代について確認しておきたい。

（6）小結：中・後期倭製鏡の変遷と中・後期古墳の年代観

　近年前期古墳まで含め、副葬品や埴輪をはじめとした多様な古墳構成要素の研究の進展をふまえ、中・後期古墳の編年についても細分が行われつつある。こうした細分化は近畿周辺の大型前方後円墳や副葬品が豊富な古墳などの位置づけにおいて特に重要であるが、他方で、列島各地の古墳で副葬品が少ないものなどまで含めて考える際には、逆にやや幅をもたせた年代観の方が広域編年の基準としては有用である場合もある。こうした観点から、筆者は広瀬和雄の10期編年（広瀬1992、以下古墳編年）は現在も有効であると考えている。ただし、前期にあたる1期〜4期については、1990年代初頭頃と現在とでは三角縁神獣鏡の年代的位置づけなどが異なっていることから、編年基準を修正したⅠ期〜Ⅳ期とする編年案を提示したことがある（辻田2007b）。この点も含め、本書では古墳時代を全体として「10期」に区分する編年基準の大枠を継承しつつ、当該編年の5期〜8期を中期、9期・10期を後期として扱う。なお実態としては前期と中期の境界は「4期」の中にあると考えるが、その点をふまえつつ4期と5期の間を前期と中期の、8期と9期の間を中期と後期の画期とする見解は、先に刊行された『古墳時代の考古学』（一瀬・福永・北條編2011-2013）の編集方針で採用された年代観とも合致する。

　以上をふまえ、古墳編年の基準と先に検討した中・後期倭製鏡の4期編年との対応をみたものが表13である。古墳編年では6期はTK73型式、7期はTK216〜（ON46型式・）TK208型式とされており、厳密には倭製鏡の画期とは一致しないが、古墳編年の「7期」の後半段階に倭製鏡2期の画期があるものと捉える。古墳編年の8期がTK23〜TK47型式であり、倭製鏡3期に対応する。古墳編年9期がMT15〜TK10型式であり、倭製鏡4期にほぼ対応している。

　なお付言するならば、中・後期倭製鏡の各系列における型式間の前後関係や

表13 古墳時代の時期区分と鏡の変遷

時期区分		三角縁神獣鏡	倭製鏡	須恵器		近畿大型前方後円墳	各地の基準資料
前期	Ⅰ期	舶載Ⅰ・Ⅱ段階	前期古段階		250	箸墓・西殿塚・桜井茶臼山	黒塚・雪野山
	Ⅱ期	舶載Ⅲ段階			300	メスリ山・行燈山	寺戸大塚・東之宮
	Ⅲ期	仿製Ⅰ〜Ⅲ型式	前期新段階			佐紀陵山	紫金山・一貴山銚子塚
	Ⅳ期	仿製Ⅳ・Ⅴ型式				津堂城山	和泉黄金塚・石山
中期	5期		中・後期1期	(TG232)	400	上石津ミサンザイ・仲津山	丸隈山・行者塚
	6期			TK73		墓山	茶すり山・堂山
	7期	(同型鏡群)		TK216	450	誉田御廟山	雲部車塚・七観
			中・後期2期	ON46・TK208		大仙陵	五條猫塚・祇園大塚山・神前山1号
	8期		中・後期3期	TK23		土師ニサンザイ・市野山	長持山・江田船山
				TK47	500	岡ミサンザイ	稲荷山礫槨・高井田山・山の神初葬
後期	9期		中・後期4期	MT15・TK10		今城塚	断夫山・岩戸山・王塚
	10期			TK43・TK209		五条野丸山	こうもり塚・綿貫観音山

細分案は、中・後期古墳の編年基準の指標とすることはむずかしいと考える。これは各系列の時間的変化や各系列の時間幅が短いとみられることに加え、製品からみた上限年代と古墳での副葬年代に時期差がみられる事例が多いためであり、各世代ごとに入手された後に短期間で副葬される事例が多い前期とはやや異なる様相を呈しているように思われる。ただし、「1期」〜「4期」とした倭製鏡の時期区分と古墳編年自体は概ね対応していることから、こうした系列の消長という観点から古墳編年と対比するのが有効と考える。

実年代については不明な点も多いが、須恵器編年をふまえつつ以下のように位置づける。筆者は、大阪府高井田山古墳の横穴式石室の系譜と須恵器（TK23型式新相〜47型式古相）にもとづき、TK23型式を470〜490年頃、TK47型式を490〜510年頃とする安村俊史（1996）の年代観を参考としつつ、TK216〜TK208型式を5世紀中葉、TK23〜47型式を5世紀後葉〜末、MT15〜TK10型式を6世紀前葉〜中葉とする年代観を採っている。この年代観は、先に倭製鏡4期の開始をTK47型式末と捉え、その年代が隅田八幡神

社人物画象鏡の「癸未年」から503年もしくは6世紀初頭と近接するとした年代観とも一致する。

以上から、古墳編年5・6期の年代を5世紀前葉、7期の年代を5世紀中葉、8期の年代を5世紀後葉〜末前後、9期の年代を6世紀前半とする実年代観をとる。中期の開始年代については定点がなく、現在もなお不明な点が多いが（森下 1998b）、ひとまず古墳編年4期〜5期の間のどこかに西暦400年が置かれるものと考え、4期を4世紀後半〜末、5期を（4世紀末〜）5世紀初頭と捉えておきたい。

以上のようにみた場合、倭製鏡編年において画期とされてきた、ここでいう「2期」のON46型式〜TK208型式は、「5世紀中葉」で、概ね450年代〜460年代という実年代観が得られる。これはTK73型式〜TK216型式の年代を430〜440年代とする須恵器の実年代観（e.g. 白井克 2003）とも合致しており、大きく動くことはないものと思われる。なお表13には各時期を代表する近畿大型前方後円墳および各地の基準資料を挙げている。

こうした中・後期の倭製鏡編年と実年代観をふまえた上で問題となるのは、本章の冒頭でも述べたように、これらの倭製鏡の変遷と同型鏡群との関係であり、また2つの画期の具体的な背景である。ここで節をあらため、具体的にこの問題について検討したい。

第2節　同型鏡群と倭製鏡の関係
―古墳時代中期後半〜後期における大型倭製鏡の製作とその意義―

1. 問題の所在

本章冒頭でも述べたように、古墳時代の倭製鏡生産は、3・4世紀の前期を1つのピークとし、中期前半に系列の種類・生産面数が減少した後、中期後半に再度生産が活発化することがこれまで指摘されてきた。その背景として、いわゆる倭の五王による対南朝遣使に伴い同型鏡群が舶載されたことを契機として、新たな系列が生み出されたことが想定されてきた（森下 1991・2002）。

前期において小型から超大型といった多様な大きさの鏡が生み出されたのに対し、中期以降の倭製鏡は中型・小型鏡を主体とする。特に中期後半以降は、大型鏡を主体とする同型鏡群に対して中・小型鏡主体の倭製鏡といった形での序列化が志向されたものと想定される（上野 2004、辻田 2012d）。

　そうした中期以降に生産された倭製鏡の中には、いくつか面径 19 cm を超すような大型鏡の存在が知られている。たとえば前述の「火竟銘鏡群」や交互式神獣鏡系の一部などが大型鏡に該当する。それらの大型倭製鏡の中で、特に本節で注目したいのが、神奈川県日吉矢上古墳出土鏡群である（柴田・保坂 1943：図 103・104）。後述するように、この 2 面は、面径が 20.6 cm ある大型鏡であり、古墳時代中期以降の倭製鏡としては最も大きな一群に属する。

　本鏡群については、それとともにもう 1 つ、同大・同文という特徴があり、これまでも報告書などにおいて同一の「原型」によって製作された可能性もあるとして注目されてきた（柴田・保坂前掲）。魏晋鏡や南朝の同型鏡群をはじめとして、大陸では同型技法などによる同一文様鏡の大量生産が行われたと想定される一方で、列島の倭製鏡生産では「一鏡一鋳型」の製作が基本であり（e.g. 森下 2002、徳田 2005）、中期以降の倭製鏡生産においてもこうした同一文様鏡の存在はきわめて異例である。

　また本鏡については、従来夔龍鏡や倭製神獣鏡といった名称で呼ばれてきたが、乳を繞る 5 体の獣像がどのような鏡の文様に由来し、何を表現したものであるのか、それがどのような意義をもつのかといった点については不明な点が多い。本鏡は、前節でもふれたように、森下により「同向式神獣鏡 B 系」の一種とされ、同型鏡群を模倣の原鏡とした倭製鏡の具体例とされてきた。この点で交互式神獣鏡系などの半円方形帯鏡群とともに、同型鏡群と倭製鏡の関係を考える上でも重要な資料ということができる。

　本節では、以上のような問題意識のもと、①日吉矢上鏡群の製作技術（同笵技法なのか同型技法なのか）、②日吉矢上鏡群の文様の系譜、③中期以降の倭製鏡生産における本鏡群の意義（同型鏡群との関係や大型の同文倭製鏡製作の目的）などについて検討する。その上で、この日吉矢上鏡群の検討を媒介としながら、先に示した編年案にもとづき、交互式神獣鏡系などの半円方形帯鏡群も含め、古墳時代中・後期における大型倭製鏡生産の意義について考える。そ

してそれを通じて、中・後期倭製鏡と同型鏡群との関係の実態について考察したい。

2. 日吉矢上鏡群の分析

（1）日吉矢上古墳の概要と出土鏡についての先行研究の見解

　日吉矢上古墳は神奈川県横浜市に所在する。慶應義塾大学日吉キャンパスの造成に伴い1936（昭和11）年に発見された径約25ｍの円墳であり、発掘調査が行われた結果、内部主体の粘土槨（床）から多数の玉類・竪櫛・玉類を巻いた鉄剣などとともに2面の銅鏡が出土した。1940（昭和15）年に国宝に指定、その後1953（昭和28）年に重要文化財に指定変更され、現在に至る。古墳の年代については後述するが、概ね5世紀中葉前後の年代が想定されてきている。

　出土した2面の鏡は文様が同一の鏡である点が注目され、内区主像から「倣製鏡」の可能性が想定されるとともに、「この二面の鏡は形状銅質並に文様の全く一致するのみならず、文様の細部に於ける條線・数量・長短・屈曲等に至るまで同様なるは、全く同一の原型に依って製作さるるにあらざれば到底求め難きものとて、同一の原型に依って製作されし者と認めらる」と報告されている（柴田・保坂 1943：p.24）。また製作後にこの2面が同じ古墳に副葬されたことについて、「傳持の状態を察する上に興味少なからず」と注意を喚起している（柴田・保坂前掲）。保坂は後に、この報告時の記述が柴田の文章・添削を基礎としていること、また上記「同一の原型」については香取秀眞の教示によるもので、「一つの鋳型から二つ作ることができたかもしれない」という香取の認識とともに、「猶考えられることは、一つの雌型を起こして一つの完成品を作り、それを原型として、所要なだけ雌型を作り、その数だけの製品を得ることの方が考えられるとの教示であった」と記し、「上記原型とはこれら全般の意義をここにこめているのであって、決して今日言う同笵の意味に限定するものではなかったと思う」と記している（保坂 1986b：p.64）。このように本鏡群については三角縁神獣鏡の同笵・同型技法が今日的な意味で問題となる以前に同型技法の可能性も含めて議論されていた点で注目される。

この2面についてはこうした同一文様鏡といった特徴が注意される一方で、倭製鏡生産においていわゆる「同笵鏡」の事例が顕著でないことから、文様も含めて具体的な検討を行った研究は多くない。小林三郎は本鏡群を「倣製獣形文鏡類」の「五獣鏡」として分類している（小林三 1982）。池上悟は、鼉龍鏡の分類・編年を行う中でその変遷の最終段階Ⅴ期・13段階に位置づけている（池上 1992）。また森下章司は、上述のように本鏡群について同向式神獣鏡Ｂ系の具体例として掲げ、交互式神獣鏡系などとともに「同型鏡群を模倣したことがはっきりわかるもの」として位置づけている（森下 2002）。また下垣仁志（2011a・2016b）は本鏡群について「中期型神獣鏡」と位置づけている。
　このように、本鏡群については前期倭製鏡以来の変遷やそれとの関係についても想定しつつ、同型鏡群を模倣・参照したものとする視点において検討が進められてきた。こうした先行研究をふまえ、以下では、本鏡群について観察し、両鏡の製作技術と文様の系譜および年代観について検討する。

（2）日吉矢上鏡群の概要

　本鏡群は、いずれも面径20.6 cmの大型鏡である。1面は文様が鮮明で鋳上がりがよく、もう1面はやや文様が不鮮明で鏡背の一部に白色の粒子（粘土床の一部などか）が付着している。前者をＡ鏡、後者をＢ鏡とする（図103・104）。文様構成は共通しており、以下具体的に説明する。
　内区は大きく5つの乳とそれを繞る5体の獣像により構成される。鈕区は、一段高くなった鈕座に先端が尖った葉文を15個配する。内区は全体を乳で5分割し、その間に小型の乳を5個配する。大型・小型の乳の配置はいずれも正確な5分割・10分割ではなく、間隔は不均等である。鈕孔はＡ鏡・Ｂ鏡のいずれも8 mm×5 mmの長方形で明瞭な角をもつ（Ｂ鏡の右側の鈕孔のみ上辺の角がやや丸くなる）。鈕孔方向をほぼ左右（時計の針で45分―15分）として全体を配置した場合、乳配置の五角形がほぼ正位置となり、また内区下部に魚状文様が配される形となる。本稿では仮にこの向きを本鏡の正位置として設定する。五角形の頂点にあたる獣像を起点とし、時計回りに獣像Ａから獣像Ｅ、獣像Ａの向かって左側に近接する乳文を小乳Ａとし、以下時計回りに小乳Ｂから小乳Ｅと呼称する。獣像Ａ～Ｅはいずれも頭部が右向きで胴部表現

傷a　　　　　　　　　傷b
図103　日吉矢上古墳出土五獣鏡（A鏡）

第 3 章　古墳時代中・後期における倭製鏡の変遷と系譜　365

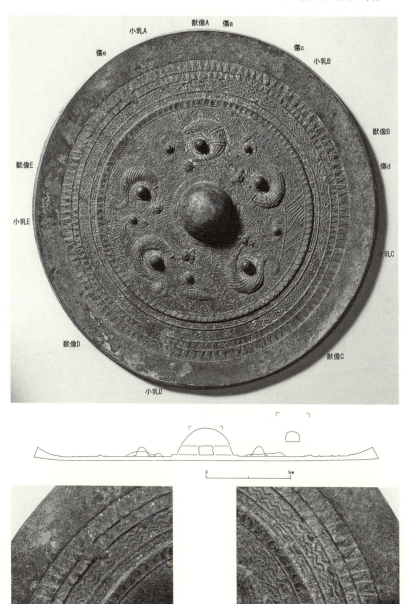

図 104　日吉矢上古墳出土五獣鏡（B 鏡）

を乳の周囲に反時計回りで繞らせており、最後に端部が短く折り返す形である。頭部・胴部のいずれも1体ずつ異なっており、頭部は目が突線により2つ表現されるA・C・Eと横向きで目が珠点1個により表現されるB・Dという大きく2つに分けられる。胴部は二重突線で何区画かに区切られ、その間を胴部の向きに沿うように突線で充填する。小乳は特にA・B・Eでは3~4方向に伸びる巴状表現を伴っている。小乳C付近は文様が不鮮明であるが、外側に直線的な枝状表現が配されている。小乳Dはやや左側にずれた位置に配され、その下部に魚状の表現が配される。

　内区外周には内側斜面に外向鋸歯文を施した三角突起帯（界圏）がめぐる。その外側に、1条の擬銘帯、そして3条の突線による複線波文帯が配される。内区と外区の間で明瞭な段差がみられず、複線波文帯の外側には2条の鋸歯文が施され、内側の鋸歯文が一回り小さい。最外周に匙面で素文の縁部がめぐる。A鏡については本体にみられる亀裂の関係から鏡面まで含めた断面図の作成を行っておらず、B鏡のみ全体の断面実測を行っている。外縁端部の厚さは概ね6mmで一部最大で7mmとなる。

（3）日吉矢上鏡群の製作技術

　以上の観察をふまえ、以下では日吉矢上鏡群の製作技術と文様の系譜について検討を行う。まず製作技術については、同一文様鏡という点において、大きく同笵技法と同型技法の可能性が想定される。この問題を考えるにあたり、面径・断面形態・鈕孔方向について検討する。

　面径は、上述のようにいずれも20.6cmであり、概ねほぼ同大とみることができる。断面形態については、断面図を重ねたところ、鈕の高さが1mmほど異なっているが、内区・外区などの位置はほぼ一致している（図105）。また平面写真を重ねて検討したところ、文様の細部までほぼ一致し、その上で鈕孔方向もほぼ一致することを確認した。なお鈕孔付近の鈕座の葉文が維持されており、鈕座面を彫り込まずに中子を設置したか、設置した後に葉文を再度彫り込んだかのいずれかの可能性が考えられる。

　以上のように、面径・断面形態・鈕孔方向の3点のいずれも概ね一致することが判明した。この点をもとに考えれば、この2面の製作技法について以下の

図105　日吉矢上古墳出土鏡群の断面比較

ような可能性が想定できる。
- 仮説1：同笵技法　2面の鏡を同じ鋳型で製作
- 仮説2：同型技法　2面の鏡を同型技法により製作

このうち仮説2については、大きく次の2つに区分できる。
- 仮説2-1：A・Bどちらかが原鏡であり、どちらかを踏み返した上でもう一方の鋳型を製作し、鋳造した
- 仮説2-2：A・B以外に原鏡が存在しており、その原鏡をもとにA・Bの鋳型を製作し、鋳造した

これらの仮説のうち、断面形態がほぼ一致し、面径の収縮がみられないという点から、仮説2-1の可能性は低いとみられる。以上から、仮説1と仮説2-2の2つについて絞り込みが可能かどうか、川西宏幸（2004）の同型鏡群観察の方法を参照しつつ、鏡背の傷の観察を行った。その結果は次の通りである。

	【A鏡】	【B鏡】
傷a：獣像Aの胴部上にみられる珠点状の傷	○	○
傷b：獣像Bの胴部上にみられる珠点状の傷	○	×
傷c：中心と小乳Bを結んだ延長上のやや上側よりの外区外側鋸歯文の剝落	×	○
傷d：中心と獣像Bの乳を結んだ延長上の複線波文帯外側付近の剝落	×	○
傷e：中心と小乳Aを結んだ延長上の外区内側鋸歯文付近の剝落	×	○

傷aはA鏡・B鏡の双方でみられるのに対し、それ以外にA鏡のみに看取される傷が1つ、B鏡にのみ看取される傷が3つ確認された。川西は同型鏡群にみられる傷について、停滞性の傷と一過性の傷を区別し、それぞれの識別をもとに製作の順序や原鏡についての分析を行っている。この点からいえば、傷aは停滞性の傷であるとみることができる。それ以外については、現状でこの2面しか資料が存在しないため停滞性か一過性の傷かの判断はむずかしい。いずれにしても、この結果から想定されるのは、傷aをもつ原鏡をもとにA・B

の2つの鋳型が製作され、それぞれに別の傷を有しているというものであり、上記の仮説2-2の可能性が考えられる。ただし現状でこの2面しか存在せず、A鏡のみに見出される傷が現状で少ない点から、厳密に同型技法と絞り込むことについては慎重にならざるをえない。ここでは同型技法の可能性があることを指摘するにとどめておきたい。結論的には、報告において示されていた同型技法の想定（柴田・保坂 1943：p.24）を支持するものとなった。

倭製鏡は上述のように「一鏡一鋳型」が基本原則であるが、前期の倭製鏡で奈良県衛門戸丸塚古墳出土内行花文鏡6面が面径がほぼ同じで同型技法によって製作された可能性が指摘されている（徳田 2005）。これについても倭製鏡の製作技法としては定着しなかったという点で、中期の日吉矢上鏡群との関係を想定することは困難であるが、同型技法自体は技術的には前期以来可能であったことを示している。これら以外にも前期・中期の倭製鏡において同一文様鏡の存在が指摘されているが（加藤 2014・2015a）、いずれも単発的なもので、ある特定の系列の大量生産を目的として行われたとみることはむずかしい。また日吉矢上鏡群は鈕孔形態が「火鏡」銘鏡群をはじめとした中期の倭製鏡全般で一般的にみられる大きめの長方形であり、同型鏡群の楕円形中子・半円形鈕孔（第2章参照）とは大きく異なることから、少なくとも鈕孔製作技術という点で、日吉矢上鏡群と同型鏡群は別の製作系統に属するものと考えられる。

以上から、日吉矢上鏡群については、いわゆる同型技法によって製作された可能性があることを確認し、本鏡群の製作に際し同一文様鏡を複製する製作技術が採用されたことの意義については後にあらためて検討したい。

（4）日吉矢上鏡群の文様の系譜

次に、日吉矢上鏡群にみられる各単位文様の系譜について検討する。

内区主像の配置　五獣鏡という5分割の主像配置は、画文帯同向式神獣鏡をはじめとした中国鏡ではほとんどみられないものであり、倭製鏡独自のものといえる。前期倭製鏡では4・8分割もしくは6分割が主流であり、5分割の獣像鏡は少数派に属するが、中期後半の特に旋回式獣像鏡系では五獣鏡配置が卓越しており、日吉矢上鏡群も旋回式獣像鏡系をはじめとした同時期の倭製鏡との関連において位置づけられる。すなわち、この5分割の獣像配置という点

は、中期後半以降における倭製鏡の特徴の1つとして理解することができる。

鈕座 鈕座に配された15個の葉状文は、中国鏡・倭製鏡ともにほとんど類例がみられないものである。倭製鏡では、鋸歯文状の文様を配したものとして石川県雨の宮1号墳出土神獣鏡が挙げられるが、本例の葉状文とは大きく異なっている。同型鏡群の中に類似した事例を見出すとすれば、画文帯同向式神獣鏡などではなく、神人歌舞画象鏡の鈕座にみられる浮彫の半円文が挙げられる。この「小円弧の連なり」については、天の中心を示す蓮の花の表現とする説がある（林巳 1989）。日吉矢上鏡群の場合は先端が尖った葉状文であるという点に違いがあり、直接の模倣対象であるかは確定できない。現状では可能性の1つとして挙げるにとどめておきたい。

内区主像の胴部 乳を繞る胴部表現という点では、同型鏡群の画文帯同向式神獣鏡B・Cや画文帯仏獣鏡A・Bなど）、樋口隆康（1979）の分類でいう「画文帯同向式神獣鏡B型」の配置を採る一群や、前期の鼉龍鏡系倭製鏡などにほぼ限定される。日吉矢上鏡群では突線による分割線とその間の連結という特徴がある。爪をもった四肢などが省略されており、こうした点は前期の鼉龍鏡系などに顕著であるが、珠文による鱗状表現の欠落と突線による分割・連結という点で、鼉龍鏡系以外では伝大阪・河内の獣像鏡などが類似する（図106）。モデルを限定するには至らないが、同型鏡群の獣像表現を参照した場合も含め、前期以来の伝統的な表現形態の範疇で理解できよう。

主像の頭部 先にも述べたように、日吉矢上鏡群の獣像頭部は、目が突線により2つ表現されるA・C・Eと横向きで目が珠点1個により表現されるB・Dという大きく2つに分けることができる。たとえば画文帯同向式神獣鏡Cなどでも、正面・横向き・斜め上からなどそれぞれの獣頭の向きが別の形で表現されており、これらが直接参照された可能性は高い。他方で、他にも獣像Dの頭部のように、珠点1つで横向きの目を大きく表現したものとして、前期の画象鏡系倭製鏡などに系譜が求められる可能性もある（e.g. 滋賀県新開古墳出土鏡：図107）。

主像間小乳の巴状文 小乳の周囲に巴状文を配する事例として、大阪府狐塚古墳出土獣像鏡や鼉龍鏡系・捩文鏡（獣毛文鏡系）の房状表現などが挙げられる。また元来こうした文様が乳座の四葉文などに由来するとすれば、画象鏡を

図106　参考資料1：伝・大阪府河内出土鏡　図107　参考資料2：滋賀県新開古墳出土鏡

模倣した上記の新開古墳出土鏡にみえるものが非常に近い（図107）。新開古墳出土鏡は獣像の頭部表現を考える上でも重要な事例である。

主像間単位文様①：小乳Cの右側の枝状表現　「枝状」の表現という点では、たとえば奈良県佐味田宝塚古墳出土のいわゆる家屋文鏡の樹状表現が挙げられる。あるいは内区の空間を交差状に組み合わせた直線で充塡した結果として、複合鋸歯文状に描かれたものとみることも可能である。本事例とまったく同じというわけではないが、不規則な突線表現によって主像の隙間を充塡するのは先に挙げた「火竟」銘鏡群などに顕著に認められる特徴であり（図87・88）、上記のいずれの可能性も想定される。

主像間単位文様②：小乳D下の横長の魚状表現　「魚状」と表現したが、これは左端に2方向、右端で4方向に突線が刻まれており、左側を口、右側を尾と見立てた場合であり、祖型が魚文であるとは限らない。「横長の」という点では、画文帯同向式神獣鏡Cの正面下部の黄帝の下に玄武が表現されているが、この亀状表現を引き写して魚状に描出したという可能性も想定される。また、左端の2本の突線を嘴とみれば鳥文なども候補に挙がり、上記の家屋文鏡の建物上に描かれた鳥文なども近似した例といえようか。

擬銘帯　縦長の2本の突線の繰り返しを基調とするという点では、前期後半以降に広くみられる倭製鏡の擬銘帯を直接の模倣対象とした可能性が高い

(e.g. 滋賀県天王山古墳出土画象鏡系)。

外区 内側から擬銘帯・3重の突線による複線波文帯、小ぶりの鋸歯文、大型の鋸歯文が配される。この配置は森下の外区文様分類でいう「鋸鋸波文」であり、火竟銘鏡群などにみられる「変形鋸波鋸文」からの型式変化の結果生み出されたものとして、「変形鋸波鋸文」→「鋸鋸波文」とする変遷観を示している（森下 1991・1993b）。幅広の3重突線という点では、鋸鋸波文の中でもやや古相を示すとみられる。

小結 以上の検討結果を要約するならば、全体として5分割配置を採りながら、乳を繞る獣像を配置した鏡であるが、同型鏡群に由来する可能性がある主像表現や鈕座など以外に、主像間単位文様（小乳の巴状文）や擬銘帯など、前期倭製鏡に系譜を辿ることができる要素なども多く見受けられた。暫定的な結論として、基本的には主像の頭部表現や全体の配置などから同型鏡群の画文帯同向式神獣鏡B・Cや画文帯仏獣鏡A・Bなど、樋口隆康分類（1979）でいう画文帯同向式神獣鏡B型の配置を採る一群や鼉龍鏡系などの前期倭製鏡の獣像表現が参照された可能性を想定するとともに、それ以外の単位文様の一部においてあわせて前期倭製鏡などが参照され、それらが複合された可能性を考えておきたい。

（5）日吉矢上鏡群の製作年代と系譜

以上の検討結果にもとづき、日吉矢上鏡群の製作年代について検討する。特に外区文様について、先の森下の変遷観に従うならば、変形鋸波鋸文を採用した火竟銘鏡群や熊本県鞍掛塚古墳出土鏡（図88-3）などにやや後出し、鋸鋸波文が旋回式獣像鏡系の初期段階の製品で多くみられることから（森下1991）、旋回式獣像鏡系が出現した当初にほぼ併行する時期に製作年代を想定することができよう。また日吉矢上古墳についてはこれまで5世紀中葉前後の年代が想定されてきたが、副葬された碧玉製管玉の中に、TK23型式以降に顕著にみられるようになるいわゆる花仙山産の片面穿孔による大型管玉（大賀2005）が含まれないといった点から、それらが普及する以前の玉類のセットである可能性が想定され、2面の鏡の推定製作年代とも概ね一致する。以上から、日吉矢上鏡群はTK208〜TK23型式期前後に製作され、それほど時間を

おかずに副葬されたものと想定することができよう。第1節の倭製鏡の編年案でいえば、三重複線波文を伴う鋸鋸波文という点から、茨城県上野古墳出土乳脚文鏡系（鈴付加鏡：図93-2）とともに、2期末前後に製作されたものと位置づけられる。

3. 中・後期倭製鏡における大型鏡生産の2つの画期

（1）中・後期倭製鏡における大型鏡の具体例

次に、第1節での編年案をふまえ、日吉矢上鏡群以外の大型鏡について検討する。特に注目されるのは、4期の交互式神獣鏡系や隅田八幡神社人物画象鏡などであるが、その前に、1～3期における大型鏡について検討する。

表14は中・後期倭製鏡において面径19cm以上の大型倭製鏡を示したものである。なお19cm以上の製品が少ないため、参考までに、18cm以上のものも含めている。その場合も数面追加されるのみで、中・後期倭製鏡において大型鏡の製作が非常に限定されたものであることがわかる。これは、前期倭製鏡の大型・超大型鏡製作の盛行や、中期後半以降の同型鏡群で大型鏡が7割を超すことと対比すれば明らかに異なる様相である。また一見して、2期と4期に大型鏡が集中していることが明瞭である。

この点をふまえ、同型鏡群・旋回式獣像鏡系・乳脚文鏡系・半円方形帯鏡群の面径について箱ひげ図により対比したものが図108である。前3者の面径の序列については従来指摘されてきた通りであるが（上野 2004）、編年的な観点から述べるならば、4期段階の半円方形帯鏡群が、同型鏡群に準ずるような面径の製品として製作されている点が注目される。

以上の資料をふまえ、中・後期倭製鏡の時期的な変遷を整理すると以下のようになろう。まず1期の確実な大型鏡については現状で未確認であり、大型鏡の生産という点も含めて、「仿製鏡生産の下降期であり、鏡の所有者が限定化されたされた時期」とする先行研究の理解（森下 1991）と呼応している。この中で、四神四獣鏡系の祖型と考えた茨城県三昧塚古墳出土鏡については、製作年代が1期まで遡る可能性もあるが、ここでは1期～2期とやや幅をもたせて考えておきたい。仮に本鏡の製作が1期以前に遡るとしても、1期において

表14 中・後期倭製鏡の大型鏡一覧

県名	番号	出土遺跡名	面径	群・系列名	時期
茨城	30	三昧塚古墳	19.7	（四神四獣鏡）	1〜2期
兵庫	119	苦編古墳	18.8	四神四獣鏡系	2期
宮崎	32	伝・持田古墳群	21.3	四神四獣鏡系	2期
宮崎	20	持田25号墳	20	火竟銘鏡群	2期
京都	74	幡枝古墳	20.2	火竟銘鏡群	2期
明治	5	不明	19.7	火竟銘鏡群	2期
神奈川	28	吾妻坂古墳	19.1	多重複波文鏡群	2期
熊本	35	鞍掛塚古墳	20.6	多重複波文鏡群	2期
神奈川	3	日吉矢上古墳	20.6	多重複波文鏡群	2期
神奈川	4	日吉矢上古墳	20.6	多重複波文鏡群	2期
群馬	135	伝・群馬県玉村町	19.5	旋回式獣像鏡系（十鈴）	3期
徳島	54	寸領古墳	18.5	多状文縁神像鏡系	3期
奈良	289	平林古墳	21.5	交互式神獣鏡A系	4期
福岡	399	王塚古墳	21.1	交互式神獣鏡C系	4期
和歌山	20	隅田八幡神社蔵鏡	19.9	半円方形帯鏡群	4期
奈良	84	額田部狐塚古墳	18.3	半円方形帯鏡群	4期
奈良	165	磯城郡田原本町八尾	19	半円方形帯鏡群	4期
宮崎	108	神門神社蔵鏡	21.1	半円方形帯鏡群	4期

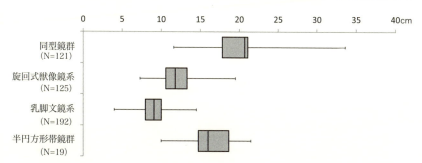

図108 同型鏡群・旋回式獣像鏡系・乳脚文鏡系・半円方形帯鏡群の面径比較

これ以外に大型鏡が多数製作された形跡は現状では認められず、斜縁四獣鏡B系の中型・小型鏡と珠文鏡系の小型鏡を主体とするものと理解できる。

これに対し、大型鏡が集中するのが2期である。火竟銘鏡群・多重複波文鏡群・四神四獣鏡系などが該当する。前述のように、何らかの理由で面径の大型化のための外区拡大によって変形鋸波鋸文が生み出されたとする観点から説明できよう。問題は「何らかの理由」の内容であり、これについては後述する。

3期では初期段階に旋回式獣像鏡系で十鈴を付した大型鏡が生み出されている以外は、継続的に大型鏡が製作されることがなかったようである。他に多状文縁神像鏡系で18.5 cmといった製品が製作されているが、18 cm以上とした場合でもこの2面にほぼ限定され、しかもこれらは3期でも初期段階の製品とみられることから、3期を通して、基本的には旋回式獣像鏡系や乳脚文鏡系の小型鏡の製作が主体であったものと考えられる。
　4期の半円方形帯鏡群・交互式神獣鏡系の製作に際しては、再び大型鏡が製作されている。これは既存の系列の新型式としてではなく、新たな系列を生み出す中で、また同型鏡群の直模鏡といった形で出現している点で2～3期とは様相を異にしている。
　以上のように、中・後期倭製鏡においては、大型鏡の生産は2期と4期という2つの画期として捉えることができ、両者の間には一定の時期差が認められる。ここで、3期までと様相が異なる4期の半円方形帯鏡群・交互式神獣鏡系について、大型鏡以外も含めて面径の差異について検討したい。

（2）交互式神獣鏡系の変遷と面径の大小

　1期～3期においては、系列ごとに「中型鏡」「小型鏡」といった面径のカテゴリーとの対応がみられる場合がほとんどであり、前期の鼉龍鏡系などのように、同一系列内で「面径の差異化」がみられる事例は少ない。この中では、2期に四神四獣鏡系で大型鏡から小型鏡の併存がみられるのが唯一の例外である。四神四獣鏡系は製作期間が短期間であったと想定されるとともに、大型鏡の製作は初期の製品にほぼ限定されるとみられることから、比較的早い段階で系列としての製作は中型鏡・小型鏡が主体となったものと想定できる。
　これに対して、4期の交互式神獣鏡系を含めた半円方形帯鏡群に関しては、大型鏡と中型鏡が同時期に並行して製作されている点が特徴である。具体的に個々の系列についてみると、交互式神獣鏡A系では最古型式で「直模鏡」とみられる平林鏡が大型鏡で、それ以外は中型鏡が製作され、小型鏡へと変遷する。同B系では中型鏡から小型鏡へという変遷がみられる。同C系では王塚鏡のような大型鏡が製作されている。同D系では現状1面ながら、中型鏡が製作されている。以上から、交互式神獣鏡A～D系において、「小型鏡」は新

段階を主体とするようであり、基本的には「大型鏡」と「中型鏡」の製作が志向されたものとみられる。

また額田部狐塚鏡（図100-1：18.3 cm）やトヅカ鏡（図100-2：16.2 cm）などのように、3期までの別系列を復古再生した製品は中型鏡として製作されており、そこにも一定の格付けが存在したものと想定される。

このように、4期においては、「大型鏡」と「中型鏡」を、既存の系列の新たな製品としてではなく、「新たな系列」として創出する、ということが、製作上の課題として求められていたものと考えることができる。

以上、中・後期倭製鏡における大型鏡の具体例・系列について検討を行ってきた。ここまでの検討結果をふまえ、最後に中・後期倭製鏡における大型倭製鏡生産の2つの画期の意義とその背景について、同型鏡群との関係も含めて考察したい。

4. 古墳時代中期後半〜後期における大型倭製鏡の製作とその意義

（1）日吉矢上鏡群の祖型と同型鏡群の列島での出現時期

まず、先に検討した日吉矢上鏡群の位置づけについて検討する。前述のように、日吉矢上鏡群は鋸歯波文をもち、かつ三重複線波文という点で2期末前後の製品とみられる。前項でみたように、中期中葉とした2期においては「何らかの理由」で大型鏡の製作が試みられたようであり、そうした大型鏡の一部と考えることができよう。これを中・後期倭製鏡における大型鏡生産の「第1の画期」とする。

現状では中期以降の倭製鏡においては25 cm以上の超大型鏡が知られておらず、21 cm前後の鏡が最大である。これらの大型倭製鏡は数も少ないため、中・後期倭製鏡全体としては異例の存在ということになる。

火竟銘鏡群などが獣像表現という点で斜縁四獣鏡B系などとの関連を想定できる一方で、日吉矢上鏡群では全体として5体の乳を繞る獣像を主体として火竟銘鏡群などとは異なる五獣鏡として製作されている。日吉矢上鏡群では、獣像頭部の表現などからみて、たとえば画文帯同向式神獣鏡Cの主像などについてのみ参照し、全体を五獣鏡として創出したといった可能性も想定され

る。これらの2期段階の製品では乳による区画が行われるが、配置が不均等で前期の幾何学的な文様配置が継承された形跡は認めがたい。そしてこれ以降、旋回式獣像鏡系をはじめとして乳配置自体が積極的には用いられなくなる。この点で、乳配置の非使用という点は、3期以降の中型・小型鏡への変遷とも一定程度連動したものと考えられよう。

　この大型鏡生産の「第1の画期」とその背景を考える上では、同型鏡群の列島への舶載時期がいつであったのかという点があらためて問題となる。第2章でも述べたが、筆者は従来指摘されているように、千葉県祇園大塚山古墳出土鏡（ON46型式：上野編 2013）や三重県神前山1号墳（TK208型式）などを指標として、ON46型式前後に舶載年代を想定する先行研究の諸見解（川西 2004、森下 2011a、上野 2013a）を支持している。そしてこのON46型式段階は、近畿の大型前方後円墳でいえば大仙陵古墳の築造段階に該当することがこれまでも指摘されてきた（森下 2011a）。本章第1節でみた実年代観でいえば、450〜460年代と想定される。次章で検討するように、TK208型式以前の古墳・遺跡で出土例が少ないのは、さまざまなバイアスによるものである可能性もあることから（辻田 2015b、第4章第1節参照）、ここでは同型鏡群の列島での出現年代はON46型式段階で、実年代でいえば5世紀中葉であるものと考える。以下、この年代観をもとに考察を進める。

（2）古墳時代中期後半〜後期における同型鏡群と倭製鏡との関係

　以上の年代観をふまえた上で、あらためて日吉矢上鏡群の同一文様鏡という特徴について考えてみたい。すなわちなぜ倭製鏡生産でイレギュラーな同一文様鏡の複製が行われたのか、そしてなぜそうした複製がこれ以降継続的に行われなかったのかという点である。これについては、同型鏡群と同じように同一文様鏡を同型技法などによって大量生産することも技術的には可能であったとみられるが、同型技法は一部の採用にとどまり、以後そうした選択肢を基本的には採用せずに「一鏡一鋳型」による生産にこだわったところが倭製鏡生産の特徴といえる。この点において、日吉矢上鏡群における同一文様鏡の生産は、2期〜3期（5世紀中葉〜後葉）に倭製鏡生産が再び活発化する時期において、いわば初現期の試行錯誤段階の所産とみることができるのではないかと考

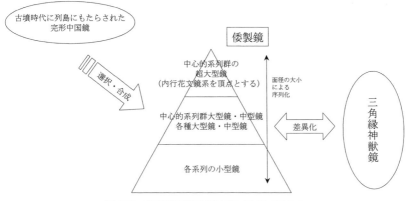

図 109　前期的鏡秩序模式図（辻田 2007b）

える。火竟銘鏡群についても、年代的にほぼ併行もしくは若干先行する大型鏡であり、この試行錯誤段階の所産とみることができることから、鏡における初期の文字使用についてもそうした脈絡で理解できる可能性があろう。そしてそれらと千葉県稲荷台１号墳出土の「王賜」銘鉄剣の成立がいずれも TK208〜23 型式前後の所産として共通する点で、この時期は重要な画期とみられる。

　もう１つの問題は、なぜ大型鏡の大量生産が行われなかったかという点である。ここで挙げた変形鋸波鋸文や鋸鋸波文鏡の初期の一群にみられる大型鏡が大量生産されず、中・小型鏡主体の生産となったのも、基本的には上述の試行錯誤といった観点で説明ができるが、あわせて問題となるのは、逆になぜこの段階では「大型鏡」の製作が試みられたか、という点である。大型鏡の製作が試みられた理由としてまず考えられるのは、大型鏡を主体とする同型鏡群の舶載に伴い、速やかにそれに比肩するような大型の鏡を倭製鏡という形で創出し、同型鏡群と組み合わせて各地の上位層に贈与する戦略が構想されたといった可能性である。それはまさに当初は前期的な鏡秩序の再興を目指したものであった可能性が高い（辻田 2007b・2012d：図 109）。さらにいえば、同型鏡群の舶載自体が前期的鏡秩序の再興を目指して行われたものである可能性が高い。日吉矢上鏡群などにおいて、前期以来の倭製鏡の単位文様を参照した形跡が認められる点、また前期倭製鏡と同様に、複数の鏡種や単位文様の複合・置換により全体として「中国鏡には存在しない文様構成を創作」しようとする姿

勢（辻田 2007b）が看取できる点は、前期以来の倭製鏡生産の伝統とその再興をつよく意識したものであるとも考えられる。前期以来の鏡の一部が中央政権下で保管・継承されていたとする見解（cf. 加藤 2015b、辻田 2014b）は、こうしたあり方とも整合的である。ただし先に述べたように、中期中葉以降の倭製鏡において、前期以来の鼉龍鏡系に由来する獣頭表現が稀である点からすれば、前期の鏡とも異なる新しい鏡種を生み出すという気風の中で製作されたものであり、この意味で日吉矢上鏡群を鼉龍鏡系の延長上で捉えることは妥当ではなく、2期以降に新たに創出された製品である点に本鏡群の意義が見出されよう。

　その一方で、その後の展開で前期と異なっているのは、前期後半になると大型・超大型倭製鏡が序列の最上位に位置づけられるようになっていったのに対し、中期後半においては一貫して大型の同型鏡群が上位に位置づけられつづけていたという点である（辻田 2007b・2012d：図110）。この点にもとづくならば、初期の試行錯誤段階として大型倭製鏡の製作が試みられたが、「大型鏡」については南朝から舶載された同型鏡群に限定することによってその価値の高さを維持し、中小型の倭製鏡との差異化を図るという戦略が採用された結果、倭製鏡の生産としては非常に短期間で大型鏡の製作が終了し、3期には主に小型鏡の生産へと特化することになったものと考えることができる。同型鏡群ではたとえば画文帯同向式神獣鏡Ｃが約21cmであり、これを超す大きさのものが倭製鏡としては製作されていない可能性もある。第2章でみたように、この画文帯同向式神獣鏡Ｃは同型鏡が28面知られている最多の一群であり、同型鏡群全体の中で同種・同大という点で前期の三角縁神獣鏡のような意味を付与されたものである可能性がある。そうした点においては、2期の倭製鏡生産の復興にあたって同型鏡群が与えた影響は、一部の鏡種やそれらの単位文様が新たな倭製鏡創出に際してモデルとして参照されたという点のみならず、「大型主体の中国鏡」⇔「（中）小型主体の倭製鏡」といった新たな秩序（上野2004、辻田 2012a・d）を生み出す基礎となったという点であろう[4]。

　次章で検討するように、筆者は、同型鏡群の列島での拡散について、大きく3段階の変遷として捉えている（辻田 2014b・2015b）。すなわち、1段階：5世紀中葉（ON46～TK208）、2段階：5世紀後葉～末（TK23～47）、3段階：6

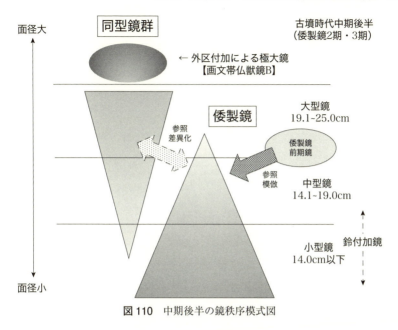

図110 中期後半の鏡秩序模式図

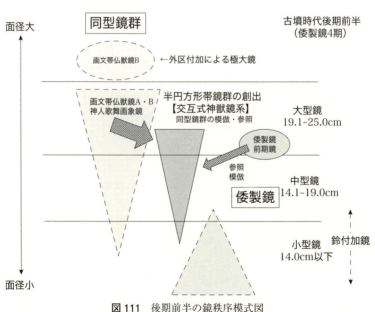

図111 後期前半の鏡秩序模式図

世紀前葉〜中葉（MT15〜TK10）である。上記の倭製鏡の変遷については、それとあわせて考えるならば、上記の大型鏡の製作が1段階〜2段階の初期にかけて（TK208〜TK23型式前後）、旋回式獣像鏡系や乳脚文鏡系などの小型鏡生産が2段階を主体としつつ、交互式神獣鏡系の製作が503年を前後する時期という点で概ね2段階末〜3段階に併行する時期の所産として位置づけることができよう。

(3) 交互式神獣鏡系の製作とその背景

　本章の最後に、大型鏡が製作されたもう1つの系列としての交互式神獣鏡系について、その意義について検討しておきたい。前節でみたように、4期における半円方形帯鏡群・交互式神獣鏡系の出現をもって、中・後期倭製鏡における大型鏡生産の「第2の画期」とする。

　交互式神獣鏡系創出の意義について、第1の画期と対比しつつ整理したい。上述のように、同型鏡群が倭製鏡生産に影響を与えた画期は、従来考えられてきたように2回あったと考えるが、2回目の6世紀初頭段階の画期・影響が、かなり積極的な同型鏡群の模倣・参照で、交互式神獣鏡系という新たな系列を生み出すような動きであった（またそれと関連しつつ隅田八幡神社人物画象鏡や関連鏡群が生み出されるようなものであった）のに対し、ON46〜TK208型式頃の第1の画期においては、「舶載鏡」としての同型鏡群が、倭製鏡の原鏡候補として積極的に採用されたり、それにもとづき新たな倭製鏡独自の系列が生み出されたような形跡が認められない。日吉矢上鏡群などのように、部分的に同型鏡群が参照された可能性を見出すことはできるものの、2回目の画期と比べて、倭製鏡製作の原鏡としての参照・模倣に「消極的」である点が特徴である。同型鏡群が参照されたと考えた場合も、おそらく画文帯同向式神獣鏡Cなどの一部の鏡種に限定され、広く全鏡種が参照されたわけではない可能性が高い。

　このように、中期中葉段階においては、「同型鏡群の各鏡種をモデルにして新たな倭製鏡の系列が多数生み出された」といった評価は困難であることから、倭製鏡の新たな系列の創出にあたっての「文様の直接的影響」という点については、上述のようにやや限定されたものと考える必要がある。この点で

は、旋回式獣像鏡系をはじめとした中期後半の倭製鏡生産について、従来の研究では「同型鏡群の影響を強く見積もり過ぎているのではないか」とする加藤の指摘（2014：p.3）は妥当である。ただしこれは、加藤が想定するように、同型鏡群の舶載自体が加藤の年代観によるところの「TK23型式」≒5世紀代4四半期～503年前後が主体であったためというよりは、同型鏡群の舶載鏡としての価値づけを維持するために、倭製鏡の製作に際して積極的な模倣が「忌避」されたことに起因するものと考える。逆に、この段階の倭製鏡の原鏡候補として積極的に採用されたのは、前期倭製鏡なども含めた、列島内に同型鏡群の舶載以前から存在していた鏡であった。この点は、字義通りかどうかはともかくとしても、「前期的鏡秩序の再興」といった点を考える上で重要であろう。また2期～3期の諸系列において「半円方形帯」がほとんど用いられていないのも、こうした「同型鏡群にも特徴的な文様の忌避」といった点に起因する可能性がある。

　なお付言するならば、同型鏡群の舶載年代がそこまで下がらないまでも、2期における大型倭製鏡生産が同型鏡群の舶載にわずかばかり先行していた、といった可能性は残されている。これは、数年単位での厳密な前後関係を確定することが現在の資料では困難であるためである。ここではいくつかの事例の存在（吾妻坂古墳出土四獣鏡の外区拡大の発想・日吉矢上鏡群の獣像頭部表現など）から、2期の時点ですでに同型鏡群が列島に存在はしていたものと想定しているが、これについては将来的な関連資料の増加に期待したい。

　それに対して、「第2の画期」における交互式神獣鏡系の創出や隅田八幡神社人物画象鏡の製作にあたっては、確実に同型鏡群を原鏡として参照し、「忠実模倣」を行っている、あるいはそれとわかるように表現している点が、中期中葉段階の生産の姿勢とは大きく異なる。いわば、川西がいうような同型鏡群の「直模鏡」（＋三角縁神獣鏡の笠松文様など、前期鏡の部分的参照による複合［加藤 2015b］）が製作されたかどうかという点で、倭製鏡製作の背景・目的の違いを読み取ることが可能である。

　第2の画期における同型鏡群の「直模鏡」の生産は、1つには同型鏡群の不足に起因するものと考えられるが、それだけではなぜ新たな「系列」の原鏡として参照されたのが画文帯仏獣鏡であったかといった点が説明できない。

この点について考えてみると、同型鏡群では面径21cmよりも大きな鏡種の中で最大のものが画文帯仏獣鏡B（24.2 cm）であり、外区を拡大した極大鏡の存在（e.g. 千葉県祇園大塚山古墳出土鏡：30.4 cm）も含め、中・後期倭製鏡編年の2期・3期（上記の同型鏡拡散の1〜2段階）においては画文帯仏獣鏡Bの位置づけに匹敵するものは倭製鏡としては作られなかった可能性が高い。すなわち、そうした5世紀代の最上位鏡種であったがゆえに、5世紀末〜6世紀初頭前後に同型鏡群のストックが少なくなった段階で、それに代わる鏡として他ならぬ画文帯仏獣鏡Bを主なモデルとして交互式神獣鏡系を創出し、また一方で面径の差異化という点で大型鏡・中型鏡を製作することによって、5世紀後半代の鏡秩序の継承と再度の活性化を図ったものと考えることができる（図111）。4期に小型鏡の製作があまり活発とみられないのは、6世紀代の各地の古墳での副葬状況からみて、3期までに生産された小型倭製鏡の一部が後期前半段階に近畿中央政権膝下に一定数ストックとして存在しており、それが後期段階に流通した可能性が高いことと関連するものと想定される。

またこの問題を考える上では、6世紀初頭前後という時代状況も重要であると考える。すなわち、この時期は、近畿周辺および列島各地の古墳築造動向の変動にみられる地域間関係の不安定化・再編成（都出 1988）、また475年以降の百済滅亡をはじめとした国際情勢の変化などに対応する形で、墓制をはじめとしたさまざまな文化要素に「継承」と「刷新」が認められる（福永 2005b）。筆者は、こうした列島内外の不安定な情勢を背景としながら、この時期までにほぼ生産と流通のピークが過ぎていた倭製鏡と同型鏡群について、いわば梃子入れが行われた結果として、上述のような形で再び鏡の戦略的な利活用が目指されたものと推測する。この問題については第5章で詳述する。

こうした意味での鏡秩序の再度の活性化と伝統的権威への回帰志向という点が、交互式神獣鏡系や半円方形帯鏡群の諸鏡において、いわば古い製品の復古再生という点にも反映されている。次章でもみるように、古墳時代の各時期において「古い鏡」の授受や副葬が行われることはめずらしいことではなく、かなり一般的ともいえるが、注目されるのは、中期中葉および後期初頭段階で鏡秩序の再興にあたって、新来の同型鏡群や直前時期の倭製鏡が動員されただけでなく、伝世された前期倭製鏡や三角縁神獣鏡などの「古い鏡」が効果的に使

用されたという点である。交互式神獣鏡系の一部に、同型鏡群だけでなく、前期の三角縁神獣鏡の意匠が組みこんである点（e.g. 宇洞ヶ谷横穴墓出土鏡、加藤 2015b）は、そうした問題を考える上で示唆的であるといえよう。

5. 小結：中・後期倭製鏡の変遷とその意義

　本節では、第1節における中・後期倭製鏡の分類とその4期編年案をふまえ、日吉矢上鏡群と交互式神獣鏡系を中心として、古墳時代中期中葉以降における大型倭製鏡生産の意義と同型鏡群との関係について検討してきた。その結果、大型鏡生産の第1の画期である5世紀中葉〜後葉において、前期的な鏡秩序の再興が目指され、その中で大型鏡生産や同一文様鏡の複数生産などが初期の試行錯誤の所産として行われたが、5世紀後葉の3期段階に「大型・中型の中国鏡としての同型鏡群」と「（中）小型鏡を主体とする倭製鏡」の両者を差異化するという戦略が採用された結果、そうした大型鏡生産や同一文様鏡の製作技術が定着しなかったこと、そして大型鏡生産の第2の画期である6世紀初頭前後の時期においては、ストックが少なくなった同型鏡群に代わる倭製鏡として交互式神獣鏡系や関連鏡群が生み出され、鏡秩序の再度の継承と活性化が目指されたことなどを論じてきた。またこの2つの画期および中・後期倭製鏡の変遷は同型鏡群の流通・拡散の変遷ともある程度重なっていると想定されることから、ここで章をあらため、同型鏡群と倭製鏡の列島各地および半島南部地域での出土状況について検討し、同型鏡群の舶載・授受の実態とその意義について考えてみたい。

註

（1）　前期と中期の境界も、帯金式甲冑の出現を画期とする立場と、埴輪編年Ⅲ期以降を中期とする立場の双方がみられ、「前期倭製鏡」という場合は一般的に後者の年代観とほぼ対応している。この場合は、「前期末〜中期前半の倭鏡」（森下 2002）という表現により結果的に混乱が回避されている。筆者は「前期倭製鏡」の終了もしくは再編成が古墳時代の倭製鏡生産における大きな画期と考えており（辻田 2007b）、この点で本書でも「前期倭製鏡」と「中・後期倭製鏡」の2つに大別している。

（2）　拓本資料である。島津義昭氏にご教示いただいた。
（3）　玉類の位置づけについては九州大学の谷澤亜里氏にご教示いただいた。
（4）　第4章でもみるように、これらの試行錯誤段階の大型倭製鏡は、現状で中・小規模墳からの出土が主体で必ずしも地域の代表者たる大型古墳の被葬者や府官制的秩序に関わる被葬者層などに伴うものというようなイメージでは理解できない。そうした被葬者層には同型鏡群が副葬されている可能性もあることから、大型倭製鏡はそれに準ずる扱いを受けたものと想定される。

【補註】

　本書は2017年3月に脱稿したものであるが、その後校正に至るまでに、本章で対象とした中・後期倭製鏡に関する論考が相次いで発表された。いずれも本章の内容と関わる重要な成果であり、本来であればその成果を加えて書き直すべきところであるが、実質的に不可能であったため、ここで本章の成果との関係についてコメントを付記することでそれに代えさせていただきたい。関係の各氏も含め、御海容をお願いする次第である。なお結果として本章や本書の内容に修正・変更は加えていないが、筆者の検討結果と重複する部分があれば、プライオリティはここで挙げる成果にあることはいうまでもない。当該の論考は、以下の6編である。

1)　馬渕一輝　2017「志段味大塚古墳出土鈴鏡からみた後期倭鏡」『埋蔵文化財調査報告書77 志段味古墳群Ⅲ―志段味大塚古墳の副葬品―』名古屋市教育委員会
2)　加藤一郎　2017a「交互式神獣鏡の研究」『古文化談叢』78
3)　加藤一郎　2017b「乳脚紋鏡の研究」『古代』140
4)　岩本　崇　2017a「古墳時代倭鏡様式論」『日本考古学』43
5)　岩本　崇　2017b「古墳時代中期における鏡の変遷―倭鏡を中心として―」『中期古墳研究の現状と課題Ⅰ―広域編年と地域編年の齟齬―発表要旨集・資料集』中国四国前方後円墳研究会
6)　岩本　崇　2017c「鏡」『考古学研究会第45回東京例会シンポジウム　三昧塚古墳を考える―中期古墳から後期古墳へ―』考古学研究会東京例会

　1)において馬渕は、志段味大塚古墳出土鈴鏡について検討する中で、広く鈴鏡全体の出現の問題や文様の系譜について検討し、外区文様の比較などから、下記の加藤や岩本がいう「後期倭鏡」の中でも古相に位置づけられることを指摘した。また当該鏡を含め、中・後期倭製鏡の変遷観に沿わない一群が存在することを指摘し、「製作者集団内の流派や系統に差異が存在するために生じたイレギュラーなグループ」によるものと想定している（馬渕 2017：p. 147）。鈴鏡の出現については、同報告書の中で、鈴木一有が中期古墳の副葬品の組み合わせから、鈴木の中5期（TK208型式段

階）と想定しており、馬渕の見解とも一致している（鈴木 2017）。鈴鏡の出現については、本章で筆者も多重複波文鏡群という観点から中・後期倭製鏡2期と想定しており、馬渕・鈴木らの見解と共通するものということができる。

2）3）は、加藤一郎による交互式神獣鏡系および乳脚文鏡系の体系的な研究である。基本的な枠組みや年代観自体は、本章で取り上げた旋回式獣像鏡系などの議論と同一であり、中・後期倭鏡の主要な3系列を悉皆的に扱っている点でも重要な成果である。議論の見取り図としてあらかじめ述べるならば、以下でみる加藤や岩本と筆者の議論との相違は、大きく以下の3点に整理できる。すなわち、①半円方形帯鏡群の設定、②交互式神獣鏡系を含む半円方形帯鏡群が、旋回式獣像鏡系の古相と並行して出現したとみるか、時期差をもつとみるかどうか、③倭製鏡生産の変遷や画期における同型鏡群との関係の理解、の3点である。

まず交互式神獣鏡系については、内区主像の胴体が画象鏡を思わせる平板な表現か、肩などの部位ごとに隆起させて胴体を表現するかという点を基準として大きくA系（Aa系・Ab系・Ac系・Ad系・Ae系）・B系（Ba系・Bb系）に区分し、全体を第Ⅰ～Ⅲ段階の変遷として位置づけている。筆者の本章での分類案とは異なり、加藤のAa系に筆者のA系・C系が含まれ、加藤のAd系に筆者のA系とD系が含まれる。また加藤のBa系は筆者が半円方形帯鏡群の関連資料とした額田部狐塚鏡（図100-1）、加藤のBb系は筆者がA系とした平林古墳出土鏡をそれぞれ代表例とする。第Ⅰ段階は、上記の額田部狐塚鏡の神像が旋回式獣像鏡系最古相の金鈴塚古墳出土鏡と類似するという観点から、TK23型式とする。第Ⅱ段階は、五島美術館M195鏡の鈴付加資料が旋回式獣像鏡系ではMT15型式段階まで下ることはないという観点から、TK23～47型式段階と位置づける。第Ⅲ段階は、加藤のAa系が出土した大門大塚古墳の年代観から、遅くともTK10型式段階までには終焉を迎えたとする。基本的には旋回式獣像鏡系と時期差なく、並行して製作されたという年代観が提示されている。なおこのTK23型式の年代と503年が接近して捉えられており、実年代の問題について下垣（2016b）が批判している点について第1章で言及したが、加藤はこの問題について、「下垣氏の指摘はもっともであるが、筆者は便宜的にTK23型式とTK47型式を区別して表記することがあるものの、基本的には分別不可能であり、TK23～47型式として一つの段階で認識すべきではないかと考えている」（加藤 2017a：p. 78）と述べている。

乳脚文鏡系については、主文様の乳文を基準として大きくA系～D系の4つの小系列に細分している。加藤は全体を大きく第Ⅰ～Ⅴ段階に編年し、その出現をTK216～ON46型式段階と捉え、加藤の「中期倭鏡段階」に位置づける。第Ⅱ段階がTK208型式で同じく「中期倭鏡」から「後期倭鏡への過渡期」、第Ⅲ段階～第Ⅳ段階を「後期倭鏡」のTK23～47型式段階とする。また加藤は、第Ⅴ段階も含めた倭製鏡生産の終焉について、乳脚文鏡系の消長から「MT15型式もしくはTK10型式段階頃」と捉え、「後期倭鏡生産が雄略朝に開始され」、「後期倭鏡生産の終了は継体朝後

における倭王権の意図が反映されたもの」と論じている（加藤 2017b：pp. 73-74）。加藤のいう「後期倭鏡」の生産開始についての年代観は異なるが、後者の終焉については、筆者が本章で論じてきた、中・後期倭製鏡生産が4期に終了するという見解とも重なっている。その一方で、「交互式神獣鏡系のみを後出させて考えるのは難しい」（加藤 2017a：p. 77）ことが強調されている点があらためて注目される。

　4) 5) は岩本による倭製鏡全体の変遷を捉え直した成果である。4) で岩本は、倭製鏡の製作技術について、挽型ぶん回し技法を用いた鋳型成形を行うⅠ群と、挽型を用いず回転台・轆轤成形によって鋳型成形が行われたⅡ群に区分し、Ⅰ群が前期倭鏡、Ⅱ群が中期倭鏡（筆者の1期）・後期倭鏡（筆者の2～4期）に相当することを示すとともに、Ⅰ群とⅡ群の間に技術的な断絶があることを指摘する。その上で、古墳時代倭製鏡生産の画期を、前期倭鏡（Ⅰ群）の出現期である前期前葉と、岩本のいう「後期倭鏡」（筆者の2期以降）の出現期と捉えている。後者の画期はⅡ群が出現する中期初頭前後ではなく、「前期副葬鏡の復古的再生」が行われた中期中葉段階として位置づけられている。なお筆者が中・後期倭製鏡1期とした斜縁四獣鏡B系はTK216型式段階を上限と捉えつつ、岩本の「後期倭鏡」の中に含まれている。

　交互式神獣鏡系については同型鏡群との関係を想定しながら、その製作開始が「同型鏡群」の副葬開始と近接した時期となる可能性が高い」こと、その年代の上限が「TK208型式～TK23型式」段階と想定されること、終焉は「少なくとも後期前半までは製作が継続した」といった点を論じている（岩本 2017a：p. 70）。交互式神獣鏡系の製作年代を旋回式獣像鏡系と併行すると捉える年代観は加藤の上述の理解とも重なっている（加藤 2014・2017a・b）。前期の倭製鏡を漢鏡の選択的模倣とする視点や前期倭製鏡と中・後期倭製鏡との間に様式的な区分を設定する点などは、筆者の見解とも一致するところである（辻田 2007b〔図109〕および本章）。岩本のいう「後期倭鏡」における「前期副葬鏡の復古的再生」とする理解も筆者の見解（辻田 2016bおよび本章）と重なる部分があるが、岩本はそれが「「同型鏡群」の流入に先行するとみる」点で筆者の立場とは異なるとする（岩本 2017a：p. 75）。筆者も中・後期倭製鏡生産における前期鏡の復古再生志向は、本章でいう1期から2期にかけて生じている可能性を想定しているが、同型鏡群との相互の関係という点において、筆者のいう「2期」に大きく展開したと捉えている。これは、倭製鏡生産と同型鏡群との関係の捉え方の違いともいうことができる。

　また5) では、岩本のいう「後期倭鏡」を大きく「中期中葉」の「古段階」と「中期後葉～後期」の「新段階」に区分している。前者の「後期倭鏡古段階」が、系列の内容から筆者の「中・後期倭製鏡2期」に、後者の「後期倭鏡新段階」が筆者の「中・後期倭製鏡3・4期」に対応するものとみられる。ただし前者に斜縁四獣鏡B系が含まれる点が異なる。交互式神獣鏡系については、上述のように、旋回式獣像鏡系などと併行するという理解とともに、「交互式神獣鏡系のなかでも大型鏡の忠実な模倣品については、やや時期が下降する可能性を考えている」とも述べている（岩本

2017b：p. 19)。また「後期倭鏡新段階は全体を少なくとも2段階程度に細分できる見通しを私案としてもっているが、現段階では成案を得ていない」(同：p. 16)といった言及もなされている。なお、同型鏡群の出現年代については、TK208～23型式併行期に副葬の嚆矢があり、「後期倭鏡新段階に移行する様式転換と時期的には合致する」と述べている（同：p. 18)。実年代については 4)～6) のいずれにおいても言及されていないが、岩本は別稿で、古墳時代後期の主体となる時期は副葬品体系が変化するMT15・TK10型式段階以降としており（岩本 2015：p. 212)、この点については加藤の理解とは異なっている。

6) では本章で「四神四獣鏡系」の最古相資料として扱った三昧塚古墳出土鏡について、「後期倭鏡古段階」の「対置式神獣鏡B系」という位置づけを行っている。この系列は森下章司の「斜縁神獣鏡B系」・下垣仁志の「中期型神獣鏡」に対応し、「後期倭鏡古段階」の代表例として位置づけられている（岩本 2017b：pp. 15–16)。獣像の類似から斜縁四獣鏡B系とのつながりを指摘しており、それも含めて斜縁四獣鏡B系を「後期倭鏡古段階」(筆者編年の2期) に下げて位置づけている。筆者の理解とも重なる点が多いが、この中期前半の諸系列については資料数が少なく、彼らのいう「中期倭鏡」の位置づけと合わせて今後の課題としておきたい。

　以上の各氏の議論を通覧してあらためて整理すると、特に筆者の議論と加藤・岩本らの議論の違いは、上述の①～③にほぼ集約されるものと考える。特に交互式神獣鏡系の出現を旋回式獣像鏡系などの成立と同時期と捉える見方については、本章でみたように交互式神獣鏡系も含めて「半円方形帯鏡群」を設定することによって、筆者のいう4期段階での倭製鏡生産の新たな活性化として捉え直すことが可能となるものと考える。学史的に考えた場合、かつて車崎正彦が隅田八幡神社人物画象鏡と交互式神獣鏡系・平林古墳出土鏡を503年段階で結びつけて考えた際、旋回式獣像鏡系と時期差があると捉えた上で交互式神獣鏡系が6世紀代を主体とするといった説明がなされたものと筆者は認識しており（車崎編 1993a・1995)、筆者の理解はこうした車崎をはじめとした先行研究の理解の延長上にあるものと考えている。また「前期倭製鏡」と「中・後期倭製鏡」を様式として区分する筆者の理解は、結果的に岩本のⅠ群・Ⅱ群という分類とも一部重なっているが、「Ⅱ群」の評価については稿を改めて検討したい。本章で述べたように、筆者は中・後期倭製鏡の特に2期以降の変遷は同型鏡群との序列的関係において理解可能であると捉えているが（図110・111)、上述のような倭鏡の変遷観が同型鏡群とどのような関係にあるのかについて、時代像も含めた今後の議論の深化を期待するものである。上記の内容を本文中に反映できない点について、重ねて御海容を乞う次第である。　　　　　　　　　〈2017年12月記〉

第4章　古墳時代中・後期における
　　　　同型鏡群の授受とその意義

　第2章では同型鏡群の生産について、第3章では5・6世紀代の倭製鏡生産について検討を行ってきた。本章では、その検討結果をもとに、これらの銅鏡の流通と授受のあり方について検討する。まず第1節において、出土古墳の時期的変遷という観点から、古墳時代中・後期における同型鏡群の授受とその実態について議論する。第2節では、列島各地および朝鮮半島南部地域における同型鏡と倭製鏡の分布について検討し、各地を結ぶ交通路や対外交流という観点から、同型鏡群と倭製鏡の流通の意義とその背景について考えてみたい。

第1節　同型鏡群の授受からみた古墳時代における
　　　　参向型授受の2つの形態

1. 同型鏡群の拡散時期と授受の具体相

（1）古墳時代中・後期における同型鏡群の副葬と各時期の特徴

　表15は同型鏡群の中で、出土古墳および副葬時期の推定が可能なものについて、墳丘形態・規模と時期区分を示したものである。同型鏡群は伝・推定資料が多く、特定遺跡への帰属の可能性が限定できないものについては表15の対象としておらず、第2章の出土地名一覧表（表2）をあわせてご参照いただきたい。年代観については、第3章と同じく、TK216～TK208型式段階を7期、TK23・47型式段階を8期、MT15～TK10型式段階を9期、TK43～209型式段階を10期とする編年基準（広瀬 1992）を参照している。現状で同型鏡群の初現例（ON46型式期）として指摘されているのが前述の千葉県祇園大塚

表15　同型鏡群の出土古墳と副葬時期

副葬時期	県名・国名	出土遺跡	墳丘形態・規模（m）	埋葬施設	同型鏡群	面径	共伴鏡	面径	遺跡番号
7期	千葉	祇園大塚山古墳	前方後円・110〜115	組合式石棺	画文帯仏獣鏡 B	約30.4 (23.5)	なし		14
	福岡	勝浦峯ノ畑古墳	前方後円・100	横穴式石室	細線式獣帯鏡 A	約22	倭・内行花文鏡 B 系	10	70
					画文帯同向式神獣鏡 C ①	約21	倭・内行花文鏡 B 系	9.2	
					画文帯同向式神獣鏡 C ②	約21	倭・獣像鏡	14.4	
							倭・旋回式獣像鏡系	14.6	
							倭・乳文鏡	10	
	福岡	沖ノ島21号遺跡	—	—	浮彫式獣帯鏡 A	17.6	倭・四鏡	12.1	73
	福岡	沖ノ島21号遺跡(推定)	祭祀遺跡	—	浮彫式獣帯鏡 A	17.9	倭・乳脚文鏡系	11.7	
	福岡	沖ノ島21号遺跡(推定)	—	—	画文帯同向式神獣鏡 C	20.8	倭・獣像鏡	13	
	三重	神前山古墳	造出付円墳・38	不明	画文帯同向式神獣鏡 C ①	20.9	なし		30
					画文帯同向式神獣鏡 C ②	21.1			
					画文帯同向式神獣鏡 C ③	(約21)			
	韓国	斗洛里32号墳	楕円形墳・21×17.4	竪穴式石槨	浮彫式獣帯鏡 A	17.8	なし		韓国R
	栃木	雀宮牛塚古墳	帆立貝式・56.7	木棺	画文帯同向式神獣鏡 C	21.1	倭・八獣鏡(多重複波文鏡群)	16.9	5
							倭・旋回式獣像鏡系(五鈴)	9.5	
							倭・櫛歯文鏡(四鈴)	5.8	
							倭・櫛歯文鏡(四鈴)	6	
							倭・櫛歯文鏡(四鈴)	5.9	
	群馬	古海原前1号墳	帆立貝式・53	礫槨	画文帯同向式神獣鏡 C	20.9	なし		10
	埼玉	稲荷山古墳	前方後円・120	礫槨・舟形木棺	画文帯環状乳神獣鏡 B	15.5	なし		12
	東京	亀塚古墳・第2主体部	帆立貝式・40	木炭槨	神人歌舞画象鏡	20.7	なし		16
	千葉	大多喜古墳	円墳・25	木棺直葬	画文帯環状乳神獣鏡 B	(15.45)	なし		13
	静岡	奥ノ原古墳	円墳	不明	画文帯同向式神獣鏡 C	21.1	なし		24
	愛知	笹原古墳	不明	不明	浮彫式獣帯鏡 A	17.7	なし		26
	石川	狐山古墳	前方後円・54	箱式石棺	画文帯環状乳神獣鏡 B	19.6	なし		17
	福井	西塚古墳	前方後円・74	横穴式石室	神人歌舞画象鏡	20.1	倭・旋回式獣像鏡系	12.5	18
	三重	木ノ下古墳	帆立貝式・31	粘土槨・組合式木棺	浮彫式獣帯鏡 A	17.5	なし		28
	三重	波切原古墳	円墳・約20	不明	画文帯環状乳神獣鏡 B	15.3	なし		32
	大阪	高井田山古墳	円墳・22	横穴式石室・組合式木棺	神人龍虎画象鏡	20.6	なし		44
	大阪	伝・長持山古墳	円墳・40	竪穴式石郭・家形石棺	神人歌舞画象鏡	20	なし		45
	兵庫	よせわ1号墳	円墳？	粘土槨？	画文帯対置式神獣鏡	20.2	なし		48
	兵庫	里古墳	前方後円・45	竪穴式石槨	画文帯同向式神獣鏡 C	21	なし		49
	兵庫	奥山大塚古墳	円墳・15	組合式木棺・竪穴式石室／粘土槨	八鳳鏡	18.9	なし		47

第4章　古墳時代中・後期における同型鏡群の授受とその意義　391

副葬時期	県名・国名	出土遺跡	墳丘形態・規模（m）	埋葬施設	同型鏡群	面径	共伴鏡	面径	遺跡番号
8期	奈良	今井1号墳	前方後円・31	竪穴式石槨・割竹形木棺	細線式獣帯鏡A	22.7	なし		56
	奈良	新沢173号墳	円墳・14	組合式木棺直葬	浮彫式獣帯鏡E	20.3	なし		55
	奈良	新沢109号墳	前方後円・28	割竹形木棺直葬	画文帯同向式神獣鏡C	21.1	倭・珠文鏡系 倭・分離式神獣鏡系	7.2 12.1	54
	奈良	吉備塚古墳	円墳・25>／前方後円・40>	箱形木棺	画文帯環状乳神獣鏡A	14.8	なし		51
	奈良	米山古墳（愛宕山古墳）	前方後円・37	竪穴式石槨？	神人龍虎画象鏡	20.7	倭・四獣鏡（多重複波文鏡群）	15.1	57
	岡山	牛文茶臼山古墳	帆立貝式・48	竪穴式石槨	画文帯同向式神獣鏡C	20.9	なし		61
	岡山	築山古墳	前方後円・82	竪穴式石室・家形石棺	神人龍虎画象鏡	20.4	なし		62
	岡山	朱千駄古墳	前方後円・65	長持形木棺	神人歌舞画象鏡	20.4	小型鏡1面		60
	広島	酒屋高塚古墳	帆立貝式・46	竪穴式石槨	画文帯同向式神獣鏡C	20.9	なし		66
	香川	津頭西古墳	円墳・7.2？	竪穴式石槨	画文帯環状乳神獣鏡A	14.8	なし		67
	愛媛	樹之本古墳	円墳・30	竪穴式石槨	細線式獣帯鏡E	23.6	なし		69
	愛媛	金子山古墳	円墳・25	竪穴式石槨	画文帯対置式神獣鏡	20.8	倭・珠文鏡系（四鈴）	12.7	68
	福岡	山の神古墳	前方後円・80	横穴式石室	画文帯環状乳神獣鏡A	15	舶載・盤龍鏡	12.6	74
	福岡	番塚古墳	前方後円・50	横穴式石室	神人歌舞画象鏡	20.1	なし		76
	熊本	江田船山古墳	前方後円・62	横口式家形石棺	浮彫式獣帯鏡C	17.8	倭・斜縁四獣鏡B系	9	80
					画文帯環状乳神獣鏡A	14.9			
					画文帯対置式神獣鏡	20			
					画文帯同向式神獣鏡C	21			
					神人車馬画象鏡	22.2			
	大分	日隈1号墳	不明		細線式獣帯鏡A	23.3	なし		85
	大分	鑑堂古墳	円墳・20		神獣車馬画象鏡	20.1	なし		84
9期	韓国	武寧王陵	円形墳・約20	横穴式石室・王棺	方格規矩四神鏡	17.8	なし		韓国S
					浮彫式獣帯鏡B	23.2			
				横穴式石室・王妃棺	細線式獣帯鏡D	18.1			
	長野	伝・御猿堂古墳	前方後円・66.4	横穴式石室	画文帯仏獣鏡B	23.7	（舶載・盤龍鏡？）	—	21
	岐阜	南出口（城塚）古墳	前方後円・83	竪穴式石槨	細線式獣帯鏡C	20.6	なし		23
	愛知	大須二子山古墳	前方後円・100>	不明	画文帯仏獣鏡A	21.5	なし		25
					画文帯同向式神獣鏡B	19.5			
	愛知	亀山2号墳	古墳	横穴式石室	画文帯同向式神獣鏡C	20.9	倭・珠文鏡系	7.7	27
	福井	丸山塚古墳	円・50	横穴式石室	画文帯同向式神獣鏡C	21.1	なし		19
	三重	井田川茶臼山古墳	古墳	横穴式石室・箱式石棺	画文帯同向式神獣鏡C①	20.9	なし		29
					画文帯同向式神獣鏡C②	20.8			
	滋賀	三上山下（推定・甲山）	不明		浮彫式獣帯鏡B①	23.2	なし		33
					浮彫式獣帯鏡B②	22.4			
	京都	トヅカ古墳	円墳・25	竪穴式石槨	神人歌舞画象鏡	20	倭・四獣鏡（半円方形帯鏡群）	16.2	37
					神人車馬画象鏡	22.5			
	京都	天塚古墳	前方後円・71	横穴式石室	画文帯同向式神獣鏡C	（約21）	倭・五獣鏡 不明	17.7 不明	34
	兵庫	勝福寺古墳	前方後円・41	後円部・横穴式石室	画文帯同向式神獣鏡C	(20.9)	倭・旋回式獣像鏡系（六鈴）	10.9	46
				前方部・木棺直葬	────	────	倭・旋回式獣像鏡系	11.4	
	大阪	郡川東塚古墳	前方後円・50	横穴式石室	画文帯同向式神獣鏡C	20.9			42

副葬時期	県名・国名	出土遺跡	墳丘形態・規模（m）	埋葬施設	同型鏡群	面径	共伴鏡	面径	遺跡番号
	大阪	郡川西塚古墳（伝八尾市郡川）	前方後円・60	横穴式石室・組合式木棺	神人歌舞画象鏡	20.6	倭・四獣鏡（多重複波文鏡群）	21.2	41
	熊本	国越古墳	前方後円・62.5	横穴式石室・家形石棺	画文帯環状乳神獣鏡A	14.9	舶載・対置式四獣鏡	9.3	82
				横穴式石室・屍床	浮彫式獣帯鏡A	17.5			
	群馬	綿貫観音山古墳	前方後円・97	横穴式石室	浮彫式獣帯鏡B	23.3	倭・二神四獣鏡	12.3	8
	群馬	観音塚古墳	前方後円・90.6	横穴式石室・組合式木棺	画文帯環状乳神獣鏡B	15.6	倭・旋回式獣像鏡系（五鈴）	10.6	7
							倭・旋回式獣像鏡系	13.4	
							倭・内行花文鏡B系	10.7	
10期	群馬	恵下古墳	円墳・27	変形堅穴式石室	画文帯同向式神獣鏡A	14.8	なし		9
	千葉	鶴巻塚古墳	円墳・40	組合式石棺直葬	画文帯仏獣鏡A	22	倭・多状文縁神像鏡系	17.4	15
	奈良	藤ノ木古墳	円墳・48	横穴式石室・家形石棺	浮彫式獣帯鏡	18.1	倭・五獣鏡（半円方形帯鏡群）	16	52
					画文帯環状乳神獣鏡C	21.9	倭・交互式神獣鏡A系	16.7	
	岡山	王墓山古墳	円墳・25	横穴式石室？・家形石棺	画文帯仏獣鏡A	21.5	なし		65
	福岡	沖ノ島7号遺跡	祭祀遺跡	――	盤龍鏡	破片	倭・珠文鏡系	9.2	71
	福岡	沖ノ島8号遺跡	祭祀遺跡	――	盤龍鏡	11.6	倭・方格規矩四神鏡JK系	14.1	72
							倭・乳脚文鏡系	10	

山古墳の外区を拡大した画文帯仏獣鏡Bであり（川西2004、上野編2013）、ほかにも7期の事例はいくつか存在するが、大半がTK23〜47型式段階に属しており、この時期が副葬のピークであることがわかる。そして、9期以降にも各地での副葬事例が一定数存在しており、6世紀代にも同型鏡群の副葬が行われたことが確認できる。

　こうした変遷から、第2章でも言及したように、同型鏡群の種類は特定鏡種のみが古く特定鏡種が新しいというよりは、TK23〜47型式段階までという初期の段階でほぼすべての鏡種が出揃っており、また笵傷の段階差と古墳の時期差が対応しないことから、この段階以前に、同型鏡群の生産が終了していた可能性を示すものと考える（川西2004）。また同型鏡群の流通年代については、5世紀後半を中心とし、特に関東地域を中心として一部は各地で伝世されたとみる説（川西2004）と、6世紀前半の「継体朝」期における流通の可能性を想定する見解（高松2011）がある。6世紀後半代の副葬事例については、各地域での在地的伝世が想定されている（森下1998a、川西2004）。

同型鏡群の列島での出現年代を考える上であらためて注目されるのは、第2章でも述べたように、表15で挙げることができなかった伝・推定資料なども含め、戦後の開発に伴う緊急調査や新たな古墳の発見などに伴って出土した同型鏡群の事例が非常に少なく、大半が戦前の不時発見などにより出土したものだということである。同型鏡群全体が約130面であるのに対し、出土遺跡への帰属がある程度確実とされ、時期の特定が可能な資料に限定した表15の資料数は78面にとどまり、全体でも戦後の発掘調査資料は37例とさらにその半分以下に限定される。すなわち、前期古墳の鏡などと比較すると戦後の出土事例が少ない点が特徴として挙げられ、その理由として、5世紀中葉〜後葉前後の墳丘の保存状態が良好な大型古墳の調査事例が少ないことと、こうした5世紀中葉前後の未調査の大型古墳などに同型鏡群が副葬されている可能性の両者が想定される（こうした古墳の副葬鏡で盗掘された資料などが、「出土地不明鏡」の中に含まれている可能性もある）。7期〜8期の祇園大塚山古墳や勝浦峯ノ畑古墳、また福井県西塚古墳などは、そうした中期中葉〜後葉の前方後円墳が調査された数少ない事例とみることができよう。祇園大塚山古墳の事例についても極大鏡が追葬の被葬者に伴うと考えることはむずかしく、ON46型式段階での副葬の可能性（上野 2013a）を想定するならば、資料が限定されている現状ではON46型式前後の副葬事例が実際にはもう少し存在する可能性を想定しておく必要があるように思われる。

　こうした点をふまえつつ、表15の7期〜10期それぞれの同型鏡群副葬傾向をみると、それぞれ異なる特徴が認められる。まず7期で確実な古墳出土事例のうち2基は、いずれも100m級の大型前方後円墳である点が共通する。祇園大塚山古墳出土鏡は金銅装の甲冑類とともに外区を拡大した極大の画文帯仏獣鏡B（30.3cm）であり、列島出土の同型鏡としては、旧ベルリン民俗博物館所蔵鏡（33.6cm）とともに現状最大の資料である（上野編 2013）。金銅製甲冑類の卓越と副葬時期から倭王済の段階で除正された「軍郡二十三人」といった被葬者像も想定されている（橋本 2013、上野 2013a）。他方、福岡県勝浦峯ノ畑古墳は大型同型鏡3面に加え倭製鏡5面の計8面の銅鏡を副葬する点でこの時期では異例であり（辻田 2011a）、また鏡の内容が5世紀中葉〜後葉前後と想定される沖ノ島21号遺跡の内容と共通しており、沖ノ島祭祀上の画期

および宗像・津屋崎地域における大型古墳群築造の嚆矢となるといった点が指摘されている（小田 2012、辻田 2012a）。この2基の古墳は以上の点で、5世紀中葉～後葉にかけて近畿中央政権とのつよいつながりをもちながら、大型の同型鏡を贈与された在地の最上位層といった位置づけが可能である。TK208型式の須恵器が出土した三重県神前山1号墳も、造出付円墳ながら38mと規模が大きく、大型の画文帯同向式神獣鏡Cを3面副葬する点で、上述2基に準ずるものとみられる。

これに対して8期の副葬事例は7基の事例とは若干様相が異なっている。先述の調査事例の偏りの問題もあるとみられるが、80～100m級の前方後円墳の出土事例より、中小規模の前方後円墳や円墳などでの出土が大半を占めている。そしてその場合に、墳丘の規模は大きくなくとも、副葬品の内容が種類・量ともに豊富である点が特徴である。

また同型鏡群の面径は19cm以上の大型鏡を主体としながら、15cm前後の中型鏡も存在しており、福岡県山の神古墳出土の画文帯環状乳神獣鏡A（15.0cm）や埼玉県稲荷山古墳礫槨出土の画文帯環状乳神獣鏡B（15.5cm）などはその代表例である。これらは80m・120mといった規模の前方後円墳での出土例であるが、たとえば福岡県番塚古墳出土神人歌舞画象鏡は面径約20.1cmであり、番塚古墳の規模が約50mである点で、ほぼ同時期で地域的にも近接する山の神古墳と比較すると、墳丘規模の大小と鏡の面径とが必ずしも相関していないことが確認できる。これらは、5世紀後葉～末の時期に各地の中小規模墳の被葬者層が中央政権と政治的な関係を取り結んでその枠組みに組み込まれたことを示すとみられ、そのような意味での5世紀中葉以来の中央政権による対地域戦略（前之園 2013）といった脈絡での理解が可能であろう。

その中で注目されるのは、「人制」関連資料が出土している稲荷山古墳礫槨と熊本県江田船山古墳の両者で同型鏡が出土している点である。稲荷山古墳礫槨では古墳の中心主体が別にあることが想定され、その点で在地の代表者（主たる埋葬施設の被葬者）の親族で中央政権に上番・奉仕した人物といった被葬者像が想定される（小川他編 2003、吉村武 2003）。また江田船山古墳においては遺物群の帰属が複数に分かれるため、同型鏡群がどの段階に帰属するかは確実ではないが、大刀の銘文の内容（「大王世」）から、ワカタケル大王の没後

に回顧して記された可能性が指摘されており（東野 2004）、追葬に伴う可能性が想定される。古墳の築造年代は初葬がTK23型式前後と想定されることから、同型鏡群は初葬の「雄略朝」期段階か銘文大刀の段階以降のいずれかにおいて入手・副葬されたものと考えられる。副葬品の構成については諸説あり（e.g. 白石 1997・2002、桃崎 2008）、銘文大刀と同型鏡との相互の関係についても可能性を限定することはできないが、少なくともこうした「人制」関連被葬者が埋葬される古墳に同型鏡が副葬されたという点は確認できる。また稲荷山古墳や江田船山古墳、そして先の祇園大塚山古墳や勝浦峯ノ畑古墳なども含め、7期～8期段階の同型鏡出土古墳が在地社会における5世紀後葉以降に継続する古墳築造の契機になっている場合も多く、在地社会の政治的統合に対して近畿中央政権からの梃子入れがなされた可能性も想定される。

　9期以降の6世紀の事例は、従来指摘されているように5世紀代に各地にもたらされたものが在地で伝世された事例も含まれているとみられるが、ここで挙げた事例にはいくつかの特徴がみられる。特に愛知県大須二子山古墳や三重県井田川茶臼山古墳、兵庫県勝福寺古墳、熊本県国越古墳など、在地において先行する大型古墳がみられず、この時期に新たに築造された可能性が高い点、そしてそれらに捩り環頭大刀や三葉文楕円形杏葉、広帯二山式冠などのいわゆる「継体朝」期に特徴的な器物（福永 2005b、高松 2007）が伴う場合が多く、継体政権との強い結びつきが認められる点である。前章で述べた中・後期倭製鏡編年4期の交互式神獣鏡系・隅田八幡神社人物画象鏡を含む半円方形帯鏡群もこの時期の所産である。

　10期の事例は、森下章司（1998a）や川西宏幸（2004）、上野祥史（2013a）が指摘するように、地域集団の中で伝世されたものがこの段階に副葬された事例が主体とみられる。この中で特に注目されるのは、前章でも指摘した、藤ノ木古墳における同型鏡2面の副葬事例である。これは、6世紀後半代の王族層において同型鏡群が上位の副葬鏡として位置づけられていたこととともに、この段階まで王族層において同型鏡群が長期保有・管理されてきたことを示している。この点と関連して、上述の隅田八幡神社人物画象鏡を503年の作とみた場合に、そのモデルとなったのが画文帯仏獣鏡A・Bや神人歌舞画象鏡などの同型鏡であり、これらはこの段階まで中央政権下で保管されてきたと想定され

ている点（川西 2004）が注意される。以上の点から、6世紀代のいわゆる伝世のあり方として、従来想定されてきたように、各地域の在地社会で伝世された場合と、中央政権下で6世紀代まで管理・保管された後に一部の有力者に副葬される場合の双方が存在していた可能性を考える必要がある。[1]

（2）同型鏡群拡散の3段階

　以上のように、5世紀中葉から6世紀代に至る同型鏡群の副葬状況と出土傾向は、時期ごとに異なる特徴が見出される。また6世紀代における近畿の王族層における同型鏡群の副葬事例から、中央政権下での5世紀代以来の管理・保管という点が想定できる。以上の2点から、筆者は同型鏡群の流通・拡散時期について、大きく以下の3段階が存在したのではないかと想定する：

　　1段階：5世紀中葉（ON46〜TK208）
　　2段階：5世紀後葉（TK23〜47）
　　3段階：6世紀前葉（MT15〜TK10）

　1段階は、祇園大塚山古墳における外区拡大の超大型鏡と金銅装甲冑との共伴事例や勝浦峯ノ畑古墳の出土事例が知られるが、現状では、陪冢などでの確実な出土例や各地の中小規模の古墳での出土事例がみられない、もしくは非常に少ないことから、この段階での副葬事例は、たとえば80〜100m級以上の前方後円墳などに偏っている可能性が想定される。この点において、この時期の同型鏡群の授受は、倭の五王の遣使とそれに伴う府官制的秩序への志向（鈴木靖 1984・1985・2002、森公 2010a、河内 2010）などと関連している可能性がある。5世紀代における近畿周辺の大型前方後円墳や各地の最大規模墳の多くが未調査である点で制約が大きいが、438年の倭王珍遣使時の「倭隋等十三人」や451年の倭王済遣使時の「軍郡二十三人」などはその具体的なイメージとして想起されるところであり、大型同型鏡は、現在の資料から判断する限り、金銅装眉庇付冑や短甲などとともに、そうした上位層の間で保有された象徴的器物の候補といえる（上野 2013a、橋本 2013）。また例えば祇園大塚山古墳も勝浦峯ノ畑古墳も、大加耶や百済など、半島諸地域との結びつきがつよい被葬者像が想定され、そうした点で中央政権の対半島交渉・対南朝遣使、そして沖ノ島祭祀などに深く関わる人物への贈与という脈絡で理解することが可能

であろう。この時期においては、同型鏡の贈与の対象が、近畿周辺も含め列島各地のごく一部の上位層に限られていた可能性が想定されるところであり、この意味において、倭王済の時期を中心とした府官制的秩序志向という脈絡で理解することが可能である。

　次の2段階と想定するTK23～47型式段階は同型鏡群副葬のピークである。上述のように大型古墳のみならず、中小規模古墳での出土例が多く、鏡の面径の大小と古墳規模が必ずしも対応しないといった特徴があり、「雄略朝」期前後の、各地の中小古墳の被葬者層を新たに取り込む動きの一環として理解できる可能性がある。そして稲荷山古墳礫槨や江田船山古墳など、人制関連の古墳での出土事例が含まれる点が注目される。またこの両古墳も含めて、1段階に続いて半島系遺物との共伴事例が多い点も特徴である。さらにこの時期、旋回式獣像鏡系・乳脚文鏡系をはじめとした中・小型の新たな倭製鏡の生産・流通がピークを迎え、同型鏡群とほぼ同時期に各地に拡散している。ただし同型鏡群との共伴事例はあまり多くなく、授受の対象や基準が相互に異なっていた可能性がある。

　以上から、TK23～47型式段階の副葬事例の多くは、倭王武・「雄略朝」期において新たに各地の上位層や中小古墳の被葬者層に対して贈与されたものであり、そうした各地域集団の中央政権への参画や、対半島交渉への関与といった点に対する中央政権の評価を示すものと理解できる。

　3段階は、「雄略朝」期以後、6世紀初頭の継体政権下での地域間関係の再編成の中で、継体政権が各地域集団との政治的関係を示すために、5世紀代の「倭の五王の時代」以来の伝統的器物である同型鏡群や、それをモデルとした倭製鏡を贈与した時期と考えることができる。この時期は金銅装馬具や捩り環頭大刀など、象徴的器物の「継承」と「刷新」が図られた時代であり（福永 2005b、高松 2007）、ここにおいて必ずしも同型鏡群や倭製鏡は主体ではないが、王統譜とは別に中央政権の枠組みや組織自体が継承されたことを象徴的に示す伝統的器物として各地の上位層に贈与されたものとみなされる。6世紀後半段階における副葬事例は各地での伝世事例を多く含むものとみられるが、この時期においても中央政権下に一定数の同型鏡が存在していた可能性についても留意しておく必要がある。

（3）2段階における人制関連資料と追葬の意味の変容

　ここで2段階（TK23～47型式段階：8期）の「雄略朝」期前後の時期において問題となっている、人制関連資料と同型鏡群との関係について付言しておきたい。先に稲荷山古墳礫槨や江田船山古墳での同型鏡群出土の事例から、人制関連の被葬者と同型鏡群との関係について言及した。先述のように、江田船山古墳の個々の被葬者と同型鏡群5面との関係（個別の鏡の帰属）は鏡自体からは特定不可能であり、銘文大刀との関係も不明である点で、同型鏡群と人制の直接の関係についての検証は現状では困難である。また稲荷山古墳礫槨での同型鏡の出土についても、①礫槨被葬者が自身で入手して副葬した可能性の他に、②初葬被葬者に対して複数の同型鏡がもたらされた後に、そのうちの1面が礫槨被葬者に対して副葬された可能性なども存在しており、どちらかに限定することはできない。この点からすれば、「人制」関連の被葬者が追葬の被葬者を主体とするのか、初葬の被葬者も含めて考えられるのかによって同型鏡群との関係性の理解も変わってくるということになる。2段階の複数埋葬事例においては、初葬の被葬者への同型鏡の副葬が確認できる事例が存在することから（e.g. 奈良県吉備塚古墳、大阪府高井田山古墳、福岡県番塚古墳）、今後、このように初葬か追葬かの区別が判明しかつ銘文大刀を伴うような事例の増加が期待されるところである。この点で、「2段階の同型鏡群＝人制に関わる被葬者への贈与」というような直接の結びつきを想定することは一定の留保が必要であるが、その可能性も含めて考えていく必要があるというのが現状である。

　また人制の職掌が具体的に古墳の副葬品構成や、各地域での生産遺跡などの考古資料にどのような形で反映されるかについても今後の課題である。現在のところ、たとえば江田船山古墳と稲荷山古墳の副葬品組成から、それぞれが「奉事典曹人」や「杖刀人首」の内容を示していると読み取ることはむずかしく、銘文資料がない状態で人制の職掌を考古学的に推測することは困難である。むしろ副葬品組成としては、列島産の鉄製武器類・武具類の組み合わせなどにおいて一定の共通性が存在し、時期区分の指標ともなっている点で、それらの生産・流通の問題があらためて注目される。

　こうした人制と同型鏡群との関係や職掌に関する考古学的証拠といった問題

とは別に、この人制の問題に関連して筆者が重要と考えているのは、5世紀後葉以降における追葬の意味の変容という点である。田中良之の古墳時代親族構造研究の中で、5世紀後半は各地で父系化が進展し、それまでの基本モデルⅠ（キョウダイを基礎とする同世代の被葬者）から、基本モデルⅡ（妻と独立した長子を除く父と子どもたち）へと変化する時期であることが明らかにされている(2)（田中良 1995・2008）。いわば、複数の被葬者同士の間で世代差がみられるようになるという点が特徴として挙げられるということであるが、この場合に、被葬者の世代差の根拠として副葬品組成の中で時期差がみられるということは、追葬の被葬者が新たに入手し、副葬された器物が含まれることを示している。このことは一見自明であるようにも思われるが、前期以来の「威信財」の入手形態とは異なる側面を伴っている。すなわち、前期以降、威信財の入手と副葬に関しては、地域集団が基本単位となっていたと想定され、それゆえ古墳時代における鏡の在地社会での伝世が想定される場合もこうした地域集団の中での世代間継承が想定されてきた（森下 1998a）。他方で、前期以来の威信財入手は各世代ごとでの入手・副葬が基本であり、そのため地域集団の代表者の代替わりに伴い新たな威信財の入手が行われることが想定される（辻田 2007a・b）。こうした入手・副葬形態は古墳時代中期の墳丘併葬や初期横穴式石室における複数埋葬においても継承されたため、これらの複数埋葬においては、被葬者間で副葬品の年代に時期差がみられないのが通例である。ところが、5世紀後半以降になるとこうした複数埋葬の被葬者間で副葬品に時期差がみられるようになる。そしてそれに加えもう1つ重要な点は、先の田中の基本モデルⅡにおいて示されているように、この場合の追葬の被葬者は「独立した古墳を築造しなかった子どもたち」であるという点である。すなわち、新たに副葬品入手を行って追葬されているが、それは新たな古墳築造の契機やその被葬者といった、家長としての地位を継承して独立した人物ではなかった可能性が高いということである。ここにおいて、5世紀後半以降の横穴式石室などにおいて複数埋葬で時期差を伴う追葬が確認される場合、そうした「独立しなかった」被葬者像という点で人制との関係が問題となってくる。これは具体的には、江田船山古墳の追葬の副葬品や稲荷山古墳の礫槨被葬者の副葬品のセットが初葬の被葬者と時期差を示す可能性があることから、これら追葬の被葬者が

初葬の被葬者とは別に独自に入手した可能性が高いという点を論拠とするものである。

　以上のような点が威信財の入手形態という意味で重要であるのは、中央政権による威信財贈与が地域集団を単位として行われていたのに対し、新たに「個人」への贈与という形が加わったことが考古学的に確認できる点である[3]（辻田2014b：pp.13～15）。こうした個人への直接的贈与が新たに加わるという点で、ここに「人制」の考古学的な観点での意義を見出すことが可能ではないかと考える[4]。

2. 同型鏡群の授受とその意義—古墳時代における参向型授受の2つの形態—

　以上の検討をもとに同型鏡群の授受とその意義について筆者の見解を整理しておきたい。第1章でもみたように、古墳時代における鏡の授受については、川西宏幸（2000・2004）によって前期の三角縁神獣鏡が「下向型」、中期の同型鏡群が「参向型」として想定され、その後、前期まで含めて基本的に「参向型」の可能性が高いものと考えられてきている（下垣2003b、森下2005b、辻田2007a・b）。その上で、本節で検討したように、5世紀後半以降の威信財入手形態の転換と追葬の意味の変容という点から、この「参向型」の授受のあり方には、大きく以下に述べるような2つの形態が想定できるのではないかと考える。それぞれ参向型1類・2類とする：

〔参向型1類〕：列島各地の上位層の代替わりや中央政権のパラマウント・チーフの代替わりなどの諸契機に伴い、各地域から中央へ参向し、その結果として威信財を各地に持ち帰るというパターンである。中央への人的・物的資源の供与や大型モニュメント築造・儀礼への参画と技術伝習といった側面も伴う。威信財贈与の対象は参向した地域集団が単位であり、入手された威信財は地域集団の代表者の墓に副葬されるため、各世代ごとの関係の更新：各世代ごとの威信財の入手・副葬が基本である。列島各地でのモニュメント築造は、これらの地域集団が近畿地方を核とする広域的ネットワークへと参加していることを表示する。古墳時代前期～中期を中心とする[5]。

〔参向型2類〕：各地域の上位層とその親族などが、中央に上番して奉仕する。そしてこうした形での上番・奉仕の見返りとして威信財が贈与され、それが各地に持ち帰られた後、地元の古墳に副葬されるというパターンである。贈与の対象は従来の地域集団という単位に加え、奉仕に直接関与した個人が含まれるようになる。古墳時代中期～後期を中心とする。これにより、同一古墳で複数被葬者が埋葬される「複数埋葬」やいわゆる「追葬」の被葬者において、初葬の被葬者の副葬品構成とは時期差をもった副葬品が副葬されるようになる。

参向型1類が上位層の代替わりやモニュメント築造といった上位層の死を契機とする葬送儀礼と世代交代という点に規定されたものであるのに対し、参向型2類は中央政権への上番・奉仕という点が規定要因であるという点であるという点で、この両者は同じ「参向型」でも内容が質的に異なっている。大きくは、古墳時代中期から後期にかけて、①「中央政権」と「地域集団」との関係の変化、②威信財贈与の対象に、「地域集団」から政権の活動に参画した「個人」が新たに加わる、という2つの変化が生じていたものと想定される。銘文資料が少ないため2類の実態を考える上では資料的限界があるものの、少なくとも5世紀後半代にはいわば参向型1類と2類が併存していたものとみられる。この点で、参向型2類の出現は、5世紀代の府官制的秩序への志向と密接に関わるものと考えられる。またこの2類と密接に関わる形で、地方に対してより体系的な形での技術移転がなされる場合があり、5世紀後半以降における陶邑系の須恵器生産の技術移転（菱田 1992、植野 1998、平石 2014）などがこれに該当する可能性が高い。こうした1類と2類の併存状況が、2類を主体としたあり方へと転換したのが、おそらく6世紀代の磐井の乱を契機としたミヤケ制・国造制・部民制の成立以後ではないかと考えられ、特に6世紀以降はこうした結びつきの中で、装飾付大刀や金銅装馬具の贈与が行われるようになったものと想定される[6]。古代国家形成という観点からみた場合、参向型1類→参向型2類という変遷と追葬の意味の変容が5世紀中葉～後葉以降に一定程度連動して進行している点が重要であろう。

以上をふまえ、同型鏡群の授受について考えた場合、同型鏡群拡散の1段階から3段階までの変遷において、府官制的秩序や中小古墳の被葬者層との政治

的結合、また各地の有力者との政治的関係といった、中央政権と各地域の有力者の間での個別的かつ直接的な政治的結びつきの脈絡で授受が行われているという点で、後者の参向型2類の中での授受が基本であったものと想定する。逆に参向型1類は、前期の三角縁神獣鏡や倭製鏡などがその代表例であり、この点で前期の鏡と中期中葉以降の同型鏡群とでは、授受の形態とともに、鏡に付与された意味や性格、ひいてはその背後にある近畿中央政権を核とする政治的関係の実態についても大きく異なっていたものと理解できよう。

3. 小結：同型鏡群の授受とその意義

以上、古墳時代中・後期における同型鏡群の授受とその意義について検討してきた。その結果を要約すれば以下のようになる。
①同型鏡群の拡散においては3段階の変遷が認められる。
②2段階（TK23～47型式段階）に追葬の意味の変容がみられる。
③鏡の入手形態として想定されてきた「参向型」を大きく1類と2類に区分し、同型鏡群の授受が後者の2類として位置づけられるとともに、こうした政治的関係による結合を基礎として威信財授受が行われるようになった。

以上の検討の結果、同型鏡群の授受の開始期としての拡散1段階（ON46～TK208型式）は、第3章でみた大型倭製鏡生産の第1の画期（中・後期倭製鏡2期）と並んで、同じ中期中葉という点で、古墳時代中期における一大画期となるものと考えられる。同型鏡群の舶載以前から参向型2類のような授受の形態がまったく行われていなかったかどうかは別として、同型鏡群の舶載や授受の開始が参向型2類のその後の展開に大きく影響を与えたものと理解することは可能であろう。そしてその過程で、古墳被葬者層において「独立した古墳を築かなかった子どもたち」も含めた個人への贈与が行われるようになっていったと考えることができる。以上の論点は、親族関係の父系化や基本モデルⅡの出現（田中良1995・2008）や、「人制」といった問題を考古学的に考える上でも重要であり、時代背景も含めて第5章であらためて検討したい。

第2節 列島・半島南部地域における同型鏡群・倭製鏡の分布とその背景

　第1節では、同型鏡群の授受を大きく3段階の変遷として捉え、参向型2類と追葬の意味の変容という観点からその意義について説明した。本節ではそうした理解をふまえ、列島各地および半島南部地域における同型鏡群および倭製鏡の分布・出土状況について西から東の順に検討し、これらが広域に流通した要因と背景について考える。以下の検討にあたっては第2章の同型鏡出土地名表（表2）と第3章の中・後期倭製鏡の一覧表（表10・11）をあわせてご参照いただきたい。

　列島全体における同型鏡の分布をみたものが図112である。現状で山陰や東北地域など出土が知られていない地域があるが、近畿を中心に各地に流通している状況が読み取れる。また中型鏡が各地に拡散するのに対し、大型鏡は近畿周辺により集中する傾向がある（森下 2012a）。ただし前期とは異なり、単純に近畿に距離的に近い地域ほど出土量が多いというわけではなく、出土面数という点において九州や関東などにおいてやや偏りが認められる。また従来から指摘されているように、鏡種によって、列島規模で広く分布するもの、やや西日本に偏るものといった違いもみられる（川西 2004、上野 2013a、表1）。ここではそうした基本的傾向についての認識を前提とした上で、各地における副葬古墳の年代や地域社会の中でのあり方といった観点から検討を行う。

1. 列島各地における同型鏡と倭製鏡の分布

（1）九州地域

　九州では34面の同型鏡の出土が確認されており、列島内でも近畿や東海・関東と並んで分布が集中する地域である。九州地域の古墳の年代観は、重藤輝行（2007）、蔵富士寛・橋本達也（2011）の成果も参照した。資料数が多いこともあり、以下で他地域を考える上での基礎とするため、九州地域については

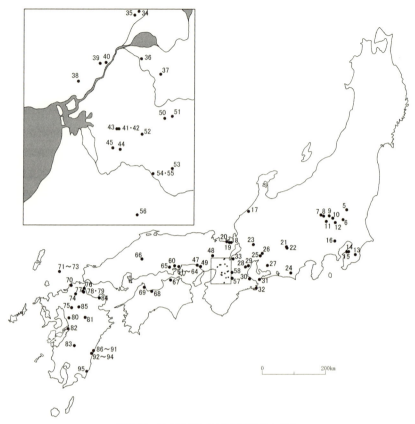

図112 日本列島における同型鏡の分布

やや詳細に検討したい。なお、各分布図には、同型鏡群以外の関連資料出土遺跡をアルファベットで記入している。

分布地域の概要 同型鏡群および関連資料の分布は、福岡県の宗像地域・遠賀川上流域（嘉穂地域）・福岡県から大分県の周防灘沿岸地域・大分県の日田盆地・熊本県の阿蘇地域・菊池川流域・有明海沿岸南部（宇土半島周辺）・球磨盆地・宮崎県の宮崎平野部などである（図113）。また6世紀前半代に旋回式獣像鏡系や交互式神獣鏡系などの倭製鏡が多くみられる地域として、福岡県の遠賀川上流域、佐賀県の唐津湾沿岸、大分県の日田盆地などが注目される。

これらの地域で共通するのは、いずれも内陸交通および海上交通の要衝であ

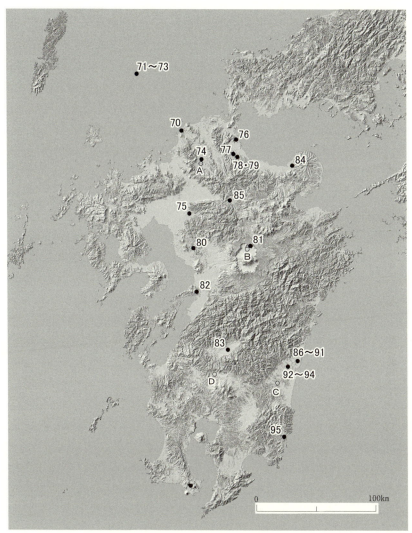

図113 九州における同型鏡と関連資料の分布
A：王塚古墳、B：鞍掛塚古墳、C：猪塚古墳、D：島内地下式横穴墓群

るという点である。たとえば遠賀川上流域の嘉穂地域は、山の神古墳（74：分布図上の番号。以下同様）や櫨山古墳（横穴墓）などをはじめ、後述するように大加耶系をはじめとした半島系遺物が集中する地域として知られ、また阿蘇

溶結凝灰岩製石棺（目尾石棺）や寿命王塚古墳（A）の石屋形の存在などから、中九州から筑後川流域を経て北上し、遠賀川下流域あるいは周防灘沿岸地域に通じる内陸交通の要衝であることが指摘されている（嶋田 2014）。また半島系遺物の出土やイモガイ製馬具の出土からも、南島地域・南九州と半島地域をつなぐ交流ルートが想定されている（橋本 2010、高田 2014、朴・李 2015）。前期鏡の出土地域が交通路上の要衝でなかったというわけではないが、全国的に共通した傾向として、北部九州の博多湾沿岸地域のように、前期古墳の造営が活発だった地域では同型鏡の出土がみられない場合が多く、中期中葉以降の同型鏡群の授受においては、上述のような内陸地域の諸集団に対しても中央政権からの積極的な働きかけと、それによる陸路での交流ルートの確保と整備が目指されたのではないかと考えられる。日田盆地において同型鏡（85：日隈1号墳・細線式獣帯鏡A）や旋回式獣像鏡系（有田古墳・天満1号墳・法恩寺山4号墳の3面）が集中するのも同様の理由であろう。

　また特に5世紀代の同型鏡群出土古墳において、百済・大加耶系や洛東江流域の半島系遺物の出土が多くみられることから（e.g. 福岡県勝浦峯ノ畑古墳、山の神古墳、番塚古墳、熊本県江田船山古墳）、そうした半島との独自の交流ルートをもった地域集団に対して、近畿中央政権が積極的に贈与を行ったことが想定できる。

勝浦峯ノ畑古墳と沖ノ島祭祀　現状で九州の中で最も古く遡る同型鏡の確実な出土例は福岡県勝浦峯ノ畑古墳（70）である。全長100mの前方後円墳で北部九州型初期横穴式石室を備え、石室形態からTK208型式期に位置づけられている（重藤 2015）。同型鏡群として画文帯同向式神獣鏡Cが2面と細線式獣帯鏡Aが1面の計3面、そして前期に遡る可能性が高い小型倭製鏡で内行花文鏡B系が2面、そして中期後半の旋回式獣像鏡系1面と獣像鏡が1面、さらに乳脚文鏡系が1面の計5面の倭製鏡が副葬されていた（辻田 2011a）。同型鏡群はいずれも大型鏡で、大型の同型鏡群3面と5面の倭製鏡という構成は、九州では熊本県江田船山古墳（80）の同型鏡群5面（うち大型鏡が3面）以外ではみられないものであり、同時期の北部九州では鉄製武器類や金銅製の装身具の豊富さとあわせて破格の構成といえる。横穴式石室の形態から江田船山古墳より一段階時期が古い可能性があり、千葉県祇園大塚山古墳などととも

に、5世紀中葉段階の秩序の一部として考えることができよう。

　また勝浦峯ノ畑古墳については、この後の津屋崎古墳群の大型前方後円墳の嚆矢である点、また古墳出土同型鏡の構成がこの時期以降の所産と考えられる沖ノ島21号遺跡（73）出土の同型鏡と共通することから、この段階以降、近畿中央政権とともに、前述のように在地の宗像地域の集団の主体的関与の下で沖ノ島祭祀が行われるようになった可能性が想定されている（小田 2012、辻田 2012a）。この21号遺跡は、前期末以降に主に鏡の「奉献」が行われた16〜19号遺跡が位置するI号巨岩から離れ、巨岩群の中心に位置するF号巨岩上の平坦面に方形の石材配置とともに設けられた祭祀場である。16号〜19号遺跡の出土鏡は、九州で出土していない大型倭製鏡などを多く含んでいるため、近畿中央政権の直接的関与による「奉献」と想定される（辻田 2007b）のに対し、21号遺跡の同型鏡は、5世紀中葉以降における在地勢力を主体とした新たな祭祀の始まりを示すという点でも大きな意義をもつ。さらに、韓国全羅北道・竹幕洞遺跡において、特に5世紀後半以降、百済・大加耶・倭系の器物を用いた祭祀が活発化したとみられることから（禹 2011）、沖ノ島21号遺跡における祭祀への転換とも呼応しているものと考えられる。

　江田船山古墳の被葬者像と半島との交流　江田船山古墳はTK23型式前後に築造された62mの前方後円墳であるが、横口式家形石棺から「奉事典曹人」銘大刀や百済製の冠帽などをはじめとする多量の副葬品が出土しており、この中に5面の同型鏡と1面の小型倭製鏡（1期・斜縁四獣鏡B系）が含まれていた。前述のように追葬が想定されることから鏡の帰属については不明な点が多いが、5面の同型鏡は、同一古墳における同型鏡出土面数としては現状で全国的にも最多である。百済をはじめとした半島諸地域との交流ルートをもちつつ近畿中央政権の政治的活動に参加した被葬者像が想定される。この時期の半島との交流ルートは、本地域や前述の勝浦峯ノ畑古墳をはじめ、列島各地の地域集団が多元的に保持していたものとみられる（白石 2004・2011、高田 2013・2014・2017）。

　遠賀川上流域の地域社会：嘉穂地域　図113に挙げた九州における同型鏡出土地域の中で、遠賀川上流域の嘉穂地域は、地域の最上位層とそれに準ずる階層の古墳・横穴墓における副葬品の内容が具体的に判明している点で全国的にみ

ても重要な地域である。他地域を考える上でのモデルケースとして、ここで簡単に整理しておきたい。

　嘉穂地域では、TK47型式前後の時期（古墳編年8期）に、全長80mの前方後円墳である山の神古墳（74）が築かれる。同型鏡1面（画文帯環状乳神獣鏡A）＋舶載盤龍鏡1面、碧玉製管玉・ガラス小玉・銀製空玉、金銅装馬具や鉄製大刀・鏃類・胡籙、衝角付冑・籠手などの各種付属具を伴う小札甲、半島系の鋳造鉄斧など、多様な副葬品をもつ（辻田編 2015）。また近隣には山の神古墳に次ぐ規模の28.5mの円墳である小正西古墳が築かれており、山の神古墳の横穴式石室と同じプランで規模を小型化した初期横穴式石室A類と、小型の初期横穴式石室B類の2基の石室をもつ（重藤 2015）。1号石室は盗掘を受けていたが鉄鉾などの多数の武器類・馬具類が出土し、2号石室でイモガイ製貝輪と珠文鏡および4体分の人骨が出土しており（人骨は未報告のため詳細は不明）、副葬品構成からみて1号石室の主な被葬者が男性、2号石室の主な被葬者が女性で、同一墳丘という点で同世代のキョウダイ関係を示す可能性がある。すなわち、1つの墳丘内での2基の横穴式石室の併存という点で、いわば前期以来の「墳丘併葬」の埋葬方法を行いつつ、それぞれの石室では「独立しなかった子どもたち」を追葬するといった形で、田中良之（1995・2008）のいう基本モデルⅠから基本モデルⅡへの転換期の様相を示しているものと考えることができる。

　また初期横穴墓として櫨山古墳が築かれ、ここでは金銅装馬具やゴホウラ製貝輪、金銅製帯金具など、前方後円墳の副葬品と比べても遜色のない多数の副葬品が出土しており、金銅装馬具という点では円墳の小正西古墳出土品の内容を凌駕している（嶋田 1991・2015、岩橋 2015）。初期横穴墓という埋葬施設とあわせて、副葬品の内容と文献史料との対比から渡来系の被葬者像が想定されている（嶋田 1991、高田 2014・2017）。櫨山古墳では新羅の三葉文透彫帯金具・小正西古墳では新羅系の鐙など、新羅とのつながりの強さが指摘されている（高田 2014・2017）。また山の神古墳では大加耶系の胡籙金具（的野 2015）や、新羅も含めた洛東江以東地域の鋳造鉄斧が出土している（松浦 2015）。山の神古墳の被葬者は、こうした小正西古墳や櫨山古墳などの被葬者層を統括する地域の最上位層であり、そのような関係性の中で本地域集団が直

接新羅や大加耶などと交渉を行っていたことが具体的に明らかとなっている。

また本地域では、次のMT15〜TK10型式前後に寿命王塚古墳（A：前方後円墳・86m）が築造されており、三葉文楕円形杏葉や剣菱形杏葉を含む複数の金銅装馬具のセット（松浦 2005b、桃崎 2015）や捩り環頭大刀の出土など、継体政権との関係が想定される。ここでは同型鏡ではないが交互式神獣鏡系C系の大型倭製鏡（図96-1：4期・21.1cm）が副葬されており、製作年代も含め、この時期に贈与されたことが確実な事例として重要である。

これに関連して注目されるのは、上述の山の神古墳において、TK10型式段階に追葬が行われており、そこで捩り環頭大刀や金銅装の馬具（Bセット）などが新たにもたらされている点である（桃崎 2015、辻田編 2015）。この点から、山の神古墳の追葬の被葬者は、王塚古墳の被葬者と同時期に活動した人物であることがわかる。捩り環頭大刀と金銅装の馬具という点では王塚古墳の被葬者と同等の扱いを中央政権から受けていた「個人」である可能性が高い。この場合に、山の神古墳の追葬の被葬者は前述の「独立した古墳を築造しなかった個人」であるという点が王塚古墳の築造契機となった被葬者とは大きく異なっている[7]。

以上から、5世紀後葉から6世紀前葉における本地域の階層性について、上記の内容をふまえて鏡副葬という観点から整理すると次のようになる。

【TK47型式前後】
　　山の神古墳（前方後円墳・80m）：同型鏡（中型）1面（＋小型中国鏡1面）
　　小正西古墳（円墳・28.5m）：珠文鏡（小型・倭）
　　櫨山古墳（初期横穴墓）：鏡なし

【MT15〜TK10型式前後】
　　王塚古墳（前方後円墳・86m）：交互式神獣鏡C系（大型・倭）1面
　　（山の神古墳〔追葬被葬者〕：捩り環頭大刀と馬具Bセット）

地域社会において、墳丘形態や規模・埋葬施設の種類と鏡の内容がほぼ対応しており、前期などと比べて地域社会における階層秩序がより明瞭となっていることがわかる。また小正西古墳・櫨山古墳や山の神古墳における新羅・大加耶系遺物から、対半島交渉に重要な役割を果たした地域集団とその代表者が中央政権とのつながりをもちながら、地域社会の内部でも個人として階層的に序

列化されていたものと想定される。前述のように拡散2段階（TK23〜TK47型式）においては、各地の大型前方後円墳だけでなく、中・小型の円墳などでも同型鏡の副葬事例が多く認められるが、本地域の場合は、同型鏡（および交互式神獣鏡系C系の大型鏡）が地域の最有力者に贈与された事例とみることができよう。なおこの地域は、「磐井の乱」後の6世紀中葉以降に「穂波屯倉」が設置された地域としても注目されている（桃崎 2010・2014・2015、松浦 2014a、辻田編 2015）。

　ミヤケとの関係　北部九州の中でも、特に博多湾沿岸地域周辺は、初期ミヤケが遺跡として確認されている点で全国的にも稀少な地域である。記紀に記録された磐井の乱後における糟屋屯倉献上と那津官家修造をはじめ、近畿中央政権の政治的軍事的拠点として、中央と各地とを結ぶ役割を果たしたことが知られる（舘野 1978・1999・2004・2012、亀井 1991・2012、森公 2014）。那津官家については福岡市比恵遺跡や有田遺跡群（柳沢 1987、米倉 1993・2003、菅波 1996・2012、桃　崎 2010・2012a、岩　永 2012a・2014、辻　田 2012e・2013b）、糟屋屯倉については港湾施設としての古賀市鹿部田渕遺跡（小田 2003a、甲斐 2004、桃崎 2010）粕屋町阿恵遺跡周辺（桃崎 2010、岩永 2012b・2014）などが想定されている。6世紀中葉前後のミヤケが設置されたと目される時期（TK10型式期）から大野城市周辺で牛頸窯跡群における須恵器生産が開始されており（渡邉 1994、岡田裕 2003・2006）、鉄器生産や群集墳造営の活発化などにおいてこの時期は大きな画期となっている。

　こうしたミヤケ関連遺跡と周辺の古墳という観点から銅鏡の出土という点についてみると、同型鏡群・倭製鏡のいずれもほとんど相関していないことが判明する。たとえば福岡市有田遺跡群の造営時期に近い6世紀末〜7世紀初頭の終末期古墳で当該時期の在地の最上位層の墓とみられる福岡市夫婦塚1号墳（方墳・約21〜22m）から乳脚文鏡系の五鈴付加鏡（図93-4：3期・9.2 cm）が出土しているが、6世紀前半代までに流通したものが長期保有された事例である（辻田 2013b・2014b）。北部九州では、ミヤケの設置に伴い前方後円墳の築造が6世紀中葉前後に停止する博多湾沿岸地域など（A類型）と、6世紀後葉において90〜100m級の前方後円墳の築造が行われ、その中でトモ一部制が展開したとみられる地域（B類型：宗像地域・筑後川中流域など）の両者

がみられるが（辻田 2012e）、上述の夫婦塚1号墳も含め、少なくとも前者において同型鏡の授受や副葬の痕跡は認められない。またミヤケ設置以降にその周辺で顕著にみられるのは装飾付大刀や金銅装の馬具類などであり（辻田 2012e）、トモ─部制の展開とも重なるように中央政権との関係や器物の授受のあり方においても変遷が認められる。以上の点から、同型鏡群や倭製鏡は、主にこうしたミヤケ制の成立・展開の前段階において用いられた器物であり、ミヤケ制の成立以後はその意義が急速に失われていったことが想定される。この点を念頭に置きつつ、以下各地域の様相と比較したい。

　また那津官家修造とされる宣化元年（536）年頃に、大規模火山噴火を契機として地球規模で環境変動・寒冷化が進行したことが注目されており、那津官家修造記事もそうした環境変動に起因する危機的状況への対応という脈絡で理解可能であることが指摘されている（新納 2014・2015）。6世紀中葉前後における各地域社会の変動とそれ以降の変遷を考える上で重要な視点と考える。

　各地の様相　この他に九州で同型鏡や倭製鏡の出土が顕著な地域として、4つの地域を挙げておきたい。①周防灘沿岸地域・②八女地域・③阿蘇地域・④宮崎平野部である。

　①周防灘沿岸地域では、苅田町番塚古墳（76）の神人歌舞画象鏡以外に、伝・京都郡および伝・馬ヶ岳古墳といった出土地の詳細が不明な同型鏡資料が3面ある（77-79）。当該地域では、福岡県京都郡みやこ町の箕田丸山古墳（前方後円墳・40 m・TK10型式）の前方部石室から古段階の旋回式獣像鏡系（現物不明・約11〜13 cm、福岡大学人文学部考古学研究室 2004）が出土しており、後円部は盗掘のため内容が不明であった。周辺は八雷古墳・扇八幡古墳・庄屋塚古墳などをはじめとして、6世紀代の前方後円墳が点在しており、それらとの関係についても今後の課題である。

　②の八女地域から筑後川流域にかけては、多数の大規模古墳がみられるものの（塚堂古墳・御塚古墳・権現塚古墳・石人山古墳・岩戸山古墳・乗場古墳など）、盗掘や未調査のため、同型鏡の出土は現在まで知られていない。その中で注目されるのが、「伝・八女市吉田」（75）の細線式獣帯鏡Aである。「八女市吉田」は岩戸山古墳群を含む八女古墳群一帯を指す地名であり、あらためて注意される。筑紫君磐井の墳墓とされる岩戸山古墳については、石製表飾にお

ける捩り環頭大刀や三葉文楕円形杏葉の表現などから、継体政権との結びつきという点が注目されている（e.g. 柳沢 2014）。同じ 6 世紀前葉段階という点では、上述の遠賀川上流域の王塚古墳の横穴式石室の系譜が八女地域に求められる可能性が指摘されており（吉村靖 2000）、両地域の政治的関係がうかがわれる。磐井の乱後、遠賀川上流域では穂波・鎌屯倉が設置される一方、筑紫君一族は古墳造営も含めて存続したものとみられ（小田編 1991、田村他 1998、山尾 1999、小澤 2009、柳沢 2014）、鶴見山古墳・乗場古墳など、70 m 超級の大型前方後円墳の築造が継続している。

　③熊本県の阿蘇地域では、迎平 6 号墳（81：円墳）で画文帯環状乳神獣鏡 A の出土が知られる他、第 2 章でみた鞍掛塚古墳（B：円墳）出土の大型四乳渦文鏡（図 88-3：2 期・20.6 cm）が本地域の出土であり、前方後円墳ではなく円墳などでの出土である点も含め、本地域の位置づけを考える上での指標となろう。また近隣の長目塚古墳（前方後円墳・100 m・TK216 型式）の前方部において、前期の小型倭製鏡（内行花文鏡 B 系）が出土している点も、同型鏡群拡散開始の直前段階における「古い鏡」の副葬例として注意される（杉井編 2014）。なお宇土半島基部の国越古墳（82）は、従来から 6 世紀前半における複数の同型鏡副葬事例として知られていたが、捩り環頭大刀が含まれることが報告され（福田 2016）、同型鏡についても継体政権期の政治的関係によるものである可能性が高まった。

　④宮崎平野部は、福岡県の宗像地域・沖ノ島と並んで同型鏡の出土が集中する地域である。実際には「伝・持田古墳群」（86-91）出土鏡の多くや伝・新田原山ノ坊古墳群（92-94）を含め、詳細が不明な事例が多いが、本地域は同型鏡のみならず、倭製鏡に関しても、2 期の「火竟銘」四獣鏡（図 87：持田 25 号墳・20.0 cm）をはじめ、1 期～3 期の製品が継続的にもたらされていると想定される点で、他の地域とはやや異なる状況である。また延岡地域の伝・野地で 4 期の交互式神獣鏡系 A 系（図 95-3：16 cm）などが集中しており、6 世紀代における中央政権との関係という観点で注意しておきたい。また南九州の特徴的な墓制である地下式横穴墓では、前方後円墳の主体部からの同型鏡出土事例として、絵図の記録による推定ながら、第 2 章でも検討した本庄古墳群の猪塚古墳（C）出土画文帯同向式神獣鏡（図 71：約 15 cm：吉村和 2008）が該

当する可能性がある。

古墳時代中・後期における「古い鏡」の出土例 従来から、中期古墳から前期鏡が出土する事例が多く知られており、大きくは前期段階での流通後に在地で伝世した可能性（e.g. 上野 2012b、下垣 2013a）と、副葬年代に近い時期に入手された可能性（e.g. 田中晋 1993・2009）の 2 つが想定されてきた。他方で、他の器物に目を向けると、たとえば玉類に関しては前期の翡翠製勾玉が中期まで中央政権下でストックされた後、中期に配布されたといった見解（大賀 2005、谷澤 2014）があり、また甲冑類に関しても、熊本県マロ塚古墳では TK73 型式から TK23 型式までの時期幅をもった複数の甲冑が、一括して入手された後に副葬された可能性が指摘されており（鈴木一 2012a、橋本 2012）、鏡以外の器物に関しては古い型式の器物が製作管理主体でもあった近畿中央政権下で管理・伝世される可能性が必ずしも除外されていないことが知られる。この点で、前章でもみたように、加藤一郎（2015b）が 6 世紀代の交互式神獣鏡系における三角縁神獣鏡の傘松文様の模倣という観点から、前期鏡の一部が古墳時代後期において近畿中央政権下で伝世されていたことを実証した点は重要である。

九州でも中期から後期の各時期に方格 T 字鏡や前期倭製鏡の内行花文鏡 B 系などの「古い鏡」が副葬されていることから、筆者は在地の地域集団において世代間で管理継承された場合と、中央政権から副葬年代に近い時期に贈与された場合の両者が存在した可能性が高いと考えている（辻田 2014b）。宮崎県えびの市島内地下式横穴墓群 139 号墓（D）では、2014 年 11 月の調査で 5 世紀末〜6 世紀前葉の副葬品とともに三角縁盤龍鏡をモデルとして製作された前期の中型倭製鏡（15.5 cm）が出土し、これについては前期以来の在地的伝世の想定が困難であることから、副葬年代に近い時期に入手された可能性が指摘されている（橋本・中野 2016）。また下垣仁志による各地の倭製鏡全資料についての悉皆的な分類・編年的位置づけにより、内行花文鏡 B 系に限らず、非常に多数の前期倭製鏡が 5・6 世紀代の古墳に副葬されていることが明らかにされており（下垣 2011a・2016b）、前期段階において流通した事例と、中・後期段階に流通した事例の両者が含まれるものと想定される。上記の島内 139 号墓は後者の脈絡に位置づけられよう。

以上、九州の様相についてやや詳細に検討してきたが、上述の結果をふまえ、①内陸交通路・海上交通の要衝、②半島との交流、③地域社会内部での被葬者の位置づけという3点に着目しながら、以下で列島各地の様相について検討したい。

（2）山陰・山陽・四国地域（図114）

　山陰地域　本地域では、現在までのところ同型鏡の出土は知られていない。大谷晃二（2011）による古墳築造動向の整理および中・後期の出土鏡・古墳築造動向について検討した岩本崇（2012・2014a・2015）の成果、また第3章での検討結果を参照すると、6世紀後半の松江市古天神古墳における古相の旋回式獣像鏡系（13.6 cm）の出土をはじめ、小型の倭製鏡の出土が一定数みられる。中期後半から前方後方墳の築造が活発化する地域であるが、未調査で副葬品などが不明な古墳が多く、同型鏡群が実際はもたらされている可能性も含めて課題としておきたい。また「額田部臣」銘大刀が出土した6世紀後半の松江市岡田山1号墳では蝙蝠座内行花文鏡（10.48 cm）が出土している。本鏡は、外区の一部が不自然に欠損することから穿孔により外区片を折り取って破鏡を製作した事例の可能性が指摘されており（藤丸 1993）、その場合は弥生時代後期後半以来の伝世の可能性も想定されるが、山陰地域では弥生時代における漢鏡の副葬事例が知られておらず、完形漢鏡の流入は基本的に古墳時代以降と考えられることから（辻田 2007b；岩本 2014b）、来歴も含めて不明な点が多い。本鏡の鈕孔形態は、方形状の鈕孔であり、同型鏡群に該当する可能性は低い。また蝙蝠座内行花文鏡は後述するように5世紀後半代の韓国・雁洞古墳でも出土しているが、これについても前後の脈絡が不明である。蝙蝠座内行花文鏡は弥生時代後期～古墳時代前期の日本列島においても稀少鏡式であるが（辻田 2007b）、5世紀代以降の大陸ではなお稀少であり、列島内のどこかで伝世されたものがある時期に拡散した可能性が高いものと考えられる。松江市月廻古墳出土盤龍鏡は一段高い位置に方形状の鈕孔をもつことから、こちらも岡田山1号墳出土鏡と同様に、同型鏡群に含まれる可能性は低い。これらも含め、5世紀後葉以降前方後方墳の築造が卓越するいわゆる「出雲東部」の意宇平野周辺における中・後期古墳での鏡の出土がやや目立っている。

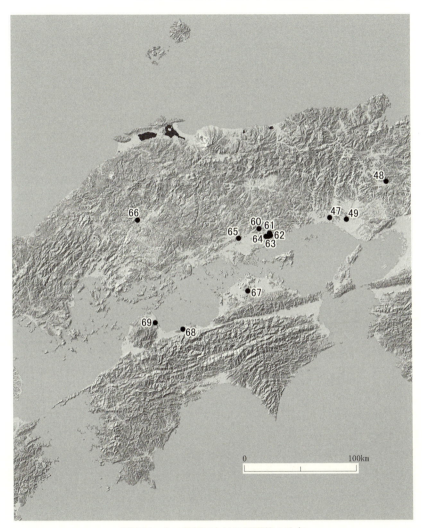

図114　中・四国における同型鏡の分布

　山陽地域　本地域については、宇垣匡雅（2011）の古墳築造動向の整理を参照した。同型鏡の出土資料として知られているのは7例で、特に岡山県域東部の瀬戸内市周辺に集中している。築山古墳（62）や朱千駄古墳（60）をはじめ、5世紀後葉段階での在地の最上位層に贈与された事例として理解できる。

また倉敷市周辺では天狗山古墳をはじめ5世紀後葉前後の古墳の調査事例が知られるものの、確実な同型鏡は出土しておらず、6世紀後葉の王墓山古墳（65）での出土が初見となる。金銅装馬具の内容からも、後期後半段階の有力地域であるが、同型鏡については6世紀代に入手された可能性と、それ以前に入手され在地で管理・継承された可能性の双方が想定されよう。なお天狗山古墳では11.2 cmの舶載・上方作系浮彫式獣帯鏡が出土しており、北部九州でもみたような「古い鏡」の副葬事例と考えられる。

広島県域では現状で三次盆地の酒屋高塚古墳（66：帆立貝式・46 m）の例が知られる。山陰地域と瀬戸内海沿岸地域を結ぶ内陸交通の要衝であり、鉄釘の出土や円筒埴輪における断続ナデ技法の採用という点からも半島地域との交流の存在や中央政権から重視されたことがうかがわれるが、6世紀代以降の様相が明瞭でない。

山口県域では現在までのところ同型鏡の確実な出土例は知られていない。防府市塔ノ尾古墳（墳丘不明）では15 cm前後の画文帯環状乳神獣鏡と21 cm前後の神獣鏡の出土が知られており（桑原1988）、6世紀代における同型鏡群の関連資料の可能性が想定される。また下関市の上の山古墳（前方後円墳・108 m）では6世紀前半代に三輪玉・金銅装馬具に伴って六鈴付加鏡（10.6 cm）の副葬事例が知られる。ただいずれにしても広島県から山口県にかけては、特に6世紀代において、同型鏡のみならず倭製鏡の出土や古墳の築造自体が他地域と比べやや少ない傾向にある点が特徴といえよう。

四国地域 本地域については、大久保徹也（2011・2015）や名本二六雄の整理（2013・2014）を参照した。愛媛県で2例、香川県で1例の同型鏡の出土が知られる。いずれも円墳からの出土であるが、今治市・新居浜市・綾歌郡綾川町といった瀬戸内海沿岸の交通の要衝に関わるものとみられる。5世紀後半の時期は、前時期までの一時的な地域的な結集が解体し、各地で古墳築造が少なくなる時期とされ（大久保2011・2015）、樹之本古墳（69）なども含めて従前の秩序が解体・再編される中で築造された在地の有力者の古墳への副葬とみることができよう。また中・後期倭製鏡については、愛媛県で小型鏡の出土が集中している（第3章：表11）。この他、徳島市の寸領古墳では、詳細不明ながら、斜縁四獣鏡B系（12.7 cm）と2期の多状文縁神像鏡系（18.5 cm）の2面

の倭製鏡が出土している点で注目される。

　以上のように、中・四国地方では現在までの同型鏡の出土資料は少ないが、瀬戸内市周辺などのように集中する地域もある。5世紀前半以前に大型前方後円墳（例：造山古墳・作山古墳など）が築かれていたような地域からやや離れ、5世紀中葉～後葉以降に新たに古墳が築かれる地域での出土という点ではある程度共通した傾向が認められよう。

（3）近畿・北陸地域（図115）

　ここでは、細川修平・今尾文昭（2011）および高橋浩二（2011）の整理を参照しつつ、内陸の交通路によるつながりという観点から、近畿地域と北陸地域をあわせて検討する。

　兵庫県域　猪名川水系の川西市勝福寺古墳（46）と、加古川水系で瀬戸内海沿岸部の姫路市奥山大塚古墳（47）・加古川市里古墳（49）、上流域の篠山市よせわ1号墳（48）の大きく3カ所に分布が分かれる。特に篠山盆地周辺では、TK216型式前後に全長158mと復元される前方後円墳の雲部車塚古墳が築造され、鏡は不明ながら衝角付冑や多数の短甲類が長持形石棺に納められており、その後のよせわ1号墳における画文帯対置式神獣鏡の副葬や、宝地山2号墳における潜繞獣像鏡系（2期・七鈴付加・16.3cm）へと続く嚆矢となったものと想定される。

　奈良県域　大きく①奈良盆地南部の橿原市新沢千塚古墳群（54・55：109号・173号）、東南部の伝・桜井市金ヶ崎（53）、宇陀市の米山古墳（57）、伝・都祁村白石古墳（58）、②西南部の五條市今井1号墳（56）、③奈良盆地北部から北西部にかけての伝・奈良市大安寺古墳（50）、同吉備塚古墳（51）、斑鳩町藤ノ木古墳（52）といったように分布が分かれる。①の新沢千塚古墳群と伝・桜井市金ヶ崎出土鏡（木場・橋本 2015）は、5世紀後葉における政権中枢の宮の存在が想定される脇本遺跡の所在という点（吉村武 2012、菱田 2012・2015）からも、5世紀後葉の「雄略朝」期との関連において理解されよう。また宇陀市および伝・都祁村といった出土地域も、奈良盆地島南部を起点に名張市・伊賀市周辺を経由して伊勢湾に抜ける内陸交通の要衝という点で重要な地域である。②五條市今井1号墳は、中期中葉の五條猫塚古墳（2期・珠

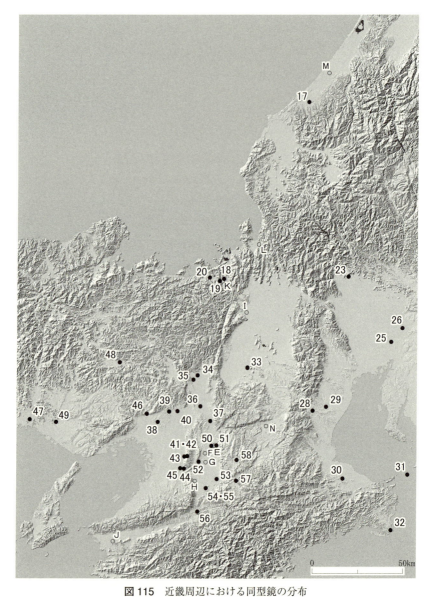

図 115 近畿周辺における同型鏡の分布
E：野神古墳、F：額田部狐塚古墳、G：割塚古墳、H：平林古墳、I：鴨稲荷山古墳、J：大日山35号墳、K：十善の森古墳、L：向出山1号墳、M：和田山古墳群、N：伊予之丸古墳

文鏡系）につづき、紀の川方面に通ずる地域での出土である。

これに対し、③の盆地北部から北西部にかけての特に大和川水系の富雄川・佐保川流域の出土事例では、5世紀末〜6世紀代の古墳に集中している。前述のように、特に6世紀後葉の斑鳩町藤ノ木古墳では、同型鏡2面に加え、前章編年4期の中型倭製鏡2面を副葬する王族墓という点で重要である。また6世紀前半代には、大和郡山市額田部狐塚古墳（F：前方後円墳・50 m）でも同じく4期の中型倭製鏡（図100-1）が副葬され、尾張系埴輪が採用されている（坂 2015）。

同様に6世紀前半頃とみられる同市割塚古墳（G：円墳・49 m）ではやや古相の多重複波文鏡群の中型倭製鏡（2期・15.1 cm）が、また阿蘇溶結凝灰岩製の家形石棺を納めた奈良市野神古墳（E：前方後円墳・50 m前後）では第2章でみたように径一尺の鏡が2面出土したとされ、そのうちの1面が旧ベルリン民俗博物館所蔵の画文帯仏獣鏡B（図67・68：33.6 cm）である可能性が指摘されている（下垣 2016a）。この野神古墳も、佐保川流域の大安寺に隣接しており、広義で上記の③の地域に含まれる。以上のように、6世紀前半〜後半にかけて、この地域が銅鏡の分布という点でも中核の1つであったことがうかがわれる。

この他、4期の交互式神獣鏡A系の大型鏡（図94：21.5 cm）が出土した点で注目される葛城市平林古墳（H）は、二上山を越えて奈良盆地と古市・百舌鳥古墳群を結ぶ竹内街道の奈良盆地側東麓入口付近に位置している。同じく4期の交互式神獣鏡D系の中型鏡（図96-2：15.4 cm）が出土した広陵町「疋相西方」は、出土地が事実であれば馬見古墳群の中に位置するとみられるが、6世紀代に築造された古墳は限定されており、たとえば同じ広陵町内で6世紀後半に築造された牧野古墳は「疋相」地区の北西で約1 kmの距離に位置する。王族層の墓（押坂彦人大兄皇子の成合墓）と目される点（白石 1999）も含めて、有力な候補の1つとして想定しておきたい。

以上のように、奈良盆地では、佐紀盾列古墳群付近での鏡の様相について不明な点が多いものの、同型鏡と倭製鏡については、5世紀後半以降の「雄略朝」・「継体朝」期における副葬や、東西南北の各地との間をつなぐ内陸交通の要衝、特に6世紀代における斑鳩地域およびその周辺での鏡の出土の集中とい

った点が指摘できよう。

　大阪府域　古市・百舌鳥古墳群の大型前方後円墳における同型鏡の確実な出土事例が知られておらず、5世紀代の王墓も含めた実態については不明な点が多い。古市古墳群の同型鏡出土事例としては、伝・長持山古墳（45：円墳・40m）が市野山古墳の陪冢の可能性が想定される点で重要である。また後述するように、中期初頭前後（5期）の百舌鳥大塚山古墳（前方後円墳・168m）において鉄鏡の副葬事例が知られており（森浩 1954）、5世紀前半代の古市・百舌鳥古墳群における副葬鏡の一端を示している可能性がある。[8]

　他方で出土古墳が知られている同型鏡の分布をみると、①豊中市・高槻市・茨木市周辺の淀川右岸地域（桜塚古墳群〔38〕・青松塚古墳〔39〕・土室石塚古墳〔40〕）、②柏原市高井田山古墳（44）八尾市郡川付近（41-43）、というように大きく2つの地域に集中する。①は継体墓と目される今城塚古墳との関係も含め、継体政権との関係がつよいことが想定される。②の高井田山古墳の被葬者は片袖式横穴式石室の採用や熨斗の出土などからも百済との関係が想定されている。郡川西塚古墳でも片袖式横穴式石室の採用が知られている。またこれらの古墳の多くはいずれもTK47型式～MT15・TK10といった時期の古墳という点が共通している。郡川西塚古墳では多重複波文鏡群の大型倭製四獣鏡（図88-2：2期・21.2cm）の副葬も知られ、5世紀末～6世紀にかけて、これらの地域の上位層に対して集中的に同型鏡と倭製鏡の贈与が行われた可能性が想定される。

　京都府域　5面の出土が知られる。画文帯同向式神獣鏡Cが出土したとされる6世紀前葉の天塚古墳（34：前方後円墳・71m）や、「火竟」銘四獣鏡が出土した幡枝1号墳も含め、京都市付近での出土事例が多い点が注目される。ここでは中期末～後期初頭の副葬例と想定した京田辺市のトヅカ古墳（37：円墳・25m）にあらためて注目したい。埋葬施設は竪穴式石槨とされ、金銅装のf字形鏡板付轡・剣菱形杏葉とともに神人歌舞画象鏡・神人龍虎画像鏡といった2面の大型同型鏡と、前章で4期に旋回式獣像鏡系をモデルとして製作したと想定した倭製四獣鏡（図100-2：16.2cm）が出土した。奈良盆地北部から木津川沿いに城陽市・宇治市方面に通ずる交通の要衝に位置する。6世紀前葉の前方後円墳としては、前述の天塚古墳と、宇治二子塚古墳（112m）など

が重要である。

滋賀県域 現在までのところ、伝・野洲市三上山下古墳（33）での2面の出土事例が知られるのみである。本鏡群は1面に魚佩の痕跡が残存しており、6世紀前葉築造の同市・甲山古墳（円墳・30m）から出土した可能性が高いことが指摘されている（花田 1999b、岸本圭 2015）。本墳では、鉄製武具類や金銅装馬具類などの副葬品以外に、阿蘇溶結凝灰岩製家形石棺の採用という点で九州地域や継体政権とのつながりが強い被葬者像が想定される。今城塚古墳の約1/2の相似形とされる林ノ越古墳（前方後円墳・90m）に近接してほぼ同時期に築造された古墳という点でも重要である。この他、滋賀県域では米原市や長浜市域周辺で旋回式獣像鏡系が集中して出土しており（山津照神社古墳・垣籠古墳・雲雀山2号墳・3号墳）、いずれも北陸の敦賀方面につづくルートと、東の不破関から大垣方面に抜けるルート上の結節点ともいえる地域である。伝・塚ノ越古墳出土の交互式神獣鏡A系も、面径不明ながら継体政権とのつながりを示すものといえよう。琵琶湖西岸の高島市周辺は、若狭湾・小浜市方面に抜けるルート上の要衝であるが、5世紀後半以降の古墳築造動向が不明確である。6世紀前半には鴨稲荷山古墳（I）が築造され、舶載内行花文鏡（15.6cm・円圏珠文帯鏡群）が出土している。鈕区の欠失のため詳細不明であるが、中型の舶載内行花文鏡の中・後期の副葬事例は少なく、前述の島根県岡田山1号墳の蝙蝠座内行花文鏡とあわせて注目される。

なお阿蘇溶結凝灰岩製石棺を有する古墳で同型鏡が出土した事例としては、岡山県築山古墳、大阪府長持山古墳（伝）、奈良県野神古墳、滋賀県甲山古墳などが挙げられ、また同型鏡は出土していないが以下で検討する大谷古墳などでも鈴付加鏡が出土している。いずれも九州地域と近畿中央政権双方とのつながりをもった上位層として理解されよう（太田 2007、桃崎 2007）。

和歌山県域 現在まで同型鏡の出土は知られていない。倭製鏡の出土例として、上述のように和歌山市大谷古墳では、四鈴付加鏡が5面まとまって出土しており、いずれも2.8〜6cmの小型の素文鏡である。6世紀代の副葬鏡として、同市岩橋千塚古墳群の大日山35号墳（J：前方後円墳・86m）で2期段階に遡る可能性が高い四神四獣鏡系（15.5cm）が出土している。岩橋千塚古墳群では他に中期以降の鏡として五鈴付加の乳脚文鏡系（8.2cm）が知られて

いる。大日山35号墳の四神四獣鏡系については、5世紀後半代の小型の前方後円墳が築造された後、6世紀代に古墳の規模が大きくなることが指摘されており（細川・今尾 2011）、多数の形象埴輪の技術という観点からも、6世紀代に中央政権から贈与された可能性も想定されよう。

この他、隅田八幡神社が所在する橋本市は、前述の五條市から紀の川流域で隣接しており、人物画像鏡について近隣の古墳での出土とみた場合に、同市の陵山古墳（円墳・径45m）などが6世紀初頭前後の築造という点から出土地候補として想定されるものの、詳細は不明である。

北陸地域　福井県域では、若狭町の西塚古墳（18）・丸山塚古墳（19）、小浜市の国分古墳（20）というように、若狭湾沿岸の西部に同型鏡の分布の中心がある。同型鏡群の出土とともに、横穴式石室の系譜や半島系器物の出土など、北部九州や半島地域とのつながりが注目されている地域である（入江文 2011）。5世紀後葉の西塚古墳以降、6世紀前半の丸山塚古墳まで同型鏡の副葬がつづいており、中塚古墳・白鬚神社古墳・上船塚古墳・下船塚古墳などの内部未調査・詳細不明の大型古墳が多数存在するにもかかわらず、鏡の出土例が多く知られている地域である。他に本地域では、北部九州系の初期横穴式石室を採用した向山1号墳と十善の森古墳（K）で、前者は舶載内行花文鏡（12.2cm）・珠文鏡（9.2cm）の2面が（花園大学考古学研究室編 2015）、後者では径22cm前後に復元される舶載・流雲文縁方格規矩四神鏡の外区片が出土しており、後者は同型鏡群と近似した役割が付与された可能性が指摘されている（入江文 2011）。十善の森古墳出土鏡は、福岡県島田塚古墳の事例（図73）とあわせて6世紀初頭前後の方格規矩四神鏡の出土事例として注意されるが、現状では同型鏡群の一部である可能性などについては未確認であり、今後検討の必要がある。また十善の森古墳では冠帽とともに飾履が含まれていることが指摘されており、5世紀末から6世紀初頭前後における百済系の金銅製品の体系化と採用という点で大阪府峯ヶ塚古墳などと対比される（高橋克 2007）。

また若狭湾沿岸の東部にあたる敦賀市周辺では同型鏡の出土は知られていないが、5世紀後葉築造の向出山1号墳（L：円墳・約60m）の2つの竪穴式石槨から、四神四獣鏡系の中型倭製鏡2面（2期・15cm・14.8cm）が出土して

いる。

　石川県域では、加賀市狐山古墳（17）で画文帯同向式神獣鏡Bが出土している。他に線刻の文字を有する須恵器が出土した能美市和田山古墳群（M）で前章編年2～3期の倭製鏡がまとまって出土している（表10）。能登半島から富山・新潟県にかけては同型鏡の出土は知られていない。

　北陸地域では、同型鏡の出土は前方後円墳を中心に各地の最上位層の古墳に副葬される事例が多く、数が少ないものの、倭製鏡の副葬がそれに準ずるという扱いが共通して認められる。

　小　結　以上のように、近畿・北陸周辺においては、特に5世紀後葉～6世紀前葉の資料の中でも、他地域と同様に内陸交通の要衝という点や、各時期の中央政権との関係、また石棺や石室などの九州において九州との関係が想定される古墳での出土資料が多い。特に注意されるのは、5世紀代の中央政権を構成する最上位層の墓域としての古市・百舌鳥古墳群の様相が不明である一方で、周辺の各地域での出土古墳が判明している資料の多くが6世紀代の副葬事例である点であり、逆に5世紀代の副葬事例が古市・百舌鳥古墳群に集中しているという可能性も想定される。また近畿地域の事例では5世紀後葉の資料においては円墳などからの出土例が多く、6世紀代では前方後円墳など地域の上位層の古墳から出土するのに対し、北陸地域では5世紀代から基本的に前方後円墳からの出土であり、近畿地域と周辺地域で一定の差異も認められた。

（4）東海・中部地域（図115・116）

　東海地域については中井正幸・鈴木一有（2011）および中井（2015）、中部地域については土生田純之（2009）と小林正春（2011）の成果を参照しつつ、同型鏡と倭製鏡の出土地域について検討する。

　三重県域　8面の同型鏡の出土が知られる。このうち亀山市木ノ下古墳の浮彫式獣帯鏡Aと志摩市波切塚原古墳出土の画文帯環状乳神獣鏡Bの2面以外の6面はすべて画文帯同向式神獣鏡Cであり、やや特異な出土状況である。また墳丘の詳細が不明な6世紀前半の井田川茶臼山古墳以外はすべて円墳や帆立貝式古墳であるといった点も特徴である。

　本地域では、TK208型式の須恵器が出土した明和町神前山1号墳（30）で

3面の画文帯同向式神獣鏡Cが出土した後、5世紀後葉〜末に波切塚原古墳(32)や木ノ下古墳(28)などが築造され、6世紀前半に亀山市井田川茶臼山古墳(29)で多数の馬具類などとともに2面の画文帯同向式神獣鏡Cが2人の被葬者に対して1面ずつ副葬される。同じ三重県内で出土した画文帯同向式神獣鏡Cではあるものの、両者は別の地域集団と想定されることから、筆者はそれぞれ拡散1段階と3段階の別の機会に贈与された可能性が高いと考える。波切塚原古墳や木ノ下古墳の同型鏡も、拡散2段階に個別に贈与されたものと想定される。

この点で注目されるのが、神島(31)の画文帯同向式神獣鏡Cである。本鏡は八代神社所蔵鏡であり、伝来の経緯について不明な点が多いが、神島への奉納という点から注目されてきた(八賀 1997、山中 2010、穂積 2013)。またこの問題は、伊勢神宮の成立といった問題とも関わっている。八賀晋は、画文帯同向式神獣鏡Cの伊勢湾岸での出土と神島での出土について、「雄略朝」期における半島情勢の変化や「国家的祭祀の場」の必要性という点から説明している(八賀 1997)。山中章は、伊勢神宮の成立の直接的契機を6世紀中葉前後における高倉山古墳の築造に求めつつ、神島の鏡について、井田川茶臼山古墳と同様に6世紀代の配布を想定している(山中 2010)。穂積裕昌は神島の鏡奉納も含め、本地域における中央政権との関係および伊勢神宮の成立に至る古墳築造動向の画期を5世紀後葉段階に見出している(穂積 2013)。

上述のように、神前山1号墳と井田川茶臼山古墳のそれぞれにおいて別の入手機会があったと想定した場合、神島や伊勢神宮にもほど近い明和町の神前山1号墳において3面の画文帯同向式神獣鏡Cが副葬されている点は重要である。これは、前述の北部九州において、宗像地域の勝浦峯ノ畑古墳で画文帯同向式神獣鏡2面を含む8面の鏡が副葬される一方、同古墳の被葬者をはじめとした在地の上位層を主体として、新たに沖ノ島21号遺跡での祭祀と同型鏡の「奉献」が行われたといった状況とほぼ相同である可能性がある。以上の点から、上述の八賀や穂積が指摘するように、5世紀中葉〜後葉段階に、本地域における古墳築造動向の画期や神島への同型鏡の奉献などが行われた可能性を想定しておきたい。

6世紀代の井田川茶臼山古墳では捩り環頭大刀や三葉文楕円形杏葉など、い

わゆる継体政権との関係が強い遺物が共伴しており、拡散3段階とそれ以降の政治動向に関わる古墳と考えることができる（髙松 2011）。また伊勢神宮成立との関連においては、山中が指摘するように、当地域最大の横穴式石室を有する高倉山古墳の築造が直接の契機となったとみられる（山中 2010）。

なお三重県域では志摩市おじょか古墳のように北部九州系の横穴式石室をもち舶載方格規矩鏡を副葬するような沿岸域の古墳と、伊賀市周辺の奈良盆地との間をつなぐ内陸地域の古墳（e.g. 伊予之丸古墳〔N〕など）の双方での鏡の出土が特徴的である。他方で、松阪市宝塚1号墳や名張市美旗古墳群など内容が不明な大型古墳群も多く、課題としておきたい。

愛知県域　春日井市笹原古墳（26）で1面、名古屋市大須二子山古墳（25）で2面、岡崎市亀山2号墳（27）で1面の計4面の同型鏡が出土している。笹原古墳が5世紀後葉、大須二子山古墳と亀山2号墳の両者が6世紀前半代の副葬事例である。特に注目されるのは大須二子山古墳であり、墳丘が100mを超す前方後円墳である可能性が指摘されている。多数の馬具類などをはじめとして、拡散3段階の時期の授受と目され、同市断夫山古墳とともに、継体政権との関係が想定される古墳からの出土事例である。

岐阜県域　揖斐郡大野町の野古墳群に位置する6世紀前葉の城塚古墳（23：前方後円墳・83m）で鍍金の細線式獣帯鏡C（図16）が出土している。野古墳群の他の古墳も含めて地域的な様相について不明な点が多いが、大型前方後円墳での出土事例である点で重要である。また本地域は、琵琶湖東岸の長浜市・米原市周辺から不破関を抜けた濃尾平野の入口付近である点が注意される。

静岡県域　現在までのところ同型鏡は西部の掛川市奥ノ原古墳出土鏡1面（24）が知られるのみである。ただし5・6世紀代の古墳出土鏡は比較的多く、鉄製武器・武具類や馬具類などとの共伴例も多数存在する。袋井市石ノ形古墳（O）は5世紀末前後の円墳（27m）であるが、多数の金銅装馬具とともに画象鏡1面（18.2cm）が出土している。鈕孔の大きさ・形態から同型鏡群の可能性がある資料である（第2章）。乳脚文鏡1面と共伴する。また掛川市宇洞ヶ谷横穴墓（P）は、6世紀後半に築造された、幅4.4m・奥行き6.4m・高さ2.6mの大規模な玄室に削り出しにより石棺を設けた横穴墓である。装飾付大

刀や金銅装の馬具類とともに、4期の交互式神獣鏡A系1面（15.1 cm）が副葬されていた。当該期における在地上位層の墓として突出した内容を示している。交互式神獣鏡は袋井市の大門大塚古墳（6世紀中葉・円墳・25 m）でも出土している（旋回式獣像鏡系の古段階資料と共伴）。本地域は、西の三河湾から浜名湖・天竜川下流域を経由して伊豆方面に抜ける地域として重視されたことがうかがわれる。また本地域では、5世紀後半以降、100 m以上級の大型前方後円墳が築かれておらず、小型の前方後円墳が多数併存している点でも特徴的な地域である。

中部地域 現在のところ、伝・長野県飯田市上川路の御猿堂古墳（21：前方後円墳・66.4 m）と伝・同下川路出土鏡（22）の2面が知られるのみである。御猿堂古墳は6世紀前半代に大型の無袖横穴式石室が築造されているが（白石1988）、ここでは画文帯仏獣鏡Bが出土している（図65）。いずれも飯田盆地の東南部にあたり、岐阜県北東部から神坂峠祭祀遺跡を越える後の東山道に重なるルート（右島 2008、北條 2009）を経て飯田盆地に入った先の天竜川沿いに位置している。飯田盆地の北部から小諸・佐久地域を経由して東側に抜けると群馬県高崎市・前橋市・渋川市などの榛名山東麓地域に通じている。5世紀半ば以降に飯田地域での古墳築造の拡大が認められており、牧の経営や渡来人の活動などとともに、内陸交通の要衝としてその後の古代官道の整備を考える上でも重要な地域である（土生田 2009、小林正 2011）。2012年には、群馬県渋川市の金井東裏遺跡（Z）の調査において、6世紀初頭前後に榛名山噴火により被害を受けた集落の遺跡で小札甲を着装した成人男性人骨が出土した。頭蓋骨や高身長といった形態的特徴とストロンチウム同位体比分析の結果から、渡来系の形質をもった人物で伊那谷周辺で幼少期を過ごした可能性が指摘されており（田中良 2013・2015・2017、田中良他 2017）、上述の牧や渡来人の動向などとも密接に関わる人の動きが具体的に実証された事例といえよう。また本地域では、古墳造営数や規模の推移から、6世紀中葉以降、近畿中央政権の「規制」のもと古墳造営や馬匹生産が行われた可能性が指摘されており（土生田 2009）、御猿堂古墳における同型鏡の出土は、その前段階において中央政権から贈与されたものと考えることができる。

小　結 以上、同型鏡出土古墳を中心に検討を行ってきた。大きくは後の東

海道沿いの沿岸地域と、後の東山道に近い内陸交通路沿いの要衝から出土していることが確認できる。また表11からも明らかなように、三重県以東の東海・中部・北陸・関東だけで総数200面を超す旋回式獣像鏡系・乳脚文鏡系などの倭製鏡が出土しており、そのうちの約90例が鈴付加事例（鈴鏡）である。鈴付加事例の全体数が約130例前後であることから、そのうちの約7割が東海以東で出土していることになる。東海・中部地域では同型鏡の出土よりも小型倭製鏡の出土数が圧倒的に多く、入手機会自体が多かったことを示唆している。逆に同型鏡は在地の最上位層にほぼ限定されており、それらとの差異化が図られたものと考えられる。

（5）関東地域（図116）

　大きく①千葉県・東京都などの東京湾沿岸地域と、②関東平野北部の栃木県域・埼玉県域、そして③榛名山周辺の群馬県域などから、12面の同型鏡の出土が知られている。以下、右島和夫・池上悟（2011）、広瀬和雄（2015b）および若狭徹（2017）の整理を参照しつつ、倭製鏡の出土とあわせて検討する。

　東京湾沿岸地域　まず①房総半島から東京湾岸にかけての地域では、千葉県木更津市の祇園大塚山古墳（14）・鶴巻塚古墳（15）、夷隅郡大多喜町大多喜台古墳（13）で1面ずつ、東京都狛江市亀塚古墳（16）で1面の同型鏡が出土している。中世以前の東海東部から関東地域への海上交通ルートについて検討した平川南は、伊豆半島から三浦半島、房総半島へと至るルートで海上交通が重視された可能性を論じている（平川2004）。また古墳時代における相模湾岸周辺の石棺墓の分布からも海流と海洋民との関係が想定されている（西川修2016）こうした点から房総半島の君津市・木更津市・市原市といった東京湾岸における古墳築造についても理解可能であることが示されており、特に小櫃川流域の祇園大塚山古墳や鶴巻塚古墳では画文帯仏獣鏡B・Aや金鈴塚古墳（Q）で古段階の旋回式獣像鏡系が副葬されるなど、5世紀中葉以降、鏡の贈与という点でも最重要視された地域の1つと目される（上野編2013）。また市原市では稲荷台1号墳（S）で「王賜」銘鉄剣が、牛久石名坂1号墳（R）では多重複波文鏡群（潜繞獣像鏡系／鼉龍鏡系）の中型倭製鏡が副葬されるなど、5世紀中葉前後に中小規模の円墳の被葬者層に対して中央政権が積極的に

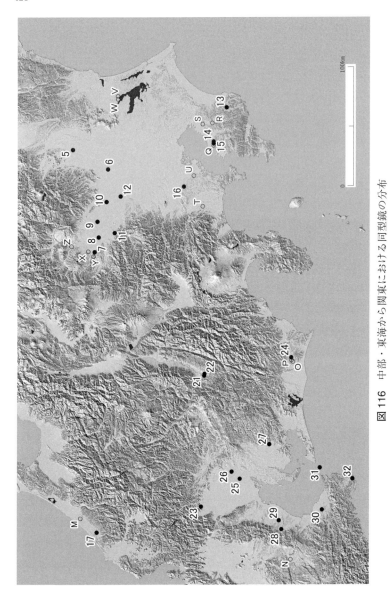

図116 中部・東海から関東における同型鏡の分布

(O:石ノ形古墳, P:宇洞ヶ谷横穴墓, Q:金鈴塚古墳, R:牛久石名坂1号墳, S:稲荷台1号墳, T:吾妻坂古墳, U:日吉矢上古墳, V:三昧塚古墳, W:玉舟塚古墳, X:保渡田古墳群, Y:剣崎長瀞西遺跡, Z:金井東裏遺跡)

贈与を行っている状況が考古資料にも表れている（cf. 前之園 2013）。小櫃川流域の祇園大塚山古墳（中期中葉）・鶴巻塚古墳（後期後半）・金鈴塚古墳（後期後半・末）における鏡の副葬について上野祥史は、「中期中葉」・「中期後半〜後期前半」の大きく2つの機会に「王権」から鏡の配布が行われた後、鶴巻塚古墳まで「古墳築造の停止」を挟んで在地で長期保有され、後期後半以降に古墳築造とあわせて鏡の副葬が行われた可能性を想定している（上野 2013a）。

狛江亀塚古墳は中期末〜後期初頭前後の副葬事例であり、当該時期に新たに入手された可能性が想定される。これと関連して注目したいのが、神奈川県域の倭製鏡である。第3章でもみたように、本地域では、中期中葉前後と想定される時期に厚木市吾妻坂古墳（T）で大型の倭製四獣鏡（図97-1：2期・19.1 cm）が、横浜市日吉矢上古墳（U）では大型の倭製五獣鏡2面（図103・104：2期・同型・20.6 cm）が副葬されており、東京湾を挟んだ房総半島で同型鏡が副葬されるのとほぼ同時期に、大型倭製鏡が複数もたらされており、海上交通という点で東京湾沿岸の地域集団が中央政権と直接政治的関係を取り結んでいたことがうかがわれる。特に5世紀後半代は、同型鏡＞大型倭製鏡＞中型倭製鏡＞小型倭製鏡という格付けが古墳の墳丘形態・規模と概ね対応している点で九州地域などに近い様相とみられる。

茨城県域　これまで同型鏡の出土は知られていないものの、霞ヶ浦周辺地域では5世紀後葉の三昧塚古墳（V：前方後円墳・85 m）で大型倭製鏡（図89-1：1〜2期・四神四獣鏡系・19.7 cm）が副葬され、つづく6世紀前半の（W）玉里舟塚古墳（前方後円墳・88 m）でも伝資料ながら同じく多重複波文鏡群の倭製四獣鏡（2期・16 cm）が副葬されている。三昧塚古墳の被葬者の時代に2面入手され1面が在地で長期保有された可能性とともに、舟塚古墳が今城塚古墳の2/5規格で築造された可能性が指摘されていることから（新井悟 2000）、6世紀段階に入手された可能性の双方が想定されよう。

関東平野北部　②の栃木県域、埼玉県域では、宇都宮市雀宮牛塚古墳（5）、伝・野木町野木神社周辺古墳（6）、行田市埼玉稲荷山古墳礫槨（12）、伝本庄市秋山古墳群（11）の4面の同型鏡の出土が知られている。このうち、5世紀後葉の雀宮牛塚古墳における、画文帯同向式神獣鏡C・多重複波文鏡群の中型倭製鏡（図97-2：2期・16.9 cm）・小型の鈴付加鏡4面（うち1面は旋回式獣

像鏡系）で計6面の共伴事例は倭製鏡の集中的な出土事例として特筆される。5世紀中葉～後葉段階では、同型鏡複数もしくは同型鏡と倭製鏡をあわせて複数面の鏡が贈与される場合もあったようであり（e.g. 勝浦峯ノ畑古墳・江田船山古墳・神前山1号墳・西塚古墳）、同型鏡1面という点では5世紀後葉～末の様相といえよう。

また栃木県・茨城県域の倭製鏡分布について検討した内山敏行は、鏡が出土する中期古墳が栃木県域中央～南部に集中し、中央部の宇都宮南部地域では主に乳脚文鏡系・珠文鏡系が直径12～25mの円墳から単独で出土する事例が多いことを指摘している（内山 2008）。こうした状況は他地域でも同様で、特に小型の倭製鏡については全国的にみても単独での副葬事例が主体を占めていることから、鏡の格付けの違いが上位層から中小古墳の被葬者層まである程度広く共有されていたものと理解できる。

埼玉稲荷山古墳礫槨の画文帯環状乳神獣鏡Bは、TK47型式段階における副葬例であり、「辛亥年」銘鉄剣の位置づけや実年代の定点という点で基準資料となっている。前述のように、稲荷山古墳では礫槨とは別に主たる古墳被葬者の埋葬施設がある可能性が高いことが指摘されており（小川他編 2003）、銘文に記された「ヲワケ臣」の出自を在地集団に求めるか中央豪族に求めるかという点で意見が分かれているものの（e.g. 吉村武 2003、森公 2013a、第5章参照）、礫槨被葬者が中央に上番して銘文鉄剣を持ち帰ったという点については概ね共通見解となっている。礫槨出土同型鏡は、礫槨被葬者個人への直接贈与かどうかは未確定であるものの、人制に係る被葬者に同型鏡が副葬されるという点で熊本県江田船山古墳とともに重要な事例である。また埼玉古墳群は後の「武蔵国造」の奥津城と考えられており、比企郡域の地域集団が5世紀後半の農業技術の革新を背景として、5世紀末に大宮台地に進出して広大な低湿地開発に乗り出したものと想定されている（cf. 城倉 2011）。稲荷山古墳礫槨の副葬品からは、上番の結果として半島での政治的・軍事的活動に参加した可能性が想定され、そうした中央政権への上番・奉仕の見返りの1つとして各地に対する農業経営への技術供与などがあったものとも考えられよう。

群馬県域 ③榛名山周辺の群馬県域では、伊勢崎市恵下古墳（9）、高崎市の八幡観音塚古墳（7）、同市綿貫観音山古墳（8）での同型鏡の出土が知られる

(cf. 梅澤 2003)。恵下古墳は5世紀後葉の築造とみられるが、後2者は6世紀末に築造された大型前方後円墳であり、これまでも在地での長期保有の具体例として考えられてきた（森下 1998a、川西 2004）。この点については基本的に異論がないが、本地域では5世紀中葉前後から岩鼻二子山古墳・井出二子山古墳・保渡田古墳群（X）などをはじめ、100m級の前方後円墳が継続的に築造されており（cf. 若狭 2017）、5世紀後半や6世紀前半の副葬事例が不明であるため、どの段階にもたらされてどの程度の期間長期保有されたのかについては不明な点が多い（このうち岩鼻二子山古墳では、対置式神獣鏡（14.5 cm）の出土が知られている〔梅澤 2003〕）。他方で4期の交互式神獣鏡A系の伝・群馬県高崎市若田町出土鏡（図95-1：15.7 cm）のような資料が存在することから、少なくとも6世紀前半以降にも新たに鏡をもたらされる機会があったものとみられる。本地域では土地開発の進展と大型古墳群の造営や三ツ寺Ⅰ遺跡のような地域センターの出現が連動していることが明らかにされており（若狭 2007）、特に5世紀代以降近畿中央政権との結びつきをつよめたものとみられる。

あわせて、前述のように渋川市金井東裏遺跡（Z）で出土した、6世紀初頭の榛名山噴火被災男性人骨が渡来的形質をもった人物で伊那谷周辺からの移住者と考えられること（田中良 2013・2015・2017、田中良他 2017）、また本遺跡周辺で高崎市剣崎長瀞西遺跡（Y）をはじめとした渡来人の生活・活動の痕跡が顕著に認められる点（土生田 2013、右島 2013）、6世紀初頭〜前葉の渋川市白井・吹屋遺跡群における牧の存在（徳江 2014、髙井 2014）などは、本地域社会と各地との交流の実態を具体的に示している。なお金井東裏遺跡では、男性人骨から北西に約45m離れた地点から、土師器を主体とした祭祀以降と想定される土器集積遺構が出土しており、その中で多量の滑石製模造品やガラス玉などとともに小型の「乳文鏡」（5.7 cm）が出土している（桜岡 2014、『埋文群馬』№.58〔2014〕、毎日新聞 2013年10月24日）。集落における祭祀の実態を示す事例として注目される。

群馬県域では、他に東部の太田天神山古墳にほど近い邑楽郡大泉町の古海原前1号墳（10：帆立貝式・53m）から画文帯同向式神獣鏡Cの出土が知られている。古墳の規模が縮小して以後に、西部の高崎市域周辺とは別の形で近畿

中央政権と結びついていた地域のあり方として理解できよう。
　また先に東海・中部地方の記述において、東海以東地域における小型倭製鏡および鈴付加事例の多さを指摘したが、千葉・埼玉・茨城・栃木・群馬の5県で計約90例の旋回式獣像鏡系や乳脚文鏡系の出土例があり（このうち40例弱が鈴付加事例）、東海・中部と相半ばしている。
　関東地域では、従来から指摘されているように、長期保有や6世紀末段階での副葬事例が多くみられ、多数の100m級の前方後円墳の築造が継続する点とあわせて地域的な特徴を示している。そうした在地における長期保有＝鏡の世代間継承にもとづく系譜関係の表現（川西 2004）と、各時期における近畿中央政権とのつながりの双方が重視されたものとみられる。

（6）小　結

　以上、列島各地における同型鏡および倭製鏡出土古墳の分布と特徴について検討してきた。その結果、同型鏡を副葬する古墳が内陸交通・海上交通の要衝に築かれていることが全国的な傾向として明らかとなった。また従来からいわゆる「首長墓系譜」の変遷において、5世紀後半や6世紀前半にそれまで古墳の築造がみられなかった地域で新たに古墳の築造が行われることが指摘されているが（都出 1988）、そうした古墳での出土も多く見受けられ、5世紀中葉・5世紀後葉・6世紀前葉といった、中央政権と各地の地域集団との関係の再編も含めた動きの中で同型鏡の授受が行われているものと考えることができる。こうした交通ルートの整備の中で行われた、参向型1類・2類といった形での人の移動や上番・奉仕は、中央政権の政治的求心性を結果的に高めたものと想定される。また5世紀中葉以降の内陸交通という点では、各地における牧の経営や馬匹による内陸部の移動（e.g. 右島 2008、北條 2009、桃崎 2012b）といった点で、この時期以降の交通網の整備を考える上でも注目される事象であろう。上記のような列島の状況をふまえつつ、次に朝鮮半島南部地域における同型鏡・倭製鏡の分布について検討する。

2. 朝鮮半島南部における同型鏡と倭製鏡の分布

(1) 4世紀～6世紀代における半島南部地域における倭系文物

　ここでは、半島南部地域における鏡の分布を検討するにあたり、高久健二（2004）・朴天秀（2007）・洪潽植（2010）・井上主税（2014）・高田貫太（2014・2017）らの先行研究を参照しながら、いわゆる半島南部における倭系遺物の分布について概観しておきたい。4世紀から5世紀前半代までは、金海をはじめとした慶尚南道地域に倭系遺物の出土が集中しており、良洞里古墳群・大成洞古墳群はその代表例である。また慶州市付近でも石釧や土師器が出土しており、前期以来交流が活発であったことが知られる。5世紀中葉～後半になると、南海岸地域や全羅南道の沿岸地域などで倭系の埋葬施設を伴う古墳が築かれ、高霊の大加耶地域の池山洞古墳群なども含め、倭系遺物の副葬が確認できるようになる。5世紀第4四半期～6世紀前半の時期を中心として、全羅南道の栄山江流域周辺では在地の大型方墳と共存しながら13基の前方後円墳が築かれている。また百済・武寧王陵では同型鏡の出土とともにコウヤマキ製木棺が用いられており、列島との関係が想定されてきた。

　以上のように、概ね5世紀後半を境にして、慶尚南道の金官加耶・新羅を中心とした交流から大加耶地域・全羅南道・百済へと倭系文物の分布域が推移することが多くの研究者によって指摘されており、また列島出土の半島系文物もそれに連動して変遷することが想定されてきている。こうした点をふまえつつ、以下では半島南部地域における銅鏡の分布とその背景について検討していく。

(2) 半島南部出土鏡をめぐる先行研究の見解

　表16は、上野祥史（2004・2013c・2014b）および下垣仁志（2011b・2016b）の資料集成をもとにいくつかの新出資料を追加したもので、4世紀代以降の半島南部出土鏡である。図117は、高久健二が作成した5世紀中葉～6世紀前半の半島の倭系遺物の図に、当該時期の鏡の分布および栄山江流域の前方後円墳の分布などを追加したものである。小田富士雄（1988）・門田誠一

表16　半島南部地域出土鏡一覧

	地域	出土遺跡名	面径	舶載/倭製	鏡式・系列名	副葬年代	備考
―	慶南	伝・慶尚南道	17.5	舶載	浮彫式獣帯鏡A	不明	同型鏡
―	不明	不明・梨花女子大所蔵	14.8	舶載	画文帯同向式神獣鏡A	不明	同型鏡
A	慶南金海	大成洞23号墳	16.6	舶載	方格規矩四神鏡	4c後半	
	慶南金海	大成洞2号墳	破片	舶載	浮彫式獣帯鏡	4c末	
	慶南金海	大成洞2号墳	破片	?	細線式獣帯鏡	4c末	
	慶南金海	大成洞14号墳	破片	舶載	内行花文鏡	5c前半	
B	慶南金海	良洞里441号墳	9.3	舶載	方格T字鏡	4c	
C	慶南昌原	三東洞18号甕棺墓	6.1	倭製	内行花文鏡B系	4c	
D	慶北慶州	皇南里出土	8	倭製	捩文鏡系	不明	
E	慶北慶州	皇南大塚南墳	15.5	舶載	模倣方格規矩鏡	5c中葉	
	慶北慶州	皇南大塚北墳	14.7	舶載	鉄鏡	5c中〜後葉	
F	慶北慶州	金鈴塚古墳	7	倭製	珠文鏡系	6c	
G	慶北慶山	伝・林堂洞古墳群	7.6	倭製	珠文鏡系	不明	
	慶南金海	林堂古墳群D-Ⅱ区117号墓	5.2	倭製	弥生小形仿製鏡	6c	
H	慶北高霊	池山洞45号墳第1石室	10.6	倭製	不明	6c前葉	
I	慶南梁山	梁山邑出土	9.4	倭製	乳脚文鏡系	不明	
J	慶南山清	山清生草9号墳	9	倭製	珠文鏡系	6c	
K	慶南晋州	晋州郡出土	13.8	倭製	旋回式獣像鏡系	不明	
L	全南高興	野慕古墳	6.8	倭製	素文鏡	5c中葉	
	全南高興	野慕古墳	約9	舶載	双頭龍文鏡	5c中葉	
M	全南高興	雁洞古墳	10.5	舶載	蝙蝠座内行花文鏡	5c後半	
N	全南海南	造山古墳	7.4	倭製	珠文鏡系	6c第1四半期	
O	全南海南	萬義塚1号墳	14.7	倭製	旋回式獣像鏡系	5c末〜6c初頭	
P	全南光州	双岩洞古墳	7.2	倭製	珠文鏡系	5c第4四半期	
Q	全南潭陽	斉月里古墳	11.3	倭製	旋回式獣像鏡系	5c末〜6c初頭	
	全南潭陽	斉月里古墳	9	倭製	珠文鏡系	5c末〜6c初頭	
R	全北高原	斗洛里32号墳	17.8	舶載	浮彫式獣帯鏡A	5c末〜6c初頭?	同型鏡
	忠南公州	武寧王陵	23.2	舶載	浮彫式獣帯鏡B	6世紀前葉	同型鏡
S	忠南公州	武寧王陵	18.1	舶載	細線式獣帯鏡D	6世紀前葉	同型鏡
	忠南公州	武寧王陵	17.8	舶載	方格規矩四神鏡	6世紀前葉	同型鏡
T	(北朝鮮)	伝・開城	14.8	舶載	画文帯環状乳神獣鏡A	不明	同型鏡

（1997）をはじめ、半島南部出土鏡についてはこれまでも多くの検討が行われており、資料の増加に伴い、特に慶尚南道地域と全羅南道地域での様相が明らかになってきている。ここでは上野祥史（2004・2013c・2014b）および下垣仁志（2011b）の見解について整理し、その上でいくつかの論点について検討したい。

　上野は、半島出土鏡が倭製鏡を主体とする点から、第3章で検討した森下章

司（1991・2002）の倭製鏡編年にもとづき、「第3期倭鏡」〔中期後半〜後期の倭鏡〕や武寧王陵出土の同型鏡などの「南朝鏡」以前と以後で傾向が異なることを指摘し、特に「第3期倭鏡」の旋回式獣像鏡系や珠文鏡が全羅南道・栄山江流域などで多く出土することを示している。また「第3期倭鏡」以前の「漢鏡・三国西晋鏡」が帯金式甲冑などと共伴することと、両者の間には断絶があることを指摘する（上野 2013c・2014b）。

　上野は、半島南部における鏡の出土がいわゆる中・小型の倭製鏡を中心とすること、それらが中・後期の鏡の序列においては面径という点で中・下位に位置づけられることを指摘した（上野 2004）。その上で、これらの出土鏡は基本的に「倭王権が付与した評価・序列」を示すものであるとし、武寧王陵出土の同型鏡が上位の、旋回式獣像鏡が中位の、珠文鏡などの小型鏡が下位の評価を表現するものと捉えている。また上野は王権側の評価を受領者側が認識していたかが重要であると説き、この点で鏡の授受は基本的に「参向型」と想定する一方で、王権中枢を離れた地域において、他者との比較の場が保証されるのであれば「下向型」の流通を想定することも可能とし、「第3期倭鏡」については「複数の対象者を前に分配される場が設定された可能性も想定しておきたい」と述べる（上野 2013c・2014b）。旋回式獣像鏡系の中型鏡が出土した全羅南道萬義塚1号墳の被葬者については、「百済王権下で活躍した倭人の日羅のような、複数の世界と交渉する多面性をもつ存在を想定」し、受領者にも器物に付与された王権の評価が認識されていたと想定している（上野 2013c・2014b）。こうした点で、大型の同型鏡が副葬された百済・武寧王陵の評価の高さとともに、全南地域の中でも萬義塚1号墳の被葬者に対する倭王権の評価が相対的に高いこと、逆に小型鏡が多い新羅・大加耶地域の評価が相対的に低いことを指摘する。

　以上の上野の議論の中で、漢鏡・三国西晋鏡と「第3期倭鏡」・南朝鏡の間に流通時期の差がある点、また半島出土鏡が中・小型の倭製鏡主体であり、大型倭製鏡などを含まない点とその背景については概ね賛同するところであり、筆者も萬義塚1号墳出土の旋回式獣像鏡系（古段階）の中型鏡などは、「倭王権」（あるいはその使者）から入手した可能性が高いと考える。すべての資料が近畿中央政権からの贈与であるかどうかという点が問題となるところである

が、少なくとも多量の中型・大型倭製鏡などが「倭王権」とは別ルートで自由に流通するような状況にはなかったことが以上の議論からも確認できる。

　こうした見解に対し、下垣仁志は、半島南部地域への倭製鏡の流入について、大きく（A）近畿中枢からの直接流入、（B）列島諸地域を介した二次的流入の２つのパターン（さらに（A'）所有者の移動を伴った近畿地域［中枢］からの流入・（B'）列島諸地域からの流入）を想定する。その上で、氏は前期倭製鏡や同型鏡群の拡散形態が基本的に「参向型」であり、前期倭製鏡と後期倭製鏡の流通形態に相違がみられないことを考慮して（A）の可能性は低いとする。（B）については、大型・中型鏡が不在であることから近畿地域の上位の有力者が関与したとみられないこと、鈴付加鏡が不在であることから関東・中部など当方諸地域の関与を否定し、西方諸地域における後期倭製鏡の分布から九州北部地域の有力者の関与、すなわち九州北部地域の有力者が半島南部諸地域に後期倭製鏡をもたらした可能性が最も高いと結論づけている（下垣2011b：pp.175-176）。

　両者の見解においては、半島南部地域の倭製鏡の面径の大小に、近畿中央政権の関与や戦略がどの程度反映されているかという点において、やや意見が異なるものとみられる。さらに、漢鏡・三国西晋鏡や同型鏡群などの中国鏡がどのように位置づけられるかが大きな問題といえる。

　上記のような先行研究をふまえ、以下では２つの問題について検討したい。１つは、慶州市・皇南大塚出土の２面の鏡の来歴の問題である。そしてもう１つは、2013年に全南大学校の調査で出土した、全羅北道南原市・斗洛里32号墳出土鏡を含めた半島南部出土同型鏡の問題についてである。この２つの問題の検討をふまえ、最後にあらためて半島南部出土鏡についての理解を整理したい。

（３）慶州市・皇南大塚出土鏡について
　慶州市の皇南大塚南墳・北墳（図118：E）は新羅の王陵と想定される５世紀中葉・中葉～後葉の古墳であり、前者については訥祇王の墓（458年没）とする見解が有力視されている（東 2010）。南墳からは魏晋の模倣方格規矩鏡（15.5 cm）が、北墳からは鉄鏡（14.7 cm）が出土している（図117）。いずれ

1：南墳出土模倣方格規矩鏡　　　2：北墳出土鉄鏡
図117　慶州市皇南大塚南墳・北墳出土鏡

も中型の中国鏡であり、半島南部出土鏡としては稀少な事例である。ここでもまず上野（2004）の見解を検討すると、南墳の方格規矩鏡の伝来経路については、製作地の中国北方と、3・4世紀代の主な流通地域である日本列島の両者を想定した上で、中国での副葬例が泰始七年墓などの西晋の墓地以降確認できないことから、日本から流入した可能性が高いことを暗示しつつ、「日本列島においては、模倣方格規矩鏡の型式と副葬古墳の年代の新古が相関しており、配布主体である畿内勢力からの配布は短期間に終了したと考えられるため、配布元での伝世は考えにくく、日本列島からの流入を想定する場合には、前期前半から中葉にかけてもたらされ当地で伝世したと考えるか、配布をうけた列島内の地域での伝世を経た流入を考えざるをえない」とする（上野 2004：p.417）。また北墳出土の鉄鏡については、列島出土の鉄鏡資料の少なさを指摘しつつ（表17）、「これらを総合した製作背景や流通原理を説明することはできず、倭からの流入は想定できない」と述べる。その上で、中国における鉄鏡が、東晋以降南方で増加傾向に転じることなどをふまえ、「これらを総じて考えれば、北墳出土鉄鏡は、中国南方より流入したと考えるのがよいと思われる。皇南大塚は、副葬品に数多くの舶載品を含み特記されるが、その中には、南朝からもたらされたとみられる褐釉陶などがあり、鉄鏡はこれらとともに新羅地域にもたらされたものと考えられる。このように、皇南大塚古墳では、南

表 17　列島出土鉄鏡一覧

県名	番号	出土遺跡名	面径	鏡式等
群馬	43	伝・田中家屋敷内古墳	不明	鉄鏡
群馬	122	伝・敷島長井	21	獣首鏡
神奈川	26	勝坂祭祀遺跡	不明	素文鏡
岐阜	149	伝・名張一之宮神社古墳	21.2	八鳳鏡
大阪	108	亀井古墳	3.06	鉄鏡
大阪	206	百舌鳥大塚山古墳・1号槨	14.5	鉄鏡
大阪	223	百舌鳥古墳群	5	鉄鏡
奈良	325	松山古墳	13.2	銀象嵌鉄鏡
大分	80	ダンワラ古墳	21.3	金銀象嵌鉄鏡

墳と北墳では、系譜の異なる鏡が副葬されており、その流入プロセスも異なる」と結論づけている（上野 2004：p.417）。

　以上の上野の見解について、朴天秀（2007）の見解を参照しつつ以下で検証してみたい。まず南墳の方格規矩鏡については、観察の結果、鈕孔形態においてもいわゆる魏晋鏡に特徴的な、底辺に段差をもつ長方形鈕孔であり、5世紀中葉以降の同型鏡群などではなく、3世紀代の模倣方格規矩鏡であることが確実である。その場合、上野が指摘するように列島から流入した可能性が最も高いと考える。ただし上述のように上野は配布元（近畿中央政権）での伝世の可能性について慎重な姿勢を示しているが、本書でここまでみてきた田中晋作（1993・2009）や加藤一郎（2015b）の見解などからも、こうした魏晋鏡が三角縁神獣鏡などと同様に近畿中央政権下で5世紀代まで管理・伝世された可能性は棄却できないと考えられる。

　次に北墳出土の鉄鏡について検討する。表17の列島出土鉄鏡一覧は、上野（2004）作成の表に下垣（2016b）の資料を一部追加したものである。列島の古墳出土鉄鏡の少なさという点は変更はない。ただ筆者が気になるのは、内容が不明な大阪府百舌鳥古墳群の中の、特に百舌鳥大塚山古墳（前方後円墳・168m）での出土事例が5世紀前半代に属する点である。第2章でもみたように、従来から、5世紀前半代に一部新たに中国鏡が舶載された可能性が想定されているが（cf. 川西 2004）、中期前半における百舌鳥古墳群での鉄鏡の出土は、こうした稀少な鉄鏡がこの時期における舶載鏡の一角をなすものであった

可能性を示している。

　この点とあわせて半島南部出土鏡の分布および倭系遺物の分布を重ねて考えると、5世紀前半代までは半島の東南部地域に分布の主体があり、5世紀後半以降半島西南部へと拡大する動きを示している（表16・図118）。鏡についても同様であり、たとえば高句麗経由、あるいは百済経由で西から東、北から南へと鏡の分布が拡大した形跡は認められない。上野が指摘するように、半島では独自の鏡様式を形成することがなく、基本的に外来のものであった（上野2004）。この点を倭系遺物の分布の変遷という点と重ねて考えると、皇南大塚北墳・南墳の2面の鏡も含め、半島南部出土鏡はほぼすべて列島からの流入品である可能性が高いのではないかと考える。

　この点に関連して、上述のように上野は、皇南大塚北墳の鉄鏡について、共伴した南朝産褐釉陶器の存在と重ねつつ、南朝からの独自入手を想定している。また南墳出土方格規矩鏡は時期は不明ながら列島からの流入を想定し、両者の流入の経緯が異なるとした。この点について、双方ともに列島からの流入と考えた場合はどのように説明できるだろうか。この問題に関連して、皇南大塚南墳では列島産の硬玉製勾玉やイモガイ製飾金具などが副葬されていることから、方格規矩鏡も含めて列島からの入手である可能性が朴天秀によって指摘されている（朴天2007：p.147）。朴は5世紀前半代に、金官加耶地域が衰退した時期に新羅と倭の王権間の政治的交渉の中でこれらの器物が贈与された可能性を推定しているが、筆者もその可能性が高いのではないかと考える。また南朝産の褐釉陶器は百済中央政権から各地に配布されているが（吉井2006、朴淳2008、土田2016）、この点を勘案するならば、新羅の王陵と目される皇南大塚南墳・北墳には、列島の近畿中央政権と漢城期百済の中央政権の双方との政治的交渉の所産として、いわば「倭王」と「百済王」からそれぞれに「新羅王」に対して政治的に贈与された貴重な器物が副葬されているのではないか。すなわち、褐釉陶器と鏡の由来を切り離し、前者は百済経由、後者は列島経由とする見方である。

　以上のように考えた場合、皇南大塚南墳・北墳の2面の鏡は、硬玉製勾玉などとあわせて、5世紀前半段階における列島・近畿中央政権との政治的交渉の所産として列島側から贈与されたきわめて政治性の高い器物として理解するこ

とができる。逆に新羅側から贈与された器物として、大阪府誉田丸山古墳出土鞍金具などをはじめとした新羅産とされる金工品など（朴天 2007）が、そうした鏡に対応する可能性が高い。

　この理解は、皇南大塚鏡2面だけでなく、5世紀代の列島出土鏡の問題を考える上でも重要な論点を含んでいる。1つには、5世紀中葉段階で同型鏡群が出土する以前において行われたと想定される対南朝遣使によってもたらされた可能性がある中国鏡の有力候補の1つとして、これらの鉄鏡が挙げられる点である。もう1点は、5世紀前半代において列島で新たな中国鏡の舶載が行われたという場合に、たとえば北朝から高句麗・新羅を経て列島へといったルートや、同型鏡群以前に百済や新羅・加耶地域などを経由して豊富な舶載鏡が列島に流入した、といった可能性は想定しがたいという点である。この点をふまえ、次に半島南部出土の同型鏡群について検討する。

（4）半島南部出土の同型鏡・倭製鏡の分布とその変遷

　同型鏡の検討の前に、先に漢鏡・魏晋鏡と倭製鏡の分布について検討しておきたい（図118）。南海岸の全羅南道高興地域では、雁洞古墳（M）から蝙蝠座内行花文鏡（「長宜子孫」「明如日月・位至三公」銘、10.5cm）1面が、野幕古墳（L）から双頭龍文鏡（「位至三公」銘・9cm）と小型の倭製素文鏡（6.8cm）の2面が出土している（図118）。実物観察の結果、前者は片方に段差をもつ方形鈕孔、後者は段差のない長方形鈕孔で、いずれも銅質がよく、3世紀から5世紀前半の列島出土中国鏡との共通性が高いことが確認できた。雁洞古墳では眉庇付冑・長方板革綴短甲、野幕古墳では衝角付冑・三角板革綴短甲が出土しており、前者は加耶系の竪穴式石槨、後者は北部九州系の石棺系石室を採用する。これらの鏡についても、帯金式甲冑と同様に、列島から持ち込まれた可能性が高い。上野（2013c・2014b）が指摘するように、北部九州系の埋葬施設の年代観からも、5世紀後葉以降の倭製鏡流入以前において、5世紀前葉〜中葉前後の鏡が副葬された事例と考えることができる。雁洞古墳では百済系の冠帽・飾履が出土しており、副葬年代自体は5世紀後半に降るものと想定されている。

　倭製鏡の分布については、上述の上野の検討で示されているように、皇南大

第4章 古墳時代中・後期における同型鏡群の授受とその意義　441

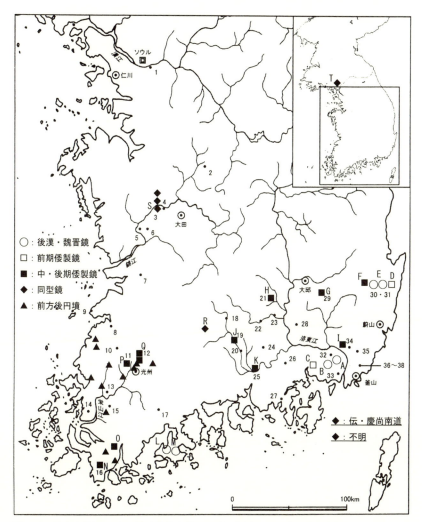

図118　半島南部における倭系遺物と鏡の分布（高久 2004を改変、アルファベットは表16参照）

塚以外では金海・慶尚南道付近で小型鏡がみられるものの、旋回式獣像鏡系などの中型・小型鏡は全羅南道・栄山江流域を中心とした半島南西部に集中している。また現在のところ、前章の筆者編年でいうところの「3期：中期後葉」

の資料(旋回式獣像鏡系と珠文鏡系)が主体であり、1期の斜縁四獣鏡B系や2期の多重複波文鏡群など、また4期の交互式神獣鏡系の出土は知られていない。それらが中型・大型鏡を主体とすることも要因の1つとみられるが、逆に「3期」の鏡(5世紀後葉～末)に集中している点があらためて注意される。また「3期」の鏡ではあるものの、鈴付加資料は現在のところ未確認であり、前述の下垣(2011b)の指摘にもあるように、西日本での資料の少なさという点とも重なっている。

以上をふまえつつ半島南部地域での同型鏡の出土事例についてみると、現在までのところ、武寧王陵出土鏡3面(S)以外に、伝・慶尚南道出土鏡1面(浮彫式獣帯鏡A)、出土地不明の梨花女子大所蔵鏡1面(画文帯同向式神獣鏡A)、韓国中央国立博物館所蔵鏡1面(画文帯環状乳神獣鏡A)、全羅北道南原市・斗洛里32号墳出土鏡1面(R:浮彫式獣帯鏡A)の4面が挙げられ、現在まで計7面の資料が知られている。

このうち梨花女子大所蔵鏡については不明な点が多いが、同型鏡分の分布の核の1つとして、慶尚南道周辺が想定される。

確実な同型鏡の遺跡出土事例としては、全北大学校調査の斗洛里32号墳出土鏡が挙げられる。出土した浮彫式獣帯鏡Aについては第2章で検討したが、伝・慶尚南道出土鏡と同型の資料である点で注目される。斗洛里32号墳は埋葬施設が加耶系の竪穴式石槨墓であり、出土土器の年代から5世紀第4四半期という年代が想定されている(ビョン 2014)。同墳からは百済産とみられる飾履が出土しており、百済とのつながりも想定されている。本地域では5世紀末以降に斗洛里古墳(斗洛里2号墳)で穹窿式天井で左片袖の横穴式石室が導入されており、この時期以降百済の政治的影響が強まったとされる(東1993)。斗洛里32号墳出土浮彫式獣帯鏡Aは、伝・慶尚南道出土鏡を含めた12面の同型鏡のうちの1面であることからも、百済経由というより、斗洛里2号墳の出現以前の段階において、南原地域の有力者に対して近畿中央政権から直接贈与された可能性が高いと考える。その場合も、飾履の存在などから、百済と近畿中央政権の双方と政治的関係を有していた在地の上位層と考えられる。また32号墳の加耶系の埋葬施設は、栄山江流域の甕棺墓や北部九州系横穴式石室などとも異なっており、距離という点でも栄山江流域の地域集団とは

別の勢力と考えることができる。この点で、同型鏡の授受は、九州との関係が強い栄山江流域とは別の動き、あるいはそれを牽制するものであった可能性が想定される。こうした理解をふまえるならば、逆に栄山江流域における中・小型の倭製鏡の中には、前述の下垣が指摘するように、北部九州などの列島諸勢力から贈与された鏡が多く含まれていた可能性が高いものと考えることができる（下垣 2011b）。

また萬義塚1号墳（O）における中型の旋回式獣像鏡系（14.7 cm）の出土については、非在地的な石槨の構造や、百済系・加耶系・新羅系・倭系といった多様な系譜の副葬品の共存という点とあわせ、前述の上野（2013c・2014b）が指摘するように、栄山江流域の前方後円墳などで出土した小型鏡とはやや異なる位置づけが可能と考える。その場合、筆者は、半島南部地域出土鏡は基本的にすべて列島からの流入品と想定した上で、その中でも同型鏡は近畿中央政権から、倭製鏡の多くは北部九州から、その一部（中型鏡など）については近畿中央政権から、というように複数の入手経路を想定するのが妥当と考える。

以上のように、斗洛里32号墳での同型鏡の出土は、6世紀代以前の、加耶地域と百済地域の間での独自の様相がみられた最後の時期における副葬事例という点で重要である。また斗洛里32号墳出土鏡とあわせて注目されるのが、韓国中央博物館所蔵鏡（画文帯環状乳神獣鏡A）である（清水 2013）。本鏡については伝・開城（T）とする記録がある（李蘭 1983）。伝資料であることから出土地を過大評価することはできないが、もし出土地の伝承が実際のものであるとすると、半島地域における同型鏡出土の北限となる。ここで注目されるのが、開城における南朝産の虎子の伝出土資料の存在であり、朴淳發はこの点から開城まで含めて3～5世紀代の漢城期百済の領域編成の範囲を想定している（朴淳 2008）。いずれも伝資料であり、出土遺跡の年代が475年以降であれば高句麗の領域下という可能性も存在する。ここでは同型鏡と南朝産の虎子といった2つの伝出土資料の存在に注意を喚起しつつ、今後の半島での資料の増加に期待したい。

なお上記の韓国国立中央博物館所蔵の「開城付近」出土鏡については、清水康二が画文帯環状乳神獣鏡Aの同型鏡であることを指摘した資料以外にも、画文帯神獣鏡や異体字銘帯鏡などが存在している。これらはいずれも「高麗」

時代の鏡として報告されているが（李蘭 1983）、その中に画文帯環状乳神獣鏡Aが含まれていることからすれば、他の画文帯神獣鏡などについても同型鏡群の一部である可能性が出てくる。これについては鈕孔形態の実見観察により確認できるものと考えられる。今後の課題としておきたい。

　武寧王陵出土の3面については、第2章でも検討したように、文様付加の方格規矩四神鏡を含めて、他の同型鏡と同様に南朝産と想定され、列島からの流入の可能性が高い（川西 2004、上野 2004、森下 2012a）。他ならぬ武寧王陵からの出土であり、6世紀前葉における副葬事例という点で、列島の拡散3段階の脈絡で理解することが可能である。この点で、本資料については、隅田八幡人物画像鏡の銘文の内容とともに、継体政権との関係が問題となる。これについては第5章であらためて検討する。

　半島における同型鏡と倭製鏡の分布について整理すると、特に5世紀中葉以降は南東部から南西部へという時期的変遷がみられる中で、旋回式獣像鏡系や珠文鏡系などの倭製鏡は栄山江流域周辺に、同型鏡については慶尚南道・南原市・武寧王陵（・伝開城）といった分布が認められ、相互に異なる分布域を形成していることが確認できる。武寧王陵出土鏡群をはじめとして、同型鏡群については列島の近畿中央政権からの直接的な贈与という可能性が高い。この場合に、「伝・慶尚南道」鏡については、出土遺跡の詳細は不明ながら、5世紀後半期における脈絡から、加耶地域の上位層に贈与されたものである可能性も想定されよう。

　以上のような理解は、栄山江流域における前方後円墳の被葬者像や、6世紀前半の百済・加耶・新羅地域をめぐる国際情勢を考える上でも重要と考えられる。これについては第5章であらためて検討する。

（5）小結：半島南部出土鏡について

　以上の検討の結果、半島南部出土鏡が基本的に列島からもたらされた可能性が高いこと、新羅の皇南大塚南墳・北墳の2面の鏡は、近畿中央政権から新羅王に対して政治的に贈与されたものである可能性が高いこと、5世紀代を通じて分布域の時期的変遷がみられる一方で、同型鏡の分布と栄山江流域周辺での中・小型倭製鏡の分布が相互に重ならず、栄山江流域に対する牽制の意味合い

があった可能性を指摘した。この結果、同型鏡群は基本的に近畿中央政権との政治的つながりによる授受の所産と考えられる一方で、栄山江流域の中・小型鏡については一部九州をはじめとした列島諸勢力から贈与された可能性についても想定された。この点であらためて6世紀前葉の武寧王陵出土の同型鏡3面の位置づけが問題となるところであり、栄山江流域の前方後円墳の被葬者像や隅田八幡神社人物画象鏡の問題とあわせて次章にて検討したい。

3. 小結：列島・半島南部出土鏡の分布とその特質

以上、列島各地の様相と半島南部出土鏡について、具体的に検討してきた。各地における内陸・海上交通の要衝や交通路の整備といった観点から、同型鏡の出土における地域的な偏りの背後には、前期段階の広域流通とは異なる、政治的動向の一端を読み取ることが可能ではないかと考える。また5世紀後半以降、鏡の序列として、同型鏡群＞大型・中型・小型の倭製鏡という格付けが広く認識として共有されており、その中でも特に同型鏡群の授受は、5世紀中葉・5世紀後葉・6世紀前葉といった各時期において、参向型2類として示されるような、各地の有力者に対する政治的贈与という側面がつよいことがあらためて浮き彫りになったものと考える。ここまでの考古学的な検討結果をふまえ、同型鏡群と倭製鏡をめぐる時代背景について、以下で章をあらためて検討したい。

註
（1） この点は、次節でも検討するように、加藤一郎が指摘した前期鏡の中央政権下での長期保有という点と整合的である（加藤 2015b）。
（2） 田中良之の古墳時代親族構造基本モデルⅠ～Ⅲ（田中良 1995・2008）については、その後、清家章の研究により、西日本に限らず近畿周辺まで含めて広く適用されることが確認されている（清家 2010）。
（3） 同型鏡群の授受においては、上野祥史も、筆者と同様に、「受け手に特定個人を対象としない、集団を対象とした配布した配布から、特定個人を対象とした配布へと変化した」可能性について論及している（上野 2015a：p.15、下垣 2016a：p.266）。

（4） 本節は辻田（2015b）をもとに全体的に追補・修正を行ったものであるが、1点具体的な修正点について補足しておきたい。拙稿の当該部分（p.256）においては、「この2段階（TK23～47型式段階）の時期に威信財入手形態の画期・転換点を見出すことができ」という一文が含まれていた。本書で拙稿を再録・修正するにあたり、本文中からこの部分を削除した。これは、以下で述べる「参向型2類」の出現との整合性が不明瞭という印象を与えると思われたためである。すなわち、同型鏡群の授受を基本的に「参向型2類」と考えた場合、「威信財入手形態の画期・転換点」自体は「2段階」ではなく同型鏡群授受の開始期である「拡散1段階」に求められるところである。以上から、本文で言及した「2段階における追葬の意味の変容」は、江田船山古墳や埼玉稲荷山古墳礫槨といった銘文刀剣出土資料の年代観との関連において、こうした「追葬の意味の変容」が考古資料の上に明瞭に確認できる時期として捉えなおしたい。また同様に、辻田（2015b：p.260）の「結語」における論点要約の「②」についても、上記の観点から「威信財入手形態の画期」の文言を削除した。

（5） 古墳時代前期威信財システムにおける威信財の入手形態（参向型1類）は、近畿地域も含めた各地の上位層の世代交代を契機として、近畿地域に参向した地域集団に対する鏡の授受を基本とする。大きく以下の2つに区分できる。

　　A類：各世代ごとの入手・副葬（古墳築造の時期差と副葬品の時期差が対応）
　　B類：各集団内における世代間での管理・継承後の副葬：「伝世」（森下1998a）

同世代においては、同一墳丘内もしくは小平野ほどの範囲での「分有」が行われている事例が多くみられる。この場合は、参向型2類のような個人を媒介とした中央政権への上番・仕奉関係がなくとも、威信財の列島各地への広域流通・拡散が起こりうるという点で参向型2類と異なっている。古墳時代前期威信財システムの詳細および列島各地の状況については以下をご参照いただきたい（辻田2007b・2014b）。

（6） 実際には前期から中期において「下向型」の威信財授受が行われた事例も含まれているとみられるが、古墳時代開始期以来の各地の地域集団による求心的な競合関係とそれを基礎とした各地での古墳築造（辻田 2006・2007b）という観点から、参向型1類・2類が主体であったものと考える。また6世紀代に各地にミヤケが設置されて以降、ミヤケを媒介として「下向型」による授受も行われた可能性が高いと考えている。ただいずれにしても、中央の上位層と、国造や地方伴造といった上位層同士の直接のつながりを基礎とした授受である点は参向型2類の延長上にあるものである。この点の深化については今後の課題としておきたい。

（7） 寿命王塚古墳でも2つの馬具のセット（松浦 2005b、桃崎 2015）と4つの石枕から、追葬の被葬者の存在が想定される。

（8） 他に羽曳野市峯ヶ塚古墳では、平彫文様の銅鏡破片の出土が確認されており、八鳳鏡などの可能性も想定されるが小片であり鏡式の特定はなされていない（羽曳野市教育委員会 2002）。

第5章　同型鏡と倭の五王の時代を
　　　　めぐる諸問題

第1節　同型鏡群と倭製鏡に関する現象の整理と本章の課題

1. 現象の整理

　本章で考察を行うに際し、前章までの成果をふまえ、古墳時代中・後期における鏡の生産・流通と他の考古学的現象との関係・同時代性といった点について、表18をもとに確認しておきたい。時間軸上で整理すると、中・後期倭製鏡編年の2期～4期が、同型鏡の拡散1段階～3段階に概ね対応している。それぞれを〔中期中葉〕・〔中期後葉〕・〔(中期末～)後期前半〕とする。また同型鏡群出現以前の倭製鏡編年1期を〔中期前葉〕、古墳編年10期にあたるTK43-TK209型式段階を〔後期後半〕とする。

　〔中期前葉〕(倭製鏡1期)　指標として、古市・百舌鳥古墳群における大型古墳群造営の活発化および陪冢などへの鉄器類の大量副葬、帯金式甲冑の大量生産・鋲留技法の採用と金銅装甲冑の生産・流通といった点が挙げられる (e.g. 田中晋 2001・2016、一瀬 2002・2008・2011、橋本 2005・2012・2013、藤田 2006、豊島 2010、鈴木一 2012b、阪口 2012、高橋・中久保編 2014)。また列島各地における多元的な初期須恵器生産の開始や鉄器生産など、渡来人を媒介とした技術革新と各種生産の拡大によって特徴づけられる (e.g. 花田 2002、亀田 1993・2003・2008・2012、坂 2008、重藤 2017、武末 2017、中久保 2017)。他方で新たな鏡の生産・流通は相対的に低調であり、少数の前期鏡や中国鏡の副葬などが目立つ。半島との関係でいえば、金官加耶地域との交流が衰退し、新羅との関係が強くなっていく時期とみられる (朴天 2007・井上

主 2014)。

〔中期中葉〕（同型鏡 1 段階・倭製鏡 2 期）　列島において同型鏡群が出現し、一部の大型前方後円墳などで副葬されるようになる。大仙陵古墳の築造に代表されるように、近畿における大型前方後円墳の極大化がピークとなる時期である。また同時期に倭製鏡生産が活発化し、同型鏡群の忠実模倣や複製ではなく、前期倭製鏡や 1 期の倭製鏡などを参照しつつ大型鏡の生産や新たな系列の創出が試みられた。これを「前期的」鏡秩序の再興への試行錯誤と捉えるのは、同型鏡群の中に、前期の三角縁神獣鏡に対比されるような、同一鏡種の多量複製鏡（画文帯同向式神獣鏡 C）が含まれる点によるものである。また鋳銅鈴付馬具の出現とほぼ同時期に鈴付加鏡の生産も開始される（桃崎 2011）。この時期は鉄製武器・武具類の流通という点でも「量差システム」（古墳への大量副葬）から「質差システム」（器物の質的差異などにもとづく地位表示）へといった変化が生じた時期とされており（川畑 2015）、大阪府大県遺跡をはじめとした中央政権管轄下での生産地の具体的様相についても議論されている（花田 2002、坂 2014、橋本 2015b）。長頸鏃が盛行し、f 字形鏡板付轡や剣菱形杏葉など（千賀 2003、田中由 2004・2005、桃崎 2012b、諫早 2012a・b）、この時期以降の政治動向を考える上で重要な器物が多数出現している。また千葉県稲荷台 1 号墳における「王賜」銘鉄剣もこの時期の製作とみられる（滝口他 1988、川口 1993、佐藤 2004、前之園 2013）。人物埴輪の展開（高橋克 2015）、陶邑の須恵器製作技術の各地への拡散（植野 1998、菱田 2007・2013、重藤 2017、武末 2017）、鉄器生産技術の発展（村上 2007、野島 2009・2012）など、同型鏡群の出現や倭製鏡生産のみならず、時代の変革という点でも重要な画期とみなされる。近畿周辺では、やや先行する TK216 型式前後から、いわゆる初期群集墳の築造が活発化している（中久保 2014）。

〔中期後葉〕（同型鏡 2 段階・倭製鏡 3 期）　同型鏡群の流通および倭製鏡生産がピークとなる時期である。同型鏡群は、大型前方後円墳のみならず、各地の中小規模墳での単数面副葬も多くみられ、近畿中央政権がこれらの古墳の被葬者層を取り込もうとしたことがうかがわれる。倭製鏡 3 期は、2 期に生み出された多くの系列の中で、主に旋回式獣像鏡系と乳脚文鏡系の小型鏡へと生産が収斂した時期であり、鈴付加鏡も含めて生産面数という点では中・後期を通じて

表18 同型鏡群と中・後期倭製鏡の変遷

		同型鏡群	倭製鏡	備考：鏡の生産と流通	他の器物の動向
中期前葉	古墳編年5期～7期前半〔倭製鏡1期〕	――	斜縁四獣鏡B系珠文鏡系	他に三角縁神獣鏡・前期倭製鏡などの流通	古市・百舌鳥古墳群の展開 帯金式甲冑の大量生産 鋲留技法と金銅装甲冑 各地で初期須恵器生産開始
中期中葉	古墳編年7期後半 ON46-TK208〔倭製鏡2期〕	大型・中型の各鏡種〔拡散1段階〕	多重複波文鏡群（大型・中型） 線描菱雲文鏡群（大型・中型・小型）	前期倭製鏡・同型鏡群などの参照 大型鏡・同一文様鏡の製作 鈴付加鏡の創出 〔第1の画期：前期的鏡秩序の再興への試行錯誤〕	「王賜」銘鉄剣 長頸鏃の盛行 f字形鏡板付轡・剣菱形杏葉 陶邑系の須恵器製作技術拡散
中期後葉	古墳編年8期 TK23-TK47〔倭製鏡3期〕	大型・中型の各鏡種〔拡散2段階〕	旋回式獣像鏡系（中・小型）	大型鏡主体の同型鏡 ↕ 小型鏡主体の倭製鏡	「治天下大王」「杖刀人」「奉事典曹人」銘 片面穿孔・花仙山産碧玉製管玉・小札甲・横矧板鋲留短甲・金銅製馬具類の盛行
			乳脚文鏡系（小型）		
（中期末～）後期前半	古墳編年9期（TK47末-）MT15・TK10〔倭製鏡4期〕	一部の鏡種・残僅少〔拡散3段階〕	交互式神獣鏡系／半円方形帯鏡群の創出（大型・中型・小型）隅田八幡神社人物画象鏡	同型鏡群の直模鏡の製作 三角縁神獣鏡などの前期鏡を再度参照 同一系列内での面径の差異化 〔第2の画期：鏡秩序の再度の継承と活性化〕	「畿内」型横穴式石室 捩り環頭大刀 広帯二山式冠 三葉文楕円形杏葉
後期後半	古墳編年10期 TK43-TK209	（中央・各地での伝世と副葬）	（生産終了）	前時期までに生産されたものの一部がこの時期にも流通／前時期までに流通したものがこの時期まで伝世され副葬される	装飾付大刀の盛行 前方後円墳の築造停止 群集墳・横穴墓の造営活発化

※ 各時期で「古い鏡」の授受や倭製鏡生産における参照が行われている

最多となった（表11）。大型鏡主体の同型鏡群と小型鏡主体の倭製鏡というように、両者の性格の差異化が明確に志向されたとみられる。またこの時期は、上位層における小札甲の盛行（e.g. 塚本 1997、内山 2006、古谷 2013、松崎 2015）、規格性の高い横矧板鋲留短甲の大量生産と授受（e.g. 小林謙 1974・1975、吉村和 1988・2014、滝沢 1991・2015、松木 2007、川畑 2015）、金銅装馬具などの金工品生産（桃崎 2015）、また花仙山産碧玉の管玉やガラス小玉の流通（大賀 2008、河村 2010、廣瀬時 2015、谷澤 2015）など、各種の生産分野での発展がみられる。鏡に限らず、中期中葉段階に出現した種々の器物の生産が拡大して大量生産と流通・消費が行われた時期ということもできよう。また「杖刀人」「奉事典曹人」などの銘文刀剣類の存在から、地域集団と中央政権との政治的な仕奉関係の存在を読み取ることができる。半島地域と各地の上位層との交流も活発化し、鉄鉾・垂飾付耳飾・胡籙・鋳造鉄斧などの半島系遺物が「非一元的」に列島各地に拡散している（e.g. 高田 1998・2014・2017、土屋 2011・2012、的野 2013・2015、松浦 2015）。また前期とは別系譜で新たに各地でカマドや甑形土器が導入され、半島諸地域との多元的な交流の様相が示されている（酒井 1998、寺井 2016、坂・中野 2016）。半島南部地域では大加耶地域・栄山江流域を中心に倭系遺物が増加し（高久 2004、朴天 2007）、栄山江流域では前方後円墳の築造が行われ、一部で倭製鏡が副葬される。またそれとはやや距離を置きつつ、全羅北道南原市の斗洛里 32 号墳で同型鏡の副葬が確認される。

〔後期前半〕（同型鏡 3 段階・倭製鏡 4 期）　古墳築造動向の変動という点から地域間関係が再編された時期とみられ（都出 1988・1995）、いわゆる「畿内」型横穴式石室の出現（土生田 1998）、また捩り環頭大刀や広帯二山式冠、三葉文楕円形杏葉などの新たな器物の生産と流通が活発化する時期であり（福永 2005b、松浦 2005a、高松 2007、高橋克 2007、森下 2010、土屋 2015）、交互式神獣鏡系や隅田八幡神社人物画象鏡などを含めた半円方形帯鏡群の創出もそうした脈絡に位置づけられる（車崎 1995、福永 2005b・2011）。また百済武寧王陵で同型鏡 3 面の副葬が行われる。栄山江流域の前方後円墳築造はこの時期に終了する。

〔後期後半〕　近畿・関東地域をはじめ一部の地域で同型鏡群や倭製鏡の副葬

が行われている。倭製鏡生産の終焉時期についてはなお不明な点が多いが、少なくとも半円方形帯鏡群や3期までの主立った系列の製作は後期前半の4期までにほぼ終了していたものと想定され、この時期の古墳・遺跡から出土する鏡は、中央政権膝下もしくは列島各地のいずれかにおいて長期保有された後に副葬されたものが主体とみられる。後期中葉以降の主な金工品の生産は、金銅装馬具類と装飾付大刀へと移行しており（新納1982・1983・2002、松尾2005a・b、持田2006、菊地2010、金宇2011、古川2013）、こうした生産の変遷および古墳時代的銅鏡の副葬の終焉と、前方後円墳の築造停止が概ね6世紀後葉（東日本では6世紀末～7世紀初頭）で時期的に重なるものとみられる。

2つの画期　同型鏡群・倭製鏡に関する現象という観点からあらためて整理するならば、〔中期中葉〕が同型鏡群の出現および倭製鏡生産の「第1の画期」であり、〔中期後葉〕はその戦略が継承されつつ同型鏡群の流通および小型鏡を主体とする倭製鏡の生産・流通がピークとなった段階、そして〔後期前半〕は同型鏡群の一部を原鏡として新たな倭製鏡の系列を創出するという形で鏡秩序の再度の継承と活性化が目指された段階であり、倭製鏡生産の「第2の画期」として捉えた。〔後期後半〕は、そうした同型鏡群・倭製鏡の生産と流通が終了し、一部の上位層に保有と副葬が限定される時期であり、古墳時代的鏡副葬の終焉段階となる。

2. 本章の課題

以上、中期前葉から後期後半まで、同型鏡群と倭製鏡の時期的変遷と関連する考古学的現象について整理を行った。これをふまえ、以下、同型鏡群の出現と展開の背景を考えるために、具体的な問題設定を行いたい。

本章で検討する問題は、次の3点である：
1) 同型鏡群の出現とその背景：倭の五王の遣使と大陸の事情
2) 同型鏡群・倭製鏡の授受とその背景：参向型2類の意義
3) 5世紀末～6世紀前半の半島南部地域をめぐる国際情勢と同型鏡群

まず1) は、第2章で検討した、同型鏡群の特鋳鏡説をめぐる問題である。

同型鏡群の成立と舶載の契機を倭の五王の遣使と考える場合に、具体的にいつ頃の遣使であり、それは大陸や半島南部を含めた東アジアの国際情勢においてどのような時期であったのか、また同型鏡群が南朝から倭国向けに贈与されることがどのような意義をもつのかといった観点から、南朝における同型鏡群の生産とその背景について検討する。

2）は、中期中葉以降における同型鏡群の授受の実態、また倭製鏡生産の拡大とその背景について、5世紀代の府官制的秩序と人制といった観点から検討を行う。前章では、同型鏡群の授受を「参向型2類」として捉えたが、こうした授受の形態の出現の意義についても考えてみたい。

3）は、特に隅田八幡神社人物画象鏡の銘文内容・韓国武寧王陵出土の同型鏡群・栄山江流域の前方後円墳・「継体朝」と「磐井の乱」といった問題をめぐる考古学的な議論である。これらの事象において、同型鏡群の授受および4期の倭製鏡の創出が深く関わっていることから、そこで鏡が果たした役割と意義について、5世紀末〜6世紀前葉の東アジア史という観点から検討する。

上記の3つの課題について検討するにあたり、以下では文献史学の成果も参照しながら、考古学的分析結果との接続の可能性についても追究する。その上で、6世紀代における朝鮮三国の国家形成とも対比しつつ、列島の古代国家形成過程における同型鏡群と倭製鏡の意義について考えてみたい。

第2節　東アジアにおける同型鏡群の出現・展開とその意義

1. 同型鏡群の出現とその背景：倭の五王の遣使と大陸の事情

（1）5・6世紀の東アジアと倭の五王の遣使

ここでまず、同型鏡群の時代背景を考えるために、5・6世紀における東アジアの各政体の変遷を表19に示す。中国南朝・高句麗・百済・新羅については、川本芳昭（2005）、田中俊明（田中編2008）らの整理をもとに、それぞれの王朝の変遷と王の在位期間を示している。倭王については、坂元義種（1978・1981）・森公章（2010a）らの整理をもとに、遣使年次からみた五王の

表19 東アジア各政体変遷表

年代	中国北朝	中国南朝	南朝皇帝	高句麗	百済	新羅	倭	倭の遣使記事
390〜394		東晋 317-420	孝武帝 372-396	好太王 391-412	阿莘王 392-405	奈勿王 356-402	(不明)	
395〜399								
400			安帝 396-418					
405					腆支王 405-420	実聖王 402-417		
410								(413年)
415							讃 ?-437頃?	
420		宋 420-479	武帝・小帝		久尒辛王 420-427			421年
425								425年
430								430年
435			文帝 424-453		毗有王 427-455	訥祇王 417-458	珍438頃-443頃?	438年
440								443年
445								
450							済 443-461頃?	451年
455				長寿王 413-491				460年
460	北魏 386-534		孝武帝 453-464		蓋鹵王 455-475		興 462-?	462年
465			前廃帝 明帝 465-472 後廃帝 472-476			慈悲王 458-479		
470								
475					文周・三斤王		武 462〜471頃? -479/489?	477-478年
480			順帝 476-479					(479年)
485		斉 479-502	高帝 武帝 482-493 廃帝鬱林王 廃帝海陵王 明帝 494-498 廃帝東昏侯 和帝		東城王 479-501	炤知王 479-500		
490								
495							不明	
500								(502年)
505				文咨明王 492-519		智証王 500-514		
510					武寧王 501-523			
515							継体 507?- 531/ 534?	
520			武帝 502-549			法興王 514-540		
525				安蔵王 519-531				
530		梁 502-557						
535					聖王 523-554		(安閑・宣化?)	
540	西魏	東魏		安原王 531-545				
545								
550			簡文帝・元帝・敬帝	陽原王 545-559			欽明 540?-571	
555		北斉 550-577				真興王 540-576		
560	北周 556-581		武帝・文帝 559-566					
565								
570		陳 557-589		平原王 559-590	威徳王 554-598		敏達 572-585	
575			廃帝 宣帝 568-582 後主 582-589					
580								
585					恵王 法王	真平王 579-632	用明・崇峻	
590				嬰陽王 590-618				
595		隋 581-618	文帝 581-604				推古 593-628	
600					武王 600-641			600年

在位期間を、そして 6 世紀代については『日本書紀』の記述を参照しつつ、参考資料として即位年次などを記載した。年表は 5 年ごとに区切っており、各王朝の継続期間や王の在位年数が対比できる。

　各政体における王の在位期間と政治状況の変動を重ねて考えると、一般的に在位年数が 20 年以上ある王の代は比較的安定した治世と考えられる場合が多い。たとえば南朝では、三代文帝の時代が「元嘉の治」と呼ばれ、善政の時代とされる。他方で、文帝末期からその後の孝武帝以降、南朝では王族内での後継者争いにより短期間で王の代替わりがつづき、479 年には宋から斉への禅譲革命による王朝交代が起こっている（川本 2005）。この点では、特に高句麗の長寿王が在位年数が突出して長く、この時代の半島を核とした国際関係の規定要因の 1 つともなっている。百済は 5 世紀前半の毗有王を経て 5 世紀後半の蓋鹵王の代に高句麗から漢城を奪われ、熊津で東城王が即位することにより復興し、6 世紀代の武寧王・聖王代へと続く。新羅では訥祇王の在位が比較的長く、慈悲王・炤知王などもそれぞれ 20 年前後の在位年数がある。そして 6 世紀代の智証王・法興王代に国家形成が大きく進展したことが知られる（武田幸 1980、李咸 2002、田中俊 2013）。

　列島では、倭の五王のうち、讃・済・武が 20 年前後もしくはそれ以上の在位年数が想定される。6 世紀代では、継体・欽明・推古がそれぞれ 20 年以上となる。

　以上のように、倭の五王により南朝遣使が行われたのは、南朝では劉宋の成立前後から文帝の元嘉の治を経て、460 年代以降の政情不安の後、王朝交代が起こる前後の時期にあたる。高句麗は一貫して長寿王の時代であり、倭王を含めた各政体の王は 5 世紀代を通じて長寿王と対峙しつづけたことになる。

　こうした理解をふまえ、本書が対象としている前述の時間軸について、倭の五王の時代と 6 世紀史に対比すると以下のようになる。

- 中期前葉：5 世紀前葉――倭王讃・珍
- 中期中葉：5 世紀中葉――倭王済（允恭）
- 中期後葉：5 世紀後葉――倭王武（雄略）
- 後期前半：6 世紀前半――継体〜欽明前半
- 後期後半：6 世紀後半――欽明後半〜推古

また倭の五王の墓域についても考古学的な検討が進んでおり、東潮（2015）は以下のような推定を行っている。

讃：上石津ミサンザイ古墳（365 m・百舌鳥・5 期）
珍：誉田御廟山古墳（425 m・古市・6-7 期）
済：大仙陵古墳（486 m・百舌鳥・7 期後半）
興：土師ニサンザイ古墳（290 m・古市・7-8 期）
武：岡ミサンザイ古墳（242 m・古市・8 期）

倭王・武（ワカタケル大王・雄略）については河内大塚山古墳を比定する見解も提示されているが（東 2010）、年代的な観点から岡ミサンザイ古墳が有力視されており（e.g. 岸本直 2008、天野 2010）、東自身も上記のように岡ミサンザイ古墳を候補として挙げていることから、上記の比定が有力となりつつある。

これはあくまで『宋書』における倭の五王の記述をもとに、各時期の最大規模墳を比定したものである。他方で、古市・百舌鳥古墳群では各時期にそれらに準ずる規模の大型前方後円墳が複数築かれている。岸本直文は、前期以来、大型前方後円墳の築造規格には2系列が存在しており、5世紀代においても「神聖王系列」と「執政王系列」が並存すると捉え、この時代は「二王並立」であったとする見解を提示している（岸本直 2008）。岸本はこれらの二系列が、五世紀後葉〜末の岡ミサンザイ古墳から6世紀代の今城塚古墳（推定・継体墓）の段階で統合されたものと想定しており、古市・百舌鳥古墳群の各時期における多数の大型前方後円墳の並存状況を考える上で興味深い見解である。『宋書』に記録される倭の五王については外交上の代表権者と考えられることから、「二王並立」の可能性も含め、古市・百舌鳥古墳群における大型前方後円墳被葬者層の具体相については今後の課題である。ここでは、古市・百舌鳥古墳群における各時期の最大規模墳として概ね上記の5基が挙げられ、倭の五王の在位期間とも概ね対応する点を確認した上で論を進めたい。

次に、倭の五王の遣使記事と、将軍号の除正の内容などについて、坂元義種（1978・1981）・川本芳昭（2005）・石井正敏（2005）・森公章（2010a）・河内春人（2010・2015）・前之園亮一（2013）・田中史生（2013）らの整理をもとにまとめたものが表20である。

表20　中国史書における倭の五王

西暦	内容	出典	備考
413	①是歳、高句麗・倭国及び西南夷の銅頭大師、並びに宝物を献ず。	『晋書』安帝紀	遣使の有無について複数の見解がある
413	②晋の安帝の時、倭王讃有り。使を遣わし朝貢す。	『南史』倭国伝	
413	③晋の安帝の時、倭王賛有り。	『梁書』倭伝	
421	④詔して曰く、「倭讃萬里貢を修む。遠誠宜しく甄すべく、除授を賜う可し」と。	『宋書』倭国伝	讃による劉宋建国の祝賀遣使
421	⑤二月乙丑、《中略》倭国、使を遣わし朝貢す。	『南史』宋本紀	
425	⑥讃又司馬曹達を遣わし、表を奉りて方物を献ず。	『宋書』倭国伝	讃の遣使
430	⑦（春正月）是月、倭国王、使を遣わし方物を献ず。	『宋書』文帝紀	讃の遣使
438	⑧讃死して弟珍立つ。使を遣わして貢献す。自ら使持節、都督倭・百済・新羅・任那・秦韓・慕韓六国諸軍事・安東大将軍・倭国王と称し、表して除正せられんことを求む。詔して安東将軍・倭国王に除す。珍又倭隋等十三人を平西・征虜・冠軍・輔国将軍号に除正せられんことを求む。詔して並びに聴す。	『宋書』倭国伝	珍の即位遣使
438	⑨（夏四月）己巳、倭国王珍を以て安東将軍と為す。《中略》是歳、武都王・阿南国・高麗国・倭国・扶南国・林邑国並びに使を遣わし方物を献ず。	『宋書』文帝紀	
443	⑩倭国王済、使を遣わし奉献す。復た以て安東将軍・倭国王と為す。	『宋書』倭国伝	済の即位遣使
443	⑪是歳、河西国・高麗国・百済国・倭国、並びに使を遣わし方物を献ず。	『宋書』文帝紀	
451	⑫使持節、都督倭・新羅・任那・加羅・秦韓・慕韓六国諸軍事を加え、安東将軍は故の如し。並びに上る所の二十三人を軍・郡に除す。	『宋書』倭国伝	安東大将軍への進号について複数の見解がある
451	⑬秋七月甲辰、安東将軍倭王倭済、号を安東大将軍に進む。	『宋書』文帝紀	
460	⑭（十二月）丁未、倭国、使を遣わし方物を献ず。	『宋書』孝武帝紀	済の遣使
462	⑮済死す。世子興、使を遣わし貢献す。世祖の大明六年、詔して曰く、「倭王世子興、奕世、忠を戴ね、外海に藩と作る。化を稟け境を寧んじ、恭しく貢職を修む。新たに辺業を嗣ぐ。宜しく爵号を授け、安東将軍、倭国王とすべし」と。	『宋書』倭国伝	興の即位遣使
462	⑯（三月）壬寅、倭国王世子興を以て安東将軍と為す。	『宋書』孝武帝紀	
477	⑰冬十一月己酉、倭国、使を遣わして方物を献ず。	『宋書』順帝紀	
478	⑱興死して弟武立つ。自ら使持節、都督倭・百済・新羅・任那・加羅・秦韓・慕韓七国諸軍事、安東大将軍、倭国王と称す。順帝の昇明二年、使を遣わし上表して曰く、《中略》詔して武を使持節、都督倭・新羅・任那・加羅・秦韓・慕韓六国諸軍事、安東大将軍、倭王に除す。	『宋書』倭国伝	二度ではなく一度の遣使とする見解がある（廣瀬2014）
478	⑲五月戊午、倭国王武、使を遣わし方物を献ず。武を以て安東大将軍と為す。	『宋書』順帝紀	
479	⑳新除の使持節、都督倭・新羅・任那・加羅・秦韓・慕韓六国諸軍事、安東大将軍を進め、倭王武の号を鎮東大将軍と為す。	『南斉書』倭国伝	遣使の有無について複数の見解がある
502	㉑鎮東大将軍倭王武、号を征東将軍に進む。	『梁書』武帝紀	「武」という点から遣使がないという見解が有力視されている

※ 本表は田中史生（2013）の表1（p.238）にもとづいて作成し、「備考」のみ辻田が追記したものである。

表21 倭の五王の遣使の関連年表

西暦	内容	備考
410	東晋，南燕を滅ぼす．東晋の山東半島領有．	412：高句麗・好太王没
413	高句麗の東晋遣使．	413：高句麗・長寿王即位
420	東晋の滅亡，宋の建国．	424-453：元嘉の治：三代文帝
436	北燕滅亡，北魏の勢力渤海に及ぶ．東夷諸国，北魏遣使．	427：高句麗，集安から平壌に遷都 433：羅済同盟 439：北魏が北涼を滅ぼし華北統一
450	北魏，長江北岸・瓜歩山まで南侵．宋・元嘉の治，傾く．	450：百済が宋に遣使，易林・式占・腰弩などを求めて与えられる
466	北魏，淮水の北の4州，及び淮水の西の地を宋より奪う．	455：高句麗と百済・新羅連合軍の交戦
469	正月，宋の山東半島の拠点，東陽陥落．北魏，山東半島を領有．2月，柔然，高句麗，契丹等の諸国，北魏遣使．	
470	北魏，山東半島に光州を設置．	
470年代初頭	淮水・泗水地域領有をめぐっての宋魏両国間の熾烈な戦い．	
472	百済の対北魏遣使とその失敗．	
475	北魏，光州に軍鎮を設置．	475：百済・漢城陥落（新羅援軍）
479	宋の滅亡，南斉の建国．	479：加羅国王荷知，南斉に遣使
480年代	北魏のさらなる南侵．	
490(488?)	北魏による百済攻撃．	493：百済・新羅の婚姻同盟
498	南斉・建武五年銘画文帯神獣鏡の製作（明帝：在位493-498）．	494・495：高句麗と百済・新羅連合軍の交戦
502	南斉滅亡，梁の建国．	502：新羅，北魏へ遣使

※本表は川本芳昭（2005）の表（87：p.298）にもとづいて作成し，498・502年と「備考」の項目のみ辻田が追記したものである．

　この中で、従来同型鏡群も含めて考古学的現象との関連で注目されてきたのが、438年の珍の遣使時における「倭隋等十三人」と451年の済の遣使時における「軍郡二十三人」といった、倭王の配下も含めた除正の内容とその年次である（川西 2004）。川西宏幸は、須恵器ON46型式段階の実年代が「このいずれに近づくのか」という観点から検討し、438年と451年のいずれかにおいて同型鏡群の舶載が行われたものと想定した。この川西説の検証とそれ以上の絞り込みが可能であるのか、というのがここでの具体的な課題である。

　この問題について議論を進める前に、倭の五王の遣使そのものについてもう少しみておきたい。倭の五王の遣使については、文献史学においていくつかの点で意見が分かれている。具体的には、A）413年の遣使の有無、B）451年に

おける安東大将軍への進号の有無、C) 479 年における遣使の有無などが挙げられ、上に挙げた諸氏の間でもそれぞれについて意見の相違がある。また 477 年・478 年の記載がある倭王武の遣使については、実際は 477 年の 1 回の遣使を指す可能性が高いことが指摘されている（廣瀬憲 2014）。

A）〜C）の詳細や各氏の立場についてはここでは割愛するが（cf. 石井正 2005、田中史 2013）、いずれも文献史学における今後の議論の進展を期待したい。このうち、A）に関連して考古学的な議論との関係から確認しておきたいのが、倭の五王による対南朝遣使ルートと山東半島情勢という問題である。川本芳昭は、日本列島から南朝の首都建康に至る行程として、山東半島南岸から長江下流域に至る沿岸ルートが船舶航行上困難な海域であり、山東半島に上陸後に陸路・内陸水路を利用して南下した可能性が高いことを明らかにしている（図 119：川本 1988・1992・2005）。この点で、川本による以下の指摘は注目される。すなわち、東晋代の 410 年に宋の高祖劉裕が南燕を滅ぼして山東半島を領有したことにより倭から南朝への遣使が可能になったこと、また高句麗の好太王が 412 年に亡くなり、長寿王へと代替わりしたことにより一時的に高句麗と倭国の間の緊張関係が緩和されたこと、劉宋の文帝末期（450 年）に北伐の失敗・北魏太武帝による長江流域（建康対岸の瓜歩山）への南侵により山東半島を含めた華北の領域が圧迫されたこと、その後の明帝の時代（465-472）には淮水以北から山東半島に至る領土を北魏に奪われ、倭からの遣使が困難となったと推定されること、などである（表 21：川本 2005）。

以上の点は、列島からの遣使や同型鏡群を含めた南朝からの文物の舶載という問題を考える上で、一定の前提条件となった可能性がある。この点をふまえつつ、同型鏡群の出現年代とその背景について考えてみたい。

（2）同型鏡群の舶載年代とその背景：450 年における百済の遣使

前章までの検討結果にもとづき、列島における同型鏡群の出現・展開の年代観を考えれば、次のようになる。すなわち、同型鏡群の出現は中期中葉：5 世紀中葉であり概ね倭王・済（允恭）の時代、展開期である中期後葉が倭王・武（雄略・ワカタケル大王）の時代、後期前半が 6 世紀前半の継体政権を中心とする時代、にほぼ対応する。この年代観は前章までの考古学的な検討の帰結で

あり、考古学的現象を文献史料に機械的に当てはめたものではない。すなわち、中・後期倭製鏡編年2期にあたるON46型式－TK208型式が、須恵器の実年代観として5世紀中葉で450〜460年代を中心とするというものであり、これが王墓でいえば大仙陵古墳に該当し、かつ年代的に「倭王・済」に比定されるという点でこれらの事象が一致しているのはあくまで結果論である。その上で、これらが「5世紀中葉」という点で重なっている点はあらためて重視できるものと考える。

同型鏡群が倭の五王の遣使に伴い列島に舶載された、という小林行雄以来の仮説（小林行 1962・1966）にもとづいて考えた場合、候補はひとまず『宋書』に記録された遣使のみに限られるが、同型鏡群の出現年代がON46型式で5世紀中葉という点では、具体的な候補の年代としては462年以前の段階が想定されよう。また前章までの分析結果から、製作年代がそれほど長期にわたらず、5世紀後葉の早い段階でほぼ全鏡種が出揃っていたと考えられることからも、舶載年次を4回や5回といった多数回にわたると想定するのも実情に即しているとはいいがたい。さらに2期の倭製鏡のモデルという点で、中期前葉の430年の遣使段階までに同型鏡群が舶載され、副葬されていた可能性を積極的に支持することも現在の資料状況ではむずかしい。

以上の点からすれば、「5世紀中葉」という点で舶載年次の候補として想定されるのは、438年・443年・451年・460年・462年といった遣使である。川西はこうした5世紀中葉前後の遣使の中で、「倭隋等十三人」「軍郡二十三人」といった、「外交上で進展があった」機会という点から438年と451年の2者を最終的な候補として挙げた（川西 2004）。この川西説を検証するため、ここであらためて、この438年以降の遣使年次と時代背景について確認しておきたい。

438年は珍の即位遣使と想定されている。安東大将軍の除正を願いつつ却下されているが、これは先代の倭王・讃以来の外交方針とみられる（坂元 1978）。ところが珍は即位後短命であったようであり、443年には次代の済が即位遣使を行っている。済は在位期間も長く、451年と460年にも遣使を行い、このうち451年に配下も「軍郡二十三人」として、将軍号・郡太守号を除正されている。460年は済の遣使で、462年は興の即位遣使とみられるが（坂

元 1978)、稲荷山鉄剣の「辛亥年」(471 年) にはワカタケル大王 (武) がすでに即位していることから、興の即位後短期間で武に代替わりしたものと想定される。

次に、同型鏡群の製作地としての南朝側の事情について検討したい。前述のように、文帝 (424-453) の時代は元嘉の治として称えられる安定した治世であったが、450 年の北伐失敗と北魏の南侵により、南朝の衰退が始まったとされる (川本 2005)。469 年以降山東半島が北魏に領有され、倭の遣使も困難であったと推測されることもすでにみた通りである。478 年の倭王武の上表文には、遣使自体が困難であったことが述べられている。

この点で注目すべき記事が『宋書』百済伝にあることが前之園亮一によって指摘されている。百済は 5 世紀代を通じて対高句麗という点で倭国と同盟関係にあったが、百済と倭国が同時に遣使したとされるのが 430 年の讃の遣使時である。430 年は、文帝が第一次北伐を行った年であり、また 450 年の第二次北伐の際にも百済は南朝に遣使し、倭国も翌 451 年に遣使している。これについて前之園は、430 年と 450 年の北伐に際しての北魏包囲網構築の目的で倭国が百済から入貢を誘われた可能性を想定している (前之園 2013)。439 年には北魏太武帝により華北統一がなされており、またこの間、後述するように 433 年には百済と新羅の間で高句麗に対抗して羅済同盟が結ばれている。百済は 430 年の遣使の後は、443 年に倭国と同時に入貢した可能性が高く (田中史 2013：『宋書』文帝紀)、その次が 450 年 (『宋書』百済伝) とされる。いずれも対高句麗という側面がつよかったことが指摘されている (前之園 2013)。

注目されるのは、450 年の第二次北伐時の百済の遣使記事である。百済は 450 年の遣使に際して、「易林・式占・腰弩(1)」などをはじめとした戦争のための器物を要求して、文帝がそれを授与したとある (『宋書』百済伝) (前之園 2013：p.303)。また 426 年にも河西王沮渠蒙遜の世子興国が周易と子集諸書を求めたので、文帝はこれを許して 475 巻を下賜したという。文帝が百済の要求を認めたのは、百済を対北魏戦線に組みこむためであったと前之園は想定している (同：p.304)。

倭王・済による 451 年の遣使は、同年 3 月に北魏太武帝が平城に帰還した後、7 月のことであった。また高句麗は同年 10 月に遣使している。すなわち

第 5 章　同型鏡と倭の五王の時代をめぐる諸問題　463

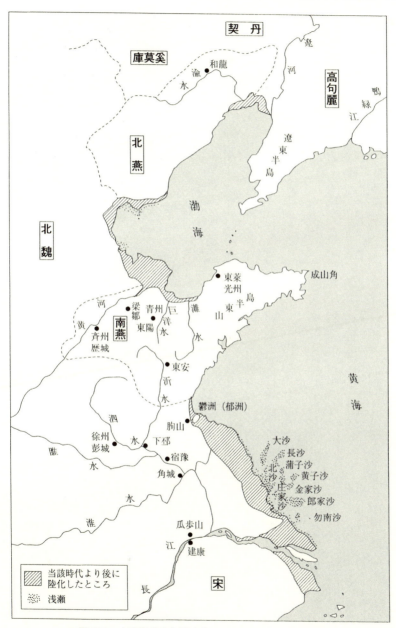

図119　山東半島から建康までのルート（川本 2005）

倭国の451年の遣使は、その後南朝が衰退する契機となった第二次北伐・北魏南侵の終戦直後ということになる。

　筆者は、この百済の450年の遣使時における「易林・式占・腰弩」の要求と文帝の授与という点は、同型鏡群の特鋳説を考える上で重要であると考える。これは鏡に限らず、従来から指摘されている、「軍郡二十三人」といった配下への除正も含めた厚遇という点とも関わっている。また前述した451年次における「安東大将軍」への進号の有無について、実際に進号があったとする理解（e.g. 坂元 1978、鈴木靖 1985、石井正 2005）についても、済が認められた「使持節都督倭・新羅・任那・加羅・秦韓・慕韓六国諸軍事」の軍号は宋朝の二品相当の軍号であるから、同じく二品相当の安東大将軍が実際に授与された可能性が指摘されている（前之園 2013：p.306）。前之園は、北魏の南侵と撤退の直後というタイミングにおいて、敗戦直後の宋に速やかに遣使してアピールしたことが「安東大将軍」の進号や「軍郡二十三人」の除正といった「大きな成果」につながったと指摘する（同：p.314）。

　以上の点を考慮するならば、同型鏡群について特鋳説の可能性を考えた場合、451年の遣使はきわめて重要な機会となったことが考えられる。438年や443年の遣使も同じく5世紀中葉であり、舶載年次の候補の可能性があるが、前者は珍の即位遣使、後者は済の即位遣使であり、451年の遣使とはやや意味合いが異なる点もこうした理解を補強するものである。

　同型鏡群の列島での出現年代については、考古学的な観点からは「5世紀中葉」以上の限定は困難であるし、それ以上踏み込んで説明を試みること自体あまり期待されていないのかもしれないが、上述のような文献史学の成果をふまえて同型鏡群の南朝産説を考えた場合（さらに2章で述べたような「尚方」での特鋳説の可能性を考えた場合）、それが可能となる状況はかなり限定されるものと考えられる。具体的には、百済の450年の遣使を承けて、北魏の撤退直後に行われた451年の遣使が製作の契機となった可能性が高く、①451年の段階で速やかに生産が行われ、贈与された後に列島まで持ち帰った可能性と、②一部については460年の遣使時にも持ち帰った可能性の両者が想定される。現在の考古資料からは451年と460年の区別はほぼ不可能であり、また460年の遣使は他の遣使年次と違ってタイミングや理由として不明な点が多いことか

ら、こうした同型鏡群の「受領」という可能性も想定される。この①②の両者をもって南朝における同型鏡群の製作年代・舶載年代に関する現時点での暫定的な結論としておきたい。

なお付言するならば、南朝は、貨幣経済が極端に発達した時代として知られている（羅宗 2005、川本 2005）。戦乱のために現物交換経済下にあった華北と異なり、南朝では貨幣経済とそれによる物資流通が庶民生活まで浸透しており、こうした貨幣経済の活況により銅銭の原材料である銅が絶対的に不足していた。そのため貨幣価値の切り上げや、梁の時代には銅銭から鉄銭への基軸貨幣の変換などが行われている。庶民の納税においても、国家は不純物が混入していない銅銭での納入を求めたとされる（川本 2005：pp.147-149）。このような状況下において、多量の同型鏡の集中的な生産が可能であった場所や組織は、条件としてもある程度限定されるであろう。

こうした同型鏡群の製作と舶載は、上述のような年代観からも済王代の事績であり、倭王・武はこの先王の事績を継承したという側面が強いものとみられる。前之園（2013）は、倭王・武が、各地の中小豪族層の取り込みをはじめ、さまざまな政策において倭王・済の路線を継承したとする理解を示しているが、この点は、5世紀後葉（3期）の倭製鏡において、新たな系列を生み出すよりも旋回式獣像鏡系や乳脚文鏡系などの小型鏡生産に収斂したといった考古学的現象とも合致している。この意味において、従来想定されてきた「雄略朝の画期」（井上光 1980、岸 1984a）にもまして、「允恭朝の画期」とも呼ぶべき倭王・済代の画期性（前之園 2013）という点があらためて注目されるところである。

（3）倭王・済代の画期と半島情勢

本書で述べてきた「中期中葉」の画期は、同型鏡群の出現や倭製鏡の第1の画期といった点で特徴づけられるが、上述のような点で、南朝遣使や倭王・済代の画期といった点と重なってくることが想定された。この点について、次項で検討する列島諸地域の状況の時代背景という観点から、関連する3つの問題について若干補足しておきたい。1つは半島情勢であり、2点目は親族関係の父系化、3点目は有銘刀剣の下賜という点である。

まず半島情勢についてであるが、前章でもみたように、韓国・慶州市の皇南大塚南墳は新羅・訥祇王陵と想定されており（東 2010）、そこから出土した方格規矩鏡や北墳の鉄鏡について、列島の近畿中央政権から贈与された可能性を想定した。413 年における遣使の可能性も含め、5 世紀前葉（中期前葉）において南朝遣使の結果どのようなものがもたらされたかについては不明な点が多いが、その候補の 1 つとして、第 4 章でも言及した、百舌鳥大塚山古墳出土鉄鏡と、そうした鉄鏡の一部が上述のように新羅皇南大塚北墳被葬者へと贈与された可能性を考えた。またやや時期が降るが奈良県新沢 126 号墳出土のガラス碗などの大陸系遺物は、新羅経由での流入の可能性という点で、倭国と新羅の関係を物語る資料として重要である。

5 世紀前半の新羅は、単独での対中国王朝遣使を行っておらず、単独遣使は 6 世紀に入ってからである。前述のように、新羅は 433 年には百済との間で羅済同盟を結ぶなど、5 世紀中葉にかけて、高句麗から自立する動きが活発化する。前之園は、こうした半島情勢の変化も 451 年の遣使の背景であるとし、同年に除正された官爵の中に新羅が含まれている点に注目している（前之園 2013）。また『日本書紀』の允恭紀において、倭国と新羅との関係が良好になった（允恭紀のみ新羅を「新良」と記し、天皇の病を治したことを述べる：p.457）、といった記事も関連した事象とみる（同：p.454）。前之園は、この 450 年頃からの新羅自立の動きの背後に、単なる倭との関係改善のみならず、実質的な倭軍の支援があったのではと推測している（同：p.458）。その可否はともかくとして、以上のような状況は、新羅王陵からの鏡の出土の背景となったものと考えることもできよう。

その一方で、450 年代末〜460 年代には倭国との交戦記事が多くみられ（『三国史記』）、訥祇王没後には新羅との関係が悪化したものとみられる。熊谷公男（2015）が指摘するように、この時期は新羅と百済の関係が緊密であり、逆に倭国は新羅だけでなく百済とも疎遠であったとみられる点が、南朝遣使における外交方針にも影響したものと想定される。

次に親族関係の父系化の問題について、倭の五王の系譜という点と、上位層における男系重視という 2 つの点から考えてみたい。

前者については、従来から、倭の五王のうち、『宋書』において「讃・珍」

と「済・興・武」についてはそれぞれ系譜が記されるものの、この両者の系譜関係が記されないことが問題とされてきた。これについて山尾幸久は、『宋書』において、珍と済の間に関係を記さないのは無意味な脱文ではないとする。記紀の王統譜において男系血統による継承を貫徹させているにもかかわらず、履中・反正と允恭とを特に同母兄弟と設定したのは、允恭が男系では血統をもたなかったからであろうと述べ、その上で山尾は、「五世紀の王位継承は、父から子へ、兄から弟へという同一血族内での継承と、異なる血族間への継承とが並存していたと考えられ、「四世紀初頭以来血統世襲王政が存在したとする説が優勢な学界の現況」という当時の状況に疑義を示している（山尾 1983：p.157）。

　この問題は、古墳時代の親族関係において父系化がいつ頃からどのように進んだのかという点で重要である（cf. 田中良 1995・2008）。田中良之（2006）は、遺跡出土人骨からみた5世紀後半における親族関係の父系化・氏の基本モデルⅡへの転換について、倭の五王の遣使において、珍の438年の「倭隋等十三人」の将軍号除正、済の451年の「軍郡二十三人」について、任官が男性に限られること、また済に比定される允恭紀の「盟神探湯」により氏姓の乱れを正したとする記事に注目し、「允恭すなわち倭王済の政権が中国的父系系譜を前提とした可能性は高い」ことを指摘する。その上で、倭王および首長となる要件として、実力や人望に加えて「男性であること」が付加され浸透していったとし、倭の五王の遣使の過程で五世紀前半から支配層において父系へと転換が始まり、後半には農民層にまで及んだとする見解を提示している（田中良 2006：p.23）。こうした点は次項で検討する人制や参向型2類の授受とも関連しているものと考えられる。

　3点目の有銘刀剣の下賜については、千葉県稲荷台1号墳出土の「王賜」銘鉄剣によって特徴づけられる。4世紀代の百済七支刀やそれ以前の奈良県東大寺山古墳出土「中平年」銘鉄刀は、作刀主体あるいは賜与の主体を明示しないが、冒頭の年号が下賜主体を表示するとされる（川口 1993）。これに対し、「王賜」銘鉄剣では当世における唯一の「王」が表現されており、次代の江田船山古墳大刀や稲荷山古墳鉄剣銘においては、これをさらに発展させた「治天下大王」が明示されている。こうした「王」による刀剣の「分与」（川口

1978・1993、佐藤 2004、前之園 2013）という点は、この時期以降の倭王と各地の上位層との政治的上下関係において大きな画期となったことが想定されるとともに、同型鏡についてもそうした脈絡において授受が行われた可能性が高いことを示している。この点でも、それ以前の参向型1類における鏡の授受とは大きく異なっている。

　以上のような3つの観点からも、倭王・済の時代が1つの画期となったことが想定される。なお『日本書紀』全体の中で「雄略」の評価より「允恭」の評価が低い点については、允恭の母方の血統が皇族でなく臣下の娘であったことに起因するという見解が示されている（前之園 2013）。また上述の有銘刀剣のように「王」や「大王」が同時期においてある唯一の「王」を示す、という点で、前述の岸本（2008）の「二王並立」論については、岸本も述べるような「政祭分権」も含め、王族内での役割の違いといった側面などが想定される。ただしこの時期には、「王族」が確立していたかどうかについては議論があり、一代限り・代替わりごとにという性格がつよく、系譜の整理・統合の画期が継体～欽明朝の時期とされている点を付記しておきたい（大平 2002）。

　このように中期中葉を済王代の画期として捉えた場合、あらためて、大陸や半島情勢という点でも、また将軍号の除正という点でも軍事的論理が優先順位として上位であったとみられる5世紀中葉の列島社会において、なぜまた前期のような鏡が復権するのか、そしてそれがなぜほかならぬ同型鏡群であったのか、という点が説明される必要がある。この問題については、列島側の要望によって同型鏡群が製作されたと想定される点において、列島内の事情について検討する必要があろう。これについては次項にて考えてみたい。

（4）百済の漢城陥落・熊津遷都と南朝遣使の終了

　ここで、同型鏡群の舶載に限定せず、倭国による南朝遣使の開始と終焉の問題について若干検討しておきたい。遣使の開始年次については、413年を認めるかどうかという点について議論があることは前述の通りである。これについて、現在のところこれに関わるような考古資料については識別困難であり、今後の資料の増加に期待したい。421年は劉宋建国の祝賀に伴う遣使とみられ倭王讃は425年・430年と約5年おきに遣使を行ったことになる。高句麗の平壌

遷都が427年でこれにより再び倭国・百済との緊張関係が増したとみられる（川本 1988・2005）。

　珍・済の時代の遣使を経て462年に興の即位遣使が行われた後は、477年11月の武の遣使（翌478年5月に上表文）まで遣使の記録がみられず、前述のように、469年から471年頃に宋が再び北魏によって山東省と江蘇省北部を奪われたことなどが直接の要因となっているものと想定される（川本 1988・2005、前之園 2013）。この間、472年には高句麗の南下に対抗して百済が北魏に遣使を行っているが、直接的な効果はなく、475年には蓋鹵王が戦死して漢城を奪われる。文周王による熊津遷都の後、479年に東城王が倭国の支援により即位して復興がなされた。またこの479年については、加羅王（大加耶王）荷知が新たに建国された斉に遣使を行い、「輔国将軍・加羅国王」の将軍号を与えられている（『南斉書』）。479年には倭王・武が「鎮東大将軍」に進号されたとする記録があるが（『南斉書』）、これについても遣使の有無について意見が分かれている。近年では、『梁職貢図』の記載から、実際に遣使が行われたとする見解も提示されており（氣賀澤 2012、田中史 2013）、今後の議論を期待したい。また南斉は王族内での継承争いにより短期間で王の代替わりがつづいており（川本 2005）、このような状況下で、明帝の在位晩年に建武五年（498）銘画文帯神獣鏡が製作されている。なお502年の梁の建国時にも、倭王・武の「鎮東大将軍」が「征東大将軍」に進号されたとする記録があるが、これについては武の年齢という点からも実際の遣使はなかったとする理解が一般的である。

　5世紀後半代の遣使においては479年の遣使の有無が今後の課題であるが、その有無にかかわらず、実質的な倭王の遣使としては462年の興の遣使でその主な役割は終了していた、とする意見がある（山尾 1983）。その後の北魏による山東半島の領有という点からも首肯される見解であり、また477年前後の倭王・武の遣使は、百済の漢城陥落をめぐる状況下での遣使とみられる。この点からも、同型鏡群の舶載の機会は460年代以前に求めるのが妥当と考える。「中期後葉」＝5世紀後葉は、列島の政治状況においても百済の漢城陥落をはじめとした半島情勢の変動が大きな比重を占めたものと想定されよう。

2. 同型鏡群・倭製鏡の授受とその背景：参向型2類の意義

（1）中期中葉における「前期的鏡秩序の再興」とその背景

　以上の検討をふまえ、次に列島内部の状況について検討する。中期中葉段階における同型鏡群の出現を、上述のように「倭国側の需要・要望」により南朝尚方により製作・贈与された「特鋳鏡」であると考えた場合に問題となるのは、次の4つの点である。すなわち、①なぜこの段階の倭国において、鏡に対するこのような需要や要望が生じていたか、また、②なぜ倭製鏡生産だけでなく、南朝産の鏡でなければならなかったのか。その場合も、③なぜ、後漢鏡・西晋鏡などの大型鏡種を主体とするものである必要があったのか、そして④なぜ、画文帯同向式神獣鏡Cのような「同一規格の大型鏡の大量生産」が行われなければならなかったのか、といった点である。この中には列島側の事情だけでなく、南朝側の事情も反映されている可能性もあるが、ここではまず列島側の事情という観点から考えてみたい。

　まず、①なぜこの段階の「倭国」において、鏡に対する「このような」需要や要望が生じていたかについては、その直前の中期前葉の時代状況が直接の背景にあったものと想定される。前述のように、5世紀前半代は技術革新と巨大前方後円墳の造営により特徴づけられるが、この過程で鉄製武器類・帯金式甲冑類の大量生産とその授受により、軍事的な動員も含めて各地の上位層に対する政治的関係の強化が図られたとみられる。この時期の近畿中央政権は、前章で述べた「参向型1類」のように、各地から人が集まってきて古市・百舌鳥古墳群の造営に参加する、あるいは近畿から各地への各種生産の技術移転といった点での求心性はあったとみられるが、それはたとえば後の奈良時代のような、官僚組織や徴税機構を伴う中央集権的な意味での列島各地に対する支配―被支配関係（e.g. 坂上 2011）とはまったく異なるものであった。また4世紀末前後における高句麗との交戦以降の半島への軍事的動員といった点で、列島各地の上位層や地域集団からは、近畿中央政権や外交上の代表権者としての倭王に対する反発も高まっていたことが想定される。

　筆者は、こうした状況に対する打開策と地方上位層に対する懐柔策として、

第5章　同型鏡と倭の五王の時代をめぐる諸問題　471

「前期的」鏡秩序の再興が目指されたのではないかと考える。すなわち、前期末以降、威信財システムの更新（河野 1998、辻田 2006）に際して、鏡の生産・流通から鉄製武器・武具類といった軍事的側面の強い器物へと大幅に比重を移したことに対する反動への具体的な対応策として再び鏡が持ち出されたものと想定する。列島各地においては前期鏡の長期保有や副葬がつづいている地域も多く（森下 1998a）、また5世紀前半に近畿中央政権から新たに「古い鏡」が贈与される場合もあった（田中晋 1993・2009、辻田 2014b）。そうした実情をふまえつつ、あえて「前期的」な鏡の復興が目指されたものと考える。

　ここで「前期的な」という場合には以下の③④など含めていくつかの意味が含まれるが、1つには、前期においては、鏡の授受と古墳への副葬が、近畿を中核とした政治的ネットワークに参加しているということを象徴的に示すという側面があった（辻田 2007b）。その意味で鏡の授受が各地でのモニュメント造営と社会的再生産に不可分に埋め込まれていたと捉え、前章ではそれを「参向型1類」として説明した。上述のような5世紀前半の反動・揺り戻しという点において、5世紀代は未だ「前期の鏡」のような象徴的器物が必要とされた時代であったということができよう。

　次に、②なぜ倭製鏡生産だけでなく、南朝産の鏡でなければならなかったのかという問題であるが、これについては、後述するように、将軍号の除正という点からも、列島の最上位層内部の関係が比較的拮抗している中で、外交上の代表権者として倭王に独占的な差配が可能な器物という点において、将軍号の除正と深く結びついた形での「外部」に権威の源泉を求めたものと考えることができる。中央政権内部には①も含めてそのような政策を発案したブレーンの存在が想定されるところであり、外的権威としての南朝遣使に打開策を求めたという点で、たとえば讃の時代の司馬曹達のような、渡来系の府官層などが具体的なイメージとして想起される。

　③なぜ、後漢鏡・西晋鏡などの大型鏡種を主体とするものである必要があったのかについてはどうか。②に挙げたような外来の権威という場合も、列島の上位層にとっても一定程度馴染みがあり、授受において一定の「ありがたみ」を生じさせることが重要であったとみられる。この点から、前期以来列島に存在していた漢鏡・魏晋鏡の大型鏡種が優先的に選択されたものと考えられる。

あわせて、南朝において保有されていた宝鏡類は、そうした後漢以来の華北の鏡が多く含まれていた、というのが南朝側の規定要因としても想定されよう。その中で、倭国側の要望と南朝側の対応（踏み返し原鏡の提供と実際の複製鏡の大量生産への裁可）との間で折り合いがついたのが、現在私たちが目にしている同型鏡群の鏡種であると考えられる。

　④なぜ、画文帯同向式神獣鏡Ｃのような「同一規格の大型鏡の大量生産」が行われなければならなかったのか、という点についても、「前期の三角縁神獣鏡のような鏡」といった具体的な要望が倭国側から出された可能性が高い。筆者は、第２章で検討したように、鈕孔製作技術などの製作技術の共通性から、同型鏡群については「大枠での技術的共通性の中での鏡種の多様性」という観点で理解できるものと考える。この観点から、画文帯同向式神獣鏡Ｃについては、前期のさまざまな種類の鏡（漢鏡・魏晋鏡・三角縁神獣鏡・倭製鏡）の中でも特に「三角縁神獣鏡」に相当するような鏡の製作が要望として出された可能性を想定する。同一鏡種で「28面（以上）」という、現状で古代東アジア史上最多となる複製鏡の生産（浮彫式獣帯鏡Ａや神人歌舞画象鏡の「12面」も同一鏡種の複製鏡としては稀有な事例である）については、倭国特有の事情を想定するのが妥当であろう。

　①〜④については、以上のような観点からの説明が可能ではないかと考える。他方で、倭王・讃の時代からの南朝遣使の基本方針として、高句麗・百済との競合関係の中でより優位な将軍号の除正が目指されており（川本 2005・2012）、また倭王の配下も含めた将軍号の除正という点が期待されていることからも、遣使の目的自体はより上位の将軍号の除正が最優先であり、列島向けの特鋳鏡の要望は副次的なものであったというのが実情であろう。とはいえ、こうした将軍号の除正による軍事編制を基礎とした秩序化を志向する一方で、銅鏡による秩序を再び持ち出すことによって、南朝という外的権威とあわせて、列島内部での伝統的な権威への接続・回帰をも志向している点が、この時期の倭王・済の戦略として重要な点と考える。

　なお同型鏡群を南朝からの舶載鏡とみた場合に、大陸から他にどのようなものがもたらされたのかについては不明な点が多い。藤井康隆は、透彫雲気禽獣文帯金具を５世紀前半、浮彫禽獣文帯金具を５世紀後半に中国から日本列島に

もたらされたものとする（藤井 2014）。5世紀代の列島の帯金具類については大陸から新羅地域などを経由してどのように生産が行われたかが論点となっており（高田 2014、上野 2014c、岩本 2016b）、列島出土品の中に南朝産の帯金具が含まれるとしても過大評価することはむずかしい。王陵級古墳における大陸系の器物として、百済・武寧王陵や新羅・皇南大塚北墳などから出土した熨斗などが注目されるが、列島の新沢126号墳や高井田山古墳出土例など含めて、半島における受容の延長上で、かつ女性を象徴する調度品として渡来系集団によって単発的にもたらされたものと想定されており（玉城 2007）、南朝遣使とはやや脈絡が異なる。

　武田佐知子は、南朝から「将軍服」が賜与され、それが人物埴輪にみられる男子像の服飾の変遷に影響している可能性を指摘している（武田佐 2003）。TK208型式以降の人物埴輪の展開期（高橋克 2015）においてこうした「将軍服」の胡服・武冠表現もしくはそれに影響を受けた服飾が表現されている可能性もあろう。またこの問題を考える上では、世界各地の「威信財」や「下賜品」において、そうした服飾や織物などの有機質が多く含まれること（下垣 2010b）などが参考となる。いずれにしても、百済地域などにおいて南朝産の陶磁器などが多数出土している点と比べ、日本列島では現状で同型鏡群以外で確実に南朝産の舶載品であると判断可能な考古資料が少ないのは事実であり、この点も含めた説明が課題といえよう。

（2）5世紀前葉～中葉における「府官制的秩序」をめぐる諸問題

　次に、こうした鏡秩序の再興という点のもう一方の軸である「府官制的秩序」との関係について考えてみたい。すなわち、ここで再興が期待された「鏡秩序」とは、5世紀中葉前後の「府官制的秩序」を正当化するようなものであったのか、それとは一定の距離を置きながら別の論理で授受が行われたのか、といった問題である。

　列島の府官制的秩序について坂元義種（1978・1981）、武田幸男（1975）、山尾幸久（1983）、鈴木靖民（1984・1985・2002・2012）、吉村武彦（1993・2003・2006・2010）、森公章（2010a・2013a）、河内春人（2010・2015）、田中史生（2013）らの成果にもとづきつつ、5世紀中葉前後の実情について簡単に

整理すると以下のようになろう。すなわち：

- 5世紀代において南朝から各政体の王に対して授与された将軍号の序列は、一貫して高句麗＞百済＞倭国の順であった
- 倭国の府官層として讃の遣使時（425年）の司馬曹達が挙げられるが、それ以降の記録では将軍号・郡太守号が主体である
- 珍の遣使時に平西将軍に除正された倭隋は倭珍と同じ倭姓の王族とみられる
- 珍の遣使時の除正では、倭国の代表者としての倭王と配下との間で将軍号の位階にあまり差がない（珍の安東将軍は、倭隋等十三人の平西・征虜・冠軍・輔国将軍に対して同列の「三品」中の上位であるにすぎず、かつ安東将軍と平西将軍は「三品」内で隣接している）
- 百済などと違い、王侯層と豪族層の区別がみられない
- 451年の済の安東大将軍への進号が実際であれば、軍郡二十三人とあわせてそれまでと比べて大きな外交上の成果・進展ともいえる
- 451年の進号の有無にかかわらず、その後の興は再び安東将軍に戻る
- 478年に武が安東大将軍に除正されているが、高句麗を模倣して開府儀同三司を申請した点は却下された
- 以上の遣使において、使持節都督倭・諸国諸軍事以外に「百済」を求めているが（史料上では438年の珍の遣使から）、一貫して宋王朝側から拒否された。他方で、百済以外の新羅・加羅などについては認められた

以上のような理解の中で、特に同型鏡群などとの関連で問題となるとみられるのは、倭王と「倭隋等十三人」や「軍郡二十三人」などとの関係であろう。同型鏡群や大型倭製鏡については、前章で「参向型2類」として想定した授受の形態からも、各地の有力者を中央政権の政治活動とその枠組みに取り込もうとする動きであったとみなされる。その点で、同型鏡群は中期中葉段階（同型鏡拡散1段階）においては、「軍郡二十三人」のような最上位層に対して優先的に贈与されたものと想定される。問題はこの段階の同型鏡群の授受が「軍郡二十三人」などに限定されていたのかどうかである。この点で、「軍郡二十三人」としてどの程度の範囲や階層の古墳被葬者を想定するかが問題となる。たとえば、金銅装甲冑や外区拡大の同型鏡（画文帯仏獣鏡B）を副葬した千葉県

祇園大塚山古墳の被葬者などは、「軍郡二十三人」に該当する可能性が想定されている（橋本 2013、上野 2013a）。

5世紀前葉から中葉の時期は、列島各地において100m超級の前方後円墳が多数築かれ、また各地の最上位層の棺として長持形石棺を納める古墳も多い（石橋 2013）。これらは未調査のものも含めると同時期には「23」といった数字を大きく超えるとみられるが、その中には実際に「軍郡二十三人」に該当する被葬者層も含まれていた可能性があろう。そしてもう1つの可能性として、古市・百舌鳥古墳群などの大型古墳群における同時期の大型前方後円墳などが挙げられる。この中には、倭隋のように倭姓の「王族」層という意味で将軍号を授与された被葬者などが含まれていることも想定される。また田中良之（1995・2008）の基本モデルⅠ～Ⅱへの転換期という点では、特に5世紀前半代の大型古墳の中には、男性被葬者のみならず、女性被葬者の古墳も一定数含まれている可能性が高い。

中期中葉段階では、上記のような大型古墳の被葬者層に対して同型鏡群が贈与されたものとみなされうる。この点では、中期中葉段階において同型鏡群の贈与の対象となったのは、「軍郡二十三人＋α」というのが実際のところかと思われる。5世紀代の大型古墳は未調査のものが大半であるため検証は困難であるが、可能性という点では上記のように考えることができよう。司馬曹達のような府官層については実態が不明な点も多く、課題としておきたい。

この点とあわせてもう1点確認しておきたいのは、同型鏡それ自体に付与された意味という点である。同型鏡群が、前項でみたような形で倭王・済によって南朝に要望され、その将軍号除正に伴い南朝から贈与された鏡であるという点では、舶載当初の中期中葉段階においては、列島における同型鏡の授受自体が、倭王を中心とした府官制的秩序の中での将軍号の仮授という意味を付与されていた可能性などについても考えておく必要があろう。

（3）5世紀後葉における「治天下大王」「人制」と同型鏡群をめぐる諸問題

次の中期後葉（同型鏡拡散2段階）には、「軍郡二十三人」のような中央政権を構成する最上位層だけでなく、列島各地の中小規模墳の被葬者層でも広く同型鏡の副葬が行われている。これは、中小規模墳の被葬者層の取り込みと、

いわゆる「人制」の双方を含むものと想定される。残念ながら「人制」そのものを示す銘文刀剣資料は1978年以降増加していないことからも、銘文刀剣の製作自体がかなり限定された行為であったものと考えられる（桃崎 2005）。この点で、象嵌銘の技術自体は王権直轄の当時最高水準の技術であり（森下 2004b）、刀剣への銘文の象嵌も最終的には倭王による裁量によるものであるとする指摘は重要である（仁藤 2012）。

列島の人制については、直木孝次郎の先駆的な研究（1958）において大化前代の職掌を示すものであることが示され、稲荷山鉄剣銘文の発見を経て、5世紀後半代における地方豪族の中央への仕奉関係に関わるものとして位置づけられている（吉村武 1993）。呼称などについても北魏（川本 1992）や新羅（中田 2014）などとの共通性が指摘されており、同時代の東アジアの制度の影響下で成立したものとみられる。こうした5世紀後半代の人制は府官のもとに組織されていたとする見解がある（鈴木靖 1985・2012）。

稲荷山古墳出土鉄剣や江田船山古墳出土大刀の銘文の内容については、①銘文に記された「杖刀人首」の「ヲワケ臣」や「奉事典曹人」の「ムリテ」が中央豪族で、彼らから「上番・奉仕した個人」に対して贈与されたものであるとする見解（e.g. 山尾 1983、鈴木靖 1985、白石 1997、大津 1999・2010、大平 2009、森公 2013a）、あるいは②「ヲワケ臣」や「ムリテ」が「上番・奉仕した個人」（追葬被葬者）自身とみる見解（e.g. 吉田晶 1998、狩野 2003、吉村武 2003・2006・2010、田中史 2013、篠川 2015・2016、河内 2015）の大きく2つに意見が分かれている。また「ヲワケ臣」の系譜の中に「テヨカリ」といった東国方言による人名表記がみられることが指摘されている（森博 2003）。考古学的な事実関係としては、それらの授受・副葬の対象が列島各地から上番した「個人」（上記2例は出身地で独立した古墳を築かなかった追葬の被葬者の可能性が高い）である点については概ね共通理解ということができる。また中期中葉の「王賜」銘鉄剣の段階では一代限りの直接的な関係が示されるのみであったのに対し、稲荷山鉄剣では「杖刀人首としての「奉事」によるワカタケル大王とヲワケ臣の「世々」の「譜第」関係だけでなく、加えて大祖オホヒコを介して中央本宗氏たる阿倍・膳氏系との「譜第」関係も公認された」（仁藤 2012：p.234）という点で、系譜意識という点でも中期中葉から大きく進展し

たとみられる。一方で、鉄剣銘の内容からみてこの時点ではウヂ名が未成立であり、実質的なウヂの組織は形づくられつつあったものの、姓を賜い、ウヂを政治的秩序に組みこんで大王に奉仕させる賜姓機能はワカタケル大王の時代よりも少し後に成立すると想定されている（大津 2010：pp.147-148）。

　さらに、この時期の人制については、中央に上番・仕奉したのはこのような列島各地から中央に上番した古墳被葬者のみであるのか（溝口 2015）、あるいはそれとともに地元の配下の集団も中央に出仕して仕えたのか（平石 2015）という点について議論がある。いずれにしてもこうした上番・仕奉した「個人」が直接的な威信財授受の対象であり、地元の地域集団と中央政権をつなぐ窓口の役割を果たしたことになろう。

　中期後葉において同型鏡が贈与された可能性が高いのは、以上のような意味での古墳被葬者層であり、大型古墳から中小規模の古墳被葬者、一部は追葬の被葬者まで含めて、中期中葉と比べて授受の対象が大きく拡大した。その背景として、5世紀中葉から後葉における、府官制的秩序から人制への変遷が想定される。前述のように対南朝遣使が実質的な意味では462年の興の遣使で終了したと理解できるとすれば（山尾 1983）、この遣使とその後の武の即位が新たな秩序への志向という点につながったものとみられる。それは、辛亥年（471年）銘の稲荷山鉄剣における「治天下大王」と「杖刀人」としてすでに現れている。新たな天下観・独自の小中華意識の出現であり（大津 1999、熊谷 2001、川本 2005、仁藤 2015）、477・478年の倭王武の遣使と上表文以前にこれらがすでに出現している点が重要である。この段階の「治天下大王」と「杖刀人」「奉事典曹人」などとの関係は、内陸交通や海上交通の要衝に位置する列島各地の有力者への同型鏡の授受という前章でみたあり方とも重なってくる。なお倭王武の上表文において「東」の五十五国・「西」の六十六国を足した121国という数字が、『隋書』倭国伝の「軍尼一百二十人」や『国造本紀』における国造数の135（重複含む）などと近接することが指摘されており（吉村武 2010）、5世紀代の「天下」観・地域集団の認識と考古資料の関係を考える上でも注目される。これらは同型鏡の授受対象とイコールではないにせよ、その一部として含まれる可能性は高いとみられる。

　また前述の刀剣賜与という点について、川口勝康は、特に江田船山古墳の大

刀銘と百済七支刀銘が、銘文内容の論理の共通性という点で中国皇帝の賜与の歴史を受けて製作されたものであることを指摘しつつ、「中国皇帝が倭王に対してなしていた刀剣の下賜を、五世紀の倭王は倭国内で実践しているのであり、そのことによって倭王は大王になったといえる」と論じている[(4)]（川口1993：p.341）。中期後葉段階の同型鏡の授受においては、こうした「大王」からの授受という性格が中期中葉と比べて一層強化されたと考えられよう。

　以上のようなあり方は、倭王が南朝から外交によって独占的に入手した同型鏡群と、近畿中央政権下で独占的に製作を行ったと目される倭製鏡の2者を主体とするものである。倭製鏡についても小型鏡および鈴付加鏡の生産が主体となることによって、授受の対象が拡大しながらも、小型倭製鏡の授受と同型鏡の授受との間での差異化が図られた。他方で、鉄製武器・武具類や、特に半島系をはじめとする各種器物（各種金工品・装飾品・陶質土器・鉄素材など）については、それぞれに鏡とは異なる授受の機会が多く存在していた。

　中期後葉段階では、武器・武具と鏡の組み合わせなどにおいて、一定の「基本組成」が成立したものとみられ、5世紀中葉以前と比べて副葬品の構成という点では広く均質化（と階層間での差異化）が進んだ。すなわち、中期中葉段階では、眉庇付冑＋短甲（金銅装甲冑）、中期後葉段階では衝角付冑＋小札甲／横矧板鋲留短甲を上位層の武具類の基礎とするものである。同型鏡はこれらの上位層の組み合わせに共伴する場合が多く、鉄刀＋短甲のみといった組み合わせには鏡が伴わないか、倭製鏡1面といった共伴事例も多く認められることから、鏡と武具類の組み合わせにおける差異は概ね中央政権とのつながりの強さおよび階層性を表示していると理解できる。またこうした鉄製武器類・武具類は、中央政権からの贈与を基本としながら、その一部については、刀剣類や鏃類の列島各地における生産・流通の可能性（橋本 2015b）をはじめとして、参向型2類に限定されないさまざまな授受の形態が想定される。

　半島系の各種器物については、前述のように5世紀代の各地の上位層による独自の外交ルート、もしくは中央政権の対半島交渉への参加などを通じて、必ずしも近畿中央政権からの直接贈与ではない形での、「非一元的な拡散」により各地に流通したとみられる（cf. 井上主 2014、高田 2014、土屋 2011・2012、的野 2013・2015、松浦 2015）。こうした各種の器物ごとに異なる入手

形態があった上でそれらが重層し複合したものが、最終的な古墳での副葬品構成ということになろう。

以上のような種々の器物の授受の中で、同型鏡群や大型倭製鏡は、参向型2類などを通して、倭王による独占的な差配の下、近畿中央政権と直接政治的関係を取り結んだ「個人」に対して贈与された可能性が高いことを重ねて強調しておきたい。

またこの時期の「治天下大王」と刀剣の授受という点について、干支紀年という観点から補足する。前述の中期中葉：済王代の画期に関連して、元嘉暦（445年施行）が済の時代に輸入された可能性が指摘されているが（前之園2013：p.450）、5・6世紀代の列島の紀年は独自の年号を立てずに干支紀年を用いる点で、391年にすでに独自の年号「永楽」を建てた高句麗と異なり、百済との共通性が高いことが濱田耕策（2005・2012）により指摘されている。百済では七支刀製作に際して東晋の太和年号（「泰和四年」［369年］）を用いるものの、それ以後南朝の年号が定着した形跡がみられず、5世紀の状況が不明ながら6・7世紀代には干支紀年を用いたまま滅亡した。列島の初期の干支紀年としては、稲荷山鉄剣の「辛亥年」（471年）、隅田八幡人物画象鏡の「癸未年」（503年）が知られるが、これ以降も6世紀代を通じて基本的に干支紀年が用いられた（濱田2005・2012）。6世紀代の干支紀年銘資料として特に注目されるのが、福岡市元岡G-6号墳出土の「庚寅年」（570年）銘大刀である。日付まで含めて元嘉暦を使用したことが確認できる現状最古の資料とみられ（坂上2013）、元嘉暦が6世紀代に百済の暦博士によってもたらされたとする一般的な理解とも整合する。この「庚寅年」銘大刀の存在と、上述の百済の干支紀年法との共通性（濱田前掲）という2点から、5世紀代の百済の状況が不明ながら、稲荷山鉄剣の「辛亥年」や隅田八幡鏡の「癸未年」については、百済との関係において用いられたものと考えておきたい。

上記の列島の干支紀年の問題は、南朝に将軍号の除正を求めつつ南朝の年号を採用しなかったという点だけでなく、「治天下大王」といった「天下」観をもちながらも、「しかし、大王は「治」するところの「天下」の時間をも支配する権力者であることを建元によっては表象していない」（濱田2005：p.87）ことを示している点で重要である。この点が高句麗との違いの1つであり、5

世紀代の「倭国」の実情を反映している。また7世紀中葉の「大化」について
も、701年の「大宝」以前の同時代資料では干支紀年が継続することが指摘さ
れている（吉村武 2015）。以上から、列島で独自の建元がなされたのは早くて
も7世紀中葉以降で、実質的に機能したのは8世紀以降とみられる。この点も
また、人制などの「革新性」と刀剣授受や前方後円墳の築造といった即物性と
いう点での「限界性」という倭王・武＝ワカタケルの時代における2つの側面
（大平 2009）の一端を示すものともいえよう。

　以上のように府官制的秩序から人制への変遷について整理を行った上で、次
に問題となるのは、後期前半代に同型鏡群の直模鏡を含めた大型倭製鏡の生産
や、同型鏡群自体の授受という形で鏡秩序の「再度の継承・活性化」が図られ
たと推測される点である。この問題を考える際に重要となるのが、隅田八幡神
社人物画象鏡および交互式神獣鏡系などの倭製鏡である。こうした問題につい
て、次項であらためて検討する。

3. 半島南部地域の5世紀末〜6世紀前半の国際情勢と同型鏡群

（1）隅田八幡神社人物画象鏡の銘文の内容をめぐる諸問題

　第3章では、隅田八幡神社人物画象鏡について、交互式神獣鏡系や関連資料
と技術的特徴や単位文様などを共有することから、倭製鏡編年4期の「半円方
形帯鏡群」の一種として位置づけ、交互式神獣鏡系とあわせて中・後期倭製鏡
生産における「第2の画期」を代表する資料として捉えた。本項では、隅田八
幡神社人物画象鏡の銘文内容について、5世紀末〜6世紀前葉の半島情勢との
関わりという観点から検討したい。

　まず銘文の内容については、山尾幸久（1983・1989）の釈読が広く認められ
ているので、以下それを掲げる：「癸（癸）未年八月日十大王年孚弟王在意柴沙
加宮時斯麻念長奉遣開中費直穢人今州利二人尊所白上同二百旱所（作）此竟」。

　この中で、「癸未年」を503年とする点、「斯麻」が百済武寧王で、502年12
月に即位した直後の「503年8月」とみなされる点はほぼ共通理解となってお
り、山尾は、「即位直後の武寧王が倭国に遣使して前王の修好を尊重して継承
するという従属的奉仕関係の更新記念鏡をかなり大量に製作することは理解し

やすい。そうして鏡銘に特にオシサカ宮のフト王の名を入れたことは（銘文は使者をフト王のもとに遣わして長く奉える意を述べさせたように受け取れる）、継体即位直後の五〇九年から始まる継体朝および武寧王の製作の推移にすこぶる整合的であるので、やはりそこに懐柔的な製作意図を見るのが妥当であろう」と論じている（山尾 1983：p.423）。この中で、「日十大王」を「ヲシ大王」と読み、「顕宗・仁賢」に関わりのある人物と捉え、「孚弟王（フト王）」を後の継体とみた上で、このフト王が「次期大王然としてすでに大和の忍坂の宮居におり、即位直後の百済武寧王は特に継体の懐柔を策しているとことになる」と理解した（山尾 1983：p.424）。この釈読は、考古学の立場からも支持されており（e.g. 車崎 1995、福永 2011）、本人物画象鏡については継体政権と百済武寧王とのつながりを示す考古資料と位置づけられてきた。

　1点問題となっているのは、503年においては未だ継体が大王として即位する以前であったという点であり、この点について篠川賢は、癸未年を継体の即位前とみた場合（『日本書紀』武烈紀に武寧王即位記事があるので、日本書紀編者が武寧王即位を継体即位前と認識していたことを示す）、隅田鏡銘のみからはこれが継体に贈ったものと断定できず、癸未年に忍坂宮に在った王が「記紀に伝えるどの天皇に比定されるかは、比定されない場合も含めて不明とせざるを得ないが、それは継体の一代前の王（大王）であったと考えるのが妥当であろう」と述べている（篠川 2016：p.106）。

　すなわち、癸未年を503年とみた場合の銘文の解釈としては、武寧王が倭の王のために製作させたものという点については概ね異論がないが、この銘文の中に「即位前の継体」が描かれているか、より具体的には「即位前の継体その人」のために製作された鏡であるかどうかという点で見解が分かれていることになる。この点については文献史学での議論に委ねるとして、考古資料という観点から再度本鏡の位置づけについて確認しておきたい。

　1点目は、本鏡は技術的特徴という点で中期後葉の倭製鏡3期の製品の延長上にある点である。2点目は、本鏡の主たる原鏡が同型鏡群の神人歌舞画象鏡と画文帯仏獣鏡であり、503年時点でこの鏡が倭製鏡製作の原鏡として参照可能であるのは、近畿中央政権の大王の膝下にほぼ限定されるという点である。以上の2点から、本鏡製作の依頼者・発願者が百済武寧王であるとして、製作

地は近畿中央政権直轄の鏡工房と想定される。そしてこの工房では、他にも画文帯仏獣鏡A・Bなどを原鏡としながら、交互式神獣鏡系など新たな倭製鏡が製作されていた、ということになろう。

また篠川は、銘文における誤字の存在などから、隅田八幡鏡にはオリジナルともいうべき別の鏡が存在しており、その模作である可能性を指摘している。これについては、象嵌銘文刀剣を除けば、こうした鋳型に彫り込む形での漢字の長文の銘文は5世紀代以降においては現状ほぼ唯一の存在であり（2期の火竟銘鏡群は鋳造後に製品に直接刻銘するものであり、かつ長文の銘文ではない）、本鏡の製作工人が銘文をもった鏡製作の経験が浅かったことも誤字などの一因として挙げられよう。本鏡については、そうした鏡の銘文についての経験・知識が少ない中で、複数の同型鏡を原鏡として合成することにより新たな文様構成を創出するのみならず、鏡製作の由来を事績として記録することが求められたとみられる。

以上の事実関係は、銘文において「即位前の継体」が含まれているか、この鏡が「即位前の継体」のために製作されたものかを直接示すものではない。ただし、本鏡や交互式神獣鏡系を含む倭製鏡4期の半円方形帯鏡群や、6世紀前葉の同型鏡群の授受のあり方からみた場合、継体政権においてそれまで近畿中央政権下で保管されていた同型鏡群の新たな利活用や、同型鏡群の積極的参照による倭製鏡生産・新たな系列の創出という形で鏡秩序の再度の継承・活性化が図られたことは確実であり、この点で継体政権と同型鏡群および4期の倭製鏡の結びつきが強いことがあらためて確認できる。

また上記の点とあわせて、韓国公州市武寧王陵から3面の同型鏡（方格規矩四神鏡・細線式獣帯鏡D・浮彫式獣帯鏡B）が出土している点は、継体政権と武寧王の結びつきを示すものにほかならない。列島産のコウヤマキ製の棺材（吉井 2007）とあわせて倭国からの贈与が想定されるが、これらの同型鏡群についてもまた、隅田八幡鏡に対する返礼として武寧王に送られたものと考えることが可能であろう。

武寧王との関係でもう1点確認しておきたいのは、なぜ武寧王がこうした鏡の製作（を依頼する）に至ったかという点である。これについては、漢城陥落後に遷都した熊津において、倭国からの支援により東城王が即位したものの、

東城王代は前述の羅済同盟（433）以来最も新羅との関係が緊密になった時代であったとする森公章や熊谷公男の指摘が参考となる（森公 2010a、熊谷 2015）。すなわち、5世紀後半を通じて新羅・百済の相互支援による高句麗軍との交戦が数次にわたって行われたが（455・475・494・495）、その一方で、東城王代には倭国に対高句麗での軍事援助が要請された形跡はみられないことが森・熊谷によって指摘されている。熊谷は、倭国が珍の438年以降、将軍号の除正を求めるに際し、「百済」を主張しつづけたのは、「この時期の倭王は、百済がしだいに新羅との連携をつよめ、反対に倭国とは疎遠になっていったことに焦燥感をつのらせ、対百済外交で主導権を回復しようとして、あえて都督諸軍事号に百済を含めて要求し続けた」ことによるものとし、「倭の五王は、高句麗との軍事衝突は避けながら、対百済外交では主導権を保持しようとするという、相矛盾した外交方針をとっていたのではないか」とする見解を示している（同：p.140）。

　こうした点をふまえるならば、東城王の死後、502年に武寧王が即位した直後の503年に隅田八幡神社人物画象鏡が「フト王」のために製作され、献呈されたことは、同鏡の製作を通じて、前王の東城王代における百済と倭国の関係を改善することが課題の1つであったことが想定されよう。またその武寧王に対して同型鏡3面が贈与されたことについては、それを通じた倭国側からの関係改善といった側面を見て取ることができる。

　隅田八幡鏡については、前代以来管理・継承されてきた同型鏡を模作の対象として取り出し、新たに鏡を特別に生産しそこに上記のような内容の銘文を刻んでいるという点で、きわめて異例の鏡であり、そこにはかなり特殊な事情があったとみてよい。これは、別の言い方をすれば、武寧王の「即位遣使」に伴い、倭国の中央政権内で管理されてきた「宝鏡」を原鏡として新たな鏡を製作したものであり、贈与の対象や経緯・目的は当然異なるが、倭王・済が南朝に対して要請した内容を再現したものともいえる。

　以上の点から、隅田八幡神社人物画象鏡・交互式神獣鏡系などの4期の倭製鏡と同型鏡群、そして武寧王陵が「継体政権」を核として相互に密接に結びついていることがあらためて確認されよう。前述の銘文内容の問題を考える上での参考として記しておきたい。

（2）6世紀初頭〜前葉における同型鏡の授受と大型倭製鏡生産の意義

　前項において、同型鏡群が倭王・済の将軍号除正に伴い南朝から与えられた特鋳鏡として、舶載当初はその授受自体に将軍号の仮授といった意味が付与された可能性について言及したが、中期後葉以降に贈与の対象が拡大する中で、当初の意味は失われ、変容したものと考えられる。6世紀初頭段階でどのような記憶として語られていたかは不明であるが、少なくとも倭王・済に限らずその後代々の倭王に引き継がれたとみられることから、「大王の鏡」あるいは「近畿中央政権の宝鏡」として位置づけられたものと考えることができる。

　6世紀初頭段階でこうした「宝鏡」が再び持ち出された理由は大きく2つ想定できる。1つは列島各地の上位層に対しての戦略、もう1つは継体政権の内部事情という点である。

　前者は、倭王・済の時代に鏡が再び必要とされたことと同様の理由が想定される。すなわち、中期後葉の倭王・武の時代において、大型・中型の同型鏡と小型の倭製鏡という形で鏡の種類を差異化し、鉄製武器・武具類や金銅装馬具類などとあわせて、一部の上位層の厚遇と、それ以外の上位層の「平準化」が広く行われた結果、半島への軍事的動員などとあわせ、各地の上位層から再び反発が生じたことも想定される。そうした反動への対応と、継体政権としての各地域集団に対する懐柔策として、同型鏡のストックの放出と、同型鏡群の最上位鏡である画文帯仏獣鏡Bなどをモデルとした新たな鏡の製作と授受が行われたとみられる。小型鏡よりも、大型鏡・中型鏡の生産が主体的に行われた理由もここに求められよう。

　第2の点、すなわち継体政権の内部事情については、近畿中央政権内部において、特に5世紀代の対南朝遣使の所産としての同型鏡群を継承することにより、5世紀代の中央政権の枠組みを継承し、王としての立場を正当化するという側面を読み取ることができる。逆にいえば、允恭・雄略の直系の後裔でない（大橋 2007）とされる継体政権下であったからこそ、こうした「前の世代」の王たちが遺した器物の継承と利活用が試みられた可能性が高い[5]。

　以上のように、倭王・武没後の継体政権期において、同型鏡群は、前代の政権の枠組みを継承し、その正当性を象徴する器物として、また倭王と各地の有力者（百済王も含む）との政治的関係を取り結ぶ器物として、継体政権によ

って有効活用されたものであったと考えることができる。なおこうした「宝鏡」の継承と活用という点は、劉宋代における同型鏡群の製作時点での「踏み返し原鏡」の継承および南斉の「建武五年」(498) 銘画文帯神獣鏡の製作との共通性がきわめて高い。「宝鏡」を原鏡とした新たな鏡の製作という点では、先述のように隅田八幡神社人物画象鏡も同様である。近畿中央政権における鏡の継承は前期鏡以来とみられるが（加藤 2015b）、同型鏡群の継承とそれにもとづく倭製鏡 4 期の大型鏡生産については、そうした大陸南朝の「宝鏡」の「継承」と「活用」の方法が模倣・導入された可能性も想定されよう。[6]

(3) 栄山江流域の前方後円墳の築造と半島南部における同型鏡群の出土

　最後に、栄山江流域の前方後円墳の築造をめぐる問題について、半島南部における同型鏡群についての分析結果をもとに検討を行う。栄山江流域の前方後円墳の被葬者像をめぐる議論において、特に古墳埋葬施設などの列島的文化要素の出自が「九州」である点についてはほぼ異論がない（柳沢 2002・2014、朴天 2007、洪 2009）。筆者は、この被葬者像の問題を考える上では、古墳の「被葬者」と「造営者」がイコールである必要はないという点が重要であると考える。すなわち、「被葬者」が在地の人間（元々は倭人で数世代後の子孫や在地化という可能性［土生田 2012］なども含む）であっても、横穴式石室の築造については、要望に応えて北部九州から派遣された人間が主体的に参加したということが起こりうるためである（設計図ないしプランと技術をもった人間が少数いるだけでも、栄山江流域の地元の労働力を動員できれば九州系の横穴式石室の造営は可能である）。

　このようにみた場合、栄山江流域の前方後円墳については、石室の造営に関して九州から人間が派遣されていることは疑いなく、九州との双方向的な人的交流の枠組みにおいて理解することが可能である。その上で、「被葬者の出自」にかかわらず、その造営は、結果的に「九州」とのつながりをアピールするものとなった点が重要である。伏岩里 3 号墳をはじめとした在地の大型方墳との立地における共存・非排他性（高田 2012・2017）という点も、そうした九州とのつながりが在地的な脈絡に埋め込まれていたことを示唆するものであろう。伏岩里 3 号墳 96 年石室のように、北部九州系の横穴式石室を採用しなが

らその内部で在地の甕棺を利用するような事例において、古墳の「外観」が在地的なもので、外から見えない「内部」の要素として横穴式石室を採用している点などは、こうした九州系の古墳構成要素と在地の古墳構成要素が「非排他的に」共存可能であったことを示している。前方後円墳の場合も含めて、九州系の要素は、外来的要素として部分的に採用・導入されたものと考えるのが穏当であろう。以上のような脈絡において、筆者の立場はいわゆる「在地首長説」に近い捉え方ということができる (e.g. 土生田 1996・2006・2012、田中俊 2002・2009、金洛 2002・2012、森公 2011、高田 2012・2017、辻田 2012b)。

　こうした点において注目されるのが、5世紀末〜6世紀前葉における同型鏡の分布とその後の歴史的展開である。第4章でみたように、同型鏡は伝・慶尚南道から全羅北道南原市・斗洛里32号墳、百済武寧王陵といった形で分布している。栄山江流域では中・小型の倭製鏡にほぼ限定されており、一部については九州の諸勢力などから贈与された可能性 (下垣 2011b) についても言及したところである。現在の分布が現状にすぎないことは十分に理解しているが、同型鏡の出土は百済や加耶諸地域とのつながりが強い古墳での出土であり、あたかも栄山江流域の「外部」において、この地域を牽制するかのように分布している。筆者はこうした同型鏡の分布と、栄山江流域の在地集団がとりわけ「九州」と深いつながりをもっていた点が一定の意義を有するのではないかと考えている。すなわち、〔近畿中央政権—百済・加耶諸地域〕という関係と、〔栄山江流域—「九州」〕という関係の2つの軸の違いである。

　「九州」といっても遠賀川流域や有明海沿岸地域など複数の系譜が含まれ、また「九州」の中には百済や大加耶とのつながりがあった地域集団も含まれるが、この場合はそれも含めて広い意味で〔栄山江流域—「九州」〕という関係軸として整理可能であると考える。このうち、栄山江流域は百済の南下によって、また「九州」は磐井の乱によって、6世紀第2四半期以降、いずれも自律的な動きを抑え込まれる地域である点が共通している。さらに6世紀第1四半期におけるいわゆる「任那四県百済割譲」の問題については、大枠としては百済と大加耶地域の間にある半島西南部・南部地域への百済の南下と一部地域の領有を倭国の中央政権（継体）が承認（黙認）するかどうかという問題として

捉えることができるが（田中俊 2009、篠川 2016）、倭国の基本方針としてこれを「黙認」したのは、九州系の埋葬施設や倭系遺物などの考古資料の分布からみて、栄山江流域から蟾津江流域といった西南部・南部地域が「九州」との結びつきが強い地域であったからである可能性が高い。これは、5世紀代以来、九州を含めた列島各地の諸勢力と半島地域との独自の交流ルートが近畿中央政権からも評価され、いわば多元的な交流が5世紀代の特徴であった点とも深く関わる。近畿中央政権において、外交権の一元化が中央集権化における課題であったことから（森公 2010a・2013b）、特に九州諸勢力の半島地域との独自のつながりは近畿中央政権にとっては不都合であったとみられる。527-528年の磐井の乱は加耶南部地域への進出をめぐる〔百済―倭国〕と〔新羅〕との対立軸によるものであり、この新羅と筑紫君磐井が結んだことによるものとされる（篠川 2016）。磐井の乱はこうした点で、外交権の一元化といった問題とも深く関わっており、結果として磐井の乱後に糟屋屯倉・那津官家をはじめ多数のミヤケが北部九州に設置されることにより、実態はともかくとして外交権の一元化が図られた（森公 2013b・2014）。また百済の南下も進展し、この結果栄山江流域は6世紀半ばまでには百済の領域に入る。

　以上のような歴史的脈絡において、半島南部地域における同型鏡の分布の背景として、〔近畿中央政権―百済―加耶諸地域〕という政治的結びつきの中で、特に5世紀末前後における南原地域の集団への贈与、および6世紀初頭〜前葉における継体政権から武寧王への贈与により、対立軸である〔栄山江流域―「九州」〕に対して牽制の目的で行われた可能性を想定した。「磐井の乱」の直前段階における、栄山江流域および加耶南部地域をめぐる百済・大加耶・新羅・倭国相互の緊張関係を示す考古学的現象と考えることができよう。半島南部地域の歴史的展開において同型鏡群や倭製鏡が関わったのは、上述のような点においても基本的には6世紀前葉までであったと考えられる。

4. 列島の古代国家形成過程における同型鏡群・倭製鏡とその意義

　以上、5・6世紀代の同型鏡群と倭製鏡について、倭の五王の遣使という観点からみた出現の背景、府官制的秩序から人制への変遷との関係、また継体政

権の時代における半島諸地域との関係という観点から検討を行ってきた。最後に、列島の古代国家形成という観点から同型鏡群および倭製鏡の意義について述べ、まとめとしたい。

6世紀代におけるいわゆる朝鮮三国の国家形成について、坂元義種(1978)、武田幸男(1980)、李成市(2002)、田中俊明(2013)らの成果にもとづくならば、高句麗の五部・褥薩制、百済の五部・五方制、新羅の六部・州郡制といった中央・地方の支配制度の確立という点で、特に6世紀代に共通して制度的な発展が認められる。この中でも独自の官位制を4世紀代以前から発達させた高句麗の先進性が指摘されるとともに、百済・新羅はいずれも6世紀代に官位制の整備が大きく進展したとみられる。新羅は6世紀初頭に国号を「新羅」に定め、法興王代に官位制や独自の衣冠制を制定し、521年には百済を介して南朝梁に遣使する。百済は武寧王没後の聖王代の538年に泗沘に遷都し、王都と国制の整備を図る。6世紀に入る頃高句麗は王権が弱体化していたとされるが、新羅・百済の勢力伸長に対抗して6世紀後半には中国的な条坊制を敷いた計画的な王都づくりを行った（武田幸 1980、田中俊 編 2008、田中俊 2013）。以上のように、朝鮮半島ではこの時期に三国が競合しつつ国家形成が大きく進展した。

これに対し、日本列島の国家形成については、従来から、前項でみた磐井の乱を大きな転換点として、ミヤケの設置、国造制、部民制が展開したものと考えられてきた（e.g. 吉田晶 1973・2005、熊谷 2001、吉村武 2006・2010、森公 2014）。国造制や部民制については、継体政権下で広域で一斉に施行されたとする見方も提示されているが（篠川 2016）、いずれにしても磐井の乱の時期も含めた6世紀前葉〜中葉段階にそれ以降に連なる国家形成の大きな画期があるとする理解は可能であろう。また前述の5世紀後半代の人制は6世紀代に部民制へと変遷したものと考えられている（鈴木靖 1985、吉村武 1993・2006・2010、中村友 2013、森公 2014）。この画期は、ミヤケ設置による各地域社会の間接支配への転換であり、この時期以降、5世紀以来の親族関係の父系化を背景とした傍系親族の分節運動とそれに伴う生産の拡大がさらに進行したとみられる（田中良 1995・2008）。次の大きな画期となるウヂごとの縦割りによる支配の解体といわゆる個別人身支配への変化は7世紀後半以降と想定される

（熊谷 2001、岩永 2003・2006・2016）。

　筆者はこうした議論をふまえ、特に古墳時代における威信財システムの展開とそこからの原理転換という観点から、列島の古代国家形成を大きく以下のようなⅠ～Ⅲ段階の変遷として理解している（辻田 2014d）：

　　Ⅰ段階：3～5世紀代の威信財システムの成立・展開過程〔求心的競合関係
　　　　　を基礎とした広域的首長連合体制〕
　　Ⅱ段階：6世紀前～中葉を転換点とする、ミヤケ制・国造制・部民制を介し
　　　　　た、近畿中央政権による各地域社会の間接支配への転換
　　Ⅲ段階：7～8世紀代における律令制国家の成立

　Ⅰ段階は3～5世紀代における列島各地における前方後円墳の出現と、近畿地域を核とする求心的競合関係／前期威信財システムの成立・展開によって特徴づけられる（辻田 2006・2007b）。5世紀中葉～後葉の人制の成立は、このⅠ段階の到達点とも呼べるものである。

　Ⅱ段階は、6世紀前葉～中葉におけるミヤケ制・国造制・部民制の成立による各地域社会の間接支配への転換期である。西日本と東日本で時期差があり、6世紀代を通じて段階的に進行した過程と捉えられる。また装飾付大刀の授受のあり方からも、西日本と東日本では地域社会の統合のあり方は大きく異なっていたとみられる（松尾 2005b）。

　Ⅲ段階は、7～8世紀において、前方後円墳の築造停止以後、大陸（および半島）の法制度・服飾・貨幣鋳造などの文化が体系的に導入された段階であり、氏族的秩序の解体・再編と個別人身支配への質的転換という点で7世紀後半～末の律令国家成立を大きな画期とするというものである。Ⅱ段階とⅢ段階の違いは、前方後円墳の築造停止とともに古墳時代的器物授受の意義が大きく変容したこととも関わっている。また位階制として603年に冠位十二階が制定されたが、対象が中央豪族の一部に限定されていたとみられ、官僚機構と連動した実質的な意味での位階制の施行は7世紀中葉以降とされる点で（大津 2010、吉川 2011、吉村武 2015）、上述の後半期の画期とも重なっている。以上の各段階は、それぞれ岩永省三による国家形成の東アジアモデル（2006）でいうA～Eに次のような形で対応する。すなわち、Ⅰ段階：A・B（族制的原理下の権力集中）、Ⅱ段階：C（族制的原理を保持したままでの統治機構の漸

次的整備)、Ⅲ段階：D～E（D：Cの機能不全の露呈と中央政府による強引な原理転換・改組、E：完成とその後の変容）である（辻田 2014d）。

　この中で、Ⅰ段階は威信財の流通・消費が近畿地域をはじめとした大型モニュメント造営とそこでの埋葬行為に不可分に埋め込まれている点を特徴としており、前章ではその実態を参向型1類として捉えた。そしてその後半段階である5世紀中葉前後には威信財の個人への贈与という形での政治的仕奉関係が取り結ばれるようになったとみられることから、これを参向型2類とし、同型鏡群の授受の実態として位置づけた。6世紀前葉の継体政権期における同型鏡群の授受も基本的にはこの5世紀後葉段階までの鏡の授受のあり方を引き継いだものであったことは前章および前項までにみてきた通りである。

　その一方で、6世紀中葉以降、各地でミヤケの設置や国造の任命、またトモ―部制が全国的に展開する中で、族的編成原理を基礎とする形での、群集墳や横穴墓の爆発的な造営や、集落における人口規模の増加、生産の拡大が認められる（田中良 1995・2008、岩永 2003・2006）。この時期には同型鏡や倭製鏡は流通量自体が大幅に減少し、藤ノ木古墳などの近畿の王族墓を含めた各地の一部の上位層がわずかに保有し、副葬するのみとなる。基本的にはそれ以前に流通していたものが各地で長期保有され、この時期副葬されたものとみられる（森下 1998a）。逆にこの時期に各地の生産集団の統括者や地域集団の代表者に対して贈与されたのは、いわゆる装飾付大刀と金銅装馬具であった（新納 1983、松尾 2005a・b、菊地 2010、桃崎 2015）。いわば、こうした鏡以外の器物の比重が増大する中で、鏡の生産・流通の比重と役割は大幅に低下することになったとみられるのである。

　以上の過程においては、特に、モニュメント造営と威信財流通が社会的再生産の過程に不可分に埋め込まれたⅠ段階から、Ⅱ・Ⅲ段階を通じてそうしたあり方を脱却し、実質的な政治支配へと原理転換していくあり方を読み取ることができる（辻田 2014d）。そこではいわば前期以来の威信財システムから間接支配への転換が認められるとともに、モニュメント造営の意味が5世紀後半から6世紀代を通じて急速に変容していったことがうかがわれる。

　上述のような点をふまえ、本書で最後に確認しておきたいのは以下の2点である。まず第1に、同型鏡群の舶載と参向型2類による授受という意味での5

世紀中葉における画期の重要性という点である。これは上述のように、田中良之（1995・2006・2008）が指摘する親族関係の父系化とも密接に関わっている。父系化自体は同型鏡群の舶載以前の5世紀前半段階から志向されていたものと想定される一方で（田中良 2006）、各地の上位層との政治的つながりにおいてそれを表象するようになる点で、同型鏡の授受は一定の意義をもつものと考えられる。上述のⅠ段階の後半段階を前期以来の政治的関係の到達点とすると捉えた所以である。

　第2に、その一方で、本書で述べてきた同型鏡群や中・後期倭製鏡の1期〜4期への変遷というのは、基本的には列島で国家形成が本格的に進展するその「前段階」に位置づけられるという点である。6世紀前葉はその過渡期とみられるが、上述のように同型鏡群や倭製鏡についても、各地の有力者に対する政治的な贈与の所産である一方で、ミヤケ制・国造制・部民制などに直接関わるというよりは、特定の地域集団の代表者などとの結びつきのための贈与といった性格が強いものとみられる。第4章でみたように、ミヤケに関連する具体的な考古学的証拠が確認できる北部九州の博多湾沿岸地域などにおいても、それらと同型鏡や倭製鏡との結びつきを認めることはできない。また後期後半代において各地で銅鏡の副葬が認められることは第4章でみた通りであるが、この時代には古墳時代的な鏡の副葬はすでにその役割を終えていたものと考えることができる。こうした点において、特に同型鏡群は、倭の五王の時代の中頃に生み出され、6世紀に再び意味が与えられたものの、6世紀中葉以降の実質的な国家形成過程の進展の中でその意味が失われていくことになった器物であると考えることができよう。

　この点をふまえ、人類史的な観点からみた場合、前述のⅠ段階および本書でみてきた同型鏡群の授受は、大枠において「威信財システム」（prestige good system）の範疇で理解できるものと考える。古墳時代前期を威信財システムとして捉える見方はこれまでも多く提示されている（e.g. 穴沢 1985、河野 1998、石村 2004、Barnes 2007、Mizoguchi 2013）。本書では、参向型1類を基礎とする「古墳時代前期威信財システム」（辻田 2006・2007b）から、中期中葉以降段階的に参向型2類へと変遷すると捉えたが、いずれにしても、たとえばフリードマンとローランズらのモデル（Friedman and Rowlands 1977）

でいうような領域国家・都市国家への転換の前段階と考えることができる。いわば「威信財システム」の２つの類型としての理解であり、参向型２類のような授受のあり方を「威信財システム」としてより発達したあり方と捉える[7]。Ⅱ段階の６世紀中葉以降、特にミヤケの設置という点において領域国家的なあり方への転換が始まるものの、実際にそれが達成されるのは７世紀の後半以降、Ⅲ段階の後半以降であると考えられる（岩永 2003・2006、辻田 2014d）。

　なお終末期について若干補足しておくと、大陸では６世紀代から７世紀代にかけて、特に華北において漢鏡の復古再生鏡の生産が行われ（西村 1993・1997、森下他 2000）、また隋代から唐初期にかけて新たな鏡式が多数創出されている（秋山 1995、持田 2010）。日本列島でも７世紀初頭〜７世紀中葉頃にかけて、静岡県神田古墳および群馬県高崎市（伝）から６世紀代の北朝産と想定される環状乳神獣鏡の小型の模倣鏡（森下他 2000、梅澤 2003）[8]が、また長崎県壱岐市掛木古墳からは隋末〜唐初頃の作とみられる対獣瑞獣文鏡（15.8 cm：辻田・片多 2016）などが出土している。ただし、現在までの資料においては、たとえば遣隋使などを通じて大量の隋鏡などが舶載され、終末期古墳に活発に副葬されたといった形跡は認められない。上述の３面についても６世紀末〜７世紀中葉の対外交流を示す貴重な資料であることは間違いないが、遣隋使などを介した入手であるのか、新羅などの半島地域を介した入手であるのかといった点も含めて現状では不明な点が多い。次に上位層の墓へと鏡が副葬されるようになるのは、高松塚古墳出土の海獣葡萄鏡など、遣唐使によってもたらされた新たな中国鏡（唐鏡）であった（cf. 杉山 2003）。古墳時代的な鏡副葬は、全国的にはこの間一時的に終焉・断絶したとみられる。その意味で７世紀後半から８世紀における唐鏡の舶載は、５世紀代とは大きく異なる意味・脈絡での鏡文化の再興という性格をもっていたものと考えられる。

註
（１）「易林」は漢の焦贛が編纂した十六巻からなる易の書、「式占」は卜占に用いる式盤、「腰弩」は腰につけて持ち運べる「石弓」とされる（前之園 2013：pp.303-304）。
（２）　加藤一郎は、同型鏡群の舶載・副葬を主に「TK23型式」以降と捉える観点か

ら、「倭王武による朝貢の時期（477年および478年）あるいは若干さかのぼっ
て倭王済による可能性が高いと考えられている460年の朝貢などの際に流入した
ものであろう。もちろん同型鏡群の流入は複数回であった可能性も十分にある」
と論じている（加藤 2014：p.15）。「460年」という点では一見すると一部意見
が重なるようにも思われるが、加藤の見解は477年前後の倭王・武の遣使による
舶載を主体とみた上での「あるいは若干さかのぼって」という理解であり、
「TK23型式」の実年代観や5世紀中葉〜後葉における時代背景の理解も含め
て、本書の立場とは異なるとみられる。
（3）府官制的秩序から人制への変遷という点では、記録上の問題なので過大評価は
できないが、478年の武の安東大将軍の除正に際して、438年や451年の遣使時
のように多数の僚属に対して積極的に将軍号の除正が行われた形跡がみられない
点も注意されよう。
（4）列島の器物授受は、古墳時代前期以来、基本的に中国の方式を模倣したもの、
それと相同であることが指摘されている（岡村 2001、下垣 2005a）。筆者は中期
中葉に有銘刀剣の授受および参向型1類から2類への変遷という点で画期がある
ものと考える。
（5）『日本書紀』継体元年二月条の即位記には、大伴金村が継体に対して跪いて
「天子の鏡剣の璽符を上りて再拝みたてまつる」とある。大王即位に際して、政
権下にて継承されたレガリアが新王に献上され、それにより新王が大王となるこ
とが示されている（吉村武 1996、篠川 2016）。事実かどうかはともかくとし
て、継体即位の文脈においてこのような形で鏡が登場することは注目される。
（6）武田佐知子によれば、やや時代は降るが、梁・陳・隋の三王朝に仕え、百越平
定の功があった南越の首領の娘、譙国夫人は、隋の高祖の皇后から皇后の宴服一
襲と首飾を賜与された後、この衣服のセットと、それまでに中国の各王朝から受
けた品々を、それぞれ蔵に入れて所蔵し、毎年の大会には金の篋に盛り、朝庭に
陳列して人びとに示したという（『隋書』烈女傳、譙国婦人、武田佐 2003：
p.220）。南朝や隋王朝などの中国王朝自体も含め、東アジア各地の政体におい
て、こうした器物の継承と利活用が行われたものとみられる。
（7）この点で、Ⅱ段階の器物授受は、Ⅰ段階の参向型2類とも異なるあり方を想定
することができる。詳細については課題とするが、現状の理解として第4章の註
6をご参照願いたい。
（8）伝高崎市資料については、同市岩鼻町所在の倉賀野東古墳群大応寺群の東端の
一角に位置した古墳の可能性とともに、神田古墳出土鏡と同じく7世紀代の副葬
例の可能性が指摘されている（梅澤 2003）。両鏡ともに鈕が欠失しているが、神
田古墳出土鏡の面径が11.6 cmであるのに対し、伝高崎市岩鼻町鏡は10.8 cmと
されることから、製作技術の比較が課題である。

終章　5・6世紀の東アジア史における同型鏡の意義

　以上、5・6世紀代の同型鏡群と倭製鏡を中心に検討を行ってきた。本書で述べてきた内容は、大きく以下のような10項目に整理できる。

①同型鏡群全資料と関連資料について、製作技術の観点から検討し、特に鈕孔製作技術や文様改変事例の観点から、倭の五王の時代における対南朝遣使の際の舶載鏡であることを論じた。
②同型鏡群における踏み返しの「世代」および建武五年（498）銘画文帯神獣鏡とその「原鏡」についての検討から、同型鏡群は、現在の資料から推定される最新世代から「原鏡Ⅰ」の世代まで同じ鈕孔製作技術で製作されており、列島にもたらされたのはその最新世代の資料が主体であること、「原鏡Ⅰ」やそれを遡る精緻な踏み返し原鏡のほとんどは列島にはもたらされておらず（川西 2004）、それらは南朝下で「宝鏡」として継承されたものであることを論じた。
③同型鏡群は、これらの東晋以来、王朝内部で管理・継承されてきた後漢鏡・西晋鏡などを原鏡として、劉宋の「尚方」において生産された踏み返し鏡であり、その鏡種選択にあたっては、倭国側の需要が一定程度反映されたものとみられる。こうした踏み返し原鏡の「限定性」や、倭国側の需要・要望に応じた大量の複製鏡の生産という点で、倭国向けの特鋳鏡である可能性が高い。
④同型鏡群の製作・舶載の契機となったのは5世紀中葉（古墳時代中期中葉）とみられ、南朝・大陸の状況から考えると、450年の北魏南侵とその撤退直後の451年の遣使など、倭王・済の時代の事績と考えられる。その遣使と特鋳鏡製作の依頼に際しては、450年の百済による南朝遣使を参考

にしている可能性が高い。

⑤倭王・済の時代は古墳時代中期中葉であり、列島では同型鏡群の舶載と同じ頃に大型・中型・小型の倭製鏡生産が活発化し、この時代に鈴付加鏡も創出されるなど、同型鏡群の舶載も含め、前期的な鏡秩序の再興が図られたものとみられる。本書ではこれを中・後期倭製鏡生産の「第1の画期」と呼んだ。

⑥倭王・武（ワカタケル大王・雄略）の時代（中期後葉）は、倭王・済の時代にもたらされた同型鏡群や倭製鏡の生産・流通を引き継ぎながら、倭製鏡については鈴付加鏡も含めた小型鏡生産に収斂し、大型・中型の同型鏡と小型の倭製鏡を差異化して各地の上位層に贈与するという戦略が採られた。

⑦同型鏡群は、5世紀中葉から6世紀前葉において、中央政権による列島各地の有力者（必ずしも在地の最有力者とは限らない）に対する優遇戦略に用いられた器物であり、列島各地から中央政権に上番・奉仕した「個人」に対する授受（参向型2類）を基本とした。この点で、同型鏡の授受は中央と列島各地の上位層の政治的関係構築において大きな画期となった。こうした「個人」への鏡の授受は、「人制」の展開や、親族関係の父系化（田中良1995・2008）に伴う追葬の意味の変容とも連動している。

⑧半島南部では、同型鏡は百済・武寧王陵や全羅北道・南原市の斗洛里32号墳、伝・慶尚南道など、5世紀末〜6世紀前葉において、百済および加耶との結びつきが強い地域で出土しており、九州地域との結びつきが強い栄山江流域に対する牽制の意味で近畿中央政権から贈与されたものと考えられる。

⑨6世紀初頭〜前葉において、同型鏡群の授受および同型鏡群の一部を直接模倣することにより新たな倭製鏡の系列と大型・中型鏡の生産が行われており、継体政権下で鏡秩序の再度の継承・活性化が志向されたものと想定された。本書ではこれを中・後期倭製鏡生産の「第2の画期」と呼んだ。こうした「宝鏡」の継承と活用という点については、大陸南朝の方式が模倣・導入された可能性がある。隅田八幡神社人物画象鏡も、この継体政権との深いつながりという脈絡で近畿において同型鏡を原鏡として製作され

たとみられる。
⑩同型鏡群は、ミヤケ制・国造制・部民制が展開する6世紀中葉以前の時代において主体的に用いられた器物であり、それらとは必ずしも密接な結びつきを有しない。ミヤケ制の成立以降は装飾付大刀などに転換し、威信財システムにおける、という意味での鏡の意義は終了した。同型鏡群は、6世紀中葉以後は、王族層の一部や地方の有力者によって、中央政権との関係を表象する器物として伝世され、前方後円墳の築造が停止する頃までには古墳に副葬されて姿を消す。

以上の結論の中で、特に同型鏡群についての認識は、鈕孔製作技術についての検討結果を基礎としながら、南斉建武五年（498）銘画文帯神獣鏡の検討にもとづき、いま私たちが目にする「踏み返し鏡」の背後にある「踏み返し原鏡」の意義を、東晋南朝以来の正当性を示す可能性がある「王朝の宝鏡」として捉え直すことにより得られたものである。他方で、列島に舶載された「踏み返しの最新世代を主体とする鏡」は、列島内部と半島南部地域といった歴史空間の中で独自の論理と政治的意味を付与され、用いられた器物であったといえよう。将軍号除正に伴い南朝から贈与された鏡であるという点では、舶載当初においては、列島における同型鏡の授受自体が、倭王を中心とした府官制的秩序の中での将軍号の仮授という意味を付与されていた可能性も想定された。

この時代の東アジアの「地域間相互交流（interaction）」においては、考古資料として残された遺構や遺物の種類によって、復元される交流のベクトルや位相・経路が異なっている。5世紀代／倭の五王の時代は、列島各地の上位層が独自に半島諸地域との交流のネットワークをもち、渡来人による技術移転や生産の拡大なども含め、いわば多元的で流動的な人の移動と交流がなされつつ、各地域社会の独自性や主体性が発揮された時代として捉えられる。そしてその中でも銅鏡、ことに同型鏡群は、近畿中央政権と南朝との関係、そして近畿中央政権と各地の上位層との政治的な関係を表象する点で、他の器物とはやや異なる様相を示している。5世紀前半に一度鉄製武器・武具類などの軍事的性格の強い器物の生産・流通へと軸足を移したかに思われたが、5世紀中葉に再び前期的な鏡の秩序を再興しようとする動きが起こった。「前期的な鏡の秩

序」とは、列島各地で古墳造営を行うような上位層が、近畿地域を核とした上位層のネットワークに参加していることを示す象徴的器物として、代替わりごとに鏡を入手し、そしてその多くは代表者の葬送儀礼に際して古墳に副葬されるというものであった（辻田 2007b）。5世紀中葉においては、そうした意味で再び外的権威としての南朝産の鏡が求められ、また倭製鏡とあわせて鏡秩序の再興が目指されたものとみられる。本書で繰り返し例示したように、同一文様鏡として大量に複製生産された同型鏡群の画文帯同向式神獣鏡Cは、前期の三角縁神獣鏡の復興を目指したものであろう。こうした動きは鉄製武器・武具に示されるような軍事的側面の強化に対するある種の反動への対応策であったとも考えられることから、このような意味において、5世紀代は未だ前期の鏡のような象徴的器物が必要とされた時代であったともいうことができる。

　その後、6世紀後半には再び列島での鏡の文化は失われていくことになるが、これは「鏡が必要となくなるほどに政治的に成熟した」ことを指すのか、「政治的な成熟云々とは無関係に、鏡自体の存在数そのものが少なくなった結果、鏡自体の保有が限定された」だけであるのか、「別のものがその役目を果たすようになった」のか、といったさまざまな考え方が可能である。実際はそれらが複合的に作用したものでもあったであろう。いずれにしても、東アジアの国際情勢の変動の中で古代国家形成が大きく進展した7世紀代において銅鏡副葬が活発でなかったことは、それが古墳時代的なあり方からの転換と深く関連していたことを示唆している。その後、7世紀後半以降に海獣葡萄鏡をはじめとした唐鏡がまとまった形で舶載されることにより、列島の鏡文化は新たな時代を迎えることになる。

　あらためて「同型鏡と倭の五王の時代」という点について考えると、同型鏡群が列島で出現した5世紀中葉は、倭王・済が王として活躍していた時代であり、また武＝雄略がすでに成長しつつある時代であったことになる。そして倭王・武の時代は後に大王となる継体の前半生であり、後半生である大王即位から磐井の乱に至る時代まで含め、同型鏡群の変遷は、こうした王たちの活動の軌跡ともほぼ重なっていることがわかる。

　同型鏡群は倭王・済の時代の東アジア情勢の産物として列島に出現し、済の時代には列島の府官制的秩序の、そして倭王・武の時代には人制の展開期にお

いて、各地の上位層と政治的関係を取り結ぶ器物として授受が行われた。またその後の継体政権期においては、前代の中央政権の枠組みの継承性と正当性を象徴する器物として、また倭王と各地の有力者（百済王も含む）との政治的な関係を取り結ぶ器物として活用されたものと考えることができる。継体は5世紀後半代の前半生において、同型鏡の意味と有効性を知悉していたがゆえに、それを継承・利用したのであろう。そして継体没後も一部は王族層や各地の有力者によって伝世され、倭の中央政権を構成する、もしくはそれとのつながりを表象する器物として6世紀後半〜末までに副葬自体が終了した。そのような時代の産物であったと考えることができよう。

　最後に、いくつか課題について述べておきたい。同型鏡群の位置づけを考える上で最も大きな問題は、5世紀代の大陸における銅鏡生産の実態が不明であるという点である。現状で生産遺跡や墓地遺跡での銅鏡については資料が少なく、今後の資料の増加を期待したい。また第2章でもみたように、いわゆる個人蔵のコレクション資料などにおいて、今後同型鏡群の原鏡候補が確認される可能性は十分にある。そうした資料の検討も含め、大陸における銅鏡生産の実態の追究を課題としておきたい。また同型鏡群が南朝との交渉の結果日本列島に舶載されたものであるとした場合、同じように大陸から列島にもたらされたものがどの程度存在するのかという点も問題である。半島出土資料との比較も含めて今後検討を行う必要がある。

　本書では古墳時代中期中葉から後期前半の時期を中心として扱っており、前期から中期への変遷がどのようなものであったのかについては実年代も含めて不明な点が多い。鏡に関しても、特に中・後期倭製鏡の1期とした中期前葉の倭製鏡についての検討が不足しており、これについては課題としたい。府官制的秩序や人制、そして6世紀代のトモ―部制への変遷といった点については、鏡のみならず鉄製刀剣類や鉄製武具類、馬具類など軍事的性格が強い器物の生産・流通とその背景といった点が重要となる。これについても鏡との関係という点も含めてさらに検討を進めたいと考えている。また国家形成過程における参向型2類の授受を広義の威信財システムの枠組みの中で捉えたが、列島のあり方を人類史的な視点で相対化する上でも、世界各地の様相と比較することが必要である。こうした観点での比較研究を今後の課題としておきたい。

参考文献

赤塚次郎 1995「尾張氏と断夫山古墳」『継体王朝の謎』河出書房新社
秋山進午 1995「隋唐式鏡綜論」『泉屋博古館紀要』11
秋山進午 1998「夔鳳鏡について」『考古学雑誌』84-1
東　潮 1993「朝鮮三国時代における横穴式石室墳の出現と展開」『国立歴史民俗博物館研究報告』47
東　潮 2002「倭と栄山江流域―倭韓の前方後円墳をめぐって―」朝鮮学会編『前方後円墳と古代日朝関係』同成社
東　潮 2006『倭と加耶の国際環境』吉川弘文館
東　潮 2010「東アジア古代の王権・王陵・境域」『アジアの境界を越えて』国立歴史民俗博物館
東　潮 2015「倭の五王の時代の国際交流」広瀬和雄編『中期古墳とその時代』雄山閣
足立啓二 1998『専制国家史論』柏書房
厚木市教育委員会 2004『神奈川県厚木市 吾妻坂古墳 出土資料調査報告』厚木市教育委員会
穴沢咊光 1985「三角縁神獣鏡と威信財システム（上・下）」『潮流』4・5
穴沢咊光 1995「世界の中の日本古墳文化」『文明学原論』山川出版社
天野末喜 2010「倭王武の時代―雄略朝をめぐる一視点―」『同志社大学考古学研究会50周年記念論集』
網野善彦 2000『日本の歴史00「日本」とは何か』講談社
新井　悟 1997「古墳時代倣製鏡の出現と大型鏡の意義」『考古学ジャーナル』421
新井　悟 2000「茨城県玉里村舟塚古墳の再測量報告」『駿台史学』109
新井　悟 2017「古墳時代倣製鏡の参考資料」『南山大学人類学博物館紀要』35
新井悟・大川麿希 1997「火竟銘をもつ倣製鏡の新例について」『明治大学博物館研究報告』2
新井　宏 2000「鉛同位体比による青銅器の鉛産地推定をめぐって」『考古学雑誌』85-2
荒川　史 1995「宇治二子塚をめぐって」『継体王朝の謎』河出書房新社
有松　唯 2015『帝国の基層―西アジア領域国家形成過程の人類集団―』東北大学出版会
飯島義雄・小池浩平 2000「古墳時代銅鏡の製作方法の検討―獣帯鏡のいわゆる「同型鏡」を基として―」『群馬県立歴史博物館紀要』21
池上　悟 1992「鼉龍鏡の変遷」『立正考古』31
池田　温 1977「義熙九年倭国献方物をめぐって」（『東アジアの文化交流史』吉川弘文

館、2002年に再録）
諫早直人 2012a「九州出土の馬具と朝鮮半島」『沖ノ島祭祀と九州諸勢力の対外交渉』第15回九州前方後円墳研究会 北九州大会発表要旨・資料集
諫早直人 2012b「生産と流通 馬具」土生田純之・亀田修一編『古墳時代研究の現状と課題』（下）同成社
諫早直人・鈴木勉 2015「古墳時代の初期金銅製品生産―福岡県月岡古墳出土品を素材として―」『古文化談叢』73
石井正敏 2005「5世紀の日韓関係―倭の五王と高句麗・百済―」日韓歴史共同研究委員会『日韓歴史共同研究報告書』第1分科篇
石井陽子 2009「博多湾沿岸地域における古墳時代の集落動態」『九州考古学』84
石橋　宏 2013『古墳時代石棺秩序の復元的研究』六一書房
石村　智 2004「威信財システムからの脱却」『文化の多様性と比較考古学』考古学研究会
石村　智 2006「多系進化と社会階層化―フィジー・トンガ・サモアの事例比較―」『往還する考古学 近江貝塚研究会論集3』近江貝塚研究会
石母田　正 1971『日本の古代国家』岩波書店
和泉市久保惣記念美術館 1985『和泉市久保惣記念美術館 蔵鏡図録』和泉市久保惣記念美術館
一瀬和夫 2002「倭国の古墳と王権」『日本の時代史2 倭国と東アジア』吉川弘文館
一瀬和夫 2008『大王墓と前方後円墳』吉川弘文館
一瀬和夫 2011『巨大古墳の出現 仁徳朝の全盛』文英堂
一瀬和夫 2012「船・ソリ」『古墳時代の考古学6 時代を支えた生産と技術』同成社
一瀬和夫 2015「百舌鳥・古市古墳群における大王墓とその周辺」『前方後円墳と東西出雲の成立に関する研究』島根県古代文化センター研究論集、第14集
一瀬和夫・福永伸哉・北條芳隆編 2011-2013『古墳時代の考古学1-10』同成社
一山典編 1999『いにしえの徳島―古代からのメッセージ―』徳島市立考古資料館
井上光貞 1980「雄略朝における王権と東アジア」『東アジア世界における日本古代史講座4』学生社
井上主税 2014『朝鮮半島の倭系遺物からみた日朝関係』学生社
茨城県教育委員会 1960『三昧塚古墳』茨城県教育委員会
林永珍・趙鎮先 2000『全南地域古墳測量報告書』全羅南道・全南大学校博物館
入江安近 1953「鑑堂古墳出土の劉氏作画像鏡」『大分県文化財調査報告』第1集、大分県教育委員会
入江文敏 2011「古墳時代中期～後期前半の若狭と北部九州―同型鏡の分有関係をとおして―」『古文化談叢』65（4）
磐田市教育委員会 2005『平成17年度磐田市埋蔵文化財センター収蔵品展 古代鏡の美―渡邊晃啓コレクション―』磐田市教育委員会

岩永省三 1991「日本における階級社会形成に関する学説史的検討序説」『古文化談叢』24
岩永省三 1992「日本における階級社会形成に関する学説史的検討序説（Ⅱ）」『古文化談叢』27
岩永省三 2002「階級社会への道への路」佐原真編『古代を考える 稲・金属・戦争—弥生—』吉川弘文館
岩永省三 2003「古墳時代親族構造論と古代国家形成過程」『九州大学総合研究博物館研究報告』1
岩永省三 2006「国家形成の東アジアモデル」田中良之・川本芳昭編『東アジア古代国家論—プロセス・モデル・アイデンティティ—』すいれん舎
岩永省三 2012a「第2分科会ミヤケ制・国造制の成立—磐井の乱と6世紀代の諸変革」『一般社団法人日本考古学協会2012年度福岡大会研究発表資料集』日本考古学協会2012年度福岡大会実行委員会
岩永省三 2012b「糟屋屯倉中核施設所在地の可能性」『一般社団法人日本考古学協会2012年度福岡大会研究発表資料集』日本考古学協会2012年度福岡大会実行委員会
岩永省三 2014「ミヤケの考古学的研究のための予備的検討」高倉洋彰編『東アジア古文化論攷 2』中国書店
岩永省三 2016「古墳時代親族構造論と古代史研究」『考古学は科学か—田中良之先生追悼論文集—』中国書店
岩橋由季 2015「遠賀川流域における横穴墓の出現と展開」『山の神古墳の研究—「雄略朝」期前後における地域社会と人制に関する考古学的研究：北部九州を中心に—』九州大学大学院人文科学研究院考古学研究室
岩本　崇 2008a「三角縁神獣鏡の生産とその展開」『考古学雑誌』92-3
岩本　崇 2008b「三角縁神獣鏡と東海地方の前期古墳」中井正幸・鈴木一有編『東海の古墳風景』雄山閣
岩本　崇 2010「鏡鑑」『史跡 茶すり山古墳』兵庫県文化財調査報告第383冊
岩本　崇 2012「中村1号墳出土珠文鏡と出雲地域の銅鏡出土後期古墳」『中村1号墳』本文篇、出雲市教育委員会
岩本　崇 2014a「銅鏡副葬と山陰の後・終末期古墳」『文堂古墳』本文篇、大手前大学史学研究所研究報告第13号
岩本　崇 2014b「北近畿・山陰における古墳の出現」『博古研究』24-2
岩本　崇 2015「山陰における古墳時代中期首長墓の展開と「地域圏」の形成」『前方後円墳と東西出雲の成立に関する研究』島根県古代文化センター研究論集、第14集
岩本　崇 2016a「五條猫塚古墳出土の珠文鏡と古墳時代銅鏡生産の画期」『五條猫塚古墳の研究』総括編、奈良国立博物館
岩本　崇 2016b「製作技術からみた龍文透彫帯金具の成立」『五條猫塚古墳の研究』総括編、奈良国立博物館

禹在柄 2011「竹幕洞祭祀遺跡と沖ノ島祭祀遺跡」『「宗像・沖ノ島と関連遺産群」研究報告』I

植野浩三 1998「五世紀後半代から六世紀前半代における須恵器生産の拡大」『文化財学報』16

上野祥史 2000「神獣鏡の作鏡系譜とその盛衰」『史林』83-4

上野祥史 2001「画象鏡の系列と製作年代」『考古学雑誌』86-2

上野祥史 2003「盤龍鏡の諸系列」『国立歴史民俗博物館研究報告』100

上野祥史 2004「韓半島南部出土鏡について」『国立歴史民俗博物館研究報告』110

上野祥史 2005「武寧王陵出土鏡と5・6世紀の鏡」『百済の国際交流―武寧王陵の最新研究をめぐって―』国立歴史民俗博物館

上野祥史 2007「3世紀の神獣鏡生産―画文帯神獣鏡と銘文帯神獣鏡」『中国考古学』7

上野祥史 2008「ホケノ山古墳と画文帯神獣鏡」『ホケノ山古墳の研究』奈良県立橿原考古学研究所

上野祥史 2009「古墳出土鏡の生産と流通」『季刊考古学』106

上野祥史 2011a「中国考古学からみた古墳時代」『季刊考古学』117

上野祥史 2011b「同型鏡と古墳時代中期」『祇園大塚山古墳と5世紀という時代』国立歴史民俗博物館

上野祥史 2012a「金鈴塚古墳出土鏡と古墳時代後期の東国社会」『金鈴塚古墳研究』創刊号

上野祥史 2012b「帯金式甲冑と鏡の副葬」『国立歴史民俗博物館研究報告』173

上野祥史 2013a「祇園大塚山古墳の画文帯仏獣鏡―同型鏡群と古墳時代中期―」『祇園大塚山古墳と5世紀という時代』六一書房

上野祥史 2013b「中国鏡」『古墳時代の考古学4 副葬品の型式と編年』同成社

上野祥史 2013c「萬義塚1号墳出土倭鏡と倭韓の相互交渉」『海南玉泉萬義塚古墳国際学術大会』東新大学校文化博物館

上野祥史編 2013『祇園大塚山古墳と5世紀という時代』六一書房

上野祥史 2014a「日本列島における中国鏡の分配システムの変革と画期」『国立歴史民俗博物館研究報告』185

上野祥史 2014b「萬義塚1號墳出土倭鏡と倭韓の相互交渉」東新大学校文化博物館編『海南萬義塚1号墳』東新大学校文化博物館

上野祥史 2014c「金銅装龍文透彫帯金具」『七観古墳の研究：1947年・1952年出土遺物の再検討』京都大学文学研究科

上野祥史 2015a「中期古墳と鏡」広瀬和雄編『中期古墳とその時代』雄山閣

上野祥史 2015b「鏡からみた卑弥呼の支配」『卑弥呼―女王創出の現象学―』大阪府立弥生文化博物館

宇垣匡雅 2006「吉備地域の帆立貝形古墳」『シンポジウム記録5 畿内弥生社会像の再検討・「雄略朝」期と吉備地域・古代山陽道を巡る諸問題』考古学研究会

宇垣匡雅 2011「山陽」広瀬和雄・和田晴吾編『講座 日本の考古学 7 古墳時代（上）』青木書店
臼杵 勲 1984「古墳時代の鉄刀について」『日本古代文化研究』創刊号
内山敏行 2006「古墳時代後期の甲冑」『古代武器研究』7
内山敏行 2008「第 14 章まとめ 14.2.4. 古墳時代と古代の出土遺物」『東谷・中島地区遺跡群 9　中島笹塚古墳群・中島笹塚遺跡（1〜8区）』栃木県埋蔵文化財調査報告第 311 集
内山敏行 2009「武器・武具・馬具の生産・流通と性格」『季刊考古学』106
宇野愼敏 2010「沖ノ島と北部九州における首長層の動向」『古文化談叢』63
宇野愼敏 2015「雄略朝〜継体朝における九州とヤマト政権」『つどい』335
梅澤重昭 2003「高崎市域の古墳時代出土鏡について」『高崎市史研究』18
梅原末治 1921『佐味田及新山古墳研究』岩波書店
梅原末治 1931『欧米における支那古鏡』刀江書院
梅原末治 1933『讃岐石清尾山石塚の研究』京都帝国大学文学部考古学研究報告第 12 冊
梅原末治 1942『漢三国六朝紀年銘図説』桑名文星堂
梅原末治 1944「上代鋳鏡に就いての一所見」『考古学雑誌』34-2
梅原末治 1946「本邦古墳出土の同笵鏡に就いての一二の考察」『史林』30-3
梅原末治 1952「鍍金の漢六朝鏡」『大和文華』6
梅原末治 1969『持田古墳群』宮崎県教育委員会
梅原末治・小林行雄 1940『筑前國嘉穂郡王塚装飾古墳』京都帝国大学文学部考古学研究報告第 15 冊
王市倫編著・王牧修訂 2006『浙江出土銅鏡 修訂本』文物出版社
王仲殊 1985「論呉晋時期的佛像虁鳳鏡―為紀年夏鼐先生考古五十周年而作―」『考古』1985-7
大賀克彦 2002「凡例 古墳時代の時期区分」『小羽山古墳群』福井県清水町教育委員会
大賀克彦 2005「稲童古墳群の玉類について―古墳時代中期後半における玉の伝世―」『稲童古墳群』行橋市文化財調査報告書第 32 集
大賀克彦 2008「古墳時代後期における玉類の拡散」『古代文化研究』16
大河原竜一 2009「国造制の成立とその歴史的背景」『駿台史学』137
大川麿希 1997「鈴鏡とその性格」『考古学ジャーナル』421
大久保徹也 2011「四国」広瀬和雄・和田晴吾編『講座 日本の考古学 7 古墳時代（上）』青木書店
大久保徹也 2015「四国・山陰・山陽」広瀬和雄編『中期古墳とその時代』雄山閣
大阪府立弥生文化博物館編 2015『卑弥呼―女王創出の現象学―』大阪府立弥生文化博物館
大阪府立近つ飛鳥博物館編 2010『継体大王の時代―百舌鳥・古市古墳群の終焉と新時代の幕開け―』大阪府立近つ飛鳥博物館図録 51

大阪府立近つ飛鳥博物館編 2015『ワカタケル大王の時代―ヤマト王権の成熟と革新―』大阪府立近つ飛鳥博物館図録 67

太田宏明 2007「畿内地域に分布する馬門石製家形石棺」『大王の棺を運ぶ実験航海―研究編―』石棺文化研究会

大竹弘之 2002「韓国全羅南道の円筒形土器」朝鮮学会編『前方後円墳と古代日朝関係』同成社

大谷晃二 2011「山陰」広瀬和雄・和田晴吾編『講座 日本の考古学 7 古墳時代（上）』青木書店

大津　透 1999『古代の天皇制』岩波書店

大津　透 2010『天皇の歴史 01 神話から歴史へ』講談社

大橋信弥 2007『継体天皇と即位の謎』吉川弘文館

大平　聡 2002「世襲王権の成立」『日本の時代史 2 倭国と東アジア』吉川弘文館

大平　聡 2009「ワカタケル」鎌田元一編『古代の人物① 日出づる国の誕生』清文堂出版

大村西崖 1980〔1917〕『中国美術史彫塑編』国書刊行会

岡内三眞 1995「鏡背にみる仏教図像」『古代探叢Ⅳ―滝口宏先生追悼考古学論集』早稲田大学出版部

岡崎敬・本村豪章 1982「島田塚古墳」『末廬国〔本文編〕』六興出版

岡田一広 2003「鈴鏡の画期」『富山大学考古学研究室論集 蜃気楼 秋山進午先生古稀記念』六一書房

岡田裕之 2003「北部九州における須恵器生産の動向―牛頸窯跡群の検討を中心として―」『古文化談叢』49

岡田裕之 2006「古墳時代後期社会と須恵器生産・屯倉制―博多湾周辺地域を対象として―」『東アジアと日本―交流と変容―』3、九州大学 21 世紀 COE プログラム（人文科学）

岡安光彦 2003「五世紀の馬具と稲荷山古墳」『ワカタケル大王とその時代』山川出版社

岡村秀典 1999『三角縁神獣鏡の時代』吉川弘文館

岡村秀典 1993a「後漢鏡の編年」『国立歴史民俗博物館研究報告』55

岡村秀典 1993b「銅鏡」『番塚古墳』九州大学文学部考古学研究室

岡村秀典 2001「倭王権の支配構造―古墳出土祭器の象徴性―」『考古学の学際的研究』岸和田市教育委員会

岡村秀典 2007「伝沖ノ島の透彫り金具について」茂木雅博編『日中交流の考古学』同成社

岡村秀典 2008「宋明代の古鏡研究」『九州と東アジアの考古学―九州大学考古学研究室 50 周年記念論文集―』下巻、九州大学考古学研究室 50 周年記念論文集刊行会

岡村秀典 2011a「東アジア情勢と古墳文化」『講座 日本の考古学 古墳時代（上）』青木書店

岡村秀典 2011b「後漢鏡銘の研究」『東方學報』86
岡村秀典 2011c「古鏡研究一千年―中国考古学のパラダイム―」『東洋史研究』69-4
岡村秀典 2017『鏡が語る古代史』岩波書店
小川良祐・狩野久・吉村武彦編 2003『ワカタケル大王とその時代』山川出版社
小栗明彦 2006「「雄略朝」期前後の畿内古墳階層構造」『シンポジウム記録5 畿内弥生社会像の再検討・「雄略朝」期と吉備地域・古代山陽道を巡る諸問題』考古学研究会
小澤太郎 2009「墳丘築造規格の継承―岩戸山古墳と善蔵塚古墳を例として―」『地域の考古学―佐田茂先生佐賀大学退任記念論文集―』佐田茂先生論文集刊行会
小田富士雄 1966「古墳文化の地域的特色 九州」『日本の考古学 古墳時代（上）』河出書房
小田富士雄 1968「横穴式石室古墳における複室構造の形成」『史淵』100
小田富士雄 1981「飯塚市発見の仿製漢式鏡」『古文化研究会会報』No. 25
小田富士雄 1988「韓国古墳出土の倭鏡」『考古学叢考』上巻、斎藤忠先生頌寿記念論文集刊行会
小田富士雄編 1988『古代を考える 沖ノ島と古代祭祀』吉川弘文館
小田富士雄編 1991『古代を考える 磐井の乱』吉川弘文館
小田富士雄 2003a「「糟屋屯倉」遺跡の発見とその意義」『新世紀の考古学―大塚初重先生喜寿記念論文集―』大塚初重先生喜寿記念論文集刊行会
小田富士雄 2003b「武寧王陵鏡・綿貫観音山鏡との出会い」『新編高崎市史』通史編1（原始古代）月報
小田富士雄 2011「沖ノ島祭祀遺跡の再検討―4～5世紀宗像地方との関連で―」『宗像・沖ノ島と関連遺産群調査研究報告Ⅰ』「宗像・沖ノ島と関連遺産群」世界遺産推進会議
小田富士雄 2012「沖ノ島祭祀遺跡の再検討2」『「宗像・沖ノ島と関連遺産群」研究報告』Ⅱ-1
小田富士雄 2013「沖ノ島祭祀遺跡の再検討3」『「宗像・沖ノ島と関連遺産群」研究報告』Ⅲ
乙益重隆 1965「隅田八幡神社画像鏡銘文の一解釈」『考古学研究』11-4
乙益重隆 1983a「画文帯環状乳神獣鏡国越古墳Ⅰ」『肥後考古』3
乙益重隆 1983b「鍍金画文帯求心式神獣鏡」『肥後考古』3
小野山　節 1959「馬具と乗馬の風習」『世界考古学大系 第3巻 日本Ⅲ 古墳時代』平凡社
小野山　節 1992「古墳時代の馬具」『日本馬具大鑑 第1巻 古代上』日本中央競馬会・吉川弘文館
甲斐孝司 2004「鹿部田渕遺跡の官衙的大型建物群」『福岡大学考古学論集―小田富士雄先生退職記念―』小田富士雄先生退職記念事業会

郭玉海 1996『故宮蔵鏡』紫禁城出版社
加西市教育委員会編 2005『亀山古墳』加西市埋蔵文化財報告第55集
笠野 毅 1993「舶載鏡論」『古墳時代の研究13』雄山閣
梶原義実 2014「九州北部地域における古代寺院の展開」『九州考古学』89
加藤一郎 2012「仁徳陵古墳の埴輪と須恵器」堺市文化観光局文化部文化財課編『徹底分析・仁徳陵古墳―巨大前方後円墳の実像に迫る―』堺市文化財講演会録第4集
加藤一郎 2014「後期倭鏡研究序説―旋回式獣像鏡系を中心に―」『古代文化』66-2
加藤一郎 2015a「前期倭鏡における同一紋様鏡の一例」『宮崎県立西都原考古博物館研究紀要』11
加藤一郎 2015b「後期倭鏡と三角縁神獣鏡」『日本考古学』40
加藤一郎 2016a「滋賀県垣籠古墳出土鏡の位置づけと意義―旋回式獣像鏡系の再検討と公文書について―」『書陵部紀要』67〔陵墓篇〕
加藤一郎 2016b「五條猫塚古墳出土埴輪の位置づけとその意義」『五條猫塚古墳の研究』総括編、奈良国立博物館
狩野 久 1993「部民制・国造制」『岩波講座 日本通史2 古代1』岩波書店
狩野 久 2003「稲荷山鉄剣銘をどう読むか」『ワカタケル大王とその時代』山川出版社
嘉麻市教育委員会編 2012『6世紀の九州島 ミヤケと渡来人 予稿集』嘉麻市教育委員会
嘉麻市教育委員会編 2014『6世紀の九州島 ミヤケと渡来人 記録集』嘉麻市教育委員会
鎌田茂雄 1980a「南北朝の仏教」『東アジアにおける日本古代史講座第4巻 朝鮮三国と倭国』学生社
鎌田茂雄 1980b「朝鮮三国の仏教」『東アジアにおける日本古代史講座第4巻 朝鮮三国と倭国』学生社
鎌田元一 1993「屯倉制の展開」『新版古代の日本1 総説』角川書店
鎌田元一 2001「「部」についての基本的考察・付論 部民制の構造と展開」『律令公民制の研究』塙書房
亀井輝一郎 1991「磐井の乱の前後」『新版古代の日本1 総説』角川書店
亀井輝一郎 2012「ヤマト王権の九州支配」『一般社団法人日本考古学協会2012年度福岡大会研究発表資料集』日本考古学協会2012年度福岡大会実行委員会
亀田修一 1993「考古学から見た渡来人」『古文化談叢』30（中）
亀田修一 2003「渡来人の考古学」『七隈史学』4
亀田修一 2004a「豊前西部の渡来人―田川地域を中心に―」『福岡大学考古学論集―小田富士雄先生退職記念―』小田富士雄先生退職記念事業会
亀田修一 2004b「日本の初期の釘・鎹が語るもの」『文化の多様性と比較考古学』考古学研究会
亀田修一 2008「吉備と大和」土生田純之編『古墳時代の実像』吉川弘文館
亀田修一 2010「遺跡・遺物にみる倭と東アジア」『日本の対外関係1 東アジア世界の成立』吉川弘文館

亀田修一 2011「考古学からみた日本列島と朝鮮半島の交流―古墳時代の西日本地域を中心に―」『専修大学社会知性開発研究センター東アジア世界史研究センター年報』5
亀田修一 2012「渡来人」土生田純之・亀田修一編『古墳時代研究の現状と課題』(下)、同成社
樋本杜人 1971「仿製鏡の火鏡銘について（遺稿）」『考古学雑誌』56-3
河上邦彦 2006「中・後期古墳出土のいわゆる舶載鏡について」『3次元デジタルアーカイブ 古鏡総覧（Ⅱ）』学生社
川口勝康 1978「瑞刃刀と大王号の成立」『古代史論叢 上』吉川弘文館
川口勝康 1993「刀剣の賜与とその銘文」『岩波講座 日本通史2 古代1』岩波書店
川西宏幸 1988『古墳時代政治史序説』塙書房
川西宏幸 1992「同型鏡の諸問題―画文帯重列式神獣鏡―」『古文化談叢』27
川西宏幸 1993a「同型鏡の諸問題―画像鏡・細線獣帯鏡―」『古文化談叢』29
川西宏幸 1993b「同型鏡の諸問題―画文帯環状乳仏獣鏡―」『古文化談叢』31
川西宏幸 1999『古墳時代の比較考古学』同成社
川西宏幸 2000「同型鏡考―モノからコトへ―」『筑波大学先史学・考古学研究』11
川西宏幸 2004『同型鏡とワカタケル』同成社
川西宏幸 2008『倭の比較考古学』同成社
河野一隆 1998「副葬品生産・流通システム論―付・威信財消費型経済システムの提唱―」『中期古墳の展開と変革』埋蔵文化財研究会
河野一隆 2014「ダンワラ古墳出土金銀錯嵌珠龍文鉄鏡の基礎的研究」高倉洋彰編『東アジア古文化論攷1』中国書店
川畑　純 2015『武具が語る古代史』京都大学学術出版会
河村好光 2010『倭の玉器』青木書店
川本芳昭 1988「倭の五王による劉宋遣使の開始とその終焉」（『魏晋南北朝時代の民族問題』汲古書院［1998］に採録）
川本芳昭 1992「四、五世紀の中国と朝鮮・日本」『新版古代の日本2 アジアからみた古代日本』角川書店
川本芳昭 2005『中国の歴史05 中華の崩壊と拡大』講談社
川本芳昭 2006「四～五世紀東アジアにおける天下意識」田中良之・川本芳昭編『東アジア古代国家論―プロセス・モデル・アイデンティティ―』すいれん舎
川本芳昭 2012「倭の五王の自称と東アジアの国際情勢」『史淵』149
韓国考古学会編 2013『概説 韓国考古学』（武末純一監訳、庄田慎矢・山本孝文訳）同成社
菊地芳朗 2010『古墳時代史の展開と東北社会』大阪大学出版会
岸　俊男 1984a「画期としての雄略朝」『日本政治社会史研究』（上）
岸　俊男 1984b「古代刀剣銘と稲荷山鉄剣銘」『橿原考古学研究所論集』6

岸本　圭 2015「伝三上山下古墳出土獣帯鏡」『九州国立博物館紀要「東風西声」』第10号
岸本直文 1989「三角縁神獣鏡の工人群」『史林』72-5
岸本直文 1992「前方後円墳築造規格の系列」『考古学研究』39-2
岸本直文 2008「前方後円墳の二系列と王権構造」『ヒストリア』208
喜田貞吉 1920「七子鏡考」『民族と歴史』3-3
北康　宏 2014「大王とウヂ」『岩波講座日本歴史第2巻 古代2』岩波書店
北見一弘 2012「中期後半の円墳から三輪玉・銅鏡が出土―千葉県市原市牛久石奈坂1号墳―」『季刊考古学』121
鬼頭清明 1976『日本古代国家の形成と東アジア』校倉書房
鬼頭清明 1993『日本古代史研究と国家論―その批判と視座―』新日本出版社
木場佳子・橋本輝彦 2015「桜井市 等彌神社所蔵の考古遺物の調査」『纒向学研究』3
金宇大 2011「装飾付環頭大刀の技術系譜と伝播―朝鮮半島東南部出土資料を中心に―」『古文化談叢』66
金洛中 2002「五～六世紀の栄山江流域における古墳の性格」朝鮮学会編『前方後円墳と古代日朝関係』同成社
金洛中 2012「韓半島からみた九州諸勢力との交流」『沖ノ島祭祀と九州諸勢力の対外交渉』第15回九州前方後円墳研究会 北九州大会発表要旨・資料集
金容民 2013「栄山江流域の最近の考古学的調査の成果について」『東北学院大学論集 歴史と文化』50
九州前方後円墳研究会編 2012『沖ノ島祭祀と九州諸勢力の対外交渉』第15回九州前方後円墳研究会 北九州大会発表要旨・資料集
九州大学考古学研究室編 1993『番塚古墳』九州大学考古学研究室
熊谷公男 2001『日本の歴史03 大王から天皇へ』講談社
熊谷公男 2008a「五・六世紀の日韓交流と筑紫」『市史研究 ふくおか』3
熊谷公男 2008b「金官国の滅亡をめぐる国際関係」辻秀人編『百済と倭国』高志書院
熊谷公男 2015「倭王武上表文の真意―いわゆる「高句麗征討計画」を中心に―」広瀬和雄編『中期古墳とその時代』雄山閣
熊本博物館編 2016『黄金文化への憧れ 国指定重要文化財 才園古墳出土品』熊本博物館
蔵冨士　寛 2002「石棚考」『日本考古学』14
蔵冨士　寛 2006「「雄略朝」期と九州」『シンポジウム記録5畿内弥生社会像の再検討・「雄略朝」期と吉備地域・古代山陽道を巡る諸問題』考古学研究会
蔵冨士　寛 2007「九州の横穴式石室」『日本考古学協会2007年度熊本大会研究発表資料集』
蔵冨士　寛 2008「倭王権と九州―古墳時代中・後期を中心とした政治的動向―」『東アジアの文化構造と日本的展開』北九州中国書店

蔵冨士寛・橋本達也 2011「九州」広瀬和雄・和田晴吾編『講座 日本の考古学7 古墳時代（上）』青木書店
倉本一宏 2014「大王の朝廷と推古朝」『岩波講座日本歴史第2巻 古代2』岩波書店
車崎正彦 1993a「鼉龍鏡考」『翔古論集』久保哲三先生追悼記念論文集刊行会
車崎正彦 1993b「倭鏡の作者」『季刊考古学』43
車崎正彦 1995「隅田八幡人物画像鏡の年代」『継体王朝の謎』河出書房新社
車崎正彦 1999「副葬品の組合せ―古墳出土鏡の構成―」石野博信編『前方後円墳の出現』雄山閣
車崎正彦 2000「古墳祭祀と祖霊観念」『考古学研究』47-2
車崎正彦編 2002『考古資料大観5 弥生・古墳時代 鏡』小学館
車崎正彦 2003「稲荷山古墳出土の画紋帯環状乳神獣鏡を考える」『ワカタケル大王とその時代』山川出版社
車崎正彦 2007a「鏡」『菊水町史 江田船山古墳編』和水町
車崎正彦 2007b「家屋紋鏡を読む」『考古学論究』小笠原好彦先生退任記念論集刊行会
桑原邦彦 1988「山口県防府市桑山塔ノ尾古墳―その史・資料集成と再検討―」『古文化談叢』20（上）
群馬県立歴史博物館 1999『観音山古墳と東アジア世界』群馬県立歴史博物館
氣賀澤保規 2012「倭人がみた隋の風景」『遣隋使がみた風景―東アジアからの新視点―』八木書店
河内春人 2010「倭の五王と中国外交」『日本の対外関係1 東アジア世界の成立』吉川弘文館
河内春人 2015『日本古代君主号の研究―倭国王・天子・天皇―』八木書店
国立歴史民俗博物館編 2010『アジアの境界を越えて』国立歴史民俗博物館
考古学研究会例会委員会編 2006『シンポジウム記録5 畿内弥生社会像の再検討・「雄略朝」期と吉備地域・古代山陽道を巡る諸問題』考古学研究会
児島隆人・藤田等編 1973『嘉穂地方史 先史編』嘉穂地方史編纂委員会
後藤守一 1921「九州北部に於ける古墳の二三（其の一）」『考古学雑誌』12-4
後藤守一 1926『漢式鏡』雄山閣
五島美術館学芸部編 1992『前漢から元時代の紀年鏡』五島美術館
小林謙一 1974・1975「甲冑製作技術の変遷と工人系統」『考古学研究』20-4・21-1
小林三郎 1979「古墳時代初期倣製鏡の一側面―重圏文鏡と珠文鏡―」『駿台史学』46
小林三郎 1982「古墳時代倣製鏡の鏡式について」『明治大学人文科学研究所紀要』21
小林三郎 2010『古墳時代倣製鏡の研究』六一書房
小林正春 2011「中部」広瀬和雄・和田晴吾編『講座 日本の考古学7 古墳時代（上）』青木書店
小林行雄 1955「古墳の発生の歴史的意義」(『古墳時代の研究』〔1961〕に採録)
小林行雄 1961『古墳時代の研究』青木書店

小林行雄 1962「古墳文化の形成」『岩波講座日本歴史1』岩波書店
小林行雄 1965『古鏡』学生社
小林行雄 1966「倭の五王の時代」『日本書紀研究』2（小林 1976 に採録）
小林行雄 1976『古墳文化論考』平凡社
小林行雄 1981「鏡・大刀・玉のなぞ」堅田直編『古墳の謎を探る』帝塚山大學考古学研究室
小林行雄・近藤義郎 1959「古墳の変遷」『世界考古学大系3 日本Ⅲ』平凡社
粉川昭平・清水康二 1991「吉備塚古墳表採の銅鏡について」『青陵』77
小山田宏一 1993「画紋帯同向式神獣鏡とその日本への流入時期─鏡からみた「3世紀の歴史的枠組み」の予察─」『弥生文化博物館研究報告』2
近藤喬一 1993「西晋の鏡」『国立歴史民俗博物館研究報告』55
近藤喬一 2000「三国両晋の墓制と鏡」『アジアの歴史と文化』7
近藤義郎 1966「古墳発生の諸問題」『日本の考古学』Ⅴ、河出書房新社
近藤義郎 1983『前方後円墳の時代』岩波書店
（財）京都市埋蔵文化財研究所 1993『岩倉幡枝2号墳』京都市埋蔵文化財調査報告第12冊
佐伯有清 1981「江田船山古墳出土大刀の銘文─付・隅田八幡宮画像鏡銘関係文献目録─」『東アジア世界における日本古代史講座 第3巻』学生社
酒井清治 1998「日韓の甑の系譜から見た渡来人」『楢崎彰一先生古希記念論文集』真陽社
酒井清治 2008「陶質土器と須恵器」辻秀人編『百済と倭国』高志書院
堺市文化観光局文化部文化財課編 2012『徹底分析・仁徳陵古墳─巨大前方後円墳の実像に迫る─』堺市文化財講演会録第4集
坂上康俊 2008「古代国家をどうとらえるか」『歴史評論』693
坂上康俊 2011『シリーズ日本の古代史④ 平城京の時代』岩波新書
坂上康俊 2013「庚寅年銘鉄刀の背景となる暦について」『元岡・桑原遺跡群22』福岡市埋蔵文化財調査報告書第1210集
阪口英毅 2011「金色に輝く幻の甲冑─仁徳陵古墳前方部石榔出土品の絵図から─」『徹底分析・仁徳天皇陵─巨大前方後円墳の実像を探る─』堺市
阪口英毅 2012「金色に輝く幻の甲冑─仁徳陵古墳前方部石榔出土品の絵図から─」堺市文化観光局文化部文化財課編『徹底分析・仁徳陵古墳─巨大前方後円墳の実像に迫る─』堺市文化財講演会録第4集
阪口英毅編 2014『七観古墳の研究：1947年・1952年出土遺物の再検討』京都大学文学研究科
坂元義種 1978『古代東アジアの日本と朝鮮』吉川弘文館
坂元義種 1981『倭の五王』教育社
桜岡正信 2014「金井東裏遺跡の調査─古墳人の生活空間─」『平成26年度 調査遺跡発

表会 金井東裏遺跡と渋川市の古墳時代』公益財団法人 群馬県埋蔵文化財調査事業団・渋川市

佐々木憲一 2004「古代国家論の現状」『歴史評論』655

佐々木健太郎 2008「日・中・韓、鏡文化の交流」『継体天皇 二つの陵墓、四つの王宮』新泉社

笹生 衛 2015「祭祀の意味と管掌者—五世紀の祭祀遺跡と『古語拾遺』「秦氏・大蔵」伝承—」広瀬和雄編『中期古墳とその時代』雄山閣

佐藤長門 2002「倭王権の転成」『日本の時代史２ 倭国と東アジア』吉川弘文館

佐藤長門 2004「有銘刀剣の下賜」『文字と古代日本１ 支配と文字』吉川弘文館

澤田秀実 1993「三角縁神獣鏡の製作動向」『法政考古学』19

澤田秀美 2012「国家形成過程における前方後円墳秩序の役割：考古学的成果から国家形成を考える」『メトロポリタン史学』8

潮見 浩 1991「漢代鉄鏡覚書」『児島隆人先生喜寿記念 古文化論叢』児島隆人先生喜寿記念事業会

時雨 彰 1989・1990「画文帯神獣鏡の研究（前編・後編）」『牟邪志』2・3

重住真貴子・水野敏典・森下章司 2010「沖ノ島出土鏡の再検討」『考古資料における三次元デジタルアーカイブの活用と展開』奈良県立橿原考古学研究所

重藤輝行 1998「古墳時代中期における北部九州の首長と社会」『中期古墳の展開と変革』埋蔵文化財研究会

重藤輝行 1999「北部九州における横穴式石室の展開」『九州における横穴式石室の導入と展開』九州前方後円墳研究会

重藤輝行 2007「福岡県内の古墳時代の首長墓系列」『西健一郎先生退官記念論集』西健一郎先生退官記念事業実行委員会

重藤輝行 2008a「玄界灘沿岸地域の後期古墳」『後期古墳の再検討』九州前方後円墳研究会

重藤輝行 2008b「欧米考古学における社会理論と北部九州の古墳時代研究」『九州と東アジアの考古学—九州大学考古学研究室50周年記念論文集—』下巻

重藤輝行 2011「宗像地域における古墳時代首長の対外交渉と沖ノ島祭祀」『「宗像・沖ノ島と関連遺産群」研究報告』Ⅰ

重藤輝行 2015a「山の神古墳横穴式石室の時期と系譜」『山の神古墳の研究—「雄略朝」期前後における地域社会と人制に関する考古学的研究：北部九州を中心に—』九州大学大学院人文科学研究院考古学研究室

重藤輝行 2015b「九州」広瀬和雄編『中期古墳とその時代』雄山閣

重藤輝行 2016「古墳の埋葬施設の階層性と地域間関係」『考古学は科学か—田中良之先生追悼論文集—』中国書店

重藤輝行 2017「朝倉系初期須恵器の編年的位置づけ」『朝倉窯跡群 福岡県朝倉郡筑前町下高場・山隈・三並所在の初期須恵器窯跡調査報告』筑前町文化財調査報告書第

22集
篠川　賢 2015「ワカタケル大王と地方豪族」加藤謙吉編『日本古代の王権と地方』大和書房
篠川　賢 2016『継体天皇』吉川弘文館
篠川賢・大川原竜一・鈴木正信編著 2013『国造制の研究―資料編・論考編―』八木書店
篠原祐一 2011「五世紀における石製祭具と沖ノ島の石材」『宗像・沖ノ島と関連遺産群調査研究報告Ⅰ』「宗像・沖ノ島と関連遺産群」世界遺産推進会議
柴田常惠・保坂三郎 1943『日吉矢上古墳』三田史学会
嶋田光一 1991「福岡県櫨山古墳の再検討」『古文化談叢』児島隆人先生喜寿記念事業会
嶋田光一 1999「箆書須恵器の諸問題―『日』の字を箆書した須恵器の再検討を中心として―」『先史学・考古学論究』Ⅲ、竜田考古会
嶋田光一 2014「福岡県目尾の阿蘇石製家形石棺に関する一試考」『先史学・考古学論究』Ⅵ、竜田考古会
嶋田光一 2015「遠賀川上流域における古墳時代遺跡の変遷と近年の成果」『山の神古墳の研究―「雄略朝」期前後における地域社会と人制に関する考古学的研究：北部九州を中心に―』九州大学大学院人文科学研究院考古学研究室
島津義昭 1983「画文帯環状乳神獣鏡 迎平6号墳」『肥後考古』3
清水克明・清水康二・笠野毅・菅谷文則 2002「伝世鏡の再検討Ⅰ―鶴尾神社4号墳出土方格規矩四神鏡について―」『古代学研究』156
清水康二 1993「倭の五王の鏡」『季刊考古学』43
清水康二 1994「倣製内行花文鏡類の編年」『橿原考古学研究所論集』11
清水康二 1995「藤ノ木古墳副葬鏡の問題」『斑鳩藤ノ木古墳 第二・三次調査報告書』奈良県立橿原考古学研究所
清水康二 2000「『平原弥生古墳』出土大型内行花文鏡の再評価」『大塚初重先生頌寿記念考古学論集』東京堂出版
清水康二 2013「古墳時代中後期に見られる同型鏡群製作の一様相―大韓民国国立中央博物館所蔵の画文帯環状乳神獣鏡の観察から―」『FUSUS』6
清水康二 2015a「「舶載」三角縁神獣鏡と「仿製」三角縁神獣鏡との境界」『奈良県立橿原考古学研究所紀要 考古学論攷』38
清水康二 2015b「初期三角縁神獣鏡成立過程における鏡范再利用」『古代文化』67-1
下垣仁志 2003a「古墳時代前期倭製鏡の編年」『古文化談叢』49
下垣仁志 2003b「古墳時代前期倭製鏡の流通」『古文化談叢』50（上）
下垣仁志 2005a「倭王権と文物・祭式の流通」前川和也・岡村秀典編『国家形成の比較研究』学生社
下垣仁志 2005b「連作鏡考」『泉屋博古館紀要』21
下垣仁志 2010a『三角縁神獣鏡研究事典』吉川弘文館

下垣仁志 2010b「威信財論批判序説」『立命館大学考古学論集』V
下垣仁志 2011a『倭製鏡一覧』立命館大学考古学論集刊行会
下垣仁志 2011b『古墳時代の王権構造』吉川弘文館
下垣仁志 2012a「古墳時代首長墓系譜論の系譜」『考古学研究』59-2
下垣仁志 2012b「考古学からみた国家形成論」『日本史研究』600
下垣仁志 2013a「鏡の保有と「首長墓系譜」」『立命館大学考古学論集Ⅵ』立命館大学考古学論集刊行会
下垣仁志 2013b「青銅器から見た古墳時代成立過程」『新資料で問う古墳時代成立過程とその意義』考古学研究会関西例会
下垣仁志 2016a『古墳時代銅鏡の研究』立命館大学文学部
下垣仁志 2016b『列島出土鏡集成』立命館大学文学部
下條信行 1991「北部九州弥生中期の国家間構造と立岩遺跡」『児島隆人先生喜寿記念論集古文化論叢』児嶋隆人先生喜寿記念事業会
下原幸裕 2006『西日本の終末期古墳』北九州中国書店
徐賢珠 2008「栄山江流域における古墳文化の変遷と百済」辻秀人編『百済と倭国』高志書院
徐苹芳 1984「三国両晋南北朝的銅鏡」『考古』1984-5
城倉正祥 2011「武蔵国造争乱―研究の現状と課題―」『史観』165
白井克也 2003「馬具と短甲による日韓交差編年―日韓古墳編年の並行関係と暦年代―」『土曜考古』27
白井克也 2011「東アジア実年代論の現状」『古墳時代の考古学1 古墳時代史の枠組み』同成社
白井久美子 2013「上総地域の古墳からみた祇園大塚山古墳」『祇園大塚山古墳と5世紀という時代』六一書房
白石太一郎 1988「伊那谷の横穴式石室(一)(二)」『信濃』40-7・8
白石太一郎 1995「古墳からみた「継体朝」の成立」『継体王朝の謎』河出書房新社
白石太一郎 1997「有名刀剣の考古学的検討」『新しい史料学を求めて』吉川弘文館
白石太一郎 1999「終末期横穴式石室の型式編年と暦年代」『考古学雑誌』85-1
白石太一郎 2002「船山古墳の主は誰か」『東アジアと江田船山古墳』雄山閣
白石太一郎監修 玉名歴史研究会編 2002『東アジアと江田船山古墳』雄山閣
白石太一郎 2004「もう一つの倭・韓ルート」『国立歴史民俗博物館研究報告』110
白石太一郎編 2005『古代を考える 終末期古墳と古代国家』吉川弘文館
白石太一郎 2011「ヤマト王権と沖ノ島祭祀」『「宗像・沖ノ島と関連遺産群」研究報告』Ⅰ
白石太一郎・杉山晋作・設楽博己編 1994「弥生・古墳時代 遺跡出土鏡データ集成」『国立歴史民俗博物館研究報告』56
白石太一郎・設楽博己編 1997「弥生・古墳時代遺跡出土鏡データ集成 補遺1」『国立

歴史民俗博物館研究報告』97
秦　憲二　1994「鈕孔製作技法から見た三角縁神獣鏡」『先史学・考古学論究』龍田考古会
菅波正人　1996「那津の口の大型建物群について―福岡市比恵、那珂遺跡群の6世紀～7世紀の様相―」『博多研究会誌』4
菅波正人　2012「博多湾岸のミヤケ関連遺跡」『一般社団法人日本考古学協会2012年度福岡大会研究発表資料集』日本考古学協会2012年度福岡大会実行委員会
杉井　健　2001「朝鮮半島系渡来文化の動向と古墳の比較研究試論―九州本島北部地域を題材として―」『考古学研究』47-4
杉井　健　2014「前方後円墳体制論の再検討」『古墳時代の考古学9 21世紀の古墳時代像』同成社
杉井健編　2014『長目塚古墳の研究：有明海・八代海沿岸地域における古墳時代首長墓の展開と在地墓制の相関関係の研究』熊本大学文学部
杉山　洋　2003『唐式鏡の研究―飛鳥・奈良時代金属器生産の諸問題―』鶴山堂
鈴木一有　2012a「第4章マロ塚古墳出土遺物の歴史的位置 第4節 マロ塚古墳出土遺物の編年的位置」『国立歴史民俗博物館研究報告』173
鈴木一有　2012b「生産と流通 武器・武具」土生田純之・亀田修一編『古墳時代研究の現状と課題（下）』同成社
鈴木一有　2014「七観古墳出土遺物からみた鋲留技法導入期の実相」『七観古墳の研究：1947年・1952年出土遺物の再検討』京都大学文学研究科
鈴木一有　2017「志段味大塚古墳と5世紀後半の倭王権」『埋蔵文化財調査報告書77 志段味古墳群Ⅲ―志段味大塚古墳の副葬品―』名古屋市教育委員会
鈴木　勉　2016『三角縁神獣鏡・同笵（型）鏡論の向こうに』雄山閣
鈴木靖民　1984「東アジア諸民族の国家形成と大和王権」『講座日本歴史1 原始・古代1』東京大学出版会
鈴木靖民　1985「倭の五王の外交と内政―府官制的秩序の形成―」『日本古代の政治と制度』続群書類従完成会
鈴木靖民　1996「日本古代の首長制社会と対外関係」『歴史評論』551
鈴木靖民　2002「倭国と東アジア」鈴木編『日本の時代史2 倭国と東アジア』吉川弘文館
鈴木靖民　2012『倭国史の展開と東アジア』岩波書店
須藤智恵美　2014「初期国家論研究の成果と現在」『考古学研究』60-4
清喜裕二　1998「福井県西塚古墳出土調査報告」『書陵部紀要』49
清喜裕二　2012「福井県西塚古墳出土遺物の来歴調査について」『書陵部紀要』63
清家　章　2010『古墳時代の埋葬原理と親族構造』大阪大学出版会
浙江省博物館編　2012『古鏡今照』文物出版社
十河良和　2014「百舌鳥御廟山古墳の被葬者像」『関西大学博物館紀要』20

第三次沖ノ島学術調査隊 1979『宗像沖ノ島』宗像大社復興期盛会
高井佳弘 2014「白井・吹屋遺跡群の調査」『平成26年度 調査遺跡発表会 金井東裏遺跡と渋川市の古墳時代』公益財団法人 群馬県埋蔵文化財調査事業団・渋川市
高久健二 2004「韓国の倭系遺物―加耶地域出土の倭系遺物を中心に―」『国立歴史民俗博物館研究報告』110
高倉洋彰 2013「資料の不在と考古学」『西南学院大学 国際文化論集』28-1
高田貫太 1998「古墳副葬鉄鉾の性格」『考古学研究』45-1
高田貫太 2012「朝鮮半島における「倭系古墳」築造の歴史的背景について」『沖ノ島祭祀と九州諸勢力の対外交渉』第15回九州前方後円墳研究会 北九州大会発表要旨・資料集
高田貫太 2013「祇園大塚山古墳出土の垂飾付耳飾―5、6世紀における東日本地域と朝鮮半島の交渉―」『祇園大塚山古墳と5世紀という時代』六一書房
高田貫太 2014『古墳時代の日朝関係―新羅・百済・大加耶と倭の交渉史―』吉川弘文館
高田貫太 2017『海の向こうから見た倭国』講談社現代新書
高槻市立今城塚古代歴史館編 2016『継体大王と筑紫君磐井』高槻市立今城塚古代歴史館
高橋克壽 2007「日本出土金銅製透彫冠・履の系譜」『庭園雑集』9
高橋克壽 2015「人物埴輪の創出と古墳祭祀」『前方後円墳と東西出雲の成立に関する研究』島根県古代文化センター研究論集、第14集
高橋健自 1911『鏡と剣と玉』冨山房
高橋健自 1914a「在銘最古日本鏡」『考古学雑誌』5-2
高橋健自 1914b「六朝以前の年号銘ある古鏡に就きて」『考古学雑誌』5-4
高橋浩二 2011「北陸」広瀬和雄・和田晴吾編『講座 日本の考古学7 古墳時代（上）』青木書店
高橋照彦・中久保辰夫編 2014『野中古墳と「倭の五王」の時代』大阪大学出版会
高橋美久二 1987「京都市左京区幡枝古墳とその出土品」『京都考古』44
高松雅文 2007「継体大王期の政治的連帯に関する考古学的研究」『ヒストリア』205
高松雅文 2011「三重県の鏡（1）―同型鏡群―」『研究紀要』20、三重県埋蔵文化財センター
高宮いづみ 2006『古代エジプト 文明社会の形成』京都大学学術出版会
滝口宏監修・市原市教育委員会・（財）市原市文化財センター編 1988『「王賜」銘鉄剣概報 千葉県市原市稲荷台1号墳出土』吉川弘文館
滝沢　誠 1991「鋲留短甲の編年」『考古学雑誌』76-3
滝沢　誠 2015『古墳時代の軍事組織と政治構造』同成社
武末純一 2017「朝倉古窯跡群の歴史的位置」『朝倉窯跡群 福岡県朝倉郡筑前町下高場・山隈・三並所在の初期須恵器窯跡調査報告』筑前町文化財調査報告書第22集

武田佐知子 2003「王権と衣服」『ワカタケル大王とその時代』山川出版社
武田幸男 1975「平西将軍・倭隋の解釈―五世紀の倭国政権にふれて―」『朝鮮学報』77
武田幸男 1980「六世紀における朝鮮三国の国家体制」『東アジアにおける日本古代史講座第4巻 朝鮮三国と倭国』学生社
立木 修 1994「後漢の鏡と3世紀の鏡」『日本と世界の考古学』雄山閣
舘野和己 1978「屯倉制の成立―その本質と時期―」『日本史研究』190
舘野和己 1999「ミヤケと国造」『古代を考える 継体・欽明朝と仏教伝来』吉川弘文館
舘野和己 2004「ヤマト王権の列島支配」『日本史講座1』東京大学出版会
舘野和己 2012「ミヤケ制研究の現在」『一般社団法人日本考古学協会2012年度福岡大会研究発表資料集』日本考古学協会2012年度福岡大会実行委員会
田中晋作 1993「百舌鳥・古市古墳群成立の要件―キャスティングボートを握った古墳被葬者たち―」『関西大学考古学研究室開設四拾周年記念考古学論集』関西大学
田中晋作 2001『百舌鳥・古市古墳群の研究』学生社
田中晋作 2009『筒形銅器と政権交替』学生社
田中晋作 2016『古市古墳群の解明へ 盾塚・鞍塚・珠金塚古墳』新泉社
田中俊明 1992『大加耶連盟の興亡と「任那」』吉川弘文館
田中俊明 2002「韓国の前方後円形古墳の被葬者・造墓集団に対する私見」朝鮮学会編『前方後円墳と古代日朝関係』同成社
田中俊明編 2008『朝鮮の歴史』昭和堂
田中俊明 2009『古代の日本と加耶』山川出版社
田中俊明 2013「朝鮮三国の国家形成と倭」『岩波講座日本歴史第1巻 原始・古代1』岩波書店
田中史生 2002「渡来人と王権・地域」『日本の時代史2 倭国と東アジア』吉川弘文館
田中史生 2005『倭国と渡来人』吉川弘文館
田中史生 2008「六世紀の倭・百済関係と渡来人」辻秀人編『百済と倭国』高志書院
田中史生 2013「倭の五王と列島支配」『岩波講座日本歴史1 原始・古代1』岩波書店
田中史生 2014「ミヤケの経営と渡来人」『6世紀の九州島 ミヤケと渡来人 記録集』嘉麻市教育委員会
田中史生 2015a「倭の五王の対外関係と支配体制」『前方後円墳と東西出雲の成立に関する研究』島根県古代文化センター研究論集、第14集
田中史生 2015b「倭王権の渡来人政策」広瀬和雄編『中期古墳とその時代』雄山閣
田中 琢 1977「鏡―権力とまつり」『日本原始美術大系4 鐸剣鏡』講談社
田中 琢 1979『日本原始美術8 古鏡』講談社
田中 琢 1981『日本の美術178 古鏡』至文堂
田中 琢 1983「方格規矩四神鏡系倭鏡分類試論」『文化財論叢』同朋舎出版
田中 琢 1985「日本列島出土の銅鏡」『三角縁神獣鏡の謎―日中合同古代史シンポジウム―』角川書店

田中由理 2004「f字形鏡板付轡の規格性とその背景」『考古学研究』51-2
田中由理 2005「剣菱形杏葉と6世紀前葉の馬具生産」『待兼山考古学論集―都出比呂志先生退任記念―』
田中良之 1991「上ノ原横穴墓群被葬者の親族関係」『上ノ原遺跡群Ⅱ』大分県教育委員会
田中良之 1995『古墳時代親族構造の研究』柏書房
田中良之 2002「三国の親族関係(予察)」『韓半島考古学論叢』すずさわ書店
田中良之 2006「国家形成下の倭人たち―アイデンティティの変容―」田中良之・川本芳昭編『東アジア古代国家論―プロセス・モデル・アイデンティティ―』すいれん舎
田中良之 2008『骨が語る古代の家族―親族と社会―』吉川弘文館
田中良之 2013「金井東裏遺跡出土火砕流被災人骨について」『平成25年度 調査遺跡発表会 古墳時代の火山災害と金井東裏遺跡』公益財団法人 群馬県埋蔵文化財調査事業団
田中良之 2015「古人骨からよみがえる、甲を着た古墳人の姿」『よみがえれ古墳人―金井東裏遺跡から発信された、1,500年前のメッセージ―』よみがえれ古墳人 東国文化発信委員会
田中良之 2017『骨からみた古代日本の親族・儀礼・社会』すいれん舎
田中良之・川本芳昭編 2006『東アジア古代国家論―プロセス・モデル・アイデンティティ―』すいれん舎
田中良之・米元史織・舟橋京子・高椋浩史・岩橋由季・福永将大・藤井恵美・小山内康人・足立達朗・中野伸彦 2017「金井東裏遺跡出土人骨」『金井東裏遺跡 甲着装人骨等詳細調査報告書』群馬県教育委員会
谷澤亜里 2014「丸隈山古墳の玉類」『市史研究ふくおか』第9号
谷澤亜里 2015「山の神古墳出土玉類の位置づけ」『山の神古墳の研究―「雄略朝」期前後における地域社会と人制に関する考古学的研究：北部九州を中心に―』九州大学大学院人文科学研究院考古学研究室
玉城一枝 2007「古代東アジアにおける熨斗の受容と伝播についての一試考」茂木雅博編『日中交流の考古学』同成社
田村圓澄・小田富士雄・山尾幸久 1998『古代最大の内乱 磐井の乱』大和書房
崔榮柱 2013「韓半島の栄山江流域における古墳展開と前方後円形古墳の出現過程」『立命館文学』632
千賀 久 2003「馬具―飾り馬具の変遷と系譜―」『考古資料大観7 弥生・古墳時代 鉄・金属製品』小学館
「中国古鏡の研究」班 2011a「後漢鏡銘集釈」『東方學報』86
「中国古鏡の研究」班 2011b「三国西晋鏡銘集釈」『東方學報』86
「中国古鏡の研究」班 2012「漢三国西晋紀年鏡銘集釈」『東方學報』87

張学峰 2006「四～五世紀における東アジア世界の形成と東晋南朝」田中良之・川本芳昭編『東アジア古代国家論―プロセス・モデル・アイデンティティ―』すいれん舎

朝鮮学会編 2002『前方後円墳と古代日朝関係』同成社

塚本敏夫 1997「長持山古墳出土挂甲の研究」『王者の武装』京都大学総合博物館

辻　秀人 2008「倭国周縁域と大和王権」辻秀人編『百済と倭国』高志書院

辻秀人編 2008『百済と倭国』高志書院

辻田淳一郎 2001「古墳時代開始期における中国鏡の流通形態とその画期」『古文化談叢』46

辻田淳一郎 2005a「破鏡の伝世と副葬―穿孔事例の観察から―」『史淵』第142輯

辻田淳一郎 2005b「月岡古墳出土鏡群の検討」『若宮古墳群Ⅲ』吉井町教育委員会

辻田淳一郎 2005c「弥生時代～古墳時代の銅鏡―山口県内出土鏡を中心として―」『鏡の中の宇宙』山口県立萩美術館・浦上記念館

辻田淳一郎 2006「威信財システムの成立・変容とアイデンティティ」田中良之・川本芳昭編『東アジア古代国家論―プロセス・モデル・アイデンティティ―』すいれん舎

辻田淳一郎 2007a「古墳時代前期における鏡の副葬と伝世の論理―北部九州地域を対象として―」『史淵』第144輯

辻田淳一郎 2007b　『鏡と初期ヤマト政権』すいれん舎

辻田淳一郎 2008「三角縁盤龍鏡の系譜」『九州と東アジアの考古学―九州大学考古学研究室50周年記念論文集―』上巻、九州大学考古学研究室50周年記念論文集刊行会

辻田淳一郎 2009a「九州出土の腕輪形石製品」岩永省三・田尻義了編『奴国の南―九大筑紫地区の埋蔵文化財―』九州大学総合研究博物館

辻田淳一郎 2009b「久里双水古墳出土盤龍鏡の諸問題」『久里双水古墳』唐津市文化財調査報告書第95集

辻田淳一郎 2009c「北部九州における竪穴式石槨の出現」『史淵』第146輯

辻田淳一郎 2010「北部九州の前期古墳における竪穴式石槨と葬送儀礼」『史淵』第147輯

辻田淳一郎 2011a「鏡」『津屋崎古墳群Ⅱ』福津市文化財調査報告書第4集

辻田淳一郎 2011b「初期横穴式石室における連接石棺とその意義」『史淵』第148輯

辻田淳一郎 2011c「博多湾沿岸地域の古墳時代後期社会―小戸1号墳の調査成果から―」『新修 福岡市史資料編 考古3』福岡市

辻田淳一郎 2011d「九州における竪穴系埋葬施設の展開」『九州島における古墳埋葬施設の多様性―地域性と階層性はどう理解できるか―』第14回九州前方後円墳研究会 宮崎大会発表要旨・資料集

辻田淳一郎 2012a「九州出土の中国鏡と対外交渉―同型鏡群を中心に―」『沖ノ島祭祀と九州諸勢力の対外交渉』第15回九州前方後円墳研究会 北九州大会発表要旨・資料集

辻田淳一郎 2012b「古墳文化の多元性と一元性」一瀬和夫・福永伸哉・北條芳隆編『古墳時代の考古学 7 内外の交流と時代の潮流』同成社

辻田淳一郎 2012c「生産と流通 鏡」土生田純之・亀田修一編『古墳時代研究の現状と課題（下）』同成社

辻田淳一郎 2012d「倭製鏡と中国鏡─モデルとその選択─」『考古学ジャーナル』635

辻田淳一郎 2012e「雄略朝から磐井の乱に至る諸変動」『一般社団法人日本考古学協会2012年度福岡大会研究発表資料集』日本考古学協会 2012 年度福岡大会実行委員会

辻田淳一郎 2013a「古墳時代中期における同型鏡群の系譜と製作技術」『史淵』第 150 輯

辻田淳一郎 2013b「古墳時代の集落と那津官家」『新修 福岡市史 特別編 自然と遺跡からみた福岡の歴史』福岡市

辻田淳一郎 2014a「建武五年銘画文帯神獣鏡の文様と製作技術」高倉洋彰編『東アジア古文化論攷 1』中国書店

辻田淳一郎 2014b「鏡からみた古墳時代の地域間関係とその変遷─九州出土資料を中心として─」『古墳時代の地域間交流 2』九州前方後円墳研究会

辻田淳一郎 2014c「古墳時代首長の支配領域とは何か」『考古学研究 60 の論点』考古学研究会

辻田淳一郎 2014d「世界の中の古墳時代研究─比較考古学の観点から─」『考古学研究』61-3

辻田淳一郎 2015a「鏡」『山の神古墳の研究─「雄略朝」期前後における地域社会と人制に関する考古学的研究：北部九州を中心に─』九州大学大学院人文科学研究院考古学研究室

辻田淳一郎 2015b「古墳時代中・後期における同型鏡群の授受とその意義」『山の神古墳の研究─「雄略朝」期前後における地域社会と人制に関する考古学的研究：北部九州を中心に─』九州大学大学院人文科学研究院考古学研究室

辻田淳一郎 2015c「同型鏡群の鈕孔製作技術─画文帯環状乳神獣鏡 A を中心に─」『史淵』第 152 輯

辻田淳一郎 2015d「西都原古墳群出土の鏡」『西都原古墳群：総括報告書─平成 24-26 年度西都原古墳群基礎調査報告─』宮崎県教育委員会

辻田淳一郎編 2015『山の神古墳の研究─「雄略朝」期前後における地域社会と人制に関する考古学的研究：北部九州を中心に─』九州大学大学院人文科学研究院考古学研究室

辻田淳一郎 2016a「才園古墳出土鍍金求心式神獣鏡の文様と製作技術」『黄金文化への憧れ 国指定重要文化財 才園古墳出土品』熊本博物館

辻田淳一郎 2016b「同型鏡群と倭製鏡─古墳時代中期後半における大型倭製鏡の製作とその意義─」『考古学は科学か─田中良之先生追悼論文集─』中国書店

辻田淳一郎 2016c「古墳時代開始期における銅鏡研究の動向─10 年間の回顧と展望─」

『九州考古学』91
辻田淳一郎 2017「同型鏡群における文様・外区の改変事例とその製作技術」『史淵』第154輯
辻田淳一郎・片多雅樹 2016「長崎県壱岐市・掛木古墳出土の鏡について」『長崎県埋蔵文化財センター研究紀要』第6号
辻田淳一郎・東憲章 2009「伝持田古墳群出土の鼉龍鏡について」『西都原考古博物館研究紀要』5
土田純子 2016「考古資料からみた漢城期百済の領域拡大過程研究」『古文化談叢』76
土屋隆史 2011「古墳時代における胡籙金具の変遷とその特質」『古文化談叢』66
土屋隆史 2012「日朝における胡籙金具の展開」『考古学研究』59-1
土屋隆史 2013「金銅製飾履の製作技法とその展開」『古代文化』64-4
土屋隆史 2015「古墳時代における広帯二山式冠の出現とその意義」『日本考古学』40
都出比呂志 1970「農業共同体と首長権」『講座日本史1 古代国家』東京大学出版会
都出比呂志 1988「古墳時代首長系譜の継続と断絶」『待兼山論叢』27、史学篇
都出比呂志 1989『日本農耕社会の成立過程』岩波書店
都出比呂志 1991「日本古代の国家形成論序説―前方後円墳体制の提唱―」『日本史研究』343
都出比呂志 1995「継体朝という時代」『継体王朝の謎』河出書房新社
都出比呂志 1996「国家形成の諸段階」『歴史評論』551
都出比呂志 2000『王陵の考古学』岩波書店
都出比呂志 2005『前方後円墳と社会』塙書房
都出比呂志 2011『古代国家はいつ成立したか』岩波書店
寺井 誠 2016『日本列島における出現期の甑の故地に関する基礎的研究』公益財団法人大阪市博物館協会・大阪歴史博物館
寺沢 薫 2000『日本の歴史02 王権誕生』講談社
東野治之 2004『日本古代金石文の研究』岩波書店
東野治之 2007『遣唐使』岩波新書
徳江秀夫 2014「渋川の古墳時代遺跡群の概要」『平成26年度 調査遺跡発表会 金井東裏遺跡と渋川市の古墳時代』公益財団法人 群馬県埋蔵文化財調査事業団・渋川市
徳田誠志 2005「新山古墳(大塚陵墓参考地)出土鏡群の検討」『三次元デジタル・アーカイブを活用した古鏡の総合的研究』奈良県立橿原考古学研究所
徳田誠志 2008「米国ボストン美術館所蔵 伝仁徳陵古墳出土品について」『王権と武器と信仰』同成社
徳本正彦 1975「原始社会史の段階区分と前国家段階」『法政研究』42-2/3
富岡謙蔵 1920『古鏡の研究』丸善
豊島直博 2010『鉄製武器の流通と初期国家形成』塙書房
直木孝次郎 1958「人制の研究」『日本古代国家の構造』青木書店

中井　歩　2011「紫金山古墳出土勾玉文鏡のモデルと生成過程」『平成 23 年度九州考古学会総会研究発表資料集』
中井正幸・鈴木一有　2011「東海」広瀬和雄・和田晴吾編『講座 日本の考古学 7 古墳時代（上）』青木書店
中井正幸　2015「東海・中部・北陸」広瀬和雄編『中期古墳とその時代』雄山閣
中久保辰夫　2014「古墳時代原初的官僚層形成に関するノート」『待兼山論叢』史学篇 48
中久保辰夫　2017『日本古代国家の形成過程と対外交流』大阪大学出版会
中田興吉　2014『倭政権の構造【支配構造篇上巻】』岩田書院
中野　徹　1994「中国青銅鏡に観る製作の痕跡―製作と形式―」『和泉市久保惣記念美術館久保惣記念文化財団東洋美術研究所紀要』6
中村友昭　2014「琉球列島産貝製品からみた地域間交流」『古墳時代の地域間交流 2』九州前方後円墳研究会
中村友一　2013「人・部制の成立と展開：氏姓制と名称との視点から」『駿台史学』148
中山平次郎　1919a「□始元年鏡と建武五年鏡」『考古学雑誌』10-2
中山平次郎　1919b「再び□始元年鏡と建武五年鏡とに就て」『考古学雑誌』10-3
名本二六雄　2013「愛媛県の漢式鏡（1）」『遺跡』47
名本二六雄　2014「愛媛県の漢式鏡（2）」『遺跡』48
奈良県立橿原考古学研究所編　2005『三次元デジタル・アーカイブを活用した古鏡の総合的研究』奈良県立橿原考古学研究所（三次元 2005）
奈良県立橿原考古学研究所編　2006『3 次元デジタルアーカイブ古鏡総覧』学生社
奈良国立博物館　2016『五條猫塚古墳の研究』奈良国立博物館
奈良文化財研究所飛鳥資料館　2002『東アジア金属工芸氏の研究 1 神門神社蔵鏡図録』飛鳥資料館研究図録第 1 冊
新納　泉　1982「単竜・単鳳環頭大刀の編年」『史林』65
新納　泉　1983「装飾付大刀と古墳時代後期の兵制」『考古学研究』30-3
新納　泉　1991「権現山鏡群の型式学的位置」『権現山 51 号墳』権現山 51 号墳刊行会
新納　泉　2002「古墳時代の社会統合」『日本の時代史 2 倭国と東アジア』吉川弘文館
新納　泉　2006「雄略朝期以後の諸変動と吉備地域」『シンポジウム記録 5 畿内弥生社会像の再検討・「雄略朝」期と吉備地域・古代山陽道を巡る諸問題』考古学研究会
新納　泉　2014「6 世紀前半の環境変動を考える」『考古学研究』60-4
新納　泉　2015『鉄器時代と中世前期のアイルランド』岡山大学文学部
西岡巧次　2005「鈴鏡の諸問題」『龍谷大学考古学論集』龍谷大学考古学論集刊行会
西川修一　2016「相模湾沿岸部における古墳時代の臨海性墓制について」『長谷小路周辺遺跡発掘調査報告書』株式会社斉藤建設埋蔵文化財調査部
西川寿勝　2000『三角縁神獣鏡と卑弥呼の鏡』学生社
西川寿勝　2008a「継体天皇、四つの王宮の謎」『継体天皇 二つの陵墓、四つの王宮』新

泉社
西川寿勝 2008b「鈴鏡と巫女」『継体天皇 二つの陵墓、四つの王宮』新泉社
西川寿勝・田中晋作 2010『倭王の軍団―巨大古墳時代の軍事と外交―』新泉社
西嶋定生 1985『日本歴史の国際環境』東京大学出版会
西田守夫 1986『三角縁神獣鏡の製作地の研究』文部省科学研究費補助金研究成果報告書、東京国立博物館
西田守夫 1987「姫路市奥山大塚古墳出土の呉代の仏像夔鳳鏡とその「同笵鏡」をめぐって」『考古学雑誌』73-1
西田守夫 1993「三角縁対置式系神獣鏡の図紋」『国立歴史民俗博物館研究報告』55
西谷 正 2002「韓国の前方後円墳をめぐる諸問題」朝鮮学会編『前方後円墳と古代日朝関係』同成社
西村俊範 1993「中国鏡の新資料―村上英二氏コレクションより―」『日本美術工芸』659
西村俊範 1997「隋・唐代の鏡」『世界美術大全集』東洋編第4巻 隋唐、小学館
仁藤敦史 2009「継体天皇」鎌田元一編『古代の人物① 日出づる国の誕生』清文堂出版
仁藤敦史 2012『古代王権と支配構造』吉川弘文館
仁藤敦史 2015「「治天下大王」の支配観」広瀬和雄編『中期古墳とその時代』雄山閣
丹羽崇史 2008「中国における失蠟法の出現をめぐる学史的検討―東アジアにおける失蠟法の出現と展開に関する研究序説（1）―」『FUSUS』1
丹羽崇史 2013「中国周辺地域における出現期「失蠟法」の比較検討―東アジアにおける失蠟法の出現と展開に関する研究序説（2）―」『FUSUS』6
野島 永 2009『初期国家形成過程の鉄器文化』雄山閣
野島 永 2012「製鉄・鍛冶」土生田純之・亀田修一編『古墳時代研究の現状と課題（下）』同成社
朴淳發 2002「栄山江流域における前方後円墳の意義」朝鮮学会編『前方後円墳と古代日朝関係』同成社
朴淳發 2008「百済漢城期の地方編制過程」辻秀人編『百済と倭国』高志書院
朴天秀 2007『加耶と倭』講談社選書メチエ
朴天秀 2014「磐井の乱前後の韓日交渉」『6世紀の九州島 ミヤケと渡来人 記録集』嘉麻市教育委員会
朴天秀 2015「兵庫県市川流域における渡来文化」広瀬和雄編『中期古墳とその時代』雄山閣
朴天秀・李炫姃 2015「古代韓半島出土琉球列島産貝製品の諸問題」『海洋交流の考古学』九州考古学会・嶺南考古学会
橋本達也 2005「古墳時代中期甲冑の出現と中期開始論」『待兼山考古学論集：都出比呂志先生退任記念』大阪大学考古学研究室
橋本達也 2010「古墳時代交流の豊後水道・日向灘ルート」『弥生・古墳時代における太

平洋ルートの文物交流と地域間関係の研究』高知大学人文社会科学系（人文学部）
橋本達也 2012「第4章 マロ塚古墳出土遺物の歴史的位置 第2節 甲冑の組み合わせ」『国立歴史民俗博物館研究報告』173
橋本達也 2013「祇園大塚山古墳の金銅装眉庇付冑と古墳時代中期の社会」『祇園大塚山古墳と5世紀という時代』六一書房
橋本達也 2015a「衝角付冑・付属具」『山の神古墳の研究―「雄略朝」期前後における地域社会と在地首長制に関する考古学的研究：北部九州を中心に―』九州大学大学院人文科学研究院考古学研究室
橋本達也 2015b「古墳時代中期の武器・武具生産」広瀬和雄編『中期古墳とその時代』雄山閣
橋本達也・鈴木一有 2014『古墳時代甲冑集成』大阪大学大学院文学研究科考古学研究室
橋本達也・中野和浩 2016「宮崎県えびの市島内139号地下式横穴墓の発掘調査概要」『日本考古学』42
八賀 晋 1984「仿製三角縁神獣鏡の研究―同笵鏡にみる笵の補修と補刻―」『学叢』6
八賀 晋 1997「伊勢湾沿岸における画文帯神獣鏡」『三重県史研究』13
初村武寛 2010「古墳時代中期における小札甲付属具の基礎的研究―付属具を構成する小札の用途と装着部位―」『洛北史学』12
花園大学考古学研究室編 2015『若狭向山1号墳』福井県若狭町
花田勝広 1999a「沖ノ島祭祀と在地首長の動向」『古代学研究』148
花田勝広 1999b「三上山下古墳出土の獣帯鏡―出土地の検討―」『滋賀考古』21
花田勝弘 2002『古代の鉄生産と渡来人―倭政権の形成と生産組織―』学生社
羽曳野市教育委員会 2002『史跡古市古墳群 峯ヶ塚古墳後円部発掘調査報告書』羽曳野市埋蔵文化財調査報告書第48集
土生田純之 1996「朝鮮半島の前方後円墳」『専修大学人文科学研究所年報』26
土生田純之 1998『黄泉国の成立』学生社
土生田純之 2004「首長墓造営地の移動と固定」『福岡大学考古学論集―小田富士雄先生退職記念―』小田富士雄先生退職記念事業会
土生田純之 2006『古墳時代の政治と社会』吉川弘文館
土生田純之編 2008『古墳時代の実像』吉川弘文館
土生田純之 2009「東日本から見た伊那谷の古墳」『飯田市歴史研究所年報』7
土生田純之 2010「始祖墓としての古墳」『古文化談叢』65（1）
土生田純之 2012「墓制から見た朝鮮三国と倭」『専修大学社会知性開発研究センター東アジア世界史研究センター年報』6
土生田純之 2013「甲着装人物が語ること」『平成25年度 調査遺跡発表会 古墳時代の火山災害と金井東裏遺跡』公益財団法人 群馬県埋蔵文化財調査事業団
土生田純之・亀田修一編 2012『古墳時代研究の現状と課題』（上）・（下）、同成社

濱田耕作・梅原末治 1923『近江国高島郡水尾村鴨の古墳』京都帝国大学文学部考古学研究報告第8冊
濱田耕策 2005「百済紀年考」『史淵』142
濱田耕策 2012『朝鮮古代史料研究』吉川弘文館
林　裕己 2006「漢鏡銘について」『古文化談叢』55
林　正憲 2002「古墳時代前期倭鏡における2つの鏡群」『考古学研究』49-2
林　正憲 2004「吾妻坂古墳出土の四獣形鏡の位置づけ」『神奈川県厚木市 吾妻坂古墳出土資料調査報告』厚木市教育委員会
林　巳奈夫 1989『漢代の神神』臨川書店
原　秀三郎 1984「日本列島の未開と文明」『講座日本歴史1 原始・古代1』東京大学出版会
原田大六 1961「十七号遺跡の遺物」『続沖ノ島』宗像神社復興期成会
春成秀爾 1984「前方後円墳論」『東アジア世界における日本古代史講座2』学生社
坂 靖 1994「出土鏡の検討」『平林古墳』當麻町埋蔵文化財調査報告第3集
坂 靖 2008『古墳時代の遺跡学—ヤマト王権の支配構造と埴輪文化』雄山閣
坂 靖 2014「遺跡からみたヤマト王権と鉄器生産」『たたら研究』53
坂 靖 2015「継体大王とヤマト—奈良盆地北部の集落と古墳—」『森浩一先生に学ぶ』
坂靖・中野咲 2016『古墳時代の渡来系集団の出自と役割に関する考古学的研究』奈良県立橿原考古学研究所
樋口隆康 1960「画文帯神獣鏡と古墳文化」『史林』43-5
樋口隆康 1972「武寧王陵出土鏡と七子鏡」『史林』55-4
樋口隆康 1979『古鏡』新潮社
樋口隆康 1981「埼玉稲荷山古墳出土鏡をめぐって」『考古学メモワール』学生社
樋口隆康 1983「六朝鏡の二、三の問題」『展望アジアの考古学』新潮社
樋口吉文 2012「明治五年仁徳陵発見石棺・石槨図及び甲冑図について」堺市文化観光局文化部文化財課編『徹底分析・仁徳陵古墳—巨大前方後円墳の実像に迫る—』堺市文化財講演会録第4集
菱田哲郎 1992「須恵器生産の拡散と工人の動向」『考古学研究』39-2、考古学研究会
菱田哲郎 2007『古代日本 国家形成の考古学』京都大学学術出版会
菱田哲郎 2012「考古学からみた王権論」土生田純之・亀田修一編『古墳時代研究の現状と課題』（下）、同成社
菱田哲郎 2013「古墳時代の社会と豪族」『岩波講座日本歴史第1巻 原始・古代1』岩波書店
菱田哲郎 2015「遺跡からみた5世紀の王権論」『前方後円墳と東西出雲の成立に関する研究』島根県古代文化センター研究論集、第14集
姫路市教育委員会 2016『国指定重要文化財 宮山古墳出土品』姫路市教育委員会
兵庫県立考古博物館編 2017『千石コレクション—鏡鑑編—』兵庫県立考古博物館

ビョン・ヒソプ 2014「南原 斗洛里および西谷里古墳群（32号墳）発掘調査成果」『加耶と百済、その遭遇の地「南原」』湖南考古学会
平石　充 2014「人制と出雲」『倭の五王と出雲の豪族』島根県立古代出雲歴史博物館
平石　充 2015「人制再考」『前方後円墳と東西出雲の成立に関する研究』島根県古代文化センター研究論集、第14集
平尾良光・鈴木浩子 1996「虺龍文鏡および福岡県北九州市近郊から出土した弥生～古墳時代の青銅製遺物の鉛同位体比」『研究紀要』3、北九州市立考古博物館
平川　南 2004「中世都市鎌倉以前：東の海上ルートの実相」『国立歴史民俗博物館研究報告』118
平野邦雄 1980「六世紀、ヤマト王権の性格」『東アジアにおける日本古代史講座第4巻 朝鮮三国と倭国』学生社
廣坂美穂 2007「古代青銅製品の産地推定についての一考察—朝鮮半島系遺物領域Dについて—」『考古学と自然科学』55
広瀬和雄 1992「畿内における前方後円墳の編年基準」近藤義郎編『前方後円墳集成』近畿編、山川出版社
広瀬和雄 2003『前方後円墳国家』角川選書
広瀬和雄 2009「古墳時代再構築のための考察—前方後円墳時代は律令国家の前史か—」『国立歴史民俗博物館研究報告』150
広瀬和雄 2010「壱岐島の後・終末期古墳の歴史的意義—6・7世紀の外交と『国境』—」『国立歴史民俗博物館研究報告』158
広瀬和雄 2015a「古墳時代中期の前方後円墳」広瀬和雄編『中期古墳とその時代』雄山閣
広瀬和雄 2015b「東国」広瀬和雄編『中期古墳とその時代』雄山閣
広瀬和雄編 2015『中期古墳とその時代』雄山閣
廣瀬憲雄 2014「倭の五王の冊封と劉宋遣使—倭王武を中心に—」鈴木靖民・金子修一編『梁職貢図と東部ユーラシア世界』勉誠出版
廣瀬時習 2015「近畿中央部における古墳時代の玉生産と出雲」『古墳時代社会と出雲の玉』日本玉文化学会
弘津史文 1928「豊前国発見王氏作画像鏡」『考古学雑誌』18-10
深谷　淳 2008「金銀装倭系大刀の変遷」『日本考古学』26
福岡市教育委員会 1996『兜塚古墳』福岡市埋蔵文化財調査報告書第474集
福岡市教育委員会 2006『夫婦塚古墳2』福岡市埋蔵文化財発掘調査報告書第908集
福岡県教育委員会 2011『井手ヶ浦窯跡群』福岡県文化財調査報告書第230集
福岡大学人文学部考古学研究室 2004『長崎県・景華園遺跡の研究／福岡県京都郡における二古墳の調査—箕田丸山古墳及び庄屋塚古墳—』福岡大学考古学研究室調査報告第3冊
福泉博物館編 2009『神の鏡 銅鏡』福泉博物館

福田匡朗 2016「国越古墳の被葬者について」『考古学は科学か―田中良之先生追悼論文集―』中国書店

福津市教育委員会 2011『津屋崎古墳群Ⅱ勝浦峯ノ畑古墳』福津市文化財調査報告書第4集

福永伸哉 1991「三角縁神獣鏡の系譜と性格」『考古学研究』38-1

福永伸哉 1992「三角縁神獣鏡製作技法の検討―鈕孔方向の分析を中心として―」『考古学雑誌』78-1

福永伸哉 1994「仿製三角縁神獣鏡の編年と製作背景」『考古学研究』41-1

福永伸哉 1996「雪野山古墳と近江の前期古墳」『雪野山古墳の研究』考察篇、雪野山古墳発掘調査団

福永伸哉 1998「対半島交渉から見た古墳時代倭政権の性格」『青丘学術論集』12

福永伸哉 2005a 『三角縁神獣鏡の研究』大阪大学出版会

福永伸哉 2005b「いわゆる継体期における威信財変化とその意義」『井ノ内稲荷塚古墳の研究』大阪大学大学院文学研究科

福永伸哉 2007「継体王権と韓半島の前方後円墳」『勝福寺古墳の研究』大阪大学文学研究科考古学研究報告第4冊

福永伸哉 2010「同笵鏡論と伝世鏡論の今日的意義について」『待兼山考古学論集Ⅱ』大阪大学考古友の会

福永伸哉 2011「考古学からみた継体政権」『三島と古代淀川水運Ⅱ―今城塚古墳の時代―』高槻市立今城塚古代歴史館

福永伸哉 2012「漢中期の鏡と表六甲の前期古墳」『菟原Ⅱ―森岡秀人さん還暦記念論集―』菟原刊行会

福永伸哉 2013a「前方後円墳成立期の吉備と畿内―銅鐸と銅鏡にみる地域関係―」『吉備と邪馬台国―霊威の継承―』大阪府立弥生文化博物館

福永伸哉 2013b「前方後円墳の成立」『岩波講座日本歴史 第1巻 原始・古代1』岩波書店

福永伸哉 2014「古墳時代と国家形成」『古墳時代の考古学9 21世紀の古墳時代像』同成社

福永伸哉・岡村秀典・岸本直文・車崎正彦・小山田宏一・森下章司 2003『シンポジウム 三角縁神獣鏡』学生社

袋井市教育委員会 1999『石ノ形古墳』袋井市教育委員会

福山敏男 1934「江田発掘及び隅田八幡神社鏡の製作年代について」『考古学雑誌』24-1

藤井康隆 2014『中国江南六朝の考古学研究』六一書房

藤田和尊 2006『古墳時代の王権と軍事』学生社

藤丸詔八郎 1993「破鏡の出現に関する一考察」『古文化談叢』30（上）

藤丸詔八郎 1994「わが国出土の虺龍文鏡の様相―館蔵鏡の紹介を兼ねて―」『研究紀要』1、北九州市立考古博物館

藤丸詔八郎 1996「鉛同位体比の測定対象となった北九州市近郊から出土した弥生〜古墳時代の青銅製遺物について」『研究紀要』3、北九州市立考古博物館
藤丸詔八郎 1997「三角縁神獣鏡の製作技術について―同笵鏡番号60鏡群の場合―」『研究紀要』4、北九州市立考古博物館
古川　匠 2013「古墳時代中・後期の金工品生産体制についての一試論」『立命館大学考古学論集Ⅵ』立命館大学考古学論集刊行会
古谷　毅 2013「金銅製甲冑出土古墳としての祇園大塚山古墳の意義」『祇園大塚山古墳と5世紀という時代』六一書房
文化財管理局編 1974『武寧王陵：発掘調査報告書』三和出版社
北條芳隆 2009「古代東山道の成立と変遷過程をさぐる研究」『狐塚1号古墳の調査―第1次調査概要報告書―』東海大学文学部歴史学科考古学第1研究室
北條芳隆 2011「国家形成論と弥生社会」『弥生時代の考古学9 弥生研究のあゆみと行方』同成社
北條芳隆 2014「稲束と水稲農耕民」『日本史の方法』第11号
北條芳隆・溝口孝司・村上恭通 2000『古墳時代像を見なおす』青木書店
保坂三郎 1986a 『古代鏡文化の研究 1. 中国古代』雄山閣
保坂三郎 1986b 『古代鏡文化の研究 2. 日本原史・奈良』雄山閣
細川修平 1998「古墳時代における琵琶湖およびその周辺地域」『紀要』11、滋賀県文化財保護協会
細川修平・今尾文昭「近畿」広瀬和雄・和田晴吾編『講座 日本の考古学7 古墳時代（上）』青木書店
細川修平 2015「畿内とその周辺地域」広瀬和雄編『中期古墳とその時代』雄山閣
穂積裕昌 2013『伊勢神宮の考古学』雄山閣
洪潽植（田中聡一訳）2009「韓半島南部地域の九州系横穴式石室」杉井健編『九州系横穴式石室の伝播と拡散』北九州中国書店
洪潽植 2010「韓半島の倭系遺物とその背景―紀元後4〜6世紀前半代を中心に―」『古文化談叢』63
前川和也・岡村秀典編 2005『国家形成の比較研究』学生社
前之園亮一 2013『「王賜」銘鉄剣と五世紀の日本』岩田書院
増田義郎・吉村作治 2002『インカとエジプト』岩波書店
松浦宇哲 2005a「三葉文楕円形杏葉の編年と分析」『待兼山考古学論集：都出比呂志先生退任記念』大阪大学考古学研究室
松浦宇哲 2005b「福岡県王塚古墳の出現にみる地域間交流の変容」『待兼山考古学論集』大阪大学考古学友の会
松浦宇哲 2007「遠賀川流域の横穴墓研究の現状と課題」『遠賀川流域の横穴墓』遠賀川流域文化財学習会資料集1
松浦宇哲 2012「「筑豊」のミヤケと渡来文化」『6世紀の九州島 ミヤケと渡来人 予稿

集』嘉麻市教育委員会
松浦宇哲 2014a「「筑豊」のミヤケと渡来文化」『6世紀の九州島 ミヤケと渡来人 記録集』嘉麻市教育委員会
松浦宇哲 2014b「古墳出土農工具からみた北部九州の地域性―福岡県内出土事例を中心に―」『古墳時代の地域間交流2』九州前方後円墳研究会
松浦宇哲 2014c「福岡県嘉麻市漆生（うるしお）の短甲出土古墳」『九前研通信』29
松浦宇哲 2015「農工具からみた山の神古墳被葬者の被葬者像」『山の神古墳の研究―「雄略朝」期前後における地域社会と人制に関する考古学的研究：北部九州を中心に―』九州大学大学院人文科学研究院考古学研究室
松尾充晶 2005a「出雲地域の装飾付大刀と後期古墳」『装飾付大刀と後期古墳』島根県古代文化センター調査研究報告書31
松尾充晶 2005b「総括：装飾付大刀と地域社会の首長権構造」『装飾付大刀と後期古墳』島根県古代文化センター調査研究報告書31
松木武彦 2006「吉備地域における古墳築造パターンの変化」『シンポジウム記録5 畿内弥生社会像の再検討・「雄略朝」期と吉備地域・古代山陽道を巡る諸問題』考古学研究会
松木武彦 2007『日本列島の戦争と初期国家形成』東京大学出版会
松木武彦 2015「前方後円墳の巨大性―日本列島の墳墓はなぜ大きいのか―」広瀬和雄編『中期古墳とその時代』雄山閣
松崎友理 2015「山の神古墳出土小札甲の構造」『山の神古墳の研究―「雄略朝」期前後における地域社会と人制に関する考古学的研究：北部九州を中心に―』九州大学大学院人文科学研究院考古学研究室
的野文香 2013「日本列島出土胡籙の変遷と系譜」『九州考古学』88
的野文香 2015「胡籙金具」『山の神古墳の研究―「雄略朝」期前後における地域社会と人制に関する考古学的研究：北部九州を中心に―』九州大学大学院人文科学研究院考古学研究室
馬淵久夫・平尾良光 1982「鉛同位体比法による漢式鏡の研究」『MUSEUM』370
馬淵久夫・平尾良光 1983「鉛同位体比法による漢式鏡の研究（二）：西日本出土の鏡を中心として」『MUSEUM』382
右島和夫 2008「古墳時代における畿内と東国―5世紀後半における古東山道ルートの成立とその背景―」『由良大和古代文化研究協会 研究紀要』13
右島和夫 2013「金井東裏遺跡の頃の上毛野地域」『平成25年度 調査遺跡発表会 古墳時代の火山災害と金井東裏遺跡』公益財団法人 群馬県埋蔵文化財調査事業団
右島和夫・池上悟 2011「関東」広瀬和雄・和田晴吾編『講座 日本の考古学7 古墳時代（上）』青木書店
水谷千秋 2009「筑紫君磐井」鎌田元一編『古代の人物① 日出づる国の誕生』清文堂出版

水野清一 1950「中国における仏教のはじまり」『佛教藝術』7
水野敏典 2009『古墳時代鉄鏃の変遷にみる儀仗的武装の基礎的研究』奈良県立橿原考古学研究所
水野敏典編 2010『考古資料における三次元デジタルアーカイブの活用と展開』奈良県立橿原考古学研究所（三次元 2010）
水野敏典 2012「三次元計測技術を応用した銅鏡研究」『考古学ジャーナル』635
水野敏典・岡林孝作・山田隆文・奥山誠義・樋口隆康 2008「三次元計測技術を応用した同型鏡の研究」『日本考古学協会第 74 回総会 研究発表要旨』
水野　祐 1954「隅田八幡神社所蔵鏡銘文の一解釈」『古代』13
水ノ江和同・重藤輝行・尾園晃・岸本圭 1997「福岡県稲築町次郎太郎古墳群の研究」『九州考古学』72
溝口優樹 2015『日本古代の地域と社会統合』吉川弘文館
南　健太郎 2010「漢代における踏み返し鏡製作について」『FUSUS』2
三宅米吉 1897「古鏡」『考古学会雑誌』1-5
宮代栄一 1999「熊本県才園古墳出土遺物の研究―鍍金鏡と 8 セットの馬具が出土した小円墳―」『人類史研究』11
「宗像・沖ノ島と関連遺産群」世界遺産推進会議 2011『「宗像・沖ノ島と関連遺産群」研究報告』Ⅰ
「宗像・沖ノ島と関連遺産群」世界遺産推進会議 2012a 『「宗像・沖ノ島と関連遺産群」研究報告』Ⅱ-1
「宗像・沖ノ島と関連遺産群」世界遺産推進会議 2012b 『「宗像・沖ノ島と関連遺産群」研究報告』Ⅱ-2
「宗像・沖ノ島と関連遺産群」世界遺産推進会議 2013『「宗像・沖ノ島と関連遺産群」研究報告』Ⅲ
宗像神社復興期成会 1958『沖ノ島』宗像神社復興期成会
宗像神社復興期成会 1961『続沖ノ島』宗像神社復興期成会
村上恭通 2007『鉄器生産と古代国家形成』青木書店
村松洋介 2004「吾妻坂古墳の四獣形鏡について」『神奈川県厚木市 吾妻坂古墳 出土資料調査報告』厚木市教育委員会
持田大輔 2006「倭装大刀の装飾化と半島系装飾大刀の導入」『古代武器研究』Vol.7
持田大輔 2010「隋代・初唐期における銅鏡の分類と編年」『早稲田大学 會津八一記念博物館研究紀要』11
桃崎祐輔 2005「七支刀の金象嵌銘技術にみる中国尚方の影響」『文化財と技術』4
桃崎祐輔 2007「阿蘇ピンク石棺出土古墳の被葬者像」『大王の棺を運ぶ実験航海―研究編―』石棺文化研究会
桃崎祐輔 2008「江田船山古墳遺物群の年代をめぐる予察」『王権と武器と信仰』同成社
桃崎祐輔 2010「九州の屯倉研究入門」『還暦、還暦？、還暦！』武末純一先生還暦記念

事業会

桃崎祐輔 2011「岡山県勝負砂古墳から出土した鋳銅鈴付馬具類の予察」『福岡大学考古学資料集成 4』福岡大学考古学研究室研究調査報告第 10 集

桃崎祐輔 2012a「九州の屯倉研究序説」『一般社団法人日本考古学協会 2012 年度福岡大会研究発表資料集』日本考古学協会 2012 年度福岡大会実行委員会

桃崎祐輔 2012b「乗馬」『古墳時代の考古学 6 時代を支えた生産と技術』同成社

桃崎祐輔 2014「ミヤケと北部九州の遺跡」『6 世紀の九州島 ミヤケと渡来人 記録集』嘉麻市教育委員会

桃崎祐輔 2015「山の神古墳出土馬具の検討」『山の神古墳の研究―「雄略朝」期前後における地域社会と人制に関する考古学的研究:北部九州を中心に―』九州大学大学院人文科学研究院考古学研究室

森 公章 2006『東アジアの動乱と倭国』吉川弘文館

森 公章 2009「欽明天皇」鎌田元一編『古代の人物① 日出づる国の誕生』清文堂出版

森 公章 2010a 『倭の五王』山川出版社

森 公章 2010b「吉備白猪・児島屯倉と屯倉制」武光誠編『古代国家と天皇』同成社

森 公章 2011「東アジア史の中の古墳時代」『古墳時代の考古学 1 古墳時代史の枠組み』同成社

森 公章 2013a「五世紀の銘文刀剣と倭王権の支配体制」『東洋大学文学部紀要』第 66 集史学科篇第 38 号

森 公章 2013b「交流史から見た沖ノ島祭祀」『「宗像・沖ノ島と関連遺産群」研究報告』Ⅲ

森 公章 2014「国造制と屯倉制」『岩波講座日本歴史第 2 巻 古代 2』岩波書店

森 浩一 1954「和泉国百舌鳥大塚山古墳調査の概要」『日本考古学協会彙報別篇 2』日本考古学協会

森 貞次郎 1983『九州の古代文化』六興出版

森 博達 2003「稲荷山鉄剣銘とアクセント」『ワカタケル大王とその時代』山川出版社

森下章司 1991「古墳時代仿製鏡の変遷とその特質」『史林』74-6

森下章司 1993a「仿製鏡の変遷」『季刊考古学』43

森下章司 1993b「火竟銘仿製鏡の年代と初期の文字資料」『京都考古』73

森下章司 1994「古墳時代の鏡」『倭人と鏡 その 2』埋蔵文化財研究会

森下章司 1998a「鏡の伝世」『史林』81-4

森下章司 1998b「古墳時代前期の年代試論」『古代』105

森下章司 1998c「古墳出土鏡の諸問題」『古鏡の世界』財団法人辰馬考古資料館平成 10 年度秋季展図録

森下章司 2001「多田大塚 4 号墳出土の鏡」『静岡県の前方後円墳:静岡県内前方後円墳発掘調査等事業報告書』静岡県教育委員会

森下章司 2002「古墳時代倭鏡」『考古資料大観 5 弥生・古墳時代 鏡』小学館

森下章司 2003「山東・遼東・楽浪・倭をめぐる古代銅鏡の流通」『東アジアと「半島空間」―山東半島と遼東半島―』思文閣出版
森下章司 2004a「古鏡の拓本資料」『古文化談叢』51
森下章司 2004b「鏡・支配・文字」『文字と古代日本 1 支配と文字』吉川弘文館
森下章司 2005a「前期古墳副葬品の組合せ」『考古学雑誌』89-1
森下章司 2005b「器物の生産・授受・保有形態と王権」前川和也・岡村秀典編『国家形成の比較研究』学生社
森下章司 2007「銅鏡生産の変容と交流」『考古学研究』54-2
森下章司 2010「広帯二山式冠・半筒形金具の原型」『大手前大学史学研究所紀要』8
森下章司 2011a「伝仁徳陵古墳出土鏡と東アジア」『徹底分析・仁徳天皇陵―巨大前方後円墳の実像を探る―』堺市
森下章司 2011b「漢末・三国西晋鏡の展開」『東方學報』86
森下章司 2012a「伝仁徳陵古墳出土鏡と東アジア」『第 2 回百舌鳥古墳群講演会記録集 徹底分析・仁徳天皇陵―巨大前方後円墳の実像に迫る―』堺市文化財講演会録第 4 集、堺市
森下章司 2012b「鏡」『講座 日本の考古学 8 古墳時代（下）』青木書店
森下章司 2016『古墳の古代史』ちくま新書
森下章司・鈴木一有・鈴木敏則 2000「磐田郡豊岡村神田古墳―中国鏡出土の後期古墳―」『浜松市博物館報』13
森下章司・高橋克壽・吉井秀夫 1995「鴨稲荷山古墳出土遺物の調査」『琵琶湖周辺の 6 世紀を探る』京都大学文学部考古学研究室
森田克行 2016「水運王継体と「磐井の乱」」『継体大王と筑紫君磐井』高槻市立今城塚古代歴史館
森田克行・西川寿勝・鹿野塁 2008『継体天皇 二つの陵墓、四つの王宮』新泉社
森本六爾 1928「鈴鏡に就いて」『考古学研究』2-2
門田誠一 1997「南北世界の形成」『考古学による日本歴史 10 対外交渉』雄山閣
八木あゆみ 2009「鈴鏡をめぐる諸問題」『古事：天理大学考古学研究室紀要』4
安村俊史 1996「須恵器」『高井田山古墳』本文編、柏原市教育委員会
柳沢一男 1975「九州における初期横穴式石室の展開―平面図形と尺度について―」『九州考古学の諸問題』東出版
柳沢一男 1987「福岡市比恵遺跡の官衙的建物群」『日本歴史』465
柳沢一男 1995「岩戸山古墳と磐井の乱」『継体王朝の謎』河出書房新社
柳沢一男 2002「全南地方の栄山江型横穴式石室の系譜と前方後円墳」『前方後円墳と古代日朝関係』同成社
柳沢一男 2004『描かれた黄泉の世界 王塚古墳』シリーズ「遺跡を学ぶ」010、新泉社
柳沢一男 2014『筑紫君磐井と「磐井の乱」岩戸山古墳』シリーズ「遺跡を学ぶ」094、新泉社

柳田康雄 2002a 『九州弥生文化の研究』学生社
柳田康雄 2002b「摩滅鏡と踏返し鏡」『九州歴史資料館研究論集』27
柳田康雄 2011「沖ノ島出土銅矛と青銅器祭祀」『宗像・沖ノ島と関連遺産群調査研究報告Ⅰ』「宗像・沖ノ島と関連遺産群」世界遺産推進会議
山尾幸久 1983 『日本古代王権形成史論』岩波書店
山尾幸久 1989 『古代の日朝関係』塙書房
山尾幸久 1999 『筑紫君磐井の戦争』新日本出版社
山尾幸久 2002「五、六世紀の日朝関係―韓国の前方後円墳の一解釈―」朝鮮学会編『前方後円墳と古代日朝関係』同成社
山川彦左衛門編 1923 『梅仙居蔵日本出土漢式鏡図集』
山崎カヲル編訳 1980『マルクス主義と経済人類学』柘植書房
山田俊輔 2008「雄略朝期の王権と地域」『史観』158
山田孝雄 1915a「隅田八幡宮蔵古鏡につきて」『考古学雑誌』5-5
山田孝雄 1915b「古鏡の銘について（一）」『人類学雑誌』30-11
山田孝雄 1915c「古鏡の銘について（二）」『人類学雑誌』30-12
山中　章 2010「考古学からみた古代王権の伊勢神宮奉祭試論」『三重大史学』10
山本孝文 2008「考古学から見た百済後期の文化変動と社会」辻秀人編『百済と倭国』高志書院
吉井秀夫 2002「朝鮮の墳墓と日本の古墳文化」『日本の時代史2 倭国と東アジア』吉川弘文館
吉井秀夫 2006「考古学から見た百済の国家形成とアイデンティティ」田中良之・川本芳昭編『東アジア古代国家論―プロセス・モデル・アイデンティティ―』すいれん舎
吉井秀夫 2007「古代東アジア世界からみた武寧王陵の木棺」茂木雅博編『日中交流の考古学』同成社
吉井秀夫 2008「墓制からみた百済と倭」辻秀人編『百済と倭国』高志書院
吉井秀夫 2010『古代朝鮮 墳墓にみる国家形成』京都大学学術出版会
義江明子 2000『日本古代系譜様式論』吉川弘文館
吉川真司 2011『シリーズ日本古代史③ 飛鳥の都』岩波新書
吉田　晶 1973『日本古代国家成立史論』東京大学出版会
吉田　晶 1998『倭王権の時代』新日本新書
吉田　晶 2005『古代日本の国家形成』新日本出版社
吉田　晶 2006「最近の考古学分野での古代国家論をめぐって」『弥生文化博物館研究報告』6
吉田　孝 1997『日本の誕生』岩波書店
吉村和昭 1988「短甲系譜試論―鋲留短甲導入以後を中心として―」『橿原考古学研究所紀要 考古学論攷』13

吉村和昭 2008「寛政元年発見「猪塚」地下式横穴墓とその評価」『宮崎県立西都原考古博物館研究紀要』4
吉村和昭 2014『三次元レーザー計測を利用した古墳時代甲冑製作の復元的研究』平成23～25年度科学研究費基盤研究（C）研究成果報告書、奈良県立橿原考古学研究所
吉村武彦 1993「倭国と大和王権」『岩波講座日本通史2 古代1』岩波書店
吉村武彦 1996『日本古代の社会と国家』岩波書店
吉村武彦 2003「ワカタケル王と杖刀人首ヲワケ」『ワカタケル大王とその時代』山川出版社
吉村武彦 2006「ヤマト王権と律令制国家の形成」『列島の古代史8 古代史の流れ』岩波書店
吉村武彦 2010『シリーズ日本古代史② ヤマト王権』岩波新書
吉村武彦 2012「古代史からみた王権論」土生田純之・亀田修一編『古墳時代研究の現状と課題』（下）、同成社
吉村武彦 2015『蘇我氏の古代』岩波新書
吉村靖徳 2000「筑前王塚古墳の石室構造に関する一考察―閉塞部の分析を中心として―」『九州旧石器』4
吉村靖徳 2005「石棚雑感―九州における系譜と評価をめぐって―」『九州歴史資料館研究論集』30
米倉秀紀 1993「那津官家？―博多湾岸における三本柱柵と大型総柱建物群―」『福岡市博物館研究紀要』3
米倉秀紀 2003「筑前におけるミヤケ状遺構の成立」『先史学・考古学論究Ⅳ』龍田考古会
米澤嘉圃 1939「魏晋南北朝時代の尚方」『東方學報』（東京）10-2
羅振玉 1916『古鏡図録』
羅宗真（中村圭爾・室山留美子訳）2005『古代江南の考古学―倭の五王時代の江南世界―』白帝社
梁上椿 1940-42（田中琢・岡村秀典訳 1989）『巖窟蔵鏡』同朋舎出版
若狭　徹 2007『古墳時代の水利社会研究』学生社
若狭　徹 2017『古代の東北1 前方後円墳と東国社会』吉川弘文館
脇山佳奈 2013「珠文鏡の研究」『史学研究』279
和田　萃 1995「古代史からみた継体大王」『継体王朝の謎』河出書房新社
和田　萃 2010『ヤマト国家の成立―雄略朝と継体朝の政権―』文英堂
和田晴吾 1986「金属器の生産と流通」『岩波講座日本考古学3』岩波書店
和田晴吾 1987「古墳時代の時期区分をめぐって」『考古学研究』34-2
和田晴吾 1995「越前・近江からみた継体大王」『継体王朝の謎』河出書房新社
和田晴吾 1998「古墳時代は国家段階か」都出比呂志・田中琢編『古代史の論点4 権力と国家と戦争』小学館

和田晴吾 2004「古墳文化論」『日本史講座1』東京大学出版会
渡邉正氣 1994「牛頸須恵器生産の開始と終末」『平成六年度 九州史学会大会 公開講演・研究発表要旨』
渡辺泰三・西嶋覚・南部彰弘・森川桜男 1963「三重県上野市伊予之丸古墳」『古代学研究』33
李成市 2002「新羅の国家形成と加耶」『日本の時代史2 倭国と東アジア』吉川弘文館
李盛周 2006「考古学からみた新羅の成立とアイデンティティ」田中良之・川本芳昭編『東アジア古代国家論―プロセス・モデル・アイデンティティ―』すいれん舎
李蘭暎 1983『韓国と銅鏡』韓国精神文化研究院
Barnes, G. 2007 *State formation in Japan: Emergence of a 4th-century ruling elite.* Routledge.
Friedman, J. and Rowlands, M. 1977 Notes towards an epigenetic model of the evolution of civilization. In Friedman, J. and Rowlands, M. (eds) *The Evolution of Social Systems.* Duckworth.
Mizoguchi, K. 2013 *The Archaeology of Japan: from the earliest rice farming villages to the rise of the state.* Cambridge University Press.
Rowlands, M., Larson, M. and Kristiansen, K. (eds.) 1987 *Centre and periphery in the ancient world.* Cambridge University Press.
Walmsley, L.C. 1974 *Bishop in Honan: Mission and museum in the life of William C. White.* University of Toronto Press.

〔同型鏡文献一覧〕
方1：大韓民国文化財管理局編 1974『武寧王陵』(金元龍・有光教一監修・永島暉臣慎訳)、学生社
方2：森下 2004
細A1：豊中市史編纂委員会編 1970『豊中市史 史料篇一』豊中市
細A2：高槻市史編さん委員会編 1973『高槻市史 第6巻 考古編』高槻市
細A3：藤井利章 1984「五条市今井1号墳発掘調査概報」『奈良県遺跡調査概報1983年度』奈良県立橿原考古学研究所
細A4：奈良市史編集審議会編 1968『奈良市史 考古編』奈良市
細A5：梅原末治 1962「日本出土の中国の古鏡 (一)」『考古学雑誌』47-4. (東洋文庫梅原考古資料 NK-1478-6118・6119)
細A6：福津市教育委員会 2011『津屋崎古墳群Ⅱ』福津市文化財調査報告書第4集
細A7：小田富士雄 1970「古代の日田―日田盆地の考古学―」『九州文化史研究所紀要』15
細B1：徳田 2008、森下 2011a
細B2：森下 2004

細C：樋口 1979
細D：大韓民国文化財管理局編 1974『武寧王陵』（金元龍・有光教一監修・永島暉臣慎訳）学生社
細E：愛媛県編 1986『愛媛県史 史料編考古』愛媛県
浮A1：ビョン・ヒソプ 2014「南原 斗洛里および西谷里古墳群（32号墳）発掘調査成果」『加耶と百済、その遭遇の地「南原」』湖南考古学会
浮A2：東京国立博物館 1982『寄贈小倉コレクション』東京国立博物館
浮A3：愛知県史編さん委員会編 2005『愛知県史資料編3 考古3 古墳』愛知県
浮A4：三重大学歴史研究会原始古代史部会 1982「亀山市木ノ下古墳の発掘調査概要」『考古学雑誌』67-3
浮A5：奈良県立橿原考古学研究所編 1995『斑鳩藤ノ木古墳 第二・三次調査報告』奈良県立橿原考古学研究所
浮A6・A7：第三次沖ノ島学術調査隊編 1979『宗像沖ノ島』宗像大社復興期成会
浮A8：乙益重隆 1983「半肉彫獣帯鏡」『肥後考古』3
浮A9：梅原末治 1969『持田古墳群』宮崎県教育委員会
浮A10：矢野健一編 1998『平成10年度秋季展 古鏡の世界』財団法人辰馬考古資料館
浮A11・A12：梅原末治 1941「新田原古墳調査報告」『宮崎県史蹟名勝天然記念物調査報告』11
浮B1：大韓民国文化財管理局編 1974『武寧王陵』（金元龍・有光教一監修・永島暉臣慎訳）学生社
浮B2：梅澤重昭 2003「高崎市域の古墳時代出土鏡について」『高崎市史研究』18
浮B3・B4：岸本 2015
浮C：車崎 2007a
浮D：濱田耕作編 1921-1922『泉屋清賞 鏡鑑部一』国華社
浮E：奈良県教育委員会編 1981『新沢千塚古墳群』奈良県史蹟名勝天然記念物調査報告第39冊
盤：宗像神社復興期成会編 1958『沖ノ島』宗像神社復興期成会、水野編 2010
画龍1：京都府立山城郷土資料館・京都府立丹後郷土資料館・京都府埋蔵文化財調査研究センター編 1987『鏡と古墳—景初四年鏡と芝ヶ原古墳—』
画龍2：柏原市教育委員会編 1996『高井田山古墳』柏原市文化財概報1995-Ⅱ
画龍3：関西大学文学部考古学研究室編 1974『谷畑古墳』関西大学文学部考古学研究室
画龍4：梅原末治 1975『増補鏡鑑の研究』臨川書店
画龍5：弘津史文 1928「豊前国発見王氏作画像鏡」『考古学雑誌』18-10
画歌1：菅谷浩之 1984「武蔵那珂郡秋山村（児玉町秋山）出土の画像鏡拓本について」『北武蔵における古代古墳の成立』児玉町史資料調査報告第1集
画歌2：東京国立博物館編 1986『東京国立博物館図版目録 古墳遺物篇 関東Ⅲ』東京国

立博物館
画歌3：清喜 1998・2012
画歌4：京都府立山城郷土資料館・京都府立丹後郷土資料館・京都府埋蔵文化財調査研究センター編 1987『鏡と古墳―景初四年鏡と芝ヶ原古墳―』
画歌5：田中琢 1977『日本原始美術大系4 鐸剣鏡』講談社
画歌6：後藤 1926
画歌7：和泉市久保惣記念美術館 1985『和泉市久保惣記念美術館蔵鏡目録』和泉市久保惣記念美術館
画歌8：梅原末治 1952「岡山県下の古墳発見の古鏡」『吉備考古』85
画歌9：九州大学考古学研究室編 1993『番塚古墳』九州大学考古学研究室、辻田 2015b
画歌10：根津美術館編 1942『青山荘清賞 第六 古銅器篇』根津美術館
画歌11：根津美術館編 1987『新青山荘清賞 鑑賞編』根津美術館
画歌12：大村西崖 1980〔1917〕『中国美術史彫塑編』国書刊行会、梅原 1946
画車1：京都府立山城郷土資料館・京都府立丹後郷土資料館・京都府埋蔵文化財調査研究センター編 1987『鏡と古墳―景初四年鏡と芝ヶ原古墳―』
画車2：川西 2004
画車3：車崎 2007a
神獣車馬画象鏡：入江安近 1953「鑑堂古墳出土の劉氏作画像鏡」『大分県文化財調査報告』第1集、大分県教育委員会
環A1：奈良教育大学文化財コース編 2006『吉備塚古墳の調査』奈良教育大学、粉川・清水 1991
環A2：梅原末治 1969『持田古墳群』宮崎県教育委員会
環A3：島津義昭 1983「画文帯環状乳神獣鏡」『肥後考古』3
環A4：車崎 2007a
環A5：瀬戸内海歴史民俗資料館編 1983『讃岐青銅器図録』瀬戸内海歴史民俗資料館
環A6：梅原末治 1952「岡山県下の古墳発見の古鏡」『吉備考古』85
環A7：辻田編 2015
環A8：乙益重隆 1983「画文帯環状乳神獣鏡」『肥後考古』3
環A9：栃木県史編さん委員会編 1979『栃木県史 資料編 考古2』栃木県
環A10：李 1983、清水 2013
環B1：尾崎喜左雄・保坂三郎 1963『上野国八幡観音塚古墳調査報告書』群馬県埋蔵文化財調査報告書第1集
環B2：埼玉県教育委員会編 1980『埼玉稲荷山古墳』埼玉県自治振興センター内県政情報資料室、車崎 2003
環B3：樋口 1980
環B4：高松 2011

環B5：川西 2004
環B6：梅原末治 1941「新田原古墳調査報告」『宮崎県史蹟名勝天然記念物調査報告』11
環C1：京都府立山城郷土資料館・京都府立丹後郷土資料館・京都府埋蔵文化財調査研究センター編 1987『鏡と古墳—景初四年鏡と芝ヶ原古墳—』
環C2：奈良県立橿原考古学研究所編 1995『斑鳩藤ノ木古墳 第二・三次調査報告』奈良県立橿原考古学研究所
環C3：川西 2004
環C4：岡山市編 1936『岡山市史第一』岡山市
環C5：樋口隆康 1997「宮崎県の古鏡」『宮崎県史 通史編 原始・古代1』宮崎県
環C6：個人蔵
環C7：木場佳子・橋本輝彦 2015「桜井市 等彌神社所蔵の考古遺物の調査」『纒向学研究』3
環D：高槻市立埋蔵文化財調査センター編 1998『市制施行55周年記念歴史シンポジウム 検証邪馬台国—安満宮山古墳をめぐって—』高槻市立埋蔵文化財調査センター

求：乙益重隆 1983「鍍金画文帯求心式神獣鏡」『肥後考古』3、辻田 2016a
対1：村川行弘 1980「三角縁画文帯神獣鏡の類型」『考古学雑誌』66-2
対2：名本 2014
対3：車崎 2007a
対4：個人蔵・川西 2004

同A1・A2：小野山節・本村豪章 1980「上毛野・伊勢崎市恵下古墳出土のガラス玉と須恵器と馬具」『MUSEUM』357
同B1・B3：川西 2004
同B2：愛知県史編さん委員会編 2005『愛知県史資料編3 考古3 古墳』愛知県
同B4：個人蔵
同B5：現物不明、拓本は九州歴史資料館所蔵
同B6：個人蔵
同C1：石関伸一・橋本博文 1986『古海原前古墳群発掘調査概報』大泉町教育委員会
同C2：宇都宮市教育委員会 1969『雀宮牛塚古墳』宇都宮市文化財調査報告書
同C3：樋口 1979
同C4：熱田神宮宝物館 1976『愛知の古鏡』毎日新聞社
同C5：福井県編 1986『福井県史 資料編13 考古』福井県
同C6・C20：三重県教育委員会編 1988『井田川茶臼山古墳』三重県埋蔵文化財調査報告 26
同C7：梅原末治 1951『古鏡図鑑』黒川古文化研究所収蔵品図録第一冊
同C8・C27：明和町教育委員会編 1973『神前山1号墳発掘調査報告書』明和町文化財

調査報告2
同C9：吉田野々 2004「生駒西麓古墳出土遺物の基礎報告」『八尾市立歴史民俗資料館研究紀要』15
同C10：奈良県教育委員会編 1981『新沢千塚古墳群』奈良県史蹟名勝天然記念物調査報告第39冊
同C11：大阪大学文学研究科考古学研究室編 2007『勝福寺古墳の研究』大阪大学文学研究科考古学研究報告第4冊
同C12・C13：福津市教育委員会 2011『津屋崎古墳群Ⅱ』福津市文化財調査報告書第4集
同C14：花田 1999a、川西 2004
同C15：車崎 2007a
同C16・C25：梅原末治 1969『持田古墳群』宮崎県教育委員会
同C17・C18・C22・C26：川西 2004
同C19：長野県編 1988『長野県史 考古資料編（4）遺物・遺構』長野県史刊行会
同C21：三重県埋蔵文化財センター編 1991『三重の古鏡』三重県埋蔵文化財センター
同C23：岡山県史編纂委員会編 1986『岡山県史 第18巻 考古資料』岡山県
同C24：広島県教育委員会編 1983『酒屋高塚古墳』広島県教育委員会
同C28：京都大学蔵
同C参：『宝月楼古鑑図譜』（市河寛斎〔1749-1820〕彙集）
仏A1：川西 2004
仏A2：愛知県史編さん委員会編 2005『愛知県史資料編3 考古3 古墳』愛知県
仏A3：岡山県史編纂委員会編 1986『岡山県史 第18巻 考古資料』岡山県
仏A4：郭 1996、車崎編 2002
仏B1：上野編 2013
仏B2：長野県編 1988『長野県史 考古資料編（4）遺物・遺構』長野県史刊行会
仏B3：福井県立若狭歴史民俗資料館 1991『躍動する若狭の王者たち』福井県立若狭歴史民俗資料館
仏B4：梅原末治 1964「金剛輪寺旧蔵画文帯四仏四獣鏡」『史迹と美術』34-8
仏B5：川西 2004
仏B6：梅原 1931
仏B7：浙江省博物館編 2012『古鏡今照』文物出版社
八鳳鏡1・2：西田 1987

（鉛同位体比関係文献）
1：馬淵久夫 1982「福岡市立歴史資料館が保管する鏡の鉛同位体比」『福岡市立歴史資料館研究報告』6
2：馬淵久夫・平尾良光 1982「鉛同位体比からみた銅鐸の原料」『考古学雑誌』68-1

3：馬淵久夫・平尾良光 1982「鉛同位体比法による漢式鏡の研究」『MUSEUM』370
4：馬淵久夫・平尾良光 1983「鉛同位体比法による漢式鏡の研究（二）：西日本出土の鏡を中心として」『MUSEUM』382
5：馬淵久夫 1985「島根県下出土青銅器の原料産地推定」『月刊文化財』261
6：馬淵久夫 1986「中山勝負峠墳墓群出土鏡の鉛同位体比」『歳ノ神遺跡群・中山勝負峠墳墓群』広島県埋蔵文化財調査センター調査報告書第49集
7：西田守夫 1986『三角縁神獣鏡の製作地の研究』文部省科学研究費補助金研究成果報告書、東京国立博物館
8：馬淵久夫 1988「井上コレクションの金属器の鉛同位体比」『弥生・古墳時代資料図録』言叢社
9：馬淵久夫・平尾良光 1990「福岡県出土青銅器の鉛同位体比」『考古学雑誌』75-4
10：馬淵久夫・平尾良光 1991「景初四年銘龍虎鏡の鉛同位体比」『辰馬考古資料館考古学研究紀要』2
11：馬淵久夫・平尾良光・西田守夫 1991「平原弥生古墳出土青銅鏡およびガラスの鉛同位体比」『平原弥生古墳』葦書房
12：馬淵久夫（代表）1993-1995『弥生・古墳時代・仿製鏡の鉛同位体比の研究 文部省科学研究費補助金研究成果報告書』作陽短期大学
13：平尾良光（代表）1996『古代東アジアの青銅器製品鋳造に関する基礎的研究』平成5年度〜平成7年度文部省科学研究費補助金・総合研究A研究成果報告書、東京国立文化財研究所
14：平尾良光 2004『古墳時代青銅器の自然科学的研究』科学研究費補助金研究成果報告書 2002-2003、別府大学、東京文化財研究所
15：斎藤 努 2006『東アジア地域における青銅器文化の移入と変容および流通に関する多角的比較研究』科学研究費補助金基盤研究（B）（2）成果報告書、国立歴史民俗博物館
16：斎藤 努 2010「日韓青銅器の鉛同位体比測定結果」『国立歴史民俗博物館研究報告』158

挿図出典一覧

番号	枝番	鏡種	出土地	所蔵／提供	出典／作品名
図 1					川本 2005
図 2	1	画文帯同向式神獣鏡 C	宮崎県持田 24 号墳	宮崎県立西都原考古博物館	筆者撮影
	2		奈良県新沢 109 号墳	奈良県立橿原考古学研究所附属博物館	
	3	神人歌舞画象鏡	大阪府郡川西塚古墳	東京国立博物館 Image :TNM Image Archives	筆者撮影／尚方作神人歌舞画像鏡 部分14
	4	浮彫式獣帯鏡 E	奈良県新沢 173 号墳	奈良県立橿原考古学研究所附属博物館	
	5	浮彫式獣帯鏡 C	熊本県江田船山古墳	東京国立博物館 Image :TNM Image Archives	筆者撮影／（国宝）獣帯鏡 部分7
	6	神人龍虎画象鏡	岡山県築山古墳	東京国立博物館 Image :TNM Image Archives	筆者撮影／画像鏡 部分7
図 3	1	神人歌舞画象鏡	京都府トヅカ古墳	京都国立博物館	筆者撮影
	2	細線式獣帯鏡 A	奈良県今井 1 号墳	奈良県立橿原考古学研究所附属博物館	
	3				
	4				
	5	「火竟」銘四獣鏡（倭製鏡）	宮崎県持田 25 号墳	耕三寺博物館	筆者撮影
	6	交互式神獣鏡系（倭製鏡）	奈良県平林古墳	奈良県立橿原考古学研究所附属博物館	
図 4		画文帯環状乳神獣鏡 A	熊本県江田船山古墳	東京国立博物館／奈良県立橿原考古学研究所	三次元 2005
図 5		画文帯環状乳神獣鏡 A	福岡県山の神古墳	九州大学大学院人文科学研究院考古学研究室／九州国立博物館	筆者実測（辻田編 2015）
図 6		画文帯環状乳神獣鏡 A	熊本県国越古墳	熊本県	筆者撮影
図 7		画文帯環状乳神獣鏡 A			筆者作成
図 8		方格規矩四神鏡拓本			森下 2004

番号	枝番	鏡種	出土地	所蔵／提供	出典／作品名
図9		方格規矩四神鏡	韓国・武寧王陵	国立公州博物館	文化財管理局編 1974
図10					川西 2004
図11		細線式獣帯鏡A	大分県日隈1号墳	日隈神社	筆者撮影
図12		細線式獣帯鏡A	伝・奈良県大安寺古墳	五島美術館	筆者撮影・実測
図13		細線式獣帯鏡A	奈良県今井1号墳	奈良県立橿原考古学研究所附属博物館	
図14		細線式獣帯鏡B		ボストン美術館	梅原 1931
図15		細線式獣帯鏡B 拓本			森下 2004
図16		細線式獣帯鏡C	伝・岐阜県城塚古墳	五島美術館	筆者撮影・実測
図17		細線式獣帯鏡D	韓国・武寧王陵	国立公州博物館	文化財管理局編 1974
図18		細線式獣帯鏡E	愛媛県樹之本古墳	東京国立博物館 Image :TNM Image Archives	筆者撮影／細線式獣帯鏡 全体俯瞰4・部分5・8
図19					川西 2004
図20					川西 2004
図21		浮彫式獣帯鏡A	伝・宮崎県持田1号墳	宮崎県立西都原考古博物館	筆者撮影・実測
図22	1	浮彫式獣帯鏡A	奈良県藤ノ木古墳	文化庁所蔵／奈良県立橿原考古学研究所附属博物館保管	
	2		伝・韓国慶尚南道	東京国立博物館 Image :TNM Image Archives	筆者撮影／獣帯鏡 部分10
	3		宮崎県持田1号墳	宮崎県立西都原考古博物館	筆者撮影
	4				
	5		三重県木ノ下古墳	三重県埋蔵文化財センター	筆者撮影
	6		熊本県国越古墳	熊本県	筆者撮影
図23					川西 2004
図24		浮彫式獣帯鏡（A鏡）	伝・滋賀県三上山下古墳	九州国立博物館	岸本 2015
図25		浮彫式獣帯鏡（B鏡）	伝・滋賀県三上山下古墳	九州国立博物館	岸本 2015
図26		浮彫式獣帯鏡C	熊本県江田船山古墳	東京国立博物館／奈良県立橿原考古学研究所	三次元 2005
図27		浮彫式獣帯鏡D	伝・大和	泉屋博古館	富岡 1920

挿図出典一覧

番号	枝番	鏡種	出土地	所蔵／提供	出典／作品名
図28		浮彫式獣帯鏡E	奈良県新沢173号墳	奈良県立橿原考古学研究所提供	三次元 2005・筆者実測
図29		盤龍鏡	福岡県沖ノ島8号遺跡	宗像大社／奈良県立橿原考古学研究所	三次元 2010
図30					川西 2004
図31		神人龍虎画象鏡	大阪府高井田山古墳	柏原市歴史資料館	筆者撮影・実測
図32	1	神人龍虎画象鏡	京都府鏡塚古墳	五島美術館	筆者撮影
	2				
	3		奈良県米山古墳	東京国立博物館 Image :TNM Image Archives	筆者撮影／神人龍虎画像鏡 部分8
	4				筆者撮影／神人龍虎画像鏡 部分9
図33					川西 2004
図34	3D	神人歌舞画象鏡	東京都亀塚古墳	東京国立博物館／奈良県立橿原考古学研究所	三次元 2005
	鈕孔			東京国立博物館 Image :TNM Image Archives	筆者撮影／神人歌舞画像鏡 部分6・10
図35		神人歌舞画象鏡	岡山県朱千駄古墳	岡山県立博物館	筆者撮影・実測
図36		神人歌舞画象鏡	京都府トヅカ古墳	京都国立博物館	筆者撮影・実測
図37		神人歌舞画象鏡	伝・大阪府郡川	和泉市久保惣記念美術館	筆者撮影・実測
図38		神人歌舞画象鏡	出土地不明		大村 1980
図39		神人歌舞画象鏡	大阪府郡川西塚古墳	東京国立博物館 Image :TNM Image Archives	筆者撮影／尚方作神人歌舞画像鏡 部分14・16
図40					川西 2004
図41		神人車馬画象鏡	京都府トヅカ古墳	京都国立博物館	筆者撮影・実測
図42	3D	神人車馬画象鏡	熊本県江田船山古墳	東京国立博物館／奈良県立橿原考古学研究所	三次元 2005
	鈕孔			東京国立博物館 Image :TNM Image Archives	筆者撮影／（国宝）画像鏡 部分11・12
図43		神獣車馬画象鏡	大分県鑑堂古墳	豊後高田市黒松地区	筆者撮影・実測
図44					川西 2004
図45		画文帯環状乳神獣鏡B	三重県塚原波切古墳	志摩市教育委員会	筆者撮影・実測

番号	枝番	鏡種	出土地	所蔵／提供	出典／作品名
図46					川西 2004
図47		画文帯環状乳神獣鏡C	奈良県藤ノ木古墳	文化庁所蔵／奈良県立橿原考古学研究所附属博物館保管	
図48		鍍金求心式神獣鏡	熊本県才園古墳	あさぎり町教育委員会所蔵・熊本博物館寄託	辻田 2016a
図49	3D	画文帯対置式神獣鏡	熊本県江田船山古墳	東京国立博物館／奈良県立橿原考古学研究所	三次元 2005
	鈕孔			東京国立博物館 Image :TNM Image Archives	筆者撮影／（国宝）画文帯神獣鏡 部分11・12
図50		画文帯同向式神獣鏡A	群馬県恵下古墳	東京国立博物館 Image :TNM Image Archives	筆者撮影・実測／四神四獣鏡 全体俯瞰2、部分7・8
図51					川西 2004
図52	3D	画文帯同向式神獣鏡B	石川県狐山古墳	東京国立博物館／奈良県立橿原考古学研究所	三次元 2005
	鈕孔			東京国立博物館 Image :TNM Image Archives	筆者撮影／平縁六神四獣鏡 部分7・9
図53		画文帯同向式神獣鏡B	渡邉正氣氏拓本	九州歴史資料館	
図54					川西 2004
図55		画文帯同向式神獣鏡C（B鏡）	三重県神前山1号墳	京都国立博物館	筆者撮影・実測
図56		画文帯同向式神獣鏡C	奈良県新沢109号墳	奈良県立橿原考古学研究所提供	三次元 2005、筆者実測
図57	1	画文帯同向式神獣鏡C	三重県井田川茶臼山古墳（A鏡）	三重県埋蔵文化財センター	筆者撮影
	2		神前山1号墳（A鏡）	黒川古文化研究所	筆者撮影
	3		熊本県江田船山古墳	東京国立博物館 Image :TNM Image Archives	筆者撮影／（国宝）四神四獣鏡 部分10
	4		宮崎県持田25号墳	耕三寺博物館	筆者撮影
	5		三重県井田川茶臼山古墳（B鏡）	三重県埋蔵文化財センター	筆者撮影
	6		岡山県牛文茶臼山古墳	東京国立博物館 Image :TNM Image Archives	筆者撮影／四神四獣鏡、部分11

挿図出典一覧　547

番号	枝番	鏡種	出土地	所蔵／提供	出典／作品名
図58					川西 2004
図59		画文帯仏獣鏡A	千葉県鶴巻塚古墳	五島美術館	筆者撮影・実測
図60		画文帯仏獣鏡A		北京故宮博物院	郭 1996
図61		画文帯仏獣鏡A	岡山県王墓山古墳	東京国立博物館 Image :TNM Image Archives	筆者撮影／四佛四獣鏡 部分1・4
図62					川西 2004
図63		画文帯仏獣鏡B	『古鏡今照』所収	個人蔵	浙江省博物館編 2011
図64		画文帯仏獣鏡B	旧金剛輪寺所蔵	京都国立博物館	筆者撮影・実測
図65		画文帯仏獣鏡B	長野県御猿堂古墳	開善寺	筆者撮影・実測
図66		画文帯仏獣鏡B	千葉県祇園大塚山古墳	宮内庁／奈良県立橿原考古学研究所	三次元 2005
図67		画文帯仏獣鏡B		旧ベルリン民俗博物館	梅原 1931
図68		画文帯仏獣鏡B		旧ベルリン民俗博物館	梅原 1931を元に改変
図69		八鳳鏡	兵庫県奥山大塚古墳	東京国立博物館 Image :TNM Image Archives	筆者撮影／夔鳳鏡全体俯瞰1、部分6・10
図70		画文帯環状乳神獣鏡	香川県かんす塚古墳	東京国立博物館 Image :TNM Image Archives	筆者撮影／四神四獣鏡 全体俯瞰1、部分6・8
図71		画文帯同向式神獣鏡	宮崎県猪塚古墳		吉村 2008
図72		画文帯対置式四獣鏡	熊本県国越古墳	熊本県	筆者撮影・実測
図73		方格規矩四神鏡	佐賀県島田塚古墳	東京国立博物館／奈良県立橿原考古学研究所	三次元 2005
図74		画文帯環状乳神獣鏡	兵庫県宮山古墳	姫路市教育委員会	筆者撮影
図75		同向式画象鏡	福岡県月岡古墳	うきは市教育委員会	筆者撮影
図76					筆者作成
図77		画文帯同向式神獣鏡	「建武五年」銘	和泉市久保惣記念美術館	鈕孔写真は筆者撮影、断面筆者実測
図78		画文帯同向式神獣鏡	旧渡邊晁啓氏蔵	磐田市教育委員会	筆者撮影・実測
図79					筆者作成
図80		画文帯同向式神獣鏡	ROM所蔵「建武五年」銘	ロイヤル・オンタリオ博物館	断面筆者実測

番号	枝番	鏡種	出土地	所蔵／提供	出典／作品名
図81			久保惣鏡とROM鏡	和泉市久保惣記念美術館、ロイヤル・オンタリオ博物館	筆者作成
図82			久保惣鏡の細部	和泉市久保惣記念美術館	筆者撮影
図83					筆者作成
図84					森下 1991
図85					森下 1991
図86	1	斜縁四獣鏡B系	京都府久津川車塚古墳	泉屋博古館／奈良県立橿原考古学研究所	三次元 2005
	2				
	3	珠文鏡充填系	奈良県五條猫塚古墳	五條市教育委員会	奈良国立博物館 (2016)
	4		宮崎県西都原4号地下式横穴墓	宮崎県立西都原考古博物館／九州国立博物館	辻田 2015d
	5	内行花文鏡毨文系	栃木県助戸十二天塚古墳	東京国立博物館／奈良県立橿原考古学研究所	三次元 2010
	6	変形十字文鏡	西都原265号墳	宮崎県立西都原考古博物館／九州国立博物館	辻田 2015d
図87		「火竟」銘四獣鏡	宮崎県持田25号墳	耕三寺博物館	筆者撮影・実測
図88	1	火竟銘鏡	京都府幡枝1号墳	(財)京都市埋蔵文化財研究所	(財)京都市埋蔵文化財研究所 1993 (高橋 1987)
	2	四獣鏡	大阪府郡川西塚古墳	東京国立博物館／奈良県立橿原考古学研究所	三次元 2005
	3	四乳渦文鏡	熊本県鞍掛塚古墳		三次元 2010
	4	細線式渦文鏡	福岡県頭割古墳	個人蔵	小田 1981
図89	1	四神四獣鏡	茨城県三昧塚古墳	茨城県立歴史館	筆者撮影
	2		三重県伊予之丸古墳	伊賀市教育委員会	
	3		伝・宮崎県持田古墳群	日髙強氏所蔵、宮崎県総合博物館寄託	筆者撮影
	4		長野県里原1号墳	喬木村歴史民俗資料館	筆者撮影
図90	1	潜繞獣像鏡系	兵庫県宝地山2号墳	篠山市教育委員会	
	2	多状文縁神像鏡系	千葉県鶴巻塚古墳	東京国立博物館／奈良県立橿原考古学研究所	三次元 2010
図91		旋回式獣像鏡系 (古段階)	宮崎県百塚原	宮崎県立西都原考古博物館	筆者撮影・実測
図92		旋回式獣像鏡系 (新段階)	静岡県学園内4号墳	浜松市博物館	筆者撮影・実測

挿図出典一覧

番号	枝番	鏡種	出土地	所蔵／提供	出典／作品名
図93	1	乳脚文鏡系	奈良県高山1号墳	奈良県立橿原考古学研究所提供	三次元 2005
	2		茨城県上野古墳	東京国立博物館／奈良県立橿原考古学研究所	三次元 2010
	3		伝・沖ノ島	宗像大社／奈良県立橿原考古学研究所	三次元 2010
	4		福岡県夫婦塚1号墳	福岡市埋蔵文化財センター	福岡市教育委員会 2006
図94		交互式神獣鏡A系	奈良県平林古墳	奈良県立橿原考古学研究所提供	三次元 2005
図95	1	交互式神獣鏡A系	伝・群馬県高崎市若田町	東京国立博物館／奈良県立橿原考古学研究所	三次元 2010
	2		奈良県藤ノ木古墳	文化庁所蔵／奈良県立橿原考古学研究所附属博物館保管	
	3	交互式神獣鏡B系	伝・野地	延岡市教育委員会	筆者撮影
	4		奈良県鳥土塚古墳	奈良県立橿原考古学研究所提供	三次元 2005
図96	1	交互式神獣鏡C系	福岡県寿命王塚古墳	京都国立博物館／桂川町教育委員会	
	2	交互式神獣鏡D系	奈良県疋相西方	東京国立博物館 Image:TNM Image Archives	筆者撮影・実測／鏡全体俯瞰1
図97	1	四獣鏡	神奈川県吾妻坂古墳	厚木市教育委員会	厚木市教育委員会 2004
	2	八獣鏡	栃木県雀宮牛塚古墳	東京国立博物館／奈良県立橿原考古学研究所	三次元 2010
図98	1	五獣鏡	奈良県藤ノ木古墳	文化庁所蔵／奈良県立橿原考古学研究所附属博物館保管	
	2	二神四獣鏡	愛知県南大塚古墳	東京国立博物館／奈良県立橿原考古学研究所	三次元 2005
図99		人物画象鏡		隅田八幡神社／東京国立博物館 Image:TNM Image Archives	鏡
図100	1	二神三獣鏡	奈良県額田部狐塚古墳	奈良県立橿原考古学研究所提供	
	2	四獣鏡	京都府トヅカ古墳	京都国立博物館	筆者撮影・実測
図101		四神四獣鏡	不明	神門神社／奈良文化財研究所	奈良文化財研究所飛鳥資料館 2002

番号	枝番	鏡種	出土地	所蔵／提供	出典／作品名
図102		旋回式獣像鏡系	伝・群馬県玉村町小泉	埼玉県立さきたま史跡の博物館	
図103		五獣鏡（A鏡）	日吉矢上古墳	慶應義塾大学民族考古学研究室	筆者撮影・実測
図104		五獣鏡（B鏡）	日吉矢上古墳	慶應義塾大学民族考古学研究室	筆者撮影・実測
図105		五獣鏡	日吉矢上古墳	慶應義塾大学民族考古学研究室	筆者実測
図106		獣像鏡	伝・大阪府河内	五島美術館	筆者撮影
図107		画象鏡	滋賀県新開古墳	滋賀県立安土城考古博物館	
図108					筆者作成
図109					辻田 2007b
図110～112					筆者作成
図113～116					JMC50mメッシュ（標高）のデジタルデータをカシミール3Dで加工した地図を元に筆者作成
図117	1	方格規矩鏡	皇南大塚南墳	国立慶州博物館	福泉博物館 2009
	2	鉄鏡	皇南大塚北墳		
図118					高久 2004：図9を改変
図119					川本 2005
表1～19					筆者作成
表20					田中史生 2013をもとに筆者作成
表21					川本 2005をもとに筆者作成

あとがき

　「同型鏡」とはどのような鏡か。本書で多くの写真や図面を挙げてきたが、あらためてさまざまな意味で難しい資料であると実感している。筆者が考古学を学び始めた今から20数年前に、本書でも扱った千葉県祇園大塚山古墳出土の外区を拡大した画文帯仏獣鏡B（図66）や、「建武五年」銘画文帯同向式神獣鏡（図77）の写真を初めて見た際、その位置づけがまったく理解できなかったことを鮮明に覚えている。その後、「踏み返し鏡」とされる一群の鏡の実物を観察する中で、それらが「倭の五王の時代」に関わる重要な資料とされていることは知っていたものの、中国鏡とされるにもかかわらずなぜここまで文様が不鮮明であるのか、文様が不鮮明であっても重視される理由はどのようなものであったのか、「倭の五王の時代」や東アジアの歴史にどのように関わる資料であるのかは、それ以降も長く理解できないままであった。

　筆者自身の関心が当初は古墳時代前期の鏡を中心としていたこともあり、同型鏡群に直接向き合って検討するようになったのはこの10年ほどのことである。最も影響が大きかったのは、本書でも参照させていただいた、川西宏幸氏の「同型鏡考」（2000）および『同型鏡とワカタケル』（2004）の刊行である。この川西氏の成果を学ぶことを通じて、同型鏡群と5・6世紀の東アジア史との関係について、具体的な問題意識をもって考えるようになっていった。ただそれと同時に、そこで提示された研究成果のあまりの完成度の高さに、同型鏡群について研究することはもう何も残されていないような気もした。

　そうした中で、筆者が本書のような研究を始めることになったのは、いくつかの契機があった。1つは福岡県月岡古墳出土鏡群や同勝浦峯ノ畑古墳出土鏡群といった、古墳時代中期の基準資料の整理・検討に参加させていただいたことであり、もう1つは、筆者が所属する九州大学に所蔵されている福岡県山の神古墳出土資料（画文帯環状乳神獣鏡Aを含む）の整理・報告書作成を軸として、日本学術振興会の科学研究費・基盤研究（B）で2011～2014年度に

「「雄略朝」期前後における地域社会と人制に関する考古学的研究：北部九州を中心に」というテーマの共同研究を行う機会をいただいたことである。またそれと並行して、2011 年 12 月には九州史学会で九州大学の田中良之教授をコーディネーターとするシンポジウム「倭の五王は何を学んだか―東アジア世界と倭の変容―」が開催され、田中先生をはじめ、川本芳昭先生（現九州大学名誉教授）と森公章先生（東洋大学教授）とともに報告させていただいたことが本書の内容に直接つながっている。2015 年 3 月に御病気のため急逝された田中先生に本書を御覧いただくことができないのが残念でならない。鏡の問題としてだけでなく、時代像の問題として考えていく姿勢は先生の御指導を通じて学んだものである。学恩に対する御礼はいくら言葉を尽くしても足りないが、本書を御霊前に献呈させていただきたい。また、2011 年のシンポジウムの際には、濱田耕策先生（現九州大学名誉教授）や坂上康俊先生（九州大学教授）をはじめとした諸先生からも多くの御教示をいただき、文献史学の成果や視点を考える上で重要な機会となった。その後 2012 年以降、いくつかの研究会で報告する機会をいただいたことも調査・研究を進める大きな原動力となった。

　上述のように、同型鏡についてはすでに川西氏の体系的な成果があり、それにさらに別の視点を付け加えるにはどうしたらよいか、という点について考え続けた結果たどり着いたのが、三角縁神獣鏡の研究などでもすでに多くの成果が挙げられている「鈕孔製作技術」であった。2000 年代を通じて、同型鏡群の製作地については、大陸産という川西氏の説が広く共通理解となりつつあったが、なお半島産説や列島産説の可能性、また一部のみ列島で踏み返し生産が行われた可能性も存在していた。そこで同型鏡群の生産の実態を復元して時代像を論ずるためには、技術論的な観点から同型鏡群全体を悉皆的に検討することが必要であると考えた。その際に、川西氏が復元した「笵傷」の視点とともに重要と考えたのが、鈕孔製作技術である。鏡の製作においては、1 つの鋳型を製作する際、必ず新たに鈕孔の中子が設置されているため、「踏み返し鏡」の生産を考えるに際しては、その鈕孔製作技術が「踏み返し」の各世代で共通しているのか、また鏡種を横断して共通性が高いのかどうかといった点の検証が、生産体制を考える上での有効な視点となりうると考えたのである。

　それを検証するためには、1 面ずつ各資料を実見する以外に方法はない。そ

れから数年にわたり現在に至るまで、全国各地に所蔵されている同型鏡および関連資料の調査・見学を行い続けることになった。この調査の初期段階で、東京国立博物館や京都国立博物館、奈良県立橿原考古学研究所附属博物館といった同型鏡と関連資料を多数所蔵する機関でまとめて調査させていただいたことがプラスに作用し、またその過程で、考古学研究の基礎として当然とはいえ、実物観察を通じて得られる視点の重要性を再認識した。本書で挙げた「鈕孔痕跡」や、武寧王陵出土方格規矩四神鏡および旧ベルリン民俗博物館所蔵画文帯仏獣鏡Bなどにおける「立体原型」の使用の想定などはその具体例である。そこからさらに、関連資料として上述の「建武五年」銘画文帯同向式神獣鏡を検討することになった。調査資料を見なおす中で磐田市教育委員会所蔵の旧渡邊氏蔵鏡（渡邊コレクション）の中に直接の類例があることに気がついた時の驚きは今でも忘れられない。ついには「建武五年」銘鏡の同型鏡の実物を観察するためにカナダ・トロントまで足を伸ばすことなった。同型鏡群の検討から始まって、結果的にその「原鏡」の問題に到達したのは、実物の資料調査の積み重ねを通じて問題意識が深まっていったからに他ならない。こうした各地での資料調査の過程ではさまざまな方に本当にお世話になった。この場を借りて厚く御礼申し上げたい。

　また、同型鏡群を検討する中で、同時代の事象として中・後期倭製鏡の問題に取り組むことになった。特に第3章でも述べたように、この中・後期倭製鏡の分野は近年活況を呈しており、筆者も図らずもそれに参加する形となっているが、本書の所説もたたき台の一つとなって議論が生産的に発展することを切に願っている。第4章から第5章の議論の中で、「人制」をめぐる論点については、上述の山の神古墳の報告書作成に関する研究会などの機会を通じて、共同研究に御参加いただいた方々や各地の研究者の方々から種々の御教示をいただいた。そしてその後、科学研究費・基盤研究（B）「古墳時代中期における甲冑生産組織の研究—「型紙」と製作工程の分析を中心として—」（研究代表者：吉村和昭氏）に研究分担者として加えていただき、各地の資料調査に参加させていただいたり、共同研究に参加された諸氏から武器・武具の研究との関係についての問題意識を御教示いただいた点も大きい。本書はそうしたここ数年間の調査・研究の一つの区切りである。議論として不十分な点が多いことは

自覚しているが、それを課題として検討を進めていきたいと考えている。引き続き広く御指導・御指正をお願い申し上げる次第である。

　本書は、第1章・第2章の一部と第3章第2節、第4章第1節については以下の論考を基礎としているが（拙稿2013a・2014a・2015b・c・2016a・b・2017）、いずれも大幅に加筆を行っている。それ以外はすべて書き下ろしの新稿である。

　本書を執筆するにあたり、岩永省三先生、宮本一夫先生、溝口孝司先生をはじめとする九州大学の諸先生・諸氏には、日常的な議論を通じてさまざまな形で御指導・御教示をいただきました。またここで御芳名をすべて掲げることはできませんが、上述のさまざまな研究会や共同研究、資料調査の機会などを通じて全国各地の研究者の皆様に大変お世話になりました。どうもありがとうございました。そして本書の企画をお引き受けくださいました同成社の佐藤涼子社長と編集担当の工藤龍平氏には、執筆段階から出版に至るまで大変お世話になりました。あらためて厚く御礼申し上げます。また最後に私事で恐縮ですが、いつも筆者の仕事を支えてくれている妻と子どもたちに感謝の言葉を捧げることをお許しいただきたく思います。

　　　2017年12月

辻田　淳一郎

同型鏡と倭の五王の時代
どうけいきょう　わ　ごおう　じだい

■著者略歴■

辻田淳一郎（つじた・じゅんいちろう）

1973年生まれ。九州大学文学部卒業。九州大学大学院比較社会文化研究科博士後期課程単位修得退学後、福岡県教育庁文化財保護課、九州大学大学院人文科学研究院専任講師をへて、現在、九州大学大学院人文科学研究院准教授。日本考古学専攻。博士（比較社会文化）。

〔主要著作論文〕
『鏡と初期ヤマト政権』（すいれん舎、2007年）。「古墳文化の多元性と一元性」『古墳時代の考古学7 内外の交流と時代の潮流』（同成社、2012年）。「世界の中の古墳時代研究―比較考古学の観点から―」（『考古学研究』61-3、2014年）など。

2018年3月31日発行

著　者	辻田淳一郎
発行者	山脇由紀子
印　刷	㈱理想社
製　本	協栄製本㈱

発行所　東京都千代田区飯田橋4-4-8　㈱同成社
　　　　（〒102-0072）東京中央ビル
　　　　TEL 03-3239-1467　振替 00140-0-20618

©Tsujita Junichiro 2018. Printed in Japan
ISBN978-4-88621-789-9 C3021